兰州大学哲学社会科学文库

Philosophy and Social Sciences Library of Lanzhou University

《清实录》甘青史料辑录

卷二

武沐 主编

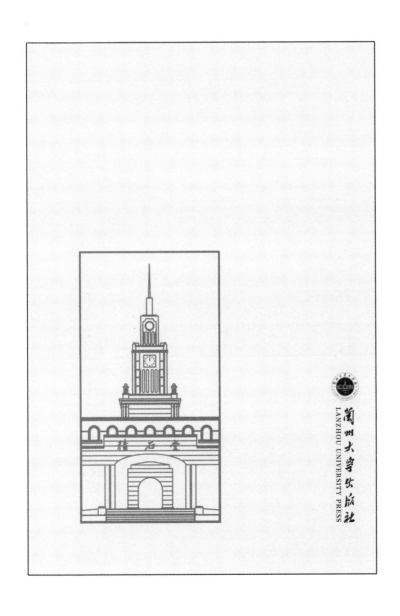

兰州大学出版社

LANZHOU UNIVERSITY PRESS

图书在版编目（CIP）数据

《清实录》甘青史料辑录：六卷 / 武沐主编. --
兰州：兰州大学出版社，2024.7
ISBN 978-7-311-06604-8

Ⅰ．①清… Ⅱ．①武… Ⅲ．①甘肃－地方史－史料－
清代②青海－地方史－史料－清代 Ⅳ．①K294

中国国家版本馆 CIP 数据核字(2024)第 023754 号

责任编辑　李丽　宋婷
封面设计　张友乾

书　　名　《清实录》甘青史料辑录(卷二)
作　　者　武沐　主编
出版发行　兰州大学出版社　（地址：兰州市天水南路 222 号　730000）
电　　话　0931-8912613(总编办公室)　0931-8617156(营销中心)
网　　址　http://press.lzu.edu.cn
电子信箱　press@lzu.edu.cn
印　　刷　北京联兴盛业印刷股份有限公司
开　　本　787 mm×1092 mm　1/16
总 印 张　187.5(插页 12)
总 字 数　2965 千
版　　次　2024 年 7 月第 1 版
印　　次　2024 年 7 月第 1 次印刷
书　　号　ISBN 978-7-311-06604-8
定　　价　988.00 元(全六卷)

目　录 _{卷二}

清高宗乾隆皇帝实录（上）

《清乾隆实录（一）》

雍正十三年（1735 年）八月壬辰

谕总理事务王大臣、办理军机大臣："署大将军查郎阿奏称前至肃州，与刘于义将应办事宜商定后，伊进京请训，再赴任所等语。准噶尔虽经奏请遣使议和，但定界之事尚未完结，不可遽谓和好。今遭皇考大事，准噶尔闻知又生别心，亦未可定。两路大兵尚宜防范，断不可疏忽。著查郎阿仍暂掌大将军印，驻扎肃州，与刘于义公同商酌办理军务。俟准噶尔使臣来到，事情大定之时再赴西安。现今留驻巴里坤哈密兵一万二千名，倘有不敷堵御防范调遣需用之处，将撤回兵内，未经远去可以赶令等候者，著查郎阿等酌量办理具奏。若已经远去者不必止住，如伊身有应往军营办理之事，即一面奏闻，一面前往。军务关系重大，将军、大臣等荷蒙皇考付托重任。将军务慎重周详，妥协办理，即属效力国家，即为仰报皇考殊恩，愈于叩谒梓宫。著密行移知查郎阿，不必请谒梓宫。其北路大将军平郡王等处亦著密行移知，令伊等将军前一切事务公同一意，酌量办理，务令预备妥协，坚固防守。"

（卷1　149页）

雍正十三年（1735 年）九月甲辰

又谕："甘省百姓连年挽运军需，荷蒙皇考圣恩，将该省应征钱粮连年蠲免，其本年钱粮亦钦奉皇考谕旨全行蠲免。今朕闻该省之兰州、西固厅及平凉府、固原州、环县诸处收成歉薄，百姓艰苦，朕心深为轸念，著传谕该

督抚等于蠲免额粮之外，加意抚绥，作何赈恤之法，务使乏食穷民均沾
实惠。"

雍正十三年（1735年）九月癸亥

　　谕总理事务王大臣："西路军需从前岳钟琪办理之时，草率从事，于一
切物件定价太减，本不敷用。又因用兵日久，兵马加增，以致物价日益昂
贵。而甘、凉、肃等处尤甚。皇考圣心轸念，欲周知地方情形，特命该处大
臣将米谷、草豆时价两月一奏，交户部军需房，以备稽察。近年陕甘督抚等
奏销军需本章内，有照定价者，有照时价者，更有多于时价之外者。业经该
部将不符定价各款驳令查核。朕思各案军需若概照定价核销，则官员不免受
累，若但据承办官开报，竟照时价准销，恐地方有司于开报时价之时，即预
留余步，以为冒销之地。二者均非公平之道。现在奏销案件若不斟酌定价，
则内部查核既无准则，而外省奏报亦无所适从，徒为文移往返，驳诘咨查，
于事无益。其如何按照地方折中定价，斟酌合宜，俾官吏无赔累之苦，国帑
无浮冒之毙。著总理事务王大臣会同九卿悉心确议具奏。其从前驳查案件或
竟照时价，或即照现议之折中定价，准其开销之处亦著一并议奏。再军兴以
来，承办官员若有借称军需名色派累百姓者，著该督抚即行严参，重治其
罪，若该督抚不据实参奏，经朕访闻，必将该督抚一并重处。"

雍正十三年（1735年）九月甲子

　　谕总理事务王大臣："甘省百姓连年挽运军需，已蒙皇考恩旨将本年地
丁钱粮全行蠲免。朕闻平凉府所属厅州县，并巩昌府属西固厅，庆阳府属环
县及宁夏府属灵州之花马池、石沟等堡，中卫之香山一带，今岁收成稍歉，
朕心轸念。著将各该处本年额征本色粮石缓至来年夏收后，该督抚看年岁光
景奏闻，再行征收。至于冬底明春恐此歉收诸处有乏食之百姓，著该督抚悉
心确查，动用仓储，借给米粮，务令糊口有资，不致失所。又闻固原、环县
等处之民有移就邻封营生者，著该地方官安插料理，至来年青黄不接之时，
该督抚尤宜留心体察，善为抚恤，毋得疏忽。"

雍正十三年（1735年）九月乙丑

是月，署宁远大将军查郎阿等遵旨复奏："巴里坤、哈密留屯兵一万二千名，恐不敷堵御防范调遣之处，谨悉心酌议，与其止住进口之回兵，不若整顿挑派之战兵。请先在肃州镇标挑派二千名，甘省提标挑派三千名，凉州挑派四千名，西宁挑派四千名，宁夏挑派一千名，河州挑派五百名，固原挑派二千名，应需马驮，除各兵原有牲口外，其不敷者即于军需马驮内各按兵数酌给，并于口外安西镇标属暂挑二千名，或猝有需用则口外、口内预备之兵即可接续前往策应。"得旨："览奏，具见公忠为国，料理甚属妥协。卿自办理西路军务以来，原蒙皇考嘉奖，益当勉力，始终如一，方能不负知遇之恩也。"

（卷3　199页）

雍正十三年（1735年）十月丙寅

又谕："四川口外里塘巴塘等处土司番子及西宁所属番众部落人等，自归附内地以来，甚属恭顺。其供应差使及押运护送一切军需粮粮等项，竭诚效力，殊为可悯。前蒙皇考俯念伊等诚谨，曾经奖谕施恩。今朕缵承大统，诸事俱遵皇考之心而行，著将此等番众之贡豁免一年，以示朕抚绥边远小民之至意。"

（卷4　204页）

雍正十三年（1735年）十月壬午

谕总理事务王大臣："朕即位以来，加意黎元，抚绥备至，叠沛恩膏。业将雍正十二年以前各省民欠钱粮悉行蠲免。惟是西陲用兵数年，陕、甘二省人民挽运军需粮饷，效力独多。其踊跃趋事之诚，甚属可嘉。朕思百姓等输忠奉上，情既倍于寻常，则朕所以体恤褒嘉，恩当出于格外。其陕、甘人民应作何加恩以示优奖之处，著总理事务王大臣会同九卿定议具奏。"

（卷5　234页）

雍正十三年（1735年）十月辛卯

甘肃巡抚许容奏请："甘省本色粮草可否于蠲免民欠项内一并豁免。"得旨："秦省本色粮草已在前旨豁免之内，著该部作速行文晓谕，咸使闻知。"

（卷5　249页）

雍正十三年（1735 年）十一月乙丑

兰州巡抚许容奏："甘省固、环本地无业之民及移就邻封随地安插之民，请发社仓粮石赈给三个月口粮。"得旨："览奏知道了。从来为治之道莫先于爱民，况秦省自用兵以来，百姓急公踊跃，甚属可嘉。今年又值收成歉薄，更为可悯，此当加恩赈恤于常格之外者。折内奏称散赈三个月口粮，汝未闻从前皇考加赈江南、山东等处之恩旨乎，汝办事实心，而理财过刻，国家救济穷民非较量锱铢也，但须实惠及民，可一切宽裕为之。并将此旨传谕查郎阿、刘于义、硕色知之。"

（卷7　294页）

雍正十三年（1735 年）十二月丙寅

兵部议复吏部尚书署陕西总督刘于义疏言："金塔营旧设游击一员，应请改设副将一员，今增都司一员，旧设千总一员，把总二员，今增千总一员，把总二员。旧设马步守兵四百七十三名，今增马步守兵三百二十七名，照马四步六例，即于甘标现驻金塔寺新兵内拨补。又金塔营所属之威鲁堡安插回民，尤为要地。镇属之下古城近在内地，旧设守备一员，马战守兵一百四十五名，应改设千总一员，兵一百名，其千总即在金塔寺营内摘派，下古城守备改为威鲁堡守备。有下古城裁摘之兵四十五名，今增兵一百五名，亦于新兵内拨补。又甘标拨防金塔寺新兵五百名，除拨补金塔威鲁外，尚余马兵六十六名，步兵二名。肃标三营现奏准增兵三千名，应将余剩甘标之兵即拨入。又金塔寺改设副将，其附近之清水堡都司、镇夷营游击、双井堡把总、高台营游击并所属之守备，应请就近改归金塔营副将辖。均应如所请。"从之。

（卷8　298页）

雍正十三年（1735 年）十二月丁卯

又谕："川陕两省旧制设立总督一员，嗣因西陲用兵，办理军需事件，是以分设四川总督。令大兵撤回，军务渐竣，应仍照旧制，设立川陕总督。其四川总督一缺，著裁汰，即以黄廷桂为四川提督。"

（卷8　300页）

雍正十三年（1735年）十二月庚辰

兵部议复左副都御史署甘肃提督二格奏："查从前散给兵饷，常有不肖队目，将饷银收回，指扣还欠项之名，任意揞留，甚至尽行侵用。现今刊发流单式样，严饬五营将兵丁应关饷银数目填注单首，如有欠项者，将所欠何项，作何分季扣还，并已扣、现扣、未扣数目逐一开明。令将备等查扣清楚，足兑包封，当堂呈验，连单给发。兵丁照单领银，可免侵渔之弊，并请通行直省各督抚提镇亦照此办理。应如所奏。"从之。

又议复吏部尚书署陕西总督印务刘于义奏称："肃州城守营所设守步兵丁足以敷用，惟一切远役必须马兵协济。请于新兵内摘马兵五十名，步兵一百五十名，守兵三百名。又肃州镇标原议挑足战兵三千名。肃州镇营制向系马八步二，今添募之兵应仍照马八步二补额，其镇标除拨入城守营马兵五十名外，尚有新旧马兵二千五十名，不敷马兵三百五十名。先于新旧步兵内挑选精壮拔补，如不足数，再行召募补额。至肃镇除拨入城守营步兵一百五十名外，尚有步兵三百八十六名，不敷步兵二百十四名，除可以拔补马兵若干名外，其余按照步兵不敷之数召募。均应如所请。"从之。

（卷8　315页）

雍正十三年（1735年）十二月辛巳

减陕省耗羡。谕总理事务王大臣曰："从前陕省地丁火耗，经年羹尧、岳钟琪先后定为加二。以一钱五分作为各官养廉及一切公费。其五分则采买社仓谷石，以裕积贮。后因积谷已多，无事采买，则以此五分添助军需盘费之用。此向来情形也。今大兵渐撤，军需简少，而仍存加二之耗羡，殊非朕爱养秦民之至意，著将此五分即行裁减。倘未了军需项下有应用之处，即于公费项下支给。该督抚务体朕意，督率有司，实力奉行，俾秦民均沾惠泽。"

（卷9　316页）

雍正十三年（1735年）十二月甲申

又议复署理陕西总督刘于义奏称："凉州府属之柳林湖等处屯员，呼应不灵，应照直隶屯田例，归地方官管辖。查该处知县俱系冲要，各有地方事件。应于凉州府添设通判一员，驻扎镇番，专管屯田。仍责成凉州道督查，高台县添设县丞一员，驻扎镇夷堡，专管毛目城、双树墩屯田。添设主簿一员，专管三清湾、柔远堡、平州堡屯田。肃州添设州判一员，驻扎九家窑，专管屯务，兼查南山一带地方事件。其肃、高二处屯田俱责成肃州道督查。请再立劝惩条例，如该屯增垦籽种二百五十石以上者，准纪录一次。五百石以上者，准纪录二次。一千石以上者，准加一级。再多递加，如该屯荒芜籽种一百石以上者，罚俸一年。二百石以上者，降一级留任。三百石以上者革职。仍勒令垦复旧额，方准回籍。均应如所请。"从之。

（卷 9　322 页）

雍正十三年（1735 年）十二月甲申

又议准甘肃巡抚许容疏称："宁夏府属之亲渠、宝丰、平罗三县，西宁府属之大通卫，嘉峪关外安西、沙州卫所有添设驿站，并令该县卫就近管理。"从之。

（卷 9　324 页）

乾隆元年（1736 年）正月丁酉

谕甘肃巡抚许容："据刘于义奏，汝赈济固、环等处贫民，大口日给米三合，小口日给米二合，不敷度日，难以充饥。目下穷民尚复逃散四出等语。汝为地方大员，既不能先事预防于前，又不能竭力赈救于后，而且一经奏报，遂谓了事。恐甘省之灾荒二字再入朕耳。如此轻视民命，为民父母之谓何，汝意固为国家惜费乎。夫民之元气乃国家之根本也。传曰，百姓足，君孰与不足。岂汝未之闻乎。"

（卷 10　338 页）

乾隆元年（1736 年）正月戊戌

总理事务王大臣议复西安将军沁布奏称："汉军生齿日繁，请与满洲、蒙古兵丁一并挑往庄浪、凉州驻防。现在西安驻防步甲七百，不敷巡逻，请添设三百名。均应如所请。"从之。

（卷 10　339 页）

乾隆元年（1736 年）正月丙午

署宁远大将军查郎阿等奏："巴里坤撤兵后，请仍于哈密地方驻兵五千。应即于甘、凉、西、肃、安西各提镇兵内派出更换。布隆吉、赤靖等处应分驻五千。于内地标营兵内轮班派往。安西镇营向有分防汛守，加以肃州、甘、凉原设战兵及分驻凉、庄满兵，以之接应口外，兵力已属宽裕。原不在安西防兵之多寡，俟数年后边界大定，或应量减，则将布隆吉、赤靖等处防兵陆续议撤。哈密距安西甚远，不可无重兵弹压，此五千驻兵，应永远分驻，以靖边徼。"下总理事务王大臣议行。

（卷10　341页）

乾隆元年（1736年）正月壬子

免甘肃兰州新关地方民欠房价银三千三百两有奇，从甘肃巡抚许容请也。

（卷11　347页）

乾隆元年（1736年）正月癸丑

谕总理事务王大臣："朕闻甘省自康熙三十四年起至五十七年止，因供应喇嘛，赈济贫民以及军需脚价，买备驼马等项，借动银粮，议定扣捐官役、俸工还项。迄今未经完补银粮尚有八万七千余两。朕思俸工银两所以赏给官役为养赡之资者，在文职各官有养廉一项，虽俸银捐解尚不至于拮据，至营伍将备以及吏役人等，或全行扣抵，或捐七留三，势必至于艰窘。此项未完银粮若照旧扣解，尚须数年方得清厘。现今官吏未免匮乏，深可悯恤。著该部即行文该省督抚，将未经扣完银粮八万七千有零自乾隆元年为始，停其扣捐，以示朕加惠甘省官吏之至意。"

又谕："甘省百姓连年承办军需，急公踊跃，甚属可嘉。皇考屡沛恩膏，朕亦深加体恤。上年闻有缺雨歉收之州县，已谕该督抚加意抚绥，务令贫民得所。除散赈米谷外，所有借给口粮、籽种之类例应秋收征还者，著悉行赏给，免其还项。该督抚可通行晓谕，并饬有司实力奉行，毋使胥吏土棍侵蚀中饱。"

（卷11　347页）

乾隆元年（1736年）正月甲子

署川陕总督刘于义奏报："固原、环县歉收，有业贫民借给口粮，无业贫民分别给赈。"得旨："览汝所办理颇属妥协。大凡地方水旱不能保其必无，而一有救荒之事，即当如救焚拯溺，加意抚绥，然后穷民不致流离失所。夫地方灾荒，朕虽不诿过与汝督抚，而汝等督抚自返能无愧乎。若赈恤再复草率完事，视饥民于膜外，则所谓封疆大吏民之父母者何。古云，救荒无善政。朕谓非无善政，正为此等惜小费以为功干，而置国计民生于不问之臣而发耳。"

（卷11　358页）

乾隆元年（1736年）二月戊辰

又谕："陕甘民人自军兴以来急公效力，甚属可嘉。除屡年叨蒙皇考叠沛恩膏外，又降旨将本年应征钱粮，甘省全数豁免，陕省止征一半，以昭格外之恩。但查钱粮完纳例有定期，上年陕省收成未称大稔，今年春夏之际未免输纳艰难，著将应征一半额赋宽至夏禾收成后再行开征，以纾民力。至该省应用兵马钱粮，著该抚预先筹划，另行拨给，俟九月征收之后各归原款，报部查核，可即传谕该部知之。"

（卷12　362页）

乾隆元年（1736年）二月己巳

又谕大学士鄂尔泰、张廷玉："上年甘肃所属固原、环县等处收成歉薄，穷民乏食，乃朕所知者。已降旨切谕该督抚加意筹划，赈恤抚绥。今又闻得甘州、凉州、巩昌、临洮、平凉、庆阳、宁夏、西安等府，雍正十二年、十三年收成俱歉，且有牛疫之厄，米麦之价较昔昂贵，百姓艰窘。此朕得之访闻者，该督抚并未奏闻。尔等可作字询问查郎阿、刘于义、硕色、许容并令其速议作何赈恤之法。一面办理，一面奏闻。朕刻刻以爱养天下百姓为心，而秦省之民急公趋事，勤劳可悯，尤朕所格外系念者。该督抚毋得漠视负朕委任。"

（卷12　364页）

乾隆元年（1736年）二月辛未

署川陕总督刘于义参奏："河州镇总兵张豹贪暴不职，降旨革职。"

（卷12　366页）

乾隆元年（1736年）二月辛卯

户部议复署陕西总督刘于义疏称："临洮等属新归番民应输粮石，前据管理夷情事务德龄以驮负维艰奏请改征折色。查番民多居口外，卖粮交银仍须驮负内地，转有未便。请照旧例以本色征收。应如所请。"从之。

（卷13　386页）

乾隆元年（1736年）二月癸巳

署宁远大将军查郎阿、川陕总督刘于义遵旨奏陈甘省歉收州县赈恤事宜。得旨："虽据卿等具奏料理赈恤处，尚属轻重得宜，然目前青黄不接时，所当加意抚绥。"

兰州巡抚许容复奏赈恤固、环等处口粮未增缘由，并自请议处。得旨："朕以爱养百姓为心，尤于甘民倍加悯恤。谕旨何等严切，而汝置若罔闻，即汝奏内自认拘泥成例，罔知变通，是汝固执之罪可恕，而轻视民命之罪不可逭也。本欲加以重惩，因汝平日操守尚好，办理军需尚无大误，特从宽解任。观汝此奏大有归怨刘于义之意，是汝负皇考之恩，忝养民之职，全然不知愧悔也，至孤立无援之奏，更属悖谬。"

署甘肃提督二格奏谢御批训旨恩。得旨："览甘省今年雨旸如何，何未见奏及。闻汝在甘省虽有意整顿营伍，但于绿旗兵丁事宜究未谙练，自己不能节俭，债务甚多等语。夫事不谙练尚可学习，至于不能节俭，以至债务甚多则操守难保矣。若论提督所应得之资，较之旗下大臣等已不为不多矣，而汝尚觉不敷所用，何哉？嗣后务须俭约自持，整顿营伍，和辑兵民，以不负任用才是。戒之慎之。"

甘肃布政使徐杞奏报冬春雨雪情形。得旨："看此雨雪光景，甘属今年又属不足。言之署督抚等不可不为未雨之绸缪也。"

（卷13　391页）

乾隆元年（1736年）三月乙未

谕总理事务王大臣："西路军兴以来，自京城以至西宁，沿边添设腰站，赍送公文。雍正九年，蒙皇考世宗宪皇帝念兵弁等递送勤苦，加恩议叙赏赍。但自八年七月起至九年六月止，两次派委弁兵，叨蒙恩恤，其余未曾赏及。朕思八年以前已安台站，九年以后尚未撤除，前后同为效力之人，当令均沾恩泽。著该部确查办理，将前后坐台之官弁兵丁，遵照雍正九年之例，或赏纪录，或赏银两，一体加恩，以示朕一视同仁之意。"

（卷14　393页）

乾隆元年（1736年）三月丙申

兵部议复署陕西总督刘于义疏称："凉州总兵官所属辽阔，请自乾隆元年为始，每三月间巡查西路十四营，八月间巡查东路十六营，不过半月即可周遍，于镇城事务亦得兼顾。即定为例。应如所请。"从之。

（卷14　394页）

乾隆元年（1736年）三月戊戌

谕总理事务王大臣："朕御极以来，时时以爱养百姓为心，深恐雨旸不时，旱涝为患，间阎疾苦，不能上闻。所以诰诫督抚有司者至详且悉。至于陕、甘二省民人，屡年转运军需，急公效力，更属可嘉，尤为朕心格外悯恤者，内外臣工无不知之。上年闻甘省固原、环县等处收成歉薄，穷民乏食。朕知许容性情褊隘，识见卑庸，恐但知节省钱粮，不思惠养百姓。屡次亲批谕旨令其宽裕料理，勿使灾民稍有失所。又令资其安插之费，宽其散赈之期。朕之训谕已频，朕之心力亦竭矣。乃许容刻核性成，不但无痌瘝乃身之意，并朕旨亦不祗遵。不过循照往例，苟且塞责，罔计百姓之实能安堵与否。是以正当赈济之时，而流移他郡者尚千百为群，相望于道。朕访闻如此，合之署督臣查郎阿、刘于义所奏亦大略相同。似此漠视民艰之大臣，何以称抚绥怀保之职。许容著解任，暂留甘省。将经手军需各项销算清楚，来京候旨。甘肃巡抚员缺，朕一时不得才能出众之员可以胜任者，著刘于义暂行署理。俟朕选择得人，再降谕旨。此时查郎阿、刘于义二人同在肃州，公事渐简，酌分一人赴兰，办理抚事，似属可行。其总督事务或应分办、合办之处，著查郎阿、刘于义悉心妥议，一面管理，一面奏闻，务期一体相关，和衷共济，俾吏治民生均有裨益，以副朕眷倚信任之至意。"

（卷14　395页）

乾隆元年（1736年）三月己酉

又谕："肃州威虏堡回民自迁移内地以来，我皇考世宗宪皇帝格外加恩，抚绥安插。查雍正七、八年间，伊等曾借仓粮一千二百余石以作籽种。年来收获之粮止敷日用，未能还补公项。朕思内地民间旧欠既已豁免，回民亦应一体加恩，著将七、八两年所借小麦一年二百九十九石二斗悉行宽免。该督抚可转饬有司实力奉行，毋使胥吏中饱，俾回民均沾实惠。"

（卷14　407页）

乾隆元年（1736年）三月庚戌

以甘肃沙州协副将王邦宁为陕西河州镇总兵。

（卷15　409页）

乾隆元年（1736年）三月辛亥

以固原提督樊廷为驻防哈密总统提督。河北镇总兵李绳武署理固原提督。延绥镇总兵米国正为驻防哈密总兵。波罗协副将豆斌署理延绥镇总兵。肃州总兵沈力学为驻防赤靖等处总兵。河北镇总兵缺，命兵部请旨派员署理。肃州总兵缺，命署宁远大将军查郎阿派员署理。

（卷15　410页）

乾隆元年（1736年）三月乙卯

总理事务王大臣议复，署宁远大将军查郎阿等奏："巴里坤兵丁应于六月初十后次第撤回。派赴哈密之甘、凉、西、肃兵五千应于四、五月分起出口，五月内到齐。仍分一千驻塔尔纳沁，一千驻三堡沙枣泉，余三千俱驻哈密。所有应撤之兵即分起分路撤回。又分防赤靖等处兵五千应于督标、固原、延绥、宁夏、河州五处兵内派往，俱于六月初间次第出口，六月望间各到驻处。大营撤回之兵，令口外各卫所及口内沿途州县，给车辆口粮如例。又大兵全撤之后，应于马莲井子以东、星星峡以西分别安设马塘，递送文报。所有口外军台即行全撤，均应如所奏至西北两路卡伦台站。原以彼此通信，大兵虽撤，仍有驻防。应照旧接续安设，未便如所奏一并撤回。"得旨："依议。"

（卷15　413页）

乾隆元年（1736年）四月丙戌

总理事务王大臣等奏："本月十七日奉旨，前者军兴以来，令大臣官员往驻蒙古边疆办理事务。今大兵既撤，仅留驻兵，一切防守事宜并已减省，其各处办理驻扎之大臣官员有应撤者，著总理事务王大臣等议奏。臣等查驻扎归化城办事尚书通智、驻扎西宁巡抚德龄、散秩大臣塞楞、郎中三达礼、员外郎五十七、主事齐明、驻扎肃州内阁学士岱齐、侍读学士阿兰泰、驻扎哈密员外郎达桑阿扎史、驻扎西藏副都统马拉、那苏泰、员外郎那逊额尔格图、驻扎呼伦贝尔领侍卫内大臣哈达哈、原任郎中伊特格尔，以上各官，尚书通智本以归化城都统根敦、副都统席尔塔悉赴军营，其地乏人，是以遣往。今根敦、席尔塔已各还所在，应令通智俟修城驻兵等事竣即行还京。西宁原驻大臣一员，办理青海蒙古番子事务。兵兴以来，始增驻大臣章京等，今既撤兵，应于德龄、塞楞、三达礼三员中留一员，余并撤回。至五十七、齐明军前历年最久，应令理藩院奏请更换。肃州办理军需较前亦少，应于岱齐、阿兰泰二员中留一员。哈密驻扎章京协同扎萨克办事，因一人不能换班，又增一员。定例二年更代。哈密现有驻兵，达桑阿、扎史仍应留彼，俟年满更代。西藏向无大臣官员驻扎，前以康济鼐与颇罗鼐交恶相攻，因遣大臣率兵暂驻。今达赖喇嘛还藏，兵亦撤还，毋庸更驻大臣。现今侍郎杭奕禄有事赴藏，令其酌办奏到日，再将马拉等定议进止。哈达哈前往军营亦四载余，请交兵部，于明年二、三月间奏请遣官赴呼伦贝尔更换。伊特格尔亦令同还。"得旨："西宁著留德龄，肃州著留阿兰泰，其通智承办之修城驻兵等事，著令完毕再行具奏请旨。余依议。"

（卷17　443页）

乾隆元年（1736年）四月辛卯

以山东临清营副将张存孝为陕西河州镇总兵官。调河州镇总兵王邦宁为陕西兴汉镇总兵官。

（卷17　449页）

乾隆元年（1736年）五月己未

命署理甘肃提督印务二格回兵部侍郎任。调固原提督李绳武为甘肃提督。以原任广州将军柏之蕃署固原提督。

（卷19　478页）

乾隆元年（1736年）五月庚申

宽恤甘省屯民丁粮。谕："朕闻甘省以粮载丁，从前办理未善，致多偏枯，屯民甚属苦累。现有民户丁银摊入屯户者九千二百二十五两，屯户输纳维艰。朕心深为轸念，再四思维，此种丁银乃国家惟正之供，并非无著之项，只因从前岳钟琪任意增减，遂致苦乐不均。今应酌筹变通之法，以惠甘民。著将此多摊九千余两暂为豁除，俟下届编审之时，将平、庆、临、巩四府及新改直隶之秦、阶二州所属各州县新编人丁，应完丁银均匀摊入民地粮内，渐次补额，即分作二、三次编审，逐渐补足亦可。务令徐徐增补，以纾民力。俟补足之后即行停止，永不加赋。著署督查郎阿、刘于义悉心妥议办理。朕又闻，康熙五十七年，伏羌、通渭、秦安、会宁等县及岷州卫有地震伤亡缺额之七千六百八十丁，该银一千四百八十六两有零。人口既无，丁银自应蠲免，乃岳钟琪亦摊入田粮之内，尤属错谬。著该督等即查明豁除，毋贻民累。朕又思甘省从前多系卫所管辖屯户，其屯户额征悉系粮料草束，为兵丁必需之物。是以蠲免地丁时，此项不在蠲免之内。惟雍正十年皇考格外加恩，将民户、屯户应征各色粮草一概豁免，此从来未有之旷典也。朕意民、屯均为赤子，所当一视同仁。兵食或有不敷，再当别为筹划。嗣后遇有蠲免地丁之年，著将屯户应纳之粮草蠲免三分之一。永著为例。"

（卷19　481页）

乾隆元年（1736年）六月丁丑

署川陕总督兼甘肃巡抚刘于义疏请："增陕西省聿丁字号中额一名。"从之。

（卷20　499页）

乾隆元年（1736年）六月戊子

大学士管川陕总督事查郎阿参奏前任甘肃巡抚许容隐匿灾荒，营私树党。得旨："革职解京治罪。"

（卷21　510页）

乾隆元年（1736年）六月壬辰

吏部尚书署川陕总督兼甘肃巡抚刘于义奏田禾被雹情形。得旨："被灾穷民所当加意赈恤，勿致失所。"

（卷21　515页）

乾隆元年（1736年）七月甲寅

谕："陕甘两省钱粮耗羡向系加二征收。前已降旨令该督抚等于乾隆元年为始减去五分，示朕轸惜民力之意。现在雍正十二年以前钱粮俱已蠲免，其雍正十三年份该省尚有未完民欠，恐官吏仍循旧例，小民一时未能分晰，以致混冒收纳，亦未可定。著将雍正十三年份未完钱粮应征之耗羡一并减去五分。该督抚即通行出示晓谕，咸使闻知。"

（卷23　536页）

乾隆元年（1736年）七月丁巳

赈陕甘陇西、伏羌、河州、碾伯、西宁等州县水灾雹灾饥民。

（卷23　538页）

乾隆元年（1736年）七月辛酉

大学士仍管川陕总督查郎阿等奏：“遵旨酌议陕甘各标营营运生息五款：一、营运宜变通。无力兵丁如有急需即以所存生息银两随时借给，每人不得过五两，每月一分起息，于应领饷银内分五季扣除。一、生息宜因地。陕甘各提镇现分给当商领银营运，以一分五厘起息，惟延绥地处极边应轻减五厘。此外有营运维艰处所亦应量为轻减。一、本银宜划一。生息分赏宜均平溥遍，应照云贵之例统以每兵一名给银二两计算，分散各协各营营运。一、收放宜慎重。生息银两请交地方官贮库，令该提镇会同同城之府道公同经管。其营汛在府、厅、州、县地方即分贮库内，如有营运赏给及借放等事，俱会同文员，联衔报明动支，庶无冒领滥借之弊。一、赏恤宜酌量。应先尽现派驻防哈密、赤靖等处之兵一万名，丧事赏银六两，吉事赏银四两。其存营之兵如果利息丰裕，照防兵减半给赏。”得旨：“卿等既悉心妥议，朕看来目前亦止应如是办理。著照所奏行。”

（卷23　546页）

乾隆元年（1736年）八月丁卯

兵部议准大学士仍管川陕总督查郎阿奏：“嗣后陕甘二省遇有题补副参游都守各缺出，将出征多次，战阵有功之员升用一缺。拣发委署试用之员实授一缺。每缺各轮流间补。委署人员用完后，将存营之员与出征之员再为间补。”从之。

（卷24　550页）

乾隆元年（1736年）八月戊辰

谕：“西陲自用兵以来军需浩繁，有司承办匪易，其中实有浮冒情弊者，自应著落赔补，若事属办公情有可原者，则当开恩宽免，以示体恤。朕闻甘省地方，前因岳钟琪檄令预备喂养马驼草束，有司不得不遵照办理，后因买备多余，责令变价还项，而露积日久，草已霉烂，随经岳钟琪有请照烧柴变价之奏，又经许容有十分豁免三分之请，朕思草束岂能久留，事历多年，必至腐朽，州县实多赔累。著署总督刘于义悉心确查，除从前已经完补外，其现在著追者即全行豁免。又闻巴里坤驻兵时，岳钟琪檄令临、巩、甘、凉等府买驴三万头，以抵羊只之用。后因驴头不能远行，将各州县解过驴一万四千余头止收六千余头，其余托言瘦小退回变价。所有沿途喂养草束俱不准开销，今价值尚未清结，州县实属赔累。此项亦著刘于义确查，将应行豁免者全行宽免，俾州县等同受国恩，益得尽心于职守，以昭朕优恤甘省有司之至意。"

（卷24　550页）

乾隆元年（1736年）八月戊寅

广陕甘武举解额。谕曰："陕甘之人长于武事，其人才之壮健，弓马之娴熟较他省为优。向来武闱乡试中额，每省各四十名。应试之人每以限于额数不能多取，其如何量行广额取中之处。著该部议奏。"寻议："嗣后陕、甘二省每省于原额外酌加十名，各取中五十名。"从之。

（卷25　558页）

乾隆元年（1736年）九月癸巳

总理事务王大臣议准，大学士仍管川陕总督查郎阿议，大通之流移蒙古安插事宜："据称大通虽在口外，然既安营设汛，不便汉、夷杂处。请查明分晰安插，如原有该管之扎萨克者，请交该部落收管，其无管辖者，交德龄查附近各部落安插。立有产业者，地方官确估给价，令赴安插处另立产业。中有毫无产业之人，本因生计艰难，是以流移，若不设法料理，必致出外偷窃滋事。应令逐户查明，按其人口赏给大口羊六只、小口四只，所需羊即以甘州收牧鄂尔多斯之军需羊内拨给，令该扎萨克派人支领。此后违例容留，重治其罪，仍将失察各官议处。"从之。

（卷26　572页）

乾隆元年（1736年）九月丙午

谕："雍正十三年，平凉府所属厅、州、县，并巩昌府属西固厅，庆阳府属环县，及宁夏府属灵州之花马池、石沟等堡，中卫之香山一带，收成稍歉。比时朕即降旨令该督抚加意轸恤，并将各该处额征本色粮石缓至次年夏收后，看年岁光景奏闻，再行征收。今据该督抚奏报各处收成，有六七分者，亦有八九分者。朕思此等地方上年收成歉薄，今虽收获，民力未必宽余，若新旧并征，小民不无窘迫。著将缓征本色粮石，自本年为始，分作五年带征还项，以示朕加惠秦民之至意。"

改署固原提督柏之蕃为凉州镇总兵官。以凉州镇总兵官杨珑署固原提督。从大学士仍管川陕总督查郎阿请也。

（卷26　582页）

乾隆元年（1736年）九月己未

以成都副都统乌赫图为凉州将军。副都统衔敦巴为成都副都统，原任江宁副都统黑色为凉州副都统。副都统品级鸟枪护军参领色尔固楞为庄浪副都统。

（卷27　590页）

乾隆元年（1736年）九月庚申

大学士仍管川陕总督查郎阿等奏遴选监司牧令。得旨："诸道员有旨谕部，照卿等所奏行，至州县诸缺，毋乃太不循资格乎。具本来听部议。"

又奏："革职留任之凉州总兵杨珑，请追赠祖父。伊子杨世璋请赏给差使。"得旨："杨世璋送部引见后有旨。余违成例不可行也。"

吏部尚书署川陕总督兼甘肃巡抚刘于义奏报巩昌、秦州等属雹灾，赈恤情形。得旨："览。被灾贫民加意抚恤，毋致失所。"

（卷27　593页）

乾隆元年（1736年）十月癸亥

以故云南阿兴土千户安永长之子安天柱，甘肃西宁土司汪基振之子汪于昆袭职。

（卷28　597页）

乾隆元年（1736年）十月丁卯

总理事务王大臣议复，大学士仍管川陕总督查郎阿等疏言："陕省屯田更名地亩，其额赋本重于民田。雍正五年间，前督臣岳钟琪又请将通省之丁粮摊于通省之地粮，其屯更地亩，每本色粮一石，亦照民折银一两之例，均载丁银一钱五分有奇，以致屯更百姓于正供外增派银二万四五千两，实为苦累。请照甘省豁除屯丁之例办理。又督标火器营额兵一千名乃拔于咸、长等州县之屯丁。每名每月止领饷银七钱，外皆屯民帮贴。请照镇标步兵之例，召募领饷，免其在屯卫提补。均应如所请。"从之。

（卷28　600页）

乾隆元年（1736年）十月庚午

安西总兵张嘉翰年老休致，以署延绥镇总兵官豆斌为安西总兵官，以江西袁州协副将周开捷署理延绥镇事务。

（卷28　602页）

乾隆元年（1736年）十月戊寅

大学士管川陕总督查郎阿等疏言："西宁驻扎兵丁，前经西安将军沁布奏称，西宁地近青海，而卓紫山、琦紫山、国隆、国明寺等处转为内地，脱有不靖。西宁、庄浪内外不能相顾，请将西宁之兵更驻庄浪等语。应如所奏移驻。"下总理事务王大臣议行。

（卷29　606页）

乾隆元年（1736年）十月戊子

谕总理事务王大臣："西陲自用兵以来，陕甘百姓转运粮饷，急公效力，甚属可嘉，已蒙皇考叠沛恩膏，厚加抚恤。朕即位之初，又将乾隆元年甘肃额征钱粮全行豁免，西安等属豁免一半。今朕复思大兵既撤，正与民休息之时，若再宽一年额赋则民力更可宽余，安居乐业。著将乾隆二年甘肃钱粮全行蠲免，西安等属钱粮蠲免一半，以示朕加惠秦民之至意。"

（卷29　610页）

乾隆元年（1736年）十一月己未

署川陕总督兼甘肃巡抚刘于义奏言："瓜州回民于雍正十三年借给籽种、口粮共一万二千石，脚价银二千二百七十一两。应自乾隆元年为始，分作六年清还。兹据额敏和卓以回子添制衣服，买补车骒等事。本年秋收所余粮石仅供诸项之用，呈恳宽限一年，可否，允准之处，伏候训示。"得旨："著照所请行，该部知道。"

（卷31　628页）

乾隆元年（1736年）十二月乙丑

旌表遇贼捐躯，一门三烈之甘肃陇西县生员罗在堂妻马氏，女罗氏，媳李氏。

（卷32　632页）

乾隆元年（1736年）十二月乙亥

户部议复署川陕总督兼甘肃巡抚刘于义疏言："甘省官茶壅滞，请改征折色，并将陈茶变价，俟销至八分，再行酌议。应如所请。"从之。

（卷33　643页）

乾隆二年（1737年）二月辛酉

谕总理事务王大臣："据刘于义奏称，西宁镇有原调援剿撤回官兵二百三十九员名，于雍正十二年并乾隆元年节次派拨出口，所有原领俸赏银两似应准其抵算。又大通镇撤回未经续派兵丁七十七名，领过赏银一千七百两。前曾另行派调，将赏银追给顶派各兵。查顶替之兵远役塞外，俱经制办行装费用，可否加恩免其追缴等语。征兵借支银两前已降旨尽予豁免，今西宁大通官兵应追银两，著照刘于义所请，一体加恩，免其追缴。"

（卷36　663页）

乾隆二年（1737年）二月辛巳

以古北口提督德沛为甘肃巡抚。正红旗满洲副都统瞻岱为古北口提督。

（卷37　677页）

乾隆二年（1737年）二月戊子

又奏："据肃州道黄文炜禀称，哈密地方因军需停止，失业者多，请酌给口粮资助回籍，以免逗留生事。应确查人数，按程计日，每日酌给炒面一斤，押解进口。"得旨："此所给炒面为数已多，或出于黄文炜开销之计，亦未可定。且塞外又安得有如许失业之人乎？此奏大不妥。再行明白回奏。"

吏部尚书署川陕总督兼甘肃巡抚刘于义奏请："帮办军需之原任广东海丰县知县王者辅应否给咨赴部，或留甘补用。"得旨："送部引见为是。"

（卷37　682页）

乾隆二年（1737年）三月己亥

又谕："原任甘肃巡抚许容著该部带领引见。"

（卷38　695页）

乾隆二年（1737年）三月辛丑

调河南巡抚富德来京。以山西布政使王謩署理河南巡抚。以原任甘肃巡抚许容署理山西布政使。

（卷38 695页）

乾隆二年（1737年）三月甲辰

礼部议："江南总督赵宏恩奏上、下两江士子应分闱乡试，各建造贡院各事宜。应如所请。"得旨："从前陕西、甘肃奏请分闱考试，经总理事务处议不准行。安徽赴江宁应试，既不若湖南有洞庭之险，并不若陕甘道路辽阔，徒以增广解额。廷议遂加以应否分闱，令该督抚议奏之语。而赵宏恩等遂有分闱之请，今部议准行，明系九卿中江南人多，而陕甘无人，遂致事同而异议。此风断不可长。这本著发回。赵宏恩等不顾事理之当否，遽议分闱，殊属不合，著交部严察议奏。其江宁、安徽既经增额分中，则房考官应否酌添，并现在贡院应如何拓展修理，俾士子得以从容考试处。著该督抚另行妥议具奏。"

（卷39 697页）

乾隆二年（1737年）三月戊午

大学士仍管川陕总督查郎阿遵旨密奏："承办军需之军需道沈青崖、肃州道黄文炜、甘山道张体义、高台县杨肇熙、军需库官石曰琏贪劣各实迹，请旨革职，拿问究拟。臣四月巡视甘肃，请会同甘肃新抚臣宗室德沛彻底清查。至署总督刘于义总理军需，地处同城，徇私故纵，相应一并陈奏。"得旨："朕观刘于义乃一苍猾难信之人，其于此案，岂惟徇私故纵，失于察查，抑不无染指矣。卿所奏具悉，亲身至肃，详察明白后具本严参，以处一警百可也。"

（卷39 707页）

乾隆二年（1737年）四月庚辰

户部议准甘肃巡抚刘于义疏报："武都、西塞、真堆三族番民改土归流，所有应征粮银请自乾隆戊午年为始，入额征解。"从之。

（卷41 737页）

乾隆二年（1737年）五月丙辰

户部查奏："原任甘肃布政使彭振翼等应追军需银粮共二十案，俱家产尽绝，计官兵二十三员名，银二十二万五千八百两有奇。米八千五百三十石有奇，豆一千六百石，草二万五千三百束有奇，应请豁免。再拖欠各项钱粮册内，原任遵化州知州王持正等、原任天津同知金世忠二案，俱系分赔、代赔开欠之项。原任静宁州知州杜国昌等九案，俱家产尽绝，计十三案，官民三十一员名，银三千三百两有奇，米四千八百四十石有奇，应请豁免。又查应追各案，原任金衢道贾扩基、原任游击邱民俊、原任游击杨长、原任守备任寿等计四案，官十六员，银一万五千二百两有奇，米二十二石有奇，均系军需案内著落追赔之项，并非本身军需侵蚀冒销者可比。再拖欠各项钱粮册内，原任同知金世忠、原任主事明成、原任知县王纬、原任知县伍泽荣二案、原摄江都县事原任知府孔毓璞等、文武举人谢绍仁等二案，计八案。官员举人十二员名，银一千二百两有奇，米三百石有奇，豆一百九十八石有奇，均非侵贪之项，应请一并宽免。"从之。

（卷43　767页）

乾隆二年（1737年）五月丁巳

甘肃巡抚镇国将军宗室德沛疏报田苗雨泽情形。得旨："知道了。雨旸收成之奏报，万不可稍涉粉饰，此系督抚大吏之要务。不然，何以先事预防，使民无饥寒之虞哉。"

（卷43　770页）

乾隆二年（1737年）六月甲戌

九卿议奏："杨馝疏请豁免雅州府知府宋虞凯，应追伊父宋聚业肃州军需运粮脚价银两。应如所奏行。"得旨："杨馝屡为宋虞凯题请，此项银两不必在宋虞凯名下追赔，著杨馝照数赔补。"

（卷45　783页）

乾隆二年（1737年）六月丙戌

甘肃巡抚镇国将军宗室德沛疏报："巩昌府属之西巩驿等处山高土厚，掘井维艰，间有山泉，距各村庄甚远。居民惟于洼地开窖，使冬春冰雪、夏秋雨水会积于窖，以供炊饮。贫民无力开挖，往往向有余之家乞买。若遇亢旱，彼此不能兼顾，秋成未必无收。先不得不迁徙异乡就水。臣赴任时目击情形，窃思乏水等于乏食。到任后即檄行各属，确查缺水村庄共六十处，即捐资委员凿井，设或不得及泉，则于宽闲处广开官窖，俾穷民雨多免乞买之艰，旱无迁徙就水之苦。但凿井开窖需费甚多，臣力不能独任。统俟各属报到，通估需工料若干，可否于司库内支动公项。再兰州之西南黄峪沟等处俱有渠道故迹，臣询之耆老云，向有泉数十道，顺渠而下，大收灌溉之利。自康熙四十八年地震后，山土颓压壅塞。臣即面饬地方官募夫沿渠道故迹开浚，遂得清泉十一处，泉水盛流至宋家庄，引入渠道，约长六十余里，可溉田二百余顷。其余笋箩沟等村亦俱先后开浚复旧。"得旨："知道了。有利百姓之事，虽动公项何妨。"

（卷45　790页）

乾隆二年（1737年）七月壬辰

以西宁总理青海番人事务德龄为镶红旗汉军副都统。

（卷46　796页）

乾隆二年（1737年）七月丙申

谕定边副将军额驸策凌："昨据巡查察哈尔地方兵部员外郎兆明所拿厄鲁特喇嘛那旺垂音丕勒，供称准噶尔遣来作法之人，是以令其解送京城，及复加审讯，伊并非准噶尔之人，系青海札萨克台吉济克济扎布旗下之人。伊父母与兄俱在青海地方居住。因行查是实，遂发回本地安插。此皆由那旺垂音丕勒身为喇嘛，并不安分，在各处游荡，妄行欺诈之所致也。朕从前敕令给与喇嘛度牒者，特为此等匪类，混入喇嘛之内妄行生事，于众喇嘛无益。是以分别贤否给与实在出家人度牒，以凭稽查，以扶佛教。澄清喇嘛之意，众喇嘛不识此意，或反虑伊等之徒弟渐少，著将此情由晓谕众喇嘛知之，并交与边塞塘汛人等，务须留心，不时稽查。"

（卷46　798页）

乾隆二年（1737年）七月戊戌

户部议复原护甘肃巡抚巩昌布政使徐杞疏称甘肃匠价一项："前经侍讲学士杨椿条奏，请援江南之例，以各州县匠价摊入地粮征收。接准部复，行司议详。查甘省匠价河西向无额设，惟河东州县内有额征匠价。自数两至一二十两不等，共银七百六十余两。历年久远，现有子孙改业，仍照明时报部旧名输课。有本人物故无后而户族各匠均摊完纳者，赔累在所不免。请照学士杨椿所奏摊征，每粮一石仅摊银厘、毫、丝、忽，在民不觉加增，里甲匠户均免赔累。应如所请。即于甘省额征民粮内均匀摊派。"从之。

（卷46　801页）

乾隆二年（1737年）七月庚子

谕总理事务王大臣等所议樊廷奏报一折："著依议行。朕思噶尔丹策凌赋性狡诈。伊声言欲犯西路，但西路一无所利。或为敲此击彼之计，欲窥伺北路扰害喀尔喀亦未可定。可寄信与额驸策凌等加意防范，不可民疏忽。朕览樊廷折内有驻防官兵仅五千名，兵力单弱，应如何设备，可恃无虞之处。悉心熟筹，另奏等语。樊廷此奏似微有气馁之意，大凡为将之道贵气壮而心定，盖三军之仰赖将帅，犹百体之听令一心，所谓心君泰然，百体从令也。朕曾谕樊廷云，无事之时，当作有事观，及至有事又不可稍存畏葸之念。现在安西一带驻有重兵，相隔不远。再沿边一带亦有预备之兵可以调遣接应。兵力原未尝单也。况贼人即来窥伺，不过鼠窃狗偷，在边地亦属寻常之事，惟当持以镇静，不可因此惊惶，乱其心曲。本年四月间，大学士查郎阿奏请于秋间前往肃州巡查边地。今既有传闻之信，可在肃多住时日，若有应办之事即可就近办理。俟应回西安之时，奏闻再行起程。著将樊廷所奏，王大臣所议，抄寄额驸策凌、大学士查郎阿知之。"

（卷46　803页）

乾隆二年（1737年）七月甲寅

谕总理事务王大臣："御史栗尔璋条奏，河西宁朔等处更名府田，征粮较重，应行减轻一件。又河西、河东等处有水冲沙压地亩，应将额粮开除一件。经王大臣议，令交与陕甘督抚确查具奏。朕已降旨依议，但思栗尔璋乃甘肃地方之人，或实有所见而为此奏，或瞻徇桑梓而为此奏，二者均未可定。尔等可寄信与巡抚德沛，令其秉公据实查明，定议具奏。若非确实应行之事，则不必多此一举也。"

（卷47　818页）

乾隆二年（1737年）八月庚申

赈恤甘肃平番、兰州、金县、河州等四州县被旱灾民，缓征额赋。

（卷48　823页）

乾隆二年（1737年）八月甲申

赈甘肃会宁县被旱灾民。

（卷49　837页）

乾隆二年（1737年）九月壬辰

恭建世宗宪皇帝圣德神功碑于泰陵。遣官告祭。碑文曰："洪惟我圣祖仁皇帝，统承三圣之谟烈，奄奠万方，抚临天下，六十有一年。实兼开创与守成之事，爰自绥靖南荒，翦除三蘖而后，惟务以深仁厚泽，沦浃中外，俾涵泳优游，四方从欲。而励精图治，悠久无疆，晚岁之政，尤欲申严庶务，以正官方，纠诘敝民，以清礼俗，以明作济惇大，以节制保丰亨。故我皇考嗣承丕基，凡诚孝中正宽仁之大原，无一不与圣祖同揆。至用人行政规模，则稍有变通，以求继志述事之尽善。惟皇考神圣之姿，默契圣祖，是以膺付托之重任，而宏开夫万年有道之长。惟皇考诚敬之德，简在帝心，是以致嘉祥之骈臻，而即验于四海于变之盛，虽十三年之忧劳，无一日一时少释于宸衷，而所以贻我子孙臣庶亿万禩之乐利无穷者，诚如天地之无不帱载也。皇考世宗敬天昌运，建中表正，文武英明，宽仁信毅，大孝至诚。宪皇帝圣祖合天弘运，文武睿哲，恭俭宽裕，孝敬诚信，中和功德。大成仁皇帝第四子也，母孝恭仁皇后，在妊时梦月中仙娥，授以神子，既觉而诞生皇考。皇考幼而徇齐，天性仁孝，圣祖恩眷逾常。八岁时患腹疾，皇祖方巡狩塞外，闻之遽驰归，一昼夜而至，其笃爱有如此者。奉事庭帏数十年深爱忞敬，无一言一动不允当皇祖之心。每语众称为至孝。先是旧皇太子赠理亲王之未得罪也，皇考小心承顺，恪尽臣弟礼。而王恐圣祖眷爱日隆，有妨于己，遂至以非礼相加，皇考每顺受之，而刚正之气，亦不为少屈，律己则笃谨有加焉。及岁戊子，王以罪废，居常进谀者多背离，相忌者率倾陷，祸且不测，皇考多方保护，以悯忧恻怛，感慰圣祖之心而曲为王解，始获矜容，王乃愧悔自失。东宫旧属咸洒泣惊颂圣德。方是时，圣祖违和又以允禔、允禩等屡作非彝，以干天怒。居常郁郁，病势增剧。皇考竭心孝养，凡百躬亲，靡昼靡夜，逮四阅月，圣躬乃安。及理亲王再废，圣祖春秋益高，诸王中私怀觊觎者往往矫饰名誉，私树党援，而皇考绝不以一事自表异，友于兄弟，均平如一，莫不同其忧喜，轸其疾痛，其自取咎殃者亦不避嫌疑，力为调剂。自内外族姻左右大臣以及近侍宿卫，无一人往来亲密者。圣祖用是灼知圣德渊懿，大义明著，无党无偏，足以膺宗社臣民之付属也。及遭大故，水浆不入于口，以干清宫东庑为倚庐，素服斋居养心殿，三年如一日。每遇朔奠殷祭及献食寿皇殿，悲不自胜，哀动左右。躬送梓宫，安葬景陵，仁寿皇太后升遐，哀诚一如初礼。凡太庙郊坛，必躬必亲，致斋致慤，观者罔不肃然起敬。每遇水旱之祲，辄愀然曰，上天谴责朕躬，命直省旬月奏报雨雪，苟应时则喜动颜色，或过期即减常膳。元年五月，京畿旱，虔祷于宫中，自晨至夕不膳，霖雨立沛。盖皇考深念所任受于皇天暨列祖者。惟兹天下之烝黎，故休戚相关，如保赤子。而民之所以安者存乎政，政之所以举者存乎人，故宵衣旰食，日有孜孜，尤以是为先务焉。念民所苦病者莫如赋重而刑滥，有司遇灾祲而不恤，巧法侵渔，或惰侈以自耗，致民俗之日偷，逐奸利，纵淫乐，聚徒斗很。若是者皆盗贼之源也。皇考即位之元年即大免直省逋赋，陕西、甘肃二省以军兴运饷，其所供赋税无岁不蒙豁免。七年至九年，轮蠲各省赋税有差。自元季张士诚据苏松嘉湖，陈友谅据南昌袁瑞，与明太祖苦战于江东西，横敛以给军。终明之世，故籍未改，特命永除数郡浮粮，著为令典。凡直省报灾，朝闻，发不待夕，夕闻，发不待朝。每语近臣，朕蠲租发赈如救焚拯溺，犹恐灾黎之鲜有济也。彼视民之伤与己若无与者。独何心哉，常念水土为农田之本，而救荒之政莫要于兴工筑以聚贫民，遂博求海内水利，修川防，俾各省河渠湖泽岁久或淤塞为连州比郡农商害者，咸开浚之。京畿则命怡亲王、大学士朱轼经理水利营田，官开水田数万顷，听民自占者不与。十余年中费数百万，贫民皆取食焉。洪泽湖都受淮流广数百里，恃高家堰为关键，以束淮而溅黄，下河七州县民命系焉。发帑银百万尽改石工。浙江松江海塘经潮水屡涨，修筑相继，费数百万。滨海之民始得安衽席，无为鱼之患。往者封疆大吏好因事以自为功，有司承迎以速进取之路，凡有兴作及赈灾，动称捐助，或曰小民乐输。皇考再三谕禁以苏民困。州县巧取有禁，门关苛索有禁，而民隐之万难上达者，莫不在皇考洞鉴之中。每遇重囚即深廑睿怀，屡饬法司，必三复奏。好生之德发于不能自已者如此。念刑罚所以济政教之穷，必修礼正俗乃可清其源。详注圣祖仁皇帝谕旨十六条，亲制劝农种树之诏，御书刊示四方。命九卿详定贵贱服色，兵民婚丧礼制，实举孝义贞节。分遣御史巡行直省，常恐所任非人，则虽有良法美意，德难下究。教不虚行，故搜扬俊义，立贤无方。自唐宋以后，秩禄不足以赡庶官，不肖者各以他途取之，用此苟且盛行，不可遏止。皇考于外省督抚以及州县亲民之官，各赐养廉，较正禄数十百倍，其在京师卿贰则赐双俸，司旅并给饭费，虽闲曹职官亦准俸银之数。赐之廪谷，而寡廉鲜耻巧取以殃民者，法亦有所必行焉。左右辅弼及封疆重臣，忠勤夙著，猷绩彰闻，则推诚倚任，坦然不疑，俾得展尽底蕴。而常戒以面从，责以启沃，优容宠赉，十百于寻常。其有恃功骄蹇，植党营私者则法立诛必，而忠直善良，即时有失误，屡被谴诃，卒保全其终始。建贤良祠，崇祀累朝硕辅，其余著勋伐，效命疆场者，皆录用其后人。又念士者民之表仪，而庶官所由备也，故广其登进之途，而董之以教。元年，命郡、州、县学官必用正途。二年，躬诣太学，颁训饬士子文。四年，命直省督学举英才。八年，举通晓性理举人八人，并赐进士。各省会俱特建书院，取之之广，恤之之周如此。兵者民之卫藩，而国威之所蓄也，故勤其搜简之政，而曲体其情。命提镇考核将校必察其训练拊循之实，毋得徇私。提镇之优劣一以整饬将校，训练行伍，和辑兵民定之。士伍则正粮之外别发帑银，俾军帅营运以恤其婚丧。盖皇考莅官驭将，勤民养士，整军恤众，使文武并励，中外相维，制防曲尽如此。重念八旗乃国家根本，内外大小臣工士民军吏所观式也，故所以教之、养之、取之、任之，察其情而优恤之者尤详且备焉。元年，即命举人庠生之服公事者，各还家专力于学诵。设八旗官学，各就其方，简其士之秀异者而官教之。命诸王察举孝弟守分力学者。以承平日久，生齿愈繁，取八旗余丁四千八百人为教养兵，岁给十七万有奇。自五旗诸王不得以旗分人员，多供差役，擅治其罪，下此正、副都统及参领佐领不得苛索外吏财物。窃尝审究皇考治法之源流，然后古圣王所为，以天下为一家，以中国为一人者，其规模气象，始可得而见焉。皇考自宗亲戚畹勋旧以及八旗之士众，自京师畿辅以及九州四海之军民，惟恐其疾苦之蔽壅。礼俗之衰恶一如一身之中毛发有触而必动，虽外藩蒙古皆如家人父子，其职官并予俸禄，兵众咸给月粮。土默特守台站人岁时有赏，用此凡有征讨，外藩效命。屡谕蒙古王、贝勒宜爱民惠下，其子弟之俊秀者或在内廷教养之。赐安南以隙地，减朝鲜、琉球贡物，厚朝鲜、俄罗斯国人之赏赉。给琉球来学者归国之道赍。不独泽流方外，而声教亦渐被于遐荒。十有三年之间，宵衣旰食，无暇刻之宁，不谓天下已治，万民已安，而少懈夫朝乾夕惕之皇衷。故以事天之诚敬，昭事百神，而神无不格。以法祖之仁孝，锡类万物，而物无不孚。至于孔子德配天地尤加崇礼。王爵之封，上及五世，跪献之礼，首著上丁。详定配享先贤，增置五经博士，皆前古所未有也。教养宗室而宽其拘禁者，自登宸极，即封理亲王子弘晳为郡王，而于理亲王未降一旨，未遣一使。曰吾不欲受其拜，并闻感恩之言也。锡赉频仍，惟命内监传送，且教以询所从来，勿令告以上赐。及王薨，躬临哭奠，追赠理亲王，命弘晳进袭亲王爵，分封供具特厚。怡贤亲王之丧，躬临哭奠，哀恸久而不已。自戊子年后，允禩、允禟辈莫不妄冀非分，结党树援，尝触怒圣祖。圣祖降朱批，谕皇考及诸王云，朕与允禩父子之义已绝。及皇考嗣位，重念兄弟情，且知彼明敏能任事，爰命辅政，加恩信用，冀以感悟其心。密封皇祖旨于内阁，不以宣示外人。乃允禩不但不改悔，且心怀怨望，怙恶不悛。允禟在西宁多为不法，显悖臣礼。皇考虽申告中外，明正其罪，绝其属籍，而两人犹得以天年终，罚弗及嗣。自御极以后，瑞应骈至，日月如合璧，五星如联珠。黄河之清，自陕州至邳宿，二旬有五日不变。凤集麟生，庆云甘露，灵芝嘉谷之祥，不可胜纪。皇考每见奏章，必深自警惕，咨戒臣工。苟德政之不修，虽天瑞不足恃也。彰明人纪，更定刑章，凡继母虐杀前子以所生子抵法。无故杖杀仆婢者分别重轻治罪。访明太祖本支裔孙，袭封侯爵，以承其宗祀。自明初绍兴有惰民，靖难后诸臣抗命者，子女多发山西为乐户，数百年相沿未革。一旦去籍为良民，命下之日，人皆流涕。自准噶尔扰边，圣祖仁皇帝宿兵西北陲，以保旧属诸蕃。青海之平也，彼又纳我叛臣，虽屡加训告，袭盗不休，故定议濯征为一劳永逸计。及十年，大破之于喀尔喀之地，边将争言宜乘时进剿，皇考念彼远处外夷，武不可黩，乃遣使谕告，决意罢兵。西南洞苗自古为附近州县之害，自平定广乌蒙古州归义，开地二千里。而时戒边疆大吏为善后之谋。敬惟皇考自始至终，所以莅官勤民教士恤军安内驭外者，无不体之以诚，本之以孝，用之以中，持之以正，育之以仁，抚之以宽。与圣祖仁皇帝若合符节，而更化砥俗，使天下遵道遵路，如优恤宗室，而礼度必谨于防维。爰礼大臣而法禁必行于贵近。搜罗才俊而甄别不漏于昏庸。教育士民而捕诘独严于败类。盖非此不足以移文恬武嬉、阴私交结之风，革吏蠹民偷，险戾奸欺之习。未尝非圣祖晚年整肃官方，矫除薄俗之遗意也。是以数年之后，蒸然丕变，外自郡州县吏，私馈不行于大府监司。内而阁部院司台垣不敢以己事干外吏。仓库侵蚀者所在充盈，庠序鲜嚣陵之士，门关无苛索之兵。蠹吏散朋，奸民徙业。孔子所称善继人之志，善述人之事者，我皇考实克当之。皇考即位之元年八月，即手书建储事，密封宫廷，布告群臣。八年六月，圣躬违和，特召臣及庄亲王、果亲王、和亲王、大学士、内大臣数人入见，面谕遗诏大意。谓朕夙夜忧勤，惟体圣祖之心以为心，法圣祖之政以为政。因见人情浇薄，官吏徇私，罔知改省，不得不惩治以戒将来，故有从前条例本严，而改易从宽者，乃原议未协。朕与廷臣悉心酌定可垂永久。有从前本宽而改易从严者，本欲俟诸弊革除之后，酌复旧章。乃知皇考圣智天纵，灼见圣祖不言之意。以就前功而随时取中，用建民极。盖圣祖时，疮痍初复，非遍覆包涵不足以厚生养而定民志。皇考继承之初则政宽而奸伏，物盛而孽萌。非廓清厘剔，大为之防。其流将溢漫而不可以长久。两朝圣治正如天地四时之运，相推相代，以成岁功。先儒所谓虽有改制之名，而无变道之实者，此也。皇考圣意，原欲大加整剔，使弊绝风清，人人皆知理法而后布恩施德，以培国家万年元气。昊天不吊，未假之年，使十有三年，惫精劳神之圣心，犹未释于龙驭上宾之日，而广大欲沛之泽，不及旁流汪濊，以遂皇考之初志，而亲见黎民遍德之休也。呜呼痛哉，雍正十三年八月己丑，皇考崩，圣寿五十有八。乾隆二年三月庚寅葬泰陵，小子谨拜稽首而献颂曰：'惟天行健，运而不息。阴阳甄陶，万殊一则。惟圣时宪，建极宜民。其用曷先，曰义与仁。当丰而亨，蓍亦潜滋。既大且豫，必戒其随。皇帝继序，履盛持盈。日暄雨润，雷动风行。皇天所付，惟此嘉师。四圣容保，予承予依。曰予作君，在厚其生。其灾其害，我躬是膺。曰予作师，在正其德。其薄其顽，我躬之忒。设监置牧，惟民之安。苟非其人，虑为民残。心膂股肱，信贤不贰。庶司百吏，开诚以示。片言必录，小善必登。耳提面命，无或荒宁。官箴之败，交以贿成。贤奸可易，白黑可更。植党背公，诪张谲诳。上下相蒙，斯民曷望。重增秩禄，用绝苞苴。私涂既闭，邦经可胪。旌廉擢能，俾钦俾慕。诛恣惩贪，俾愧俾瘝。九官承式，庶事寡愆。大府整躬，百城晏眠。敬刑明罚，乱狱无滋。岁会月要，出纳无欺。救荒拯溺，家沾户浃。增防浚川，役均廪给。兴礼明教，以示之则。禁暴诘奸，以除其慝。煌煌帝京，政肃风清。豪强屏息，奸宄潜形。博戏斗鼍，鹑茵鸡栅。奇技淫声，儿童莫识。近自畿甸，周于海隅。山行野宿，刁柝无虞。曷占政成，官称其职。曷占民安，鼓腹作息。皇帝致治，身为表仪。由中达外，诚一无私。郊庙明禋，洞洞属属。阙廷莅政，雍雍穆穆。大孝备矣，昭哉嗣服。眷旧亲贤，久而弥笃。近承德意，远树风声。父勉其子，弟祗其兄。未明求衣，日昃不食。一日万几，是匡是饬。天现其光，珠联璧合。地效其灵，河清川翕。亩穗丛歧，陵芝结纽。凤翔麟游，近在郊椒。皇帝曰咨，毋安毋豫。我君我臣，惟戒惟惧。遇灾而惧，灾可为祥。以祥为常，志将日荒。重道崇文，德心是懋。张皇六师，武不敢究。天衢如砥，万国朝宗。开我明堂，四裔来同。盛德之气，生物之元。于时为春，在人曰仁。尊严之气，物以凝闭。于时为秋，在人曰义。巍巍圣皇，是则是效。雨露雷霆，罔非至教。德厚于地，智崇如天。仪我后昆，亿万斯年。'"

（卷50　847页）

乾隆二年（1737年）九月甲辰

命户部尚书："署湖广总督史贻直回部办事，以甘肃巡抚德沛为湖广总督，山西按察使元展成为甘肃巡抚。"

（卷51　863页）

乾隆二年（1737年）九月己酉

谕总理事务王大臣："德沛在甘肃巡抚任内声名甚好，今已用为湖广总督。伊前所奏开渠凿井、兴修水利等事，皆利益民生、爱养黎元之切务。历来督抚似此留心本计者颇不多见，但伊在任未久，各处工程有大概告成者，亦有未曾就绪者，或有计议兴作尚未举行者。应寄信与大学士查郎阿、新任巡抚元展成督率属员接续办理，无废前功。其因时制宜之处又在伊等临期斟酌，总以利济民生为要。元展成到任时，著查郎阿将朕此旨传谕知之。"

（卷51　867页）

乾隆二年（1737年）九月癸丑

又议复升任甘肃巡抚宗室德沛："请豁免甘省河西，甘、凉、宁三府州、县、卫随征马粮一万一百余石零。查此项原系前明额外之征，于民实多苦累。况该省河东各府额征粮内并无马粮一项，而边地穷民，独相沿未革。应如所请。自乾隆戊午年为始照数豁除。"得旨："依议。"

（卷51　873页）

乾隆二年（1737年）闰九月壬戌

谕内阁："西宁一镇关系紧要，署总兵范时捷现在有疾，著来京调理，仍回散秩大臣之任。其西宁总兵印务著副将王友询署理。"

（卷52　881页）

乾隆二年（1737年）十月丙戌

兵部等部议复大学士管川陕总督查郎阿等疏称口外台站："前因哈密等处俱有驻防官兵，请于马莲井子以东，令安西镇安设。星星峡以西至哈密止，即令哈密派兵安设。今大营官兵既撤，毋庸绕道。查马莲井子以东一十四站系旧时安站处，道里适均，自应仍旧。其星星峡以西，从前因官兵驻扎巴里坤，是以从中路安设，自应改安正南一路，由沙泉子直至哈密，路近而便。每站派兵四名，字识一名，共安马一百二十匹。又令安西、哈密各派千总一员，驻扎巡查，并安驼只及支销兵马粮料各事宜。均应如所请。"从之。

（卷54　903页）

乾隆二年（1737年）十月乙未

户部议复甘肃巡抚宗室德沛疏称："甘省民鲜盖藏，其每岁额征除兵粮外所余无几。自应于丰收之岁预先买贮。请于河东平凉、庆阳、临洮、巩昌四府并直隶秦州属之两当县，河西甘州、凉州、宁夏、西宁四府并直隶肃州属之高台县及沙州卫，分别地方小大，户口多寡，酌量采买，共贮粮一十七万石，以备应用。应如所请。"从之。

（卷54　905页）

乾隆二年（1737年）十月丙申

刑部会议："休致安西镇总兵官张嘉翰承办军需草束，剥削短发，应照侵盗钱粮例，拟斩监候秋后处决。"得旨："如所议。"

（卷54　906页）

乾隆二年（1737年）十月壬寅

蠲免甘肃会宁县本年旱灾额赋。

（卷55　909页）

乾隆二年（1737年）十月庚戌

蠲免甘肃平番县本年旱灾应征银粮草束。

（卷55　913页）

乾隆二年（1737年）十一月壬戌

兵部议复大学士管川陕总督查郎阿疏称："钦奉谕旨，各省营伍离提镇辽远，不能亲身稽查，著各省督抚酌量地方营制，应如何令提镇等。隔数年一次巡阅之处，妥协详议具奏。查陕西提督所属之延绥镇缘边一路，巡查易周，仍照原议，每年出巡二次。其河州一镇，前因改镇伊始，尚未议定分巡，应于每年二三月间，由积石等二十四关，西历口外之奇台、循化、保安、归德等营，九十月间，则自东北之临洮、兰州、红城、苦水至于东南之洮岷、阶文、秦巩、西固、岷州、旧洮等营，分季巡查。甘肃提督所属之肃州一镇，应于每年或春或秋出巡一次，其余各镇仍照原议，每年分季巡阅。又陕西兴汉一镇，除汉中城守等营，俱令镇臣每年巡查一次，其汉凤等五营，即令汉中城守副将就近每年巡查一次。统俟三年之后，仍令镇臣遍历巡查。陕西提督所摄固原一镇，仍照旧议，于四协副参游击内互相稽查。又称提督为统辖通省之员。陕西提督应五年普巡一次。甘肃提督于二年之中或秋或冬巡查肃州、安西二镇，仍不时悉心访察。均应如所请。"从之。

（卷56　921页）

乾隆二年（1737年）十一月乙亥

赈恤甘肃环县、兰州、广东三水、龙门、从化、清远、花县、澄海、潮阳、高要、开平、四会十县被旱灾民，缓征本年额赋。

（卷57　928页）

乾隆二年（1737年）十一月庚辰

命西宁办事副都统保柱来京。以镶黄旗满洲副都统巴灵阿为西宁办事副都统。以署镶红旗蒙古副都统布兰泰为镶黄旗满洲副都统。

（卷57 929页）

乾隆二年（1737年）十一月癸未

湖广总督宗室德沛奏："由兰州赴任，途次见闻陕西凿井灌田情形，于民无益。又河南叶县等处汝水泛溢，应将河身挑挖使深等因。"得旨："如此不分此疆彼界，惟以地方为念，而不避嫌疑，始为封疆大臣之度。朕甚嘉悦览之。待分别情形办理。"

（卷57 936页）

乾隆二年（1737年）十二月丙申

借给甘肃张掖县抛荒复业地亩籽种、口粮一万五千石，牛具人工银三千两。从甘肃巡抚元展成请也。

（卷58 947页）

乾隆二年（1737年）十二月辛丑

宽免甘肃大通协永安营兵丁试种无成，应赔籽种、农器银一百七十两有奇。

（卷59 953页）

乾隆二年（1737年）十二月癸丑

御保和殿，筵宴朝正外藩。左翼：科尔沁和硕土谢图亲王阿喇布坦，乌珠穆沁和硕车臣亲王阿喇布坦纳木扎勒，喀尔喀和硕亲王和硕额驸策凌，科尔沁多罗扎萨克图郡王沙津德勒格尔，敖汉多罗郡王垂木丕尔，巴林多罗郡王桑礼达，敖汉多罗郡王鄂勒哲图，喀喇沁多罗都楞郡王伊达木札布，科尔沁多罗贝勒多尔济，苏尼特多罗贝勒锡里，乌珠穆沁多罗厄尔德尼贝勒策布登，喀喇沁多罗贝勒和硕额驸僧衮札布，敖汉固山贝子固山额驸罗布藏巴林固山贝子札什纳木达尔，土默特固山贝子哈穆噶巴雅斯瑚朗图，科尔沁和硕额驸齐默特多尔济，镇国公和硕额驸达尔玛达都，札鲁特镇国公察罕灵华，翁牛特镇国公索诺木，乌珠穆沁镇国公朋素克拉布坦，阿巴噶辅国公鄂勒哲图，喀喇沁辅国公罗布藏策布登，喀喇沁辅国公丹津，喀喇沁和硕额驸纳木什，科尔沁和硕额驸塞布腾多尔济，喀喇沁扎萨克头等塔布囊和硕额驸喀宁阿，郭尔罗斯扎萨克头等台吉察衮，敖汉多罗额驸德木楚克，敖汉多罗额驸齐旺多尔济，科尔沁固山额驸拉礼达、塞楞纳木札勒、多尔济瑚固穆，敖汉固山额驸旺扎勒罗布藏锡拉布，奈曼固山额驸敦多布，喀喇沁公主之子头等塔布囊敏珠尔拉布坦，敖汉公主之孙头等台吉垂济拉什，科尔沁公主之孙头等台吉索诺木旺札勒、阿玉尔布尼拉什，敖汉公主之孙头等台吉垂札木素、赛音伍玉图，喀喇沁头等塔布囊旺札勒，科尔沁二等台吉阿旺藏布吉勒图堪，巴林二等台吉旺札勒，苏尼特二等台吉朋素克林沁，茂明安二等台吉德木楚克拉旺，科尔沁三等台吉策旺札布，敖汉四等台吉诺们，巴林四等台吉策凌达尔札，科尔沁四等台吉毕里衮达赉固穆札布，扎鲁特四等台吉朋素克，克什克腾四等台吉囊札特札布，科尔沁头等台吉乌勒木济札木素、多尔济札布，巴林头等台吉琳沁丹津，科尔沁二等台吉多尔济松兑僧格，敖汉二等台吉札什桑图札木巴拉什，阿巴噶二等台吉朋素克拉布坦，乌珠穆沁二等台吉达什德礼克，科尔沁三等台吉根敦札卜布颜图，敖汉三等台吉桑济拉什、阿旺拉什，巴林三等台吉班珠尔璧木巴拉，郭尔罗斯三等台吉乌尔瑚满，阿巴噶三等台吉罗卜藏达什，科尔沁四等台吉阿玉尔布尼色楞札木素、阿玉什巴克拉瑚、特古斯布颜图、纳逊、鄂尔哲、阿璧达、达尔玛达都丹津、满沁保、札木扬、特古斯、璧什呼勒图、锡拉布丹津、塔璧图巴什、阿穆瑚朗乌巴什、旺舒克根敦札布、乌尔衮塔旺札木素、英贵、塞楞巴勒珠尔、拉什索诺木、垂札布，敖汉四等台吉多尔济、绰克托、札木巴拉、素木第多尔济、纳苏图、噶尔党鄂尔哲、丹巴拉玛札布、兑桑策旺札布、旺札勒僧格、固卜登鄂尔哲图、素尔特木、巴特玛、巴特玛拉什、旺札勒、塔尔吉章散，巴林四等台吉索诺木、伊鲁勒图、纳逊尼尔赫图，喀喇沁头等塔布囊齐默特多尔济，翁牛特四等台吉诺罗卜札木素。右翼：喀尔喀土谢图汗敦丹多尔济，扎萨克图汗格勒克雅木丕尔，和硕亲王丹津多尔济，阿巴噶多罗郡王索诺木拉布坦，苏尼特多罗杜楞郡王旺清齐斯鲁克，喀尔喀多罗郡王德穆楚克，厄鲁特多罗郡王塞卜腾旺布，喀尔喀多罗贝勒策布登，阿噜科尔沁多罗贝勒达克丹，喀尔喀多罗贝勒噶勒桑，鄂尔多斯多罗贝勒诺罗卜扎木素，翁牛特多罗达尔汉岱青贝勒朋素克，阿巴哈纳尔多罗贝勒达什敏珠尔，阿巴噶固山达尔汉贝子齐旺，喀尔喀固山贝子旺扎勒，厄鲁特固山贝子散都卜，乌喇特辅国公阿穆尔凌贵，苏尼特辅国公噶尔玛逊多卜，鄂尔多斯辅国公塞布腾诺尔布，喀尔喀辅国公敏珠尔策布登扎布、齐旺、密什克、衮布策凌、密瓦札卜，吐鲁番辅国公额敏和卓，喀尔喀扎萨克头等台吉波罗尔、琳丕尔多尔济、布达扎布、乌木补济、旺补多尔济、逊都布、齐巴克扎布、格勒克、散都克多尔济、旺札勒，青海扎萨克头等台吉额尔德尼济农、丹勇、济克济扎布，喀尔喀头等台吉额默根拜都布，乌珠穆沁头等台吉德礼克、旺舒克，苏尼特头等台吉达什，喀尔喀头等台吉琳沁多尔济、散达克多尔济，奈曼协理头等台吉璧都尔扎阿巴噶噶凌扎喇，喀尔喀根敦，鄂尔多斯扎布，喀喇沁达林，喀尔喀头等台吉图巴、散都布、灵丹多尔济、旺兑布多尔济、散济扎布、罗布藏达什、锡拉布，科尔沁协理二等台吉策旺、达木巴鲁，鄂尔多斯根敦翁牛特萨木鲁布，阿噜科尔沁策旺敦多卜，鄂尔多斯索诺木喇什、乌喇特阿尔塔、阿巴噶阿喇布坦，喀尔喀旺舒克扎赉特协理三等台吉拉什、阿巴哈纳尔莽机钗，鄂尔多斯扎木扬、乌喇特锡拉布，鄂尔多斯罗布藏拉什、茂明安额尔穆济，郭尔罗斯土萨图，归化城土默特伊密第，喀尔喀恭格成衮扎布、班珠尔、那旺成衮，四子部落协理四等台吉敦多布，喀尔喀锡拉布、浩齐特车木楚克、阿霸哈纳尔素珠克、巴林旺舒克，鄂尔多斯乌巴什、都尔伯特阿尔璧机瑚，土默特垂札布、克什克腾齐旺多尔济，科尔沁沙津德勒格尔，扎鲁特噶什布，齐默特多尔济，喀尔喀格木丕尔、牟兑舒伦、布达札布、敏珠尔旺清多尔济、逊都布、塔素隆多尔济、厄林沁达什、旺舒克、札木禅、敦多布、凌禅、万楚克、班珠尔、孟固策凌旺布、齐旺那木开、衮楚克、多约特、齐巴克札布，青海衮布塔尔，喀尔喀四等台吉多约特、扎木素、达什根扎布、旺扎勒、巴尔洪多尔济、巴凌塔、楚克苏木扎卜、阿拉布坦旺布达什、朋素克、阿璧达等，及内大臣、侍卫、大学士等。召敦丹多尔济、格勒克雅木丕尔、丹津多尔济、阿喇布坦阿喇布坦纳木扎勒策凌、垂木丕尔、桑礼达、索诺木拉布坦、塞卜腾旺布、伊达木扎布、僧衮扎布策布登、罗布藏齐默特多尔济、达尔玛达都至御座前，赐酒成礼。

（卷59　958页）

《清乾隆实录（二）》

乾隆三年（1738年）正月庚申

甘肃巡抚元展成奏："甘州府属之张掖县自军兴之后，田地抛荒者多，贫民一时未能复业。请将该县所存仓粮借给籽种、口粮一万五千石，借给牛具人工银三千两，并派员分地董理。"得旨："如所请行，该部知道。"

（卷60　2页）

乾隆三年（1738年）正月壬午

又奏："安西边外钓鱼沟地方，闻有聚众偷挖金沙事，经安西镇总兵豆斌、委都司曹懋学带兵缉拿，俱已闻风逃遁。该镇复派兵前往，获犯二百三十八名，俱系前次逃匿，探知官兵回营，仍复聚集者。现委员严讯究拟外，仍饬该镇不时体察。至曹懋学有无卖纵情弊另行查参。"得旨："知道了。观其聚集多人则向之疏纵，不问可知。然此次朕姑不究，再有似此之事，则卿等亦不能辞其责矣。至曹懋学即非卖纵，亦必系一无用之弁，又何疑虑而不参处，以为属员之戒乎？此件殊欠妥协。"

（卷61　14页）

乾隆三年（1738年）二月癸未

铸给肃州城守营都司关防威鲁堡守备条记，从川陕总督查郎阿请也。

（卷62　15页）

乾隆三年（1738年）二月庚子

甘肃巡抚元展成奏："甘省藩库平余银两岁不过千余金，旧日藩司于放兵饷各项内零星剪配，凑足三千之数。既失政体，兼滋弊端。嗣后令将平余实数报部，并请即以此项留充书院费用。"得旨："允行，下部知之。"

（卷63　28页）

乾隆三年（1738年）二月甲辰

谕："据固原提督樊廷奏称，臣领兵多年，旧有复胀气喘之病，自入春以来，时常呕吐，精神恍惚，饮食少进，难以供职。伏祈恩准解任调养，或延残喘等语。樊廷效力边疆十有余载，威勇夙著。朕以其久练夷情，付以重任。乃因劳致疾，势甚沉重。披览来奏，朕心深为不忍，著即从哈密从容起程回至固原，善为调理。途次病势如何，著伊奏闻请旨。哈密驻防关系紧要，著甘肃提督李绳武驰驿前往，代樊廷之任，赏给肃州库银五千两为整备行装之用，其余应给等项俱照例给与，其甘肃提督印务，著大学士查郎阿于所属总兵内遴选贤员，暂行署理。"

（卷63　29页）

乾隆三年（1738年）二月乙巳

川陕总督查郎阿等奏："柳林湖屯种收获粮石，运赴武威贮仓备用，以供驻凉满兵粮料。向令镇番县民挽运，应请酌拨驼只，下部知之。"

命署西宁镇总兵王友询赴赤靖等处驻防。

（卷63　30页）

乾隆三年（1738年）二月己酉

命陕西凉州总兵杨珑署理陕西提督。

（卷63　33页）

乾隆三年（1738年）二月壬子

命甘省狱囚棉衣、药饵、棺木等项均准于每年自理赎锾内动支，从护理甘肃巡抚按察使齐式请也。

（卷63　34页）

川陕总督查郎阿奏："陕西提督樊廷患病，请派甘肃提臣李绳武驻防哈密。"得旨："昨据樊廷折奏，朕即降旨，令李绳武前往矣。卿见可谓千里同风，至彼处虽遣使议和，今亦欲命使臣前往，但事尚在未定，岂可遽撤提臣乎？卿其知之，仍以小心防守为是。"

总理青海副都统巴灵阿奏请："西宁口外防冬员弁仿照哈密换防之例，于今年派防章京、骁骑校兵丁内派拨一半前往，嗣后新旧相间，更于卡务有裨。"得旨："此奏甚是，知道了。珠都纳等既愿留彼效力，实属可嘉，俟明年伊等回日，汝预先声明请旨。"

（卷63　36页）

乾隆三年（1738年）三月丁卯

又谕："上年因陕甘地方收成歉薄，物价昂贵，曾准各营兵丁等预借银两，籴买粮石，以资接济。例应陆续扣还，朕念地方歉收之后，兵丁力量不敷，伊等既有从前所借未曾扣清之项，又有借办军装火药银两，应行按季扣除，合计所扣之数过多，兵丁食用未免艰窘。著大学士查郎阿酌量本地情形，再宽其期，酌展三、四季，以纾兵力，示朕优恤边兵之至意。"

以山东登莱道包括为甘肃按察使。

（卷64　49页）

乾隆三年（1738年）三月戊辰

又谕："固原提督樊廷领兵多年，效力边疆，威勇素著。前因驻防哈密，身患痰疾，奏请解任调理。朕心轸念，令回固原之任，并赏给参药，命太医驰往诊视，冀其痊可。今见遗折，知病已不起，而伊弥留之际，犹以边防事宜，谆切陈奏。披览之下，实不胜悯恻，著大学士查郎阿经理其丧，将枢送回内地，并赏帑金五千两，为办理丧葬之用。其应得恤典，该部从优议奏。所有一等轻车都尉即令伊子樊经文承袭，嗣后子孙仍准照世次袭职。又伊奏称父葬成都，母葬凉州祖茔，今一子年幼，扶枢拮据，难以远赴成都，恳请恩准，葬于母墓之侧等语。著大学士查郎阿与伊子熟商，如成都旧有产业或将伊母送往合葬，如不愿远赴成都，即将伊父骸骨移至凉州，葬于一处。一切费用著大学士查郎阿于恩赐银两外另行赏给。樊廷所奏边防事宜，著办理军机大臣定议具奏。"

（卷65　51页）

调甘肃提督李绳武为固原提督，古北口提督瞻岱为甘肃提督。

（卷65　53页）

乾隆三年（1738年）三月辛未

免甘肃兰州、环县、灵州、中卫县、花马池旱灾额赋有差。

（卷65　55页）

乾隆三年（1738年）三月壬午

甘肃提督李绳武奏报奉命前往哈密，代樊廷任事情由。得旨："知道了。边防要地特简用汝，汝其勉整饬营伍，训练兵丁于无事之日，若遇意外之事，莫要于敬慎持重四字。朕训诚樊廷之言具在，汝其一一遵行莫怠，以副倚任之意。"

（卷65　64页）

乾隆三年（1738年）四月丁亥

兵部议准大学士仍管川陕总督查郎阿疏请："安西、河州、哈密地方，前在军台倒毙马匹无庸买补。"从之。

（卷66　69页）

乾隆三年（1738年）四月辛卯

镇守凉州等处将军乌和图奏："凉州、庄浪兵丁照各省驻防之例，赏给滋生银两，为红、白之资。"下部知之。

（卷66　70页）

乾隆三年（1738年）四月甲午

礼部议准大学士仍管川陕总督查郎阿疏请："将西路死事官员兵丁入昭忠祠致祭。桌子山、棋子山二处官兵亦请一体入祀。"从之。

（卷66　72页）

拨河南省乾隆二年份地丁余银六万九千两有奇，为甘肃庄、凉满兵饷银，从大学士仍管川陕总督查郎阿请也。

（卷66　73页）

乾隆三年（1738年）五月癸丑

大学士仍管川陕总督查郎阿疏称："陕甘督、抚、提、镇、协、营均匀分给兵丁生息银两，除将本息银分给外，陕省不敷银三千三百六十两有奇，请令布政使照数拨发。甘省余剩银九千二百五十两有奇，请移知陕西藩司。将陕省各营不敷银两就近拨领。至固原、宁夏、河州等营相距甘、凉遥远，应于领饷时在司库给发。又兵丁果有急需，令其报明该管将弁，会同文员借给，每月以一分起息，但不得过五两，按照五季扣除。其营运未获息以前，兵丁有红、白事，分别同居、不同居，在司库地丁项内动支。营运获息之后，先尽防兵，吉事赏银四两，丧事六两，迨息利丰裕，将存营之兵，减半赏给。"下部议行。

（卷68　94页）

乾隆三年（1738年）五月己巳

大学士鄂尔泰等遵旨议复："延绥镇总兵官王廷极疏称，西路民人出口在肃州知州处领票，嘉峪关验收，赴哈密贸易者，并无执照印票，奸良莫辨。请嗣后民人出口止在嘉峪关照放，不必收执照。仍令本人持赴哈密粮务同知处验票投到。其回家进口者亦在同知处领票过关放进。应如所请。"从之。

（卷69　105页）

又议准甘肃巡抚元展成疏请："安西、靖远同知、通判照宁夏水利官员之例，每员给公费银三百六十两。柳沟等四卫照内地次冲州县，给公费银三百六十两。赤金一所照内地简僻之县，给公费银一百六十两。均于乾隆三年为始。于司库公用项内动支。"从之。

（卷69　106页）

乾隆三年（1738年）五月庚午

又奏报："凉州、庄浪建造满城，并衙署营房，专委凉庄道阿炳安、榆葭道王凝总理。工程既能速藏，帑项亦多节省，且番民土人习耐勤劳，是以事半功倍，节省银至三万二千九百余两之多。请即以此项余银修葺肃州城垣。"得旨："卿若此据实陈奏，著照所请行。至阿炳安等办理亦属可嘉也。"

（卷69　108页）

乾隆三年（1738年）五月丙子

甘肃巡抚元展成奏："前奏准兰城兴筑，寓赈于工。二月下旬春种将毕，三四月间青黄不接，且甘省麦秋最迟，乘此农隙时正可以力易食。若待造佑题复始行兴工，诚恐缓不济急。"又称："兰州应赈灾民共十五万余口，其老弱残废不能力作者，止令领赈。现将年力精壮可就力役者另册登注，每名每日给银六分，每二十日一更换，使事育有资，均得受惠。"下部议行。

（卷69　115页）

乾隆三年（1738年）六月庚戌

甘肃巡抚元展成奏："乾隆元年苞甘及元年以后由军前效力题补人员，于各属钱粮大约亏缺，皆所不免。若即行指参，则十居八九，一经参破，将来即成无著，转于钱粮无补，莫若显示稽查，隐缓发觉，谁无身家，其敢延宕。现将雍正十一年以后钱粮勒限严催，按年奏销，不过一二年间即可就绪。"得旨："此见固是，限汝五年，缓缓料理。俟五年后，将此折题奏。彼时若不清楚，朕必差人前往，彻底清查，恐汝亦不能免矣。"

（卷71　147页）

乾隆三年（1738年）七月戊午

兵部议复凉州将军乌黑图奏称："凉州、庄浪为西边要地，所有新添兵丁，其马步弓箭请每日亲阅。至凉州路通山谷，险隘尚未深悉，请于田禾收获之后带领官兵，操演射猎二十日。每年打围一次。所有牲畜马匹派出官兵操习收放，并令不时巡查牧厂。均应如所请。至所称增放鸟枪，每年演习十个月，炮位亦加至八十日，为期太多。请将鸟枪演六个月，炮位演三十日，俟二年后。俱照西安定例。"得旨："允行。"

（卷72　153页）

乾隆三年（1738年）七月庚午

户部议准甘肃巡抚元展成奏："甘省各属孤贫银米，请照例按名均给，所有原编不敷之处请于地丁银内拨补，至米石原额有余者即裁拨兵粮。"从之。

（卷73　162页）

乾隆三年（1738年）七月辛未

甘肃西宁指挥使祁大勋故，以其子祁宪邦承袭。

（卷73　163页）

乾隆三年（1738年）七月庚辰

前任都察院左都御史马尔泰参奏："原任陕西总督刘于义徇庇属员，糜费军需，请革职治罪。内阁学士岱奇、内阁侍读学士阿兰泰不能查明弊窦，请一并议处。"得旨："该部核拟具奏。刘于义著革职，交部治罪。岱奇等交部查议具奏。"

（卷73　168页）

又奏："吐鲁番回民搬移瓜州，耕种小湾踏实之地。道里往返维艰，据扎萨克公额敏和卓呈请在小湾地方建筑小堡，自行造屋居住。据情奏请。"得旨："卿等具题可也。"

（卷73　170页）

乾隆三年（1738年）八月壬午

工部议准大学士管川陕总督事查郎阿奏称："瓜州地多水少，回民田地资以灌溉者，惟疏勒河之水。河流微细不敷。查靖逆卫之北地名蘑菇滩，有川北、巩昌两湖，西流合为一处，名蘑菇沟。其西又有三道柳条沟，北流归摆带湖。请从蘑菇沟之中腰建闸一座，即于闸下浚一渠，截蘑菇沟及三道柳条沟之水尽入渠中，为回民灌田之利。"从之。

（卷74　173页）

乾隆三年（1738年）八月丙戌

赈甘肃武威县本年水灾饥民。

（卷74　180页）

乾隆三年（1738年）八月己丑

兵部议准大学士管川陕总督事查郎阿奏称："西宁府属碾伯县壤接番、回，山径丛错。县属之摆羊戎为番民杂处之地，最关紧要。请建土城一座，设游击一员，千总一员，把总二员，马兵二百名，步兵二百名，兼辖扎什巴、巴暖营、亦杂石庄、乩思观、林千户庄、徐家庄、康家寨、甘都堂等营汛，即将巴暖营原设之游击一员、千总一员移驻摆羊戎，其巴暖营改设守备一员，把总一员。原设兵三百名，裁一百名，以为摆羊戎之需。扎什巴距摆羊戎不远，止设千总一员，马兵三十名，步兵七十名。甘都堂建土堡一座，设千总一员，马兵五十名，步兵一百名。其亦杂石庄等处驻扎官兵，照旧安设。仍于各处要隘酌建墩台，每台安兵三五名。至贵德所守御千总一员，旧隶临洮府，贵德营都司一员，旧隶河州镇。各处相距均在八百里以外。查贵德与河北西宁接壤，请以贵德所守御千总改隶西宁府，贵德营都司改隶西宁镇。原设守兵一百五十名之外，添设马兵三十名，即在西宁镇营新兵内拨补。其分隶之处，清水河以北属贵德，改隶西宁。清水河以南属保安，仍隶河州。再阿哈旦、苏胡、加阿路等三庄俱在黄河北，旧属河州厅，距三百余里。新番盘诘为难，纳粮亦未免跋涉。今甘都堂既新设千总，请即令就近巡防，粮亦附近于碾伯县仓交纳。又丹噶尔一营原为巡查贼番而设，旧在日月山之北，未能要截要路。惟河拉库托地方平衍，为贼番出没之区，请筑一小堡，设守备一员，把总一员，马兵一百名，步兵一百名，归丹噶尔参将统辖。所设兵亦在西宁营新兵内拨补。又河州城西口外一带，自老鸦关出口至奇台堡、循化营、保安堡等处，俱系塞外岩疆，旧设墩台十余处，路长墩少，请各路分添墩台八座。又奇台堡之土门关外桥沟寺接连火儿藏地方，请于要处添设墩台二座，每座安马兵二名，步兵三名，共兵五十名，即于循化、保安、奇台等营内就近派拨。但保安、奇台两处，孤悬口外，额兵本属单微。请于循化营拨马兵十五名，步兵三十五名，添入保安，连原安兵共足二百五十名之数。再拨马兵十五名，步兵三十五名，添入奇台堡，连原设兵共足一百五十名之数。其寄居双城地方之奇台堡守备令其驻扎奇台，所有双城汛地相距甚远，未便分管，请以河州二十四关为界，关口以内归镇标之左、右两营管辖，关口以外分派循化、奇台、保安等营，各按远近分汛管辖。又西固城守一营向设都司一员，马步守兵二百一十七名。现在番回新附，族多地广，请添设千总一员，把总一员，马步兵八十三名，合原额共足三百名。至安西镇属之沙州协，所辖有踏实一营，去沙州三百余里，文移每稽时日。请就近改归安西镇管辖。峰叠城防御之兵，旧派文县营把总管辖，不相联属。请将峰叠城之文县营把总仍撤回文县。均应如所请。”从之。

（卷74　182页）

乾隆三年（1738年）八月辛卯

停征甘肃柳沟卫所属之八九道沟等处本年水灾额赋，兼赈饥民。

（卷74　185页）

乾隆三年（1738年）八月丁酉

户部议复甘肃巡抚元展成遵旨议奏：“甘省纳粟捐监事宜，请照各属地方之大小酌定分贮谷石之数，惟是甘属山地居多，不宜粟谷，势难尽收本色。请以米、麦、豆三色通融交纳，如有愿交谷者，各从其便。应如所请。至所称外省商贾子弟，亦准一例报捐。查捐纳移归本省，原为本处仓贮起见，自应各归本籍赴捐。况甘省产谷无几，恐因此采买人众，谷价遂昂，于民食未便。应毋庸议。”得旨：“甘省本籍人捐监者少，与各省不同。该抚所请外省商贾子弟，准其一体捐纳之处，著照所请行。余依议。”

（卷75　188页）

乾隆三年（1738年）九月壬子

调陕西肃州镇总兵官沈力学为福建福宁镇总兵官。广东碣石镇总兵官韩良卿为陕西肃州镇总兵官。福建福宁镇总兵官马骥为广东碣石镇总兵官。云南临元镇总兵官何勉为广东左翼镇总兵官。以广东惠州协副将马成林为云南临元镇总兵官。

（卷76　201页）

乾隆三年（1738年）九月丙辰

大学士等议复甘肃布政使徐杞奏称："歉收地方如仓粮不敷赈济，请将银两搭放一折。查乏食贫民自应动支仓粮，按名散给。若折支银两恐官吏易生弊端。而市狯囤积居奇，粮价反致昂贵。所奏应无庸议。但甘省地处边隅，偶被偏灾，仓贮或难接济，应以银搭放者临期酌量办理。"得旨："允行。"

（卷76　204页）

乾隆三年（1738年）九月甲子

缓征甘肃口外赤金所本年风灾额赋兼赈饥民。

（卷76　209页）

乾隆三年（1738年）九月辛未

铸给新设凉州理事同知、庄浪理事通判关防，从川陕总督查郎阿请也。

（卷77　214页）

乾隆三年（1738年）九月乙亥

停征甘肃碾伯县本年虫灾，并口外靖逆卫属之大东渠、红柳湾、花海子及头、二、三沟风灾额赋，兼赈饥民。

（卷77　217页）

乾隆三年（1738年）九月丁丑

缓征甘肃平番县本年虫灾额赋，兼赈饥民。

（卷77　218页）

乾隆三年（1738年）十月乙未

又谕："据额驸策凌奏，已移知安西提督李绳武，著即行文查郎阿，夷使至肃州时照管存留人畜，及贸易货物等事。著派一干办道员与肃州总兵官妥协办事，至来使进京所需牲畜路费等项仍照例给予。"

（卷79　241页）

乾隆三年（1738年）十月己亥

刑部议准甘肃按察使包括疏请："甘肃原无佐贰之州县。印官公出，遇有命案，令吏目典史先往验明，写立伤单，俟印官回日，查验通报。"从之。

（卷79　242页）

调署甘肃西宁镇总兵卢度瑾、署凉州总兵印务。

（卷79　243页）

乾隆三年（1738年）十月甲辰

户部议复甘肃巡抚元展成疏言："靖逆卫雍正六年报垦地四十三顷十一亩有奇，应征正粮、马粮等项均于乾隆二年照例入额征收。嗣奉旨甘省马粮著自乾隆三年为始一概豁免，该卫马粮自宜并请免征。应如所请。"从之。

（卷79　245页）

乾隆三年（1738年）十月戊申

总理青海夷情事务副都统巴凌阿奏："请定散饷扣饷之例。散饷照例文员监散。扣饷即于散饷之时花名册内详注应领、应扣数目。送监散文员，公同察核。应扣之项即行扣除。不许先给整数，散后收回再扣。"得旨："知道了，但此事恐行之滋扰，待朕酌量。"

（卷79　252页）

乾隆三年（1738年）十一月辛亥

又议准甘肃巡抚元展成疏言："甘省河东各属额征匠价银七百六十两有奇。乾隆二年摊入民粮，现遇蠲免之岁，正粮俱已邀恩，此项匠价自应一体豁免。"从之。

（卷80　255页）

乾隆三年（1738年）十一月甲子

刑部议准甘肃按察使包括疏请："邻封关提人犯，限文到二十日拿解，无故违限，照事件迟延例。逾限不及一月者罚俸三个月。一年以上者罚俸一年。听信地保差役，空文回复者，照匿犯不报例，降三级调用。"从之。

（卷81　268页）

乾隆三年（1738年）十一月乙丑

兵部议复大学士仍管川陕总督查郎阿疏言："凉州洪水营至中卫县，计三百余里。道途四出，绝少人烟，请于洪水营拨派外委千、把各一员，带领马步兵十名驻防天乐坝。于古水井营拨派外委千、把各一员，带领马步兵三十名驻防营盘水。其适中之石梯子梁，即于此项兵内拨派马步兵十名轮流巡查。甘塘子、长流水两处拨派中卫营左哨外委千、把各一员，带领马步兵二十名分头驻防。又延绥镇属定边协管辖地方，从前客商俱从宁塞堡行走，嗣因道路崎岖，改由宁条梁进口。请建土堡，将宁塞堡旧额马守兵一百九名中拨七十九名。再于邻近靖边营拨守兵二十一名，令宁塞堡守备带同经制额外把总移驻，存留宁塞堡守兵三十名，添设经制把总一员率领驻防。至宁条梁西四十里铺亦建土堡，拨派安边等堡守兵十名，令柳树涧堡额外把总带领驻防。其宁条梁东红柳滩至石渡口一带，俱边外孔道，亦建土堡，拨派镇罗、龙州、镇靖等堡守兵二十名，令镇靖堡额外把总带领，驻石渡口。应如所请。"从之。

（卷81　268页）

乾隆三年（1738年）十一月戊辰

缓征甘肃武威、永昌、平番、镇番、西宁、碾伯、肃州、高台、西固等九州、县、厅虫灾本年钱粮。

（卷81　272页）

乾隆三年（1738年）十一月己巳

以故甘肃河州土百户王镇海之子王统西袭职。

（卷81　272页）

乾隆三年（1738年）十一月庚午

吏部议复甘肃巡抚元展成等疏言："甘省府、州、县属应行移驻添改一切事宜：一、兰州省会。请移驻知府以符体制。应如所请。将临洮府知府，又附府之狄道县移驻兰州。原驻兰州知州移驻狄道。同原辖之金县、河州、渭源俱隶移驻省会之知府管辖，其经历、州判、吏目、典史等官，各随原属之府、州、县移驻。芦塘驿驿丞归移驻省城之知县管辖。一、各官衙署。请分别添建。应如所请。除向有原署可以通融居住外，准其将兰州空闲钱局改建府署。一、各府、州、县学校。请酌定规模。应如所请。原隶府、州、县各学教官，各随府、州、县移驻。兰州学升为府学，狄道县学改为州学。入学名数照府、州学额取进，惟移驻兰州之狄道县学，该抚请照州学原额，未免太浮，应仍照县额取进。一、邻近县属。宜请改隶并酌量地方情形增设官兵。应如所请。巩昌府属之靖远县改隶移驻兰城之知府管辖，移驻兰城县属之宽沟堡。添设县丞一员，向无弁兵之金县，准于附近之临洮营酌拨把总一员带领马兵三十名，守兵三十名分驻。"从之。

（卷81　272页）

乾隆三年（1738年）十一月壬申

户部议准甘肃巡抚元展成疏言："平凉府属额征粮石运供固原兵粮，缘相去道途过远，花户苦于转运。每石愿交脚价钱三百文，官为转运。请嗣后征银壹钱，令该州县运送，不敷，在司库公用银内拨给。"从之。

又议准甘肃巡抚元展成疏报："武威县本年夏禾被灾地三千九百三十顷二十九亩有奇，除业经加赈外，所有应征正粮草束耗羡银两分别蠲免一、二分有差。"从之。

（卷81　276页）

乾隆三年（1738年）十一月甲戌

又议："大学士仍管川陕总督查郎阿疏言："甘肃小湾地方雍正十三年赏与移住瓜州之土鲁番回民耕种，去瓜州住堡几及百里。请建筑小堡，令其就近安居。应如所请。"从之。

（卷81　276页）

乾隆三年（1738年）十二月甲申

户部议复大学士仍管川陕总督查郎阿疏言："甘肃新设分驻凉州将军、庄浪副都统各衙门书役工食等项，请自本年为始于兰州司库存公银内动支，以六百两交将军，三百两交副都统分给。又庄浪副都统系分防驻扎，与宁夏将军、副都统同城者有间。请添设鼓手八名，炮手二名，工食于司库支领。应如所请。"从之。

（卷82　292页）

乾隆三年（1738年）十二月戊子

又议："甘肃巡抚元展成疏言，各提镇营官兵马匹岁需粮料草束，除估支本色外，其余定例每粮料一石，折银一两，草一束折银一分。发各官兵自行采买。惟肃州、嘉峪关等营地处极边，安西、靖逆、柳沟、赤金、惠回等营堡远在塞外，官兵粮料每石自一两五钱至二两二钱不等，草每束折支三分。原议大兵撤后照例议减。乾隆二年大兵既撤，例应议减。原署抚臣刘于义题明照旧折给。三年，复经前抚臣德沛题明来岁再减。今当估拨己未年兵饷。肃州、嘉峪关等营地方产粮有限，本年麦豆歉收。安西镇地处口外，诸物腾贵，且今岁赤、靖、柳沟等处俱已报灾，请仍照旧分别估拨。俟逾年收成丰稔，照时价核减。应如所请。"从之。

（卷82　298页）

乾隆三年（1738年）十二月己丑

免瓜州回民旧借粮银。谕："乾隆元年曾借给瓜州回民籽种粮八千石，口粮四千石，并脚价银二千二百七十余两。原定议于丰收之时分年交还。乾隆二年，大学士查郎阿奏称，回民所收谷石仅敷本年食用，所有应交公项力量艰难，恳请宽期一年，再行交纳。朕已降旨，俞允。今闻本年口外收成仍非大稔。回民迁移未久，家鲜盖藏，若责令完公，不无拮据之苦。朕抚恤回民，原欲令其安居乐业，永享升平。此所欠籽种、口粮、脚价若仍留为分年带完之项，伊等心中筹及每岁输将，不免多所顾虑，非朕恩养边民之本意。著将此项粮银全行豁免。大学士查郎阿等可即遵旨出示晓谕，俾回民等永沾实惠。"

（卷82　298页）

乾隆三年（1738年）十二月辛卯

谕："前据宁夏将军阿鲁奏报，宁夏地方于十一月二十四日戌时地动。朕心轸念，已降旨令将军、督、抚等加意抚绥安插，无使兵民失所。今据阿鲁续奏，是日地动甚重，官署民房倾圮，兵民被伤身毙者甚多。文武官弁亦有伤损者，朕心甚为惨切。惟有敬凛天变，深自修省，著兵部侍郎班第驰驿前去。即于明日起程，动拨兰州藩库银二十万两，会同将军阿鲁并地方文武大员，查明被灾人等，逐户赈济，急为安顿，无使流离困苦。其被压身故之官弁，著照巡洋被风身故之例，加恩赏恤。其动用银两该部另行拨补。再宁夏附近之州县被灾者，著班第会同地方文武大员一体查赈，无得遗漏。"

（卷82　300页）

乾隆三年（1738年）十二月壬辰

又议："甘肃巡抚元展成疏言，甘肃库茶积至二百六十万封有奇，虽经题明减价变卖，销售仍属无几。请再行分别酌减价值。应如所请。将雍正十一年至乾隆二年库贮茶封，西、河二司照现减价值，每封再减二钱。庄、洮、甘三司每封再减一钱。雍正六年至十年贮茶，西、河二司每封定价四钱五分或四钱四分。庄、洮、甘三司每封定价四钱或四钱七分。雍正五年以前至康熙六十年各司每封定价三钱。惟改征折色，据称每篦折银五钱。查商茶五斤为一封，二封为一篦，现在变卖陈茶，屡经酌减，最陈每封亦定价三钱，一篦折银五钱，是每封止折银二钱五分。新茶价值较陈茶转少，应令统以三钱折征，俟西司陈茶销至二十万封，河、庄、洮、甘四司销至十余万封，再征本色。"从之。

（卷82　303页）

乾隆三年（1738年）十二月甲午

户部议复甘肃巡抚元展成疏言："平番县属本年虫伤秋稼，被灾穷民无论极贫、次贫，请先赈口粮一月。冬春之际，极贫加赈三月，次贫两月。被灾水旱地共一千四百九十六顷八十二亩有奇，成灾六分至九分不等。应征正、耗粮银、地租、草束等项，请按分数分别蠲免。又新渠、宝丰二县被水灾民，除经赈给口粮外，自本年十一月至次年二月，大口日赈五合，小口三合。均应如所请。"从之。

（卷83　305页）

陕西岷州卫鲁班等七寺番僧临智坚阻等进乾隆二年份贡马七匹，青木香十四桶，赏赉如例。

（卷83　306页）

乾隆三年（1738年）十二月乙未

谕："闻西安道张元怀、临洮道李方勉于地方不甚相宜，著大学士查郎阿、巡抚元展成于通省道员内拣选二员，与张元怀、李方勉调补，俟调补之后胜任与否，再留心试看奏闻。"

（卷83　306页）

乾隆四年（1739年）正月丙辰

以署甘肃西宁镇总兵西凤协副将周开捷为宁夏镇总兵，候补总兵李如柏署西宁镇总兵。

（卷84　331页）

乾隆四年（1739年）正月乙丑

又谕："原任陕西兴汉镇总兵官张杰于雍正十二年间调防哈密，曾借帑银二千两制备行装。伊行至肃州病故，应于伊子张良弼参将任内扣俸还项，至今尚有未完银一千七百五十两。朕念张杰调防外边，不幸中途身故，其所借帑银原为制办衣装之用，非寻常借项可比，著加恩豁免，不必将伊子俸银扣补。该部可即行文该省知之。"

（卷85　333页）

乾隆四年（1739年）正月癸酉

大学士等议复大学士仍管川陕总督事务查郎阿疏请："宁夏照甘省土方之例，增款开捐。窃思宁夏被灾甚重，业已蠲赈备施，自不惜更发数百万帑金为善后事宜之用，若欲借此捐项银两，通商聚货，恐难遽有成效。且甘省土方自雍正十年秋季至乾隆元年春季止，仅收过银十三万三千余两，粮十五万三千余石，即使增款，为益无几。所请似不可行。其本省、各省绅衿富民中有情愿捐资，赒济户口，修葺工程，与有益地方等事，应令呈明该督，准其办理。事竣题请叙用。"从之。

（卷85　336页）

乾隆四年（1739年）二月甲申

免甘肃碾伯县乾隆三年虫灾额赋十分之二。

（卷86　344页）

乾隆四年（1739年）二月乙未

免甘肃靖逆卫乾隆三年风灾额赋七分之二。

（卷87　351页）

乾隆四年（1739年）二月丙申

免甘肃柳沟卫乾隆三年虫灾额赋六分之一。

（卷87　351页）

乾隆四年（1739年）二月己亥

谕大学士："据大学士查郎阿、西安巡抚张楷奏称，陕省制钱已属缺少，而商民人等，竟有将钱文贩往湖广、河南，成驮成车，以图利息者。现据潼关、商州地方官查出，核计数日之内出境之钱不下数十万等语。朕思陕西地方如此，京师此弊更不能免。惟是四通八达之区难于查禁。若朕特降谕旨，又恐奉行不善，转致滋扰。可密寄信与孙嘉淦，令其于出京要隘之地设法稽查，若有装运多钱于舟车之中，以图贩卖获利者，即于近京地方，押令将钱易银，方准前去。庶奸商贩运之弊，可以渐少。"

（卷87　352页）

乾隆四年（1739年）三月丁未

以陕西定边协副将李述泌署甘肃凉州镇总兵。

（卷88　362页）

乾隆四年（1739年）三月壬子

谕："前岳钟琪派拨宁夏官兵一千名移驻凉州，旋因驻凉兵丁已足敷用，将此兵撤回。所有领过赏银一万七千两，钦奉皇考谕旨暂免追缴，俟大军凯旋之后再行奏闻请旨。今大学士查郎阿具奏请旨前来。朕思兵丁等所领赏银历年已久，此时料难缴还。况宁夏地方，去冬被灾，尤当加恩抚恤，此所欠应缴银一万七千两悉著豁免。该督等可即出示晓谕众兵知之。"

（卷88　365页）

乾隆四年（1739年）三月甲寅

谕："据大学士查郎阿等奏称，宁夏镇标分发各当铺生息银两，自上年地震后，查被灾甚重之各当铺，所领生息本银共计八千五十七两零。其虽经被灾货物未致全失之各当铺，所领生息本银共计四千五百四十两零。可否分别加恩宽恤，谨此请旨等语。朕念宁夏此次地震，商民同时受灾，深为悯恻，著将被灾甚重各商所领八千五十七两之本银并利银俱著豁免。其被灾稍轻之各商止令交还所领本银四千五百四十两零。所有应交利银悉著豁免。至此项豁免银两有关兵丁缓急之需，不便缺少，著在兰州藩库内照数拨补足额，以资生息，俾兵民一体均沾恩泽。"

（卷88　365页）

乾隆四年（1739年）四月己卯

兵部题："前浙江布政使张若震奏称，各省卫所、守备、千总照山东等省之例，改归知府管辖。行令各督抚查复，据陆续复齐，除山东、山西、湖北、湖南、江苏、安徽已归知府管辖。贵州新设各卫该督已于原题内声明，归同知、通判管辖，均无庸议外，直隶延庆一卫虽顺天所属，而府尹非知府可比，应由霸昌道管辖。天津左、右二所已归知府，其通州左、右二所并无附近知府，仍归通永道管辖。甘肃安西、沙州、柳沟、靖逆四卫，赤金一所，仍归安西、靖逆两厅管辖。江西南昌等五卫、吉安等四所改归知府管辖。四川雷波卫、黄螂所改归叙州府管辖。凡督催督缉稽察催征交代等项，悉照知府与州县之例。议叙议处，至卫、备与厅员，仍照旧定仪注行。"从之。

（卷90　387页）

乾隆四年（1739年）四月庚子

刑部议准："升任广西巡抚杨超曾疏言，湖南入籍四川民人犯流，向照土著，发往粤西，乡关密迩易以脱逃。请按应流道里，酌为变通。嗣后如遇此等流犯，照甘肃、云、贵发遣四川之例，转行发往三省，其原籍民人仍照定例。"从之。

（卷91　402页）

乾隆四年（1739年）四月乙巳

川陕总督鄂弥达奏："陕甘为关中要地，自屡次用兵，盖藏殆尽。请于司库内各动银十万两，于丰收地方采买，并饬员稽查陕省三河口地方，毋许兴贩私渡，以实仓储。"得旨："此事仍当与晋省石麟等彼此妥商，何则，陕、甘不通舟楫，晋省亦不通舟楫之所也。譬听其私贩，而归于晋省奸民烧锅之用，则实为可惜。若仍属接济民食，则彼此流通，正属有益之事也。总之因时制宜，在于汝等大吏，时刻为百姓谋生计耳。"

甘肃巡抚元展成奏请开凉州等处山矿铅砂，以资操演标营火器之用。

得旨："知道了，行此等事，须有才识之人，恐汝中才不能妥办也。试为之。"

甘肃提督瞻岱奏："凉州、西宁等处歉收，会商督抚开仓平粜。"得旨："如此据实陈奏，甚慰，知道了。"

（卷91　408页）

乾隆四年（1739年）五月丙辰

刑部议复甘肃巡抚元展成疏称："凉州新驻防满兵遇旗民互殴命案，或照西安不由府转，或照宁夏由府审转等语。查凉州驻防满兵虽由西安分拨，然地方命案，知府有督催稽查之责，未便越府径转臬司。应照宁夏办理。"从之。

（卷92　414页）

乾隆四年（1739年）五月乙丑

甘肃巡抚元展成疏称："安西镇属之卜隆吉、柳沟、双塔、赤金、靖逆、惠回等处屯田，向拨屯兵耕种，秋收，除农具、籽种外，粮石平分，给作口粮。统于原估折饷银内扣除，后以派防各兵尚有历年借制行装银未完，因将乾隆元年、二年分过屯田粮石自四年春季为始，在折饷项下四季扣除。上年镇属各营屯地悉被虫灾，请将平分粮石，除支领本季春饷按扣一季外，其余限以四、五两年分作七季扣清。"得旨："如所请行，该部知之。"

（卷93　423页）

乾隆四年（1739年）五月丁卯

谕军机大臣等："朕访闻得甘省米粮价值，如粟米一项，西宁则每石三两六钱二分，凉州则二两九钱二分。小麦一项，西宁则每石二两九钱七分，凉州则二两六钱二分。皆以京仓斗计算。虽西宁、凉州粮价历来较他处本昂，而照朕访闻之数则未免昂贵。小民难以糊口。又闻武威等处乏食穷民颇不安静，目下开仓平粜，借给口粮，民情稍觉安帖。尔等可密寄信与鄂弥达、元展成，令其悉心筹划，善为料理，务令粮价不致高昂，小民不致失所。"

（卷93　425页）

乾隆四年（1739年）六月壬午

谕九卿等："今日据元展成奏报，甘省于五月十三、十四等日得雨沾足等语。现在各省先后奏报，已蒙上天降祐，雨泽普遍，朕心甚慰。从前因各省得雨稍迟，朕忧勤莫释，尔等仰体朕心，颇存修省儆惕之意。办理政务，勉矢勤慎。近今甘霖遍沛或因我君臣交儆，上苍默鉴之所致，但前患雨少，嗣后又恐雨多，夏秋之交，倘得雨旸调协，则大田定可丰收。虽麦收稍歉，民食不致缺乏。朕仰承嘉贶，倍切诚虔，敬天勤民之心，未敢一息稍懈。尔等亦当益加黾勉，勤修职业，不可因丰收有象，略萌侈然自足之念，或致少弛政务。大凡立心办事，敬之一字最关紧要。必时时返躬体验，常存敬畏之心，乃可导迎善气，感召嘉祥，我君臣当共勉之。"

（卷94　440页）

乾隆四年（1739年）六月丙戌

谕大学士等："据工部奏称，直隶、山东、甘肃等省开报城砖、石灰等项价值，较原定之价或少一倍，或少数倍，前后多寡甚觉悬殊，请将原定价值浮多款项，行文各省督抚，确查本处实价，一一更正，凡类此等款项，一并查改报部等语。朕思今日开销之价值，既大减于前，则从前所报之价显系浮开。工部何以不行指参，而但请行查各省，照实价改正。夫前此所开之价既不足凭，则此番改正之价又岂可以为据乎。假有狡猾之人避重就轻，以开价少者为错误，以开价多者为实数，该部又何以辨其虚实耶。总之百物价值原属随时增减，各省不同，即一省之中各郡县亦不划一。今预定数目永远一例遵行，则价贱之年必有余资，以饱官吏之私囊。弊在侵渔钱粮，为害尚小，若价贵之年采办不敷，势必科派闾阎，弊在苦累百姓，为害甚大。惟在各省督抚遇有办理物料之处留心访查，详确综核，既不使承办之员恣意浮冒，虚糜国帑，又不至苛刻从事，过于减少，贻累官民。庶为公平之道，又岂预立成式，所能杜绝弊端乎？其应如何酌量定例之处，著大学士九卿会议具奏。"

（卷94　444页）

乾隆四年（1739年）六月癸卯

免甘肃口外赤金所属地方乾隆三年被灾应征正耗粮草。

（卷96　453页）

乾隆四年（1739年）六月甲辰

川陕总督鄂尔达等奏："秦安、武威、永昌、古浪被水。皋兰、渭源、河州、陇西、会宁、宁远、伏羌、阶州、秦州、西宁、平番被雹。请分别抚恤。"得旨："所奏俱悉，甘省灾伤之余，复有此被雹被水之时，朕实切惶悚，不知汝等督抚作何虑也。"

（卷95 456页）

乾隆四年（1739年）七月丙午

又议准："甘肃巡抚元展成题请，下川口堡极贫穷民加赈三月，次贫穷民加赈一月。"从之。

（卷96 458页）

乾隆四年（1739年）七月己酉

川陕总督鄂弥达奏："安插瓜州回民于小湾地方，建筑城堡，移驻耕种一案，请添派把总一员，或经制外委一员，赴彼弹压。于瓜州营添派兵丁二十名，交弁目分拨往来，按季更换。"下部议行。

（卷96 460页）

乾隆四年（1739年）七月庚戌

谕："据鄂弥达、元展成奏称，甘省五月以来连得大雨，间有山水冲压及雨中带雹之处。如秦州所属之秦安县、凉州府属之平番县，有被水淹浸之村庄。又西宁、渭源、河州三州县有被雹灾之村庄。又阶州、宁远、秦州、陇西、伏羌、会宁、皋兰等处亦被雹伤，约二三分不等。又武威、古浪、永昌等处有水冲淤压之田亩。现在分别抚恤，俟验勘是否成灾，再行题报等语。朕念甘省灾伤之余，即使年谷顺成尚恐地方未有起色。今复有此被水、被雹之事，朕心实切惶悚，著该督抚董率有司加意料理，毋使一夫失所。虽据该督抚奏称此数州县中被灾者不过村庄几处，即一村之内亦轻重不等。但一州县中既有被灾之所，则通州县内料必不能十分丰收，米粮未必宽裕，必须格外加恩，闾阎始能乐业。著将凡被水、雹之州县，不论成灾不成灾，所有乾隆四年应征地丁钱粮悉行宽免，以示优恤甘民之至意。"

（卷96 460页）

甘肃巡抚元展成请颁书籍。得旨："颁发大清会典一部。"

（卷96 461页）

乾隆四年（1739年）七月丙寅

兵部议复："原任凉州镇属新城堡守备李兰，实系于康熙五十七年三月内随凉州总兵康海进藏，在喀喇乌素地方遇贼阵亡，应请将伊嫡长孙李辉祖荫以卫千总，照例推用。"从之。

（卷97 470页）

乾隆四年（1739年）八月己卯

甘肃巡抚元展成疏报："巩昌府属之岷州屯耕民户开垦马华仓、业力山二处久荒山地共七顷八十亩有奇，照例升科。"

（卷98 485页）

乾隆四年（1739年）八月甲辰

兵部、刑部会议复甘肃按察使包括疏称："所属之安西、河州、柳沟、靖逆、洮州、大通等六卫，赤金、贵德二所地处边疆，各员弁均有钱谷兵刑命盗案件之责，实与州县无异。今卫所员弁办理事件全不遵照章程，请照文员试用之例挑选守备六员，千总二员，预拨来甘，拨布、按衙门学习。查所请发员学习果否，有无裨益，应令该省督抚详查妥议具奏。又包括奏称，原署陕督刘于义奏将甘属南北山一带番民仇杀等案宽限五年，暂停律拟，姑照番例完结。仰蒙俞允。今甘省番目喇嘛所管者，归化虽坚，而熏陶未久。五载之期转瞬将届，若按律断拟转，谓不顺民情。请五年限满之后，番民互相盗杀，仍照番例完结。查刘于义奏准宽限以来已逾三载，番民有无渐次革心，可否绳以法律，应令该省督抚悉心酌议会题。"从之。

（卷99 506页）

乾隆四年（1739年）九月庚戌

又谕："江苏按察使员缺，著甘肃按察使包括调补。甘肃按察使员缺，著常镇道赵城补授。常镇道员缺，著六部堂官于本部郎中内保举，交与吏部带领引见。"

又奏："奉军机密寄，议复川陕总督鄂弥达奏，准噶尔噶尔丹策零遣人往西藏熬茶，到藏未免生事，应无庸议。密寄驻扎西宁西藏大臣等严饬守卡人员，不时小心侦探，倘有贼人消息，迅速禀报，即调兵防范堵截，不可稍有疏懈。又行文贝勒颇罗鼐，言今虽得雪路迳难行，而防范自不可疏，遇有贼人信息速行禀报。臣查颇罗鼐感恩图报，出于至诚，所领兵不时训练，十分精锐。现在西藏诸处防备甚固，毫无可虞，万一贼来窥伺，臣等与颇罗鼐会议，即酌量调兵。仰凭圣主威福，以期痛剿贼众。目今各处卡防并无消息，甚属稳妥。奏入报闻。"

（卷100　516页）

乾隆四年（1739年）九月辛亥

礼部议复甘肃巡抚元展成疏称："庠序为风化攸关，丁祭乃尊师巨典。古浪一邑于雍正二年在河西各厅请改郡县等事案内，以所改县，并未建造文庙。每遇丁祭俱于关帝庙中设奠行礼，非所以重典礼。况该县上年歉收，与乾隆二年以工代赈之谕旨相符。应如所请。古浪县文庙学宫准其建造。所需工料银两先在凉州府库不拘何项内酌拨银二千两，饬令刻日兴工，仍令该抚将工料估册，先行造送工部查核。"从之。

（卷100　517页）

乾隆四年（1739年）九月丙辰

兵部议复甘肃提督瞻岱奏称："甘肃安西一镇接壤哈密，甘、凉、肃一提逼近嘉峪。西宁一镇蒙古、番夷环绕。宁夏一镇虽稍近河东，亦系沿边要地。冬令急宜加意防御。请嗣后甘省副将、参将、游击、都司、守备等官，如有应行引见之处，九、十、冬、腊四月准其暂停，春和后补行送部。应如所请。"从之。

（卷100　519页）

乾隆四年（1739年）九月癸亥

户部议复甘肃巡抚元展成疏报："张掖县属之东乐堡，七月初九日大雨，山水陡发。请将被冲无存房屋每间给银一两，泡坍墙壁房屋给银一钱，被淹田禾每亩给粮一斗赈济。"得旨："依议速行。"

（卷101　524页）

乾隆四年（1739年）九月己巳

又议复甘肃巡抚元展成疏称："岷州、河州、庄浪等营倒毙茶马三十三匹及长支料九十三石五斗，草四千六百七十五束，应赔款项。较之侵贪挪移情罪稍轻，可否援雍正十三年恩招以前分赔、代赔一概豁免之例，准其豁免？"得旨："允行。"

（卷 101　526 页）

乾隆四年（1739年）九月庚午

又谕："甘省之秦安等十五州县俱有被水、被雹之处，朕已格外加恩，将该州县本年应征地丁钱粮降旨宽免，但甘省州县从前多系卫所，其额征之项，本色多而折色少，亦有全征本色者。朕从前因甘省州县屯地皆征本色而无折色，每遇蠲免之年，不得一体沾恩，曾降旨准免三分之一。此次秦安等十五州县应征粮草亦著照屯户之例，蠲免三分之一，以示朕优恤边民之至意。该督抚即遵谕行。"

又谕："据鄂弥达、元展成奏称，西宁府属之碾伯县，宁夏府属之灵州、中卫县俱续有被水、被雹之处。又碾伯、平番、西宁三县，乾隆三年份额征并节年一切借项，前经奏明缓至本年催征。今查各该县夏收除被灾处所，其余俱有七八分收成，但上年已经被雹、被虫，收成仅在五分以上。平番现在采买供支驻庄满兵粮草，西碾二邑亦因仓储缺少，正需采买积贮。今积年应完各项，为数繁多，若一时并征，民力不无竭蹶。请将三县今年所借籽种、口粮于秋收后照数征收，其旧欠分年带征等语。朕因秦安等十五州县俱有水雹偏灾，业经降旨特加优恤，将本年应征银粮草束分别蠲免。今碾伯、灵州、中卫亦有被灾之处，而碾伯上年已属歉收，灵州、中卫又当宁夏灾伤之后，著将此三州县应征银粮草束与秦安等州县一体加恩，分别宽免。其碾伯、平番、西宁三县所有三年份额征并节年借项，著于庚申年起分作三年带征，以纾民力。"

（卷 101　527 页）

乾隆四年（1739年）九月癸酉

又会同甘肃巡抚元展成奏："西宁多坝、七石峡等处居住之回民苏尔坦、胡里等三十人，自康熙五十四年以前陆续由伊犁一路来西宁贸易，自五十四年大兵驻扎口外，难回本处，伊等年久，资本用尽，竟至有求乞者。自应仰体皇上一视同仁之意。酌议每人给土房二间，牛一只，耕具一副，并一牛所种之地，一切籽种、口粮共需银五十两，计三十户，共银一千五百两。"得旨："此事尚当酌量。若如是，将来口外之穷番日来日众，汝等将何以待之。"

（卷101　533页）

乾隆四年（1739年）十月癸未

陕西巡抚张楷奏："陕省今岁丰收，谷价甚贱，请动司库银二十万两乘时采买，不但备本省民食，兼可资甘省、晋省之用。"得旨："如所请行。"

（卷102　541页）

乾隆四年（1739年）十月甲午

礼部议复甘肃巡抚元展成疏称："皋兰虽改州为县，人民籍隶如故。读书应试者并无稍减，若止以十二名学额录取，为途太狭。请将皋兰县学准照兰州原额，取进文、武童生各十五名。应如所请。"从之。

（卷103　550页）

乾隆四年（1739年）十月是月

又奏："陕、甘自分省以来，武举已分闱考校，文乡试仍循旧例，附考西安。伏查甘属各府、州、县从前多系卫所改设，今户口日增，人文日盛，统计贡监文生不下万有余名。每科学臣录送乡试者亦不下数千人，而赴陕应试者寥寥。缘士子贫寒十居八九，兼之地方辽阔，各属赴陕程途自一二千里至三四千里不等。山路崎岖，舟车不能直达，盘费更属艰难，殊堪悯恻。查陕、甘中额六十七名，甘省除丁聿字号四名外，近科仅中一、二、三名。是陕省中者十之九，甘省中者不及十之一。又查历科试录，甘省亦有抢元擢魁之人，与西安文风亦不甚悬绝。可否照湖南、湖北之例，酌额分闱，即以兰城武贡院扩充校试，抑或比照江南分额之例，酌增额数。陕省取中三分之二，甘省取中三分之一，俾知进身有阶，于文风不无裨益。"得旨："此事尚可缓图。"

（卷103　559页）

乾隆四年（1739年）十一月己酉

谕曰："杨玹著回凉州总兵任。固原提督印务著韩良卿署理。肃州总兵印务著李述泌署理。"

乾隆四年（1739年）十一月丙辰

予故青海扎萨克辅国公色布腾达什祭如例，寻以其弟衮钦扎布承袭。

乾隆四年（1739年）十二月辛巳

驻防哈密、赤靖等处陕西固原提督李绳武奏报，甘、凉、西、肃、西安五镇营官兵在蔡巴什湖等屯种夏秋田一万亩，本年收获小麦三千八百六十石零，糜子一千八百八十三石零，谷三千五百十一石零。报闻。

乾隆四年（1739年）十二月壬午

谕曰："书山请将甘肃、宁夏等处武弁之缺分用满洲，盖欲其多得俸禄，以资养赡之意，独不思满洲弁员系朕之臣仆，绿旗弁员岂非朕之臣仆乎。朕从来视同一体，毫无分别。至伊称武职最重弓马，而弓马最娴者莫如满洲。朕观甘省兵弁人才壮健，骑射亦未尝不优。书山系旗员，为此偏向满洲之请，殊属不合。著交部议处具奏。"

户部议复甘肃巡抚元展成疏称："查明甘省商运茶斤，前署抚刘于义加配舛错，分别定议。查甘省茶法，每引运茶一百十四斤内，五十斤交官为官茶，五十斤给商变本为商茶，其余十四斤为脚价之费为附茶。乾隆元年，原署抚刘于义因西、庄、洮、河、甘五司库贮陈茶甚多，题明将五司商办茶封自元年始，以官茶五十斤改征折色，每引止应运商茶五十斤，其附茶十四斤亦应减去官茶之脚价七斤，共运商附茶五十七斤，方符定例。乃刘于义准到折征部咨，以应运五十七斤之茶，擅增为八十五斤。而元展成复以康熙四十四年前甘抚齐世武题请官茶改折已后，司茶各厅盘验，俱系一百十四斤，仍请将官茶五十斤照旧给商配运。查齐世武改折官茶仍行配运，并无报部之案，即各司盘验果系一百一十四斤亦属办理错误，何得援以为例，应令该抚遵照。将商附茶斤每引以五十七斤行销办运，其官茶五十斤并官茶脚价之七斤毋得违例擅加，以符定例。至前抚臣德沛奏明封贮之茶应作速变价报部。

刘于义既据讯无贿属等弊，已于特参案内革职。应毋庸议。茶商等讯无不合。应予省释。"从之。

（卷106　592页）

乾隆四年（1739年）十二月癸巳

谕："据川陕总督鄂弥达、甘肃巡抚元展成奏称，上年宁夏等处陡遇震灾，旋被水溢，摇坏三渠，损塌老埝。荷蒙天恩多方抚恤，同于再造。所有委办各员皆能仰体皇仁，实力急公。其总理赈务者则宁夏道今调肃州道钮廷彩。总理赈务兼督渠工老埝者则宁夏府知府臧珊。兼办赈务渠工者则有裁缺新渠水利通判刘炆、陇西县县丞高崶、试用州同何世宠、赵锡谷、钱孟扬、原任金县知县杨駧、原任西和县知县李寿澎、原任金县知县刘元藻、原任西和县知县马履忠等九人。其专办一事者则有宁夏水利同知费楷等二十一人。可否邀恩议叙以示鼓励等语。朕思赈恤灾伤，原系地方有司及试用人员职分应为之事，但上年宁夏等处之灾，非平时水旱可比，应将总理之钮廷彩、臧珊及办理赈务渠工之刘炆等九人交部分别议叙。后不为例。其专办一事之费楷等二十一人不必议叙，该部即遵谕行。"

（卷107　606页）

乾隆四年（1739年）十二月甲午

又谕："据署西宁镇总兵李如柏奏称，西宁镇自雍正十三年起至乾隆四年，共应存缺旷银二万一千五百六十余两，盖因办理军需以来，款项纷繁，不能按年销算，是以存贮如许之多。营中官弁因而挪移动用，钱粮率多不清。应将缺旷一项不必待至销算时即为解缴司库，自无挪移牵混之弊。再查标下生息亏欠四千六百余两，现在勒补者勒补，其不即补还者业已揭参。已具禀督臣鄂弥达、会商提臣瞻岱俱照复办理等语。陕甘自军兴以来，各提镇营内钱粮多有不清，朕久已闻之。据李如柏所奏西宁一镇如此，其各该提镇自应一体查办，以清夙弊。可即行文该督提等知之。"

（卷107　607页）

乾隆四年（1739年）十二月是月

川陕总督鄂弥达奏："凉州镇标兵丁因借支口粮，聚集多人，沿街喧嚷，经游击王新瑞查问，被棍徒暗地持石掷打。随经道府会同署镇李述泌严谕解散。次日，复聚多人纷嚷，道府等当传各兵查讯。据称岁暮难以度日，求将上年支过改折秋季口粮不行扣除，并将明年春季口粮预为支给，再将生息银两均匀公借等语。道府等见其情词迫切，恐激事端，随将银粮设法支给。禀报到臣，查事虽寝息，并未骚扰居民，但希图挟制官司，甚属不法。臣不敢过于急遽，容密拿首犯审明，请置重典以遏刁风。该署镇李述泌、游击王新瑞理应严参，以为旷职无能者戒。然即时纠劾，愈长士卒强悍之风，俟徐徐相机酌办。"得旨："料理颇属周密，首恶切不可轻纵，余有旨谕部。"

（卷107　612页）

乾隆五年（1740年）正月壬子

谕："甘省所属肃州、凉州二镇甚为紧要，署西宁镇总兵官李如柏著调署肃州镇总兵印务，其西宁镇印务于周起凤未到之前，著该督在副将内拣选委署。杨珑年老，不胜凉州镇之任。延绥镇总兵官王廷极，著调补凉州镇总兵官。杨珑著调补延绥镇总兵官，副将李述泌著回原任。"

（卷108　615页）

乾隆五年（1740年）正月丁巳

御正大光明殿，赐朝正外藩。左翼：科尔沁和硕图谢图亲王阿喇卜坦，和硕达尔汗亲王和硕额驸罗卜藏衮布，固山贝子固山额驸拉锡，固山贝子和硕额驸色卜腾多尔济，镇国公喇嘛扎卜，辅国公察干达拉，固山额驸索诺木，头等台吉衮布、奇哩克哩拉克齐、德勒格哷克齐、拉锡，二等台吉那苏合、阿旺藏布，三等台吉锡拉卜、丹巴扎木苏、博哈岱、色旺锡奇尔、图萨图、苏玛第多尔济、松兑，四等台吉毕里衮达赖、敏珠尔多尔济、巴特玛赛音查衮、罗卜藏色楞、杂雅噶尔弼、阿玉锡萨木坦、萨木雅阿玉尔布尼、阿穆呼朗、阿喇卜坦达赖、色楞扎木苏、色旺扎卜喇锡、衮布扎卜、阿哩雅巴鲁、僧格达兰太、巴锡、阿尔萨朗、阿哩鲁克萨克、阿玉尔、阿穆呼朗、色旺扎卜、朋苏克、阿穆呼朗、巴哩密特、布达巴勒布、罗卜藏拉锡、沙克济乌尔衮、乌巴什阿玉锡、阿勒玛斯、阿哩雅巴鲁、色旺灵丹保、索诺木玛珠哩、赛音绰克托、衮沁扎卜、巴达哩雅、杂雅噶尔弼、那玛扎卜、衮布格根、阿舒弼、索讷苏衮巴雅斯朗、巴图额起、托克托尼呼、特克什乌呢达、蒙伍拉扎、伊腾根朋苏克拉卜坦、达勒玛济色楞、萨木鲁卜、阿哩勒呼拜呼、苏玛岱乌珠穆沁、和硕车臣亲王阿喇卜坦那木扎勒、辅国公德里克旺舒克、阿巴噶、多罗卓里克图郡王扎木巴勒扎卜敖汉，多罗郡王鄂勒哲衣图，固山额驸罗卜藏锡喇卜，喀喇沁多罗贝勒和硕额驸僧衮扎卜、辅国公罗卜藏车卜登、阿噜科尔沁，多罗贝勒达克丹，鄂尔多斯固山贝子那木扎勒色楞，喀尔喀镇国公恭格喇卜坦、辅国公旺扎勒，扎萨克头等台吉萨克都尔扎卜、三都克多尔济、克锡克腾，扎萨克头等台吉齐巴克扎卜，巴林头等台吉阿里尔呼、麟占丹津，苏尼特二等台吉朋苏克林沁，奈曼二等台吉那木钟，翁牛特二等台吉伊什扎勒，归化城土默特四等台吉侍卫喇嘛扎卜。右翼：喀尔喀车臣汗达玛林，和硕超勇亲王固伦额驸策凌，多罗郡王成衮扎卜，多罗贝勒拉旺多尔济，多罗贝勒车登扎卜，固山贝子阿喇卜坦，镇国公旺舒克，辅国公巴海，扎萨克头等台吉齐巴克扎卜、策当端多卜，科尔沁多罗郡王和硕额驸齐扣多尔济，镇国公和硕额驸达尔玛达都，辅国公玛哈玛珠尔，固山额驸固穆，头等台吉杂雅噶尔弼、索诺木多尔济、色卜腾巴勒珠尔、色旺诺尔布、多尔济扎卜、鄂勒哲衣、阿穆呼朗、布达扎卜，二等台吉茂勤、乌巴什、僧格，三等台吉根敦扎卜、策旺扎卜，四等台吉乌巴什、罗卜藏、乌巴什、鄂勒哲衣图乌巴什、多尔济拉呼、蒙古勒哲衣、蒙克扎木苏、巴图、阿玉尔布尼、衮布扎卜、斡克济固旺舒克、乌玉克图、都噶尔扎卜、塔旺扎木苏、苏赛喇卜坦、伊噜尔图、麟沁根都噜卜、诺扣都瓦杂、克噜卜、罗卜藏衮布、蒙古勒哲衣、特古斯楚克图、根敦扎卜博第、玛沁保色楞衮布、丹津、杂雅噶尔弼、色卜登、巴克拉呼、丹达哩逊、恭楚克、依达木，厄鲁特多罗郡王和硕额驸色卜腾旺布，敖汉固山贝子、固山额驸罗卜藏，和硕额驸多尔济拉锡，头等台吉朋苏克，三等台吉五格，四等台吉那木扎勒、毕里克图、那玛扎卜、乌尔图那苏图、那齐图、端多卜、达林旺舒克、阿穆尔里呼、多尔济喇锡、喇锡扬布、三济扎卜苏布岱、彰散阿喇卜坦、托卜齐木布、布颜图和塔拉、罗布藏西喇卜诺扣，鄂尔多斯固山贝子齐旺班珠尔，奈曼固山额驸端多卜，青海扎萨克头等台吉旺舒克喇卜坦，喀喇沁头等台吉塔布囊敏珠尔喇卜坦，头等塔布囊瑚图灵阿旺扎勒，扎拉丰阿巴林，三等台吉额尔和图、乌巴什、沙尔勤、班珠尔，四等台吉罗卜藏达尔汉、乌叶斯呼朗、赛音毕里克图、索诺木五十八、达赉，未得品级台吉诺尔布扎木苏、克什克腾，四等台吉囊雅特扎卜等，及内大臣、大学士等宴。召科尔沁和硕图谢图亲王阿喇卜坦，和硕达尔汉亲王和硕额驸罗卜藏衮布，固山贝子和硕额驸色卜腾多尔济，喀尔喀车臣汗达玛林，和硕超勇亲王固伦额驸策凌多罗贝勒、拉旺多尔济、多罗贝勒车登扎卜，辅国公巴海，阿噜科尔沁多罗贝勒达克丹，鄂尔多斯固山贝子那木扎勒色楞、齐旺班珠尔，喀喇沁辅国公罗卜藏车卜登，乌珠穆沁辅国公德里克旺舒克，敖汉和硕额驸多尔济拉锡至御座前，赐酒成礼。

（卷108　616页）

乾隆五年（1740年）正月甲子

尚书海望等奏言："臣等见准夷使臣哈柳等以所议贸易事宜示之。哈柳言我等曾恳取道喀尔喀，未蒙许可。今议由肃州、西安至肃州贸易者甚便，其至京者若悉由内地，未免需费较多。今业已定议，乞缮列条款见付，以便持归告噶尔丹策零。臣等谨录议札呈览。札云：'大清朝大臣等与准噶尔来使哈柳等定议贸易事宜。尔等贸易一如俄罗斯例，定期四年，自备资斧，由内地至京。贸易一次人数毋过二百。其至肃州贸易亦定期四年，毋过百人，还期悉定限八十日。凡贸易之年，先期以起程之日与何日可入境，报知驻边大臣，转达部院，奏拨章京笔帖式等照看料理。其来京者令自肃州经西安一路，凡贸易除禁物外，俱听其买卖，不得强抑。其年期不可与俄罗斯同，致货物堆积减价。按定例俄罗斯以子、辰、申年来，尔等宜以寅、午、戌年来。其至肃州者则令于子、辰、申年来，若噶尔丹策零别有具奏事件，遣使来京，令减仆从。由驿站递送，不得私携货物，为此定议。'"寻军机大臣等议复："准噶尔部人性本狡诈，不肯安分。若路经喀尔喀恐日久生事，故与哈柳等定议，令由内地，但至京道远，或马力罢乏。若彼更以请，应否酌量加恩。"得旨："喀尔喀之路勿令行走，若伊等从内地来京贸易，马力不足，恳恩奏请酌量赏给马匹之处，再行办理。"

（卷109　621页）

乾隆五年（1740年）正月辛未

军机大臣等奏言："此次准噶尔夷使哈柳等至京，一切并遵旨定议，惟进藏熬茶以百人不敷，奏请用三百人，蒙恩允行。其来时请令理藩院拨章京等二员前赴哈密军营，令提督李绳武拨兵五百名遣官率领，与章京等协同办理。令由扁都口边界前至东科尔贸易。事毕即由彼处护送至藏。沿途有司亦令照管。至入藏之人非奏事使臣可比，无庸换给马匹。其经过青海等处一应蒙古游牧及各台站，预令移置妥协。俟使臣还，安设如故。其应拨满洲兵护送，请就近于庄浪、凉州酌拨五百名与李绳武处所拨官兵，以大臣一员总领。至藏时有应办一切，令驻藏副都统与郡王颇罗鼐公同核议，妥协办理。"得旨："依议。著将军乌赫图、副都统巴灵阿领兵护理，各赏银五百两。凉州将军印务令副都统黑色暂行署理，巴灵阿所遗员缺著莽鹄赍驰驿前往西宁办理。"

（卷109　624页）

乾隆五年（1740年）二月丁丑

大学士赵国麟奏请敕下直省督抚，凡产煤之处，无关城池龙脉及古昔帝王圣贤陵墓，并无碍堤岸、通衢处所，悉听民间自行开采，以供炊爨，照例完税。地方官严加稽查，如有豪强霸占，地棍阻挠，悉置于法。得旨："大学士赵国麟此奏，著各省督抚酌量情形，详议具奏。"寻据直省各督抚陆续题报："经工部议复，除福建、湖北、广西等省素不产煤，应无庸议，江南、江西、浙江、四川等省，间有产煤处所，或久经纳税，或系纳粮民地，例免抽税，均应照旧办理，无庸另议外，惟查直隶总督孙嘉淦疏称口外地寒，居民稠密，柴薪稀少，亟应开采煤窑，但向例需用部票，人多观望不前。查出口贸易之人系各地方官给与照票，采煤之人事同一例，原可无庸部票，请嗣后即由该地方官给票出口，俟窑成之日，报明藩司，给与牙帖，酌定税额咨部。又山东巡抚朱定元疏称，勘得所属州县有煤可采，并无关碍者，系属民地请以地主为窑户。系属官地请以领帖输税之人为窑户。各听开采，以利民用。又山西巡抚喀尔吉善疏请，将归化城等处煤窑八十余座尽行开采，其经管防范之处，仍照理藩院议奏之例办理。又湖南巡抚许容、甘肃巡抚元展成各疏称查明所属产煤处所，均无关碍，请听民试采，免其抽税。又广东巡抚王安国疏称，查得所属产煤处所皆可召商开采，请酌定税额，自一二十两至一二百两不等，均系各就地方情形议复，应如所请办理。其续有题报者，另行议奏。"从之。

（卷110　632页）

乾隆五年（1740年）二月己卯

　　赐准噶尔台吉噶尔丹策零敕书。曰："谕准噶尔台吉噶尔丹策零，朕为阐教安民之故，降旨息兵。往者以疆界必宜定议，尔台吉虽数遣使来，辄以必不可行之事，借端要请，是以议久不决。前年尔遣哈柳入奏，请厄鲁特毋得越阿尔台山梁，喀尔喀仍居扎卜堪等处。此即与定议无异。又请布延图、托尔和两处卡伦，稍向内移。朕以卡伦不可移动之故，降旨开示。令哈柳赍还。今台吉复遣哈柳来，辞甚恭顺，且谨遵朕旨，每年止遣二三十人，巡察科卜多。其卡伦请仍设置如旧。朕览之欣悦，但原议以阿尔台山阳至哈卜塔克、拜塔克、乌兰乌苏、罗卜诺尔、噶斯口为界。今奏中尚未声明，故朕命大臣详问哈柳。据称以阿尔台山为界，业已指明。山南之人仍住原处自不待言，何庸复议。观此，则一切俱遵朕旨，更无可议之事。朕即降旨喀尔喀，令勿逾扎卜堪等处矣。朕为大君，统一中外，天下众生，一体爱育。今为广教安民，罢息干戈，彼此既咸归于好，当各饬所属，毋违定约，妄生事端。若遵守勿替则黄教自此愈兴，众生永享安乐之福。尔又奏称，前请往藏熬茶实为敬信喇嘛之故，岂敢生事。但带往什物甚多，百人难以运致。故此次不能与哈柳同来，伏乞许用三百人。尔前以班禅额尔德尼圆寂之故，欲使人入藏熬茶。诚心奏请，朕已谕行，止令人数毋过百。今尔又以运物百人未敷，请增至三百人。朕更加恩允准。尔须选择晓事之人，其赴东科尔，朕当遣人护送。至贸易之事，朕令大臣与哈柳定议。亦如俄罗斯例，四年贸易一次，人数不得过二百，限八十日还部。来京者，道出肃州、西安。其往肃州者，亦以四年为限，数不得过百人。除禁物外，买卖各从其便。再尔部人来，若与俄罗斯同在一年，恐于尔等无益。今定于寅、午、戌年来京，子、辰、申年至肃。先期以起程之日与何日可入境报知边境大臣，俟其奏到，当更遣官护理。尔亦宜择信实之人，来时更明白晓谕之，无得滋事。再台吉若别有奏请之事，仍更遣使，减省仆从，勿携货物。既入我境，更令驰驿前来。此次，台吉一一恪遵朕旨，实心恭顺，朕甚嘉之。用从前和好之礼，随敕赏各色缎十六端。"

（卷110　634页）

乾隆五年（1740年）二月甲申

谕："据鄂弥达、元展成奏称，宁夏府西路同知员缺，系沿边孔道，有分防之责，并监督渠道，管理驿务，必得谙练干员，熟悉水利者方能胜任。查有以同知衔管柳林湖屯田通判事傅树崇，勤练老成，克称斯职，至所遗通判一缺，地方广阔，贴近边外，每年查看渠工，兴修水利，若非勤干之员，亦难胜任。查有西宁县知县沈予绩在甘年久，练悉边情，且勇往任事，勤劳素著。若以升补柳林湖通判，于地方有益等语。著照鄂弥达、元展成所请，将傅树崇补授宁夏府西路同知，沈予绩补授柳林湖通判。其西宁县亦系要缺，著该督抚拣选调补。"

（卷110　639页）

乾隆五年（1740年）二月庚寅

大计奉天、直隶、山西、陕西、甘肃、四川、广东、广西、云南、贵州、直隶河员、江南河员、河南河员、山东河员，不谨官二十七员，罢软官九员，年老官四十三员，有疾官二十一员，才力不及官十七员，浮躁官十六员，分别处分如例。

（卷111　642页）

乾隆五年（1740年）三月丁未

军机大臣等议准办理青海事务副都统巴灵阿奏称："据总督鄂弥达等转咨，令于青海等处陆续采买驼、马，以备夷使、官兵牲畜疲乏更换之用。青海山高气冷，五、六月间青草萌生，牲畜始肥。今夷使于三、四月抵东科尔，贸易事毕即行进藏。倘所采买不免疲瘦，恐有遗误。查西宁镇标现有预备驼一千余只，马一千六百匹，请先以此项驼马应用，再按价给发营弁，令其自购，一转移间，两有裨益。"从之。

（卷112　650页）

乾隆五年（1740年）三月戊午

以青海办事副都统巴灵阿为正蓝旗满洲副都统。

（卷113　657页）

乾隆五年（1740年）三月己巳

户部议复原任川陕总督鄂弥达疏请："甘肃捐监一案，原议系纯捐米谷，或米、麦、豆三色兼收，现在陆续报捐粮石共二十万八千余石，俱系有谷有麦之州县，应将米少之西和、靖远、崇信、固原、通渭、古浪等六处，不产米之隆德、庄浪、渭源、永昌、镇番、西宁等六处，均以麦、豆二色收捐。其止种大豆之西固、漳县、岷州等三处亦以大豆收捐。至米价贵于麦豆，或以麦豆二色照原议三色收捐之数，加十分之一及十分之二，或以大豆一石抵谷一石收捐。其所加所抵粮数与原议之粮石价值，并生俊应捐银数是否相符，应令该督查核报部。"从之。

（卷113　660页）

乾隆五年（1740年）三月是月

（四川提督郑文焕）又奏："准松潘镇臣潘绍周咨报，郭罗克丹增所管番子甲噶等在西宁各地方抢夺蒙古帐房马匹。正值更换防兵之时，随密致该镇臣，谆谕守备段闻诗，换驻到彼，惟应照例督率土目，擒献赃贼，相机妥办。"得旨："知道了。与督抚等和衷共理方显于夷情为熟，何无一言道及耶？"

（卷113　667页）

乾隆五年（1740年）四月壬申

户部议准甘肃巡抚元展成疏称："赤金所属于雍正八年报垦旱地三顷四十一亩有奇，除马粮青稞，乾隆三年豁除外，应共征京斗粮十四石三斗有奇，草一百七十三束有奇，应于乾隆四年入额征收。"从之。

（卷114　669页）

乾隆五年（1740年）四月癸酉

兵部议复甘肃提督瞻岱奏请："各省督抚提镇保荐人员内如有熟悉边情者，仰恳圣恩简发来甘，对品调补。查各省边地情形不同，各省人员于甘省边情未必谙练，应毋庸议。"得旨："是，依议。嗣后各省督抚、提镇卓荐保题人员于赴部引见时，该部询问，如有熟悉甘省边情及愿往甘省者，于引见之日一并声明具奏。"

（卷114　670页）

乾隆五年（1740年）四月甲戌

大学士等议复原任川陕总督鄂弥达条奏："办理夷使进藏事宜：一、夷人自东科尔起身进藏，及回时经过青海地方，应赏给菜牛、菜羊并米面各一次。一、牛行迟缓，请停止采买，以两牛改换一驼，于镇标营驼内摘拨。一、护送夷人之满兵，原议每名给马三匹，本身乘骑以及驮载行李，远涉长途，恐有疲缺，应请加一匹，共给马四匹。又每兵二名，再请给驼一只，以资驮载什物。一、自东科尔至藏及自藏回，请酌给八个月盐菜口粮，以资沿途日用。一、驮载口粮盐菜均应用驼只，及派往章京等需用马匹均应于凉州、西宁两镇给拨。一、原议拨银二万两交与伴送大臣等带往接济。今又添派运送口粮、文武官及兵役，应请再拨银一万两带往，庶得通融接济。均应如所请。"从之。

（卷114　673页）

乾隆五年（1740年）四月丙戌

以故青海扎萨克辅国公阿拉布坦扎布素之侄达什那木扎勒袭爵。

（卷115　680页）

乾隆五年（1740年）四月癸巳

大学士等议复原任总理青海夷情副都统巴凌阿条奏："一、蒙古偷盗牲畜之首犯例应解京拟绞监候，朝审减免，仍发回西宁。长途往返，蒙古不习内地水土，兼未出痘，请嗣后青海蒙古有犯死罪者，即在西宁监禁候旨。应如所奏，仍饬该部行文遵奏办理。一、沿边番民久经内附，隶地方官管辖。而抢劫蒙古各案仍交各扎萨克缉拿，以致经年累月未获一犯，未起一赃。嗣后请于事发之日即交与地方官上紧缉捕，以重责成。此条应请敕交该督抚查明情形，定议具奏。一、青海二十八旗每年派扎萨克七员赴京，由臣衙门先期请旨，仍俟理藩院汇题，行文传调，似觉烦冗。嗣后请将应赴京各扎萨克衔名，竟咨理藩院，汇奏请旨等语，似属可行。"从之。

（卷115　685页）

乾隆五年（1740年）四月丁酉

吏部等衙门题准，直隶、山西、云南、贵州、四川、直隶、河员、江南河员、奉天、广东、陕西、甘肃等省，大计荐举卓异官共五十九员。

（卷115　694页）

乾隆五年（1740年）四月是月

甘肃布政使徐杞奏陈新宝招徕报垦情形。得旨："是，劝课招徕正尔旬宣之职也。"

又奏："护送准噶尔遣人赴藏熬茶事宜，有宜因时度地，酌量办理之处：一、酌拨西安镇标拴养马、驼，预备更换。一、沿途驮载口粮等项，宜于轻便，倘驼只不敷，添雇客牛。一、东科尔至藏，往返约需六月。口外道远，官兵之盐菜口粮俱宜宽裕估计。一、沿途备带银三万两，以资接济。"得旨："所奏俱悉，此虽系初次，然亦不可过滥，以致后难为继也。"

（卷115　698页）

乾隆五年（1740年）五月是月

陕西凉州总兵官王廷极奏："兵丁在官署聚哗，严查惩办，以儆刁风，并竭力整饬营伍。"得旨："知道了。竭力整顿，以挽颓风，然必言行相符，方为不负委任也。"

（卷117　718页）

乾隆五年（1740年）六月庚午

贵州道御史徐以升奏请酌定边省引见之例："云、贵、两广、川、甘去京遥远，往返需时，盘费不支，且恐误公。文武各员未经引见者，固当送部引见。引见一次后，其人才具已在圣明洞鉴之中。请嗣后边省各员曾经引见以后题升者，文自府佐贰以下，武自参游以下，概免引见。令该督抚提镇出具考语，开载政绩，具题请旨。"得旨："引见官员原以搜罗俊彦，辟门明目之意。岂可因噎而废食，这所奏不准行。该部知道。"

（卷118　719页）

乾隆五年（1740年）六月癸巳

户部议准甘肃巡抚元展成疏报："秦州属之罗峪河及北关菜园并河滩上下地方，于本月二十七日山水陡发，冲毙男妇四十九名口，倒塌房屋六十九间，桥梁五道，淹泡未倒房屋一百二十五间，并有损伤田禾处。应请照例抚恤。"得旨："依议速行。"

（卷119　742页）

乾隆五年（1740年）六月是月

川陕总督尹继善奏："准噶尔夷人进藏熬茶，虽不至遽生事端，但夷性无常，或因此探听青海消息，窥伺藏里情形，俱未可定。臣已密嘱将军乌合图等密探夷人进藏系何心事，如何举动，务须朝夕留心，切勿忽略。"得旨："办理甚妥。"

（卷119　749页）

乾隆五年（1740年）闰六月辛丑

谕大学士等："甘肃巡抚元展成自到任以来，从未将属员贤否逐一陈奏。元展成原系贵州巡抚，因办事错误革职之员，朕因其才尚可用，复授为臬司，随迁擢巡抚。乃伊受朕举废之特恩，并不刻自奋勉，于一切事务殊未见实心实力为国报效之处。是何意见，尔等可传旨询问之。"

（卷120　759页）

又议复甘肃巡抚元展成："奏称驻防凉、庄满兵岁需粮草，市价高昂，请于秋收时即发次年价银，预为购买。查采买粮草定价遵行已久，并无不敷。倘预为采办，以一岁之收获，供两岁之支给，势必市价愈昂，转滋抑勒强买之弊。应毋庸议。"得旨："依议，部驳甚是，元展成所奏不合。著饬行。"

（卷120　760页）

乾隆五年（1740年）闰六月丙午

川陕总督尹继善奏："宁夏镇玉泉营游击李继善因营马疲瘦，责问兽医赵大用。大用投水身死。兵丁陈德顺等数十人借端滋事。现在查办。请将李继善一并解任质审。"得旨："兵丁骄纵于营伍地方大有关系。上年凉州镇标兵丁因借口粮，聚众嚷闹。今宁夏兵丁又复效尤，不法益甚。若不严加究治，无以惩戒将来。李继善著解任，其有无致死赵大用并私役兵丁情由，及本内借端纠众垒砌衙署之为首主使人等，即著该督一并提拿质讯，严审定拟速奏，该部知道。"

（卷120　764页）

乾隆五年（1740年）闰六月庚申

以甘肃金塔寺营副将黄正位署肃州镇总兵官。

甘肃巡抚元展成疏报："兰州府属之狄道、渭源、金县，巩昌府属会宁等四州县接收临洮卫，报垦荒地三千三顷六十六亩。"

（卷121　779页）

乾隆五年（1740年）闰六月甲子

准噶尔台吉噶尔丹策零遣使莽鼐进表奏称："哈柳归，奉大皇帝敕书，谕令厄鲁特在阿尔台山阴游牧，不得过山梁。喀尔喀亦不得过扎布堪等处。其科布多所在各令巡视。又许我进藏熬茶之人数至三百，不胜欢怃。敕书有云，原议本以阿尔台南、哈布塔克、拜塔克、乌兰乌苏、罗布诺尔、噶斯口为界。今尔一切俱遵朕旨，更无可议之事，是已蒙谕旨具许也，但敕书内系蒙古旧语音，我等尚未能尽解，故遣哈柳入奏恳求定界。既以互相牵掣，讫未定议。复遣吹纳木喀入奏亦是此意。去年哈柳奉到大皇帝谕旨云，罢兵息民，永归和好，即定界与否，亦非要事，但令彼此游牧，互相隔远。我皇祖时所设卡伦不得移动，其科布多等处朕亦不另驻兵。每年应略地时仍各遣二三十人巡视，既免相掣之嫌，亦解尔疑惑之心。朕不食言，荷蒙谕旨。欲释我疑，垦将从前未能尽解之语再降旨明示。至进藏之事，候莽鼐信到，即计日起程。于八月二十日左右定到哈密，由哈密即赴东科尔，但必取道肃州，则来人俱未出痘，恐途中患病，且道远或遇无水草处无以接济，请一切生畜路费俱自行备办。由库克、沙什、西喇、喀勒占至东科尔贸易后前往。至进藏时或马匹疲乏，尚需接济。伏乞加恩。"奏入。报闻。

（卷121　783页）

乾隆五年（1740年）闰六月戊辰

户部议复甘肃巡抚元展成疏报："凉州府之永昌县属入夏以来，雨水稀少，渠水微细，田禾大半枯槁。又平番县之松山堡等处坐落口外，地本瘠薄，又值亢旱，被灾六分至九分不等。又巩昌府之会宁县属亦因被旱，收成约计三分有余。实属成灾等语，应令该抚速查实在乏食灾民，酌给口粮，无使失所。其被灾地亩应征银米照例暂缓。"得旨："依议速行。"

（卷121　784页）

乾隆五年（1740年）七月癸酉

调江苏巡抚张渠为湖北巡抚。以江苏布政使徐士林为江苏巡抚。苏州织造安宁为江苏布政使。命署广西巡抚安图来京。调署四川巡抚方显为广西巡抚。山东巡抚硕色为四川巡抚。以河南布政使朱定元为山东巡抚。起革职刑部左侍郎金铁为河南布政使。寻吏部奏金铁已于本年四月内病故，请另行简补。以甘肃按察使赵城为河南布政使。浙江杭嘉湖道吕守曾为甘肃按察使。

（卷122 790页）

乾隆五年（1740年）七月乙亥

赐准噶尔台吉噶尔丹策零敕，谕噶尔丹策零："尔使莽鼐赍至奏章，言哈柳奉到敕书内有云原议以阿尔台南、哈布塔克、拜塔克、乌兰乌苏、罗布诺尔、噶斯口为界，今既一切俱遵朕旨，更无可议之事。是以蒙谕旨见许，但敕书内系蒙古旧语音，未能尽解，是以屡次遣人入奏，讫未定议，恳再降旨明示等语。朕为大君，不分内外，一体爱恤。欲边界民人不起争端，长享安乐，所以前岁敕书中言罢兵息民，永归和好，则定界与否亦非要事，惟厄鲁特毋过阿尔台游牧，卡伦设立如旧，科卜多不更驻兵，每年应略地时止遣二三十人巡视。彼此既无牵掣，亦可释尔疑惑。谕旨甚明，以此台吉亦喻朕旨，即此定议。去年哈柳来，朕甚嘉之，特以前者赐尔敕中原有令游牧人等各安所居之言，及尔还奏，并未言及阿尔台南游牧人等之事，此事虽非紧要，但前既议及，后不一一指明，恐彼此游牧人等不知，或妄行逾越，致起争端，有乖和好，故朕之大臣面询哈柳，据云以阿尔台山为界业已指明，山南游牧之人仍居旧地，自不待言，复有何议，因此朕亦就此完结。惟谕喀尔喀等自今无得过扎布堪、齐克济、哈萨克图、库克岭等处游牧而已。今台吉又复怀疑，祈朕明降谕旨。朕为天下大皇帝，岂肯食言。台吉固无容过虑也。又称进藏之人若由肃州赴东科尔，其人悉未出痘，又道远恐乏水草，请自备牲畜路费，由库克、沙什、西喇、喀勒占前进，至进藏时，或马匹瘦乏，尚恳加恩接济。尔前请进藏熬茶百人不敷，乞用三百人，朕已允行。至一切所需，尔本以尊崇佛教，修行善事之故，致诚前往。此事固未便朕为资助，亦于台吉声名有关，但既经奏请，倘由东科尔进藏，及由藏回时，途间果有匮乏，量为接济，在朕固所不吝也。至请路由库克、沙什等处，朕边境大臣已详询习知道路者，俱言此路既多戈壁，又缺水草，行走甚难，但尔来人未出痘者，道经内地，诚属可虞。朕已饬令边境大臣，择戈壁少，水草好，有益于尔人畜者，详悉勘明，导引尔之人赴东科尔。到时，朕大臣当已豫为之备矣。随敕赐各色缎十端，加赏玻璃磁器四十事，大缎六端。"

（卷 122　792 页）

乾隆五年（1740年）七月丙子

命喀尔喀王等及军营大臣详议撤兵后驻防事宜。谕："朕前以撤阿尔台之兵询问喀尔喀王、扎萨克等，据奏称事尚未定，若仍用兵戍守于我等殊有裨益，请暂留驻。至去年噶尔丹策零令哈柳来使，一一遵照朕旨定议，请伊等游牧毋过阿尔台山。我之卡伦设置如旧，至喀尔喀游牧亦无过扎布堪。其言甚属恭顺。故朕遂颁敕书，与噶尔丹策零指定，喀尔喀游牧不得越扎布堪、齐克济、哈萨克图、库克岭等处，仍以阿尔台山南哈布塔克、拜塔克、乌兰乌苏、罗布诺尔、噶斯口为界。并所请熬茶贸易事亦经定议。现今边境宁谧，既许其和，西北两路之兵不须留驻，应行撤回。北路喀尔喀、扎萨克等当同心合志，约束属人，就指定边界居住。其预备兵仍训练以时，至防秋之候行围会聚，应略地时，著额驸策凌拣选干员，带领二三十人巡阅隙地。准噶尔略地兵所到之处，亦令申报。现设卡伦，仍令喀尔喀台吉官员兵丁轮班驻扎，如此办理则息事宁人，而且有备无患矣。著行文喀尔喀四部落王、扎萨克等，令其于撤回内地兵之后，悉心协力，休养属下，紧守卡伦，一切防范预备事宜核议具奏。倘谓内地兵断不可撤，则竟如呼伦贝尔驻兵例，令东省索伦乌喇齐等拣发数千人，携挈妻孥永远驻扎游牧。庶于事有益，若既与准噶尔定议，而仍以内地兵戍守，既恐滋彼之疑。且喀尔喀仍须供应一切，妄费无益。喀尔喀副将军、王、扎萨克等宜体朕为尔等筹划之意，计及久远，妥议以闻，并将朕此旨行文额驸策凌与军营大臣等，令其详悉定议具奏。至西路又与北路不同，北路有额驸策凌与喀尔喀王、扎萨克等，俱军前谙练本地情形之人。其防范预备，相机而行，自无可虑。西路则哈密与准噶尔连界，回人素性怯懦，非喀尔喀比。内地之兵不便遽撤，其届期换班须从远处调发，亦非久长之计。俟数年后，量裁哈密驻扎兵，务使足资防守外，即以附近安西等处兵丁轮流拨往。其兵数如何足用，军食如何支给，著行文总督尹继善、提督李绳武详悉定议具奏。"寻平郡王福彭、大学士查郎阿、左都御史杭奕禄、侍郎阿克敦等各以两路事宜条奏。得旨："军机大臣等议奏。"寻议复曰："据查郎阿请改安西总兵官为提督，增设官兵，分驻哈密等处。其现驻防兵悉行撤回。查雍正十三年曾议安西增设提督，辖兵一万，携家移驻。其哈密换班兵丁即于提督标下轮拨，以总兵副将领之。再预选甘、凉、宁、肃各营战兵二万二千名以备调发。移咨查郎阿、张广泗等会议具奏。其时查郎阿等议以安西产物俭少，食用不敷，是以增设提督之议未行。今查郎阿请以安西总兵官改为提督，增兵三千，合原额兵七千二百，共一万二百名，就中派拨二千名，以副将一员率赴哈密驻扎，二年一换。其现在哈密、布隆吉尔等处驻防兵以次撤回，与原议相符，实于边防有益，应以查郎阿所奏，移知陕西总督尹继善、提督李绳武会同详议具奏，再行定议。至杭奕禄奏请哈密增驻蒙古兵一千为守卡用，查前者副都统旺扎勒、侍郎玉保俱曾奏请，未经议行。杭奕禄此奏亦无庸议。再平郡王奏北路驻防兵可减不可撤。阿克敦所奏亦大略相同。应俟额驸策凌等奏到后，一并酌议具奏。"从之。

（卷 122　794 页）

乾隆五年（1740年）七月辛卯

大学士等遵旨查奏："甘肃巡抚元展成奏报各属旱灾一折。查各省凡遇旱灾，按限题报，并勘明被灾分数，将本年钱粮暂停征收，俱系照例办理。惟灾民应赈济者，向来各省或请散赈，或请借赈，或秋苗虽经得雨，而麦收不足接济，仍请散赈。总因赈济未有定例，是以从前各省督抚有将情形入告请赈者，亦有未经奏请，奉旨赈恤者，或动正项，或捐俸工，或动存公银两，办理俱不划一。请交部将夏灾、秋灾应如何分别加赈，及应给应借籽种补种秋禾，并秋禾虽经得雨而待食艰难，应否仍行接济，俱斟酌定例，详悉议奏。"从之。

（卷 123　807 页）

乾隆五年（1740年）七月丁酉

缓征甘肃武威、古浪二县本年份旱灾额赋，兼赈饥民。并平罗县属东永惠、红岗等堡被水饥民，一体赈恤。

（卷 123　813 页）

乾隆五年（1740年）八月壬寅

刑部等部会议各省督抚遵旨议复："刑部侍郎钟保奏请清理词讼，力行保甲一折。先经闽、浙、湖广、川陕、两广等省总督，江苏、福建、湖北、河南、山东、山西、陕西、甘肃、四川、广东、广西等省巡抚陆续奏到，或申明定例，实力奉行，或诚谕有司严加整饬，均奉旨允行。云南督抚等议奏亦系遵照成例办理，均奉旨知道了，应毋庸置议。至直隶总督孙嘉淦议奏，力行保甲一款，请具题盗案，将保甲、牌头治罪之处声明，审理窃案亦必根究容留之甲长、牌头分别惩儆。又据原任湖南巡抚冯光裕议奏，商渔船只编号给照稽查，遇有藏匿奸匪，请照保甲连坐。又据贵州总督张广泗议奏，黔省零星村寨请就户口之多寡，联其比伍，各苗寨俱有该管头人，倘敢隐匿匪徒，将该头人惩究各等语，均应如所请。其清理词讼一款，俱未另议条例，毋庸再议。两江总督、安庆、江西、浙江等省巡抚，议奏意见与各省督抚大抵相同，亦毋庸议。"从之。

（卷124　821页）

乾隆五年（1740年）八月丁未

户部议复甘肃巡抚元展成奏："宁夏府属各仓存贮无多，请将平凉、庆阳二府并秦州所属捐监粮石酌拨十万石，以备缓急之用。先拨五万石运贮夏、朔二县，接济通府。俟秋收之后再行全数拨运，应如所请。"从之。

（卷124　825页）

乾隆五年（1740年）八月己酉

兵部议西安将军绰尔多参奏："原任西安将军沁布任意徇情各款。查沁布擅将额甲钱粮私给笔帖式，以致额兵空缺。迨奉旨赏给笔帖式养廉，复不将给与额甲撤出。又挑补凉州、庄浪披甲，令官员家奴充补，致闲散满洲不能得缺，徇私违例，应照例革职。至该将军所奏，现在各官家奴充补披甲者共一百三十八名，理应即行撤出。但此等披甲支食钱粮有年，若全行革退，伊等人口众多，未免力量不足。请暂令存留，俟有空缺，仍将另户闲散满洲充补。其给与笔帖式等披甲悉行撤出，于另户闲散满洲人等挑补。应如所请。"得旨："沁布著革职，余依议。"

（卷124　825页）

乾隆五年（1740年）八月是月

川陕总督尹继善奏："陕、甘、四川各属秋禾畅茂，可期丰收，惟葭州、神木、秦州、阶州、绵州、龙安等州县间有冰雹及雨水过多之处，俱系零星偏灾，已酌量抚恤。"得旨："所奏俱悉，其一二偏灾之处亦当抚恤得所，毋谓通省有收，而畸零偏伤即不留意也。"

甘肃布政使徐杞奏："凉州府属岁需兵粮十余万石，现在存仓粮石无多。查甘州贴近凉属，仓贮尚有余粮数万石，应即拨运二万石。秋收后再采买二万石一并运赴凉州，协供满洲兵粮及出借籽种、口粮之用。至绿营兵粮，向在额征粮内估支。现今凉属额征米石势难即时全完，请先将预备粮石酌量借给，俟征完额粮照数还仓。"得旨："办理甚属妥协，可嘉也。"

新授甘肃按察使吕守曾具折谢恩。得旨："汝系朕记用之员，汝陛辞时，朕亦谆谆训汝。若能身体力行，内外如一，始终无二，则终身用之不尽。勉之勉之。"

（卷125 838页）

乾隆五年（1740年）九月辛巳

以署固原提督肃州镇总兵韩良卿为甘肃提督。宁夏镇总兵周开捷署固原提督。

（卷126 850页）

乾隆五年（1740年）十月癸丑

兵部疏请："简放陕西肃州总兵官一缺。"得旨："陕西肃州总兵官员缺，甚属紧要，著尹继善于通省总兵官内拣选调补，其所遗缺，著宋爱补授。"

（卷129 879页）

乾隆五年（1740年）十月丁巳

户部议复太常寺卿朱必阶奏："直省捐监事宜：一、乡试年份，停止在部报捐。查此例原专指随任游学等项而言，其在籍生俊并未概准赴部。今该寺卿以此例一开，即未必入场者亦得借名寄捐，自应如所奏，仍归本省办理。但现距明年秋试已近，一旦改令回籍，恐致耽误场期。请自辛酉科后永行停止。一、停止兼收外省投捐。查此例亦因地方歉收，或本籍人少起见。本年五月豫省业经奏停。今该寺卿以此项捐输皆系官员之子弟戚友等，包揽代纳，亦应如所奏，照河南之例概行停止。惟甘肃一省本籍人捐监者少，仍请暂准收捐。并令该抚等严查包纳等弊。一、捐生赴部换照宜酌量变通。查江西换照事例业经议准，将部照给发该省，转发该地方官，传唤收领在案。今该寺卿以本生亲身赴部，有守候跋涉之苦，臣等酌议，自明年春季始，各省捐监换照统照江西之例行。"从之。

（卷129　883页）

乾隆五年（1740年）十一月壬申

又议复驻藏副都统纪山奏："准噶尔进藏之人若于八月间到哈密，由边外至东科尔，时届冬寒，其护送官兵或马匹牲畜，不无瘦乏，应行换给。今纳克舒番子百户等请于官兵过时，所有四千九百八十六户，五户公出马一匹、牛二头，又每户出羊一二只以备应用等语。查护送官兵自宜预筹接济。纳克舒番子既经备办，请移知乌赫图、巴灵阿若沿途取用纳克舒牲畜，可于携带银两内如数给价。"从之。

（卷130　897页）

乾隆五年（1740年）十一月壬午

谕甘省提镇各营："岁需粮料例系本折兼支，于额征粮内估拨，如遇歉收缓征之年，本色不敷，则将应估本色之粮料亦行酌估折色。朕闻乾隆三年份原估凉州镇标本色粮料共三万二千九百余石，系于乾隆二年预为估拨，嗣因乾隆三年凉属收成歉薄，例应缓征原估前项额粮，除将现有之粮供支外，尚不敷本色粮一万二百余石，照例改估折色，每石按部价估银一两。缘兵粮例系季首关支，于未经改定之时，已值应支秋季兵粮之候，兵食嗷嗷，遂借采买积贮粮三千六百余石，暂资五营兵丁之急需。至估拨乾隆四、五两年份兵粮，又因凉属连经歉岁，民欠难征，每年本色粮俱仅敷一月有余，而今年凉属又遇偏灾，现在预估辛酉年本色，亦止敷两月之粮。是穷兵糊口尚且不足，难以再行扣还借项。是以三年份所借积贮粮石至今尚未还仓，其改估之折色银两现存司库。查积贮粮石向无供支兵食之例，而凉属连岁歉收，粮价昂贵。若令将扣存改折之项买粮还仓，则市价较之部价相悬过半，朕深念边塞穷兵度日艰难，准将此项粮石作正报销，免其扣还本色。其存库银两留作折色之用，以示朕加惠边兵之至意。"

（卷130　908页）

乾隆五年（1740年）十一月是月

署甘肃提督王廷极奏："河西一提五镇自军兴以来，兵丁制办军装，接济粮饷，陆续共借支银二十四万五千余两，内除连年扣还，尚欠银四万九千九百九十余两。查此项借欠以本兵之所借，扣之本兵，固属当然。但本兵一有事故，穷卒妻孥，万无完理，势必令该管官代赔，难保无顶替名粮，代还扣项者。且兵丁中老弱不行挑退，新募尚未汰完，皆因借项未清，不得不暂时姑容也。仰恳特颁谕旨，概予豁免。"得旨："知道了，尚有全省应扣之项，朕一并加恩豁免也。"

（卷131　917页）

乾隆五年（1740年）十二月癸卯

谕："据川陕总督尹继善奏报，韩良卿病故。甘肃提督员缺，甚为紧要。李绳武久驻边外，朕心轸念，著调补甘肃提督。伊熟谙边情，办事干练，倘口外有应行料理之事，仍可就近调度。至安西一带虽现在无事，亦不可无大员统辖。永常才具强干，人亦持重，著以都统衔前往办理。李绳武俟交代清楚后再赴甘肃之任，永常应备军装，著照例赏给。"

又谕："韩良卿久任边陲，勤劳颇著。今伊身故，尹继善等已捐资助其归榇，但伊家计艰难，朕心轸念，著赏银一千两，示朕格外加恩之意。"

（卷132　921页）

乾隆五年（1740年）十二月戊申

以甘肃永昌协副张世伟署宁夏镇总兵官。

（卷132　926页）

乾隆五年（1740年）十二月乙卯

青海扎萨克辅国公罗卜藏察罕故，遣官赐祭如例。

（卷133　930页）

乾隆五年（1740年）十二月丙寅

御保和殿，筵宴朝正外藩。左翼：科尔沁达尔汉亲王和硕额驸罗布藏衮布，多罗郡王沙津德勒格尔、伊什班第，多罗贝勒多尔济，固山贝子塞布腾多尔济，镇国公达尔玛达都，固山额驸拉里达、多尔吉库，头等台吉阿玉尔布尼、喀什那木扎勒，二等台吉吉勒图堪、乌尔衮，喀尔喀世子成衮扎布，扎萨克头等台吉逊都布、特克什、达什丕勒、格勒克、巴林，多罗郡王赛里达，固山贝子扎什纳木达尔、多罗额驸丹津，二等台吉旺扎勒、敖汉，多罗郡王垂木丕勒，多罗额驸齐旺多尔济，头等台吉垂济拉什，四等台吉诺们，喀喇沁多罗贝勒和硕额驸僧衮扎布，辅国公丹津，头等塔布囊瑚图灵阿、翁牛特，多罗贝勒朋素克，鄂尔多斯多罗贝勒诺罗布扎木素，辅国公塞布腾诺尔布，土默特固山贝子哈穆噶巴雅斯瑚朗图、阿巴噶，固山贝子齐旺，辅国公鄂勒哲依图、乌珠穆沁，辅国公朋素克阿喇布坦、德里克旺舒克、乌喇特，辅国公阿穆尔凌贵，郭尔罗斯扎萨克头等台吉察衮，青海扎萨克头等台吉哈尔哈斯、巴勒丹，苏尼特头等台吉达什、茂明安，二等台吉德穆楚克拉旺。右翼：喀尔喀和硕亲王固伦额驸策凌，和硕亲王德沁扎布，多罗贝勒策布登、那木扎勒齐苏隆，固山贝子颜楚布多尔济、策木楚克扎布，镇国公格木丕勒、衮楚克、策鲁布，辅国公衮布策凌、多尔济策布腾，公品级散达克多尔济，扎萨克头等台吉巴朗、成衮扎布、额琳沁多尔济、海栋，二等台吉齐巴克扎布、济克扎布，科尔沁多罗郡王齐默特多尔济，固山额驸吉里第、固穆，头等台吉索诺木旺扎勒，三等协办台吉松兑，四等协理台吉弼里衮达赍，阿巴噶罗郡王索诺木阿喇布坦，浩齐特多罗郡王丹津，青海长子索诺木丹津，固山贝子丹巴，扎萨克头等台吉罗布藏拉布坦、达启、达尔济达什敦多布萨拉苏尼特，多罗贝勒萨礼、阿巴哈纳尔，多罗贝勒达什敏珠尔，敖汉固山贝子额驸罗布藏，喀喇沁辅国公罗布藏策布登，固山额驸罗布藏敦多布，郭尔罗斯固山额驸素玛第、巴林，头等台吉堪勤，三等协理台吉班珠尔、扎噜特，二等台吉朋素克，及内大臣、大学士等。召科尔沁亲王罗布藏衮布，郡王沙津德勒格尔、齐默特多尔济，镇国公达尔玛达都，喀尔喀亲王策凌、德沁扎布，世子成衮扎布，贝勒策布登，巴林郡王赛里达，敖汉郡王垂木丕勒，贝子罗布藏，喀喇沁贝勒僧衮扎布，阿巴噶郡王索诺木阿喇布坦，青海长子索诺木丹津至御座前，赐酒成礼。

（卷 133　936 页）

乾隆六年（1741 年）正月戊辰

免陕甘兵丁借项。谕："陕甘两省自军兴以来，出征兵丁等俱有赏赉，而平时制备军装器械等项，陆续借支司库银五十七万两有奇。例应在本兵名下按季扣还者，除年来已经扣除外，西安司库未扣银约二万六千四百余两，甘肃司库未扣银约一十九万六千余两。前任总督鄂弥达以现今兵力不敷，请缓至五年之后，营伍渐充，公费稍裕，再为扣除。部议以五年之内不免再有借支作何办理。行令总督尹继善另行妥议。今尹继善议称此项银两应均作五年带扣，如有营伍需用之处亦未便竟不借给，应请酌定数目，不许过多，指定限期，不准过久，以便随同带扣等语。朕思兵丁等现领之饷仅足供养赡家口之资，若将新旧借支之项一并带扣，则所存无几，食用艰难。且此项借欠，历年已久，若本人更换，势必至贻累妻孥及该管之将弁。朕心深为悯恻。况西陲军兴以来，陕、甘兵丁备极勤劳，而甘省兵丁尤为出力，着将借欠未完帑银二十二万二千四百余两悉行豁免，以示朕优恤边兵之至意。"

（卷134　940页）

乾隆六年（1741年）正月甲戌

大学士等议复大学士查郎阿原奏："安西总兵改设提督，酌增兵弁。自嘉峪以西，哈密以东悉令管辖。甘、凉、肃诸营战兵并听节制调遣。其哈密防兵撤回，止留二千分驻。经川陕总督尹继善议复与原奏同，惟所请增兵三千。查安西兵食全赖屯田，现额征粮一万余石，尚不敷七千余人之食，增兵三千并家属不下万口，支给更难。请改中营游击为参将，再增城守营都司一，千总一，把总二，兵五百，马三步七，俾马匹宽裕，以便调拨，毋庸增守兵。靖逆改营为协，增副将、都司、千总各一，把总三，兵五百。塔儿湾当靖逆北面，增守备、把总各一，兵二百。赤金一营亦归靖逆协管辖。桥湾系通哈密咽喉，请以柳沟都司并原设兵二百移驻，更增兵一百，改归布隆吉尔游击统辖。其应增设兵即于驻防甘、凉、肃兵愿在安西等处入伍者，就近酌留。其驻防哈密兵既议全撤，应于安西协并甘、凉、肃三处，各拨兵五百，共二千名，赴哈密防守。统以副将，于各标拣选熟悉边情者拨往二年更代。应如所请。"从之。

（卷134　942页）

乾隆六年（1741年）正月甲申

又谕："永常着补授安西提督，现在夷使已到，李绳武仍着留原驻扎之处，同永常办理一应事宜，俟夷使熬茶事毕再赴甘肃新任。"

（卷135　945页）

乾隆六年（1741年）正月是月

宁夏将军都赉等奏："前因地震，弁兵所借滋生银两已由甘肃司库内扣还，暂借与八旗官兵，照例起息。但此项例宜交与行商，不便久存兵弁，应将俸粮坐扣。官自上年秋季起作三季扣完。兵自上年十月起作二十个月扣完。庶养赡仍不至窘迫，所扣银两先于满城内开设官当生息。"得旨："所办好，知道了。"

甘肃提督李绳武奏报准噶尔熬茶夷人三百名并带领送还西藏番子三名，由哈密起程日期及出售牲畜、留牧驼马各情形。得旨："所奏俱悉。其留牧夷人驼马若有倒毙，须照数补还，将朕恩谕彼知之。"

（卷135　954页）

乾隆六年（1741年）二月壬寅

谕："从前廷议捐监事例，准本籍之人纳谷以备民间荒歉缓急之需。继因甘肃一省为极边要地，民贫土瘠，非他省可比讲求，积贮更为急切之务。该省应捐贮仓之谷共计三百八十万石。而年来本地报捐者甚属寥寥，倘遇一时歉收则民食无所资借，甚为棘手。是以部议暂准外省之人在甘报捐，俟谷石充裕再行停止。此不得已改例之意。近朕闻得该省报捐并无行商过客，惟有各州县有司以及伊等之子弟、亲戚、幕客辈，希图渔利，广为包揽，折收银数，以饱私囊。及至买谷交仓则低定价值，高收斛面，或抑勒富户，奔走交官。种种弊端，大为民累。是以国家预筹养民之政而奉行不善，重为间阎之扰矣。以朕所闻如此，虽未必通省州县皆然，而不肖有司假公济私者则恐不免。似当酌量变通，以期无弊。可否将甘肃收受外省投捐之例停止，并如何补实该省仓储之处，著九卿悉心妥议具奏。"

（卷136　959页）

乾隆六年（1741年）二月甲辰

予故甘肃提督瞻岱谥恭勤。

（卷136　962页）

乾隆六年（1741年）二月己酉

免甘肃肃州高台县属之三清湾等处碱伤、沙压屯田乾隆三年借给籽种四百九十余石。

（卷136 971页）

乾隆六年（1741年）二月壬子

军机大臣议复甘肃提督李绳武奏："准噶尔请补行贸易，可否准其进口。查原议令其于寅、午、戌年来京贸易，申、子、辰年在肃州贸易。昨岁申年，缘十月熬茶人起程后，始得派人前来，恳今岁补行。在夷人不过图贸易早成，而甫经遣人熬茶即求贸易，恭顺亦于此见。其人或二、三月，或五、六月到肃，应准其进口，再，初次贸易尤须承办得宜，届期应令熟练之员前往指授。"从之。

（卷136 973页）

乾隆六年（1741年）三月戊辰

兵部议准川陕总督尹继善奏称："陕西河州镇巡阅营汛，向例二、三月间由积石二十四关西至口外之奇台等营。时正值东作方兴，有妨耕种。九、十月间自东北临洮等营转而至于东南之洮岷等营，时黄河冰冻，正届防冬。河州口外夷人进口互市，防范宜严，镇臣远赴内地，有减声威。请春巡内地，秋巡二十四关及口外。"从之。

（卷138 987页）

乾隆六年（1741年）三月庚午

加赠故甘肃提督韩良卿都督佥事。

升甘肃按察使吕守曾为山西布政使。直隶通永道鄂昌为甘肃按察使。

建甘肃皋兰县仓廒，从巡抚元展成请也。

（卷138 987页）

乾隆六年（1741年）三月丁丑

军机大臣议复川陕总督尹继善奏："故贝勒丹忠属下之人仍令在额勒伯克居住。原系体恤罗布藏达尔扎年幼之意，今丹忠之妻及宰桑罗布藏既恳仍回原游牧地方，于生计有益，应照所请，准其移回额济内古尔鼐昆都仑等处住牧。令原派之员会同宰桑头目等约束属下人，定期起程。仍令该员照看居住，按年更换。"从之。

（卷138　992页）

乾隆六年（1741年）三月甲申

调湖北襄阳镇总兵冶大雄为湖南镇筸镇总兵。甘肃肃州镇总兵宋爱为襄阳镇总兵。

（卷139　1000页）

乾隆六年（1741年）三月丙戌

调陕西安西镇总兵豆斌为肃州镇总兵。

（卷139　1004页）

乾隆六年（1741年）三月辛卯

户部遵旨议奏："捐监既内外悉听民便，则赴甘肃投捐者必少，其例自应停止。至该省仓储缺少之数，应派各州县动项采买。但甘肃自开捐以来，报部粮石尚足接济目前。又嗣后本地仍听投捐，自有续收本色，则买补固不得稽迟，亦不必刻期蜂拥，致腾粮价。应令该督抚查明现存及应买粮石如何动项分买，不致勒派，妥议具题。"从之。

（卷139　1009页）

乾隆六年（1741年）三月是月

川陕总督尹继善奏："此次驻防哈密兵止须将甘、凉、肃州、安西四处，共派二千前往。西宁镇路远，且熬茶回夷不日可到，不徒兵丁往返劳顿，抑恐夷人见派兵纷扰，致启惊疑。应停派拨。"得旨："所办甚妥，知道了。"

（卷139　1015页）

乾隆六年（1741年）四月癸卯

又议复："甘肃巡抚元展成奏称甘省地处边陲，凡山头地角欹斜逼窄砂碛，即试种杂植，所收甚微，应听民自种，永免升科。其平原空地或动帑兴修水利，或民间自出工费引灌认垦者，应照六年起科之例按则起科，如开垦未及起科之年，地有砂碱，许呈报勘免。应如所请。"从之。

（卷140　1022页）

予故甘肃提督韩良卿祭葬如例。

（卷140　1023页）

乾隆六年（1741年）四月己未

兵部等部议复甘肃巡抚元展成疏言："兰州府属之金县，地当孔道，请于临洮营酌拨把总一员，马兵二十名，守兵三十名，移驻巡防。应建把总衙署一所，兵房一百间，应如所请。"从之。

（卷141　1030页）

乾隆六年（1741年）四月壬戌

川陕总督尹继善奏："熬茶准夷三百人至东科尔，赏给米面、羊只，皆感激祗领，交牧驼一千六百余只，马一千一百余匹，深以马驼疲乏，难于涉远为忧。查此次夷人原非进贡可比，应听其自备资斧。因噶尔丹策凌词语恭顺，蒙恩预备驼四百只，马八百匹，现在东科尔放牧。倘尚不敷，请于西宁附近各营再行酌量拨给，令其作速赴藏。并已移知副都统巴灵阿、抚臣元展成熟筹安办。"得旨："所奏俱悉。虽云示恩，亦不可启其无厌之心也。既已如此办理，可令伊等知系殊恩，后不可援以为例。"

甘肃巡抚元展成疏报乾隆二年份平番县垦地二百八十亩。

（卷141　1033页）

乾隆六年（1741年）四月是月

凉州将军乌赫图等奏："本年赴藏熬茶之准噶尔喇嘛多约特禅机、斋桑齐默特、巴雅斯呼朗等，使噶尔丹策零亲信人多尔济、吉尔噶朗来告称，欲赴塔拉寺暨扎什车里寺种善熬茶，再三阻止，陈请不已，势难中止。因思扎什车里寺在黄河以南，道路遥远，且沿途俱系蒙古游牧地方，决不可往。塔拉寺距西宁四五十里，由东科尔行走，朝发夕至。是以允其所请。令巴灵阿带满洲兵弁一百名同往。预先知会蒙古喇嘛暂行回避，俟熬茶事毕即带回东科尔。又准噶尔喇嘛等将起程赴藏日期遣人报知噶尔丹策零，若由原路遣回则此一路之游牧蒙古又费迁移。业交与西宁总兵周岐丰派拨弁兵护送，由边都口、嘉峪关、赤金一路前至哈密，交提督李绳武送出边卡。"得旨："所办好，知道了。"

（卷141　1040页）

乾隆六年（1741年）五月甲子

甘肃巡抚元展成奏报："乾隆四年份武威县开垦旱地四顷六十亩有奇，

灵州开垦碱地四十一亩有奇。"

（卷142　1042页）

乾隆六年（1741年）五月辛巳

户部议准署广西巡抚杨锡绂奏称："西宁等各州县多收银米谷石，或系里民承办旧例，或系土司相沿陋规，不知始自何年，实因各州县原给养廉无几，酌存耗羡有限，地方又有应办公事，不得不借资民力。加思恩县多收折征钱粮为修理城垣、塘房、坛庙之用。西林县征收陋规为修理土城、塘房、站道、渡船之用。所以相沿未革，逐一查核，并无侵蚀等情。现已照单革除。请仍严饬各州县，将派收前项，永行禁止。"从之。

（卷142　1054页）

乾隆六年（1741年）六月乙巳

监察御史李惨奏："甘省平凉、巩昌两属夏秋叠灾，州县各员讳匿不报，饥馑载道，抢劫成风。其各省赴甘纳粟捐监者皆被官吏包揽收银，科派民间籴谷填补，谷价日增，民生益敝。请派公正大臣前往查勘。"得旨："览李惨所奏，若果如所言，则元展成罪不容诛矣。然李惨甘省人也，以告灾之状为已甚之言，此风亦不可长，即著李惨前去会同总督尹继善亲往查勘情形，著尹继善秉公据实具奏。若所言果实，元展成当治以讳灾之罪。不然，则李惨为乡曲而妄言，亦有应得之处分。该部即遵谕行。"

（卷144　1075页）

乾隆六年（1741年）六月戊午

陕西延绥镇总兵官杨琎年老休致，调西宁镇总兵官周起凤为延绥镇总兵，以原任狼山镇总兵官许仕盛为西宁镇总兵。

（卷145　1085页）

乾隆六年（1741年）六月是月

川陕总督尹继善奏报："陕西、甘肃、四川三省雨水调匀，收成丰稔。"得旨："所奏俱悉，正宜趁此有收，为积贮之计，卿其悉心妥协办理。再张楷用往安徽一时无人，故将岱奇往署巡抚，彼一小心过甚，而才非肆应之人，卿其诸事指示，辅其不逮毋违朕谕也。"

（卷145　1091页）

乾隆六年（1741年）七月庚午

又议准甘肃巡抚元展成奏称："甘省边徼气寒，地土硗薄，民间种植止就地土所宜，分种夏、秋两禾。一地之内既种夏禾，则不能复种秋禾。播种秋禾，则不能先种夏禾。若夏禾既经被灾则已终岁失望，必俟秋获时始行查办。不特被灾地亩并无可勘之秋禾，亦且有收之秋禾，并非被灾地亩。请嗣后甘省各属倘遇夏灾，仍照旧例按时分办。"从之。

（卷146　1104页）

乾隆六年（1741年）七月甲戌

刑部等衙门议复川陕总督尹继善奏称："嗣后安西回民一切命盗等案仿照榆林、宁夏、口外蒙古之例办理，如两造俱系回民，应令扎萨克公将人犯拘交办理夷情之部郎查审，径报理藩院完结。若民人与回民交涉之案，则令安西同知会同部郎审拟详报，均由安西道核审，转移臬司，详请咨题完结。其承审限期准于正限外各展限两个月。应如所请。至安西地方属卫所者应以卫所为专管，该同知为兼辖。不属卫所者即以该同知为专管，均以安西镇道为统辖，照例分别承督职名。再扎萨克公拘交之回民，责令于限内获解，如托故挨延，将该管扎萨克公额敏和卓等及承缉督缉之员职名报部，照例分别议处，地方民员免其查参。"从之。

（卷146　1109页）

乾隆六年（1741年）七月戊寅

陕西道监察御史胡定参奏甘肃巡抚元展成各款迹。得旨："元展成著解任，折内各款著副都统新柱前往兰州，与总督尹继善会同审明定拟具奏。"

（卷147　1111页）

乾隆六年（1741年）七月是月

川陕总督尹继善奏起程会勘日期。得旨："查赈之事卿自能秉公办理，无少瞻徇。至元展成解任会审之案，尤愿卿少存成见，秉公办理也。"

又奏复将元展成款迹严查题参一折。得旨："所见甚属可嘉，勉力为之。"

（卷147　1125页）

安西提督永常等奏："洮赖川拿获脱出回子二名，一捏杂儿系叶尔根人，一拜木喇特系哈萨克人。皆因为奴受苦，思沐天朝厚恩，相伴而来。所有讯取供词缮折奏闻。"得旨："知道了，目今往藏熬茶之人，又称不得贸易，欲中路而回，此事虽在未定。彼若执意欲返，亦无留彼之理，当听其归耳。若至哈密，汝等当以失信大义责之，约束出境，毋令生事，不必似来时之款待。而彼出境之后，更宜小心防守，须过今冬再请旨可也。仍将夷使情形备细奏闻。"

（卷147　1126页）

乾隆六年（1741年）八月丙申

护送夷使凉州将军乌赫图奏："准噶尔使人齐默特等于四月初一日到东科尔，原议五月进藏，因与商人贸易，讲价不定，托言炎暑，改期七月。今于七月二十日齐默特等忽复来言：'我等本拟此月起程，近闻西藏地气早寒，又携来驼只俱不堪用，难以前进。拟贸易事毕，即欲还部。既经和好，熬茶之事不论何年俱可前进。'臣等按准噶尔生性奸诡，前后言词反复，明系希图贸易昂价，要请增给马驼，应否仍令赴藏，或听其还部。"得旨："前因噶尔丹策零尊崇黄教，奏请为其父赴藏熬茶，施行善事。朕特加恩允其所请，赏给牲畜口粮，派大臣官兵照看。今伊使臣因贸易价值不定，不欲进藏，即求还部，贸易之事，当听商人自便，讵可官为派勒。今伊等不遂所欲，便欲言归，或其来时，噶尔丹策零本嘱令如此，或系伊等私意。若出噶尔丹策零之意，则亦系一无信行之流，朕甚鄙之。伊等去后，倘再请进藏亦断难允行。若噶尔丹策零并未出此，伊等自立主张，任意妄行，更属诡谲。嗣后再来亦断不遣往西藏。伊等果能担承，即听其还。朕为内外共主，既经降旨，断无改悔之理，著将此旨给发乌赫图，晓谕伊等。若伊等知愧，仍照原议办理，若必欲还部，亦竟听之可也。"寻据乌赫图复奏："臣等于八月十八日将准噶尔使臣齐默特等唤至，恭照谕旨传谕毕。伊等默然良久，旋称我等来时，噶尔丹策零并未如此指授，我等不能进藏缘由前已禀过，臣等观其情形，理屈词穷，万难置辩。但其人贪心无厌，所望不遂，仍欲回巢。"得旨："朕所降谕旨甚明，伊等如欲回去，尔等即将朕所降谕旨再行晓谕伊等，护送至哈密，交与李绳武等，尔等即可回也。"

（卷148　1131页）

乾隆六年（1741年）八月戊午

护送夷使凉州将军乌赫图奏报："准噶尔使臣齐默特等自东科尔起程还部。"

（卷149　1144页）

乾隆六年（1741年）八月是月

川陕总督尹继善奏请拣补甘肃巡抚。得旨："东部已开缺，因欲俟定案，故未批发。卿既如此陈奏，已批令陈宏谋补授矣。陈宏谋未到任之前，卿似应酌其轻重，在兰料理数日为是。"

护理甘肃巡抚布政使徐杞奏宁夏需粮紧要，亟宜采买以备缓急。得旨："应如是办理者也。"

（卷149　1149页）

乾隆六年（1741年）九月癸亥

甘肃巡抚元展成缘事革职。以江西布政使陈宏谋为甘肃巡抚。

（卷150　1150页）

乾隆六年（1741年）九月甲子

贷甘肃靖远、会宁二县旱灾饥民口粮、籽种。

（卷150　1150页）

乾隆六年（1741年）九月乙亥

又谕："前降旨著陈宏谋补授甘肃巡抚，但陈宏谋自江西赴任甘肃，道途甚远，有需时日，著调补江西巡抚。其甘肃巡抚员缺著黄廷桂补授，即行赴任。包括著回安徽布政使原任，托庸著回京。古北口提督著副都统塞楞额补受。塞楞额现在奉差著总兵官邵铨暂行护理。"

又谕："御史胡定参奏元展成一案，总督尹继善、都统新柱现在承审，黄廷桂到任后，著会同审理。"

（卷150　1157页）

乾隆六年（1741年）十月丁酉

河南道监察御史李悰奏："臣与川陕督臣尹继善查勘甘省各州县饥馑情形，实因地方官匿灾不报，以致查勘时纷纷具诉求赈，并无招告之事。今尹继善谓臣张扬鼓动，多方煽惑，明系诳声圣听，希图掩饰。"得旨："李悰张扬鼓动，多方煽惑于前，又复捏辞巧辩，攻讦督臣于后，若不严加处分，则将来乡绅挟制之弊不可胜言矣。著该部严察议奏。"

（卷152　1176页）

乾隆六年（1741年）十月庚戌

户部议准原任甘肃巡抚元展成遵议："酌裁内地州县民壮。甘省所属土回杂处，夷番往来，其近在内地亦荒僻与他省不同，所设民壮从前已节次酌裁，无可再减。请照旧存留。"从之。

（卷153　1181页）

乾隆六年（1741年）十月壬子

大学士等议复安西提督永常奏称："准噶尔脱出之回夷，例令驻防哈密之总统大臣讯明，果系回民，隶在土鲁番者，交瓜州之辅国公额敏和卓收管，隶在哈密者，交镇国公玉素布收管。至内地蒙古并准噶尔之夷人，则解交理藩院安插。但瓜州、哈密二处距吐鲁番不过千里，彼处蒙古皆熟回民语言，恐夷情狡诈，假借混冒，或从中探我虚实，或讹传妄言以惑回人。请嗣后将脱出回民查明果有父母现在者，准领回收管。如本人已无父母虽有别项亲属，概不准留本处，俱解赴理藩院安插等语。此等脱出之回民，其父母未必皆存，若必父母现存者方准领回，立法过严，或阻远人向化之意。应请嗣后脱出回民查明虽无父母，其嫡亲伯叔、兄弟现存或本处回民识认，果有户籍可稽者，取具的实保结，仍准照例安插。其并无亲属，无案可稽，实难辨真伪者，应如该提督所请，俱解京交理藩院安插。"从之。

（卷153　1182页）

乾隆六年（1741年）十月是月

安西提督永常奏："准噶尔夷人于十月十二日由哈密起程，遣兵护送约束回巢，并陈不与甘肃提督李绳武会奏之故。"得旨："看来汝等甚属不和，然而李绳武尚未形之奏折，汝乃如此，甚非训汝等和衷之意也。"

（卷153　1193页）

乾隆六年（1741年）十一月丁卯

赈甘肃平番、碾伯、宁朔、真宁、皋兰、金县、华亭、镇原、固原、礼县、狄道、宁州、合水、宁夏十四州县被雹灾水灾贫民。

（卷 154　1199 页）

乾隆六年（1741 年）十一月己巳

　　吏部议："河南道御史李慎陈奏甘肃饥馑情形，张扬已甚，又复捏辞巧辩，攻讦督臣，应请革职。"谕："李慎陈奏甘省事宜，有意挟制督抚，又复捏辞巧辩，本应从重治罪，但伊身系言官，所奏者地方灾荒，有关民瘼，与全挟私意者尚属有间。朕观近来督抚办事，每多观望，而在内言官又事迎合。令若将李慎照议处分，则外而督抚，内而科道，皆以言官陈奏灾荒而罹严谴，势必以匿灾为得计，以奏灾为畏途。而闾阎饥馑无由上闻矣。夫言官声张气势，挟制封疆大吏，此风固不可长。然其为害尚小，若民隐不能上达，使百姓至于流离失所，其流弊实为最大。权其轻重，与其惩言官而开讳灾之端，宁可从宽假以广耳目之益，诚使督抚等皆秉公据实，公而忘私，国而忘家，惟尽爱民之心，毫无观望之习，朕亦不必如此鳃鳃过虑，而无如其不能也。况科道等如果假公济私，把持本省之事，必不能逃朕之洞鉴，亦断无可宽之理。李慎之罪，尚不至此，著照部议革职。从宽留任。"

（卷 154　1202 页）

乾隆六年（1741 年）十一月壬申

　　吏部等部议准川陕总督尹继善奏："遵旨会同御史李慎查勘甘省去年饥馑情形，特参玩视民瘼、抚字无方之道、府、州、县及不实心查察之布政使徐杞、原任巡抚元展成，并自请交部严加议处外，酌拟应行料理事宜：一、伏羌、陇西等处百姓因灾乏食死者，其鳏寡孤独绝无养赡者，应动项抚恤。因贫典卖子女者，即动项代赎，所用银俱著落元展成追赔。从前出外觅食之民，在外未归者，应照例资助、招复，酌给口粮安插。一、歉收之处或因人力不足，荒地未种者，即借给籽种。一、伏羌、陇西去年秋冬及今春借过籽种、口粮，请全予豁免。秦州、通渭并恳豁免一半。至甘肃通省历年借欠之粮已积至一百数十万石，应分别宽缓，俟详悉妥议另题。"从之。

（卷 154　1205 页）

乾隆六年（1741 年）十一月丁丑

　　前护甘肃巡抚徐杞疏报："归德所康、杨、李三寨屯民于雍正十三年开垦水地八顷三十七亩有奇。"

（卷155　1208页）

乾隆六年（1741年）十一月辛巳

兵部议复甘肃、四川、广西、云南巡抚："遵查各省原经制土司，遗失承袭。现以外委给札管理土务者，除甘肃岷州正百户已故后永庆、广西永顺副土司斥革彭升。现查应袭之人，广西小镇安土州官岑凤池，该抚请给巡检职衔。云南思陀甸土司李经国，该抚请改流归土，与办理夷疆事体相违。现各行令确查，具题到日另议外，其甘肃岷州正百户后荣昌、河州珍珠、打刺二族抚番土司韩世公、洮州副土千户杨绍先应各准承袭。其未颁号纸之土司，四川郁鸣岐、苏天福，云南陈接祖、赵恩宠、钱继祖、吴世标、刁派春、罕戴亲、阿逢泰、罗处厚、李寿彭、李溥、李涞，应令该督抚照旧委令管理。俟袭替时再议。"得旨："后荣昌等准其承袭。余依议。"

（卷155　1212页）

乾隆六年（1741年）十一月是月

甘肃巡抚黄廷桂奏甘省采买事宜。得旨："有治人，无治法，惟在汝因时制宜行之。"

又奏："前任巡抚元展成奏将废员效力，与例不符，勒令各回旗籍。"得旨："好，如此不顾情面方是。"

（卷156　1222页）

乾隆六年（1741年）十二月丁酉

兵部议准护理甘肃巡抚徐杞疏请："于瓜州改道芦沟、甜水井、空心墩、巴尔一带设塘铺，筑建墩台、烟墩、塘房。"从之。

（卷156　1230页）

乾隆六年（1741年）十二月辛丑

蠲免甘肃武威、古浪二县被水旱灾田乾隆五年应征钱粮。

（卷156　1235页）

乾隆六年（1741年）十二月庚戌

蠲免甘肃永昌、平番、会宁三县被旱成灾地本年应征钱粮草束。

（卷157　1245页）

乾隆六年（1741年）十二月是月

甘肃巡抚黄廷桂奏："驻扎庄浪满兵每岁粮料在于河州买运，山路崎岖，运价不足，民间帮赔银至每石二钱五分。查河州至庄浪有水程一道，距河州五十里，地名莲花河，顺流一百一十里至焦家河，又三十里至庄浪河口。起旱，又陆行一百四十里至庄浪城，共计三百三十余里。莲花河及焦家河二处均隶河州，每岁额征粮共有四千余石，请将此二处应纳粮米就近按数征收，其余不敷粮料即在此一带采买，统由水路运至庄浪河口，转运庄浪。较之从前陆运甚便，原定运脚足敷，可免民间帮赔之累。"得旨："嘉悦览之。"

又奏："甘省茶课向例每引一张，配正、附茶一百十四斤。以五十斤交官，以五十斤给商自卖，外带附茶十四斤，亦给商为运脚之费。自乾隆元年改征折价。部议每引减去官茶五十斤，附茶七斤。商人不肯领引，哓哓呈诉。历经督抚疏请，现听部议。是以乾隆三、四、五、六年俱未承领引纳课，臣传集各商，面加劝谕，责其误课之非，商等悔悟，情愿承领本年引，又带销乾隆三年引，一并办课。臣即照商所请，现在发给前往买茶，两年引课统于乾隆壬戌年交纳。其每引应配正、附茶斤数目，仍俟部议遵行。"得旨："所办甚妥，知道了。"

（卷157　1255页）

《清乾隆实录（三）》

乾隆七年（1742年）正月甲申

又谕："甘省地处边徼，土瘠民贫，朕所加意抚恤。顷闻凉州府属之武威、平番、永昌、古浪四县，频岁歉收，上年又被旱灾，民情甚苦，积欠颇多。查自雍正十三年至乾隆四年，武威县未完额粮八万一百余石，草六十四万二千余束。平番县未完额粮一万三千八百余石，草一十九万二千余束。永昌县未完额粮一万五千二百余石，草二十万四千余束。古浪县未完额粮四千三百余石，草九万三百余束。又西宁府属之西宁县自雍正十三年至乾隆三年未完额粮二万八千九百余石，草二十九万八千余束。碾伯县未完额粮一万一千一百余石，草一十三万七千余束。以上六县皆西陲苦寒之地，虽上年尚属有收，然积歉之余，元气未复。若将新旧额粮草束（束）于一岁之内合并征收，民力实为艰窘，著将旧欠之项分作三年带征，俾闾阎易于输将，示朕加惠边氓之至意。"

（卷159　11页）

乾隆七年（1742年）正月是月

甘肃巡抚黄廷桂奏："部推抚标参将黄天贵，粤东人，恐未谙边务，请与直隶涿州营参将蒋琏对调。"得旨："此例恐不可开，但甘省属员中，汝酌量调补可也。"

安西提督永常奏报准噶尔夷使入贡。得旨："朕已料彼定为熬茶而来，知道了。"

（卷160　16页）

乾隆七年（1742年）二月丙申

驻防哈密安西提督李绳武奏："准噶尔使臣吹纳木喀于正月十八日入境，二十二日到哈密。据云赴京进贡，并去岁蒙恩许熬茶，齐默特等去藏不远，中道而返，恐天朝见责，故遣使谢罪，并恳仍许熬茶。"得旨："朕已料彼必为熬茶之事再来陈请也。"

（卷160　19页）

乾隆七年（1742年）二月丙午

谕："朕爱养黎元，旰食宵衣，惟恐薄海内外，有一夫不获其所。边徼疲乏之地尤所廑念，不惜沛恩于常格之外，固已屡降谕旨矣。顷思甘肃一省地处西陲，民贫土瘠，前此频岁军兴，嗣后连遭亢旱，虽去年各属内有收成稍稔之州县，而民间元气未能遽复，加意培养。正在此时，查自雍正六年起至上年春夏止，各属民欠借粮积至一百一十四万余石。例应按数征收，以清公项，但思小民当积困之后，若将新旧粮石一时并征，恐因竭蹶输将，以致生计窘迫，非朕抚绥培养之本怀。著将雍正六年至十三年借欠之项一概蠲免。其乾隆元年以后借欠之项，从壬戌年为始分作六年带征。至凉州、西宁二府所属之武威、平番、永昌、古浪、西宁、碾伯等六县，乃甘省最寒苦之区，上年又被旱灾，深可悯恻。昨已降旨，将此六县民欠额粮草束等项分作三年带征。今既加恩通省，将雍正十三年以前旧欠悉行蠲免，此六县民欠虽在雍正十三年以后，而彼地民力艰难甚于他邑，著将此带征之项一并蠲免，以示朕加惠边氓之至意。"

（卷161　23页）

乾隆七年（1742年）二月戊午

予故太子少保兵部尚书衔致仕甘肃提督路振声祭葬如例。

（卷161　30页）

乾隆七年（1742年）三月己巳

兵部议复川陕总督尹继善奏称："陕甘所裁新兵，候缺縻饷者尚八千余名，营弁遇缺出，多将旧兵幼弱子弟及亲党滥充。请确查旧兵有无子弟注册缺出，验明强壮者充。其无子弟及有而幼弱者，以新兵拨补。新兵衰疲者亦汰。至现无新兵之营，旧兵无子弟可补，将附近营汛新兵拨充。应如所请，并饬直隶、山东、河南划一办理。"从之。

（卷162　42页）

乾隆七年（1742年）三月辛未

大学士等议复川州陕总督尹继善奏称："哈密、赤靖等处驻防兵，例于五、六月换班。现在安西新兵一到，旧兵即可撤防，随换随撤，兵劳费滋。又值夷人进贡，营伍均宜静镇，已移知甘肃提镇，无庸派兵更换。但此次留防兵出口二载有余，计撤期在岁底。请照给出防兵丁银数减半给与，用资兵乏，应如所请。"从之。

（卷162　44页）

乾隆七年（1742年）三月癸酉

谕："湖北标镇协营于雍正九年派调马兵一千名赴陕出口，驻扎凉州。随带马一千匹，所有曾经支领干银，以部例折算，该扣还一千三百一十三两。此项虽不在豁免之例，朕念各兵效力边陲，劳苦可悯，且事历多年，其中事故更换者不少。本兵家属既不可以著追，而现在之兵丁所领粮饷，又仅敷每日之食用，难以扣抵从前之欠项。朕心轸恤，著将长支豆草价银一千三百一十三两悉予蠲免，俾戎行得沾恩泽。该部可即行文该督抚知之。"

乾隆七年（1742年）三月辛巳

准噶尔台吉噶尔丹策零遣使臣吹纳木喀等奏，进表并贡方物。请赴藏熬茶者，由噶斯至京贸易者，由归化城往多巴、西宁贸易者，走噶斯之南。乞勿限定年份，至巡视科布多请如前降旨。每年遣人前往，奏入报闻。

乾隆七年（1742年）三月丙戌

吏部议准甘肃巡抚黄廷桂奏称："原隶兰州之芦塘驿移驻口外，并为营盘水驿，应归宁夏府西路同知辖。芦塘松山驿丞应裁去芦塘字。原隶兰州之沙井驿就近归移驻省城之皋兰县辖。"从之。

乾隆七年（1742年）三月丁亥

陕西提督周开建以病解任。以西宁总兵许仕盛署陕西提督。

乾隆七年（1742年）三月己丑

赈甘肃平番、碾伯、宁朔、真宁、皋兰、金县、华亭、镇原、固原、礼县、狄道、宁州十二州县乾隆六年份被水被雹灾民。

乾隆七年（1742年）三月是月

川陕总督尹继善奏续办哈密、安西善后事宜："一、安西城守营、靖逆协暨塔尔湾、桥湾共添兵一千三百名。又标协营应补实各官亲丁并公粮七百五十六名，于现在驻防兵丁挑留三百十二名，余咨甘肃提镇照数添送。一、哈密存粟米五万七千三十余石。自本年起米四面六搭支。月支米十二日。防兵二千名，可食二十余年。每年屯田所收支旧存新，酌量出易。一、存白面四百六十余万斤，历久不堪再贮。回民公称每年春愿借面十一万斤，秋还麦一千石，还穈谷者以一麦二谷计算，照例每年每石折耗一升，免粮员赔累。一、驻防哈密之副将、防所副参等官俱听调度。若仍给副将关防，体制未合。请敕部铸给驻防哈密统领关防。一、沙州、靖逆、安西等处共团练、屯兵一千七百八十余名，各设屯长稽查。已咨甘州提督，拨旧存余剩鸟枪各给一杆演习。"得旨："所奏俱悉，关防一事，军机大臣议奏。"

（卷163　57页）

乾隆七年（1742年）四月庚寅

准噶尔使臣吹纳木喀等入觐。谕曰："尔台吉噶尔丹策零奏章，朕已入览。令尔口奏之语，朕之大臣亦悉以闻。前噶尔丹策零以其父故，屡恳赴藏熬茶。朕廷臣议应勿许，朕特施恩，念其为父讽经，尊崇黄教，本属善事，降旨允之。复遣大臣官兵护送，助以牲畜口粮。乃尔使齐默特等既至东科尔，惟以贸易为事，迁延数月并不进藏，遽欲还部。朕之大臣屡谕不听，始以奏闻。朕时在木兰降旨，此系噶尔丹策零奏恳之事，若等何得擅还。或其来时噶尔丹策零本如此授意，则嗣后复欲遣人进藏决不允行。令朕之大臣再三开示，若等执意起程。想此意定出自噶尔丹策零。不然，虽弹丸小部落必无使臣不遵主命之理，即如尔等此来，除噶尔丹策零所嘱外，可任意增一词乎？汝至肃州即返可乎？既乞往藏，半途而还，更造为种种不根之语，欲变易成规，非故滋事乎？汝谓奏疏中并无傲慢。朕大臣等悉能通汝等语言，汝岂能隐匿乎？朕为天下共主，已许尔息兵，断不因此遽复兴兵。汝等若有妄举，亦听之而已。此次噶尔丹策零所奏，与汝口奏互异，朕实不解，诸事难以定夺。汝明记朕旨，详谕噶尔丹策零可也。"旋据吹纳木喀奏称，噶尔丹策零竭诚输恳，奏章所载乃中外言语不同之故，实非傲慢。至齐默特进藏熬茶，据云以奉旨巡视科卜多，为守卡人拦阻，半道空还。噶尔丹策零疑惑不信，令使臣等前来剖晰等语。又谕曰："汝称噶尔丹策零不信齐默特，故来具奏，今奏中何无此语？进藏熬茶本噶尔丹策零最切要事，当遣可信之人，奈何委之齐默特？伊等还时降旨甚明，今汝等纵仍欲进藏，亦应候朕再降旨允行，然后得往，岂容竟自主张，但以道由噶斯为词乎？噶斯岂汝等境内乎？抑闻朕前谕难以再请，姑以此含糊尝试乎？原议巡视科卜多并无许入卡伦内巡视之语，去年尔人不言巡视科卜多，直入布延图卡伦，至喀勒占和硕卡伦，朕之大臣始禁止之。朕所遣略地之人有越阿尔台、巡视尔卡伦以内之地者乎？此事已明示蟒鼐矣，尔等岂不知之？至来京贸易者不得由绥远城，亦与哈柳定议，尚未经行一次，遽欲更张可乎？噶尔丹策零此次所奏，言词不伦，左右支吾，殊非和好之道。朕业已降旨息兵，汝又称实无傲慢之意，朕亦不介怀。如果诚心恳乞，俟再遣使来，此次姑无庸议。朕另有敕书付汝赍去。"吹纳木喀又奏称："前齐默特还，并不以大皇帝谕旨告知噶尔丹策零，是以众心怀疑，此来何敢妄奏。进藏一事在噶尔丹策零最为切要，伏祈恩允。"又谕曰："此事不得允行之故，噶尔丹策零亦所明知。况人数日期俱未议定，朕即欲加恩，岂可令我护送官兵先劳守候乎？天时近暑，汝等可作速起程。朕已谕我大臣为汝等办理矣。"

（卷164　60页）

乾隆七年（1742年）四月辛丑

户部议准甘肃巡抚黄廷桂疏请，添建秦安县仓廒三十间。从之。

（卷164　74页）

乾隆七年（1742年）四月甲辰

赐准噶尔台吉噶尔丹策零敕谕曰："尔奏中谓前此兴戎衅非由尔，又谓使臣傅鼐前来事非得已。追论旧事为此非分大言。又谓奉大皇帝谕，遣人巡视科卜多，为守卡人拦阻。遣使往藏熬茶，留数月不遣，半道空还。定议至京贸易，绕道力疲，不能前进，嗣后须取道噶斯。伏祈睿鉴。夫兴戎起衅实由尔国，前谕已明。额尔得尼招大捷之后方行遣使。我大国有何不得已而出此耶？渎理前说，意果何为，岂又欲借端生事乎？朕为天下共主，业已降旨息兵，岂肯食言。尔欲起衅，朕亦不禁也。定议巡视科卜多，有巡视卡伦以内之语乎？尔人由布延图直至喀勒占、和硕卡伦，朕始禁阻。朕之人有过阿尔台至尔之卡伦内巡视者乎？其事虽小，然屡违定约，岂合于和好之道？朕允尔赴藏熬茶者，亦鉴尔至诚，故遣官护送，预备牲畜。尔人至东科尔数月，惟图贸易，不思进藏，竟自还部，谁为阻止乎？始欲阻止，何如不允尔奏之为愈也？且齐默特欲还，朕降旨询问，或来时噶尔丹策零嘱尔，或出尔等之意。倘出噶尔丹策零则彼亦一绝无信行之人，嗣后岂容复请乎？今即复欲进藏，亦必恳朕降旨，始可遵行，如何遽作前去之计，惟以道出噶斯为请？况人数日期俱在未定，岂有令朕之大臣官弁虚糜廪饩，先劳守候乎？以此问吹纳木喀，据称噶尔丹策零实不知始末如此，因不信齐默特语，始令我等前来问明，并输诚意，乞大皇帝施恩。一切朕已明谕吹纳大喀。至贸易之事本与尔使哈柳定议，并未遵行一次，如何又欲更张，请取道噶斯乎？此次尔所陈奏不合事理，念尔亦未深知，将奏请之事暂行停止。令吹纳木喀传谕于尔，敕书亦令赍往。随敕赏各色缎十端，磁器十件，大缎六端。"

（卷164　77页）

乾隆七年（1742年）四月丁未

谕："朕念甘省地瘠民贫，前特降旨，将民欠借粮自雍正六年至十三年者一概蠲免。其乾隆元年以后借欠之项，从壬戌年为始，分作六年带征。至最寒苦之武威、平番、永昌、古浪、西宁、碾伯等六县，则将带征之项一并豁免。今思民欠借粮内，从前有因仓粮缺少，以银一两作粮一石，借为籽种、口粮之需者。计自雍正十年至乾隆六年，如武威、平番、永昌、古浪、西宁、碾伯等六县欠银八万八百七十三两有奇。又兰、巩、平、庆、宁夏五府属之金县、河州、靖远、陇西、会宁、通渭、盐茶厅、平凉、崇信、静宁、固原、泾州、华原、合水、平罗、花马池等处，欠银四万六千五百四十二两有奇。此项借银原系以银作粮，即与借粮无异，其自雍正十三年以前者既已加恩蠲免，其在乾隆元年以后者又分作六年带征。至武威等六县又复全予蠲豁。此等抵借之银事同一例，著照乾隆元年借欠粮石之例，从乾隆七年为始，分作六年带征，俾民力愈得宽纾，受国家休养之泽，著该部即传谕该督抚知之。"

吏部议准大学士等奏称："陕、甘、宁夏及四川松潘等处皆地界边郵（陲），较直隶、山西更关紧要，必须分用满员，以资弹压。惟直隶、山西沿边补用满员，定以五年俸满，分发有题缺之省，遇缺题补。原因山西并无题缺，直隶题缺无多之故。查陕甘最多题缺，今若补放满员，仍照直隶、山西之例，既补边缺，又调内地，五年期满，又送部分发，往返为烦。请陕、甘二省及四川松潘镇各题缺，不论沿边内地，以五分之一补用满员。遇副将、参、游等缺出，兵部按旗将应用人员拣选请旨补授后，如果谙悉营务，遇推升之处，准与绿旗人员一体较俸升转。再直隶、山西期满人员仍分发陕甘题补，不无壅滞。自应停止。"从之。

（卷165　81页）

乾隆七年（1742年）四月戊申

　　大学士等议复川陕总督尹继善奏称："蔡把什湖地亩租与回民耕种。酌定章程九条：一、屯兵旧有堪用牛骡，并撤回防所挑下马匹应按数拨给，其价分作五年带征。一、各色籽种回民力难自备，应于新收屯粮内给领。一、所借籽种于秋收后扣还，下剩粮石照安西之例，官四民六分收。一、回民既事耕作，自须接济口粮，应照安西民屯之例，酌借哈密存贮白面，秋收后交还小麦。一、蔡把什湖各处渠道向因兵丁屯粮，修浚灌溉。今易回民，而兵独任疏浚，未免偏枯。应令蔡把什湖守备仍督兵修防，并饬回民协助，交管粮文职稽查。一、回民所借麦石原当按时扣还，但于所得六分之内，并令交纳，恐力有不继。应于未分时先扣籽种，既分后再交口粮。仍照一麦二谷例。糜粟兼收，一应还分数，应于每年收获时，令哈密公移会粮员秉公办理。一、前经提督李绳武奏明，令各营于蔡把什湖、塔尔纳沁二处种有余地各三千亩。所收粮石即以增给哈密防兵及牲畜喂料等项。今查塔尔纳沁地寒土瘠，收获无几，应停耕种。其蔡把什湖余地三千亩，既经垦种有效，不便弃为旷土。仍令驻防兵丁承种，庶兵力不致多分于驻防仍可无误。均应如所请。行令该督会同永常等办理。"从之。

（卷165　83页）

乾隆七年（1742年）五月甲戌

　　吏部议复甘肃巡抚黄廷桂疏称："甘省添设之安西兵备道分管嘉峪关以西屯粮诸务，并驻扎九家窑之肃州州判、驻扎毛目城之高台县县丞、驻扎柳林湖之凉州府通判经理各处屯田，均关紧要，应照旧设立。惟庄浪同知所属之宽沟驿系河西宁夏一带大路，但该驿隶皋兰县属，同县原设有皋兰县县丞一员分防宽沟，应即令兼管驿务，将驿丞议裁。又镇原县属驻扎平凉县地方之白水驿驿丞，供支差使，殊多掣肘，应改归平凉县管辖。又高台县属之盐池驿，地当孔道，每虞匪类潜踪，虽设有驿丞，例难经管民事，如改设巡检一员，兼理驿务，驿丞亦可议裁。应如所请。"从之。

（卷167　114页）

乾隆七年（1742年）五月辛巳

　　定加增甘省兵粮折色例。谕："甘肃地方远在边陲，土瘠兵贫，非内地可比。向来散给兵丁口粮俱系四本八折，而仓贮不敷之处又于四本之中多给折色。是兵丁之得本色愈少矣。每当米价昂贵之时，所领折色不敷籴米之用。度日未免艰难。朕心深为轸念，用加特恩，著将旧例每粮一石折银一两者增银二钱，定为一两二钱之数。料豆亦照此加增。从乾隆七年秋季为始，永著为例。俾边远寒苦兵丁俯仰宽裕，他省亦不得援例以请。该部可即传谕陕甘督抚知之。"

（卷167　118页）

乾隆七年（1742年）五月乙酉

免甘肃各处屯民借欠银粮。谕："甘省凉州府属之柳林湖，肃州所属之三清湾、柔远堡、毛目城、双树墩、九坝等处各屯民户，旧借牛具口粮共银八万一千八百七十余两，原请自乾隆二年起分作五年带征，迄今年限已满。除已完外，柳林湖未完银二万七千七百八十余两，三清湾、柔远堡未完银八千六百一十余两。毛目城未完银五千八百二十余两。双树墩、九坝未完银二百七千余两，粟米一十五石二斗零，白面五千四百九十九斤，例应如数催征完纳者。又查口外之安西、柳沟、布隆吉、沙州等处屯民，原借牛具口粮共银五万七百八十余两，粮二万一千四百四十余石。除已完外，安西卫未完银一千二百六十余两。柳沟、布隆吉未完银八十余两，粮二百七十余石。沙州卫未完银三万五千五百四十余两，粮八千三百一十余石，亦应如数催完者。朕思此等屯户原系招徕穷民，素无蓄积。自开垦以来，若遇年谷丰收尚可完缴旧项，倘值收成歉薄则力量维艰，应加体恤。况此借欠之项乃屯民领借制备牛具口粮，以为公田之用，非小民自种地亩者可比。今历年已久，带征为难，著加恩全行豁免，以息追呼之扰。该部即传谕该督抚知之。"

（卷167　121页）

乾隆七年（1742年）五月是月

川陕总督尹继善奏复怡亲王奏："据西宁办事员外郎高亮所称，西宁管辖多伦、鄂托克、古察等族番，俱住木鲁乌素地方，彼此互相欺压，请派笔帖式前往管理等语。查彼处番民界连青海，争强欺压，原所不免。但地方辽阔，并无城郭，如以笔帖式微员令其驻防，既无威力弹压，转恐别生事端，惟各番地先经奏定，三年派章京、守备各一员前往会盟一次，甚有裨益。今应即令会盟官员乘便稽查，如有前项情事，立行究治。其番民赴西宁贡交马匹及贸易生理，有冤抑者，许赴管理夷情衙门控诉。"得旨："如所议行。"

（卷167　125页）

乾隆七年（1742年）六月己丑

谕军机大臣等："据西宁总兵官许仕盛奏称，查阅标协营路，兵丁虽无老弱，马匹亦鲜疲瘦，惟骑步士卒技艺类多生疏，弓力大半柔软，开拉撒放，俱未合式。骑射则人马未娴，准头则十无一中。臣现在次第整饬等语。许仕盛所奏西宁兵丁技艺生疏之处，尔等可寄信与总督尹继善，令其留心查察。其从前之将弁等如何管理，若果似此废弛，虽已经离任者难以深问，其现在职任者可严行申饬，务令速行悛改。倘仍复怠玩，即当题参。"

（卷168　128页）

乾隆七年（1742年）六月丙申

兵部等部议复甘肃巡抚黄廷桂疏称："陕省至兰南路之摩云、沙泥、柳林、窑店、石井五所，各额设牛十五只，夫十五名。北关、甸子、宁远、伏羌、秦州、清水六所，各设募夫三十名。凤林、定羌各设牛五只，夫五名。和政所设牛四只，夫四名。查所牛、所夫向因供支饷鞘而设。近来饷鞘并不经由南路，别项差使亦少，未便虚设耗帑，请将摩云等五所牛只并凤林、定羌、和政三所牛夫均行裁汰。北关等六所应各裁募夫十名，并摩云等五所所夫改为募夫，留站供差。倘裁减之后差务必须递运者，应照各站雇车例，动项雇募应差。又凉州府属之黑松、沙井等十驿同处河西，地冲差繁，不减于各驿。草豆腾踊亦等于他站。现在干银不敷，请将河西各站日支银八分五厘之马一千六百一十三匹，每马日减银五厘，岁共减银二千九百三两四钱。沙井等十驿马三百七十二匹，每马日增银三分，连额共支八分，岁共增银四千十七两六钱。即以所减河西干银并裁减夫牛银共五千三百四两六钱增给，仍余银一千二百八十七两，解司充饷。又直隶阶州成县所属之小川驿，额马止十一匹，毋庸专员，应将夫马归并成县管理。狄道州辖之沙泥驿额马二十匹，马少差简，应归并该州管理。宁夏府属之同心、沙泉二驿，额设驿丞一员，分隶厅州，多有未便。且地僻马少，应将同心驿夫马归并灵州，沙泉驿夫马归并西路厅分管。所有小川、沙泥、同心、沙泉四驿驿丞三缺，悉行裁汰，均应如所请。"从之。

（卷168　134页）

乾隆七年（1742年）六月甲辰

户部议准甘肃巡抚黄廷桂疏称："宁州、环县、合水、安化四州县接管之庆阳一卫，地界甘省极东，天气视各府差暖，民间种粟者多。是以向征粟米一色，原为便民起见。查该卫地亩多在高山坡坎之间，可种粟者止十之一二，余仅堪树蔌麦豆。屯民易米完赋，不无亏折，且甘属河东、河西各卫屯粮，均系麦豆杂粮兼收。今应照例将该卫额征粟米，自乾隆癸亥年为始改为米麦豆三色兼收。"从之。

（卷169　140页）

乾隆七年（1742年）六月丁未

户部议复甘肃巡抚黄廷桂疏称："安西提标各营地处口外，所有额饷向系按季差弁兵赴兰请领，往返数月，耗费旷操，实有未便。应如所请，自本年秋季为始，照例两季兼发，预领银两交与安西道厅卫所贮库。季首，文武员弁会同散给，并请嗣后安西各营预领冬夏二季饷银时，如协饷不敷，准于司库不拘何项银内借支给领。"从之。

（卷169　143页）

乾隆七年（1742年）六月辛亥

免追问甘省官员未清款项。谕："朕临御天下，期于政简刑清。近来内外各衙门俱无久而未结之案，惟有甘肃一省，从前屡次军需，前后约四十余年，凡供亿军费，大端俱已核算奏销完结。惟其中部驳清查核减各款尚有未楚者，即如宁夏则有康熙三十年至三十八年供应进剿大兵及驻扎满汉官兵、喇嘛等案。肃州一路则有康熙五十四年至雍正四年办过大军需各案。又有康熙五十四年至雍正十三年供支出口人员马驼锅帐食物等案。西宁一路则有康熙五十四年至雍正六年办过军需各案。又有康熙五十四年至雍正十三年供支出口人员马驼锅帐食物等案。又有雍正元年剿抚青海，用过钱粮等案。陕甘二提，凉、宁、肃三镇则有康熙五十四年至雍正元年拴养马驼各案。以上诸件，事历多年，官经数易，往返驳诘，不但案牍纷繁，地方滋扰，且使已故之员累及子孙，现任之员代人受罚，朕心有所不忍。用是大沛恩膏，将康熙三十年至雍正六年以前未清之项悉予豁除，免其究问著追。至雍正六年以后之案为时未远，尚易清查，著总督尹继善、巡抚黄廷桂遴选贤员，于一年限内秉公确查，将其中应免不应免者一一分别造具清册。该督抚具本保题到日，朕再降谕旨。该部可即行文该督抚知之。"

（卷169　145页）

乾隆七年（1742年）六月是月

川陕总督尹继善复奏："哈密逼近贼巢，贼夷倘有窥伺必先扰哈密。哈密驻有防兵，未必遽敢轻犯。或由噶斯一路觊觎青海，不可不预为筹备。现密致提臣及青海副都统等，悉心计议。"得旨："所奏俱悉。"

甘肃巡抚黄廷桂奏："甘属上下衙门大半未设库局，并无库吏经管，只将经征银钱收放内署，以致任意侵挪。现檄各道、府、厅、州、县向未有银库者，即于大堂左右建设。将正杂银两全数封贮，并照例选设库书责成看守。"得旨："如此实心办理殊属可嘉也。"

甘肃提督李绳武奏："甘省有买贮仓石麦五千四百二十余石。每遇青黄不接之时，散给各兵，仍在各兵季饷内扣还原价，以备籴买接济。但粮价低昂不定，扣法自应变通。请嗣后每岁时价较贵于原价，仍应照原价扣还，倘时价反低于原价，应即依时价减扣，以恤穷卒。"得旨："即如是办理可也。"

又奏："奉谕整饬营伍。并所属凉、肃、西宁雨水沾足，田禾茂发各情形。"得旨："欣悦览之，趁此年岁有收，况甘省营伍，朕复新加特恩，则一应整饬之处，正宜亟力为之之时也。"

（卷169　153页）

乾隆七年（1742年）七月丁卯

谕军机大臣等："上年十一月内，安西提督永常参奏李绳武滥报屯田，冒邀议叙一案。经该部议以事关边防重务，必须准情酌理，详慎妥办。请行令尹继善秉公确查实情，分晰具奏，经朕允行。此案历时已久，何以尚未查复，可寄信询问之。再永常自抵哈密以来，与李绳武意见不合，诸事参差，其因何起见，并孰是孰非之处，令其查明据实奏闻。"寻奏："臣查得甘肃提臣李绳武老成谨慎，熟谙边情。安西提臣永常才具明干，实心任事，均属边疆有用之才。永常自到哈密未免急于见长，将旧日事件略有改易。李绳武以章程久定，不必更张。二人意见每有不合。事虽出于为公，而不能平心静气，互相商榷。二人均有不是之处。至屯田一案，李绳武不得不因地制宜，并无营私情弊。乃永常未能细察，遽然参奏，此实永常之过当也。臣上年十月内奏请将李绳武撤回甘州，其口外事务专交永常。近日并无参差不和之处。但甘肃与安西，营制虽分，气脉总属一体。仰恳皇上密颁谕旨，切加训戒，俾此后共知警惕，同寅协恭。于边疆大有裨益。"得旨："此公论也，知道了。"

（卷170　163页）

乾隆七年（1742年）七月癸酉

补行乾隆四年份甘肃省大计，不谨官二员，年老官二员，才力不及官三员，浮躁官一员，分别处分如例。

（卷171　168页）

乾隆七年（1742年）七月乙酉

补行乾隆四年份甘肃省大计。卓异官四员分别升赏如例。

（卷171　178页）

乾隆七年（1742年）七月是月

川陕总督尹继善奏："准噶尔夷人回巢至肃，先欲将葡萄等物硬行留下，为将来借口之地。及见不肯留货，许帮马驼令其驮回，遂计无可施，请愿减价出售。虽反复无常，原系夷人故智。但远来之货，令其驮回，本非出于得已。今既肯减价与商民交易，两相情愿，允其出售，亦属一时权宜。臣与抚臣黄廷桂商酌料理，任夷人诡计百出，凡事据理酌中，于宽厚之中仍寓节制之道。"得旨："所见甚是，夷使自来亦有旨谕彼也。"

（卷171　183页）

甘肃巡抚黄廷桂奏："甘省狄道州、宁远县、西固厅、中卫县被水冲漫，田禾被淹，房屋坍倒。已饬各属分别赈恤。"得旨："知道了，被水处所，虽系偏灾，亦应加意抚恤。盖甘省非他省可比也。"

甘肃布政使徐杞奏报河东、河西被雹轻重情形。得旨："所奏俱悉，其被灾之处，与抚臣商酌。加意赈恤之。"

安西提督永常奏："准噶尔进贡夷使吹纳木喀等，由沿边宁夏一路回巢，经过哈密，其留牧马驼倒毙者，照数赏给，至瘠乏驼只、余剩马匹及葡萄、硇砂等物，饬与客商官兵等交易。起身回巢。"得旨："所奏俱悉，但夷使马驼之事，微觉失宽了。尹继善所见甚正，可将此折与彼观之。"

（卷 171　184 页）

乾隆七年（1742年）八月戊戌

谕："朕御极以来，爱养黎元，于蠲免正赋之外，复将雍正十三年以前各省积欠陆续豁除，以息民间追呼之扰。今查雍正十三年正月起至十二月，江苏、安徽、福建三省未完民欠正项钱粮银共一十七万七千六百七十四两六钱零。甘肃、福建、江苏等三省共未完民欠正项米豆粮共九万五千二百六十九石零。甘肃省民欠未完正项草一百七万四千二十一束零。又直隶、江苏、安徽、甘肃、广东、福建等六省民欠未完杂项钱粮银二千九百二十四两零。福建省民欠未完杂项租谷四百四十八石零。此等拖欠各项，历年已久，多系贫乏之户，无力输将。况江苏所欠独多，目今彼地现被水灾，待恩抚恤，岂可复征逋负。著将以上各项悉行豁免。若谕旨未到之先，或有续完之项，即咨部扣除。再查江浙二省尚有雍正十三年未完漕项银七万一千二百七十两零，米二万九百四十九石零，麦四千三十七石零，豆一百八十五石零。向来漕项不在蠲免之列，今既蠲除各项，著将漕项一体免征。此旨到日，各该督抚可即出示通行晓谕，并令各州县官实力奉行，务令闾阎均沾实惠。倘有不肖有司蒙混私收，或蠹役土棍欺隐中饱等弊，该督抚即行严参密拿，从重治罪，著交该部速行。"

（卷 172　203 页）

乾隆七年（1742年）八月丙辰

甘肃巡抚黄廷桂疏报，口外柳沟卫所属布隆吉等处开垦水地一十七顷二十八亩有奇。

（卷 173　221 页）

乾隆七年（1742年）八月是月

甘肃巡抚黄廷桂奏："皋兰、金县、陇西、安定、通渭、平凉、固原州、盐茶厅、秦州、徽县秋禾被雹，现饬勘查，分别赈免汇题。惟秦州、通渭县二处冲倒房屋压毙人口，殊堪悯恻，亦经檄令赈给银两。"得旨："所奏俱悉。"

（卷173　227页）

乾隆七年（1742年）九月乙丑

谕大学士等："哈密、赤靖等处防所现有马驼皆系昔年陆续骑驮拨往军营者，用力已久，劳伤过甚。连年以来多有倒毙，亦非防所弁兵不尽心经理之故。今仍照常例责令买补，弁兵未免苦累，著该督提变通办理，将现今齿老有病之马驼查明，不拘价值就近发卖。若一时无人购买，即分群牧放，如有倒毙，委员验看，准其开销。其尚足备防所之用者，仍令弁兵加意牧放，如倒毙过额，照例著赔。又安西牧放之驼只，前后倒毙一千有余。定例每百只内准其开销四只，其余俱著弁兵赔补。但塞外弁兵，多系寒苦，若令赔偿此项，力有不支。查该管官弁报称历年所养驼只，产获驼羔六百余只，不在交牧之额。朕思若以孳生之驼羔即补倒毙之驼数，免其赔补，于弁兵甚为有益。著该督提查明，遵谕办理。其余驼只若有年久劳伤者，亦照哈密、赤靖等处之例行。该部即行文该督提知之。"

（卷174　238页）

乾隆七年（1742年）九月癸酉

工部议准川陕总督尹继善疏称："西宁总理夷情副都统及办事人员应需居住房屋，今买民房三处共九十间，并地基估需银两。请于司库动支。"从之。

（卷175　244页）

乾隆七年（1742年）九月乙酉

户部议复甘肃巡抚黄廷桂疏称："甘省地处边徼，从前土旷人稀，我朝定鼎以来，流亡渐集。然开垦之始，小民畏惧差徭，必借绅衿出名，报垦承种，自居佃户。比岁交租又恐地亩开熟，日后无凭，一朝见夺，复立永远承耕，不许夺佃团约为据。迨相传数世，忘其所自，或租粮偶欠，或口角微嫌。业主子孙既以夺田换佃告官驱逐，而原佃之家又以团约炳据，忿争越控。臣查各省业主之田，出资财而认买，招力作以承耕。佃户之去留凭于业主，非若甘省佃户，其祖父则芟刈草莱，辟治荒芜，筑土建庄，辛勤百倍。

而子孙求为佃户而不可得，实于情理未协。应请将当日垦荒之原佃子孙，止令业主收租，果有拖欠，告官押追，不许夺佃。倘立意抗欠粮租至三年者，方许呈明地方官，讯实驱逐，田归业主。若业主贫乏，将田另售，契内注明，佃户系原垦人之子孙，照旧承种，不许易佃。若业主子孙有欲自种者，准将肥瘠地亩各分一半，立明合同，报官存案，不得以业主另租与人，长佃户告讦之风。又甘省山多地少，昔年流寓所至，穴土而居，择山而种，管业一方，名曰脚占。嗣因岁歉年荒，转移他徙，所存地亩，多成旷废。归入本甲办赋，或里长、甲首另招他户，认垦承种，名曰招顶。里长、甲首及户族头人完纳正课，觅占收租，名曰占耕。此项地亩虽非老荒，而招顶之人积苦翻犁，占耕之户纳课有年。原为生安死葬之久计，延至今日，丁口愈盛，食指愈繁，田地贵少，寸土为金。奸民觊觎，借端争控，哓哓不已。请嗣后甘省抛荒地土，本户子孙既已日久不归，而招顶之家，占耕之户办赋应差，亦有年所。既永为业主，毋许旁人妄控。倘原业之子孙回藉（籍），执有老契为凭，而地邻族众，俱可考证，计其抛荒年份量为酌给。如在一二年以内者，将当年所获籽粒全给顶种之户，承办粮差。次年地亩仍归原业主。其顶种已过三年至十年以内者，分给一半。二十年以内者十分之四。三十年以内者十分之二。所分地土肥瘠各半，不得过分纷争。至三十年以外者是否原业之子孙无从考究，概无分给，不得混争。至顶种之中亦有奸顽之户，向因所顶地亩原无本主，而招顶之里甲每年更换，人非一姓，数世之后，物故者多，种地之子孙赖为祖业，不认老户差粮，捏称另有里甲，以致原粮无著，里甲赔累。应将顶种之老户一概开除，责令现耕业主将实在姓名造册承种。倘敢借名诡寄，希图隐漏者，查出照例治罪。均应如所请。"从之。

（卷175　252页）

乾隆七年（1742年）九月是月

甘肃巡抚黄廷桂奏："甘省所需粮石比他省实增数倍，仓储之蓄尤不可不充，采买之法更不可不讲。今岁收成丰稔，粮价平减。通查各属应共采买粮五十二万一千余石。查从前采买之弊，县异而州不同。有弊在于官者，有弊在于吏者，有弊在于乡保富户者。法应通变，其幅员宽大，产粮甚多之州县，委佐杂一员于市集上，俟百姓交易完毕，所余粮石现价收买。倘市值稍昂，即行暂停。其地方褊小，市集粮少之州县，不论富户贫民，石斛升斗，情愿赴仓求值者，即刻兑发银两，数给钱文，不令守候。既无庸按户分派，自不必差檄追呼。凡一切书役、乡保、豪强之辈皆不经其手，亦无从作弊。复令司道、府、州不时严查，如有克扣浮收及抑勒强买，或令守候误时等弊，官则纠参，役则重处。一月来民情踊跃，粜卖称便。"得旨："是，积贮为民命所关，应如是料理者也。"

又奏："甘省仓储不足者，固以积贮为要，而有余者又当通融酌办，庶免红朽之虞。查河西之西宁、甘、肃等处，每岁需粮甚多，全资采办。今秋成大熟，粮价平减，应请将秦州等处共存平粜粮价银三万五千六百四十余两酌量分发于西宁等属，添补采买。以此之有余，济彼之不足，方为裒多益寡之计。"得旨："好，应如是者。"

又奏："甘省沿边一带东西绵亘千余里，汉番杂处，彼此接壤，向来各有疆界。嗣因无知小民将番人畜牧处所，日侵月占，以致各番纷纷控告，争讼不休。地方官既怀偏袒之意，复少审断之才，将来势必酿成边衅，关系匪轻。臣查地方辽阔，从前界址未经立石，终不足以息争端而消后患。但各边之地有文员管辖者，有武职管理者，必得和衷协办，方能一劳永逸。臣已咨明各提镇，将沿边一带地方各委就近文武员弁详加勘定，随即多立界石，使彼此疆界判若列眉。庶百姓无从侵占番地，有司易于审断，不特目前之积案一空，而将来之衅端亦可从此消释。"得旨："所见甚是，知道了。"

又奏："甘省地处边陲，降霜略早。皋兰、灵台、平凉等县秋禾被霜，均有损伤，虽轻重不等，但地极苦寒，小民别无生计。偶遇偏灾，艰于度日。臣已饬将钱粮暂行缓征。并委员确勘，先行赈恤一月口粮。其应免钱粮及加赈月份，俟查实题请。"得旨："是，妥协为之。"

（卷175　259页）

乾隆七年（1742年）十月丙午

大学士等议复甘肃巡抚黄廷桂奏称："前买支河西满洲粮草系照部价，每粮料一石估银一两，每草一束估银一分。但各属时价不一，计自乾隆二年冬季起至六年底止，共不敷银十一万七千五百七十七两零，内官垫银三万二千七百四十二两零，民垫银八万四千八百三十五两零。屡请找给，俱经部驳。百姓大半畏缩，承办不前。恳将不敷之数概行补给，嗣后采买永著为例等语。应如所请，著照甘、凉、西、肃各镇协营之例，每粮料一石折银一两者，加增二钱。其从前采买之项俱照此补给。"得旨："依议速行。"

（卷177　277页）

乾隆七年（1742年）十月是月

陕西凉州镇总兵王廷极奏与抚臣黄廷桂会商事宜："一、边储为河西第一要务，必当先事绸缪。一、番夷界址宜急为清理。一、边地民情当于抚绥中寓以理法。一、边隘险要不可擅议开通。"得旨："所奏俱悉。"

甘肃巡抚黄廷桂奏："甘省市集谷多，已将原派采买数目买足，伏思积贮最要，今既谷多价贱，自当不拘原数广买，俟价昂即停止。"得旨："所见甚是，嘉慰览之。"

又奏："口外地方多借牧养为生，查安西所属自沙州、赤金迤南山等处，距镇远城。远者二百余里，近或百里数十里，水草甚多。北则各卫所地方，广有湖滩，俱可牧放。今安西兵粮需用浩繁，供支不易，已动项采买羊一万只，发五卫所牧养。俟三五年后孳生蕃息，择口齿老者酌量按季搭放兵粮，便可扣存粮石，以资储备。"得旨："甚善之举，妥协为之。"

驻防哈密安西提督永常奏："夷使吹纳木喀等自哈密起程赴京，所带货物恳恩准其在肃交易，并派文武大臣照料。"得旨："军机处已议准矣。汝查办可也。于伊回去时，将朕恩晓谕之。"

（卷177　287页）

乾隆七年（1742年）十一月癸亥

赈甘肃狄道州、皋兰县、西宁县雹灾饥民，并赈狄道州、通渭县水灾饥民。

（卷178　297页）

乾隆七年（1742年）十一月癸酉

刑部议准甘肃巡抚黄廷桂奏称："瓜州五堡安插土鲁番回民，本属外夷，与内地民人不同。凡所犯军流徒罪若照内地民人之例，一体佥配。在回民于摆站充徒既无实用，而迁徙他所，言语不通，饮食各异，恐难存活，殊非仰体圣朝矜恤外夷之意，请嗣后照苗疆办理之例，准折责枷号完结。仍抄招送部查核。"从之。

（卷179　306页）

乾隆七年（1742年）十一月是月

陕西河州镇总兵周仪奏："整饬营伍颇有成效，其一切军装器械必须酌量改造方收实用。所需改费银现在各营公费不敷，请于司库酌借，再分季扣还。"得旨："览，次第办理，亦不必欲速也。"

（卷179　321页）

乾隆七年（1742年）十二月壬辰

谕："据理藩院奏称，青海原任亲王岱青和硕齐察汉丹津，从前实心效力，于罗卜藏丹津悖逆，毫无沾染，是以皇考格外加恩优待。后岱青和硕齐察汉丹津病势危笃，奏请伊妻那木札尔能办理游牧之事，曾经允行。自伊办理游牧事务以来，教训伊子亲王旺舒克，并约束属下，办理妥协。今忽病殁，著特加恩赏银五百两，派侍卫一员携茶、酒前往祭奠。"

（卷180　327页）

乾隆七年（1742年）十二月丙申

户部议准甘肃巡抚黄廷桂奏称："乾隆六年，第一次编审陇西各州县共新增民丁六千四百八十二丁，应均摊征补暂豁屯户丁银三千二十两零。请自癸亥年起入额征收，尚该未补暂豁屯户丁银六千四十六两零，俟下届编审再分二次抵补，至抵足之年。仍遵旧例永不加赋。"从之。

（卷180　330页）

乾隆七年（1742年）十二月甲辰

户部议准前陕督尹断善奏称："哈密管粮官二员，经收粮务，兼理民情，均需衙役，请照内地府佐例，设快手八名，皂隶十二名。每名月给工食银五钱，随饷估计，在司领销，并照斗级例，每名日给口食银四分，在哈密公费内支给。口粮粟米八合三勺，在哈密粮内支销。至粮员除养廉外，应添公费银三百六十两，于司库公用银内动支。雇用书办四名，日支口粮亦于哈密粮内支给。命案仵作，于甘肃轮拨一名，随带尸格，三年一换。除本地工役照旧支领外，其在哈密口食口粮照斗级例支给。又赤金所改赤金卫，设守备一员，应岁给俸薪银七十四两零，养廉银六百两，公费银三百六十两。典吏六名，牢役四名，门子、伞夫、马夫各一名，禁卒四名，民壮三十名。除典吏例无工食外，余皆月给工食银五钱。其安西、柳沟、沙州、赤金、靖逆五卫新添千总五员，每员岁给俸薪银六十六两零，养廉银四百两。牢役二名，门子、马夫各一名，衙役四名，每名月给工食银五钱。以上新添各官役俸工养廉公费银自乾隆七年官以到任日，役按承充日起支。至粮员虽系轮班更换，已属经久衙门，应铸给管理哈密粮饷关防。其赤金所改设卫守备，安西提属新设靖逆协副将，塔尔湾新设专城守备，安西提标城守都司、中军参将均应铸给各关防，靖逆协副将。请颁敕书。"从之。

（卷181　337页）

乾隆七年（1742年）十二月是月

甘肃巡抚黄廷桂奏："甘、凉、西、肃等处渠工，应照宁夏之例，无论绅衿士庶按田亩之分数，一例备料襄办。其绅衿不便力作者，许雇募代役。倘敢抗违，即行详革。掌渠、乡甲有徇庇受贿等弊，按律惩治，并枷号渠所示众，仍勒石以垂久远。"得旨："甚是，知道了。"

署川陕总督马尔泰奏："前甘肃巡抚黄廷桂奏请预防郭罗克贼番肆夺，奉旨交郑文焕前往松潘，相度机宜，与该督抚商办。臣思该贼番屡次劫夺，肆无忌惮，似应少加惩创，追赔赃物，勒献头人，使之畏威守法。已咨商提臣郑文焕妥协办理。至噶尔丹策凌夷使，现请进藏熬茶，亦应预为防范，俾得安然就道，不致疏虞。"得旨："是，此事似难过为姑息矣。"

（卷181　351页）

乾隆八年（1743年）正月是月

甘肃巡抚黄廷桂奏："甘省吏治阘茸已久，现将祀典、农桑、库藏、仓储等凡有关民生日用，政治切要者造成册式，授以成规。令各道自开印为始，逐县亲查。其实心整理者，报明为荐举之据。空文支饰者亦据实报明，分别惩儆。其到任未久，不能谙练者，即令就近指示。仍饬各道不许丝毫滋扰，违者参处。"得旨："好，如此振作有为方是，但须行之有领要，而持之以终久可也。"

（卷183　369页）

乾隆八年（1743年）二月辛丑

停青海番民马贡。谕大学士等："据管理青海夷情副都统宗室莽古赉奏，玉树族百户楚瑚鲁台吉之子达什策令禀称所属番人米拉等二十五户，被郭罗克贼番抢夺马牛牲畜，糊口无资，所有应纳马贡，求暂免二三年，俟元气稍复，照例输纳等语。番民寒苦，深可悯恻，所有每年应纳马贡，著宽免五年。"

（卷185　379页）

乾隆八年（1743年）二月乙巳

命陕西固原提督永常回安西驻扎。以陕西肃州总兵豆斌为固原提督。调西宁总兵许仕盛为肃州总兵。以永昌协副将张世伟为西宁总兵。

（卷185　383页）

乾隆八年（1743年）二月丙午

大学士鄂尔泰等议复甘肃巡抚黄廷桂奏："准噶尔夷使进藏熬茶事宜：一、夷使进藏熬茶，各官兵沿途护送。请照上次之例，酌运四个月本色口粮，八个月盐菜银两。逮到藏驻扎，请令川抚饬驻藏管粮员弁，会同该副都统及郡王等，照进藏数目办给四个月口粮。如事竣不至东科尔贸易，即由卡回巢，有不敷口粮盐菜，听领兵之将军侍郎等酌议加增，在藏办给。一、选派西宁镇绿旗兵丁前往哈济尔边卡等候夷使，日期难以悬定，请令裹带六个月口粮，俾往返充足。一、侍郎玉保带领章京官员自京前往西宁，候夷使护送进藏，事毕护送回巢。然后还京，请照例按品级支给衣服、银两。至驻扎东科尔等候，即请照驻宁之例支给。一、进藏满洲官兵俸赏应量加宽裕，请于官员赏给一年俸银外，加借一年。兵丁各赏银三十两外，再各借半年饷银。回营后陆续扣还。一、西宁镇标派往哈济尔等候夷使之马兵三百名，路途遥远，往返需时。请每名赏银四两，以整行装。一、夷使如不至东科尔贸易，其照管留藏之夷使官兵，必俟熬茶事竣撤回。所需口粮、盐菜及夷使留人应给口食等项，请照噶斯案内供支坐台放卡之例，动支脚价，运送备供。一、夷使如不至东科尔，其应赏赍各项，请将口粮米面顺便运送哈济尔，并就近购买牛羊，先赏一次。如赏过仍至东科尔，再于起程时赏一次，俟熬茶回日又于青海附近处所赏一次，俱应如所请。查侍郎玉保已蒙恩赏银二千五百两，无庸再给。如玉保等自西宁至噶斯等候夷使回东科尔地方，亦应照例料理。"得旨："依议速行。"

乾隆八年（1743年）二月戊申

户部议复甘肃巡抚黄廷桂疏称："甘省茶政未能疏通，请准民间以粮易茶，责成州判、县丞、典史等员经理。各司库贮茶封令司茶各员按年分销，如各司多寡不均，准其彼此通融销售，均应如所请。其请设立印票，令商民领运之处，恐滋私茶夹带之弊，应毋庸议。至乾隆七年以后新茶，应令黄廷桂核价另题。"从之。

乾隆八年（1743年）二月己酉

调湖南镇箪镇总兵段起贤为陕西凉州镇总兵。陕西凉州镇总兵王廷极为湖南镇箪镇总兵。

乾隆八年（1743年）二月是月

又奏："准噶尔夷使由噶斯一路至东科尔贸易，进藏熬茶，其经过地方应严加防范。沙州外境防卡之推莫尔图地方为所过紧要之处，请将彼处应撤防冬官兵，俟夷使过后再行撤回，口粮如例支给。"得旨："好，知道了。"

又奏："夷使熬茶如径由边卡进藏，则长途跋涉，马驼必致疲乏。应将东科尔预备之马驼，令护送夷使之侍郎玉保，即带赴边卡，以备更换。如不由边卡进藏，仍至东科尔贸易，则东科尔仍应预备马驼。查满洲官兵甫经出口，马驼尚属肥壮。止须于就近各镇内照拨往边卡之数，摘拨一半，以备易换。"得旨："所办甚妥，知道了。"

四川提督郑文焕奏："臣奉命赴松潘筹办郭罗克肆劫一案。该番通达各处隘口，今一面知会管理青海夷情副都统莽古赉，并行威茂、泰宁两协严饬防范。一面檄调郭罗克正副各土目，齐集黄胜关外，亲往宣谕查问，如俯首知罪，当取具永远遵守番结。并郭罗克邻近土目互结，请旨分别究治。否则即斟酌临巢剿捕。一切调兵筹饷事宜，已次第咨商抚臣料理。"得旨："慎重妥协为之。"

（卷185　393页）

乾隆八年（1743年）三月乙亥

又议拨河东盐课银二十万两解往甘肃，为准噶尔夷使进藏熬茶等项之用。从甘肃巡抚黄廷桂请也。

（卷187　410页）

乾隆八年（1743年）四月甲申

凉州总兵王廷极奏："安西新添兵一千三百名，又补实亲丁公费名粮七百五十六名。兵部原议，令于现在驻防甘、凉、肃兵内酌留，其不足之数就近派拨。安西所添之兵即于肃州拨往，靖逆等处所添之兵即于甘州拨往。甘、肃两处拨出之缺就近于凉州未裁新兵内，如数拨补等语。查凉属未裁新兵内现在遵拨甘州马步兵四百九十七名，肃州马兵一百九十三名，尚有不敷拨甘、肃马步兵一千一百四十八名。各就近募补，下部知之。"

（卷188　421页）

乾隆八年（1743年）四月丙申

免甘肃会宁县乾隆七年旱灾额赋，并加赈如例。

（卷189　428页）

乾隆八年（1743年）四月乙巳

兵部等部议准署川陕总督马尔泰奏："准噶尔夷使复请进藏熬茶，由郭罗克附近地方行走，应行防范。酌派熟练守备一员，带马兵一百二十名，各部番兵五十名，于四月内前往驻防郭罗克之包利军营。会同该驻防守备，将夷使往回，必由贼番平昔出没之道，查明切紧隘口，相度情形，先行屯驻，禁阻顽番，不许出外。俟夷使有信，即带领番兵，严密巡逻。并咨明管理青海夷情副都统莽古赉，转饬彼处蒙古番兵，协力查堵。再泰宁协属革赉土司与郭罗克比邻，亦密迩蒙古地方，并檄令阜和营再派把总一员，马步兵三十名，并饬明正土司拣派头目劳丁，随往革赉。督率附近土司派土兵三十名，于相通径路，加谨巡查。不得祖纵顽番出口。均俟夷使熬茶事竣撤回，其行装银两驮载马匹口粮盐菜等项，照例支给。"从之。

（卷189　433页）

乾隆八年（1743年）闰四月乙亥

大学士等议奏："甘肃河州一镇，控青海之门户，扼黄河之险塞，界连川省，控制番夷。其间二十四关，在在扼要。从前关民屡被扰害，虽拨兵巡防，每关不过数名，不足捍御。因而团练乡勇自为防卫。于本关农户中选强壮子弟轮流看守，一岁不过数次，余仍力田之日，即系寓兵于农之意。查二十四关旧设乡勇，合计九千六百五十余名。分守各关，并非聚集一处。团练以来，已十余载，未闻稍有不靖。且此项乡勇并非无业钻充，以谋衣食，散之甚易。第十余年堪资保卫，一旦不令团练，恐启番回之心，所有河州二十四关乡勇应仍留团练。再各关原设有总领二名，人数少者总领一名，每五十名设队长二名，向系河州知州委用，应仍循旧例，不必另选民把总董率。至各关器械，年久损坏者即于存营旧器内拨给，不必另制。其西宁镇属归德一所，力有限，军器无出，请在西宁镇存营之鸟枪矛子中量为拨发，分交民兵操演，并令同城都司指示，该道府顺便查验。所充之民千总、把总、头领等由西宁道给发委牌。"从之。

（卷191　455页）

乾隆八年（1743年）闰四月戊寅

谕："甘省地方，山土硗瘠，风气苦寒，民力艰难，甚于他省。一遇歉收，所有应征钱粮往往不能按期完纳，如兰州府属之皋兰、狄道、金县、靖远，平凉府属之平凉、泾州、灵台、固原、盐茶厅、镇原、静宁、华亭，庆阳府属之安化，宁夏府属之中卫、花马池，甘州府属之张掖等处，即有本年正额银粮及本年借贷籽种、口粮，又有从前借欠籽种、口粮，分作六年带征之项，统应完纳。加以积年旧欠地丁银粮，为数繁多，一时交集，小民力难兼营。深可轸念。朕思本年额赋系惟正之供，例应输纳。本年所借籽种、口粮，春贷秋偿，亦应如数交还。至于从前借欠之籽种、口粮已分作六年带征，无庸再缓。惟有旧欠地丁银粮，自乾隆元年起至二、三、四、五、六、七等年积算，其数较之一岁正额几至加倍，若责令一时输将，民力实为竭蹶，著将皋兰等十六厅、州、县节年旧欠地丁银粮，分作四年带征，以示朕优恤边民之至意。该部即遵谕行。"

（卷191　456页）

乾隆八年（1743年）闰四月是月

署川陕总督马尔泰奏："驻防哈密兵丁设卡，原以侦探声息，保护回民，本非战兵可比，宜令撤回。查现在驻防兵共四千五百名，内二千五百名于乾隆五年更换到防，上年已届撤换之期，应即撤回。其六年到防之二千名虽未满二年，为日较浅，然现据准噶尔夷使进藏熬茶于二月内起身，约计闰四月内可抵哈济儿地方。将来即由东科尔贸易赴藏，亦不过再迟两三月之事，俟夷使过后，再行撤回。至赤靖、桥湾、布隆吉等处防兵，原议令于新兵到后即行撤回，而防所马匹，亦令拨给安西新兵骑操之用。军器鸟枪并令给交，以资操演。应即遵照通行撤回。再各标镇营备战马驼，安西一镇为首先御侮之所，尤须挑拨健壮者充用，如不足额，于内地各镇标营孳生内拨补，如仍不敷用，即动帑买足。其肃镇备战兵丁与安西相去不远，马驼亦属紧要，应将此二镇马驼预备壮健。现饬内地各提镇营分别办理。"得旨："所奏俱悉。"

甘肃巡抚黄廷桂奏："甘、凉、西、肃一带有青衣僧、黄衣僧、孳僧各名色，托迹缁黄，并非闭户焚修，请勒令还俗归业。"得旨："徐徐办理，不必如是急遽为之。"

又奏："河西甘、凉、肃一带，尚未得有透雨。"得旨："览，一得透雨，即便奏闻。"

（卷191　460页）

乾隆八年（1743年）五月庚寅

大学士等议准署川陕总督马尔泰奏称："前安西改设提督案内，所有驻防哈密兵二千名，分拨塔勒纳沁驻兵三百名，用游击一员统之。三堡驻兵三百名，用都司一员统之。赛巴什达里雅驻兵二百名，用守备一员统之。其余一千二百名俱留驻哈密城。臣抵哈密以来，相度形势，知塔勒纳沁原非极冲，城内又无仓库钱粮应行防守，而三堡一城实系哈密与准夷往来要路，又联接乌克尔等处各卡，居五堡之中。平时既可弹压，万一有警，又可收聚各卡塘兵在一城防守。请将塔勒纳沁三百名兵，酌留更换卡塘之用，以千把总一员统之，其余俱并归三堡，即将驻塔勒纳沁游击移三堡驻防。其原设都司撤回哈密办事。"从之。

（卷192　469页）

乾隆八年（1743年）五月是月

　　甘肃巡抚黄廷桂奏："西宁府属大通卫，水旱可耕田地，招民垦种，并称摆羊戎地方垦户三百余家，城中不敷居住，应准自出夫工，建筑土堡。"得旨："好，垦田务农为政之本也。"

（卷193　485页）

乾隆八年（1743年）六月甲戌

　　谕："据侍郎玉保所奏，噶尔丹策零此次遣使进藏熬茶，其词貌俱极恭顺，且请将所携货物先在东科尔贸易。朕之恩准夷使入藏者，因噶尔丹策零恳请为伊父修善事，故特允之。前次来使因贸易羁留，遂至过时不能前进，半道空回。此次所携货物并无从前羚羊角、绿葡萄等项，止系皮张，尚易于变易。著行文甘肃巡抚黄廷桂，令其即往西宁，将夷使交易之事速行料理，俾得即日起程。若复迁延过时不能入藏，将来又须另为办理。此次一切俱令宽裕施恩，筹办妥协，速竟其事。著玉保将朕加恩接济，并令即行进藏之故，晓谕夷使等知之。"

（卷195　505页）

乾隆八年（1743年）七月是月

　　总理青海夷情事务副都统宗室莽古赉奏："遵旨派拨堵截郭罗克贼番之蒙古官兵，并派绿旗官兵各数目缘由。"得旨："所办甚妥，郑文焕若用汝处官兵，汝须亲率前往，相机成事可也。"

　　四川提督郑文焕奏："郭罗克顽番不法，只缘准噶尔夷使进藏，暂缓锄剿。夷使一过未便再为宽容，俟新督抚庆复、纪山到任，再咨商定议会奏，即一面饬办料理。"得旨："是，夷使一过，即应速办，不可苟且了事也。"

　　又奏："松茂所属内外土司，惟杂谷最大，附省亦近，幅员千余里，前通瓦寺，后与郭罗克番接壤。该土司苍旺，部目狡悍。近闻有下阿树土百户郎架扎什之子戎布甲及下郭罗克之擦喀寨副土目林蚌他、拆戎架等，俱称投归杂谷，或抗不请袭，或妄不奉调，并令所属番民按户与杂谷上纳酥油。杂谷亦给与各土目执照。凡遣派兵马俱听杂谷提调，不许别有应付。又中郭罗克之喀赖洞个寨副土目六尔务，纵放夹坝，知干罪戾，亦投附杂谷。其他邻近部落多被招纳，领有杂谷头人红图记番文可凭。臣思杂谷为阃内土司，而于口外地方诱致番目，恐将来内外勾通。现密谕副将宋宗璋，令将归附杂谷之各土目，逐一查明，俟郭罗克办理完竣，即可乘借兵威，晓示利害。务令口外土目恪守旧章，各归管辖。并严饬杂谷苍旺，约束头人，安分住牧。"得旨："好，慎重为之。"

又奏："派定防范郭罗克出没隘口官兵，俟夷使有信，即侦探远近，严密巡逻，禁止顽番不许出外打牲缘由。"奏入报闻。

（卷197　540页）

乾隆八年（1743年）九月庚辰

刑部议准甘肃巡抚黄廷桂奏称："番民贪竞凶顽之性未悛，凡仇盗相杀之案，两造俱愿罚服完结。若骤绳以律法，恐若辈转生疑虑。应以乾隆甲子年为始，再宽限五年，徐徐化导。现饬各该地方官将命盗治罪诸条，译出番文，出榜晓示，实力化导，以期潜移野性。"从之。

（卷200　564页）

乾隆八年（1743年）九月甲申

谕："上年八月内降旨将江苏、安徽、福建、甘肃、直隶、广东、浙江等省，雍正十三年份未完民欠地丁、漕项一切银米加恩豁免。今闻福建闽县等处向有寺租归公一项，原系废寺田亩入官，收租完粮。雍正十三年份尚有民欠未完租谷四百余石，因系另案造报，未获一体邀恩。朕思寺租虽属另案题报之项，但穷佃无力输将事同一辙，所有闽县、古田、霞浦、宁德四县十三年份民欠寺租，著加恩一并宽免。该部即遵谕行。"

（卷200　566页）

乾隆八年（1743年）九月是月

甘肃巡抚黄廷桂奏："宁夏府平罗县四堆子地方二十二堡，因叠遭河患，弃置埝外，已属废土。自乾隆七、八两年以来，户民自备工本物料，筑堤开垦，渐次成熟。人民已有一千五百余户，熟地已有二三千顷。田庐庄舍，居然乐郊。臣现饬地方官确勘，分立疆界，定亩给照。其居民酌量每亩每年约输租若干，归之社仓，留为该地方水旱偏灾之用。有收则令照数输租，无收仍免。凡征收出入，官司经理，立有准则。情愿多捐者亦听其便。至人丁既众，应立保甲，编排烟户，一切户婚田土争讼归平罗县管理。令该县将户口土田另造一册，名为埂外闲田，不在升科之内。此外再有可开者，听民报官陆续垦种，给照输租。有冲废者，查明删除，并于原给照内注明。其堤岸渠道，加筑防护。悉听民自理，官为稽查。"得旨："所奏俱悉。"

又奏："请陛见。"得旨："汝自到甘，诸事得中，实心之处，朕甚嘉悦。甫去三年，何必即来陛见耶？若有要紧事务，折奏以闻。"

又奏："甘省地处边徼，丰歉不常。查自乾隆元年至八年止，通省旧欠额征尚有未完粮六十九万余石。此内逋赋过多及苦寒薄收处所，均已蒙恩分年带征。至民欠籽种、口粮亦尚有六十余万石。今值丰稔之岁，正小民急公完赋之时，但地方出产不齐，细粮有限，惟青稞、大豆处处兼种。虽色样少逊小麦，实本地食用所需，且堪久贮，自应通融收贮。立定章程，应将本年额征新粮仍照奏准往例，每一石收大麦二斗，其额征旧欠，除原系豆粮一色征收及兼收青稞之处毋庸变通外，其余各属旧欠，请每一石于大麦二斗外，以豆稞四斗兼收。再累年民欠籽种、口粮，例应照原借色样交仓。可否乘此丰年，并令不拘色样兼收，后不为例。"得旨："甚妥甚善，应如此办理者。"

甘肃提督李绳武奏："本年停止采买，接济兵粮，并垫补续添银两数目缘由。"得旨："所奏俱悉，但甘省兵丁，经历年师征之后，当加意抚恤之，而又不可令其骄纵，此为汝任内第一要务。而汝回任后年余并未奏及，非朕所望于汝也。"

总理青海夷情事务副都统宗室莽古赉奏报出口会盟日期。得旨："知道了，准噶尔经过情形如何，并汝如何料理之处，何不奏及耶？岂伊所过之地与汝所辖之处无涉乎？"

（卷201　592页）

乾隆八年（1743年）十月癸亥

户部等部议复甘肃巡抚黄廷桂疏称："西宁府属西、碾二县之南山一带，地方辽阔，番汉杂处。内有摆羊戎沟、囊思多沟诸处，堪以开垦。惟距邑城甚远，经前抚臣元展成奏请添设抚番通判，驻扎摆羊城内，董率垦种，管辖各番。又经臣请以巩昌府通判改隶西宁府，移驻督垦。接准部复，俟开垦有效，再行奏请定议。兹试种三载，已垦摆羊戎沟荒地二十四段，囊思多沟等处荒地二十四段，频岁收成五六分至七八分不等，成效已著，请照原议，将巩昌府通判改为西宁府抚番通判，移驻摆羊戎，添建衙署。其原管盘验茶封之事，改令巩昌府管理。所垦地亩照番地例，籽种一石、征粮一斗。于十年后起科，应如所请。"从之。

（卷202　609页）

乾隆八年（1743年）十月丙寅

又谕军机大臣等："元展成原系获罪之人，朕宥罪录用，畀以甘肃巡抚重任。伊并不思感激报效，在任声名狼藉，屡被纠参，经新柱、尹继善审明，革职治罪。朕复从宽发往台站效力。又因伊情愿修整沧州城工，是以准其回籍办理。岂意伊巧卸坐台之差，回家之后借称变产，任意耽延，以致工程贻误。即所变家资多归私用，情罪甚属可恶。著都统富昌率同该督委员严查伊家产，不得稍容。寄顿隐匿交与盐政伊拉齐变价入官。元展成即著该都统收管衙署内，俟城工告竣之日再行请旨。此旨并著与伊拉齐看。"

（卷203　613页）

乾隆八年（1743年）十月是月

陕西肃州镇总兵许仕盛奏整顿营伍事宜。得旨："须实力为之，不然，徒云整饬营伍而接任者复云前任废弛，现在整顿，朕竟谁信耶？"

陕西安西镇总兵永常奏："准噶尔夷使到境进贡貂皮马匹，并称来至肃州贸易，又有携带羊只，恳请变卖，或为代牧。查准噶尔旧例，准于寅、午、戌年赴京贸易一次，申、子、辰年赴肃贸易一次。今实早到两月，然去明岁为日无多，若令其久待，夷人自备口粮未免多费。已令副将瑚宝俟贸易夷人到来，即照例酌派官兵护送赴肃，至所留羊只亦令瑚宝变价存贮。"得旨："料理甚妥，知道了。"

甘肃巡抚黄廷桂奏："甘肃民间地亩颇有以多作少，给予微（征）租，诡寄军户名下，规避正赋。因令兰州府知府李元英确查办理。据报兰州一府首明欺隐者已一万三千余亩，则他属欺隐自不能无。现饬各府厅出示照办。"得旨："若果如此，自是应办之事。但朕看李元英循分供职，则有之未必能办此也。若彼有见长之心，而办理不妥则非曰爱之，其实害之矣。至于各府照此办理之议，尤应慎重。盖边省穷壤之地，宁可留有余于小民，不可为钱粮起见。况所加者又不过太仓一粟，九牛一毛哉。"

（卷203　622页）

乾隆八年（1743年）十一月壬午

分别赈贷甘肃皋兰、狄道金县、河州、靖远、宁远、通县、会宁、真宁、合水、平番、清水、秦安、西宁、安定、碾伯、阶州、灵州、中卫、宁夏、花马池、礼县、成县、高台等二十四厅、州、县水、虫、风、雹灾民，暂缓新旧额征。

（卷204　628页）

乾隆八年（1743年）十一月庚寅

户部议复川陕总督庆复查奏："陕省自雍正六年以后，军需各案内有用过喂马棚槽药油等银，及运送衣帽藤牌腰刀弓箭脚价。又各属应缴驼价驼只及解肃采买正余骡头，沿途供支草豆各费，实因彼时军务孔亟，以致购价稍贵，支用浮多，领回疲瘦驼只，又未能及时变价，陆续倒毙，均与亏空侵挪有间。所有各属未完银两，请予豁免。应如所请。"从之。

（卷204　632页）

乾隆八年（1743年）十一月甲午

兵部等部议复川陕总督庆复疏称："遵旨。详议四川提督郑文焕请于阜和营改设游击等员，又甘肃凉庄道杨祕请将泸宁营移入冕宁县城，并添裁弁兵各事宜。查泸宁营在冕宁县西北，山路直通瓜喇，并非人迹不通。地虽僻处，遇有缓急，实可以资声援。且儿斯遗孽，户口渐多，又紫古喇开设铜厂，均资弹压，未便将泸宁营移驻。泸宁既未改移，则嘉顺、怀远二营联络控制，亦不可少。惟嘉、怀二营额兵四百名，较冕山营为多，应每营各减兵一百名。至冕山、靖远等营，旧设弁兵，制已周密，无用更张。郑文焕所请阜和营添兵三百名。部议令于事简兵多营内调拨，应即将嘉、怀二营新减二百名拨给，合阜和营原额共五百名，已足防守。尚少百名，毋庸再募。至阜和营原设都司，应改为游击，添设中军守备一员、千总一员、把总三员。查巫山营营汛甚少，旧设游击，体制不称。应将巫山营游击守备各一员移设阜和营，即以阜和都司移设巫山，其应添千把酌量抽拨，以符经制。又雅州府属清溪县地方，当建昌、打箭炉两路之冲，苗猓出入要区。且新将大田改流，尤宜专营弹压。向令黎雅营中军带兵防守，往来未便。阜和营既请添兵，则炉地门户严密，相距泰宁，声援密通。其中间之泸定桥不必多兵防守。请将原驻泸定桥之协标右营都司，带领该营千总一员、把总二员、额兵二百名，再于泰宁存城兵内拨兵一百名，移驻清溪。将所属之富林、泥头、万工堰、汉源街一带塘汛，分布防范。所遗泸定桥汛拨归协标左营都司管辖，止须派千把总一员带兵五十名看守。其清溪原驻弁兵撤回黎雅营，酌拨添防要汛。官署兵房，照例添建。均应如所请。"从之。

（卷204　635页）

乾隆八年（1743年）十一月丁酉

兵部议复调任署川陕总督马尔泰疏言："甘、凉、西、肃各提镇马厂，照例三年考核，分别报部。至各标营出群另牧骟马，嗣后如有倒毙，请照牧放军需马匹之例，每年百匹内准开报六匹。应如所请。"从之。

（卷205　637页）

乾隆八年（1743年）十一月庚子

又议准甘肃巡抚黄廷桂疏称："碾伯县典史、职司、监狱、巡查、仓库未设衙署，请动项建造。"从之。

（卷205　638页）

以故甘肃岷州土百户后永庆之孙后发葵袭职。

（卷205　639页）

乾隆八年（1743年）十一月是月

甘肃巡抚黄廷桂奏："甘抚衙门向有亲丁名粮四十分，照马步各半之例支食。内除给笔帖式二员十分外，实支三十分，为一岁应用纸张及门皂、军牢、夜役各项口粮。本年接准部咨，令将亲丁姓名裁去，改为养廉名粮造报。臣随即按名募补，以实营伍。其纸张各费即自照数捐备，惟笔帖式二员，原食名粮十分，今止给岁额养廉，身家实难兼济。应请仍照从前支食。"得旨："知道了。"

又奏："口外有从前出征故兵骸骨，请俟春融派员带兵前往掩埋。"得旨："此系应行之事，知道了。"

（卷205　648页）

乾隆八年（1743年）十二月己未

又议复甘肃巡抚黄廷桂疏称："平番县大通河修建永利桥，于三年限内被水冲坏，应将用过银两著落承办原员赔缴，并将桥梁移至旧桥南三十里下窑堡，水势缓处重建。应如所请。"从之。

（卷206　655页）

乾隆八年（1743年）十二月癸亥

吏部议复甘肃按察使鄂昌奏称："藩臬陛见，及遇有升调事故离任者，应令道员署理，如道员内一时不得其人，而该司尚能兼摄者，亦即委该司摄办。应如所请。"从之。

凉州将军乌赫图等奏："夷使吹纳木喀带回藏地之喇嘛罗卜藏丹怎经臣等询问，系从前策妄阿喇布坦留下未经遣回之人，居住二十六年。今因熬茶之便，恳求回藏。请照上年喇嘛噶津林沁之例，留于罗伦布庙居住，交郡王颇罗鼐善为防范。"得旨："罗卜藏丹怎系在准噶尔久居之人，不可深信，若令在藏居住，恐有私行送信之事。著索拜将罗卜藏丹怎及从前回藏之噶津林沁等，俱送至京师寺庙安置。"

（卷206　660页）

乾隆八年（1743年）十二月丁卯

调凉州将军乌赫图为西安将军，西安将军绰尔多为凉州收军。

以甘肃故撒喇族土千户韩大用之子韩振武、四川故祈命寨土千户郎阿之子拔各肖袭职。

（卷207　666页）

乾隆八年（1743年）十二月是月

护陕西巡抚帅念祖奏："陕甘二省绿旗兵丁向准支借司库银两，以资接济。惟八旗未有此例。请嗣后驻防官兵如遇歉收及粮价昂贵，照绿旗马兵例，每名借给四两。常年分限四季，歉岁六季坐扣。"得旨："著照所请行。"

陕西提督永常奏："准噶尔夷人到肃贸易，即带驼马牛羊，至哈密变卖。节经谕止不许过山。该夷使以牲口疲乏，不能行走，恳求卖去。察其情形，尚非有意违例，已派弁查看。将实在疲乏者准其变卖。"得旨："所奏俱悉。"

（卷207　677页）

乾隆九年（1744年）正月己丑

谕大学士等："安西道属沙州卫有原招户民六百五十九户，因所置牛只节年倒毙，不能买补，恐误耕作。雍正十三年经抚臣奏明，每户借给银十五两购买牛骡，以资力田之用，共借给银九千八百八十余两，分作五年带征还项。自乾隆元年起至今，止征完银七千二百九十余两，尚有未完银二千五百九十两零。朕念沙州地处边外，天寒土瘠，招徕之民，力量单薄。既有本年应完之正赋，若兼顾旧欠，未免拮据可悯。著将此未完牛骡价银从乾隆九年起，分作三年带征，俾边民从容纳。该部即遵谕行。"

（卷208　683页）

乾隆九年（1744年）正月庚子

又谕："云南昭通镇总兵官张士俊现患耳疾重听，请解任调摄，著伊解任来京陛见。"再降谕旨："照通镇总兵官员缺，著云南永顺镇总兵官陈纶调补。永顺镇总兵官员缺，著陕西金塔寺副将张圣学补授。"

（卷209　688页）

乾隆九年（1744年）正月壬寅

赐准噶尔台吉噶尔丹策零敕谕："尔奏疏内称，据使者吹纳木喀归，奉到谕旨。我属前赴西藏之人，准由噶斯路行走，赐助牲畜盘费。托尔辉地方每年遣派二三十人，前往查阅。是以遣使者图尔都具奏，恭请圣安，朕欣悦嘉纳。又奏称曾经奉旨来肃州贸易之人，无论何时，乘便而来。来京贸易之人愿赴京者听其来京。若以京师遥远，准在甘州、凉州、兰州、西安等处听其所愿贸易。其贸易时与通事同往街市，购买需用货物等语。此则与朕原降谕旨迥异。故我国大臣向尔使者图尔都讯问，据云，大皇帝谕旨内原未谕及兹事，吹纳本喀等曾向大人言及，以为大人业已允行，是以归而误告噶尔丹策零。噶尔丹策零误以为大皇帝谕旨，故写入奏疏等语。大凡使者往返行走，语言繁多，只言片语，岂无舛错，朕亦不咎。既系尔使者误告，尔宜仍照朕前旨遵行，其来肃州贸易之人于应来年份，无论何时，随到皆可准其进边贸易。至来京贸易之年，尔等以京师遥远难以前来，欲在肃州贸易亦可。若甘州、凉州等处地方褊小，商贾聚集无多，与尔等交易无益。朕为大皇帝，事若可行，则施恩准行。和好之事，必虑久远，既已议定，永远遵守不爽，始为有信。今特颁诏旨，付尔使者赍回。随敕赐佛二尊，并赏各色缎十端，锦缎、妆缎各八端，玻璃磁器十五事。"

（卷209　690页）

乾隆九年（1744年）二月辛亥

以故青海扎萨克辅国公策凌第三子达什扎布袭爵。

（卷210　697页）

乾隆九年（1744年）二月壬子

兵部议复甘肃巡抚黄廷桂疏称："大通卫守备衙署驻扎向阳堡，该处并无城郭、防汛、仓库、监狱，均关紧要。查附近之白塔营既有城垣，又有都司驻扎，请将守备移驻白塔营。不惟仓库、监狱严谨，即番民纳粮诉讼亦便。应如所请。"从之。

（卷210　698页）

乾隆九年（1744年）二月乙卯

工部议复甘肃巡抚黄廷桂疏称："秦州罗峪河发源于州治西北之凤凰山，东流至周家磨，绕城而过，汇入汐河，从无水患。嗣州民因利目前取水之便，将周家磨河流故道建坝堵塞，引归西流。由罗峪河桥下南入汐河，不能畅泄，以致屡受冲淹。又城南之吕二沟，向于南岸修筑长堤，开浚小河，引水东流，至城东关对面之南汇入汐河。嗣因废河为地，将旧堤掘开，直冲汐河，以致州城东西两面受冲。请将周家磨新开河筑坝堵塞，使河流仍归故道。并于坝上建龙王庙一间，复于坝之上流，疏浚旧小渠，引水济用，建大小木桥，上盖卷棚，以济行旅。其吕二沟缺口，照旧筑坝堵塞，使沟水仍由小河东流。均应如所请。"从之。

（卷210　699页）

乾隆九年（1744年）二月辛酉

谕："安西提属布隆吉、双塔、柳沟等处营兵，于乾隆元、二两年屯种恒田案内，喂养牛骡马匹，采买豆草，用银一千八十七两。当时无项可动，是以于屯粮内借给。后经该督抚以戍卒寒苦，请于元年秋收粮内作正开销。部议不准。朕思此项银两已历多年，当日屯种各兵事故开除，正复不少，难以责令现在之兵丁还项。著将此项银一千八十七两准于元年秋收粮内扣抵开销。以示朕优恤边兵之意。该部即遵谕行。"

（卷210　704页）

乾隆九年（1744年）二月壬戌

吏部议复甘肃巡抚黄廷桂疏称："高台县屯田县丞专司屯务，向无衙署。请于附近屯所毛目城添建，工料银在司库存贮捐纳土方银内动支。应如所请。"从之。

（卷210　705页）

乾隆九年（1744年）二月壬申

大学士鄂尔泰等议奏："总理青海副都统莽古赍咨称，青海扎萨克王、贝勒、贝子、公、台吉等二十九旗所属蒙古住牧，有居处孔道者，有地虽稍僻而与夷使经过之路相近，亦应搬移者。前因准噶尔夷使于乾隆六年、八年两次往东科尔贸易。经过青海地方，业经委员前往，督率搬移，应议分别赏赍。其扎萨克郡王二员，拟各赏大缎二、官缎四；贝勒、贝子各一员，各大缎一、官缎四；镇国公一员、辅国公三员，各大缎一、官缎三；台吉八员，各官缎三；各旗属蒙古人等四千四百七十八户，每户赏银四两。"从之。

户部议复甘肃巡抚黄廷桂奏称："甘省向缘版籍脱讹，户口混淆，州、县、卫所多无实征底册。花户并无易知由单，以致里甲包收代纳，随意作奸。今将渭源、金县二处查造实征花名红簿，挨里甲核对。于征收前照底簿开单发给花户，按额催征。各属俱循照查造，以便征收。应如所请。"从之。

（卷211　714页）

乾隆九年（1744年）二月是月

甘肃巡抚黄廷桂奏："凉州府属开垦之笈笈滩营田，距凉城窎远，若派兵丁耕种，难免旷废差操。请听民人承种，纳租交营，接济兵食。"得旨："著照所议行。"

（卷211　721页）

乾隆九年（1744年）三月己丑

户部议复甘肃巡抚黄廷桂疏称："高台县三清湾屯田地亩，碱重砂多，收成歉薄。每岁官役俸工养廉，渠长工食，并渠道岁修等项，所收不敷所用。请改归民种升科，其原设之主簿，并额设屯长、渠长口食岁修银两一并裁汰。又柔远、平川二屯应改归高台县典史管理。至三清湾民渠，并责令该典史稽查督率，随时修筑。其已裁之三清湾主簿改为西宁县主簿，移驻丹噶尔地方，稽查边隘盗匪。均应如所请。"从之。

（卷212　727页）

乾隆九年（1744年）三月甲午

大学士鄂尔泰等议复甘肃布政使徐杞奏称："甘省幅员广阔，山多路险，挽运维艰，每仓谷一石，每百里给费一钱，实属不敷。请量增脚费，应如所请，每石每百里以一钱三分给发。"从之。

（卷213　731页）

以故甘肃岷州上百户赵世兴之子赵名俊袭职。

（卷213　732页）

乾隆九年（1744年）三月甲辰

谕："甘肃地方向来民间积欠繁多，朕曾降旨，将张掖、皋兰、狄道、靖远、安化、平凉、泾州、灵台、中卫九州县民欠，自乾隆八年为始，分作四年带征。又将武威、西宁二县带征雍正十三年至乾隆四年之项一并蠲免。此外应征旧欠钱粮，理宜按期输纳，但念该省土瘠民贫，地处边陲，非内地可比。一年而清积年之欠，未免艰难，著将张掖、肃州、高台、皋兰、河州、狄道、靖远、安化、平凉、泾州、灵台、灵州、中卫十三州县及武威、西宁二县累年未完积欠银粮草束等项，再行宽缓。自乾隆九年为始，分作六年带征，以纾民力。该部即遵谕行。"

（卷213　737页）

川陕总督公庆复奏："河州镇所辖之苦、红二堡，原隶西宁镇，地处河西，与凉、庄等营一例，请照甘、凉、西、肃之例，每粮一石折银一两者，增银二钱。一体增给。"得旨："允行，下部知之。"

又奏："准噶尔甲子年贸易夷人，于正月十三日到肃，所携货物俟派出商人李永祚至肃交易，其羊二万三千余只，路远羸瘦，水草不宜，夷人急于求售。李永祚尚未至肃，且为数甚多，亦难尽售之近地。应仿安西之例，于公帑给值，以羊分予提镇标兵，扣饷偿帑。但夷人索价甚昂，尚未议定。夷人无知索值，当从容开示，以释其疑。至今年已定以货易货之例，虽前在哈密曾给现银。今在肃必将羊价议定，并入诸货之内，令商人以内地货物互易。至商人到肃，不能牵羊远售，分予各兵，以饷抵值，此系内地自行变通办理之道。但期于兵有益，议亦可行。"复准甘肃抚臣黄廷桂手札云："准夷贸易，方经定例，以货易货，夷人所携货物羊与马驼，计值银四万两有奇。因闻肃州地少巨贾，必招商异地，夷人殊窘迫求售。及闻以货易货，则云上年东科尔全数给银，固为大皇帝格外深仁。而俄罗斯各处，我部曾有人往彼，见其与内地交易，有货物、有金银，何以今年肃州概不给银？若尽以货易，我辈宁携归货物。此事所关颇重，倘夷人于以货易货之外，仍不免索银，应如何办理？嘱臣札复。"臣复札云："准夷年来贸易，获利数倍。今当恪遵谕旨，坚持易货，始可遏其无厌之心。该夷今年所携皮货甚少，而羊与马驼值银不过数万。彼携回原货之说，亦狡猾之词。然因时制宜，亦不必遽令觖望，盖示以货易货之常例，可杜日久无已之贪心。今若稍以银互市，再为申明定例，坚其后约，亦为两得，然必须文武晓谕。俟商人熟察夷情，详定价值。如果感服公平，方稍为给银，一面办理，一面奏闻，始觉周密。惟当审其轻重，妥协办理。"奏入报闻。

（卷213　738页）

乾隆九年（1744年）三月是月

甘肃巡抚黄廷桂奏："甘省农事草率，收获有限。督率有司，教民易耨深耕，布种锄草，分别勤惰，量加劝惩。"得旨："专以农桑课有司，此为政之体也。"

又奏："甘省苦寒，土不宜桑，种棉纺织概置不讲，布帛之价贵于别省。饬行各道府督率有司，购买棉子，择地试种。并量给花絮，制造纺车，请女师教习妇女。其实在不能种棉地方，或雇觅工匠，教民织氆。"得旨："劝课农桑为政之本，然须以久远之心行之。所谓农事无近功，而有久长之效也。"

又奏："甘省公储仓谷多系堆集民房寺宇，风雨渗漏，霉变堪虞。严查所有旧仓，补葺完固，其仓廒不敷处所，另添建造。又查州县监狱窄小，混禁一处者，俱令酌量宽展。男监分别轻重，女监各开户院。"得旨："如此诸凡留心，实堪嘉悦。"

乾隆九年（1744年）四月己酉

兵部议复川陕总督公庆复议奏："陕甘二省之河州、西宁、肃州、安西等处营制，新添改设不下数十处，或以新立营汛添设官兵，或以挑备战兵加添旧额。本非腹地可比，势难一例减裁。应如所请。将延绥镇属之麻地沟、宁条梁并河州保安各营，及甘提标、凉州、宁夏、西宁、肃州、安西各标营，新设营汛，续添马步守兵，悉照旧额安设。至中卫营古水井堡派防长流水等处新兵五十名，现今征防官兵撤回，既足轮流更换，应将此项新兵与未汰新兵一体裁汰。"从之。

乾隆九年（1744年）四月己未

户部议准川陕总督公庆复疏称："甘、凉、肃、安四处派防哈密官兵，应需乾隆九年份盐菜、口粮二万二千八百九十七两，请于哈密及柳沟卫库贮盐菜银并扣收官兵借支银内动支。"从之。

乾隆九年（1744年）四月乙亥

川陕总督公庆复奏报："准噶尔贸易夷人图卜济尔哈朗等，自肃州起程还部。"

乾隆九年（1744年）四月是月

甘肃巡抚黄廷桂奏："上年九月内，奏明平罗县属四堆子以下埝外闲田，不在升科之内，仍立社仓，酌量输租。今计垦熟田二十三万五千三百余亩，民二千五百余户，俱给执照，听其管业。按户设牌，开明丁口，选立堡长，编排保甲。因令各户田一亩输租一升，每堡选身家殷实二人充社总、社副，专司登记。仍令官为经理，岁底报查。惟四堆子一带旧有老埝，延长七十余里。近年以来，该地民复于老埝之内逼近河流之处，加筑新堤二道，均应岁修。令于春融农隙时，每田百亩出夫一名，量备柴草，并力兴作，官为督率。"得旨："好，知道了。"

又奏："据布政使徐杞口传谕旨，清查地粮一事。查明使无中饱，便民则可。若加赋断乎不可，臣敢不敬体。但此番查造实征红簿，原因官征民纳，不知实数。里长、甲首得以串通书役，乘间作奸。或包输侵用，或任意多收，或分派飞洒，其弊不一。是以行令州县，传集里甲，开出各户姓名，应纳科则，然后按户查对确切，册籍一定，里甲不敢蒙官滋弊。每岁开征之始，将一户田地钱粮应纳若干，开明由单，给民照数交纳，里甲不得欺民多索，实于小民有益无累，并非料民增赋也。"奏入报闻。

凉州镇总兵段起贤奏："陕甘预保人员引见后，兵部注册，俟本省缺出，照衔缺签掣补用，要缺原不致久悬。但部臣按簿遥拟，究未能人地相宜，请嗣后遇应题缺出，不必部掣。令该督提一面题报，一面于准保各员中择才缺相当者委署，俟部复到日，即将委署之员题补。"得旨："此系久行之事，未可骤改，待朕缓酌之。"

又奏报地方安靖，营伍整顿情形。得旨："不可徒为粉饰之言，外省有武备，保其不废弛足矣，岂得云尽善尽美乎？仍宜实力整饬可也。"

（卷215　770页）

乾隆九年（1744年）五月乙未

暂署西安将军右翼满洲副都统奇尔丹奏："凉州将军绰尔多来陕，口传谕旨：'现据讷亲奏，河南营伍不堪，如此看来别省营伍岂必可观。可晓谕西安副都统官员等，将官兵等不时训练，若不认真，或经朕查出不整不熟之处，决不宽贷。'臣伏思西安驻防满兵，世受教养训练又臣等职守本务，惟有谨遵谕旨，实力奉行。"得旨："不在乎空言一奏，惟在黾勉办理。"

（卷217　789页）

乾隆九年（1744年）五月戊戌

驻藏副都统索拜奏："据兵部咨称，郡王颇罗鼐欲令伊唐古忒兵丁，在哈济尔得卜特尔地方安设卡座，是欲预得准噶尔信息，以为保固之计。应如颇罗鼐所请，令索拜会同驻扎西宁副都统莽古赉，公同商酌，应于何处安置防范，并何时应设应撤之处。定议奏闻。臣随知会颇罗鼐，续据呈称穆鲁乌苏河之前有哈喇哈达地方，为哈济尔得卜特尔通衢，准噶尔来藏必经此路。于此置设卡座，不时瞭望，可无疏虞。然必会同驻扎西宁大臣商议，簿书往返，动需时日，今岁将不及置设。准噶尔赋性狡狯，近由藏还巢，当亟防范。请遣我所信第巴巴克都率兵十五名，于五月间前赴哈喇哈达，瞭望贼迹，侦探防范。俟十月雪降后，人不能行时，斟量调还。臣因设置卡座为地方紧要之事，不及会商西宁副都统，即令颇罗鼐严谕所遣第巴巴克都至哈喇哈达时，遣人赴哈济尔得卜特尔侦探，一有贼人消息即时呈报，并移文驻扎西宁副都统。如彼地于哈喇哈达置设卡座已为合宜，即无庸置议。倘或更有应置卡座接应之地，即行定议。奏闻请旨。"奏入报闻。

（卷217　791页）

乾隆九年（1744年）五月是月

（川陕总督公庆复）又奏复："已故参革宁夏道阿炳安在庄浪道任内，侵冒宁夏城工帑项，已据伊弟纳英阿认赃二万余两。至彼时督抚有无染指之处，现据榆葭道王凝禀称，前奉委承办庄浪满城，实用工料银十万一百六两九钱零，较原估题报数目节省甚多，曾将总册面禀前抚元展成。乃元展成竟加呵斥，勒令回任，将余银剩料交阿炳安收领，任凭造册报销。苟非祖庇营私，焉肯若此。即查督院奏加匠工食米盈千累万，阿参道恣其侵扣，岂无访闻，是督抚断无不勾串染指之理。但阿炳安生前奸诡，实不能知。及至被参，所侵银两俱已吐交，其是否自交，或系督抚帮交，在当日毫无凭据。"得旨："所奏俱悉，朕亦不欲穷追。但查郎阿之护庇阿炳安实非为大臣之所应有。阿炳安欠项若清则已，若有不完，可著落原举之查郎阿代赔耳。"

（卷217　805页）

乾隆九年（1744年）六月是月

川陕总督公庆复奏："请以河州协副将王能爱更换驻防哈密，即将前副将瑚宝撤回。"得旨："瑚宝尚应多留一二年为是，若未起身，可即令其在彼指示王能爱，协办半年，于冬底再回内地可也。"

甘肃巡抚黄廷桂奏报："前往噶斯、搭连戈壁瘗埋故兵骨殖。"得旨："好，知道了。"

又奏报甘省五月下旬各属望雨情形。得旨："所奏俱悉，若有成灾之象，一切先事绸缪，不可不详妥速为。甘省离京甚远，救灾之事，不可待折奏也。"

又奏报各属被雹情形。得旨："所奏俱悉，虽云偏灾，其被灾之处则无论偏全之分也。惟应加意抚恤之。"

（卷219　824页）

乾隆九年（1744年）七月辛巳

兵部议复甘肃巡抚黄廷桂奏称："营制每兵百名，留守粮二分以为操演火药之用，其修理军装、器械等项公费不敷，请留战粮三分或马战粮三分，以充此项公费。应如所请。将原留守粮二分改留步战粮二分，则扣存银两已较前宽裕。一切公费可敷。"从之。

（卷220　832页）

乾隆九年（1744年）七月庚寅

大学士鄂尔泰等议复甘肃巡抚黄廷桂奏称："西宁口外日月山之西南地名沙喇库图尔，距丹噶尔六十余里，系商民往来总要之区，亦贼番出没经由之所。筑堡驻扎守备一员、把总一员、马步兵二百名专司巡缉。其地孤悬口外，气候寒冷，不能耕获，又系新设之地，无粮可拨，官兵起支，例系折色。商贩稀少，兵丁谋食维艰。前抚臣许容以大通镇及丹噶尔白塔、永安、三营兵粮缺少奏准，将大通米三千石分贮各营，每年四五月间存二借一，秋后于兵饷内扣买还仓，可否照例？即于西宁县仓采买备贮粮内量拨稞豆五百石，运送脚价于司库给领，交丹噶尔城参将收贮，以资接济等因。应如所请。沙喇库图尔兵丁照大通等处之例，于西宁备贮杂粮内拨运五百石交该营员收管，每年存二借一，秋后扣饷买补。仍严饬营弁及时给发买还，无得侵扣亏空。"从之。

（卷220　839页）

乾隆九年（1744年）七月壬辰

户部议复署凉州将军黑色奏称："各省份给盐当生息银两，向例不得过一分五厘。凉州米、布、煤等铺皆系自行贸易，早晚赢绌不齐。并赁屋租银亦系本人情愿，均与交商生息者不同，故有二分至三分八厘不等。倘息银太少恐不敷赏兵之用。应如所请。通融量加，不必定拘一分五厘旧例。"从之。

（卷221　840页）

乾隆九年（1744年）七月戊戌

谕大学士等："甘肃地方土瘠民贫，非内地可比。朕所轸念，其有旧欠钱粮一年难以并征者，已加恩宽缓矣。顷闻甘州府山丹县积年民欠亦属繁多。乾隆元年至八年，共欠屯粮一万二千六百余石，又自三年至八年共欠籽种粮六千五百余石，又自元年至八年共欠草六十万一百余束。此时若按例一并催征，民力未免艰窘，著从本年为始，分作六年带征，俾小民从容完纳。该部即传谕该督抚遵行。"

（卷221　842页）

陕西固原提督李质粹丁父忧，以凉州镇总兵段起贤署理印务。

（卷221　844页）

乾隆九年（1744年）七月庚子

又谕曰："段起贤已经降旨署理固原提督。凉州总兵员缺，甚属紧要，著交与总督庆复于所属总兵内拣选调补，所遗员缺，以候补总兵施廷专补授。"

（卷221　849页）

乾隆九年（1744年）七月甲辰

谕："甘省凉州府属之柳林湖，肃州所属之三清湾、柔远堡等处，及口外之安西、沙州、柳沟、布隆吉等处屯田民人，从前开垦之始，借有牛具口食银两，日久未得全还。朕已于乾隆七年五月内降旨全行豁免。惟肃州所属之九家窑一处，当时未经议及，是以尚在带征。朕思此等原系穷苦之民，责令完纳，不免拮据，著将九家窑未完牛具银一千六十余两一体加恩豁免，以息追呼之扰。该部即遵谕行。"

（卷221　853页）

乾隆九年（1744年）七月是月

甘肃巡抚黄廷桂奏："据土司杨冲霄详称，奸僧马尔完卜、武生马履祉等勾引所管朱扎等番族，聚众挖路不容行走，屡掠人口、粮石、马匹。又据各番民控土司杨冲霄纵容头目，科派勒索等情。随会同督臣庆复质讯后，将此案土奸分别惩治外，其土司每岁所收土民钱物，原系养廉之需，请嗣后量定其数，交纳地方官勒石晓谕，俾各遵守。"得旨："此等事视之虽细，而办理不妥，往往酿成祸端。慎为之。"

（卷221　858页）

乾隆九年（1744年）八月戊午

兵部遵旨议复川陕总督公庆复奏称："沿边关隘要缺未便将保举之参、游、都、守、千总等员同时给咨赴部引见，以致委署乏员。请嗣后将内地人员分作二班，边远分作三班，陆续调署，给咨送部。再，川陕从前候补守备，人多缺少，现在壅滞，且题补之缺，分用满洲，再加预保之员，则候补者更难得缺。并请斟酌变通，分缺补用。应如所请。其分用满员之陕甘二省及四川松潘一镇，守备缺出，第一补用满员，第二掣用预保千总，第三、四、五题请候补人员。至川省并无分用满员之营，守备缺出，第一归预保千总，第二、三、四归候补人员。"从之。

（卷222　868页）

乾隆九年（1744年）八月甲子

吏部等部议复甘肃巡抚黄廷桂据按察使鄂昌奏请："将张掖县县丞移驻县属之东乐堡，稽查正东、东南一带地方，并将东乐堡驿马亦令该县丞管理。查张掖一县地及千里，向系两卫两所，分境管辖。其知县县丞同处一城，稽查难遍。应如所请移驻，东乐驿马归县丞经管。其东南十五堡额粮草束及洪水南古城、二堡兵粮亦令征收，原设书吏一名，另于张掖县拨给三名。"从之。

（卷223　875页）

乾隆九年（1744年）八月庚午

兵部议复川陕总督公庆复奏请："安西提督控制关外，甘、凉、西、肃等处战兵俱听节制。肃镇去安西尤近，一切调遣甚便。请将肃镇所属除甘州城守一营外，悉隶安西，庶为周密。查肃镇营弁俱在关内，安西遥隔关外，一切调遣未便，不如仍旧为善。"得旨："著照所议行。"

（卷223　880页）

乾隆九年（1744年）八月是月

庆复又奏："据西安布政使帅念祖呈称，陕省各标镇营兵丁，于乾隆五年派拨护送准噶尔熬茶夷使至东科尔地方，无力制办行装，每名于肃州道库借银三两，共五百八十五两。原议回营日，月饷内扣还，可否照西宁镇标派往哈济尔卡路，等候夷使之马兵，每名赏银四两之例，一体免扣。"得旨："著照所议行，该部知道。"

甘肃布政使徐杞奏："甘省临河近山地方间有被雹被水，损坏房屋人口，照例分别赈恤外，其河东、河西各属连得甘霖，禾苗滋盛，可望丰登。但以七、八两年连获有收，粮价平贱，该省僻处边隅，素鲜外贩，若非官为采买，转有熟荒之患。"得旨："欣慰览之，恐致熟荒，官为采买，甚善事耳，较之歉荒，为何如耶？"

乾隆九年（1744年）九月戊寅

以陕西永昌副将陈其瑛为四川川北镇总兵。

乾隆九年（1744年）九月庚辰

以甘肃按察使鄂昌为广西布政使。湖北粮道顾济美为甘肃按察使。

乾隆九年（1744年）九月辛巳

调甘肃宁夏镇总兵吕瀚为甘肃凉州镇总兵。以候补总兵施廷专为宁夏镇总兵。

乾隆九年（1744年）九月甲午

谕："凉州、西宁等处远在边陲，民贫土瘠，朕所轸念。彼地旧欠钱粮在乾隆二年以前，民力不能输纳者，朕已陆续降旨蠲免。查西宁县尚有未完元年、二年马粮五百四十二石七斗七升，实欠在民，均系散户零星，力量微薄，若照例催征，仍不免于追呼之扰。著即行豁免，以示优恤。该部即遵谕行。"

乾隆九年（1744年）九月辛丑

补行乾隆七年份甘肃省大计。卓异官四员，不谨官一员，年老官六员，有疾官四员，才力不及官二员，分别升赏处分如例。

（卷225　911页）

乾隆九年（1744年）九月是月

川陕总督公庆复奏："卜隆吉一营并所辖之桥湾营，东至靖逆仅一百三四十里，请就近统归靖逆协副将兼管。再，踏实一营离瓜州营仅百里，亦请就便改归瓜州营参将兼管。一切事件由该副参查察提臣仍统为节制。"得旨："著照所请行，下部知之。"

（卷225　916页）

河州镇总兵周仪奏："自简任边疆，惟有督率将弁，整饬武备，按期训练兵丁，不敢稍有废弛。"得旨："惟在实力训练，兵丁之生熟一望而知，非若他事可掩也。勉之。"

（卷225　917页）

乾隆九年（1744年）十月壬子

补行陕西省乾隆四年、七年二次大计。不谨官一员，罢软官一员，年老官四员，有疾官三员，才力不及官六员，浮躁官三员。甘肃省乾隆七年大计。不谨官一员，年老官六员，有疾官四员，才力不及官二员。四川省乾隆七年大计。不谨官四员，年老官六员，有疾官五员，才力不及官一员。分别处分如例。

（卷226　926页）

乾隆九年（1744年）十月甲寅

调湖北宜昌镇总兵哈尚德为陕西凉州镇总兵。以广东广州城守营副将蒙应瑞为湖北宜昌镇总兵。

（卷226　927页）

川陕总督公庆复奏请："将安西布隆吉一营，并所属之桥湾营就近统归靖逆协副将兼管。踏实一营就便改归瓜州营参将兼管。"得旨："著照所请行，该部知道。"

（卷226　928页）

乾隆九年（1744年）十月戊午

补行四川、陕西、甘肃乾隆七年份军政。卓异官五员，不谨官一员，罢软官一员，年老官十员，有疾官三员，才力不及官九员，浮躁官二员，分别升赏、处分如例。

（卷226　929页）

乾隆九年（1744年）十月是月

川陕总督公庆复奏："陕甘地方有卦子一项，男妇成群，携带骡马，借戏法乞食为名，乘机窃盗，大为民害，聚散无常。现饬文武员弁稽查盘诘，如有匪迹败露，即行拿究。"得旨："好，知道了。"

甘肃巡抚黄廷桂奏："洮州吉善寺僧丹巴加木粲呈出所领都纲札付。查系礼部之札，钤盖吏部堂印，且铸给之印，体质轻薄，字迹不全，并未编列字号。镌刻年月，所领敕书，上用宝二颗，体小而文不清，其为伪造无疑。据供，伊叔玛尼彻只胡图克图等在京干办给予，情愿解京质对。"得旨："此事已据讷亲奏过，系伊家奴所为不法之事，现交部审拟。但汝所奏，似觉迟矣。不可。"

（卷227　941页）

乾隆九年（1744年）十一月丁亥

赈贷甘肃河州、平凉、平番、岷州、西宁、宁夏、大通、灵台、华亭、狄道、西固、阶州、漳县、西和、隆德、盐茶、固原、靖远、崇信、安化、真宁、合水、环县、宁州、文县、古浪、镇番、灵川、花马池、碾伯、礼县、陇西、平罗、宁朔、中卫等三十五厅、州、县、卫被雹及水、风、霜、虫等灾民，并分别蠲缓新旧额征。

（卷228　951页）

乾隆九年（1744年）十一月乙未

吏部议准甘肃按察使鄂昌奏："州县奉调入闱交代之案，照公出日期展限。"从之。

（卷229　954页）

乾隆九年（1744年）十二月壬子

先是，安西提督永常奏称："准噶尔遣宰桑哈柳等请安进贡，携带货物，恳请贸易。"得旨："军机大臣议奏。"寻议："哈柳违议带货，自应不准贸易，但乾隆七年吹纳木喀来京，带有货物，再四哀恳，已准售卖。此次应仍准交易。今该提督一面护送夷使来京，一面令其运货往肃州出售。"至是，谕军机大臣等曰："据永常奏称，夷使哈柳禀称此次带来驼马系随路更换，并非货卖，只求将牛羊留下售卖，即是恩典，情辞极为恭顺。其所带牛羊并乏弱马匹已留于哈密，如蒙恩准其赴肃贸易，请照吹纳木喀之例，派官兵照料前往等语。从前进贡夷使随带货物，亦曾加恩准其贸易。此次哈柳所有牛羊等物，著准其所请在肃交易。尔等可寄信与庆复、黄廷桂，令其派委干员照例办理。并传与永常知之。"

（卷230　971页）

乾隆九年（1744年）十二月丙辰

又谕："从前甘省摆羊戎等处建筑城堡兴工之时，于镇海、巴暖等营派兵赴工巡防，借给过各兵口粮盐菜银二千四百六十余两，例应追扣还项。朕念兵丁离汛旅食，原与在营不同，且事历事载，多有事故开除之人，难于逐一抵偿。此项借给银两，著加恩免其追扣，以示优恤。该部即遵谕行。"

（卷230　971页）

乾隆九年（1744年）十二月壬戌

予安徽故亳州知州朱之琏、甘肃故西宁道历升湖广总督少保杨宗仁入祀各该省名宦祠。直隶故候选主事赵方观、故御史赵方颐、故钱塘县知县芮准、故贡生冯濂、安徽故广东肇高廉罗道胡永亨、江西故贡生张时为、故礼部侍郎魏方泰、故给事中帅我、故封光禄大夫甘显祖、故吏部尚书甘汝来、湖南故生员黎启淳、山东故吏部郎中颜光敏、故河东盐运使颜光猷、故翰林院检讨颜光敩、故云南县知县韩侯振、故苏州巡抚徐士林、陕西故贵州巡抚刘荫枢、故处士康吕赐、王心敬入祀各本籍乡贤祠。

（卷231　979页）

乾隆九年（1744年）十二月壬申

御保和殿，筵宴朝正外藩。左翼：科尔沁亲王阿拉布坦、罗卜藏衮布，郡王齐默特多尔济、伊锡班第，贝勒多尔济，贝子拉锡，贝子职衔达尔玛达都，公拉玛扎布、玛哈玛玉尔，和硕额驸拉锡纳木扎尔，多罗额驸色旺诺尔布，固山额驸拉里达、多尔吉虎索诺木，敖汉郡王吹木丕勒，贝勒罗卜藏，固山额驸吹济扎勒，浩齐特郡王车布登班珠尔，翁牛特贝勒朋苏克，扎噜特贝勒索诺木公察汉凌华，阿巴哈纳尔贝子班珠尔，喀喇沁贝子瑚图凌阿，公敏珠拉布坦，鄂尔多斯贝子纳木扎勒多尔济，扎萨克台吉布木布拉锡，喀尔喀贝子巴特玛旺扎勒，扎萨克台吉特克锡、达锡端多布，郭尔罗斯公多尔济，巴林公琳沁，多罗额驸丹津，乌珠穆沁公德里克旺舒克，青海扎萨克台吉哈尔噶斯，台吉巴勒丹。右翼：喀尔喀亲王策凌、德沁扎布、额琳沁多尔济，贝勒车布登噶勒桑、旺扎勒、丹津，贝子楚木楚克扎布，公格木丕勒，蒙库恭格扎萨克台吉巴朗、罗卜藏拉布坦、成衮扎布、达锡丕勒，科尔沁郡王阿旺藏布，固山额驸吉里第，四子部落郡王阿拉布坦多尔济，青海长子索诺木丹津，贝子丹巴，台吉达奇，达尔济茂明安贝勒玉木楚克，鄂尔多斯贝子拉锡色楞，厄鲁特贝子散都布，乌喇特公索诺木扎木散，哈密公岳素布，阿巴噶公鄂勒哲依图，敖汉和硕额驸多尔济拉锡、朋苏克拉锡，多罗额驸齐旺多尔济、德木楚克，固山额驸旺扎勒，郭尔罗斯固山额驸苏玛第，喀喇沁固山额驸罗卜藏端多布及领侍卫内大臣、大学士等宴。召科尔沁亲王阿拉布坦、罗布藏衮布、郡王齐默特多尔济、伊锡班第，敖汉郡王吹木丕勒，浩齐特郡王车布登班珠尔，敖汉贝勒罗布藏，科尔沁贝子拉锡，喀尔喀亲王策凌、德沁扎布、额琳沁多尔济，科尔沁郡王阿旺藏布，四子部落郡王阿拉布坦、多尔济，青海长子索诺木丹津，喀尔喀贝勒车布登至御座前，赐酒成礼。

（卷 231　　982 页）

乾隆九年（1745 年）十二月是月

川陕总督公庆复奏："甘省洮岷土司，地方辽阔，番目众多。该土司杨冲霄不善抚恤，父子兄弟并肆苛暴。本年五月间，并不由地方官详报，突以逆番聚众等事。远控到臣，即檄该镇臣周仪会同洮岷道赫赫确查起衅情由，并谕土司以抚下之方，示土民以奉上之分，革除苛虐，勒立规条。经详议批结定案。访得洮岷副将何荣，伊子与杨冲霄之子系武举同年相好，武弁既与土司往还，安能复加弹压。但该协才具可用，尚无劣迹，若调置他镇，犹堪驱策。查有定边协史宏蕴，干练有为，足资控驭，请以何荣对调。"得旨："著照所请行。"

甘肃巡抚黄廷桂奏："宁夏、宁朔等处试种木棉有收。"得旨："好，知道了。"

青海副都统宗室莽古赍奏："遵旨查拿在路脱逃之准噶尔喇嘛罗卜藏丹怎，现已拿获，解送四川讯究办理。"得旨："好，知道了。在事人等略加赏赍，以示鼓励。"

（卷231　986页）

《清乾隆实录（四）》

乾隆十年（1745年）正月丁亥

御正大光明殿。赐朝正外藩及大学士、内大臣等宴。召科尔沁亲王阿拉布坦罗布藏衮布、贝子品级达尔玛达都、辅国公敏珠尔拉布坦、喀尔喀亲王策楞德沁扎布、贝子车木楚克扎布、镇国公根丕勒、四子部落郡王阿拉布坦多尔济、厄鲁特贝子三都布、青海贝子丹巴、哈密贝子岳素布、乌珠穆沁辅国公德里克旺舒克至御座前，赐酒成礼。

（卷232　7页）

乾隆十年（1745年）正月甲午

军机大臣议复甘肃巡抚黄廷桂奏："请修葺通省城堡边墙一折。查城垣为地方保障，应如所请。仿照豫省之例，凡工程在一千两以内者，令各州县动支额设公费银，分限五年修竣。在一千两以外者，无论新坍、旧坍，俱确估造册，取结存案，俟水旱不齐之年，以工代赈。自一万两至十万有余者，难一时并举，应酌地形缓急，次第兴修。至边墙大堡亦应一体修葺，但各项工程必须遣大员确勘，方可核计无浮。"得旨："著派户部侍郎三和驰驿去，巡抚黄廷桂亦著前赴应行查勘处所等候，会同查勘估计具奏。余依议。"

（卷233　11页）

乾隆十年（1745年）正月丙申

建甘肃古浪县典史衙署，从甘肃巡抚黄廷桂请也。

（卷233　13页）

乾隆十年（1745年）正月是月

川陕总督公庆复奏："甘省界杂番夷，屯牧城汛均关要害。臣拟今春赴兰州，越甘、凉出嘉峪关。一路查阅弁兵，相度形势。有应兴革诸务，与抚提诸臣详筹奏闻。"得旨："好，卿自能查阅周详，调度妥适也。"

又奏："逃走喇嘛罗卜藏丹怎等，业于口外拿获。查西宁距京路近，而该处把总系川省拨防之员，必欲由川转解。既涉迂远，恐致疏失，当饬西宁镇道，如该把总尚未起身，即由西宁就近起解，如已起身，务饬沿途员弁加谨防护。"得旨："所见是，知道了。"

（卷233　16页）

甘肃巡抚黄廷桂奏开采皋兰铅矿缘由。得旨："知道了，开矿之事利害相半，必为之妥，方受其益也。"

又奏："西宁道杨应琚，居官端谨，办事妥协，首倡社仓，殚力经营，实为通省仅见。"得旨："杨应琚原系一能员，若能进于诚而扩充之，正未可量也。"

甘肃按察使顾济美奏："谢恩赴任。"得旨："览，诸凡实心办理，臬司不比道员，盖通省之表率，而督抚之亚贰也。必勉尽乃职，毋负任使焉。"

（卷233　17页）

乾隆十年（1745年）二月戊辰

御史范廷楷奏："甘肃巡抚黄廷桂劾参庆阳府知府徐天麒，情性迂拘，不谙律例，案件迟错，久留必致阘茸。至请内用部属，则云操守廉谨，学问渊博，人亦端正。细绎前后语意，自相刺谬，请降旨申饬，并饬下直省各督抚，一切保荐弹劾，考语务取质实，仍将该员事迹叙入，不得曲示抑扬。"得旨："黄廷桂之奏辞，既失检点。范廷楷之劾疏，亦属吹求。似此寻章摘句，人尽有过者也。究于求贤任能，有何裨益耶？该部知道。"

（卷235　32页）

乾隆十年（1745年）二月是月

陕西凉州镇总兵哈尚德奏："凉州界错番夷，一切边防要务，请赐训谕。"得旨："武臣多有以骄纵得祸者，在汝尤当以此为戒。至训练兵丁，是汝分内之事，当竭力为之，而又不可欲速也。"

（卷235 36页）

乾隆十年（1745年）三月己卯

　　工部议复川陕总督公庆复等奏称："陕省估修各属城垣，在一千两以内之华阴等十处工程，州县合力捐修，督抚司道共襄其事，应如所请办理。至称咸阳等二十四州县，俱工在一千两以上，请将每年存剩公用银两尽修外，动用商杂税银。查此项城垣是否均系急工，难以悬揣。现派户部侍郎三和驰勘甘肃一带城堡边墙，应令就近会同该省督抚详查确勘，分别缓急具奏。"得旨："此议复内，庆复等奏称一千两以内之工程，令州县合力捐修，督抚司道等共襄其事等语，部议准行。朕思大小各官所领养廉，原以资其用度，未必有余，可以帮修工作，倘名为帮助，而实派之百姓，其弊更大。转不若名正言顺，以民力襄事之为公也。此议不准行。自古有力役之征，庶人有赴功之义，况城垣为地方保障，正所以卫民而使之安堵。即如人所居者庐舍耳，而必环以墙垣，为藩篱之计。其事甚明，其理易晓。且官民原为一体，上下所以相维。今则漫无联属，恐日久相忘，猝有用民之事，必且呼应不灵。臣工为此奏者颇多，亦不无所见。朕再四思维，凡有修建重大工程，小民力不能办者，国家自不惜帑金为之经理。至于些小城工，补葺培护，使之不至残缺倾圮，则小民农隙之所能为，而有司之所当善为董率者也。余依议。"

（卷236 40页）

乾隆十年（1745年）三月辛巳

　　调甘肃布政使徐杞补用京员。以吏部郎中阿思哈为甘肃布政使。

（卷236 42页）

乾隆十年（1745年）三月戊子

　　兵部议复川陕总督公庆复疏称："武职支食名粮，前准部咨，令按营制兵额，酌为变通。兹查得延绥一镇向系守备以上，马步各半，千总马一步四，把总马一步三。请照马步各半例，千总给与马二步三，把总给与马二步二。河州镇属之红、苦二堡，把总向食守粮五分，请各加二分。再陕甘军务告竣，其营中公费名粮自宜划一。请照部例，每兵百名，止扣二名。均应如所请。"从之。

（卷 237　47 页）

乾隆十年（1745年）四月戊午

甘肃巡抚黄廷桂疏报，安西卫渠户乾隆四年份垦成地一十顷有奇。

（卷 239　69 页）

乾隆十年（1745年）五月戊寅

谕曰："李绳武著调补安西提督，永常著调补甘肃提督。永常著来京陛见，其甘肃提督印务著总兵许仕盛暂行署理，其总兵印务著庆复于副将，内拣选一员委署。"

又谕："朕已降旨将李绳武调补安西，永常调补甘肃，并令永常来京陛见。现今庆复出口巡边，所有边境一切事宜，伊三人若可相约，会集一处，面同计议办理，则更为周密。若路程参差，不能面晤，亦不必勉强从事。文移来往，亦相同也。"

（卷 240　92 页）

乾隆十年（1745年）五月己卯

吏部议复甘肃巡抚黄廷桂、学政胡中藻奏称："岁贡生州同职衔盛元珍，于雍正五年一学各举一人之例保举。又在口外屯田效力，三载有余。经前署督臣刘于义奏蒙议叙，复于乾隆二年委令教习皋兰书院，已及八载。士子中式数人，著有成效。请将盛元珍送部引见，以示鼓励等语。应将盛元珍照宗人府教习之例，准其得官日纪录二次。"从之。

（卷 240　93 页）

乾隆十年（1745年）六月丁未

普免天下钱粮。谕："我朝列圣相承，深仁厚泽，无时不加意培养元元，以期家给人足。百年以来，薄海内外，物阜民康，共享升平之福。朕临御天下，十年于兹，抚育蒸黎，民依念切，躬行俭约，薄赋轻徭，孜孜于保治之谟，不敢稍有暇逸。常守节用爱人之训，凡以为民也。今寰宇敉宁，既鲜糜费之端亦无兵役之耗。所有解部钱粮，原为八旗官兵及京员俸饷之所需，计其所给，较之宋时养兵之费，犹不及十之一二。至于各处工程，为利民之举者，亦只取给于存公银两。即朕偶有巡幸，赏赉所颁，亦属无几。是以左藏尚有余积。数年以来，直省偶有水旱，朕加恩赈济，多在常格之外，如前年江南被水，抚绥安插，计费帑金千余万两，凡此皆因灾伤补救而沛恩泽者。朕思海宇乂安，民气和乐，持盈保泰，莫先于足民。况天下之财，止有此数，不聚于上，即散于下。仰惟我皇祖在位六十一年，蠲租赐复之诏，史不绝书。又曾特颁恩旨，将天下钱粮普免一次。我皇考旰食宵衣，勤求民瘼，无日不下减赋宽征之令，如甘肃一省正赋全行豁免者十有余年，此中外所共知者。朕以继志述事之心，际重熙累洽之候，欲使海澨山陬，一民一物无不均沾大泽，为是特降谕旨，将丙寅年直省应征钱粮通行蠲免，其如何办理之处，著大学士会同该部，即速定拟具奏。"

（卷242　　120页）

增建阶州州判衙署，从甘肃巡抚黄廷桂请也。

（卷242　　122页）

乾隆十年（1745年）六月丁巳

礼部等部议复甘肃巡抚黄廷桂疏称："安西口外原系新设地方，未建文庙、学校，据司详安西卫册报，建设文庙一所，应如所请。"从之。

（卷243　　132页）

乾隆十年（1745年）六月乙丑

大学士公讷亲等奏蠲免事宜："臣等谨加酌议，查康熙五十一年蠲免天下钱粮，将各省分作三年，全免一周。查地丁钱粮额银共二千八百二十四万余两。请将直隶奉天、江苏、西安、甘肃、福建、四川、湖南、云南、贵州等省银一千四十二万九百余两，于丙寅年全行蠲免。浙江、安徽、河南、广东、广西等省银八百六十二万七千三百余两，于丁卯年全行蠲免。山东、湖北、江西、山西等省银九百一十九万二千二百余两，于戊辰年全行蠲免。其运拨岁需银两，统于各该省每年冬拨案内，另行奏闻。至应征耗羡银并非解部之项，应照雍正七年之例，仍旧输纳，留充地方公用。"得旨："依议。各省蠲免正赋之年，若有未完之旧欠，按期带征，则民间犹不免追呼之扰，著一并停其征收。展至开征之年，令其照例输纳。至于有田之家，既邀蠲赋之恩，其承种之佃户，亦应酌减租粮，使之均沾惠泽。著该督抚转饬州县官，善为劝谕。感发其天良，欢欣从事，则朕之恩施，更为周普。一切照雍正十三年十二月谕旨行。"又谕："朕特降旨将丙寅年各省钱粮通行蠲免，以嘉惠元元。经大学士户部议称，应照康熙五十一年之例，将各省分为三年，以次豁免。朕已降旨允行。嗣后该省应免之年，或遇水旱等事，若不格外加恩，则被泽仍有同异，未为普遍。著将特恩应免之数，登记档册。于开征之年补行豁除。该部即将朕此旨通行晓谕知之。"

（卷243　138页）

乾隆十年（1745年）六月是月

甘肃巡抚黄廷桂奏："巩昌府属岷州之林家族，于四月二十三日山水陡发，冲坏民房三间，淹毙小孩一口。陇西、宁远、西宁等县俱于五月十七日被雹伤禾。秦州之丰盛川等处亦于是日被水被雹。现在饬属确勘分数，酌借银两，令买籽翻耕。并查明被灾户口，动支仓粮接济，应征钱粮，暂行停缓。"得旨："所奏被灾州县加意抚绥之。"

（卷243　145页）

乾隆十年（1745年）七月是月

川陕总督公庆复遵旨复奏："臣前派泰宁协副将宋宗璋，统领松潘一路官兵进剿瞻对，嗣因宋宗璋升任松潘总兵，改委威茂协副将何启贤。但查瞻对本系宋宗璋旧辖地方，情形熟悉，且以本镇大员统领所属之兵更为妥协。现在四川提臣李质粹议往打箭炉口外东俄洛地方，驻扎接应，宋宗璋领兵前进，正可就近调度。再陕甘一带边疆要地，臣于巡边之际已饬文武诸臣加意防范。瞻对与西宁所属接壤，现已拨兵堵截。其打箭炉附近之巴塘、里塘亦移咨云贵督臣防御。"得旨："所奏俱悉，此事宜妥协周详料理，毋少致疏忽也。"

（卷245　171页）

甘肃巡抚黄廷桂奏："甘省阶州、固原、镇番、肃州、灵台、山丹、碾伯、中卫、河州、秦州、清水等州县被雹被水，夏禾损伤。现在委员确勘，酌借籽种、口粮，暂行停征。其淹毙人口，照例赈恤。地亩坍压者，查明题豁。"得旨："所奏俱悉，其成灾之处，加意抚恤，毋致失所。斯慰朕志矣。"

又奏："州县为亲民之官，一切应行应禁事件，前经分列条款，饬属奉行。随时申报有无成效，并责成该管道、府、州亲赴查勘。但甘省地方辽阔，若道、府、州按季出巡，未免常年在外。请令于秋成后，按年轮派，巡阅一次，详报督抚。年终核实汇奏。"得旨："知道了，惟在实力奉行。若视为虚文，巡查亦何益之有。"

又奏："向例升调各缺，应择并无停升降职者，方准题补，往往不得合例之员。请嗣后甘省边要题缺，容于现在停降各员内拣选具题。仍于本内叙明停降各案。其部臣议复，亦将该员不合例之处，声明于前，而以应否升调，两请于后。听候裁定。"得旨："此与汝等折奏何异耶？仍旧贯可也。"

（卷245　172页）

乾隆十年（1745年）八月癸卯

户部等部议准甘肃巡抚黄廷桂疏称："安西卫学新设教授，请铸给印信，并照赤金、靖逆、柳沟等厅卫各员边俸升转之例，五年俸满，即以应升之缺升用。"从之。

（卷246　175页）

乾隆十年（1745年）八月庚戌

工部议准钦差户部侍郎三和等奏称："甘省各处边墙城堡坍损所在多有，茅城垣为兵民倚赖，较边墙尤关紧要，应先修葺。查甘州、狄道、河州、平凉、固原、古浪等府、州、县或控制边口，或路当孔道，请修建城垣。至肃州镇属金塔一协设在边外，其城垣改建之处，俟督臣查明办理。"从之。

（卷246　182页）

乾隆十年（1745年）八月丙寅

赈贷甘肃安定、会宁、靖远等三县本年旱灾饥民。

（卷247　187页）

乾隆十年（1745年）八月丁卯

谕："向来蠲免钱粮之例，止系地丁，而粮草不在其内。朕前降旨将乾隆丙寅年直省应征钱粮通行蠲免，惟是甘省地处边隅，所征地丁少而粮草多，其临边各属丙寅年应征番粮一万二千六百余石，草五百余束，著格外加恩，一体蠲免。再河东、河西额征屯粮草束，亦著蠲免三分之一。该督抚善为办理，俾民番均沾实惠。该部即遵谕行。"

（卷247　187页）

乾隆十年（1745年）八月是月

又奏："臣前月自陕赴川，行至宝鸡，大雨竟夜。渭河涨溢，淹损秋田。臣恐附近各州县洼地被涝，当即委员分路查勘。旋据临河之扶风、岐山、郿县、武功、长武、兴平、富平、盩厔、三原、渭南、长安并甘省之陇西、永昌、碾伯、漳县、宁远、礼县、山丹、伏羌等州县陆续详报被水情形。俱经札致陕甘抚臣等，酌办赈恤事宜。至臣入川，察看风土，实为乐郊，但五方杂处，奸宄所在多有。臣饬地方官严密查拿。"得旨："所奏俱悉，卿乃一路福星，其所设施，自必井井有条也。"

（卷247　193页）

甘肃巡抚黄廷桂奏："肃州镇标各营饷银向例按季赴兰州关领，往返四千余里，耗费甚多。请照安西之例并作两季兼支，但预领之项，未便并给兵丁，致滋滥用。请就近贮肃州道库，届期散给。"得旨："可行者，知道了。"

（卷247　194页）

乾隆十年（1745年）十月辛丑

谕："雍正十一年，瓜州安插回民，开垦地亩，募雇渠夫，借给牛价口粮，例应分年交纳。因边民寒苦，尚有未经还项银一千二百余两，历年已久。贫民应当体恤，著照安西等处屯户未完牛价口粮之例，开恩豁免。可即传谕该督抚遵行。"

（卷250　224页）

乾隆十年（1745年）十月丁未

吏部议准甘肃巡抚黄廷桂等疏称："裁汰之甘山道，地方事务既归肃州道管辖，应请添铸整饬甘肃等处字样关防。"从之。

（卷250　229页）

乾隆十年（1745年）十月乙卯

户部议准甘肃巡抚黄廷桂奏称："徽县大门、江洛等镇额征屯粮一千九百二十六石有奇，每年搭支文县营兵粮一百二十余石，余于大门镇建仓收贮。嗣因厫座不敷，屯民情愿赁房，官收民守。乾隆六年，以文营兵关领不便，部准免其在徽搭支本色，屯粮益增。现届征期，无房可赁，若令赴城交纳，盘费数倍额输。请照秦安县屯粮折征例，每石改征银六钱五分。”从之。

（卷251　236页）

乾隆十年（1745年）十月丙辰

总理青海夷务副都统莽古赉奏：“乾隆丙寅年，川、陕、甘三省蠲免钱粮，所有西宁属之玉树等族，并暂隶西藏管辖纳克书番众，应征马贡银两可否一体蠲免。”得旨：“著一体蠲免，该部知道。”

又奏：“西宁番族内百长，请照佐杂例赏戴金顶。”得旨：“著照所请行，该部知道。”

（卷251　238页）

乾隆十年（1745年）十月是月

（川陕总督公庆复等）又奏：“据西安布政使慧中呈开，藩司衙门，各房吏书人等岁需饭食，及库丁口食，并各项册籍纸张，约共需银五千九百二十四两有奇，为数未免过多。查甘省藩司衙门，吏书每岁口食等项约共银三千九百余两。陕省自应照此酌定，除原有银二千五十五两零外，将现在议减之税册、当帖等项银六百两，仍照前数存留。又库房书吏应得各属批解钱粮银共一千三百余两，亦应留充公用。统计每岁共银三千九百五十五两有奇，按各房繁简派给，其余陋规一概裁革。至库官原定油红等项银一百二十两，向于库书陋规项下分给，殊非体制，请亦照甘省例于公费内支给。”得旨：“著照所议行。”

甘肃布政使阿思哈奏报各属收成分数，并陈明被灾之靖远、安定、会宁、陇西、华亭、秦州、伏羌、静宁、秦安、庄浪、金县、皋兰、泾州、平凉、西宁、碾伯、宁朔、肃州等州县，分别赈贷蠲缓情形。得旨：“抚恤灾黎，地方第一要务，不可忽视也。慎之勉之。”

又奏：“请将安西口外，招垦沙州地方户民旧借未完皮衣银六千六百余两，降旨豁免。”得旨：“为惠甚小，何必特颁谕旨，且汝甫为布政，不可存此市恩之心也。”

（卷251　247页）

乾隆十年（1745年）十一月戊寅

大学士等议复甘肃提督永常奏称："肃州镇属之金塔寺口，北通喀尔喀蒙古等处。从前西安、甘肃一带营马俱就近由此口赴买。嗣缘署肃镇黄正位借名采买马驼，差人前往贸易。经总督马尔泰奏议革职，后虽有蒙古商人持票入口交易，马少价昂。缺马时需赴归化城等处采买，道路遥远。请严立章程，仍准肃州等处兵民每岁出口交易一次。应如所请，并令该督将如何定限给票，指明地方，不致滋扰之处。妥议请旨。"从之。

（卷252　264页）

又议准甘肃巡抚黄廷桂疏称："靖远、安定、会宁等县夏禾被旱，并无秋田者。勘明被灾地亩分数，分别极次贫民，照例赈借。其钱粮按灾分蠲缓，旧借籽种、口粮宽至丁卯秋后，分年带征。尚有秋田者，除借给一月口粮外，应否再行赈借并蠲缓之处，俟秋成确勘办理。"得旨："依议速行。"

（卷252　265页）

乾隆十年（1745年）十一月己卯

军机大臣等议复驻藏副都统傅清奏请："更定驻藏办事大臣章京、笔帖式换班成例。查哈密、瓜州、西宁办事大臣章京、笔帖式均系三年一换，其驻西藏办事大臣章京、笔帖式等令错综更换者，原为新旧相参，易于办事起见。今该副都统既称藏内事务，可随到随办，无庸交代娴习，且错综更换必须拨兵护送，转多劳费。应如所请，嗣后驻藏大臣章京、笔帖式等皆酌量于绿营换班之期，三年一换，更替之大臣等自成都带领换班官兵至藏。清查交代后，旧驻大臣等带领原驻官兵同回内地。不必错综更换。"从之。

吏部等部议准甘肃巡抚黄廷桂等疏称："甘州府经历向无衙署，请将甘城旧有公议府一所改建。"从之。

（卷252　265页）

乾隆十年（1745年）十一月丁亥

谕军机大臣等："黄廷桂奏折内，将归化城沿边蒙古，称为夷人。夫夷人乃非内地所属，如准噶尔之类。至于沿边蒙古皆系内地所属，应称为蒙古人，不应以夷人称之也，嗣后应改正。尔等可寄信与黄廷桂知之。"

（卷253　272页）

乾隆十年（1745年）十一月是月

陕西凉州镇总兵哈尚德奏报改造军器情形。得旨："览，军营之训练，固不在军器壮观之一端也。勉之。"

甘肃巡抚黄廷桂奏称："赤金卫之青头山、野马兔、白杨河，大通卫之黑林口等处边墙暗门木栅等项，年久倾圯，均请即行修理。嘉峪关倒塌两腋边墙，入于缓工徐修。"得旨："明岁普免天下钱粮，正宜节用。此等可缓之工，又何必呶呶耶？"

又奏："大通卫属燕麦川黑番，丙寅年应贡马折银一百九十二两。肃州黎园营等处番民，应贡马一百二十九匹。凉州、庄浪所管黑番及华守仁等番族，应贡马五十二匹，纳折马粮一百二十二石。请降旨蠲免。"得旨："似此琐碎之事为惠亦小，不如姑仍其旧耳。"

甘肃安西提督李绳武奏报，分遣弁兵堵御隘口，以防瞻对逆番穷窜准噶尔地方。得旨："知道了，诸事留意。"

（卷253　280页）

乾隆十年（1745年）十二月戊戌

户部议准甘肃巡抚黄廷桂疏报："乾隆元年，赤金卫户民开垦干碛地六十亩，应征小麦草束（束），令于本年照例升科。"从之。

（卷254　283页）

乾隆十年（1745年）十二月壬子

户部议复甘肃巡抚黄廷桂疏称："陇西、秦州等州县，夏被水旱等地亩，成灾五分以上者，按分数、分别极次贫民，先赈加赈，并将不能复种秋禾地亩，照秋灾例赈恤。其陇西县沙压园地，借给工本垦复，缓至丁卯年，分二年清还。肃州九家窑等处被灾屯田，承种户民拮据，请将伤存夏禾免其平分，旧欠口粮缓征，所下籽种豁免，勘不成灾之狄道、金县、渭源、陇西、西和、伏羌、通渭、平凉、崇信、华亭、泾州、灵台、固原、镇原、真宁、阶州、山丹、镇番、平番、西宁、碾伯等州县之村堡，应借籽种、口粮者，酌借接济。"得旨："依议速行。"

（卷254　295页）

乾隆十年（1745年）十二月癸丑

刑部议准甘肃按察使顾济美奏称："向来甘省官员犯徒罪者，俱照各省流寓人犯徒例，即在所犯地方充徒。而各省官员犯徒则有递回原籍，定地发配者，办理既不划一，且递回原籍充徒，只该地方官与行文之上司，知其犯事罪由，其余各官俱不能知。惟于犯事地方充徒，上下同僚，触目警心，俱知惧惮。请嗣后各省俱划一办理。"从之。

工部等部议准甘肃巡抚黄廷桂疏称："西宁县旧有仓厫一百四十五间，内镇海、威远、北川等处共一百二十五间，年久损坏，应请修理。"从之。

（卷255　299页）

乾隆十年（1745年）十二月甲寅

（户部）又议复甘肃巡抚黄廷桂疏称："肃州原建仓厫五十三间，因潮倒塌十五间。乾隆五年移建高燥处所，七年又生潮，现剩粮石借贮寺庙民房。请将损坏仓厫移建本城大仓东北高燥处所。应如所请，并令该抚转饬该州详勘，实系高燥处所，妥协建造。"从之。

（卷255　300页）

乾隆十年（1745年）十二月丁巳

（户部）又议准甘肃巡抚黄廷桂疏称："靖远、会宁、安定等县夏禾被旱，业经题明赈借。今秋禾复被灾，应将极次贫民分别初赈加赈。额征银草并新旧借粮，照例蠲缓。"得旨："依议速行。"

以由西宁更换回京之副都统莽古赉为正白旗满洲副都统。

（卷255　304页）

乾隆十年（1745年）十二月庚申

谕："向来外省降调旗员，遇有本处驻防缺出，咨送应升人员引见时，将降调人员一并咨送，列于应升人员之后，带领引见。如引见不用，至第三次引见时，将缘由声明具奏。但广东、福建、四川、甘肃等省距京遥远，屡次咨送未免长途拮据。嗣后广东、福建、四川、甘肃等省降调人员，著于第二次引见时，该将军、都统、副都统等即将该员降调缘由，并出具考语，声明具奏，不必至第三次，以省跋涉之劳。该部即遵谕行。"

（卷255　305页）

乾隆十一年（1746年）正月甲戌

定外省副都统分年陛见。谕："各省将军大臣等，俱系选择进用之人。其每岁轮班来京，只循年例陛见，并无应办之事。内如将军、都统均系预奏请旨，准来与否，经朕临时酌定。至副都统并未具奏，于报部后即行来京。其远处者亦与近处之人一体轮班请觐，并有将军、副都统二人同来者。伊等往来，不无需费。嗣后广州、福州、凉州三处，每处副都统各二员，著间年轮一员来京。设遇将军陛见之年，副都统即不必来，俟次年再来陛见。杭州、西安、绥远城右卫，归化城之副都统各四员，每年著各来京一员。绥远城、归化城程途较近，遇将军都统陛见之年，副都统亦可照常来京请训。至青州地方，较天津等处稍远，青州将军、副都统二人，著于三年内，每人来京一次。"

（卷256　319页）

乾隆十一年（1746年）正月戊子

谕军机大臣等："庆复、李绳武奏请三角城建城添兵一事，经军机处议令绘图呈览，到日再议。朕已降旨速行，但大通设镇数年之后，因其地处极边，最为僻远，声势不能联络。是以改镇为协，酌建四堡，迄今十有余年，亦俱安静无事。今庆复又请建城添兵，朕思当日设镇，驻兵数千，尚且不能联络。今三角城一处即使添兵五百，较之从前营制仍属减少，于边防未必有益。且大通西南乃青海蒙古平日往来地方，伊等现俱宁谧，今忽于此建城添兵，反启伊等疑议，以为有意防范隔绝，亦属非宜。可寄信与庆复，令其体悉此意，再行斟酌，或伊回西安时，便道再行往彼细查情形，或已深悉其地，不必再去之处。具折奏闻。"

（卷257　324页）

乾隆十一年（1746年）正月乙未

甘肃巡抚黄廷桂奏："向来沿边蒙古及哈密、瓜州回民并准夷人等投诚，或令本处团聚，或于别处安插。今闻噶尔丹策零病故，恐其部落内乱，致生事端。嗣后办理投诚夷人应请少加分别，如蒙古、番回原非准夷所属仍照前例办理。若有准夷头目率众来款，应请旨定夺，如不过一二无关紧要夷人前来归命，或羁管哈密，候夷使进贡，晓谕带往，或即于卡伦外赏给口粮，令自行回巢。"得旨："军机大臣议奏。"寻议："查噶尔丹策零病故与否未有确信，如彼处有事，酋目率众款关投诚，应如所奏。请旨定夺。至寻常投诚之人，仍照旧例办理，无庸令夷使带回，及令自行回巢，致失怀远之义。"从之。

（卷257　327页）

乾隆十一年（1746年）二月丁酉

谕："驻扎西宁办理青海番子事务之副都统莽古赉、驻藏办事之副都统傅清，尔等陈奏事件，莽古赉每次俱用汉折，傅清亦间用汉折。各省督、抚、提、镇内有满洲大臣用汉折奏事者，原因办理地方民情及绿营事务。今莽古赉、傅清系满洲大臣，且系办理蒙古、唐古忒事务，所有事件理应用清字奏折。伊等竟仿效外省大臣用汉字奏折，殊属非是。著饬行，嗣后奏事俱著缮写清字奏折，并寄谕众佛保知之。"

（卷258　334页）

乾隆十一年（1746年）二月己亥

又谕："从前李方勉在洮岷道任内，朕闻其于地方不甚相宜，令查郎阿等于通省道员内拣选调补。嗣经查郎阿等，奏称李方勉循饬有余，而刚果不足，请调补平庆道。朕降旨准行。后经丁忧回籍，近已服阕。朕因其系候补道员，用为广东粮驿道，但看李方勉甚属平常，似非方正之人，可传谕该督抚留心试看。"

（卷258　336页）

乾隆十一年（1746年）二月辛丑

以驻扎青海办事副都统莽古赉为镶红旗护军统领。

（卷258　337页）

乾隆十一年（1746年）二月癸亥

户部议复甘肃巡抚黄廷桂疏称："平、庆、宁各府承办花马池盐斤，向系商给脚贩图记，令其行销，恐难为据。请嗣后令盐捕通判按引给发印票等语。查通判给票作引，将来各处行盐俱可给票，无需部颁引目，于定制有违。应毋庸议。又称宁夏有口外夷盐以及各池土盐，请于平、庆、宁三府属要地，设四厂抽收夷盐、土盐税课，以抵补官课之不足。查设厂收税，于官盐旧制，并未更张，似属可行。惟商办官盐，向系按引完课，积年无缺。今增收夷盐、土盐之税，自宜另报充饷，应令该抚将官课仍照旧办理，其新收之税尽数造报。另款具题。至征收之数，即照官盐例，俟试办一年，再定章程。又称渭源县素不产盐，从未设有盐引，本处系食狄道州民人负贩土盐，向不收税，额银俱官为垫解。今请于贩盐，每斗收银三厘完额，应如所议。又称狄道征收税银，向系吏目赴熬盐处所收解，除交正课外，尚余钱八、九、十千不等，其按丁加引银二十六两零。请即于此项赢余内充抵，免里民摊征。此外赢余并留为添补该员养廉之处。应如所议。又称武威县食盐向系拽运永昌、镇番二县土盐来武，听民购买，商引俱无。每岁武威县于永、镇二属征收额税，殊多未便。请嗣后令各该地方官就近征解，以免隔属差催之扰。应如所议。"从之。

（卷259　352页）

乾隆十一年（1746年）二月甲子

（户部）又议复甘肃巡抚黄廷桂疏称："甘肃通省应建仓廒一千四百余间，已准部咨汇题，共估需工料银七万八千八百一十余两有奇。食为民天，水旱俱倚仓储为备，势难俟经费有余再行动修。查前奏准兴修之甘州、河州、狄道州城工，目前尚可暂停。请即以修城估项，移作建仓廒之用。应如所请。"得旨："依议速行。"

（卷259　355页）

乾隆十一年（1746年）三月丁丑

以陕西潼关协副将金贵为河州镇总兵官。

（卷260　370页）

乾隆十一年（1746年）三月戊寅

军机大臣等议复川陕总督大学士公庆复，密陈瞻对情形并续调官兵一折："据称上、下瞻对在打箭炉口外，地既险阻，人复凶顽。上年初剿，提臣李质粹调遣尚属合宜，将士亦各奋勇。是以上瞻对应袭肯朱即交印投诚，下瞻对贼酋班滚虽言词不逊，而心胆怯懦，亦属乞降。邻近各土司俱畏威不敢附和，不料军营提镇始而玩忽，继而捏报，号令不一，赏罚多不严明。兵丁病孱者不知裁退，器械锈坏者不知更换，将弁气沮，士卒离心。现在贼势益张，夹坝四出，而我兵因循株守，或言待其枪药已尽，自必困穷，或言阻其春耕，自必缺乏。细访该地原产硝黄，贼番多用原根等草为食，且邻近附和土司及野番等亦有暗相遗赠，要皆揣度之词。岂可执为困贼之计？提臣亦自知其误，始连请添兵，另行妥办。臣今既出口，访悉前情，急为筹办。所有各将士查核向来功过，分别奖斥。有患病孱弱者查验发回调养，以前功绩仍行备录。原调时有老弱充数并未立功绩者即行发回。器械锈钝废坏者即于撤回兵丁内挑换。其无可挑换者，即于邻近营分选拨，但揆厥形势，即班滚就擒，办理善后，亦属不易。而现兵不无劳疲，自宜酌添以备更换差遣。况今班滚后路虽有防兵，尚属单薄，须遥为接应。而西宁等处为其后路接壤，自应即调西兵协济，惟是添兵又须筹饷。查现在军粮仅可支至三月间，续议筹办，宁使有余。除先后所调汉、土各兵外，今拟就近密调川省松潘、川北、重庆三镇所属共兵一千名，先赴军营进攻。并调甘省提标兵一千名，西宁镇标兵一千名作为后劲，约计三月秒俱可到齐。总期五、六月间，剿办岁事等语。应照所请调拨兵丁，酌办粮饷。"得旨："依议速行。"

（卷260　370页）

乾隆十一年（1746年）三月壬午

户部议准甘肃巡抚黄廷桂疏称："库贮官茶，除兰州厅所管之甘司，并无番族。本地居民，食茶无几，毋庸易粮外。其西、庄、河三司地方，番民错处，惟茶是赖。自乾隆八年奉文以粮易茶，共计用过茶六万五千五百余封，易获杂粮三万八千一百余石。试办已有成效，嗣后遵照办理。"从之。

（卷261　376页）

乾隆十一年（1746年）三月癸未

谕军机大臣等："据李绳武奏，夷使哈柳来时，向都司阎相师云，此次回去时，求与将军一见等语。李绳武自调补安西提督以来，尚未奏请巡阅边界。可传谕令伊约计夷使回巢之时，前往哈密等处巡视。哈柳回巢经过欲求见面，不妨与之相见。备饭款待，酌量给与物件，一切相见仪节，务存体统，不可草率从事。"

（卷261　377页）

乾隆十一年（1746年）三月甲申

赐准噶尔台吉策妄多尔济那木扎尔敕书，曰："朕总理天下，无分内外，一视同仁，惟期普天生灵各得其所。台吉尔奏称，遵照尔父仰体朕广教安生之意，朕甚嘉悦。前尔父仰知朕意，定界以来，敬谨遵奉谕旨，朕屡次加恩体恤。今闻溘逝，深为轸惜。尔奏称遣人往西藏讽经，先轻骑减从前往忏悔熬茶，回时令讽大经人等续往讽经等语。为尔父忏悔讽经，理所当行，岂有不准？但分作二次，徒觉繁琐。尔之人行走艰难，尔亦知之，当一次全往为妥。朕仍照前施恩，派人照看，赏赐牲畜路费。又为尔父作布施礼，特恩赏银满达、茶桶、察喇各一，红、黄香一百束（束），交与使臣哈柳带往。又大手帕百条，小手帕千条，茶叶千包，令尔讽经之人往藏时，由边界支取。应往人数，何时起程，何日可至边界，先期预行报明。又尔使臣哈柳口奏，延请西藏喇嘛，及今年例应来京贸易之人，祈就近在肃州贸易二事，延请西藏喇嘛，前据尔父奏请时，朕即以不便准行，明白降旨矣。至今岁货物欲于肃州随便贸易，此可行之事，准尔所请，交与该地方官照看贸易。台吉尔一切事务，惟当遵照尔父，仰体朕广教安生之意，敬慎奉行，互相和好，愈敦信实，俾边氓永享安乐。特敕交使臣哈柳赍回，随敕赐尔各色缎十端，蟒缎妆缎各八端，玻璃磁器珐琅器皿十八事。尔其祗领。"

（卷261　377页）

乾隆十一年（1746年）闰三月癸卯

赈恤甘肃陇西、秦州、伏羌、华亭、静宁、金县、泾州、皋兰、平凉、西宁、碾伯、肃州十二州县水旱雹霜等灾民。

（卷262　402页）

乾隆十一年（1746年）闰三月丙午

甘肃巡抚黄廷桂奏："向例准噶尔夷人于子、辰、申年在肃贸易，寅、午、戌年在京贸易。今岁例当在京贸易，经夷使哈柳奏恳，将夷货在肃就近贸易，得旨准行。查向年夷货在肃贸易，派委参将及知州等员照看，并饬委肃州镇道督率稽查。今照例委肃州镇许仕盛、甘肃道钮廷彩等就近照看。又经臣等奏明，动银一万五千两，往江南采办绸缎，已抵兰州。现在夷货将到，将此项绸缎交商人李永祚先行交易，扣价还官，俟伊自制商货运到，再与夷人兑换。庶夷人不致稽迟回巢时日。"报闻。

（卷262　402页）

乾隆十一年（1746年）四月壬申

甘肃庄浪土司指挥佥事鲁甸邦故，以其子鲁万策袭职。四川八乌笼土百户罗藏丙朱故无子，以其侄罗藏七立袭职。广西永定长官司韦廷璧病废，以其子韦日隆袭职。贵州小平伐长官司宋光远故，以其子宋德彰袭职。

（卷264　423页）

乾隆十一年（1746年）四月壬午

安西提督李绳武奏："贸易夷人赍木瑚理等到境，言语恭顺。策妄多尔济那木扎尔来文，词婉意和。但此次带来牲畜较多，该夷等恳求在哈密变卖。臣与肃州镇道等札商，肃属牧厂，既属狭小，而嘉峪关外之花海子等处地方，逼近赤、靖等营汛，南通青海各路，北接北路卡座，及往准噶尔之大北路，亦有不便留牧之处，且时届夏初，正田亩长发之时，该夷等亦知牲畜众多，口外水草有限，求在哈密售卖。臣已行令哈密副将瑚宝将马驼货物，先令起行赴肃，其牛羊暂留卡外牧放，并札询肃州镇道，上年贸易夷人牛羊在肃售变价值数目。或应先在哈密议价，预差弁领商出口迎收，抑或商人必须亲自出口议价之处，俟复到飞饬办理。"报闻。

（卷265　431页）

乾隆十一年（1746年）四月是月

甘肃巡抚黄廷桂奏："河东各州县入夏得雨透足，河西各州县积雪融化入渠，水势盈满，足资灌溉，惟兰州府属之皋兰、金县、靖远、狄道，巩昌府属之会宁，凉州府属之平番一带，山田雨未深透，并镇番县风沙屡作，现在望雨。"得旨："既有望雨之州县，则恐致遂成旱象。甘省路远，若必待奏报，济民之事，何可迟时。一切政务，为未雨之绸缪，留心办理可也。"

甘肃布政使阿思哈奏："鼓励兵心，尤贵衣食充裕。查从前未定养廉公费时，凡千把员弁，往往有多食数名兵粮者，即马步兵亦有倍食名粮者。在营中兵额不过每百名多空数名，而将备之赏赉有资，兵丁之穷乏无虑。应请敕下管兵大员从长计议，如有兵困情形作何调剂，据实陈请。"得旨："待朕缓酌之。"

又奏："礼重讳名。查清书还音，只系一字。甘省所辖之真宁、镇原两县，印文清篆，竟与世宗宪皇帝圣讳同字，其镇番县印系属新颁，已经改正。又查陕省之镇安，河南之镇平，山西之天镇，江南之镇江，浙江之镇海，广东之镇平，广西之镇安，云南之镇沅，贵州之镇远等府县，各印信均应一律改铸颁换，以昭诚敬。"得旨："礼记不曾熟读。"

（卷265　445页）

乾隆十一年（1746年）五月丙午

谕军机大臣等："进剿瞻对一事，自庆复到彼以来，实心整顿，克振军威，今已直抵贼巢。首逆逃窜，计日可擒，甚属可嘉。朕已降旨将庆复并在事官弁兵丁等，从优议叙其善后之计，尤为紧要。必须加意筹划万全。朕思土番之地，荒僻险远，不但不可改为郡县，即改设流官，亦恐非其所宜。但目前平定之后，若漫无查察，任其复建碉楼，互相勾结，私放夹坝，抢夺行旅，为进藏兵民之害，则此番经理，似觉徒劳。或于要隘之处，暂拨官兵，严加弹压。其险峻之地，不许建造碉楼。而官兵又可深入其地，不时稽查，使番众无险可恃。庶故智不敢复萌。再照四川、西宁各番之例，给以札付号纸，设立头目，使之管束众番，不致滋事之处。可否如此办理？大学士庆复现驻军前，去如郎不远，可亲至彼地，详察情形，周详筹算。务期布置万全，为一劳永逸之计。可详悉定议，速奏请旨。并将现在交部议叙在事官弁之旨，一并寄与知之。"

（卷266　457页）

乾隆十一年（1746年）五月戊申

免甘肃靖远、安定、会宁三县乾隆十年旱灾、雹灾，额赋银二千一百四十五两有奇，额粮一千一百六十六石，额草共八百四十四束有奇。

（卷266　458页）

乾隆十一年（1746年）五月己酉

以甘肃肃州镇总兵官许仕盛署固原提督。洮岷协副将史宏蕴为肃州镇总兵官。

（卷266　459页）

乾隆十一年（1746年）五月庚戌

（军机大臣等）又议复大学士川陕总督公庆复奏称："大通界甘宁之交，地最紧要。从前改镇为协，议建四堡。嗣臣复有建筑三角城之请。奉旨传谕再行斟酌。查十余年来，地方宁谧，边人熙熙往来如一家。今于闲旷之地建城设兵，或启青海蒙古有意防范之疑。三角城建筑之议自应停止，惟令沿边营弁加谨游巡，足资防范。至原议建堡之处，查白塔至大通已属联络，惟永安、大通相隔甚远，黑石头湾一处尚须建堡，即于该协营派兵五十名巡防。应如所请。"从之。

（卷266　459页）

乾隆十一年（1746年）五月甲寅

吏部议准甘肃巡抚黄廷桂疏称："巩粮通判改为西宁府通判，驻扎摆羊戎地方。三清湾主簿改为西宁县主簿，驻扎丹噶尔地方。均经题准钦遵在案。该通判、主簿均系驻扎口外，督课垦种，经收番粮，应作为部选之缺。巩粮通判原养廉银六百两，今移摆羊戎地方请照柳林湖通判之例，增公费银三百六十两。丹噶尔主簿仍照三清湾之例，给养廉银二百两。通判衙门额设书吏四名，主簿衙门额设书吏一名。该通判管理命盗等案，应添设监狱。再摆羊戎距郡城一百七十里，丹噶尔距郡城九十里，山路崎岖，往来文报，必资驿递。应将碾伯县之巴古驿夫二名、马三匹改设摆羊戎地方，于西宁、碾伯二县拨夫四名、马五匹，分设丹噶尔及镇海堡二处。"从之。

（卷267　463页）

乾隆十一年（1746年）五月甲子

又谕："据鄂弥达奏称，陕西西宁等处住居之喀什噶尔各处回民，于康熙五十四年以前，陆续来西宁贸易者共有百十余人。自五十四年，大兵驻扎阻住不能各回本处，俱留居内地。数十年来，除病故并往西藏贸易未回外，现在尚有三十人。臣在陕时见其流离失所，竟有沿途求乞者，曾奏请每人给土房二间，耕具一副，并籽种、口粮共需银五十两。统计三十户需银一千五百两，于公项内动给。嗣臣离任，未竟其事等语。此系鄂弥达任内之事，今已隔数年，不知该督抚如何安插办理。现在所存者尚有几户，尔等可传谕询问庆复，令其查明具奏。"

（卷267　470页）

乾隆十一年（1746年）六月是月

甘肃巡抚黄廷桂奏："平番、河州、安定等属被旱被雹各村庄可补种者，借给籽种，如有成灾处，饬司委勘详报。又宁夏县属王洪堡淹地六顷，或应借籽种，或应贷口粮，亦令查明妥办。"得旨："览奏俱悉。其有被偏灾者，题报虽有定例，而甘省远在天末，一应办理，全在汝妥协周详，使毋滥毋遗。灾黎早受一分之赐，即早免一分之苦。慎之，不可忘也。"

（卷269　512页）

乾隆十一年（1746年）七月己酉

命派青海扎萨克等更替巡守卡座。

（卷270　528页）

乾隆十一年（1746年）七月是月

甘肃巡抚黄廷桂奏报："合水县之邢家坪，安平县之秤钩堡、磨石沟，漳县之鱼卜池，河州之柴东岭，永昌县之河西坝，平番县之曹家堡、打柴沟，庄浪厅之一眼井，宁夏县之通贵堡等处，夏间先后被雹伤禾。又中卫县之白马滩暴雨冲决，高台县之柔远堡、四号屯禾苗生虫。臣即委员查勘，赈恤借贷，照例分别办理。"得旨："是，妥协为之。"

（卷271　548页）

乾隆十一年（1746年）八月是月

甘肃巡抚黄廷桂奏复："甘肃边地，气候不齐，被灾之处，每岁不免。上年靖远、会宁、安定三属，秋禾歉收。本年春夏之际，被水旱冰雹之处所需口粮、籽种，臣逐户查实，随时贷给。统计借过粮数二十余万之多，穷民似可无虞缺乏。"得旨："览奏俱悉。"

（卷273　576页）

乾隆十一年（1746年）九月辛丑

又谕："国家设立营制，所以严拱卫而固苞桑，务在选精锐以储干城，勤训练以资捍御。所谓兵可百年不用，不可一日无备也。从前各标营日渐废弛，朕命讷亲前往山东、河南、江南等省，先行查看，并降旨申饬。复于督抚提镇奏折中时加批谕，令其实力整顿。今各省操演之法，大抵旗纛戈甲，期以饰观，步伐阵图，似为练习，其实在技勇精强，弓马娴熟者甚少。在水师营汛亦不过演就水阵，聊以塞责而已。即军政荐举未能尽属公当，徒为具文。以是整饬戎行，岂能使壁垒一新，士气日奋，即如西北称劲旅，而江浙多柔脆，不知既已为兵，自应鼓其锐气，使弱者日进于强，岂可任其委靡，不加振作。盖营伍之中，兵马钱粮，甲胄器械，俱宜事事留心，向来虚冒浮粮，私扣朋马，夤缘拔补，挪借军装等弊犹未尽除。而教训演习，惟事粉饰，因循怠忽，尚沿旧习，殊非设兵卫民之意。是必立定年限，专差大员查看，庶将弁知有责成，不敢怠废，而各兵亦知有考验，时时儆惕。技艺不致生疏，于戎政自有裨益。朕前旨与以三年之限，著兵部请旨，并未定有分省查看之年限。今讷亲查阅之省，则已过二年，其余则并未派人前往查阅也。其如何分年分省差派大臣查看之处，著该部定议。俟临时朕酌量，或自京命大臣往阅，或即命本省督抚查阅，则各提镇时知提撕，营伍永不致废弛矣。"寻兵部议奏："查阅各省营伍，其地方遥远，营汛辽阔者，若止简派大臣一员，势难周遍。至甘肃地处边省，安西提标设驻塞外，若令查阅大臣一并巡查，则幅员广远，亦难遍及。请自乾隆丁卯年为始，查阅直隶、山西、陕西、甘肃、四川等五省。直隶、山西差派一员，陕西、四川一员，甘肃一员。戊辰年查阅湖北、湖南、云南、贵州等四省，两湖差派一员，云贵一员。己巳年查阅广东、广西、浙江、福建等四省，两广差派一员，闽浙一员。庚午年查阅山东、河南、江南、江西等四省，山东河南差派一员，江南江西一员。周而复始，三年各省巡遍。"从之。

（卷274　584页）

乾隆十一年（1746年）九月壬寅

户部议复甘肃巡抚黄廷桂条陈宝丰埂外开垦，并移驻分理事宜："一、添筑遥堤，展挖渠道，已饬令该府会同委员于今岁春融督率民夫，如式办理。俟工竣日另报。一、宝丰复设县治，既奉部议不准，应将埂外户民一切编排保甲稽查之处，暂令平罗县管辖。已垦旧地，自地震水决后，田亩有高低，得水有难易多寡，必逐渐安置。至认垦户内恐有乡愚贪得，或本一户而分报两户，或本一分而虚占分半者，欲定科则，必须彻底清查。试种一二年后，地亩肥硗可辨，科则上下可程，然后照水田例六年为期，升科输纳。一、土地民人既议归平罗县管辖，但宁郡地逼黄河，渠岸繁多，所有疏浚水道添设闸坝，及一切春秋再浚，四季放水工程。水利同知一员断难兼顾，必须设员分理。应请将陇西县丞移驻平罗城。其惠农、昌润二渠专责该员干办，仍属水利同知管辖。一、该员新经移驻，事俱创始，较陇西需费尤多，原额养廉不敷，应请照皋兰县宽沟县丞之例，每年加给养廉银二百两，即同平罗县官役，随饷支领报销。一、原奏移驻弁兵，原为添设县治，今县治既不准设，平罗现有参将一员，石嘴子每月三市，即令该参将弹压稽查，毋庸再议分驻。均应如所请。"从之。

以甘肃洮岷道赫赫为山东按察使。

（卷274　586页）

蠲免甘肃陇西、秦州、伏羌、金县、泾州、皋兰、平凉、西宁、碾伯九州县及九家窑屯，乾隆十年份水灾额赋银一千八百零四两，粮八百一十三石。

（卷274　587页）

乾隆十一年（1746年）十月是月

甘肃巡抚黄廷桂奏："今岁洮水涨发，较往年为大。新修堤坝坚固，所有原估帮岸实可不必再筑，惟每岁春初秋末汛水未发时，应于堤坝内外帮筑黄土，护以石块，添下柳梢，复于堤坝上，逐渐加高培厚。现在工程，三年内该州照例保固，三年外据该州士民等呈称，情愿于城中烟户丁夫内按照三丁出夫一名，均匀公摊等语。应照所请派拨，每年丁夫分作春、夏、秋三季修筑，所需柳梢、木桩、器具等项于该州公费银内购买，并令该州于明春在堤坝两岸种柳，俾树根盘绕土中，益资巩固。"得旨："依议行，该部知道。"

（卷277　628页）

乾隆十一年（1746年）十一月壬寅

安西提督李绳武奏："准噶尔夷使玛木特于十月二十三日到境。据称带有马匹、貂皮等物，欲于大皇帝前进贡。但携带驼驮牲畜货物甚多，查定例进贡夷人所带牲畜货物，准其赴肃交易者，实由柔怀远人，恩施格外。此次夷使玛木特带驼驮牲畜甚多，到哈密后势必复恳到肃州交易，其可否准照所请之处。请旨遵行。"得旨："彼从远路而来，可告以朕恩，所携物姑准前赴肃州贸易。以后似此多带不准交易之处，俟夷使到京，当令大臣面谕该夷使等遵行也。"

（卷278　634页）

乾隆十一年（1746年）十一月是月

（大学士管川陕总督公庆复）又奏："练兵之法莫若行围。臣查阅各镇兵丁，马上大半生疏。请嗣后陕甘提镇各标应于每年十一月、十二月、正月各给十五日限期，在所管山林高旷之处行围。庶兵马技艺日渐整饬。"得旨："卿酌量行之。操练之道实莫过于此。较之演阵排场，奚啻倍蓰哉。"

（卷279　648页）

乾隆十一年（1746年）十二月戊辰

以陕西安西靖逆营副将瑚宝为驻防哈密总兵官。

（卷280　656页）

乾隆十一年（1746年）十二月己巳

兵部等部议奏大学士等原议："甘肃提督永常奏称，甘肃安西等处应需营马，请准出口向库抢、恰克图采买。所有事宜仿照归化城例，将马匹人数，并指定地方，提督给照，移咨总督报部。商民每岁止许出口一次，立限一年，通报备案。至采买马多系置货交易，其系营伍者应令该管衙门酌量马匹多寡，遴差妥弁兵丁前往。其系商民者呈明地方官查询明确，取具保结，各将人数姓名、货物限期，详注印照。一面移知该管隘口官员，验实放行，均应如所请办理。又称商民向持大黄易马，两有裨益。查西省需马颇多，营中持票采买俱有定数，往往不敷，亦应准其所请。但易回马匹务令转售营伍，充补骑操，不得居奇潜贩。仍令该督申明禁约，违者按律治罪。"从之。

（卷280　657页）

乾隆十一年（1746年）十二月己卯

户部议准甘肃巡抚黄廷桂疏称："甘省各属夏、秋二季叠被水雹，请将安定、狄道、平番、礼县、中卫、灵州、高台、西宁八州县属成灾村堡先行赈恤。其勘不成灾之会宁、安定、漳县、西固、陇西、隆德、庄浪、皋兰、狄道、河州、真宁、合水、礼县、花马池、中卫、山丹、永昌、高台等十八州、县、厅、卫各村堡，酌量借给籽种、口粮。"得旨："依议速行。"

（卷281　666页）

乾隆十一年（1746年）十二月甲申

谕："向来外省降调旗员，遇有本处驻防缺出，咨送应升人员引见时，将降调人员一并咨送，列于应升人员之后带领引见。如引见不用至第三次引见时，将缘由声明具奏。但广东、福建、四川、甘肃等省距京遥远，屡次咨送，未免长途拮据。嗣后广东、福建、四川、甘肃等省降调人员，著于第二次引见时，该将军、都统、副都统等即将该员降调缘由，并出考语，声明具奏。不必至第三次，以省跋涉之劳。该部即遵谕行。"

（卷281　668页）

乾隆十一年（1746年）十二月己丑

大学士等会议大学士管川陕总督公庆复议复："迁移凉、庄兵丁案内。据称自乾隆二年，凉、庄添设满兵，岁需粮料、草束俱于甘、凉、兰州、西宁等府属酌派。办理甚为拮据，而凉州较胜于庄浪者，凉州地界稍广，庄浪僻在山麓。凉州商贾稍通，庄浪百货不聚。凉州牧马有地，庄浪沙地不毛。所以庄浪满兵十分拮据，而凉州犹为彼善于此。然蕞尔之区，采买过多，粮料、草价不能平减，幸而连年丰稔，倘遇歉岁，万难购买。凉、庄属要地，而营镇星罗，声势联络，设有重镇，兵制已属严密。原无借于满兵，惟有先计可移之地，然后从容议迁。统三省而论，非宁夏、成都二处不可。宁夏富庶甲于秦陇，连岁丰收，府城积谷至三十余万。原驻满兵三千四百余名。若以凉州满兵添驻，供应可充，缓急调拨，不过稍远数站。且现有旧城基，虽砖皮挪用，土牛尚存，增筑亦为省费。至四川僻处西南，内杂番蛮，外连沙漠。兵多积弱，四镇仅敷防守，提标兵不足援剿。虽驻满兵二千余名，尚未为居重驭轻。若以庄、浪满兵添驻，无事固可以建威销萌。倘顽番蠢动，即可出为援剿之劲旅，加以风土和暖，产米之乡，胜凉、庄实多。惟现系普免钱粮之年，经费宜筹。庄浪请俟三年后议移，凉州请俟五年后议移。其一切城池、营房应添兵数、安置费用于议移之时，督抚会议妥协具奏等语。查凉州、庄浪满兵，从前屡经酌议。始于乾隆二年移驻，嗣经该督抚将军等奏请迁移。有请移汉中、成都者，有请移宁夏、潼关分派各省者，皆各持所见。

惟庄浪之兵，则咸以为必应移撤。臣等酌议，该督既称凉州地界宽广，商贩流通，牧养有地。又称庄浪十分拮据，凉州彼善于此，即从前将军乌赫图亦曾谓凉州兵丁支给粮饷，食用充裕。是凉州满兵可不必移，应令照旧驻防。惟庄浪地皆沙土，难以耕种，百货不通，供运缺乏。自应照所请移驻。再该督原奏盖因凉州兵既移驻宁夏，是以议将庄浪兵移驻成都。今凉州满兵照旧驻防，而宁夏又系富庶之区，应将庄浪满兵即移宁夏，似为近便。至宁夏虽据该督奏称有旧城基址，增筑可省费。查旧城原因地势低洼，是以改易，且砖皮既用，仅存土牛，若复兴建，其房屋城垣俱应营造，恐办理亦甚不易。应即就现在驻防处于城内添盖房屋，如城内地窄，即于城外关厢稍为扩充，添设营房。令该督抚等察看情形，定议奏明办理。至所称现系蠲免之年，宜筹经费，俟三年后议移等语。查庄浪兵既应移驻亦不必迟至三年后。应令该督即将一应迁移事宜筹酌妥协。请即行办理。"从之。

（卷281　671页）

乾隆十一年（1746年）十二月庚寅

御保和殿，筵宴朝正外藩。左翼：喀尔喀世子成衮扎布，敖汉郡王吹木丕勒，贝勒罗布藏，和硕额驸朋苏克，阿巴噶郡王索讷木喇布坦，贝子齐旺，巴林郡王桑哩达，贝子扎什那木塔尔，辅国公璘沁，科尔沁贝勒特古斯、额尔克图，固伦额驸色布腾巴勒珠尔，多罗额驸色旺诺尔布，固山额驸拉礼达、吉哩第、古穆、多尔吉瑚，土默特贝子哈穆噶巴雅斯瑚朗图，扎噜特镇国公察罕灵华，乌珠穆沁镇国公朋苏克喇布坦，辅国公德里克旺舒克，喀喇沁辅国公敏珠尔喇布坦、扎拉丰阿，郭尔罗斯扎萨克台吉都噶尔扎布。右翼：科尔沁亲王罗卜藏衮布，浩齐特郡王丹津，厄鲁特郡王色布腾旺布，贝勒散都布，乌珠穆沁贝勒策布登，郭尔罗斯贝勒诺依罗布扎木苏，固山额驸苏玛第阿巴哈纳尔，贝勒达什敏珠尔，青海扎萨克台吉达尔济色布腾、达木璘色布腾、色特尔布玛，喀尔喀贝子沙克都尔扎布，镇国公扎木禅旺扎勒，和硕额驸津扎布多尔济，扎萨克台吉图巴扎布、阿宝、赖吹扎布、喇布坦、桑寨、璘沁、罗卜藏敦多布、旺舒克他尔扎，翁牛特贝勒朋苏克，固山额驸车布登，苏尼特贝勒干珠尔，喀喇沁辅国公丹津，固山额驸罗布藏敦多布，鄂尔多斯辅国公色旺讷尔布，阿巴噶辅国公鄂尔哲依图，敖汉多罗额驸齐旺多尔济、德木楚克，固山额驸吹济扎勒及领侍卫内大臣、大学士等。召喀尔喀世子成衮扎布、敖汉郡王吹木丕勒、贝勒罗布藏、阿巴噶郡王索讷木喇布坦、巴林郡王桑哩达、科尔沁亲王罗卜藏衮布、固伦额驸色布腾巴勒珠尔、土默特贝子哈穆噶巴雅斯瑚朗图、浩齐特郡王丹津、厄鲁特郡王色布腾旺布、乌珠穆沁贝勒策布登、郭尔罗斯贝勒诺依罗布扎木苏、翁牛特贝勒朋苏克、厄鲁特贝勒散都布等至御座前，赐酒成礼。

（卷281　673页）

乾隆十二年（1747年）正月甲辰

谕军机大臣等："上年十二月十八日，固原兵丁纠众抢掠当铺，提督许仕盛驻扎本城，督抚皆经奏到，许仕盛奏折于次日始到，且折中殊有遁词。先据庆复所奏，兵丁口称操演过严，粮饷迟发，有中营兵丁童五曜等起意纠众抢掠，并非兵民相合等语。许仕盛折中并不提及一字，明系袒护兵丁，希图脱卸已过。至于悍兵击碎提督衙门栅栏，是其平日不能服众，以致众心全无顾忌，及至临时，又但委游击查拿，并不亲身弹压。假如临阵遇敌，亦若此退缩可乎。此等软弱畏葸之状，何以膺重寄而靖岩疆。伊以为到任未久，意在推卸，独不思身为提督，安得以新任为词。况伊于上年五月内到任，已莅任半载有余，果其约束有方，何致猖獗若此，而其折中全无引咎之词，可谓恬不知耻。以上情节著传谕庆复，令其询问许仕盛，一一回奏。此案朕已降旨，令庆复前往会同审讯定拟。案内不法等犯虽系乌合之众，已经擒拿解散，不足为意，但现在鞫审伊等眷属族党，俱在本地。无知之众，畏罪心切，或恐抗拒滋事，于国体有碍，亦当留心防范，以备不虞。可密行传谕庆复酌量带领督标兵丁一二百人以资弹压。再西陲为边疆重镇，兵力向称骁劲，但习尚骄悍。乾隆四年凉州兵丁因借粮鼓噪，后经从重究处完结。此番竟有提督驻扎之地肆行不法，恶习如此，庆复当时加留意，善为调剂整顿，以化积弊，使兵丁等各知谨守法度，毋蹈罪戾。"寻据庆复奏："遵旨询问许仕盛，据称前奏固原兵丁纠众抢掠一案，因仓皇急遽，语多不经，情形既未详陈。赍折又复迟到。种种罪戾，实无可逭。"得旨："许仕盛著严加议处具奏，该部知道。"

（卷282　685页）

乾隆十二年（1747年）正月甲寅

谕："今岁应查看直隶、山西、陕西、甘肃、四川等五省兵丁。该部遵例奏请，朕思直隶地方，车驾不时临幸，常有亲加校阅之处。山西亦系上年西巡之地，营伍情形，朕已知悉。其四川一省则瞻对用兵，甫经凯旋。今年俱可停其查看。陕西为大学士公庆复驻扎省份，平时自加整顿。安西设驻塞外，提督李绳武亦系朕特简以御外夷者，均可不必简阅。惟甘肃地处极边，今大学士庆复现在平凉会审案件，可令其就便将甘肃兵丁查阅。"

又谕："今年例应钦差大臣查阅陕甘省营伍军装。庆复现有查审固原兵丁之案，即著庆复前往甘省查阅。但朕闻庆复前此查边之时，地方盛为供应，虽属体统如此，而家人随役亦未能约束（束）谨严。此番阅看营伍地方或仍前供应，亦未可知。大学士系朕亲信之人，既有所闻，是以寄谕令其知之，俾得留心约束，必使舆情允惬，浮议略无，方副朕意也。"

又谕："朕闻从前庆复至甘省查边之时，黄廷桂授意所属地方供应繁盛，朕风闻若此。黄廷桂若以此逢迎总督，趋承取悦，殊属卑鄙。如其意有所图，怀私用术，则此心益不可问。今又有旨令庆复查阅甘省兵丁，可将朕前所访闻传谕黄廷桂知之。"

（卷283　689页）

乾隆十二年（1747年）正月乙卯

赐准噶尔台吉策妄多尔济那木扎勒敕书。诏曰："阅尔奏书，尔能仰体朕加恩之意，诸事俱遵旨办理，如此恭顺，必能安尔属下，利尔部落，朕深为嘉悦。所奏往西藏念经人等，有俟贸易后，始往念经，有即将货物带往念经者。俱恳在哈集尔得卜特尔过冬。俟贸易人由东科尔回，会齐同往之处，已俱照所请行。至尔使臣玛木特口奏，念经人需用牲畜，祈降旨颇罗鼐令其协助。东科尔贸易时，俱令以银两交易等语。颇罗鼐虽受朕封号，究系远方部落之人，非内地臣民可比。其资助与否，朕未便降旨。至需用马匹口粮，朕自加恩照前赏给，即颇罗鼐此次或多为资助，亦未可定。至贸易人等银货交易，止可各从其便，不便以官法抑勒，但尔既特行奏请，亦非甚难行之事。现在照看尔使臣前往，仍派侍郎玉保。已令玉保与尔使会商计议而行。尔使回时，自能详告也。嗣后尔宜益加敬慎，永归和好，以体朕广教安民之至意。特敕付来使赍回，随敕赐各色缎十端、妆缎十端、玻璃珐琅磁器十八事。”

（卷283　691页）

乾隆十二年（1747年）二月是月

大学士管川陕总督公庆复、甘肃巡抚黄廷桂奏：“固原营兵纠众抢劫一案。查营兵不法，喊撞提督衙门，抢掠铺家衣物，凶横已极。经署城守营参将任举集兵擒杀，拿获多人，余众始散，其情罪百无一赦。但事起仓猝，伙党众多，兼值岁暮，查拿严急更恐激成事端。臣等密谕委员平庆道章元佐，从缓查办，务在尽获首犯。章元佐抵固原时，人心惶惑。该道即大张告示，谕以纠众首犯数人，罪无可赦，并不连累无辜，即胁从亦姑许自首，并令将混抢铺家衣物，暗行抛贮空庙内，以安商民。嗣值放饷之期，又传标营各头领痛切开谕，人心始定，城门出入如常，惟稽查营兵不许带出衣物。数日内已收缴衣物五千余件，俟事定另行查给铺家外。其起意首犯数人姓名已讯访得实，密移各营，于初二日擒送到案。查先后擒获及现供应拿各犯已有二十余人，皆系营兵。因操演略严，给粮稍缓，借端起衅。自当严加审拟，以彰国法。”得旨：“已有旨了，卿至彼酌中为之，总期毋滥毋枉，不可滋蔓以生事，亦不可姑息以长刁风。章元佐此事料理尚妥，卿以为如何。”

庆复又奏：“审讯故道阿炳安侵帑一案。严鞫协领德明寄顿银两，已据招认，惟银数不符。现在审究查追。又据阿炳安家人苏勒供称，乾隆四年正月，曾将银四千两用木匣盛送大将军查郎阿，交伊家人安七转呈收受等语。但一面之词，未便指为确实。安七又在京城，难以查办。谨据实奏闻。”得旨：“查郎阿系皇考所用之旧大臣，朕不忍置之于法。此事不必跟究，朕自有处。”

（卷285　723页）

乾隆十二年（1747年）三月甲午

谕军机大臣等：“据黄廷桂奏办固原兵民抢掠，未经身自前往折内。又有去冬十二月内，凉州标兵纠伙投递无名呈状，借粮度岁，道府等随经支借口粮，兵心均已宁帖等语。此案该督抚等比时并未据实奏报。黄廷桂非因奏办，亦久已匿不上闻，看此则各边镇营伍中，暗为消弭者更不知凡几矣。甘省自乾隆四年，凉州兵丁鼓噪，去冬仍复纠众借粮，而固原遂有黳夜抢掠之案。营兵多事，独该省为甚，虽曰风气强劲果敢，但致此之由必有其故，或因提督屡易，未能熟悉军心。或因给饷之时，不无濡迟扣克。或有奸徒煽惑，乐于生事。或因时当偃武，若辈勇悍之气，无所发泄，辄借端肆横。或因大员不知轻重，专以姑息养奸。或因武弁不能体恤兵情，转以训练烦苛而致怨。皆不可不究悉其所由来。因病发药，先事预防，亦该督抚所应留心体觉者也。前经传谕庆复，令其体察生事缘由，为善后长策。今再行申谕庆复、黄廷桂令详晰体察，细究根原，据实奏闻。边省岩疆最为紧要，务令严加整饬，剔除积弊，使兵丁奉令畏法，毋致妄行滋事，以肃戎伍。"寻甘肃巡抚黄廷桂复奏："查前次凉标、今番固原俱为支借口粮而起，盖因生齿日繁，既无买卖，又无手艺，惟赖饷银度日。寅食卯粮，稍加节禁，便出怨言，以致易于生事。善后长策，必须详妥，方克有济。业经扎商督臣庆复裁酌会奏。"报闻。

（卷286　727页）

乾隆十二年（1747年）三月丙申

礼部议复甘肃巡抚黄廷桂疏称："甘省土司与州、县、卫往来文移，向无一定体制。请将土司三品至六品分为三等，指挥使及指挥同知列为一等，与州、县、卫守备往来文移用平行手本。佥事列为一等，州、县、卫守备与佥事用照会，佥事与州、县、卫守备用牒呈。千百户列为一等，州、县、卫守备与千百户用牌票，千百户与州、县、卫守备用申文。查指挥使及指挥同知虽系三品，其体统原不得与内地之三品等。若文移平行，不足以资弹压。请将该抚所分土司三等之处分为二等，其指挥使及同知、佥事职衔者，与州、县、卫守备往来文移。州、县、卫守备用照会，指挥使及同知、佥事用牒呈。其千百户与州、县、卫守备往来文移，州、县、卫守备用牌票，千百户用申文。再该抚称同知管辖土司，与知府之表率全郡者相似，应将指挥使、指挥同知列为一等，与同知文移用牒呈，同知用照会。佥事、千百户列为一等，与同知文移用申呈，同知概用牌票。查同知与州、县、卫同属统辖土司之员，章程自宜划一。应令指挥使、指挥同知、佥事与同知文移用牒呈，同知用照会。千百户与同知文移用申呈，同知概用牌票。"

从之。

（卷286　729页）

乾隆十二年（1747年）三月丁酉

谕军机大臣等："瑚宝前赴固原时已经批谕，令其宽严得济，留心酌中，化嚣凌之恶习。近据庆复奏称，许仕盛不得兵心，而二三悖逆之徒乘机纠众，直欲谋杀提督。事既不遂，转而抢劫等语。观此则固原兵丁之骄纵犯上，不法已极。亦由于许仕盛急遽轻率，有以激成事端。此番办理于已往之事自当尽法重惩，业经督抚审拟题结，瑚宝莅任应加意整顿，但亦不必过于峻厉。彼无知之辈，愚悍性成，易为流言所动。必当安慰众心，使共知国家豢养体恤之深恩，守法奉公之大义。瑚宝身系旗员，向曾驻防在外，谙习边情。今简任提督，勿因甫经到任，急切办理，以致人心惶惧。当慎密持重，缓急得宜，使兵知畏法，渐次转移可耳。前曾传谕庆复、黄廷桂，令其体察该处兵丁，何以易于生事。或因提督屡易未能熟悉军心；或因给饷之时，不无濡迟扣克；或有奸徒煽惑，乐于生事；或因时当偃武，若辈勇悍之气无所发泄，辄借端肆横；或大员不知轻重，专以姑息养奸；或因武弁不能体恤兵情，转以训练烦苛而致怨。当究悉其由来，因病发药，先事预防。可并传谕瑚宝，令其逐一体察，将来如何整饬化导，方为善后长策。详晰斟酌奏闻。再据庆复奏称，固城内外，兵多民少，而民人中回子过半。回子中有掌教专司教约等语。夫掌教乃回教中私自推择充当，非强有力而为众所畏，则必狡黠而足以笼络众心，方肯受其约束。此于人心习尚俱有关系。但相沿已久，而若辈人众心齐，蔓延各省，未易绳以官法，骤为改革。向来地方官平日并不留心防范，不能禁制于未发之先，以致屡屡生事。瑚宝驻扎固城，应就近时时体访，量度情形，慑服销弭，以期永杜衅端，乃边镇地方切要之务。不可如庆复等至彼时面呼掌教之人，谕令约束。是转假掌教以事权张其声势，非计之得也。标兵中回人太多，彼倚恃身在戎行，敢于滋事，应留心分别。其豪悍者惩革之，怯懦者沙汰之，渐次整饬，使营伍肃清，但不宜显露形迹，并不可以此意宣示营弁，防其稍有泄漏，又致讹言骇听，所关更复不小。慎之。"

（卷286　730页）

乾隆十二年（1747年）三月甲辰

改铸陕西西宁镇属归德营都司关防，从大学士管川陕总督公庆复请也。

（卷286　737页）

乾隆十二年（1747年）三月甲寅

又谕："据大学士庆复奏报，陕甘二省所属，有雨雪已经沾足者，亦有得雨稍迟，尚未沾足之处。统望谷雨前后渐得透雨，则农田均属有赖等语。可传谕徐杞、黄廷桂，令其留心确查，雨泽稀少各州县，不知此际已得雨否。倘将来不得透雨，则青黄不接之际，或应借给籽种，或应平粜仓粮。其中或有成灾处所，应行赈恤，以资接济均宜先事绸缪。酌看地方情形，多方布置，毋致临事周章，务须妥协办理，并将办理之处具折奏闻。"寻陕西巡抚徐杞复奏："查各属仓粮足资动用，计全省未得透雨者十之一二，已沾足者十之七八。现在实无据报成灾应赈之处。"得旨："览奏俱悉。"甘肃巡抚黄廷桂奏："察视各邑情形，其得雨已足者，农民悉安生业。即得雨未足数处，自春迄今借粜兼施，民情亦极安帖。"得旨："览奏俱悉，其未得透雨之处，若致成灾，一切赈恤，妥酌为之。"

（卷287　744页）

乾隆十二年（1747年）三月是月

甘肃巡抚黄廷桂奏河东各府属望雨情形及办理借种减粜各事宜。得旨："览，一切政务加意体察妥办，以待天泽。水旱安能保其必无，亦惟尽人事耳。若存讳灾之心则过大矣。"

甘肃布政使阿思哈奏办理庶务竭蹶缘由。得旨："此奏似有引而不发之意，一切实力奋勉，即有不得已处，亦宜据实奏闻。似此指东话西何益乎？看尔惯用聪明，恐非便宜也。"

（卷287　750页）

乾隆十二年（1747年）四月甲戌

甘肃巡抚黄廷桂奏："准噶尔夷使进藏，除已有例者，照乾隆八年备办外，惟是前次系在东科尔交易。今次由哈济尔易银前往，所有应行随时酌办之处，逐一酌议。一、夷人在哈济尔易银，不需货物。廷议令较上次交易之数，略为多备。查上次用官银七万八千余两，今酌备交易银十六万两，进藏备用二万两。又官兵口粮、盐菜，应赏俸饷、运脚等项约需十五万两，除八年案内剩三万余两外，两项尚需银三十万两。请先在甘肃藩库拨用，仍于邻省速拨还项。一、上次运粮及通信绿旗官兵口粮、盐菜，俱从宁裹带。今次护送夷使派出绿旗官兵同行，全资马力，未便携带口粮。除从宁赴卡由藏回宁，自行携带外，其由哈济尔进藏时所需口粮、盐菜，应照上次拨兵运送。其到藏驻扎，及留牧兵并运粮兵仍照上次办理。一、防护绿旗兵于赏银外，每名借半年饷银。绿旗官员赏一年俸银，均不敷用。请酌借总兵银五百两，游击都司二百两，守备一百五十两，千把总八十两。回营在俸饷内扣还。一、乾隆八年，夷使至东科尔贸易，赏食物三次。今次仍请于哈济尔夷使初到时赏给一次外，其二次赏给应于卡座交易事毕，起身进藏时，令照看夷使之侍郎玉保等宣布皇恩，再赏一次。熬茶事毕，回巢时仍在附近青海之处赏一次。其应赏物件，廷议令备牛羊米面等物。查乾隆八年，将牛羊米面酌换茶乳酥油，今仍照前办理。"下军机大臣议行。

（卷288　767页）

乾隆十二年（1747年）四月戊寅

大学士等议复大学士公庆复条奏固原善后事宜："一、平凉为陕甘咽喉，静宁乃六盘扼塞，均宜重兵控制。请移提标两营，一添驻平凉，其原驻游击改为守备，仍领原兵，专管城汛，隶移驻之游击管辖。一移驻静宁，其原驻之千总撤回固原城守营。该州另设一千总专管城汛，平、静两营仍属提督统辖，合之仍为五营。查固原提标共设前、后、左、右、中五营。固原地方狭小，而驻兵五千余名。庆复所请自属因地制宜，至分防之两营弁兵挈眷迁移，作何料理，官署兵房，作何建置。折内俱未奏及。应令新任督臣张广泗于到任后酌定规条，请旨办理。一、提督驻扎处多有道员同城，当年移兵固原之时，未将道员一并移驻。请将平庆巡道移驻固原，再加兵备衔。兵民皆可管辖等语。应如所请。令新任总督张广泗归入移兵案内，一并具题。一、从前西路出兵，召募新兵。现在陕甘各标营皆已裁补无几，惟固原因循尚有千人。此辈既无恒业，欲补则无缺，欲裁则无名。臣到固原时，曾面交将弁，时加操验，即为清厘等语。查陕甘二省自雍正七年用兵以来，节次召募新兵二万四千六百余名，嗣后陆续调拨裁补，统计不下二万三四千名，何以固原提标尚有未裁新兵千人，自系办理因循所致。既经大学士庆复面交该将弁，时加操验，即为清厘，应令该管大员加意查办。"从之。

（卷289　778页）

乾隆十二年（1747年）四月壬午

谕军机大臣等："从前徐杞由甘肃布政使来京面见时，奏称任内经手案件俱已完结清楚。今据阿思哈奏折内称，前任未完积案多至数百余件，因令各部查明。据户、兵、刑、工等部，查出徐杞任内接办未经完结者十九案。本任内承办未结九十四案，与伊面奏全完之处迥不相符。著将军机处行查各部原单发往，令徐杞明白回奏。"寻奏："臣于雍正十三年十一月抵甘肃任，于乾隆十年五月离任。所有积年地丁、兵马等项钱粮，俱已陆续详请题咨。凡外省办理，以详经题咨者，即为清结。是以有此面奏。而题咨后接到部复，或准或驳，此等案件俱应后任接办。是以阿思哈奏折与臣迥不相符。"得旨："虽有此情节，然汝向所奏亦可谓不实矣，以后戒之。"

（卷289　782页）

乾隆十二年（1747年）四月是月

甘肃巡抚黄廷桂奏复："前奉朱批，责臣以汝无取悦之心是也，此四字未经奏明，且有遁辞。窃臣向有利害刻薄，到处与人不和之名。是以督臣庆复始而疑臣，久而复有人言不可信之语，讵意又有指臣授意属员供应繁盛者。臣性急口快，不为众情所喜。顾蒙皇上特达之知，委以封疆，何所畏惧。而欲用术行私，结人欢心。惟有钦遵训旨，有则改之，无则加勉而已。"得旨："汝总以不善交结，不肯逢迎自居，此即汝巧处也。此八字非惟汝可自保，朕亦保汝。前谕用术行私四字，汝总未言明，此即遁词也。何妨明谕汝？盖汝之意供应丰盛，朕心知之，知而庆复必获罪，或调进京，则总督非汝而谁？此汝之本意。屡次询问，而汝总指东话西，越情见乎辞矣。"

（卷289　790页）

乾隆十二年（1747年）五月辛卯

调甘肃凉州镇总兵哈尚德为云南临元镇总兵官。临元镇总兵徐启新为甘肃凉州镇总兵官。

（卷290　793页）

乾隆十二年（1747年）五月壬辰

军机大臣等奏："甘肃所需营马原由金塔寺出口，往喀尔喀等处采买。乾隆七年，肃州镇臣遣人赴额尔得尼昭附近买马。额驸策凌恐滋事，报部禁止，嗣经总督庆复议以每年定限给票，不得滥往。并指明地方，甘肃各营由金塔寺口外行走，安西各营由布隆吉尔西喇呼鲁苏行走，在北路喀尔喀蒙古库伦恰克图一带购买。部议复准。今安西提督李绳武奏，买马弁兵经过图古里克，遇准噶尔脱出蒙古孟克一名等语。查买马弁兵擅赴图古里克，其地在哈密卡外，逼近准夷，应严加防范。除甘肃各营出金塔寺口者，仍不得至哈密卡外。其安西各营即在附近西宁一带采买，不得远至喀尔喀。其图古里克一带及哈密卡外行走之处，严行禁止。"从之。

（卷290　793页）

乾隆十二年（1747年）五月己亥

谕军机大臣等："各省督抚养廉有二三万两者，有仅止数千两者。在督抚俱属办理公务，而养廉多寡悬殊，似属未均。著军机大臣等酌量地方远近，事务繁简，用度多寡，量为衷益，定议具奏。"寻议："查各督抚养廉银，现在湖广总督一万五千两，两广一万五千两，江苏巡抚一万二千两，江西、浙江、湖南、湖北、四川各一万两，不甚悬殊，无庸置议外。直隶畿辅重地，事务繁多，总督养廉止一万二千两，较各省觉少，请增银三千两。山东、山西、河南三省，同属近地，事务用度亦属相仿，且俱系兼管提督，而山东、山西二省各二万两，河南止一万二千两。请将山东、山西二省各减五千两，河南增三千两，各成一万五千两之数。广东巡抚一万五千两，广西止八千四百余两，虽广东用度稍多，然相去太远，请将广东减二千两，广西增一千六百两，以足一万两之数。再川陕总督虽有节制边方，犒赏兵丁之费，然养廉三万两，较各省过多，而西安、甘肃二省巡抚，西安居腹里，甘肃为边地，乃西安二万两，甘肃止一万一千九百两。请将川陕总督减五千两，西安巡抚减八千两，甘肃巡抚增一百两，以足一万二千两之数。闽浙总督其道里远近，事务繁简与两广相仿，而养廉二万一千两，未免过多，请减三千两。福建巡抚养廉一万二千两，未免不敷，请增一千两。江苏巡抚养廉银一万二千两，安徽则止八千两。云南巡抚一万五百五十两，贵州则止八千五百两，亦属未均。请将安徽巡抚增二千两，贵州增一千五百两，以足一万两之数。至各省督抚养廉，间有奇零，乃从前据火耗之额定数。今既经定制，零数应删。请将两江总督养廉银一万八千二百两内去零银二百两。云贵总督、云南巡抚各去银五百五十两。"从之。

（卷290　799页）

乾隆十二年（1747年）五月壬寅

谕军机大臣等："陕西河州回民马应焕控告同教马来迟邪教惑众，起明沙会耳内吹沙一事。从来叩阍之案，不论虚实，立案不行，但陕省回教人多，性悍心齐，最易生事，如固原镇兵回教十居七八，去冬抢劫商铺，恣行不法，即明验也。马应焕所告虽虚实难定，但据其所称，于回教之外又立邪教。将来聚集益众，彼此角胜，必致仇杀相寻，蔓延滋事，为土俗民风之害，不可不早折其萌芽，痛除邪妄，以靖地方。不可拘立案不行之定例，置之不问。著将舒赫德原奏，抄寄总督张广泗、巡抚黄廷桂，令伊等据实悉心办理。如果邪教聚至二三千人，巡抚黄廷桂亦不应全无闻见，著查明确实，具折奏闻，不可稍为回护。再马应焕词内称，上年十一月，本州断明示禁，并不遵依。十二月内本州接了呈子，三四日不见音信等语。近来州县官自理词讼，既无忠信明决之才，更存因循避事之见。是非曲直，莫辨实情，沉搁迁延，不能结断。其审案又不过以文告了事，百姓之遵循与否，不复计论。近日山西万泉聚众之案，亦因州县不早为申理，酿成事端。夫身在地方，而令不能行，禁不能止，狱不能折，奸不能惩，亦安赖是木偶为耶。可传谕该督抚，严饬各州县官，审理词讼事务，必秉公明断。应禁止者，严行禁绝，尽拔根株，毋得姑息养奸，博宽大之虚名，贻闾阎之隐患。此绥靖边疆，整齐风俗切要之图，慎之毋忽。"张广泗寻奏："甘省回民甚繁，河州聚处尤众。大概诵经礼拜，通教无异，惟开斋有先后，诵经有繁简，稍为不同。马来迟向年贸易外省，携有摘本到家，名《明沙勒》，即汉语此经截句之谓，并非吹沙入耳。至马应焕所供，上年十一月在本州控告审明示禁之语，调卷查无其事，惟有回民马卜世病故，亲戚马应虎送丧，因散给油香起衅斗殴。马应焕赴州具控，经头人递词销案。事因斗殴，并非邪教，案内亦无马来迟名姓。又据河州镇臣金贵禀称，本地回民大概各就附近一寺诵经礼拜，并无明沙会名目。至回众虽共守一教,然各有本业。礼拜原无多日,事毕各散,并无聚至二三千人者。查该镇亦系回籍,所言当属不谬,但马应焕未经在甘面质,或一面左袒亦未可知。如果马来迟惑众有据,自应穷治。如马应焕诬控,尤须按律究拟。请将马应焕解发甘省面质,一面扎致抚臣黄廷桂饬司道提齐各犯,俟马应焕到日彻底审究办理。"得旨:"著照所请行,该部知道。"

(卷290 803页)

乾隆十二年(1747年)六月戊子

(大学士等)又议复甘肃巡抚黄廷桂奏请遵照旧例,给与头目回民牛具、籽种,听其开垦荒地一折:"查雍正四年,土鲁番回民托克托、吗穆忒等情愿移驻内地,经岳钟琪奏准移于肃州之金塔寺,并借给牛具、籽种,俾得耕作。今该抚奏称,回民人多地少,且或抛弃典卖,不敷养膳。现在无地可耕,游惰成群,请于回民原给地亩外,附近旷土令其垦辟,一切俱照旧例安插等语。查回民偷惰成习,即另添地亩,暂济目前,将来终难为继。若不另为筹酌,究非经久之策。查哈密地方可以屯粮之处甚多,若以之移驻则同属回民,土俗素习,安辑较便。现在贝子玉素富所属回民皆编有旗分佐领,今将此项回民分驻哈密,可以就近管束,俾专力耕作。实为久远之计。其盘费籽种并令该抚酌给。再回民春初乏食,借给过口粮一百九十一石,原应秋收还项,今既无以糊口,前项应请豁免。"从之。

(卷293 845页)

乾隆十二年(1747年)七月壬寅

命凉州副都统黑色来京候旨。以给事中都隆额为凉州副都统。

(卷294 858页)

乾隆十二年(1747年)七月己酉

谕军机大臣等:"肃州金塔寺安插吐鲁番回子,内有不服水土,至于生计艰窘者一百余户。经大臣等议奏,请移于哈密种地居住。此项回众向被准夷凌虐,情愿移入内地,迄今二十余年。因水土异宜,积蓄者少,穷迫者多,若将伊等移于他处,究不能于生计有益。哈密、吐鲁番虽部落各异,其教则一,情性相宜。且哈密贝子玉素富自伊曾祖额贝都拉塔尔罕伯克以来,数世受国家恩泽,竭诚报效,奋勉急公,教养所属之人,亦甚妥协。现在哈密地方尚有可种余地，著将安插金塔寺回众，交贝子玉素富并入伊所属旗分佐领，加意抚恤，令新旧回众和好如一，拨给余田，令其耕种，俾永不致失所。将此传谕贝子玉素富知之。"

（卷 295　864 页）

乾隆十二年（1747年）七月丁巳

军机大臣等奏："据侍郎玉保等奏称，每年春秋二季，巡察额色勒金、柴达木两路卡座，派定青海王公扎萨克台吉等。每路遣一人察卡，又派庄浪满官四员，每年于秋间带兵巡察一次，均应于九月间，自西宁起程。今值夷使进藏熬茶，请暂停等语。查准噶尔夷使赴藏熬茶，侍郎玉保现已在哈济尔驻扎。倘察卡人等照旧前往，正值夷使将到，人多势众，恐致生疑。应请将今秋察卡之青海王公等并庄浪官兵俱暂停，俟明年春季派往。"从之。

（卷 295　871 页）

乾隆十二年（1747年）八月甲子

谕军机大臣等："据甘肃提督永常奏称，甘省连岁有收，今岁自春徂夏，雨旸时若，市中粮石最为充足，粮价较之昔年甚贱。秋成有收，势必更减，可以乘时采买，以备积贮等语。采买原所以裕仓储，而当谷贱之时亦所以利农民，但未知现在甘肃仓储盈缺若何。今岁秋成，如果丰稔，仓储不足，及时采买，以裕积贮，自是有益之举。著传谕黄廷桂，令其将应否采买之处详查具奏。若其应买，一面办理，一面奏闻。"

（卷 296　877 页）

乾隆十二年（1747年）八月癸酉

又谕："前据提督永常奏称，甘省连岁有收，米粮充足，价值较之昔年甚贱，可以乘时采买，以备积贮。朕经降旨传谕黄廷桂，令其将应否采买之处查办。今览黄廷桂折奏该省望雨情形，内称河东、河西各厅、州、县现在缺雨，而皋兰、金县、安定、会宁四处系连岁偏灾，现今又复苦旱，并请将安定、会宁二处城垣动工兴修，以工代赈等语。看此情形，甘省缺雨之处甚多，且现请以工代赈，若复行采买，必至于民食有碍。前奏采买应行停止，抑或永常所请采买处所，非黄廷桂所奏被旱地方，亦未可定，著黄廷桂查明奏闻，可即传谕知之。"

（卷296　883页）

乾隆十二年（1747年）九月戊子

赈恤甘肃伏羌、安化、合水、环县、真宁、皋兰、金县、安定、会宁、宁远等十县本年份旱灾饥民，并予缓征。

（卷298　896页）

乾隆十二年（1747年）九月乙未

谕军机大臣等："据玉保奏准夷熬茶来使，先遣阿喇布扎报知，伊等至塔里木河，因水大难渡不能如原约，于八月十五前后到来缘由。又询问此处现派大臣几员，领兵若干，驻扎何处各情由。看其光景，似有疑虑等语。此次准噶尔进藏熬茶，诸事皆允其所请，又系伊等从前经过之事，理宜无所疑虑。玉保此奏亦甚含糊，并未详悉声明。著即传旨询问，若因伊迟误约期，预先遣人来报，即料其有疑虑。玉保尚属晓事人，不应至此。或准噶尔人等违背约期，自知食言，遂有掩饰之意。玉保即从此生疑，亦未可定。务将实在情形明白速奏，以便预行办理。朕思准噶尔人等素行诡诈，难以凭信。近又新袭台吉，或借赴藏缘由窥我边界。且进藏熬茶，离青海甚近，借端谋袭青海，亦不可不虑及。凡一应预备防范之处，即令玉保会同地方大员，密行商酌，设法办理。倘伊等本无疑惑之形，而内地稍露张皇之意，反致伊等疑惧，则更大有关系。此事已令大学士庆复暂住陕西，预行筹办。凡应行会商之事，就近密商妥办。仍俟玉保复奏到日，再行酌量。并将此旨寄庆复知之。"

又谕："据侍郎玉保奏称，准夷熬茶来使，于中途遣阿喇布扎前来告称伊等，至塔里木河，因水大难渡，将约定八月十五日期不能到来缘由，先行报知。又询问此处现派大臣几员，领兵多少，驻扎何处各情形。看其光景，似有疑虑等语。准夷如何疑虑之处具奏不明，已降旨询问玉保，著将此折抄寄大学士庆复阅看。准夷向来不可凭信，策妄多尔济那木扎勒新袭台吉，往藏熬茶，离青海甚近，借端谋袭青海亦未可定。自应防范预备。现在玉保止领兵丁四百名，提督李绳武远在安西，总督张广泗又驻军营。西宁等处并无大员，设或偶生事端，亦属可虑。前令大学士庆复回京必取道陕西，此时如已起程即令在陕西暂住静候玉保信息。就近将一应预防事宜，暗为备办。设有事端，一面具奏，一面办理。然不过先事预筹之计，务宜加意慎密，断不可令夷使等稍有知觉，反生疑惑。即内地人等亦不可稍露形迹，致令泄漏，俟应令伊回京时，候朕降旨，再行回京。"

（卷298　900页）

乾隆十二年（1747年）九月辛亥

以河南南阳镇总兵成元震、甘肃河州镇总兵金贵对调。湖广襄阳镇总兵齐大勇、陕西兴汉镇总兵改光宗对调。

（卷299　913页）

乾隆十二年（1747年）九月是月

大学士公庆复奏："遵旨于八月十六日自军营起身回京，现已抵陕西省城。"得旨："卿起身而来，宜即奏闻。今已至西安而奏，为已迟矣。"

又奏："臣行抵陕西，接奉谕旨，以准噶尔未可深信，命臣暂驻陕西，密为防范。臣遵即驰赴庄浪暂驻，倘有应办事件，一面办理，一面奏闻。"得旨："知道了，此时并无信息，大约玉保所奏，用心太过，反觉荒唐。今卿业经起程，多行数日何妨，即有意外之事，有卿在彼，量亦无忧。"

川陕总督张广泗奏："臣自抵军营后，见川省军务一时未能告竣。即凯旋之后，一切善后事宜尤须驻扎川省，就近经理。陕甘二省外临九边，内控三辅，营务地方，势难遥制。请另设陕西总督，专任臣节制川省之任。"得旨："卿所见虽是，但陕甘现在无事，卿正宜留川，详悉经理善后之图，又何必易制哉？"

甘肃巡抚黄廷桂复奏："甘肃河西各郡丰收，应乘时采买。现在安西、甘州、西宁、肃州等处仓谷较少，酌买十万石，分贮各仓，如价稍昂即停。"下部知之。

又复奏："臣前所奏被旱地方系宁夏、凉州一带，已将采买停止。安西、西宁、甘州、肃州等府州夏收既稔，秋收又丰，即提督永常所请采买地方。已拟定于各该处采买谷十万石，现动项办理。"得旨："览奏已俱悉。"

（卷299　918页）

乾隆十二年（1747年）十月己卯

谕："甘肃之皋兰、金县、靖远、安定、会宁五县本年均被旱灾，且连岁歉收，旧欠不少。若一并征输，民力未免拮据。著将历年未完额征银粮，自乾隆戊辰年起，分作五年带征，其狄道、陇西、安化、真宁、宁州、静宁、礼县七州县收成亦各有歉薄，其历年欠项一时完纳维艰，著将此七州县历年未完额征银粮，自乾隆戊辰年起，分作四年带征，以纾民力。"

谕军机大臣等："巡抚黄廷桂复奏移驻金塔寺回民一折。内称，据贝子玉素富呈称，哈密渠水缺乏，难以耕种，并该道钮廷彩所禀回民不愿迁移等情。此案前经玉素富具奏，现在交议，已传谕黄廷桂，令伊候旨遵行，并询问伊何以迟滞不行复奏。今黄廷桂始行奏到，甚属迟延。且看伊折内，不过据玉素富等咨禀之词转奏，并无一语议及。竟似无干涉于伊地方之事。可传谕申饬之。"

又谕："前玉保具奏，准夷熬茶人等因不能如期到卡，预先差人送信一折，内有伊等似有疑虑一语，含糊具奏。朕初以为果有别项事端，今据奏报宰桑巴雅斯瑚朗等三百人，于九月十四日到哈济尔，现往得卜特尔交易等语，是准夷并无异意可知。又奏称藏地风俗正月修好事念经，各处人众前来瞻拜，商贾聚集，甚属扰攘，恐准夷乘间滋事。伊欲催促熬茶于初五日以内完竣，即带来使回巢，如迟久不能毕事，将内地人众随到瞻拜，不令久聚等语。此等意见又属太过。准夷到藏熬茶，事毕即可回归游牧。但伊等见藏地修好事念经，必恳求多住数日，瞻仰数次。若遽催促起程，并将内地聚集瞻礼人众驱逐不令久聚，使彼知觉，反生疑虑。至期惟有约束内地人等，暗为防范，不使滋事。著寄信玉保带领夷人至藏，与驻藏办事大臣索拜、傅清等公同商议，妥协办理。断不可稍有疏忽，亦不可使准夷知觉疑惑。再前因玉保之奏，令大学士庆复暂驻陕西，预行防范。今并无事故，庆复即著回京，并谕玉保知之。"

（卷301　935页）

乾隆十二年（1747年）十月癸未

吏部等部会议甘肃巡抚黄廷桂复奏："布政使阿思哈请将通渭县治仍移旧地一折。据称通渭县署从前移驻安定监地方，原系一时权宜。嗣后原治百姓惮其窎远，从未一至彼处，以致累任县令不得不俯从民便，仍在原治驻扎，而新县则往来其间，终非久计，不如仍复原治等语。查设立县治，原当四面适中，一切纳粮、听讼等事方顺舆情。应如所请。安定监地方之通渭县，准仍移旧地。又称旧县城现俱完固，惟城楼垜墙门洞约估修费银七百两，士民情愿捐修。至一切祠庙久经士民建于城外关厢内，应仍其旧。惟各官衙署以及仓库、监狱自应移建城内。除该县仓廒二十四间原在城内，无庸议改外，所有知县、训导、典史各衙署向系民房，规模狭隘。今既移建城内，其木料、砖瓦等项亦宜添补，均动正项兴工等语。亦应如所请行。至安定监地方原建仓廒一所，应准照各属乡仓之例，分贮粮石。其原建文庙及各官衙署，仍旧存留。"从之。

（卷301　939页）

乾隆十二年（1747年）十一月丁亥

兵部议复大学士原管川陕总督公庆复疏称："凉州镇原设配炮马未能负重致远，请换驼六十只，将马拨补营马倒缺等语。查马既不堪配炮，应尽数裁，准拨补倒缺，其需用驼之处，令在孳生厂挑补。"从之。

（卷302　947页）

乾隆十二年（1747年）十一月是月

调任陕西学政胡中藻奏："陕甘每考一棚，周行至千余里。臣办理四年，非案不彻烛，即骑不停鞭，仗恃强壮，不敢顾惜其身，然病且死者二次。向来议设此省两学政，皆梗不能行，不过为省一学臣养廉。然与其潦草塞责，即一学臣养廉如同虚耗，诚不若分设为愈。"得旨："汝奏尚属据实，但未免自表之意多，而且语不得体，岂敬慎事君之谊。至于此事，另有区划也。"

（卷303　968页）

乾隆十二年（1747年）十二月壬申

谕军机大臣等："户部议复黄廷桂奏，安西等卫孳生羊只一案，朕已降旨依议。此案前据黄廷桂奏请准行，至上年应行考核。又据奏称展限，目下已届考核之期，自应照原奏办理。即有难于考核之处，亦当据实奏明，乃忽以搭放难行，留牧亦属无益具奏。意欲回护前非，复蹈取巧故习，著传旨令其明白回奏，至此项羊只，究于孳生搭放有益无益，令其一并详晰据实奏闻。"

（卷305　982页）

乾隆十二年（1747年）十二月乙亥

谕："据川陕总督张广泗奏称，身在蜀中，陕甘二省不能遥制，其地方刑名、钱谷虽有巡抚经理，然于提镇则无节制之权，于戎行无整饬之责。仰恳天恩，特命大臣暂署陕甘总督事务等语。张广泗远在军营，不能遥制陕甘二省事务，著黄廷桂暂行料理。至一切武备，尤关紧要，更宜留心，如有地方重大之事，仍与张广泗会商，俾伊无兼顾之虑，得以专力川省。该部即行文该督等知之。"

（卷305　984页）

乾隆十二年（1747年）十二月庚辰

（军机大臣等议复甘肃巡抚黄廷桂）又奏："陕西学政胡中藻奏请分设陕甘二省学政一折。奉旨令臣等询问庆复，据称陕甘二省辽阔，学臣未免跋涉，多费时日，但该省预考生童无几，阅卷省便，是以向来督学止系一人，岁科两试均无贻误等语。胡中藻所奏毋庸议。"从之。

（卷305　992页）

乾隆十二年（1747年）十二月辛巳

谕军机大臣等："据理藩院奏称，安插青州之厄鲁特博罗特等约齐逃走，经官兵追赶，将五人拿获，已降旨即行正法，以昭国宪。伊等逃时，将军额尔图尚未丁忧，似此逆贼，理应一面严缉，一面奏闻。拿获时即问明缘由正法。乃博罗特等于九月二十七日逃走，而副都统三达色迟延许久，始行俱报。又惟以钱粮咨请。观此可知，伊等全不晓事。将军、副都统俱系驻防地方大员，乃不知事之轻重，至于此极，办理草率，实属不合。额尔图、三达色俱著传旨严行申饬，并传谕各省驻防将军大臣，各处俱有安插此等厄鲁特回人，令其密行防范，毋稍疏懈。然并非于无事时，欲其过严。现在投诚人等俱属安静，若因此一事，稍露形迹，伊等知觉反生疑惧，致滋事端，亦有不便。该将军等务宜用心妥协办理，其未经拿获之厄鲁特达什哈，乃去岁投来，安插内地，居住一年有余，通晓内地言语、地方情形，伊若将内地道路，沿途询知，逃回准噶尔地方，甚有关系。著开明达什哈年貌，交与两路将军大臣传谕各处卡伦，严行查缉。并行文直隶、山西、陕西、甘肃、四川、河南等处督抚，令其留心加紧查拿，断勿使之兔脱，以致逃回巢穴。俟于何处拿获时，即速奏闻。"

（卷305　992页）

乾隆十二年（1747年）十二月是月

（川陕总督张广泗）又奏："请加调陕西固原提标兵二千名，即令该标中军参将任举前往调派统领。西宁镇兵一千名，令大通协副将高雄统领。河州镇兵一千名，令候补参将王恺统领。甘州提标兵五百名，肃州镇兵五百名，凉州镇兵五百名，俱令金塔协副将刘顺统领。延绥镇兵七百五十名，宁夏镇兵七百五十名，俱令潼关协副将铁景佑统领。其应派将备千把等员俱嘱各提镇酌派。云南兵二千名，令镇雄营参将龙有印统领。贵州兵一千名，令清江协副将唐开中统领。共计派调兵一万名。已咨移各该省督抚办理起程，约明春三月间可齐抵军营。其时所铸所请之炮，亦正齐集，凭仗天威兵力，自能克期荡平。"得旨："该部知道。"

（卷305　1001页）

《清乾隆实录（五）》

乾隆十三年（1748年）正月丙午

谕："据甘肃巡抚黄廷桂奏称，军犯马应焕在配脱逃，经河州知州张永淑督差缉获等语。军流徒犯在配脱逃，该管兼辖各官例有处分。至在他处拿获，其地方员弁向无议叙之例。朕思缉拿匪犯，虽属地方之责，但不予以议叙，不足以示鼓励，且亦非国家惩奖均平之道。张永淑著交部议叙。嗣后军流徒犯脱逃在他处拿获者，地方员弁作何分别议叙之处，著该部定议具奏。"寻议："地方官弁、营卫武职拿获邻境逃犯、军流单身者，每一名纪录一次，携带妻子全获者，每一起纪录一次，徒犯二名纪录一次，准前后接算。"从之。

（卷307　18页）

乾隆十三年（1748年）正月己酉

军机大臣议复川陕总督张广泗奏称："进剿大金川各兵随带军装，深受驮马之累。现续调陕、甘、云、贵官兵一万名，应亟为调剂。查自打箭炉与维州关两路出口，跬步皆山，非特骑驮难行，且沿途并不产草，及抵贼境，愈属艰险。马非跌伤即饿毙。一遇移营，既无民夫雇运，不得不自为背负。各兵均带器械，加以军装背运，力已先疲，何能锐战。虽万余汉兵，仅可抵数千之用。今续调之兵，若拘旧例给马出口，诚为无益。若自各标营起程之日，即令改雇民夫，既恐滋扰，又虞糜费。若至出口地方再雇长夫，不但骤难雇觅，且抵营亦难约束。谨酌拟陕、甘、四川、云南征兵，仍照各该省之例，给驮载马，以资内地驮运。惟每兵百名准随带本营余丁三十名，以备出口负运军装，并各给棍棒、刀斧、器械，不但背运可以代夫，即遇派兵进攻，更资看守营垒。且征兵内或有粮缺，即以该余丁挑补，额数亦免虚悬，但必须酌给口粮并安家之费，乃可使踊跃从事。应于各本营起程时，每名给安家银三两，自起程日起日，给米一升。至黔省征兵，向无给驮马之例，自应仍雇民夫，每兵百名，除亦准带余丁三十名外，再给夫五十名，令于内地沿途雇募，俟抵川出口马匹难行之处，将陕、甘、四川、云南各兵原领驮马寄留内地牧放，以备旋师驮载。黔省所雇民夫以抵军营日停止，俟旋师再雇。所有军装，即令各余丁背负，于日给米一升外，加银三分。俟凯旋进口日，仍止日给米一升，以回抵各本营日住支。虽添调余丁，不免少费，然征兵俱得实用，马匹亦免倒毙，仍有节省等语。均应如所奏办理。惟黔省征兵每百名给夫五十名，与例不符，应照例给四十名。"得旨："依议速行。"

（卷307　21页）

乾隆十三年（1748年）正月是月

暂理陕甘二省事务甘肃巡抚黄廷桂复奏："安西五卫孳生羊，因乾隆十年冬间陡遭大雪，冻毙过多，难符原议三年十分考核之数。是以再请展限一年。上年冬底届期，但冬季孳生确数，必次年春初始能查办。至孳牧羊，原因从前口外羊价昂贵而设，近年准夷进贡贸易带来羊甚多，又兼回民商贩从青海各路来者络绎，若仍搭放兵食，扣价还项，则兵无余利，一时壅积，转售铺户，价必更平。不惟无济，反致苦累，何敢固执原议，不筹变通。再前奏请将应行搭放之羊择口老与不怀羔者，仍照每斤三分价值，令各卫自行变卖。盖以羊老则易倒毙，不怀羔则无益孳生，均未便留牧，徒糜公项。且秋冬臕肉尚肥，出售无难。若必俟春考核之后，恐冰冻草枯，臕减肉落。且一切雇觅夫工之费，更属虚糜。是以请变价易粮，并不敢因碍难考核，故意回护，亦非为留牧无益，全请变价也。再查口外多有牧地，孳生原属有益。现委员赴各卫牧厂，将节年所生羊羔勘明确数，合算牧放工本，有无赢亏，乃可定其有益无益再奏。"得旨："这回奏情节，该部核议具奏。"

（卷307　28页）

乾隆十三年（1748年）二月丙辰

以故青海扎萨克镇国公丹津那木扎勒之弟索诺木巴勒济袭爵。

（卷308　30页）

乾隆十三年（1748年）二月辛未

谕："上年甘省兰州等府属，有被旱成灾之处，已加恩赈恤，俾灾黎不致失所。惟是本年地丁银两例于二月开征，朕念入春以来，现在加赈去麦秋尚远，其应纳额银即于此时征输，小民未免拮据，著将兰州等府属之皋兰、金县、狄道、靖远、安定、会宁、陇西、通渭、西固厅、盐茶厅、平番、中卫、灵州十三处被灾地方，所有本年应纳钱粮缓至秋成后再行征收，以纾民力。该部遵谕速行。"

（卷309　39页）

乾隆十三年（1748年）二月乙亥

固原提督瑚宝奏："固原见存马步新兵一千一百六十二名，每年粮饷不下三万两有奇，若不设法筹办，不特帑项虚糜，亦于营伍滋累。计惟有标属附近协营通融拨补一法，除远在八九百里外之协营不计外，今将距固五六百里并二三百里之庆阳协，及所属红德、平凉、长武、泾州、靖远协，及所属固原城守、下马关、西安州、芦塘、八营、芦沟、永安、西凤协及所属凤翔城守、关山十六协营，实在马步额兵二千二百二十六名。凡缺出，如本兵无子弟可补，即将新兵内或籍隶彼处，或附近原籍，或情愿充补查明检发，约计每年本标可补六，协路可补四。不特可节三四年之粮饷，而清厘新兵亦不致旷日持久，惟是搬移不无所费。若照例在本兵饷内借给，则同一新兵倘充补协路，未免向隅。查生息银两一项，积有余息，请每兵百里给银一两。"
得旨："此奏甚妥，知道了。"

（卷309　46页）

乾隆十三年（1748年）二月是月

钦差兵部尚书班第密奏："大金川地纵不过二三百里，横不过数十里，蛮口不满万人。现在军营已集汉上官兵及新调陕、甘、云、贵四省兵丁已至五万。乃闻将弁怯懦，兵心涣散，土番因此观望。张广泗自去冬失事后，深自愤懑，亟图进取。第番情非所熟悉，士气积疲，倘肤功不能速奏，非特蜀民输挽难支，且蛮性无常，即内附部落，亦当虑及。臣愚以为增兵不如选将，现在军营提镇各员均非其选。再四思维，惟有岳钟琪夙娴军旅，父子世为四川提督，久办土番之事，向为番众信服，即绿旗将弁亦多伊旧属。伊前任西路大将军时，因军机获罪，但准噶尔情形原非所悉，若办蜀番实属驾轻就熟，可否授以提督总兵衔，统领军务，或令独当一面，责令剿贼，较为谙练。岳钟琪现在成都乡居，访闻伊年六十有三，精力强健，尚可效用。"得旨："此见亦可，但不知张广泗与彼和否。若二人不和，恐又于事无益。今有旨问汝二人，若可，即在彼遵旨调至军营，亦属顺便也。"

（卷309　60页）

乾隆十三年（1748年）三月丁亥

又谕："据张广泗奏报大金川军营现在驻守情形，内称副将高宗瑾诱莎罗奔头人生噶尔结至营，一面擒拿，一面枪炮齐发，打死头目一名，贼番数十人等语。高宗瑾能以计诱贼亦属可嘉，但生噶尔结为莎罗奔信用头人，或已就擒，或经打死，俱未奏明。可询问张广泗，令其再行详悉具奏。至孙克宗土兵踞守小碉，与贼结连渡河而去，此乃土兵之常技，盖其素性反复，不过随风转移。即使投顺效力，仍怀首鼠两端，原不可信用。现在调集陕甘两处兵丁万余，尽足以供攻剿之用。引项土兵应令酌量情形，既于军营无益，即行撤回。值此农作之时，正可使之耕种。又奏总兵马良柱不思努力克敌，怯懦无能，将五千余众一日撤回，以致军装、炮位多有遗失。其临阵退缩之状罪已显著，实无可逭。张广泗又一折中亦奏伊老不任用，若留军中以功赎罪亦属无益，自当严劾以肃军纪。且伊有应行质讯之处，可令张广泗即行据实纠参，解京问拟。总兵宋宗璋前在瞻对不能奋勇克敌，惟事粉饰，扶同欺隐。及进剿大金川以来，虽据报小有攻克，仍不能鼓勇前进，而欺饰之故智犹昔。今统一军，徒长惰而损威，朕已降旨，令伊解任来京，其员缺用哈攀龙署理。著张广泗将宋宗璋一并解京，以便质审瞻对之案。其总兵许应虎前在京召见，朕看其人尚有勇敢之气，是以令于军营效用。今观其从事戎行，虽无大过，亦绝少功绩，如许应虎无可任用，即著回原任办事。至于金川军营诸将大抵多系办理瞻对之人，不特庸懦欺蒙，已成夙习，且多瞻顾。今另用任举哈攀龙及高宗瑾、唐开中等，皆未经从征瞻对，无所掣肘，自能鼓励勇往。可令张广泗等酌量情形，如现在哈攀龙等力能平定金川则已，若尚须统领之人，朕思岳钟琪久官西蜀，素为川省所服，且夙娴军旅，熟谙番情。伊虽获罪西陲，亦缘准噶尔夷情非所深悉，若任以金川之事，自属人地相宜。伊三世受国厚恩，自必竭力报称，以盖前愆。著张广泗会同班第商确，如有应用岳钟琪之处，即著伊二人传朕旨行文调至军营，以总兵衔委用。又折内所奏大金川贼番精壮者不过七八千人，兵伤疫死已去其半等语。今所存四千余人，现在所资以为食者何物，并询问张广泗令其留心查察奏闻。再张兴陷贼以后，据奏人怀怯惧。近又有游击孟臣阵亡，不无失利之处。此时军旅方兴，偶一胜败，固不足凭，惟以剿灭之日为定。况以国家军威，灭此釜底，如摧枯拉朽耳。张广泗不可因此愤懑疑虑，正宜不动声色，镇静安详，以奏折冲之绩，以副朕望。"

（卷310　73页）

乾隆十三年（1748年）三月壬寅

甘肃提督永常奏："甘郡内地粮价虽贱于安西，因标兵皆系土著，家口众多，粮饷皆按季关支。季首关饷时糊口外所余无几，每至季中空月已属拮据，添补衣服更觉艰难。借贷受重利盘剥，且有告贷无门者。冬令无皮衣兵竟有大半，设遇征调何能望其勇往。虽例有恩赏银两，足备皮衣，奈甘郡不产皮张。查现有节年喂驼节省余银，与其闲贮，不若以之接济兵丁。因差员向西宁产皮之处买皮，西安布贱之处买布，制造裘服，发给无皮衣兵。虽得免冬寒，而春暖又将皮衣典换春衣，随为赎贮，至冬发给，免其出息。一切用度随时酌给，旋借旋扣，请嗣后但有节省之项，即入接济项下办理，俟买驼添补时，仍照例动用。"报闻。

（卷311　83页）

乾隆十三年（1748年）四月乙卯

谕："前军机处定议，将庄浪满兵移驻宁夏一案，已行知该督，令其将一应迁移事宜，并建造资送各项费用数目，筹酌妥协办理。迄今尚未复奏。朕思移驻兵丁必须彻始彻终，详慎妥酌。此事已一年有余，其庄浪一城并旧存房屋，现议作何用处，及宁夏营房相度地势，在何处添建，曾否办理，可传谕询问黄廷桂，令其详悉奏闻，如尚未营建，正可不必办理，俟伊奏到，朕另颁谕旨遵行。"寻奏："营房议于宁夏新城东关建，尚在拨估，并未动工。业饬司停办。至庄浪地僻民贫，满城并旧存房屋拆变为难，亦无应用处，饬交地方官徐筹。"得旨："候旨行。"

（卷312　108页）

乾隆十三年（1748年）四月丁卯

军机大臣等奏："定例准噶尔来京贸易不过二百人，肃州贸易不过百人。嗣后入京途远，准其前赴肃州，并准两年中贸易一次，仍以百人为率。今来使俺集等奏恳肃州贸易人数不敷，乞准增一百名，每年贸易一次。臣等酌议，肃州贸易准增百人，其所请每年贸易一次应不准行。"从之。

（卷312　120页）

乾隆十三年（1748年）四月辛未

赐准噶尔台吉策妄多尔济那木扎勒敕书。曰："览奏，知尔感激朕恩，言词恭顺，朕甚嘉之。其欲将年老喇嘛请派人送归土伯特，从前并无此议，且喇嘛高年，熟于经典，何故转欲送回。彼出家之人，随处安身，又岂必定回原处，即如来京喇嘛亦从无送归土伯特者。此事不便准行。再，来使恳请另发喇嘛，扶助黄教。佛之一道，惟在诚心，不关念经之人。从前尔父屡次奏请，朕已明白开导，未经准行，尔当稔悉，不必固请也。再请肃州贸易人数加增一百名，每年贸易一次。此事议有定例，不得更张，姑允所请肃州贸易人数准作二百名，仍于两年中前赴肃州贸易一次。尔宜恪遵前规，克修和好，以图永受朕恩。特降敕令来使赍回，随敕赐各色缎十端，加赏妆缎、蟒缎各八端，玻璃、珐琅、磁器十八事。"

（卷313　124页）

乾隆十三年（1748年）四月癸酉

又会议暂管陕甘二省事务甘肃巡抚黄廷桂等奏称："平庆道移驻固原，廷议令归移兵案内并题，但该处现止知州、同知二员，职分较轻，与营情不属。请将该道及早移驻等语。应如所请办理，并给兵备道衔，凡营务均与提督酌议，仍将管辖事宜报部，应换给关防敕书。令该督拟定字样具题。又称固原旧道署已改提标中军参将衙门。今查固原城内驻扎平凉府盐茶同知一员，所管州城西北一带，距城窎远，请将该同知移驻海喇都，另建衙署，其旧署改为中军参将衙门，该道仍复旧署。又海喇都旧土城一座，应建厅仓，即将州城厅仓陆续拆运。现在该厅民情愿捐修，应从民便。至一切兵防请于标属营内拨千总一员，马守兵四十名，其固原厅州所辖村堡，应各归就近管辖，均应如所请。"从之。

（卷313　126页）

青海扎萨克多罗郡王策凌拉布坦贝子索诺木达什故，赐祭如例。

（卷313　127页）

乾隆十三年（1748年）四月乙亥

谕："岳钟琪前在西陲用兵，以失机致罹重辟，久系图圄。经朕宽恩，放还乡里。今当大金川用兵之际，因思伊久官西蜀，素为番众所服。若任以金川之事，自属人地相宜。曾传旨班第、张广泗，令伊等酌量，如果应用，将岳钟琪调至军营，以总兵衔委用。今班第、张广泗已遵旨调赴大金川军前。岳钟琪著加恩赏给提督衔，以统领听候调遣，予以自新之路，俾得奋勉图报，以收桑榆之效。如果能迅奏肤功，更当从优奖叙。"

（卷313　127页）

乾隆十三年（1748年）四月戊寅

兵部等部议复川陕总督张广泗疏称："甘、凉、西、肃一提三镇，各设挐生驼二百只，请照太仆寺儿母驼分配之例，每提镇设母驼一百七十五只，儿驼二十五只。以儿母驼一百六十只为一群，余驼四十只寄群牧放。酌添牧兵二名，每处派牧长千把一员，牧副外委一员，牧兵九名。并派守备一员督理。牧驼兵月给鞡鞋银三钱，始终勤慎者，该管提镇于公费内犒赏。所需锅帐于存营项下拨给。牧长、牧副及兵于五年内，每母驼一百只孳生四十只者，毋庸议叙。额外孳生一只至十只者，守备纪录一次，牧长纪录二次，牧副纪录一次，兵赏银一两，递增以十只为差。设厂三年后，孳生驼羔，各提镇印烙，将数先咨督臣存案，至五年均齐时，委员赴各处印烙，将数及经管官兵姓名造册具题。五年后，驼羔照例配搭，余儿驼骟割另牧。再孳生驼内，如有口老病废不能产羔者，呈验变价等语。均应如所请。至该督所议孳生驼倒毙逾额，分别议罚一款，臣等酌议倒毙不论多寡，总以续得孳生抵补，毋庸另行定议。惟孳生四十只以下者，应如所议，少一只以上者，守备、牧长罚俸半年，牧副兵丁各责四十。递少亦以十只为差。"从之。

（卷313 136页）

乾隆十三年（1748年）四月是月

甘肃巡抚黄廷桂复奏："甘省粮价时贵时贱，总视年岁丰荒，不关生齿多寡。且民贫土瘠，无巨本囤户，亦无重资商贩。不出四封，缓急获济，非徒无损而且有益。又边疆积贮最要，东南山险，别省商贩不通，岁歉难资接济。岁丰无处出售，必借采买以为权衡。臣抵任初，饬属于市集之期，民买所余，官为收买，实属两便。就甘省而筹补救，总宜广为储蓄。"得旨："俟汇议可也。"

（卷313 144页）

乾隆十三年（1748年）五月丙戌

以故青海多罗郡王策零拉布坦子索诺穆多尔济袭爵。

（卷314 151页）

乾隆十三年（1748年）五月戊戌

四川布政使仓德奏："督臣张广泗添调之陕、甘、云、贵官兵余丁一万三千名内，凉州、河州官兵由茂州赴营。陕西、固原、延绥官兵自栈道入川，由灌县出口。云贵官兵由成都赴营。添调新兵即应加增粮运。臣商之抚臣，先后雇背夫一万二千余名，分起委员、押交总理粮务道，分站安设，随军挽运。又于成、重、潼、顺、叙、嘉、龙、泸、资、眉、邛、绵、永等十三府、厅、州属仓谷内，添办米十二万石，勒限运赴西南两路。又添调丞、倅州县佐杂二十余员出口听候差委，及分管随军办理一切粮务。现在大兵不日会集，夫粮充足。"报闻。

（卷 314　164 页）

乾隆十三年（1748 年）五月己亥

谕："从前臣工条奏凉庄驻防满兵有请迁移他处者，亦有奏请不必移驻者，屡准屡驳，迄无定见。嗣经庆复查奏，军机大臣定议，凉州兵丁不必移驻，惟庄浪满兵请添驻宁夏。据该抚黄廷桂奏称，现在拨估营建尚未办理。朕思前此驻兵庄浪，屡经详酌，始行定议。移驻之时又大费经营，十余年来甚属安怗。今若复令迁徙，在宁夏重镇原可不必添兵，而庄浪要地转无以资弹压，且徒费帑项。而兵丁又安土重迁，其旧城兵房别无应用，亦不应抛弃成功。是移驻则在官在民两有未便，如仍旧贯则官无建置之劳，兵免迁移之累，均有裨益。所议庄浪满兵移驻宁夏之处，著停止。该部即遵谕行。令该将军督抚等知之。"

（卷 315　165 页）

乾隆十三年（1748 年）五月癸卯

军机大臣等议复安西提督李绳武奏称："准噶尔此次贸易夷目所带牲畜较上届加倍，肃州厂小难容。现谕该夷于山北有水草处暂留牧放，俟稍有膘力分起赶行。其疲乏牲畜约万余，穷夷恳求变卖，现委员设法售变等语。查准噶尔赴肃贸易所带牛羊，从无在哈密变卖之例，但向来求售。提臣等代奏，屡经奉旨允准。此次所带牲畜既倍上年，其疲乏牛羊应令酌量于哈密设措售卖。仍申明成例，令其不得视为故常。有违定议。"从之。

（卷 315　170 页）

乾隆十三年（1748 年）五月丁未

军机大臣等议复安西提督李绳武奏称："夷人阿济巴勒第、呢雅斯二名投诚。查系额敏和卓部落人，被掳私自逃回，遣之不去，哀恳迫切，可否收留。请旨定夺等语。查该提督所奏阿济巴勒第既有弟兄可认，应如所请。交扎萨克令其完聚。其呢雅斯一名应照奏定新例，解京口安插。"从之。

（卷 315　177 页）

乾隆十三年（1748年）五月戊申

谕曰："余栋所奏四译馆序班请与升迁，译字肄业生准与考试一折。援引翻译、算学之例上请，不思翻译、算法现在需才以资实用。且各以本艺考取，考取后又各有专职，四译馆人员岂可与之并论。我朝设立理藩院，以抚绥属国。其海外入贡表章皆由各省通事翻译进呈，未尝用该馆肄业生。不过沿习旧规存而不废，以备体制。而余栋哓哓置词，远牵旁引，殊属不知分量。又称诸生中殊有文理优通，字画端楷者，以限于不能进取，纷纷告归。夫该馆所肄者番书，自以各精所业为事，原不宜取文理字画，若论文理字画，自有学校科目在，又非该馆所职，此不过开一幸进之门耳。余栋于乾隆七年即曾以此陈奏，经该部议驳。今复再行烦渎，并不为衙门职掌起见，而专为所属请升迁、请考试，所见甚为琐屑。著交部察议。提督四译馆以今视之，实为废冗闲曹，无所事事，尚不如裁之为便。如以为应设，以备体制，则不宜听其冷员虚廪，又不宜听其假名冒进。其该衙门应裁应设，著大学士会同该部定议具奏。如以为应设，则作何使其名实相副。整顿办理之处一并议奏。"寻议："四译馆不过传习各国译字。现在入贡诸国，朝鲜、琉球、安南表章本用汉文，无须翻译。苏禄、南掌文字馆内原未肄习，与暹罗表章率由各督抚令通事译录具题。至百夷及川、广、云、贵各省土官，今既改置州府，或仍设土官，皆隶版图，事由本省。回回、高昌、西番、西天等国以及洮、岷、河州、乌思藏等处番僧，现统隶理藩院。高昌馆字与蒙古同，西天馆字与唐古忒同，是该馆并无承办事务，应归并礼部会同馆。于满汉郎中内拣选二人引见，候旨简用，一人兼理，三年更代，换给印信。其馆卿向加太常寺少卿衔，于义无取，应改为提督会同四译馆礼部郎中兼鸿胪寺少卿衔，仍照原衔食俸升转。再会同馆大使一人，朝鲜通官十四人，书吏八名，皂隶六名，馆夫十八名照旧存留。其四译馆原设之卿一人，典务一人并裁。序班八人酌留二人。合回回、高昌、西番、西天为一馆，曰西域馆。除蒙古、唐古忒毋庸置译字生外，将回回、西番译字生酌留四人。合暹罗、缅甸、百夷、八百并苏禄、南掌为一馆，曰百夷馆。将暹罗、百夷译字生酌留四人，以备体制。馆概裁汰，再会同馆大使向于各省杂职内推升。今应照从前四译馆典务之例，于序班内升用，由吏部论俸推补。序班员缺于译字生内选补，译字生缺于在京童生内选充，由馆呈部考补。再馆舍旧有三处，一在御河桥，一在安定门大街，一在正阳门外横街。原系预备贡使并非衙门，今设会同四译馆衙门，即以四译馆充设，无庸更建。"从之。

（卷 315　178 页）

乾隆十三年（1748 年）六月辛未

缓甘肃环县、静宁、庄浪、隆德、镇原、华亭、崇信等七州县十二年份旱灾额赋有差。

（卷 317　205 页）

乾隆十三年（1748 年）六月壬申

办理青海事务副都统衔众佛保奏："青海地方巡视额色勒金、柴达木两路卡座，奉旨派王策凌拉布坦等十人轮班巡察。今据扎萨克补国公衮秦扎布前至西宁告称，自幼承袭公爵，去年木兰瞻仰天颜，赏孔雀翎，在乾清门行走，受恩深重，无出力报效之处。今策凌拉布坦故，请在巡察卡座处行走。"从之。

以甘肃庄浪土司副千户鲁君裔子烈袭职。

（卷 317　205 页）

乾隆十三年（1748 年）六月戊寅

以四川威龙州长官司张秀子应诏，甘肃河州保安堡土千户韩文广子旭袭职。

（卷 317　212 页）

乾隆十三年（1748 年）七月甲申

谕曰："永常调任甘肃提督已经三载，伊前任安西，于彼地情形熟练，仍著调任安西提督。甘肃提督员缺，即著李绳武补授。"

（卷 318　220 页）

乾隆十三年（1748 年）七月是月

甘肃巡抚黄廷桂奏："甘省地亩所产粮色高下不等，今岁河东、河西澍雨频降，丰登有望。正小民清完宿逋之时。请照上届奏准之例，止收小麦、莞豆之处，许于四斗之内以粟米兼纳。"得旨："此亦从权之一法，妥为之可也。"

（卷 319　259 页）

乾隆十三年（1748年）闰七月丁巳

军机大臣等议复甘肃巡抚黄廷桂奏称："甘肃提标公费不敷，请以步改马，制造军装等语。查此项军装因协剿瞻对残缺，自应照该抚所请，亟为修整，但各标营似此者甚多，将来皆援为例，以步改马，恐难办理。应将甘肃提标军装动项修造，应作何扣还之处。令该抚查明再议。"得旨："依议。"谕："军机大臣等议复黄廷桂奏请，将甘肃提标公费，步粮改作马粮，以为制造军装之用一折，朕已批依议矣。军装残缺自应急为修整，即公费不敷，亦当据实奏请，酌量办理。乃借步粮改马粮名色，纡回取巧。公费步粮改为马粮，则与赏给何异。与其步粮改马，不若竟行赏给矣。黄廷桂巧为奏请，是其平日处心积虑，取巧之习犹未除也。既据军机大臣等如此定议，著传谕黄廷桂将此项各营残缺军装应修改者酌量修改，应变价者即行变价改用，务须严行查核，不得先存朕必加恩之心，以致任听营员虚估浮冒，如稍有情弊，惟黄廷桂是问。著伊察照廷议，即行办理。"

（卷320　263页）

乾隆十三年（1748年）闰七月戊辰

兵部等部议准暂理陕甘二省事务甘肃巡抚黄廷桂疏称："河州镇属洮岷营拨马步兵二十名，在岷州营属之麻子川驻防。并于洮岷、阶州二营轮经制员弁管理，距洮远不能归营操练，距岷虽近，隔属不便稽查，请将前项兵改为步战，隶岷州营，于额兵内拨往。至议裁之管理新兵外委把总，应留管防兵，并归岷州营管辖。"从之。

（卷321　278页）

乾隆十三年（1748年）八月甲午

谕军机大臣等："据李绳武前经奏请陛见，朕已准其来京，但现据索拜奏报有应防范之处。已传谕黄庭桂，令其密行查察实在情形，如其踪迹可疑，即令李绳武、瑚宝调遣附近官兵严为预备。虽其事虚实尚未可知，亦不可不为有备无患之计。李绳武著不必来京，俟永安一到西安，李绳武速赴甘提之任。若果毫无影响，无可办理，著于夷使回巢后，奏明请旨，再行来京陛见。"

（卷322　314页）

乾隆十三年（1748年）九月丁卯

谕曰："黄廷桂著来京陛见，甘肃巡抚员缺，著瑚宝署理。从前张广泗因在军营，陕甘二省事务不能遥制，曾令黄廷桂暂行料理。今瑚宝署理巡抚，著照黄廷桂之例，兼办总督事务。该部即行文该督等知之。"

又谕："朕已降旨令黄廷桂来京，以瑚宝署理巡抚事务。将来黄廷桂陛见后，朕意欲授伊为两江总督，可传旨密谕令其知之。至地方一切武备及重大事务均关紧要，瑚宝初经署理巡抚，又兼管督务，恐其未能谙悉机宜。黄廷桂交代时，须将作何办理始能妥协之处，详悉告知，俾其有所遵守，不至贻误。朕看瑚宝人尚可用，但甘省边陲重任，是否能胜，并令黄廷桂据实具折奏闻。"寻奏："臣屡任边陲，于东南绝少经练，两江冲剧，恐难胜任。至瑚宝为人和平，任事实心，在甘年久，熟悉边隘情形，营伍兵防。但巡抚有刑名钱谷，抚辑化导之责。瑚宝果能细心讲求，稍加习练，亦可胜任。"得旨："览奏俱悉，见朕后自有谕旨。"

（卷325　359页）

乾隆十三年（1748年）九月己巳

调甘肃提督李绳武为固原提督。以山西太原镇总兵海亮为甘肃提督。

（卷325　361页）

乾隆十三年（1748年）十月乙未

又谕："川陕总督印务，前降旨令经略大学士傅恒带管原为节制三省，便于调度，其寻常应行事件繁多，不当令其分心兼顾。所有陕甘事件已交瑚宝办理。四川事件著交班第办理。经略大学士不必躬亲总督任内庶务，专一经理进剿事宜。俾朕功早奏，以副朕怀。"

（卷326　398页）

乾隆十三年（1748年）十月是月

甘肃巡抚黄廷桂奏报："初一、初二日，平凉府固原州地动，压死四十余人。"报闻。

甘肃提督海亮奏谢，并请陛见。得旨："不必来，汝在太原尚属称职，今更宜加勉。肃州重任，瑚宝章程可守，更加之以实心实力，久而不懈则善矣。"

安西提督永常奏："沙州营之巴颜布喇地方现驻防兵，原为防御噶斯一路而设，其至噶之道里远近，营中并无知晓之人。臣前任安西曾差弁兵自巴颜布喇正西往探，行及千里有余，多系戈壁，以水尽未得至噶斯而回。臣今选千总二员，带外委二员，兵四十名，给骑牵马驼，多裹口粮水浆，于八月二十五日起程，指令自巴颜布喇由黑打坂之西南往探。沿途即于所带兵中留安卡拨，以通声息。于十月初八日回称，自巴颜布喇西行约七百余里至黑打坂，向西南行，一路多山僻，水草极少。行及六百余里到一古墩，有水有草，更有筑下台坎基址。细看创造工程，乃系我朝驻过人马形像。从此四下踏勘，至南一百余里乱山上，望见南有一带雪山，所带外委潘有仁曾在青海出兵，到过噶斯。据说这雪山下似噶斯大路。又南一百余里到雪山下，见有东西来往大路，是马驼走下旧踪，多被风吹雨湮。据潘有仁言，此路前征罗卜藏丹津时走过，地名花海子，即噶斯大路。臣伏思自巴颜布喇往西南一千四五百里之外，并无别夷部落。所有旧踪应系准夷两次进藏熬茶经过之踪无疑，今得探明于巴颜布喇防御哨探有裨。"报闻。

（卷327　415页）

乾隆十三年（1748年）十一月癸酉

谕军机大臣等："从前令策楞来京，原欲授为川陕总督，俟黄廷桂到后再行降旨。今据经略大学士傅恒奏称，陕督连年办理军务，远驻川省。黄廷桂代办亦属遥制，一切地方事务颇觉废弛。即瑚宝、陈宏谋等亦只能办理本任刑名钱谷之事，于总督统辖诸务未能兼理。陕省地方甚关紧要，黄廷桂起程赴阙尚在途次，未便悬缺久待。朕已降旨，令策楞驰驿来京，可即传谕。令其接到谕旨，星驰就道来京，以便速赴西安。"

经略大学士傅恒奏："臣至西安，见巡抚陈宏谋，询陕甘二省所派兵。据云大半已起程，惟督抚标兵一千名，现雇觅驮载马骡未齐。臣观该省马实不充，今现雇马骡千数百匹资送，将来满兵一到，愈难办理。因令陈宏谋等稍缓调拨。伊等咸谓已经奉旨，不敢不遵。臣思陕兵已调至一万四千，此项不过千名，既系绿旗，又督抚标兵，本非锐卒。与其竭力以办不甚紧要之标兵，不如留余力以应满兵为有益。臣系经略，兵之应调应缓原可酌量。因语陈宏谋不必拘泥前奏，但须尽力料理满兵前进，并饬将军博第等加意办理。

臣至军营，若兵数太多尚须酌减。此项可停，惟副将伸布既经派委，军前现在需人，仍令往听委用。"奏入，得旨："前调绿旗兵丁，为数本属过多。朕于本月十二日曾降旨传谕经略大学士，由陕省经过之时亲自阅看，如不过寻常充数之兵，不若竟行停止。此旨想经略大学士今始奉到。今据所奏，与朕意适相符合。此项督抚标兵已传谕博第、陈宏谋等，停其调拨。再湖广所调之兵，前据新柱奏称兵力寻常。亦经降旨，令其勿遽起程，听候酌量。经略大学士到川，仍遵前旨，相度情形。所调各省绿旗兵丁应否需用，或停或调，一面办理，一面奏闻。"又批谕："将来陕省绿旗兵丁虽或不用，而武弁如马得胜等，亦应仍调至军前委用。此见又与朕意相合，甚可嘉慰也。"谕军机大臣等："据经略大学士傅恒奏称，陕省所调督抚标兵一千名，雇觅驮载马骡甚属拮据，请停止调拨。留其余力以供应满兵等语。所奏甚为合宜。陈宏谋所云，已经奉旨不敢不遵，非是。经略大学士系奉朕命经理一切军务之人，所区处自为允当应从。此项兵丁应即停其调遣。至陕省绿旗兵丁调拨之数过多，朕已降旨，令经略大学士再行酌量，著一并传谕博第、陈宏谋等知之。"

（卷329　451页）

乾隆十三年（1748年）十一月甲戌

又谕："陕甘总督事务现令协办大学士户部尚书尹继善前往暂行办理，署理甘肃巡抚瑚宝著专办甘肃巡抚任内案件，并经理甘肃调拨赴川官兵起程一应事宜。令其加意迅速妥协预备，不必兼办总督事务。"

又谕："据署甘肃巡抚瑚宝奏称，陕省今岁收成歉薄，栈道州县仓储有限。今满洲大兵云集经行，一切草料诚恐采买维艰。且恐市价昂贵。查甘属两当、徽县一带，悉与栈道相接，庆阳、平凉二府属，亦与西安相近，不若将甘省仓贮豆石就近拨运，以济急需，俟大兵过竣，照依拨用数目，买备还仓等语。瑚宝此奏，于经理大兵军需甚有裨益，其通融协济，不分彼此，足见实心任事，殊属可嘉。著照所请速行，该部知道。"

（卷329　455页）

乾隆十三年（1748年）十一月庚辰

分设四川、陕甘总督。谕："川陕总督统辖四川、西安、甘肃。幅员甚为辽阔。在寻常无事之时，尚虞鞭长莫及。现今金川军务未竣，地方公事及筹办军需一切调度，督抚驻扎西安，难于遥制。即将来平定亦经理需人。从前曾经分设总督，就近综理。尚书尹继善今现奉差在陕，著即授为陕西总督。策楞著授为四川总督，管巡抚事。户部尚书员缺，著舒赫德调补。兵部尚书员缺著瑚宝补授。瑚宝未到以前，仍著舒赫德兼管。甘肃巡抚员缺，著鄂昌补授。其分设总督事宜交该部查例定议具奏。"

谕军机大臣等："川陕现在军务未竣。陕督驻扎西安不能遥制，当分设总督以专责成。而其人颇为难得，曾降旨商之经略大学士傅恒，昨据奏到，意亦相同。称舒赫德尚可，但又恐军机处乏人。现今陕西督务，朕已令尹继善前往暂署，经略大学士具奏之时尚未及知。朕思尹继善历任封疆，用之陕西，尤为驾轻就熟。川省军兴旁午，将来筹办善后事宜，总督必须得人。应即令策楞以总督管巡抚事，足可胜任。舒赫德现办部务，军机处亦实在须人，步军统领时有特交事件。尹继善、策楞于外任事宜尚为熟练，若令办舒赫德所办之事又未必如其妥协。业经降旨，以尹继善补授陕西总督，策楞补授四川总督管巡抚事，舒赫德调补户部尚书。其兵部尚书员缺，朕思瑚宝于甘抚之任未必见长，令其来京再加试看，且使经历部务，是以授为兵部尚书。鄂昌虽不克胜川抚，而伊曾为甘肃藩司，地方情形，当所熟悉，已降旨授为甘肃巡抚。以上诸人皆朕中夜思维，逐一审量而定者。至舒赫德将来审理讷亲案件，起身之后，户部尚书需人署理。朕中夜辗转筹酌，实无其人。忽念及海望，人虽糊涂，近亦颇觉颓唐，但前任户部有年，尚可暂行署理，且迁就用之，实出无可如何，转不觉失笑也。将此一并传谕经略大学士知之。"

（卷329　470页）

乾隆十三年（1748年）十一月是月

兼办陕甘总督署甘肃巡抚瑚宝奏请圣训。得旨："目下要务惟以派兵料理一切妥协为上。至抚臣之事，乃刑名钱谷，汝若不谙，朕再酌量。然一日有一日之责，正不可以摄篆而忽视之。"

（卷329　474页）

乾隆十三年（1748年）十二月甲申

甘肃巡抚瑚宝奏："京兵三百名一起改为五百名，逐台添马，约需八千有余。陕省办理艰难，因思西宁镇处极边，值防冬之际，兵未便拨，马正可调。已檄令西宁镇臣张世伟派调营马二千匹，于十二月初全抵台站，以备添用。仍令即领价买补，以实操防。此项马俟撤台后分发各镇营，抵补倒马。即于岁领倒马银内扣还西宁镇所领马价。又思晋省之蒲、解二府州，畜牧最多，与陕只隔一河，如陕省雇觅不敷，应飞咨晋省。饬蒲、解二府州近属代雇，现在札商陕抚陈宏谋酌办。"得旨："交总督尹继善酌办。"

（卷330　480页）

乾隆十三年（1748年）十二月丁亥

以甘肃巡抚黄廷桂为两江总督。

（卷330　482页）

乾隆十三年（1748年）十二月戊子

谕军机大臣等："据瑚宝奏称，陕省安设台站，派拨营驿兵丁所需马匹草料，请于管站官员处支领，在各兵季饷内扣除。但该省今岁收成歉薄，即酌中定价亦多至一倍。若在季饷内扣除，不无亏缺。请自各兵到台之日起，至撤台之日止，将应领马干草料按日扣还。其不敷银两应请作正报销。又称回马兵丁口食一项，原应令其自备，但本年食物昂贵，各兵所关粮饷有限，若令自备口食，则家口在营，未免拮据。恳将督抚两标、固原、兴汉等镇营回马兵丁，每名每日酌给口粮银四分，俾免内顾。朕思陕省现今草料价昂，兵丁季饷不敷扣还，难免拮据，而回马兵丁远赴台站，令其以所关粮饷自备口食，则家口必致艰窘。瑚宝所奏似属实情。著将此折录交尹继善酌量，如果属可行，一面传旨办理，一面奏闻。又瑚宝所奏停调西宁营马一折，亦著交尹继善，听其酌量。"

（卷330　484页）

甘肃巡抚瑚宝奏："护川陕督臣傅尔丹以兴汉、西宁、河州各营缺额兵一千名。今臣按额拣选，委弁带赴军营。臣随知会提镇详选勇干之员，星速带往。所有应需马匹、银两照今春加调官兵之例，其西宁、河州兵由阶文直达松潘。兴汉兵由栈道赴川，饬沿途严加约束。"报闻。

又奏："前因陕抚臣陈宏谋札商，陕省需马甚多，令臣代为筹划。臣随拨西宁镇标营马二千匹，刻期前赴协济。今接陈宏谋札称，陕省多方雇觅骡马，已有一万三四千匹头，将来即有疲乏不敷，商之将军，尚可通融借用。西宁马可无需调。臣飞饬镇臣张世伟，遵照停止。"报闻。

（卷330　485页）

乾隆十三年（1748年）十二月辛卯

户部议准前任甘肃巡抚黄廷桂遵议甘省各州、厅、县民壮："请裁汰一百五十二名，实存二千三百四名。"从之。

（卷330　490页）

乾隆十三年（1748年）十二月丁酉

谕军机大臣等："据瑚宝奏，陕提延、河二镇及甘抚标河西各标营所派之兵共一万二千二百名，已于十一月初十、十二、十五、十六、十八等日俱经起程，约在明岁正月二十以外，二月十五以前可抵军营。如此则攻剿可资矣。其兴汉镇兵一千八百名，据该镇呈报亦于十一月二十并二十三等日起程。计兴汉官兵起程之际，正经略大学士经过之时，应否停止，听经略大学士酌夺等语。陕提延、河二镇及甘抚标河西各标营兵既久已陆续起程，于二月十五以前可以齐抵军营，应令其速行前进。其兴汉官兵既据奏听经略大学士酌夺。此项官兵应停应调之处，想经略大学士已经酌定。应速奏闻。"

（卷331　505页）

乾隆十三年（1748年）十二月己亥

赈恤甘肃渭源、固原州、盐茶厅、宁夏、宁朔、灵州、礼县、秦安等八州县被雹被水灾地贫民，其不成灾之秦州、庄浪、碾伯、真宁、河州、陇西、漳县、平凉、泾州、灵台、宁州、灵州、皋兰、狄道州、金县、陇西、宁远、安定、漳县、通渭、西和、渭源、静宁、秦安、隆德、镇原、盐茶厅、安化、合水、环县、徽县、成县、武威、平番、宁夏、花马池、中卫、西宁、大通卫、归化所等三十九厅、州、县，借给籽种、口粮。

（卷331　515页）

乾隆十四年（1749年）正月甲寅

谕军机大臣等："经略大学士傅恒现在已抵军营，所有分起前进之京兵及东三省兵、黔兵、陕兵、甘肃由阶文前进之兵，俱于何日到营？"

（卷332　543页）

乾隆十四年（1749年）正月戊午

谕军机大臣等："总督尹继善现命参赞军务，陕甘总督事务著瑚宝署理。瑚宝奉到谕旨，不必来京，即行赴任。陕省系入川要路，台站供亿等事，关系紧要，应往来查察，以速军邮。及治民情，均宜加意抚辑，实力整顿，以副委任。"

（卷332　550页）

乾隆十四年（1749年）正月己未

谕军机大臣等："金川水土恶薄，与内地迥殊。前据鄂实奏称人易发喘，须服人参。经略大学士傅恒亦奏称，番境气候不佳。观此则蛮方荒徼，非人所处也明甚。经略大学士身体素非强壮，所以勤劳罔惜者，惟恃此心之忠诚坚固。然军中事务繁多，机宜关系重大，只赖经略大学士指挥调度，必应加意爱护，使精神充裕。天下事颇有力不从心之处，非谓有是心即能事事周到，食少事繁，古人所戒，可不慎乎。今发到库参三斤，赐经略大学士服用。余照另单传旨分发，以示朕注念诸大臣之意。自办理金川军务以来，一切政务未免因此分心。朕昨御斋宫，偶一检点应发之旨，遂有数件。六部为天下政务根本，经略大学士以阁臣而兼理吏、户两部。今既专任军旅，而尚书之在军前者，吏部则有达勒当阿，户部则有舒赫德，兵部瑚宝现亦暂留陕甘。而军机大臣中大学士张廷玉现以年高，优予休暇。其大学士来保、尚书陈大受、汪由敦、纳延泰所理之吏、户、刑三部及理藩院，均属紧要。而近来晨夕内直承旨办理军前事务，若谓仍能照常料理部件，毫无旷误，朕实不敢保其必无，而诸臣亦不敢自许。金川军务一日不竣则诸大臣一日无暇，即朕亦不忍更责以旷误部务之愆。而直隶数省督抚州县，因供亿军行，于吏治民事迟延担误者，又可想而知矣。从前准噶尔用兵，西北两路不过委之大将数人，未尝聚能办事之部院大臣悉赴行间，致旷内外诸务，今金川小丑何值如此办理。经略大学士即遵朕四月初旬之谕，班师言旋。达勒当阿、舒赫德等同时返旆，亦须至五月杪始得还朝，尚不免半年废弛。此理甚明，而朕今始觉悟，实悔其迟。此亦上年运度驳杂之所致也。且今日偶有雨雪，内廷乘舆，犹虞蹉滑，况番境春雪夏潦，跋履维艰，天时地利，皆非人力所能强违。是乃上苍特设奇险，以处化外异类。纵令贼酋授首，郡县其地，而小金川等界处其中，倘更有莎罗奔其人，又复蓄志抗违，辗转不已。经略大学士即留驻十年，安能尽歼丑类。而内外诸大臣各旷厥职，悉萃于彼，以成经略大学士一人之勇名，有是理乎。经略大学士宜深为内外政务筹虑，早还朝一日，即可早办一日之事。诸臣亦得各事其事，朕亦得安心万几，不致萦念。此旨实因所系者大，不专为经略大学士一人心切悬注，亦不专为四川内地物力难支，实为天下国家寄托重大，不可以一隅而贻误全局。盖过犹不及，讷亲之退缩，已失之不及。而观经略大学士一往之概，若执意不悟，将来恐失于太过。经略大学士顾可不长虑却顾耶。舒赫德之前往，经略大学士谓承朕意旨，将力主撤兵。朕是以复遣尹继善前往，尹继善未尝承朕意旨，岂亦先有成见乎。凡事只论于理当否，理之所在确不可易。岂经略大学士至今日即不当承朕意旨乎。如仍固执己见，则滞于一偏，虽擒贼渠首，倾贼巢穴，于经略大学士亦有何益。经略大学士宜翻然改悟，如果恪遵朕旨，心悦诚服，即传旨令尹继善回陕甘之任，俾得绥辑岩疆，如此方见经略大学士实心为国之诚，可以承受恩典。不然，朕即明降谕旨，召经略大学士还京，以军事付策楞、岳钟琪等经理，经略大学士其熟思而审处之。参赞诸臣，著一并传谕。"

（卷332　552页）

乾隆十四年（1749年）三月丁巳

谕："金川平定，边徼敉宁，实由大学士忠勇公傅恒克振国威，殊勋茂著。而提督岳钟琪听大学士指示，克集厥事，其功可称其次。今大学士公傅恒凯旋陛见，据称臣虽勉效驰驱，而番酋归命，悉仗天威。至于历练戎行，信孚蛮部，深入贼巢，胆勇雄决，则岳钟琪洵为克胜委任。此固出于大学士公傅恒之让能推美，然岳钟琪之奋往任事实属可嘉。已降旨晋阶太子少保，交部从优议叙。伊前于青海奏捷，曾封公爵，兹复树绩蛮方，收桑榆之效，著再加特恩，授兵部尚书衔，于本身封为三等公，以昭录功懋赏之典，俾宣力疆场者，知所劝焉。"

（卷336　623页）

乾隆十四年（1749年）四月庚辰

命甘肃西宁镇总兵张世伟驻防哈密。调驻防哈密总兵王能爱为西宁镇总兵。

（卷338　652页）

乾隆十四年（1749年）四月壬午

谕军机大臣等："向来各省被有偏灾地方，贫民糊口维艰，难资力作，或并无牛只，抛荒田地。经各该督抚奏请借给籽种、口粮、牛草等项银米，以为调剂。例应按照年限征还。乃频年之借项甚多，而完纳颇少。该督抚自应将实在情形具奏。著传谕伊等所有乾隆九年以前籽种、口粮、牛草等项积逋，查明确数，并将能否陆续征还之处，具折奏闻。"寻据直隶、江苏、安徽、河南、山东、陕西、甘肃各督抚先后复奏，前项积逋，直属之天津、涿州等二十九州县，江苏之淮、扬、徐、海各属及豫、陕两省，有议定分年带征，且尾欠无几。今岁麦收丰稔，可陆续交纳，照旧催征。其东、甘两省并安属之宿州等十九州县，积欠尚多，地瘠连歉，似难全完。各报闻。

（卷338　654页）

乾隆十四年（1749年）四月辛卯

免甘肃皋兰、河州、狄道、金县、陇西、安定、秦安、固原州、盐茶厅、平番、西宁、碾伯等十二厅州县乾隆十二年份雹灾地亩额征银七百五十两有奇，粮四百四十石有奇，草三百五十束有奇。

（卷338　671页）

乾隆十四年（1749年）四月壬辰

又谕曰："巡抚鄂昌题参沙州卫守备张允元亏空一本。朕已降旨将该备革职究追。其本内所称前抚黄廷桂饬属盘查仓库，其已败露者。业经前后参劾等语，黄廷桂在任时，所参亏空之员几何，是否俱系卫守备亏空之案，著传谕鄂昌，令其详悉分别具奏。至卫守备管理刑名钱谷，原欠妥协，正在密谕各督抚查办。观张允元此案足见其概，可知外省政务如此类者不可不留心整理也。"寻奏："查前抚臣黄廷桂于乾隆六年十月抵任，迄十三年十月离甘，前后参劾亏空官一十九员，内柳沟卫守备一员。"得旨："前奏殊未明晰，朕意谓黄廷桂所参卫守备之亏空者，不知凡几矣。兹据所查，亦不过一人而已。此奏知道了。"

以湖北巡抚彭树葵为仓场总督。调江西巡抚唐绥祖为湖北巡抚。以甘肃布政使阿思哈为江西巡抚。起原任浙江布政使张若震为甘肃布政使。原任仓场总督张师载仍以原衔协办江南河务。

（卷338　672页）

乾隆十四年（1749年）四月丙午

谕军机大臣等："据尹继善奏称，王锴领过乾隆十二年熬茶夷货，应变还帑本十四万六千余两，定限一年交还。因上年运到时已过发卖之期，未能依限清完。请照伊九年所领夷货，分限三年完纳之例，准其于三年内陆续完纳等语。前因王锴世受国恩，罔思急公报效，承办夷使交易，积欠陕、甘库帑十万四千余两。经该部参奏，是以降旨，著照数加倍罚，补还欠项，仍加恩准其分十年完纳。今此次所领乾隆十二年夷货，该督复请援九年之例，分限三年归款。该员现在捐输四川军粮，且伊办理夷货亦历有年所，著传谕尹继善，准其分限三年交清库帑。至此后办理夷货之处，不必令王锴承领。该督可查照旧例，或另行招商承办，或应官办，妥酌奏闻。至王锴于此项夷货，既已展限，倘仍不能如期完楚，帑项攸关，王锴亦必有应得之罪。决不姑贷。"

（卷339　688页）

乾隆十四年（1749年）四月是月

甘肃巡抚鄂昌奏："河东之兰、巩、平、庆、秦、阶六府州属及河西之西宁府属，雨水俱足。其甘、凉、肃三府州属及安西等五卫田亩借渠灌溉，入夏亦各得雨。惟宁夏府属总未得雨。"得旨："览奏俱悉。宁夏总未得雨。所称为入夏乎，抑自入春乎，若自春总未得雨，而今始奏，岂非漫视民瘼，所奏殊不明晰。目今得雨否？一切禾稼无碍否？速奏以慰朕怀。"

（卷339　696页）

乾隆十四年（1749年）五月乙卯

免甘肃皋兰、狄道、靖远、金县、陇西、安定、会宁、通渭、西固、盐茶厅、平番、灵州、中卫等十三厅州县乾隆十二年份旱灾地亩银五千五百二十两有奇，粮五千二百二十石有奇，草四千六百二十束有奇。

（卷340　706页）

乾隆十四年（1749 年）五月癸酉

又谕曰："河州总兵官成元震奏番回情形一折。内称各族番回闻用兵金川，天威远振，咸皆震慑，交相劝勉，各守疆土，共乐升平等语。番回僻处西陲，成元震身任总兵，有弹压地方之责，自应加意整顿，抚辑有方，俾各安分守法，永保宁谧，始为克殚厥职。今乃云金川平定，番回咸知震慑。不思番回之与金川相隔辽远，毫无关涉，盖番回乃内地民人，如谓因金川平定，始知震慑，岂金川有事，番回即应不靖乎。此不过成元震故为粉饰之词，借端迎合，有意取巧，殊属不合。著传旨申饬。"

（卷 341　723 页）

乾隆十四年（1749 年）六月丙申

户部议复甘肃巡抚鄂昌疏称："渭源、固原、盐茶厅、灵州、宁夏、宁朔、碾伯、平番、西宁等厅州县，乾隆十三年夏秋被灾，请分别极次贫民，照例初赈加赈，并庄浪、真宁、秦州、礼县、秦安、平番、灵州等州县被淹人口、牲畜等项，应如所请，于司库备贮及各属仓贮内动给，其灵州、西宁、皋兰本年被灾之新旧钱粮应同渭源等州县，一体缓征。"从之。

（卷 343　747 页）

乾隆十四年（1749 年）六月庚子

户部等部议准升任署理甘肃巡抚瑚宝疏称："增减改隶事宜：一、西固同知移驻洮州，除该州原设仓库，衙署书吏照旧存留，应添给廉俸。一、阶州复设州，同该地番、汉错杂。前于改设同知案内设有各项人役应照数存留，惟于额设典吏九名，内裁三名，并裁驿马二匹、马夫一名。一、洮州卫改设同知，原设监狱无庸增减，其西固既改州同，系阶州分防，应将原设监狱禁卒并裁。一、西固额取文、武童生四名，应拨入阶州学。所有坛庙每岁祭祀银两照旧存留。一、礼部铸给巩昌府洮州抚番同知关防，阶州分防、西固监收州同关防。"从之。

（卷 343　751 页）

古北口提督潘绍周以病解任，调甘肃提督海亮为古北口提督。安西提督永常为甘肃提督。以西宁总兵王能爱为安西提督。起原任江西南昌总兵高琦暂署西宁总兵，俟服满补授。

（卷343　752页）

乾隆十四年（1749年）六月丙午

兵部议复陕甘总督尹继善奏称："甘、凉、西、肃一提三镇，孳生马厂内约可得骟马一千余匹，请以此项挑补出征缺额，其不敷之数尚有从前应裁未裁之西路新募马兵约一千余名，即以应裁马一千余匹拨补，合计二千余匹，可节省马价二万余两等语。应如所请，行令该督确实查明，先尽马厂裁兵等马拨补。此外尚有应领马价，仍俟该督妥酌题报，再行补拨。"从之。

（卷343　756页）

乾隆十四年（1749年）六月是月

四川总督策楞等奏："遵旨将金川案内出师带伤官兵分别造册报部，事关议恤，岂宜浮滥。臣等酌定等次，凡伤在头面、胸胁、肚腹有关致命之处，重者列为头等，轻者列为二等。手足带伤，重者列为二等，轻者列为三等，再轻者以次递减。其有两腿、两膀俱带重伤成残废者，亦列入头等，如系石伤，必皮破骨断，有痕迹者，方准入册开造。再远炮中伤或向敌人放炮焚碉误伤者，照例另列等次，俱按名阅验，分别改正。并通饬各镇协营一体遵办，加结送送。再本省外尚有陕、甘、云、贵各营官兵，亦未便止据报册查造，已分咨各该省督臣，仿照川省分别造册出结，移送臣等汇案报部。"下部知之。

（卷343　758页）

乾隆十四年（1749年）七月壬子

军机大臣议复陕甘总督尹继善奏称："前督黄廷桂奏请将准夷交易之事。照前官办，惟令商人领变，以所得余利归公。查交易惟商素习，置办绸缎，变卖皮货等物，俱能筹划及讲价交换，衰多益寡，通盘计算方不至大有亏折。若在官承办，不特官与夷锱铢较量，有关体制，而资本价值，亦必不能如商人之斟酌减省。且所得羡余归公，商人毫无所利，亦非情理。应仍令商办，而官为总摄照看，庶为妥协。又夷人三年内交易两次，一商承办，资本难于转输。请派两商轮值，至熬茶等年额外交易之事，仍交官办，而以货交商领销。应如所请。"从之。

（卷344　762页）

乾隆十四年（1749年）七月癸亥

又谕曰："策楞、岳钟琪所奏金川案内带伤官兵，分别等次，逐一按名阅验改正，除通饬各镇协营一体遵照，秉公查照，务期无滥无遗。并分咨陕、甘、云、贵各督臣，仿照川省等次造册出结等语。金川此番用兵，川省绿旗士卒不但不能奋勇克敌，其退怯疲惫贻误之处，川兵实职其咎。即其临阵受伤，亦并非争先出力，不避矢石之谓。本不应分等赏恤，且遗失锅帐铜斤，肆行攘窃，虽尚有外省官兵，而川兵为数居多，其情尤为可恶。是则川兵应罚不应赏也。但金川向化，大军克奏肤功，川兵均在奏凯之列，一体录功。正如雨露之施，黄稗嘉禾，同时沾被，于事理方为完备。然该督等应寓教诫于赏恤之中，核其冒滥，严行甄别。而向来绿旗阘冗之习，务宜力为整顿，嗣后应作何甄别训练，振作士习，严饬戎行之处，传谕该督提等令其实心妥办，以肃营伍。"

（卷345　768页）

乾隆十四年（1749年）七月戊辰

户部议准甘肃巡抚鄂昌疏请："添建宁夏县城仓四十间，宁朔县城仓八十间、乡仓十间，灵州城仓一百二十四间、乡仓二十间，肃州城仓四十间、乡仓十间。"从之。

（卷345　773页）

乾隆十四年（1749年）七月是月

甘肃巡抚鄂昌奏报："凉州府属之武威、永昌，甘州府属之张掖、山丹，肃州属之高台县并金塔寺各堡，间有被旱之处。柳林湖及镇番县屯田，平番县花阿裴地方，禾苗为田鼠所伤。毛目城双树墩屯田亦经被旱，俱已委员会勘，所有应行赈抚事宜，现在随时办理。"得旨："是，预为绸缪，毋致后时也。"

（卷345　777页）

乾隆十四年（1749年）八月己卯

（兵部）又议准甘肃巡抚鄂昌疏称："狄道州额设千、把总各一员，隶河州镇属临洮营游击管辖，同驻狄道城内。设营之初未建衙署，请将裁遗洮阳驿驿丞署改千总衙署，其移驻皋兰县典史遗署改把总衙署，移驻兰州府教授遗署改州学学正衙署，其学正原署改作社学。"从之。

（卷346　782页）

乾隆十四年（1749年）八月甲午

谕："西宁镇总兵员缺紧要，高琦似未谙练边情。新任贵州威宁镇总兵刘顺在甘年久，熟悉边地情形，著调补西宁镇总兵。其威宁镇总兵员缺，著浙江衢州镇总兵李琨调补。李琨员缺，著高琦前往署理，俟伊服满补授。"

（卷347　789页）

乾隆十四年（1749年）八月辛丑

大学士等议奏："尚书蒋溥奏称常平仓谷，令该督抚按地方情形分别匀贮一案。今据各该督抚陆续奏到，臣等酌议，除山东、陕西二省通计酌派，业已储备有资，毋庸再议外，其直隶、江苏、安徽、江西、河南、山西、甘肃等七省俱有应增应减谷数，但所议匀拨，有请于额外增添者，有请于额内减少者，与奏请均匀拨贮之本意不符。臣等议请将该省应减处所拨于应增处所，总于额谷数内察看通省情形，衰多益寡，通融派贮。至所拨之谷，如或挽运维艰，脚费不赀，即将应减谷按数出粜，价银提解司库，发给应增各属，于秋收价平时照数买贮，以符定额。"得旨："依议速行。"

（卷347　793页）

乾隆十四年（1749年）八月乙巳

又谕："洮川（州）番民善巴策凌、朱瓦策凌二人控告伊杨姓土司残虐番民、私藏军器一事。伊等讦告本官，不无过甚其词，在寻常叩阍之案，竟可不必办理。但此事颇有关系，虽属一面之词，而所言款迹未必无因。且番众万人同怀怨忿，令伊二人前来叩阍。该土司之不能善抚其下，平日之不能安静奉法可知。如但为伊刻剥番民，不过自相侵暴，则又土司常有之事，安能一一禁止。但又有私藏军器等语，若置之不问，而该土司怙势作威，不但番民受其戕害，无所控诉，亦恐日益骄纵，驯致不可禁戢。成金川前辙，均当防微杜渐，折其萌芽。况二人之叩阍，该土司知与不知，固在未定，而一经督抚查办，若稍有不慎密，伊必备细闻知。在该督抚办理此事，果其轻则议处，重则更置，可以操纵在我，该土司未必不知畏服。如其办理不行，难于措手，恐转为所轻，藐视国法。此间斟酌轻重，全在该督抚等善为查办。

著将该犯递解回陕，所有原词口供抄录发交该督抚等。令将实在情形密行察访具奏。或伊二人挟仇虚捏，毫无影响，则坐此二人以罪，斯甚易矣。如不尽虚，其该土司应作何处置方为妥协，著该督抚详悉会商，奏闻办理。伊二人又称，另有番民赴地方官控告，不知果有其事与否？地方官员如何办理？亦著奏闻。该督抚等固不可专事姑息，存大事化小、小事化无之见，酿患于日后。亦不可张皇急遽，激成事端，难于完局。务期申严国宪，禁暴安良，不致有妨政体。一并传谕该督抚知之。"寻奏："查雍正十三年，土司杨如松患病，虽经详准伊子杨冲霄代管，其一切土务仍系杨如松主持。自乾隆九年，朱扎七族番民郭加等呈控土司科敛苦累，至今屡有互相详控之案。该土司平日极为恭顺，惟是庸劣无能，性复贪虐，致郭加唆使朱扎七族等屡与为难。今善巴策凌等叩阍情词，多半虚捏。至私藏军器，该土司原有报部土兵二千名以供调遣，向来随征效力。及现在防御边隘，所备器械间或随时修整，未闻有违例多造情事。第杨如松素行贪暴，难令再管土务。伊子杨冲霄，人尚谨饬，拟即令承袭土司，并严禁其父不得干预。如郭加等顽梗之徒，作速审明治罪。其朱扎七族内抗粮者亦严加惩治，庶番众可期帖服。善巴策凌之案，俟解到审讯得实，另行会商妥议具奏。"得旨："余奏悉妥，但令杨冲霄为土司，而不令其父管事，此语恐有名无实之论。"

（卷347　795页）

乾隆十四年（1749年）九月丁巳

陕甘总督尹继善奏："臣前奏准夷贸易仍令商办，但现届明年贸易期近，一时艰于募商，请暂准官办一次。"得旨："准如此奏行，并另有旨谕。"谕军机大臣等："尹继善复奏准夷交易一折，著照所请，暂准动项，官办一次。向来夷人于交易年份之外，借端不时往来，希图获利，其无厌之求固当少为节制。然以字小之恩，宏怀远之略，使边庭息警，疆宇宁谧，所全实多。尹继善固不可轻信属员，多糜帑项，亦不可过求赢余，以益官帑，而使夷人觖望，有失轻重之宜也。著传谕尹继善知之。"

（卷348　806页）

乾隆十四年（1749年）九月辛未

刑部议准甘肃按察使顾济美奏请："嗣后凡遇诬告内拟流加徒之犯，如所告系谋故杀人及强盗等案，在所诬之罪，原非常赦得原，则其反坐之罪。遇有亲老丁单仍照拟发落，不准留养。再查常赦应原等案，其中情罪亦自轻重各别，如斗杀内事本理直，伤止一二处者，固属情轻，其或理曲寻衅，或金刃逞凶，或叠殴多伤。此等凶徒不无情重，虽罪人之亲，在所当恤。而杀人者抵，似应量为区别。嗣后除理直伤轻及戏杀、误杀等案，仍照定例遵行外，如该犯实系理曲，或金刃重伤，及虽非金刃而连殴多伤致死者，虽系亲老丁单，应于照例奏请时，议以不准留养。"从之。

（卷349　814页）

乾隆十四年（1749年）十月庚辰

又谕军机大臣等："据鄂昌参奏，安西道常钧亏空一万七千余两，革职审拟一案。交该旗查明家产，其亏项为数甚多，该参道任所资财，虽据查封贮，但外任官员习气多有隐匿寄顿诸弊。该抚务须再行实力严查，母（毋）任隐漏，以致库项无著。可传谕该抚知之。"

兵部议奏更定中枢政考各款："一、陵寝总管缺出，宜分别办理。查景陵、泰陵离京不远，请照孝陵之例。嗣后总管缺出，俱调取副总管引见补放。永陵、福陵、昭陵距京遥远，总管缺出，仍照旧例，拣选京城应补官员引见，并将本处副总管职名请旨。一、预保调取官员，宜定回任限期，请照赴任之例，违者议处。其拣发各省人员一体办理。一、议叙卫守备推升班次，宜酌加变通。查推升卫守备班次内，有即升班，有应升班。凡俸深卫千总将及顶升，及遇三运通完议叙，改归即升班，遇应升班到，不得叙用，应照吏部文员议叙例。凡即升人员，如议叙即升尚早，而应升俸次已到者，准一体较俸升用。一、年满千总推用守备，宜免调取引见。查年满千总引见后发回题补守备者，题补时例不送部。请嗣后部推之员均照此办理。一、拿获赌具，本境与出境宜有分别，如系造自本处未过半年者，仍照例议叙。若出境贩卖及描画之赌具，必审明造自何处，起自何时，行文该地方官查确，仍一例议叙。其出境贩卖未过半年者，首先拿获之员量加一级，协拿之员纪录一次。至该管上司查议叙系加一级者，兼辖官每案纪录二次，统辖官纪录一次。一、预行保举千总宜分别掣补。嗣后遇应掣守备缺出，先将前次保题之员掣补，俟补完日再将其次保题之员掣补。一、遣犯与驻防家人逃走，宜有分别。查在京八旗家奴逃走，伊主及该管各官仅有呈递逃牌，逾限议处之条。请嗣后驻防家人脱逃，即照此例办理。一、臣部办理经承宜按繁简酌定。查职方司额设经承二十四缺，按省分科，惟陕西、甘肃、云南、贵州、湖南、湖北六省仅设三科，经承三缺，俱以一人兼两省缺。而直隶一省分设六科，经承六缺，应裁二缺。将材科经承三缺应裁一缺，以之分设甘肃、贵州、湖北各一科。以上八条，如蒙俞允，即载入会典遵行。"从之。

（卷350　832页）

乾隆十四年（1749年）十月是月

陕甘总督尹继善、西安巡抚陈宏谋奏："陕甘督标、抚标、西安城守营、潼关协、神道岭营，兴汉、延绥、宁夏、河州四镇各营马，在台支过草料除按各该营额支马干尽数扣除外，尚不敷银三千四百七十四两零，应即以今岁买豆还仓之节省银抵补。至旗营马共应扣马干银二万五千七百八十七两零，若一时并扣，兵力未免拮据，应请自庚午年春季起，分四季扣还。"得旨："览奏俱悉。"

又奏："前大学士等议复侍郎蒋溥奏垦陕甘沿边地方屯田一折，奉旨交该督抚等查办。臣查甘州所属之聂贡川，约宽四五里至七八里不等，长约百里，两边皆山，可垦田二千余顷。内有水三道，泉源细小，灌溉不足。此地向为六族番民世居牧放之所，并非内地官荒，如议开垦，必须移内地民人前往屯种。番族不能安居，又无地可迁，且高寒止宜青稞，尤虑霜雪最早，收成难必。以垦地二千余顷而计，一切牛具、人工并开渠杂费约需银十余万两，况在二十四关以外，番族甚众，移民耕种，需兵弹压，费更不赀。兼离河州二百余里，经火里藏、龙脑等处险阻，挽运艰难。此地非惟不可开垦，即垦亦属无益。又山丹县属之大草滩，除从前已垦之地，皆系沙漏地高，无渠水可溉。况近雪山，气候早寒，米谷不能成熟，余地实难收耕获之利，并请毋庸屯垦。其余口内、口外并沿边一带，凡系可垦之地，节经招民开垦，并给兵屯粮。间有未开旷土，非无水可引，即沙石难耕，均未便轻垦。其柳林湖等处收获著有成效，自不敢漫无查察，致成废弃。"报闻。

又奏："遵查参革宁夏道阿炳安侵冒城工一案。缘宁夏、凉州、庄浪三处城工，共原估续估银一百二十六万五千五百余两，除未经动用银二十五万六千四百余两外，实在节省银四十万六千余两。虽三处城工俱非阿炳安原估，而一切工程勒令匠夫并日赶办，又克扣脚价，科派里民，巧取节省之名，阴为自私之计，皆出之阿炳安一人。内庄浪城工虽系榆葭道王凝分办，亦系阿炳安主持。今阿炳安业经参革病故，所有三处城工损裂之处一并著落伊弟纳英阿修补，其工价即在阿炳安家产变价余剩银内支给。"得旨："览奏俱悉。"又批："此节不无所谓并案罪归一人之意乎。"

（卷351　856页）

乾隆十四年（1749年）十一月丙午

谕："据甘肃巡抚鄂昌奏称，甘州府属之张掖县暨东乐堡县丞分驻地方，凉州府属之镇番、平番二县，宁夏府属之宁夏、宁朔、中卫三县，直隶肃州并所属之高台县，秋收俱仅五分以上，实属歉薄等语。收成五分以上，例不蠲免钱粮。但该省土瘠民贫，偶值歉收民力不无拮据，宜量加体恤，著将张掖、东乐、镇番、平番、宁夏、宁朔、中卫、肃州、高台等州、县、堡属本年未完正赋及带征各年正借钱粮暂予缓征，俟明岁麦熟后照例催纳。该部即遵谕速行。"

（卷352　858页）

乾隆十四年（1749年）十一月壬子

又谕："马得胜现护肃州镇总兵印务，著即补授肃州镇总兵。其重庆镇总兵员缺，著副将萨音图补授。"

（卷352　863页）

乾隆十四年（1749年）十一月庚午

安西提督王能爱以病解任，调甘肃提督永常为安西提督，以河州镇总兵成元震为甘肃提督，调陕西兴汉镇总兵铁景祐为河州镇总兵，以贵州平远协副将杜开为兴汉镇总兵。

（卷353　877页）

乾隆十四年（1749年）十一月是月

甘肃巡抚鄂昌奏："前奉谕旨，命臣察看布政使张若震曾否诚实奋勉，抑或仍循故习。遵查张若震到任已及半载，臣朝夕相见，商办政事，悉加体察，见其以中上之才，而能奋勉急公，诸务诚实，是其感戴恩遇，已自改心励行。"得旨："如此则汝得一佐理之人，朕所欣悦也。"

（卷354　880页）

乾隆十四年（1749年）十二月丙子

定外任借支养廉例。谕："给事中葛峻起奏请申严私放官债之弊一折。欲使月选各官，知所顾惜，而射利之徒不得居奇巧取，意非不善，而未得善为办理之道。盖折扣重利之债，本非人所乐从。特迫于程限，资斧维艰，宿逋负累，不能不出于称贷，即重利有所不顾耳。若如该给事中所奏，定以治罪之条，处分之例，势必称贷无门，于人事多所未便，更或私相授受，居奇者益逞其挟制之术，转致阳奉阴违，有名无实，又孰从而禁之。朕思外任官各有养廉，本该员应得之项，但例应到任后起支。今若于引见得缺之后，准其于户部具呈预支，酌量道路之远近以定多寡，知照该上司于该员到任后扣除归款，不愿者听，一转移间，将扣折重利之弊，可不禁自止。此虽细故，而曲体人情，实乃加恩格外。如此而尚有篝篚不饬，侵帑剥民，罔恤官箴者，绳以重辟。其又奚辞，其如何分别省份，著为定数。著九卿详悉定议具奏。至所奏严禁听信长随之弊，仍属空言。其何以责成各督抚禁止之处，亦著九卿一并议奏。"寻议："云南道府酌借银一千两，州县六百两，同知、通判四百两，州同、州判二百两，在部领凭之佐杂等官六十两。贵州道府九百两，州县五百两，同知、通判三百五十两，州同、州判一百五十两，佐杂等官五十两。四川、广东、广西、福建、甘肃、湖南道府八百两，州县四百两，同知、通判二百两，州同、州判一百二十两，佐杂等官四十两。江西、浙江、湖北、江苏、安徽、陕西道府七百两，州县三百两，同知、通判二百五十两，州同、州判一百两，佐杂等官四十两。奉天、河南、山东、山西道府五百两，州县二百两，同知、通判一百五十两，州同、州判八十两，佐杂等官四十两。直隶道府三百两，州县一百五十两，同知、通判一百两，州同、州判六十两，佐杂等官三十两。均俟引见得缺后，吏部汇行知照户部。有情愿借支者，即持凭赴部具呈，取具连名互结，札库照发。不愿者听，知照该督抚到任后，于应得养廉限一年内分作四季扣完。至云贵离京最远，所借养廉较多，奉天向因额征耗羡无几，原定养廉较少，准一年半内扣完，并令该督抚将所扣银于岁底汇解部库。至拣发道府以下试用人员，请按分发省份，照实授官减半酌给，委署有缺时坐扣。如有升迁调任丁忧者，即咨行新任调任扣抵，其赴京起复候补有续借银，亦于新任内接扣。参革告病等官于本员名下勒追，在途病故及到任后尚未扣清而病故者，于通省道府以下例应借支养廉等官摊扣。至所奏严禁听信长随之弊，久有例禁，请嗣后令督抚转饬各该上司，按季查核，如奉行不力，将该上司照失察例议处。督抚照不行详查例查议。"从之。

（卷 354　881 页）

乾隆十四年（1749年）十二月己丑

礼部议准甘肃巡抚鄂昌奏称："甘、凉、西、肃等府州乡试人数较多于前，请嗣后照陕西榆、神等学，编设木号取中之例，一科通归大号，与通省士子合试，一科仍列聿字左右号，各分中一名。"从之。

（卷 354　897 页）

乾隆十四年（1749年）十二月丙申

甘肃布政使张若震奏："甘省岷州西和，秦州秦安、礼县、成县，河州等州县节年额征存仓余粮共二十四万石有奇。现无别项支用，除常平仓粮应仍旧积贮外，其西和、秦安、成、礼四县余粮应各留一万五千石，岷州留二万石，秦州留四万石，河州留三万石，余均变价解司，以为预买满兵粮草及拨充兵饷之用。嗣后每岁额征及估兵食之外，总按额留之数存贮，余于每年三、四月间变旧存新。倘值歉收，毋庸变解。"报闻。

（卷 355　903 页）

乾隆十四年（1749年）十二月丁酉

调江苏布政使辰垣为四川布政使，福建布政使永宁为江苏布政使，以福建按察使陶士僙为福建布政使，调甘肃按察使顾济美为福建按察使，以陕西西宁道杨应琚为甘肃按察使。

（卷 355　904 页）

乾隆十四年（1749年）十二月甲辰

御保和殿，筵宴朝正外藩。左翼：喀尔沁多罗郡王拉忒那锡第，固山贝子多罗额驸扎拉丰阿，镇国公多罗额驸瑚图灵阿，辅国公敏珠尔拉布坦，巴林多罗郡王琳沁，固山贝子策灵敦多克，和硕额驸德勒克，喀尔喀多罗郡王多罗，额驸桑阳多尔济，固山贝子旺扎勒，辅国公密什克车布登扎布，扎萨克一等台吉旺布多尔济、勃罗尔、策灵、旺舒克、布达扎布，科尔沁多罗贝勒特古斯、额尔克图，固伦额驸色布腾巴勒珠尔，多罗额驸色旺诺尔布，固山额驸索诺木，敖汉多罗贝勒固山额驸罗布藏，阿巴噶固山达尔汉贝子齐旺。右翼：喀尔喀扎萨克图汗班达尔，多罗郡王德木楚克，固山贝子多尔济旺舒克，辅国公齐旺，公品级三达克多尔济，扎萨克一等台吉恭楚克扎布巴尔丹，青海多罗郡王索诺木丹津，固山贝子丹巴，噶尔丹旺舒克，乌珠穆沁多罗额尔德尼贝勒车布丹，镇国公朋舒克拉布坦，科尔沁固山贝子和硕额驸达尔玛达都，固山额驸古穆罗布藏敦多布，镇国公索诺木色楞，厄鲁特镇国公恭楚克，郭尔罗斯辅国公额尔登，土尔扈特扎萨克一等台吉达尔济达什敦多布等及内大臣大学士等宴。召巴林多罗郡王琳沁，敖汉多罗贝勒固山额驸罗布藏，喀尔沁固山贝子多罗额驸扎拉丰阿，辅国公敏珠尔拉布坦，阿巴噶固山达尔汉贝子齐旺，喀尔喀固山贝子旺扎勒，辅国公密什克车布登扎布，科尔沁固伦额驸色布腾巴勒珠尔，喀尔喀扎萨克图汗班达尔，多罗郡王德木楚克，固山贝子多尔济旺舒克，辅国公齐旺，青海多罗郡王索诺木丹津，乌珠穆沁多罗额尔德尼贝勒车布丹，镇国公朋舒克拉布坦，科尔沁固山贝子和硕额驸达尔玛达都，厄鲁特镇国公恭楚克至御座前，赐酒成礼。

（卷355　907页）

乾隆十四年（1749年）十二月是月

陕甘总督尹继善奏："现在办理夷使交易之事，总期斟酌得中，务持大体。固不便与夷人锱铢较量，亦不应使帑项虚糜。臣已切饬肃州镇马得胜、甘肃道张廷枚相机督办，并委熟习交易之游击赵得宜协同料理，于节制之中寓以宽大，不使夷人觖望，有失轻重之宜。"报闻。

（卷355　909页）

乾隆十五年（1750年）正月庚戌

安西提督永常复奏："臣进京陛见，经甘属灾区，领赈贫民俱各安帖，但恐青黄不接之时，民力未免拮据，尚需酌量接济。"报闻。

（卷356　913页）

乾隆十五年（1750年）正月壬子

谕："据甘肃巡抚鄂昌奏称，肃州并山丹县地方收成歉薄。从前州县有匿灾未报，查勘不实之弊，已飞饬委署宁夏道杨灏、候补知州许登第逐一查明，借给口粮等语。甘省远处边陲，地瘠民贫，非他省可比。鄂昌于奏报赈务情形甚属迟缓，著饬行其肃州被灾地方，已降旨缓征外，山丹县被灾之处所有本年未完正赋及带缓各年未完正借钱粮概予缓征，以纾民困。并作何资助之处，该抚即速查明，分别借赈。一面奏闻，一面办理，副朕轸念边氓至意。该部遵谕速行。"

又谕军机大臣等："肃州、山丹等州县贫民多有乏食，该抚鄂昌并不早行奏报，虽据称该州县等匿灾不报，查勘不实。该抚何以不预为饬查。鄂昌此番简任巡抚，于查办赈恤事宜甚属迟缓，且回护文员，著传旨严行申饬，令其痛加悛改。至甘州府知府高继光，前据该抚奏称，永常素与不睦，则高继光乃无过之人。今又奏称高继光拨散赈粮，全不加意督察，错缪疏玩，苦累灾民，与前奏尤属自相矛盾，著一并传谕申饬。"

（卷356　914页）

乾隆十五年（1750年）正月戊午

赐准噶尔台吉策旺多尔济那木扎尔敕书，曰："据台吉奏肃州贸易之人，蒙恩加增百名，感戴陈谢，殊属敬顺，朕甚嘉之。至奏称所有唐古忒喇嘛已多亡故，恳每次差数十人往唐古忒二博克达四大庙黄教各庙请安等语。尔使臣尼玛等亦经口奏及此。朕为天下主，可行之事断无不允行，不可行者虽恳求亦不许。昨尔奏来肃州贸易人少，不足照看。朕即照所请准加百名。从前尔父噶尔丹策零奏请为尔祖策旺阿喇卜坦差人三百名往西藏熬茶，朕特加恩派大臣官兵照看，并赏沿途牲畜路费，至藏完成此事。续又据尔奏请为尔父噶尔丹策零差人三百名熬茶，朕亦准尔照前办理。似此应行大事，朕一一俯从。若非此等事，则断不准行。从前降旨甚明，今尔又奏请每年差二三十人在唐古忒地方行走，是以断不可行之事来奏也。尔意以已准尔等往藏熬茶两次，未必再准前往，是以妄生冀幸。殊不知果有前此大事，朕原未尝禁止往藏，今无故每年令二三十人前往，不惟事有不可，即照尔所请，日后又必言人少，请多增人数矣。将每年必派官兵照看尔往来之人，可乎。况从前往藏熬茶时，藏内郡王珠尔默特那木扎勒曾奏请停止准噶尔人往藏。朕若准尔所请，则珠尔默特那木扎勒所奏岂竟置之不问乎？尔等即不用朕官兵照看，以己力潜往藏地，珠尔默特那木扎勒亦安肯容纳乎？但今尔地有自藏延请喇嘛，大半亡故，诚恐黄教日泯。朕方欲广演黄教，岂肯令尔地之教日就渐灭。今为尔详度。朕中国大庙有名呼图克图，藏内挑取有德行喇嘛及各处有学业喇嘛皆住持其中，尔可将喇嘛内聪颖者挑选十名或二十名送至京师，在大庙勤学三四年，令其回去，即可助行黄教。但此学经喇嘛须择年少之人，学成时可以行教三四十年，自后不得每年差来。必俟人数将完，方准再行挑送学习。此特恐尔处黄教渐废，是以多方为尔筹划，非必欲尔处喇嘛赴京也。尔若不愿送喇嘛来学，即可中止。如复以差人至藏为请则断不许。尔惟当感戴朕恩，永图承受，勿妄生他念。勉之。"

又谕军机大臣等："嗣后准噶尔贡使携带货物，如在尼玛数目以内，准其贸易，倘逾此数，即行驳回。著谕尼玛，令其回时传谕台吉知之。"

（卷356　　919页）

乾隆十五年（1750年）正月辛酉

谕军机大臣等："据驻藏办理事务副都统衔纪山奏，王珠尔默特那木扎勒呈称伊父颇罗鼐在时，聘定青海亲王旺淑克长女。今额尔克锡喇奏称从前许聘之时，并未指定某女，彼游牧处现无协办事务之人，意欲留伊长女，将伊次女嫁与。蒙大皇帝特命臣等勿伤和气，善全此事，谨遵恩旨，停止迎娶旺淑克长女，即咨明迎娶伊之次女等语。从前朕因不知此情，曾谕珠尔默特那木扎勒。今伊备陈许聘缘由，遵奉朕旨，停止迎聚旺淑克长女，愿取次女，甚属诚敬。由此观之，珠尔默特那木扎勒尚知畏惧，是以朕命班第，以大理晓谕额尔克锡喇，应将长女嫁与珠尔默特那木扎勒之子，则珠尔默特那木扎勒必感朕恩，一概不疑，于事甚属有益。今珠尔默特那木扎勒又称伊兄珠尔默特车布登举兵七百，直取锡可尔城，渐侵至藏。如此时不即息事，耽延日久，珠尔默特车布登未免投赴准噶尔。汝等速行咨寄傅清、拉布敦，令其亲身抵藏，晓谕珠尔默特那木扎勒，谕以汝弟兄始初不睦，大皇帝亦鉴知矣。今汝兄珠尔默特车布登虽统兵七百向藏进发，然道路险峻，知汝各路备兵，焉敢来侵。如其畏罪急迫，往奔准噶尔，则藏内不能靖矣。且于尔父子兄弟名分亦殊未善。是以皇上怜汝父之忠诚，念汝等原系弟兄，特命和尔兄弟，王可遣使会同满员，令汝兄遵旨速行进藏。伊如知感君恩，即释其罪，与委员一同进藏，将与汝不睦因而称兵之故，善自曲陈，亦即不究，只期和尔兄弟，藏内永远安靖，以全汝父始终勤劳之名。如此和其兄弟，使之息事，则省力多矣。如或珠尔默特车布登竟负朕恩，执迷不悟，显系背叛，何可姑容，汝等自应饬令珠尔默特那木扎勒作速剿灭，勿致逃奔准噶尔，方为妥协。此事朕本欲差尚书纳延泰前往办理，但纳延泰须数月方到，且珠尔默特那木扎勒闻有钦差，未免生疑，是以寄谕汝等，即如朕训办理具奏。朕闻珠尔默特车布登之子现在藏内，汝等亦加意卫护，勿致伤害，以绝伊父归诚之志。此旨并未传谕纪山，如传谕纪山，珠尔默特那木扎勒亦必知之，知则未免又生疑虑，于事转觉无益。汝等速行尽力妥办，毋忽。"

（卷357　921页）

乾隆十五年（1750年）正月庚午

谕军机大臣等："新任甘州府知府王组，初由该部保列繁缺引见时，因其人似尚可用，是以记名补放。今日请训，看其言动，颇觉平常，著传谕该抚鄂昌，留心试看，如不能胜任，即据实奏闻，无得姑容，贻误地方。"

（卷357　926页）

乾隆十五年（1750年）正月是月

甘肃巡抚鄂昌奏："瓜州回民本年春耕籽种、口粮缺乏，兼之去冬严寒，牲畜倒毙过多，无力买补。查该处回民耕作而外别无生理。该扎萨克公额敏和卓请借小麦六千石，以为接济。当即借给如数，秋后征还。"报闻。

又复奏："上年肃州高台收成均系五分以上，例不成灾。山丹县东、南两乡秋收止五分有余。该县前报六分以上，额赋例应征纳，故无力之家皆受拮据。查各该处穷民，除已缓征，并于去腊借给一月口粮外，应于春耕前将口粮、籽种宽裕借给，至青黄不接时，再于极次贫民分别借贷，无庸另赈。"得旨："览奏俱悉。"

（卷357　931页）

乾隆十五年（1750年）二月甲戌

又谕曰："军机大臣等议复尹继善复奏，陕甘等处驼只草料酌定价值一折，内西宁一镇节省独多，虽据该督查系由喂养过减所致，难即据以定额。但该镇节省至五千余两之多，未必令驼只竟致疲瘦，而该督此次酌减仅及二千余两，未为确凿，应请敕令该督再行确查等语。军机大臣所议甚是。张世伟具奏时，现为该镇总兵，岂不计及备战之实用。如果专事刻减草料，驼只必致疲瘦。该镇宁不畏督提查察，即系刻减，亦何能节省过半。尹继善酌议此案，并非亲往查看，不过就现在该镇刘顺禀报，虽视若得体，而不知隐已訾前任之短，及或有意预留余地以图利，俱未可定。如此则人孰不乐阳为正论，而阴获私利。将见实心急公如张世伟者，几为不是矣。尹继善如此定议，未免瞻徇属弁，市惠邀名之意，尚未悛也。著饬行并传谕尹继善，令其将该镇何以节省至五千余两之多，该督酌减何以仅及二千两，现据军机大臣议令，另行详查定议，应作何酌减之处，一一明白，据实具奏。"

军机大臣等议奏："酌裁各省卫所武员，分隶州县事宜。除陕西、云南二省已于康熙、雍正年间陆续裁并。山东、江西、湖北、湖南、甘肃、贵州六省，据各该抚奏无缺可裁，仍循旧制。直隶、四川二省所奏移驻添建，率多纷扰，均无庸议。其应裁缺省份，如江苏省则据督臣黄廷桂、抚臣雅尔哈善奏，缺有繁简不同，当酌量裁并。请将仪征卫归并扬州，金山卫归并镇海，各裁守备一。扬州卫并四帮入三帮，镇江卫并中帮分入前后，各裁千总二，随帮一。安徽省则据抚臣卫哲治奏，请将凤中卫归并凤阳，宿州卫归并长淮，各裁守备一。安庆卫并前后两帮为一。宁国太平帮并两为一，各裁千总二，随帮一。浙江省则据督臣雅尔哈善、漕臣瑚宝、抚臣永贵奏，杭州前卫与右卫同城，请并右归前，为杭州卫，裁守备一。海宁卫与嘉兴所同隶嘉兴，请并嘉兴所归海宁，即改海宁卫为嘉兴卫，裁千总一。俱应如所请。其裁缺俸工养廉各充饷归公。地方分隶州县，即未裁缺卫所，凡命盗、户婚、田土事件，归州县管理。如实有州县窎远，势难兼顾者，各督抚另奏。议裁各员，赴部另补。"从之。

（卷358　934页）

乾隆十五年（1750年）二月乙酉

甘肃巡抚鄂昌奏："提督永常前奏张掖县西海渠民往抚彝仓口领赈滋事。知府高继光但改拨仓口，希图了结。经永常访获为首生员赵瑗、阎琅，民各知惧。查此事臣于上年十一、十二等月两次确查，实系张掖令蔡理可、甘州守高继光误将抚彝堡仓粮拨给西海渠民领赈，致相争殴，该府、县苟且了事。臣即于十二月间题参并奏明在案。此事轻重甚有关系，非得实不敢冒奏，且甘州至省千余里，是以参奏稍迟。该处居民，并无抗管阻赈之事，为首生员及争殴各民办理之处，俱于前折陈明。"得旨："如此，则汝前折所云永常多事好名，与高继光不合之处皆虚矣。汝以废员，朕用为巡抚，而如此存心办事，可乎？所幸不固执己见，尚未颠倒是非，而不参此二劣员耳。然汝敢至此极乎，一过尚可，再过汝思之，戒之慎之。"

（卷358　942页）

乾隆十五年（1750年）二月己丑

军机大臣等议复陕甘总督尹继善奏称："肃州镇属协营暨西宁镇属之碾伯、老鸦、冰沟、西大通、摆羊绒、巴暖、甘都堂、归德、康家寨等营堡，俱边地商店本少，营运维艰。所有滋生银请照西宁镇标之例，将额本银借给兵丁，仍以一厘五毫起息等语。查滋生银原以惠济兵丁，若定议兵借，则各视为应借之项，不知缓急，概行借用，一遇扣还，辗转为难，甚至滋事。即商少承领乏人，地方文武员弁岂不能设法酌办，应请饬交该督另筹。又称，滋生一项并以息作本银，前经部议，交商二年后，营息丰裕，减息办理。第自乾隆十年甫交商奉行，即调派金川征兵，赏顶滋多。各营通融拨补，尚有不敷。至今息并未裕，则以息作本一项，请仍一体营运。统俟息银足敷全赏。此外余息归本，如再赢余，照例减息等语。应如所奏。"从之。

（卷359　945页）

乾隆十五年（1750年）三月丁巳

加赠原任陕西安西提督王能爱都督佥事。

（卷360　966页）

乾隆十五年（1750年）三月壬戌

谕军机大臣等："甘肃巡抚鄂昌奏，甘省乾隆元年至十三年民欠正赋及十四年额征银两已未完各数，约计旧欠银完过五万余两，十四年额征银仍未完七万余两，旧欠粮完过二万三千石零，十四年额征粮仍未完一十九万余石。是本年正额未完之数转浮于历年积欠所完之数。朕思甘肃地方，向因军兴之后，民间输纳不前。自乾隆元年以来，积欠银至二十余万，积欠粮至八十余万之多，每年新旧兼征，旧欠既未清偿，而正额又成积欠。如此年复一年，徒有追呼之扰，而无输将之实。著传谕该督抚，详悉确查实在情形，若果由于地瘠民贫，实属拮据，则不但从前未完之项应与豁除，即正额亦应量为酌减，庶几年清年款，永远可无逋累。否则徒长刁风而无裨于实际，亦非政体。倘系地方官办理不善，不能实力催征，或吏胥从中滋弊，亦著查明据实具奏。"

（卷361　969页）

乾隆十五年（1750年）三月丙寅

谕军机大臣等："前据军机大臣等议奏更定限期一案，经朕降旨交各该督抚就所属情形一并详悉定议具奏。迄今数月，其办理复奏各省情形虽有不同，但奏到时日，约略计算，当以道里之远近为先后。今据广西、甘肃、贵州、湖南、福建、四川等省奏到，俱系远省，而近省如直隶、河南、山东、山西、陕西、江苏、安徽、江西、湖北等处转未具奏，即谓行查复核有需时日。其奏复亦应在远省之先，何以迟滞若此，著传谕该督抚等，令其作速查明定议具奏。"

（卷361　973页）

乾隆十五年（1750年）三月是月

安西提督永常奏："前经军机大臣议准哈密总兵张世伟请由安西拨银八千两移贮哈密，以备准夷求售牲畜之用。查安西奏明现贮银八万四千五百两有奇，已遵奉拨贮哈密银八千两，遇有买存准夷牲畜，作速售变归款。并请嗣后令哈密防镇于班满交代时，照安西标通融银两之例，俾镇臣将前项银两交接数目，具报督提咨部。"报闻。

甘肃巡抚鄂昌奏："凉州将军及庄浪副都统门炮更炮火药，请酌定五百四十斤为度，令承办之武威县，在耗粮变价银内动支，岁为定额。下部知之。"

（卷361　978页）

乾隆十五年（1750年）四月甲戌

大学士等议准陕甘总督尹继善、甘肃巡抚鄂昌奏称："审明洮州番民巴善策凌等听从郭加指使叩阍一案。缘巴善策凌系郭加堂弟，郭加于乾隆九年控告土司杨汝松科敛苦累，审明后即将应征粮草、钱丈严定规条。讵郭加并不安分，屡次纠众抢夺，经杨汝松之子杨冲霄代管土司，详报在案。郭加恐被拿获，随唆令巴吉小、挞木赴省诬控该土司残虐僭妄，又令巴善策凌等撮拾旧事，捏词叩阍。及传讯所控各款，或得自传闻，或系已结之案，该犯等俱供认不讳。是其挟怨刁唆，显然可见，应请照例分别军徒枷杖完结。至杨汝松管理土务时，本不足以服番众，今杨冲霄业已承袭，应将杨汝松移驻岷州城内。若三四年后，果能安静悔过，应否准令回家，临时请旨。其番众应纳钱粮草束，饬令洮州抚番同知出示晓谕。遵照乾隆九年断定数目输纳，并谕杨冲霄爱惜番民，不得仍效伊父所为，致又滋衅。"从之。

（卷362　980页）

乾隆十五年（1750年）四月庚寅

谕："前因甘省边防重地，令将各省提镇卓荐人员来京引见时，询明熟悉边情，并愿往甘省效力者，声明请旨，发往补用。该部现在遵循办理，但思卓异人员俱系现任，若调往甘省，一时骤难得缺，不无守候之艰。现在数年来，愿往者仅寥寥数人，况据伊等自称熟悉边情，亦未必遽可凭信，于边疆无所裨益。嗣后卓异人员来京，不必将熟悉边情，愿往甘省之处再行询问，著传谕该部知之。"

（卷363　995页）

乾隆十五年（1750年）四月癸巳

安西提督永常奏："夷使尼玛回至哈密，恳求变卖乏弱驼马，购买货物。总兵张世伟恐坚拒启衅，悉准其请。"奏入，谕军机大臣等曰："此事尼玛固属卑鄙小见，而张世伟亦未免过于姑息，似此因循怯懦，将来或恐贻笑外夷，难令其弹压边境。伊前在西宁办理喂驼一节，尚属尽心，或于内地营务相宜。已令其来京陛见，酌量另补。其员缺令吕瀚补授。此旨不必告知张世伟，俟吕瀚到镇，凡夷使分内应得些小利益之处，仍照常听其交易。若例外干求，当示之节制，以杜无厌之望。著传谕永常可逐一详悉告知吕瀚，令其审度轻重，妥协办理。"

（卷363　997页）

乾隆十五年（1750年）四月戊戌

谕："本日召见都隆额，伊奏身有疾病，请留京免赴凉州任所。都隆额身系宗室，朕加恩补放凉州副都统。伊至彼处亦不过充数行走而已，并无尽心办事之处，而伊子又干律剃发，理合按律办理。朕加恩饶恕，都隆额应感戴重恩，忘身竭力。乃伊并无奋勉之处，而反借端奏请不赴任所，甚属不堪。看来都隆额亦不称副都统之任，著革去副都统，照伊给事中原衔，在旗效力行走。再同宁自派往驻藏，看其形景，似不愿往，即往亦无益于事，著伊不必赴藏，即补放都隆额所遗凉州副都统员缺。驻扎青海之副都统职衔班第赴藏换拉布敦。纪山赴青海，照副都统职衔班第之例，自备资斧，驻扎办事。"

谕军机大臣等："据莽阿纳奏称，国家设立营伍，必须素有训练，方可临事遣用。嗣后倘须调遣，务挑年久练习之人，其甫经入伍者，但令防守汛城等语。从来兵可百年不用，不可一日不备。惟在督抚提镇先期实心操演，使娴习骑射，晓畅戎行，偶遇征调，自应详慎拣选，务取年久训练之人。莽阿纳此奏，似有所见，但系先时筹备之策，未便发交部议。明著功令，将原折抄寄陕、甘、云、贵等省督抚提镇，令其阅看，俾于平日留心整顿，以收捍卫折冲之实效。"

（卷363　1001页）

缓征甘肃续报之河州、平凉、灵台、中卫、西宁、张掖、高台、靖远、狄道、静宁等十州县乾隆十四年份水灾新旧额赋有差。

（卷363　1003页）

乾隆十五年（1750年）五月丙午

谕军机大臣等："傅清、拉布敦所奏珠尔默特那木扎勒现经奏明前往萨海地方，有调动部兵、搬运炮位等情形。看来珠尔默特那木扎勒或因伊兄虽死，其所属头人部众不能帖服，前往办理。其调兵动众，不过自为防范，或因伊兄弟构衅，虑朕有问罪之举。伊等小见，意谓离其巢穴可以苟延，俱未可定，总以心怀疑畏。见自去冬以来，傅清甫换纪山，拉布敦又往同驻，频遣大臣到彼，恐将伊王爵革除，擒拿治罪。种种猜疑，是以作此行径。朕去年加恩赏赉及允伊与青海亲王联姻，前后恩旨，实足以释彼之疑，想尚未到，如经奉到，自必晓然喜出望外，不复怀疑矣。若谓其别有异谋，则不必虑。从来有异谋者，非有所贪图希冀于所不当得，则必祸患迫身，出于不得已。以珠尔默特那木扎勒言之，伊身为藏主，操生杀而擅富贵。俸赐所颁，贸易所入，岁获重资，而且倚借中朝声势，众蒙古皆与往来，可得厚利。伊更何所贪图希冀？若叛去则全无所得，伊何所利而反耶？至伊远在天末，虽有大臣往驻，并不监制其行为，分夺其声势。伊又有何拘束困苦，而以逆谋自救耶？利无可图，害无可避，而谓其将有异谋诚过虑也。且使果有异谋，则西藏伊所驻扎，何不据此举事，而转至萨海，欲何为耶？此其有无俱可勿论。至其性情乖张，则所谓父不能得之于子者。在朝天臣可制其进退予夺之大命，尚不能使之一一守法奉公，何论其本属外藩，地居极远，是岂教化法令之所能施。即如从前以五百兵驻藏，何足御侮，况已经撤还，若更令重驻，彼第以五万之众应之，势必不敌。将见番属骚然，兵民俱困，天讨未伸，即内地不胜其扰。以此观之，惟当镇静持重，听其自行自止。在我本无加罪之意，在彼自不存致疑之端。傅清、拉布敦当领会此意，并不必有心急令其释疑，转多一番纠扰。且静以待之，俟其回藏时情形若何，再行奏闻。前经降旨，著班第往换拉布敦未免过速，亦足致疑。今已召纪山来京陛见，面询情形，再令前往青海。班第俟纪山到后往藏，约计到藏当在冬闲，彼时珠尔默特那木扎勒当已深知天朝德意，积疑冰释矣。将此详悉传谕傅清、拉布敦知之。"

（卷 364　1010 页）

乾隆十五年（1750 年）五月庚戌

调甘肃西宁镇总兵官张世伟为山西大同镇总兵官。

（卷 364　1012 页）

乾隆十五年（1750 年）五月戊辰

兵部议准甘肃巡抚鄂昌疏称："平庆兵备道移驻固原州，并盐茶同知移驻海喇都，应行各事宜：一、道员加衔兵备，除军政举劾、变通营伍等项，俱归提臣主政。毋庸干预外，其支放兵饷，应监查有无侵扣，存营兵马钱粮，应协同提臣盘查。兵民互讦事件，亦协同提督董率办理。守备以下等官听其节制，相见行属员礼。一、厅员移驻应添兵，于提标五营内每营抽拨马兵四名，步兵二名，再于固原城守营抽拨守兵十名，共足四十名之数。其应添千总一员，应将原驻海喇都经制外委把总一员撤回西安州营，即以西安州营千总一员拨驻海喇都，俱归西安州营游击管辖。一、命盗重案应设禁卒八名，收支粮石应设斗级二名，工食每名每年六两。一、递送公文应设马六匹，夫四名，工料仍在固原州驿站银内支给。一、海喇都向有东、西、南门三处，令酌议各城门建兵房二间，拨兵防守。至城东善家庙、城西王家寺地方旧有墩台各一，并无防兵，应各建兵房三间。又正南紫崖儿岘、石家窑二处应各添墩台一，兵房三间，即在原拨移驻官兵内，每处添防兵二名。"从之。

（卷 365　1032 页）

乾隆十五年（1750 年）六月辛卯

陕甘总督尹继善奏："今岁系准夷贸易之年。现据报夷目诺洛素伯等已到哈密，但准夷自交易以来，货物渐增，宜示节制。今岁夷货业已远来，臣已谆谕肃州镇道，俟夷人到肃，责其违例，不准全数交易。如果情词恭顺，再行酌量办理。至嗣后章程必宜定议，应令商人仿照节次交易数目，将牛马、羊只、皮张等项一一与之议定，并言明内地商人止照此数备货，若违例多来，不准全入交易，并不准全入交界。"下军机大臣等议行。

（卷 367　1051 页）

乾隆十五年（1750 年）六月戊戌

户部议准四川总督策楞疏称："四川、西宁两路进藏官员，同一沿途供应。西宁既无丰裕之项，则川省自应一体减除。嗣后凡由川进藏供应，止给正项，其议加丰裕之处应裁。"从之。

（卷 367　1055 页）

乾隆十五年（1750 年）六月是月

陕甘总督尹继善奏："兵丁食粮充伍，自应谨守营规。现在严饬营员，实力整顿，如违犯教令，分别究处。至关领月饷，原以养赡家口。陕甘各兵自出征金川后，借项繁多，除扣还外，所得无多。应请嗣后按照支银多寡，分别缓扣。并于领季饷之前，注明扣还司库若干，本营若干，此外实领若干。具文申报，如扣数过多，则按其缓急，随时酌办，务使月饷足敷自赡，而所借库项亦不致虚悬。如实系扣项，而兵丁违玩者，严拿究办。"得旨："须实力行之。"

安西提督永常奏："准噶尔夷目诺洛素伯等到肃贸易，所带牲畜十六万零，人数三百余名，恳在哈密交易。俱与定例不符，缘其情词哀切，未便遽绝。除此次姑准售变外，仍札致镇臣，详示该夷，使其后不为例。"得旨："是，实系无耻之徒。尹继善亦虑及此，汝等相商妥办，以绝其后无厌之欲可也。"

（卷367　1057页）

乾隆十五年（1750年）七月乙卯

补行乾隆十二年份陕甘军政。卓异官一员，不谨官一员，才力不及官一员，分别升赏、处分如例。

（卷368　1070页）

乾隆十五年（1750年）七月丙辰

兵部奏："臣部原议内地陆路武职不得题补本省，或地处险要，或逼近边疆，如无籍隶他省者可题，准照豫保之例。都司以上，于本籍五百里外，守备于隔府别营题补。原以边地苗疆而言，乃各省督抚未详例意，将内地陆路俱援此题请。若逐案指驳，员缺久悬。请嗣后除云南、贵州、四川、广西、陕西、甘肃、湖广等省险要苗疆营汛仍准通融办理外，内地各省概不准援此例，如违例题请，将该督、抚、提、镇议处。"从之。

（卷369　1071页）

乾隆十五年（1750年）八月戊子

谕："副都统衔纪山著照前旨赴西宁办事。所有会盟、赏赐、筵宴所用之物，著照班第例，官为给与。纪山到西宁时，班第即赴藏更换拉布敦。"

（卷371　1097页）

乾隆十五年（1750年）九月戊辰

调甘肃布政使张若震为湖南布政使。以甘肃按察使杨应琚为甘肃布政使。江西广饶道蒋嘉年为甘肃按察使。

（卷373　1122页）

乾隆十五年（1750年）九月是月

陕甘总督尹继善奏："准噶尔此次贸易夷人违例多带牲畜皮张已经收买，至日后章程，臣仿照次多之年，酌中定数。嗣后羊不得过三万只，各项皮张不得过三万张，牛、马共不得过一千，总共不得过七万两之数。令该镇道一一与之定议，并谕今次货物，较前多至数倍，原应退回，因从前未定数目，既已远来，姑准从宽交易，以示格外体恤。以后违例多带，断不准入界等语。该夷等应允回巢告知台吉。"得旨："此事所办得体，好，知道了。"

（卷373　1123页）

乾隆十五年（1750年）十月甲戌

以庄浪副都统那彦泰为青州将军。调凉州副都统七十五为庄浪副都统。以城守尉伊楞齐为凉州副都统。

（卷374　1128页）

乾隆十五年（1750年）十月戊寅

以故甘肃西宁卫土指挥使陈梦熊、孙玉范，四川沈边长官司余世统、孙洪泽袭职。

（卷374　1131页）

乾隆十五年（1750年）十月丙申

以故甘肃河州撒喇族土千户韩振武子玉麟、四川松枰土千户马腾龙子统、四川三大枝土百户毕尔咱子宝福保袭职。

（卷375　1145页）

乾隆十五年（1750年）十一月丁未

四川总督策楞、提督岳钟琪会奏："传谕傅清等旨于十七日过省，计自省至藏迟不过十六七日。傅清等自可钦遵筹办，倘势不得不作用兵之计，即当预为准备。臣现差人以买藏香为名，密行侦探。至征调之事，上年冬间奉旨密为办理。臣等曾于建昌等各营密派五千名，以备进发，又于川北各处密派三千人应援。其粮饷事宜不便声张，于兵丁随身裹带口粮外折支，听各兵沿途买食。如需用兵，应酌派兵八千名。臣岳钟琪领兵五千名先赴藏地，臣策楞领兵三千名暂驻打箭炉，料理应援。再臣原奏珠尔默特那木扎勒于江达备兵一千，西宁一路转备兵二千，应否降旨密敕陕甘总督尹继善一体预防。"

得旨："另有旨谕。谕军机大臣等。策楞、岳钟琪所奏密行筹办诸事，俱属详悉，倘或需用，其调度策应，亦合机宜，但当密之又密，不可稍露端倪，致有泄漏，令彼疑惑惊骇，启衅生事，方为万全。至所称西宁一路，密饬陕督尹继善预为防范则属不必。四川一路，策楞等善为办理，尚可慎密。若西宁两路齐办，则事益张皇，未必无走漏消息之处，转未妥协。从前未经传谕尹继善，乃正为此，若至事露，不得不办之时，自然令其防范也。可传谕策楞、岳钟琪知之。"

（卷376　1158页）

乾隆十五年（1750年）十一月己酉

赈恤甘肃平凉、西宁、肃州等三州县本年雹旱灾饥民，并免额赋。贷河州、狄道、皋兰、渭源、金县、陇西、岷州、安定、会宁、伏羌、漳县、盐茶厅、泾州、安化、合水、真宁、泰州、秦安、清水、礼县、永昌、镇番、宁朔、中卫、灵州、西宁、碾伯、高台等二十八厅、州、县籽种、口粮，缓甘州、镇番、肃州、高台等四州县及东乐县丞所属田亩额赋。

（卷376　1160页）

乾隆十五年（1750年）十一月甲寅

谕军机大臣等："珠尔默特那木扎勒之事，前经傅清、拉布敦奏到，朕即虑其所办太险，不可轻发。乃傅清等未久奉到谕旨，即已便宜行事，至于身被戕害，为国捐躯，情殊可悯。除另颁旨加恩优恤外，其随二人捐躯弁兵，著策楞、岳钟琪查明，照阵亡例交部优恤。卓呢罗卜藏扎什党逆之罪，实不容诛，著传谕策楞、岳钟琪统领官兵前赴西藏，总兵董芳统兵随后策应，听策楞等调遣。一面安辑藏地，一面搜剿逆党，务尽擒获，并珠尔默特那木扎勒之子俱应明正典刑，以泄公愤而彰国法。其媳著仍送青海，交与其母，与彼无涉也。又据策楞奏称，派兵八千名以备进剿。今观藏中大局已定，不过擒拿余党，可令策楞、岳钟琪带兵三千名即行速往，董芳统兵二千名随后策应，其余三千名预备派拨应援，可以不必起程。若至彼觉兵势少单，即一面调往，一面奏闻。再策楞、岳钟琪进藏，务当严密防范。至西藏地方，虽据达赖喇嘛奏称已经安抚宁静，但经此番举动，人情必致张皇。现在藏地情形若何，速行驰奏。卓呢罗卜藏扎什逆衅已成，恐其势不能已，益致扰动。策楞等俱应预为筹及再行。打箭炉一带，口内、口外各番向系西藏所属，亦不无惊骇。应明白晓谕，以珠尔默特那木扎勒潜谋不轨，前经驻藏大臣据实奏闻，朕令班第至彼，再会同在藏大臣降旨办理，乃驻藏大臣等因其形迹显著，未候旨到，即已便宜行事。虽罪人已经授首，而驻藏大臣亦不幸为逆党所害，所当兴师问罪。惟务搜除逆党，以安地方。凡非亲信逆党，一无株及，被难民番，优加恤赏。至塘汛番人将官兵捆缚，本应治罪，但系听从珠尔默特那木扎勒所使，悉置不问，并将此传知达赖喇嘛，令其宣谕远近，安众人之心。至班第达不能救护驻藏大臣，念其势原孤弱，尚属无过，然亦无功可录，但不附逆党，尚知尊向天朝，俟徐加赏赐。策楞、岳钟琪至藏，可以此意告知，以安彼心而用其力。若如达赖喇嘛所奏，即将班第达立为藏王，将来又成一颇罗鼐，日后伊子又思世袭，专据其地，转滋事端。前经传谕班第，以藏地应多立头人，分杀其势，正当乘此机会，通盘筹划，务彻始彻终，为万全之计。所谕班第之旨，伊必带往。策楞、岳钟琪到彼，详悉阅看，斟酌办理。事定后应留驻官兵若干名，交驻藏大臣统辖，以资弹压，并照旧添设台站一切善后事宜。策楞等随宜调度，详细逐一奏闻。已令尹继善前往料理一应粮饷军机，俱令其筹办策应，并谕策楞等知之。"

又谕曰："卓呢罗卜藏扎什肆行悖逆，已著四川总督策楞、提督岳钟琪统领官兵前赴西藏，总兵董芳酌派官兵在后策应。著尹继善就近驰驿前往四川，所有输挽粮饷、接应机宜及奏报情形等事，尹继善悉心筹办。其陕甘总督印务或尹继善带往，或交巡抚陈宏谋暂行护理，著尹继善酌定。至西宁一路，切近藏地，从前西藏用兵，原与打箭炉两路并进，现在或应酌派官兵预为防范。该督等一面奏闻，一面妥协办理。将此一并传谕知之。"

又谕曰："达赖喇嘛、公班第达等具奏，青海地通西藏，且有通准噶尔之路，逆匪卓呢罗卜藏扎什等逃奔准噶尔地方，均未可定。尔等可寄信纪山，令其留心防守，堵御潜通准噶尔之路。巡查卡伦，将西宁番子等善为约束，其通准噶尔之路，不可稍有疏忽。"

又谕："寄信归化城都统众佛保，令其由彼驰驿速赴西宁。一到彼处，即将纪山拿交妥员，由驿解赴京师。其青海之番子事务，暂著众佛保署理，俟朕另派之人到时，众佛保再回归化城。"

调右卫副都统舒明办理青海番子事务，调正红旗满洲副都统苏瑚济为右卫副都统。

（卷376　1165页）

乾隆十五年（1750年）十一月乙卯

又谕："寄信众佛保，青海地通西藏，且有赴准噶尔之路。逆贼卓呢罗卜藏札什被迫逃往准噶尔皆未可定。所关最要，是以派伊前往彼处办事，即令伊遵朕前旨，速行起程前往。到彼妥为留心，凡通准噶尔之路，应行防范之处，必须严加防范。巡查卡座，青海番子等妥为约束。仍须不时探讯藏务，不可稍有懈怠。朕现虽派副都统舒明前赴西宁换伊，藏内正当有事，归化城亦无甚事件，众佛保系经练之人，舒明到彼，凡事会伊商办，俟事竣，候旨再回归化城。"

（卷377　1170页）

乾隆十五年（1750年）十一月丁巳

谕曰："策楞现在统兵进藏，四川总督印信著伊带往，以便调遣。陕甘总督印信著尹继善带往成都，行川陕总督事，料理军机钱粮及一切事宜。其陕甘总督衙门事务，著照黄廷桂之例，令鄂昌护理，寻常事件，照例承办，案件重大者仍行关白尹继善。"

（卷377　1172页）

乾隆十五年（1750年）十一月乙丑

谕曰："永常现在丁忧，安西提督印务著李绳武前往管理。于接到谕旨处速行赴任。其京口将军印务著副都统暂行护理。军前大臣原有释服从戎之例。安西提督不必出缺，俟永常来京治丧事竣回任后，李绳武仍回将军之任。"

（卷377　1179页）

乾隆十五年（1750年）十二月乙亥

甘肃碾伯县土司指挥同知赵尔良老病乞休，以其子维宋袭职。

（卷378　1193页）

乾隆十五年（1750年）十二月辛巳

以故青海土隆坝族百户纳木塞子达什三住布、格尔吉族百户拉旺子朋楚克达尔济袭职。

（卷378　1198页）

乾隆十五年（1750年）十二月癸未

　　补行四川、陕西、甘肃三省乾隆十二年军政。卓异官四员，贪劣官一员，不谨官一员，罢软官四员，年老官五员，有疾官一员，才力不及官五员，分别升赏处分如例。

（卷378　1201页）

乾隆十五年（1750年）十二月是月

　　陕甘总督行川陕总督事尹继善奏："因原提臣李绳武补授京口将军，其员缺以哈攀龙补授。臣思安抚藏地，固宜计出万全，而西边准夷一路更关紧要。甘肃提臣成元震为人朴实，谙练营伍，但才具中平，口外情形，未能深悉，于边缺不甚相宜。李绳武老成干练，熟谙夷情，现在哈攀龙将次到任，可否令李绳武暂管甘肃提督事，与安西提臣永常同心料理。其成元震请以内地员缺量用。"得旨："今因永常丁忧，令李绳武往署安西提督矣。内地岂有简缺之提督。若见成元震不能胜任，再据实奏来，另筹调用耳。总之人才不足，奈何？"

（卷379　1213页）

《清乾隆实录（六）》

乾隆十六年（1751年）正月丙午

　　谕："甘省节年民欠未完银二十三万七千余两，未完粮一百万四千余石。往往旧欠未及清偿，正额又成积欠，每年徒有催征之名，而无输将之实。经朕传谕该督抚，令其详悉查办。今据尹继善、鄂昌折奏，此内所有查出胥役侵蚀之项，现在照例治罪勒追。至民间积欠为数实属繁多，与其新旧并征，有名无实，不若量请停缓，设法清厘等语。朕念甘肃边土苦寒，民力拮据，自非腹地可比，但逋欠日积，陈陈相因，伊于何底。著加恩将该省积欠自乾隆十一年至十四年未完银粮分作五年带征，如有现准部文带征者，仍照原限办理，其乾隆元年至十年旧欠银粮概与豁除。该省士民倍应感朕格外之恩，急公输纳。该地方官亦须实力整顿，使年清年款不得任其仍蹈故习。希冀殊恩可以屡邀也。"

（卷380　6页）

乾隆十六年（1751年）正月壬戌

又谕："成元震不胜提督之任。甘肃提督员缺，著齐大勇调补。固原提督员缺，著豆斌调补。广西提督员缺，著黄有才调补。广东提督员缺，著林君升补授。台湾总兵员缺，仍著李有用调补。马负书仍留漳州镇总兵之任。琼州镇总兵员缺，著胡贵调补。潮州镇总兵员缺，著成元震降补。"

（卷381　16页）

乾隆十六年（1751年）正月是月

陕甘总督尹继善奏："准噶尔夷目来肃交易，携货较多，虽从宽挑收，已与写立议单。嗣后羊只皮张不得过三万，马、牛共不得过一千，交单带回。其挑存羊、牛等项共作价银十八万六千二百余两，兑给内地绸缎、茶线等项作价银十六万七千三百余两，给现银一万八千八百余两。并言明此次多收货物，下次扣除。业于去冬十一月事竣回巢，收买各件按例匀发领销。查准夷交易，向来彼此俱虚抬价值。此次交易虽名为十八万余两，按实价并现银共止十二万八千余两。变价还项，尚不亏折。但现定议单虽交该夷持回，恐仍复有奏请。乞令料理夷使大臣，明切晓谕。"得旨："所奏是。"

又奏："准夷交易情形。此次虽在未画界限之先，而挑收货物较往年已略有节制，所给现银亦仅十分之一二，但连兑与货物总计实数已十二万余两。现与写立议单，交给带回，约虚数七八万两之间，实数六万两。"得旨："览奏似前奏略误。不然，即是朕偶尔未曾看详，意谓现银一十八万也，若实银不过一万余，尚不为多费。以数年不用兵所省计之，则我犹为所得者多也，但夷人得寸进寸，亦当有以裁抑之。卿所办是也。"

又奏："遵旨查奏甘肃提督成元震诚实有余，猷为不足，难胜提督之任。陕甘各镇非才短，即年老，亦无可举荐。"得旨："所奏皆公论，足见留心，嘉悦览之。至成元震已有旨了。"

（卷381　20页）

乾隆十六年（1751年）二月己卯

谕："据刑部将纪山由西宁拿解前来严行监禁等因具奏，著交在京总理事务王大臣会同该部审讯。从前朕因纪山原系驻藏办事之人，令伊前往，于事有益，以多方训饬发往。纪山到藏时，一切事宜并不据实陈奏办理，转将朕训饬之言泄漏于珠尔默特那木扎勒，且以珠尔默特那木扎勒听信伊言，感恩奋勉等因具奏。不知纪山如何向伊盟誓，致珠尔默特那木扎勒如此生事。此等缘由，逐一研讯。至纪山所称，伊驻藏时，珠尔默特那木扎勒曾馈送伊银一千两，伊若不受，反恐珠尔默特那木扎勒生疑。是以权宜存贮，而伊回京时此项银两作何办理之处，并未言及。俱著审明定议具奏。"

（卷382　28页）

乾隆十六年（1751年）二月丙申

赐准噶尔台吉喇嘛达尔扎敕书。诏曰："据台吉奏请差人前往西藏喇嘛处递赆见仪，恳赐恩准等语。曩者尔故台吉噶尔丹策零，为父策妄阿喇布坦既殁，奏请往藏熬茶。策妄多尔济那木扎勒，为父噶尔丹策零既殁，亦以熬茶奏请。此皆欲追报先人，是以俯从所请，并加恩沿途赏给牲畜、路费，特派大臣官员照管。彼时朕即降旨，尔台吉因有此大事，朕方允行，否则断然不许，所降谕旨甚明。今尔并非有如此大事，何恩之当报，乃欲差人往藏耶？不但无换一台吉，即遣人赴藏一次之例，即中国亦岂有屡派官兵照管之理耶？尔所请遣人赴藏之事断不可行。至所奏喇嘛学经一节，因尔旧台吉策妄多尔济那木扎勒奏称准噶尔地方，所有西藏喇嘛大半物故，恳准少派数人至藏学经，以广黄教。朕念差人至藏学经，则事不可行。而尔地黄教就衰，亦殊可念。因为尔等计，中国大庙内原有自藏选来高僧，是以许尔处将可以学经之聪慧喇嘛或十人，或二十人送至京师，习学数年而回，可以阐扬黄教。此朕念和好日久，周详曲体之特恩。初非敕令尔处夷人来为僧徒也，今乃谓尔处喇嘛未曾出痘，不能赴京学习，恳将精通经典喇嘛准请四五人到尔处教习。夫学习文艺，有就学，无往教。尔处既称无可赴京之喇嘛，应即行停止。今尔使臣额尔钦口奏，又谓台吉令伊等奏恳，自藏延请四五喇嘛教习数年，再令回籍等语，此又与尔奏书有异。朕今念尔护持黄教之意，准尔所请，令高等喇嘛前往教诲，但既命往之后，尔毋得借称命往之喇嘛平常，捏词再来渎奏。是以令尔使回巢后明白宣示，尔再遣来使请，并将不行此等伎俩之处，抒诚具奏，然后令喇嘛前往。此亦有关中华声教，朕岂肯令漫无德行，不能训导之人充数耶？尔固不必虑此。再交易一事，乃朕优恤远方之大惠。前既定以年岁，约以章程，即当永远遵照。而近年来贸易者，货物每次加增，较前数倍，边疆司事之臣屡请驳回。朕念其携货远来，若不准销售则亏损实多，姑准量为交易。而该使该商皆谓不知从前议定成数，又谓非能自作主张，归当告知台吉。伊等果归告与否，固未可知。然恃朕迁就加恩，因而屡增无厌。将来必至定数之外，一一驳令带回而后已。今特明切晓谕，嗣后肃州贸易毋得过乾隆十三年货物之数。使臣前来，以尼玛上次带来货物为准，如逾此数，即由边境驳回，不准贸易。尔其晓谕使臣、商人等，俾知敬谨遵行。朕亦敕谕疆吏，照此办理。今后不得仍以不知成例为辞也。"

（卷383　39页）

乾隆十六年（1751年）二月丁酉

谕军机大臣等："准噶尔夷人交易一事，每岁加增，固属无厌，而为数太少亦属难行。前见尹继善所定交易之数较之上次未及其半。伊等历年已加增至数倍，何能强之骤减。朕即料其未能奉行。昨召见夷使，果称总督曾有字来，原非奉旨事理，未便遵行等语，观此则其不能遵奉可知。朕今谕该台吉，肃州交易以十三年来数为准，来使交易以尼玛来数为准，不得出此范围。可寄知尹继善，令其遵照办理。在此数内者许其交易，多者驳令带回。总在不离大数，货物内此多彼少，许其折算相当，如此则伊等不至受苦，其心自平，而后来亦有节制矣。"

（卷383　41页）

乾隆十六年（1751年）三月戊午

陕甘总督行川陕事尹继善奏称："青海境外得卜特尔及伊克柴达木等处路通准噶尔，节年派拨绿旗、蒙古官兵分设台站、卡座、巡哨。上年九月，准噶尔夷人至西宁口外投诚，恐无知逃窜者乘机扰我边界，添派游击、守备各一员，千总、外委各二员，绿旗兵一百十名，并令郡王索诺木丹津、衮楚克达什带领蒙古官兵三百六员名同驻得卜特尔、伊克柴达木两处。今准夷新立台吉，入贡恭顺，且时值春融，防冬已过，原卡足资防范。添设官兵应撤归本汛。"从之。

（卷385　56页）

乾隆十六年（1751年）三月是月

陕西布政使张若震奏谢调任恩，并称边关要地，当实心整饬，不敢稍懈。得旨："汝不过空言，而一切不实心，即汝在甘肃一年有余，所办理整顿为何事耶？"

（卷385　66页）

乾隆十六年（1751年）四月辛未

豁免甘肃皋兰、渭源、固原州、盐茶厅、灵州、宁夏、宁朔、西宁、碾伯等九厅、州、县乾隆十三年份被灾额赋有差。

（卷386　69页）

乾隆十六年（1751年）四月戊寅

谕军机大臣等："富明已补授陕西安西道，著传谕直督方观承，如富明现在途次办差，即令前来请训，由此赴任。如在伊广平任所，著方观承委员前往署事，即令速赴新任，不必前来请训。并传谕该员，从前因伊不实心任事，是以降等补用知府。今复加升擢，更不可不知勉力报效。其所有承办城工，令伊留人办理。"

（卷386　74页）

乾隆十六年（1751年）四月己卯

免甘肃狄道、河州、靖远、平凉、镇原、隆德、固原、静宁、灵台、盐茶厅、清水、张掖、永昌、中卫、宁夏、宁朔、西宁、平罗、碾伯、高台等二十厅、州、县乾隆十四年被水、旱、雹、霜灾民额赋有差。

（卷386　76页）

乾隆十六年（1751年）闰五月丁卯

吏部议复甘肃巡抚鄂昌疏称："张掖县之抚彝地方，请移驻柳林湖通判管理。旧设驿丞应裁，原管柳林湖屯田事务，即归镇番县兼理，无庸另设专员。应如所请办理，至称柳林通判与镇番县员缺，改简归繁，在外调补与原议不符，应毋庸议。"从之。

（卷390　118页）

乾隆十六年（1751年）闰五月戊辰

谕军机大臣等："前马得胜来京陛见时，朕询以成元震居官如何，尹继善何以将伊参奏。据奏成元震居官尚属循分供职，惟参揭游击海受一事，舆论以为不公等语。海受平日居官如何，其列入疲软之处，有无屈抑。尹继善奏成元震不胜提督之任，是否因此。著传谕尹继善令其据实具奏，不得稍有回护。"寻奏："成元震存心朴实，人亦谨饬，但限于才识，不能干练。甘省接环外夷，地方辽阔，恐其未能周到，是以奏请酌量委用，并非另有别情。至海受汉仗软弱，弓马生疏。去岁军政，成元震与臣会商参揭，实无屈抑。"得旨："所奏甚公，如此居心方称封疆大臣之义。且成元震来京，朕观其迥不如前，即卿之奏彼，彼亦甚服。是以潮州要镇，尚恐其不能，又改用兖州也。"

（卷390　120页）

乾隆十六年（1751年）闰五月戊寅

谕："陕甘自尹继善赴川，悬缺已久。黄廷桂著调补陕甘总督，著即速赴新任。尹继善著调补两江总督，俟策楞回川之日，来京陛见，再赴江省。尹继善未到之前，两江总督印务著高斌暂行兼管。"

谕军机大臣等："黄廷桂调补陕甘总督，已降谕旨。伊在两江总督之任两载有余。朕详加体察，伊于江省不甚相宜，盖南人风气柔弱，而黄廷桂性情刚躁，几于水火之不相入。此番办差诸事，该省吏民畏惧之心胜，而悦服之意少。黄廷桂喜怒之间亦不得领要，受其呵斥者固不能无怨，即为奖许者亦不以为感，久之将何以行其威令。必令久于江省，未免用违其长。且如王师、张师载二人，在黄廷桂面对时，何尝不奏称王师尚肯实心相助。而王师等在朕前，颇露畏惧该督之意。督抚共事一方，设令外合中暌，地方亦属无益。陕甘民情本属阳刚，于黄廷桂性情为宜。伊前任甘肃巡抚深为称职，是以调任陕甘。但伊待下褊急，往往声色俱厉，亦属过当。朕既体察及此，故明切训谕，令其知改。人之性情固不能无偏，但当自知所短，留心检点，以平正率属，方能诸事合宜。将来莅陕甘后亦不可一往任性，失中正之道也。陕甘自尹继善赴川，至今悬缺已久。黄廷桂不必来京请训，朕面训亦不过此。谨识而力行之，惟该督是望。"

（卷390　128页）

乾隆十六年（1751年）闰五月壬午

大学士等议复尚书舒赫德奏："各省标营增扣名粮以充公费。据各直省督抚陆续奏到情形不一，臣等公议，应如所请。上下两江及江西、福建等省无庸增扣。直隶除督提二标外，余各分别标营，每百名内酌添一分。浙江及陕甘二省之各镇协标营并甘抚、甘提各营，仍照旧例，扣存三分。四川省照旧于每名原扣步粮三分内，改扣马二战一。山东于原扣二分外，再添二分。山西太原、大同等镇每兵百名，原扣未及二分各营准其添扣足二分之数。云贵二省每兵百名各增扣一名。广东、广西各营，旧习向以余存马价折充公用。今据该督奏请将广东各营马价数内每匹二十一两四钱，广西各营马价每匹二十两四钱，均节余银三两，归公解部交纳，其实不敷公用，如春江、义宁等协营准添名粮一二分。至湖北、湖南二省，据称现在各营借垫扣抵，兵丁不无拮据。若于原扣公粮二名外增扣二名，定以期限，过后仍拨补足伍，一遇营中公用不敷，又须酌拨，办理周章，应令该省各营于原扣二名外，酌扣一名。其河南巡抚所请，兰阳等十县官地租息拨归营伍。查兰阳等十县官地一百余顷，雍正十三年经前抚臣奏请归公，接济民食，未便拨归营伍。但现在河北九营、抚标二营，地广兵单，不便再行裁扣，而所有河滩地亩及置买官地，收租添补，又实不敷营中公费。应交该抚另筹议奏。"从之。

（卷391　134页）

乾隆十六年（1751年）六月甲辰

甘肃巡抚鄂昌题："洮州土司杨冲霄原袭骑都尉已历三世，呈请缴销敕书，另换指挥金事新敕。"下部知之。

（卷392　153页）

乾隆十六年（1751年）七月丁卯

户部议复甘肃布政使杨应琚奏称："哈密驻防官兵二千一百余员名，岁需口粮麦五千余石，该处仓储止存一万四千余石，仅敷三年之用。前准督臣尹继善请采买备用，所购无多。现柳沟、沙州两卫，均有节年余麦。请拨二万五千石以本年秋始，于每岁农隙时，节次运交哈密，脚价照口外运粮之例。应如所请。准如数酌拨至脚价一项，从前口外运粮，系军需急迫，现应酌减。饬督臣妥议具奏。"从之。

（卷 394　170 页）

乾隆十六年（1751年）七月庚午

命陕西固原提督豆斌来京陛见。调甘肃提督齐大勇为固原提督。江南京口将军李绳武为甘肃提督。

（卷 394　173 页）

乾隆十六年（1751年）七月甲申

谕军机大臣等："据办理青海夷情事务副都统舒明奏折，郭罗克贼人抢劫班禅额尔德尼使人，致有杀伤。后询知颁发敕谕，并赏赐达赖喇嘛物件，随经给还等语。是郭罗克尚知畏惮天朝威德，其心尚属可原，但该处系进藏要路，常有信使往来，岂可使中途频有抢劫之事，著将原折抄寄策楞、岳钟琪阅看。令其酌量情形，妥协办理。务期明白开导，俾知输诚帖服，既足以申国家之宪典，而亦不致操之太急，激成衅端，方合驾驭远人之道。将此详悉传谕知之。"

（卷 395　188 页）

乾隆十六年（1751年）七月乙酉

豁免甘肃高台县平川、毛目、双树等屯旱灾籽种谷二百二十石有奇。

（卷 395　190 页）

乾隆十六年（1751年）七月是月

安西提督永常奏："前臣陛见时，面奏谕旨，准夷新换台吉，其所陈请，概未允准。夷情狡诈，今岁不可不更为加紧防范。汝回任路过备战各营，当密为告述，俾今岁防冬务将一切备战事宜及马驼等项，俱留心密筹妥备，断不可张皇，使人猜疑。臣敬谨遵奉于回任时，凡路过之陕甘各营，晤见该将军、督抚、提镇，即详述谕旨。未经由之各镇，亦皆密行札致，俾一体凛遵。至臣属一切防守机宜，面饬各副参将领，照前定章程，益加周备。"报闻。

（卷 395　200 页）

乾隆十六年（1751年）八月癸丑

兵部议复安西提督永常奏称："营伍演习技艺，如矛子一项，马上尚可施用，其余藤牌、挑刀、挡手不独马上难施，即步兵亦无实用，请停操演，俾专习弓箭枪炮。再，甘省各提镇营战兵原以预防哈密调遣之用，其藤牌等技亦属无用，请概停操。查藤牌、挑刀等项，军营步兵向例演习，实以踊跃超距，能令筋力强壮，未为无益。但安西系边隘要地，既称此等器械于该处不甚相宜，应如所请停操俾专习弓箭枪炮，以收实用。至甘省各营情形与安西未必尽同，兵丁操演已久，未便概停。"从之。

（卷397　217页）

乾隆十六年（1751年）八月癸亥

以陕西按察使吴士端为甘肃布政使，河东盐运使武忱为陕西按察使。

豁免甘肃平凉、泾州、安化、西宁、肃州五州县乾隆十五年被雹被旱成灾地亩额征地丁银四百八十两有奇，起存粮九百七十石有奇，草五千七百束有奇。

（卷397　228页）

乾隆十六年（1751年）九月己巳

谕军机大臣等："陕甘等处喂养驼只，每年需用草料、银两，原定价值浮多，前经西宁总兵张世伟、安西提督永常奏明，历岁多有节省。因交尹继善酌定价值。据尹继善奏请将西宁草料每岁减去银二千两，安西等处每岁减去银三千两。并称张世伟任内节省之处，实因撒买草豆，减料喂养，驼只多有疲瘦，难以为例等语。已交军机大臣，俟刘顺来京，将实在情形询明定议。现在该处喂养驼只是否仍照张世伟任内每岁节省银五千两办理，抑或已照尹继善所奏数目办理。若所减二三千两而能喂养膘壮，虽节省无多，尚于驼只实有裨益。倘所养驼只仍不免于疲瘦，与张世伟任内相同，则虽称稍为节省，究属虚糜帑项，有名无实。著传谕黄廷桂将作何稽查办理之处，令其详悉查明具奏。"寻奏："奉谕，即札行各提镇查核。据复西宁、甘、凉、宁、肃等处，自乾隆十四年冬后，均照尹继善减定数目办理。现俱喂养膘壮，细访亦无浮冒，但设法稽查，事无专责，难免弁役暗中克减。嗣请拴槽时专派参游责成经管，该提镇仍不时亲查。每季底加委道员公同查验，再据升任提臣永常咨称，安西战驼八百余只，于乾隆十三年奏准，一半长川牧放，一半于冬春二季收槽饲养。每只酌减原数领银十八两，为草料之价，现在遵办。其查验亦请照西宁之议。"报闻。

（卷398　237页）

乾隆十六年（1751年）九月丁亥

谕军机大臣等："据定边左副将军亲王成衮扎布奏称，准噶尔回人阿克珠勒等带领四百人，马匹牲口四万余，至伊都克边卡，求告贸易。因使侍卫传永等将禁止贸易之故晓谕。又遣头等台吉策卜登与效力行走索拜带蒙古兵前往禁止贸易等语。所奏甚是。准噶尔诡诈难信，禁止贸易之事，伊等非不闻知，今复携货来售，若以其远来辛苦，恩准贸易，伊等又习为固然，嗣后更多带货物，何所底止。且日久或致别生事端，必当速为严禁。可寄知成衮扎布，令其转谕额默根，明白晓谕回人阿克珠勒等。云准噶尔与我大国和好以来，议定只在肃州与京城两处贸易，后又归于肃州一处，并未有在喀尔喀贸易之例。尔等何得私带货物前来。虽称贸易已十余年，此皆下人私事，亦从无数万牲畜之多。所有从前与尔等私相贸易之人，已经查出治罪，所欠之项亦已追出给还，尔等岂得佯为不知。自今以后不许再来贸易。若因雪大难行，暂准卡外过冬，贸易则断乎不可。如此明白晓谕，只作成衮扎布之意，不必告以谕旨。再，准噶尔之人诡诈多计，观其能带大队牲口前来，岂不能令大队人众行走乎？成衮扎布又一折奏称，准噶尔乌梁海八十余户在边卡附近游牧过冬，请照例许其过冬回去等语。由此观之，准噶尔之人明系习惯渐进。今虽无事，若任其如此，日久恐致生事。伊等渐次向内地游牧，或窥探喀尔喀等游牧。此等处不可不严紧防守，先期预备。各处边卡时加稽察，可传谕成衮扎布知之。"

（卷399　250页）

乾隆十六年（1751年）九月庚寅

两广总督陈大受故，调湖广总督阿里衮为两广总督。以安西提督永常为湖广总督。调甘肃提督李绳武为安西提督。以原任陕西固原提督署湖广宜昌镇总兵豆斌为甘肃提督。

（卷399　254页）

乾隆十六年（1751年）九月辛卯

又谕："泾州生员朱绍恺等赴都察院首告平凉县人甘普妖言聚众、假号仙会、谋为大逆等情，已经交军机大臣审讯。其所供词，并无确据，而案内人犯俱在甘省，一时无凭质对。现交步军统领衙门选派司员，押同朱绍恺前赴甘省。著该督即选派贤能道府一员，俟司员到西安即令一同速往，严查审讯。如甘普果有妖言聚众情形，即行密速拿究，务尽根株，不得稍有宽纵。若系朱绍恺等挟仇诬首，审出实情，即宜按律问拟，以警刁风。该督办理此案，务宜迅速严密，不可丝毫泄漏，致奸徒闻风远扬。可将此传谕黄廷桂知之。"

（卷399　255页）

乾隆十六年（1751年）九月是月

甘肃巡抚杨应琚谢升任恩。得旨："汝在甘肃可谓驾轻就熟，一切实心奋勉为之，毋庸多谕。至准噶尔贸易一事，乃汝专责，当思国体久长之计，不可迁就示弱外夷也。"

（卷399　258页）

乾隆十六年（1751年）十月甲辰

（军机大臣等）又议复陕甘总督黄廷桂等："遵旨酌议调任。陕甘总督尹继善所陈防范准夷各条及筹划未尽事宜：一、酌派甘提标战兵二千一百名，肃镇标二千名，凉镇标一千九百名为首援，应用马驼请照原定一兵二马、四兵一驼之数拨给。再派甘提兵六百名，肃镇四百名，凉镇一千名，有马则以马摘拨，无则折驼，以备二起出口。甘、肃二标马驼足用，凉镇少驼一百只，酌于甘标驼羔内拣补。少马二千匹，将宁夏余马协济一千余匹外，不敷之数，请将凉州驻防马摘调。再宁夏驻防马驼别无动用，应请摘马二千匹，驼二百八十只，分解凉、甘二标，则凉、甘二标又可各派兵五百名，同二起出口。至筹补甘、凉、肃三标不敷马驼，并西宁、固原、河州已裁驼，应于安西提标积年采买余驼及孳生驼羔共一千五百余只内拨补。一、固原战兵二千名，需马四千匹，并折驼马一千四百匹。现不敷马七百一十六匹。河镇战兵一千名，原派马六步四，需马二千匹，并折驼马六百八十八匹，现不敷马一千一百一十八匹。固原战兵依次出口与首先援剿之师有间，应每兵给骑马一，二兵合给驮马三，并驮炮马一百五十，共需五千一百五十匹。除该提马尽数拨给外，仅少四百六十六匹，临时雇觅驼骡，不致迟误。河镇亦应如固原，将所有马尽战兵六百名拨用，其步兵四百名为数无多，请停调派。查善后原议，酌留甘标兵一千，河镇兵一千，交甘提备用。今此项步兵停派，河镇兵不敷一千之数，应令甘提于各标战兵量拨足额。一、天山西北之乌克克岭正北之东大坂，及东北之河源小堡等处，均经挖沟筑栅，其塔勒纳沁距哈密二百余里，形势颇低。北山一带由上摩垓可绕至哈密城，由坡子泉、金钩峡可直抵桥湾，瞭望难及。现亦各设防卡。仍应密派干弁确探。一、青海蒙古逼近西宁，设有缓急，应照原议派西宁兵或二千或三千赴援。西宁距青海百余里，遇调轻装前往，毋庸多给马驼。应按现存马三千八百三匹，驼五百只，通融预备。一、青海之额色勒津及伊克柴达木得卜特尔等处，汛地辽阔，原派驻卡官兵，不敷侦探，应于冬防。派西宁镇标守备千把四员，带兵百名前往巡防。均应如所请。"从之。

调任安西提督永常奏："哈密防兵勤苦，防员无几，经年不得一缺。本营缺出又以远在驻防，不能擢补。请照直隶官兵派往北路军台例，分别等第，与在营官兵间用。"下部议行。

（卷400　267页）

乾隆十六年（1751年）十月丙辰

谕："朕前降旨，将甘省乾隆元年至十年旧欠钱粮概予豁免。复令将乾隆十一年至十四年未完钱粮分作五年带征，俾得从容输纳，以恤边氓。惟是甘省各属旧欠钱粮之外，尚有额征草束一项不在蠲缓之例。历年既久，积欠已多，若令其按年一并完纳，未免拮据，著将甘省乾隆元年至十四年未完草一千五百万余束分作十年带征，以纾民力。该部即遵谕行。"

（卷401　275页）

乾隆十六年（1751年）十月戊午

又谕："传抄伪造孙嘉淦奏稿一案。今据杨应琚奏到，甘肃俱有查出人犯。蔓延各省，传播之广如此，其首先捏造之犯，实乃罪不容诛。此等诪张诬妄之词，贻害于人心风俗者甚大。当此国家全盛之时，正应溯流穷源，寻枝批根，以正人心而息邪说。况此等传抄之犯，亦不得概谓之愚民无知。如果无知，虽示以伪稿，将茫然不知为何物，何论传抄。凡属传抄，皆幸灾喜事，不安分之辈。今并不治以重辟，即行正法，不过量予枷责，使知儆畏。向后倘遇妄言邪说不为所惑，则小惩大诚所全实多。若恐株连人众，姑息从事，将养奸酿患，无所底止。但督抚奏折中又有以传抄之犯为覆载不容、不共戴天者，亦未免矫枉过正，张大其辞矣。盖此等人犯，其罪止于传抄，即枷责已足蔽辜。若竟目以大逆，设更有甚于此者，又将何以处之。是皆未按其情罪之轻重，徒于陈奏内为此张大激烈之词，而其意中未必不以此案为可不必如此办理，希图草率完结。又何能实力跟追，使真正恶逆之徒及早就获。各省督抚办理不一，恐其轻重失宜。今复再行传谕，俾知办理之道，惟务得捏造首恶渠魁，明正其罪。至外省办理重案，往往迁就悬搁，乃其相沿陋习。今此案若彼此跟寻，仍归之原发觉处。始终无著，不得正犯，或委之已故之人，苟且完结，则系何省督抚所办，朕必于其人是问。"

（卷401　278页）

乾隆十六年（1751年）十月是月

安西提督李绳武奏谢调任恩。得旨："览，此乃驾轻就熟之地，有何别谕，但目今情形自又与昔不同，一切应机制宜，慎固边守之处。勉为之。"

（卷401　282页）

乾隆十六年（1751年）十一月乙丑

大学士等议复安西提督永常奏："拿获北路喀尔喀打牲蒙古达麻林等四名，应令北路将军查明系何部落之人，交回严办。并转饬该蒙古约束所管人众，勿许越境打牲。倘有违犯被获，从重治罪。并将该管王、贝勒等参处。"从之。

（卷402　285页）

乾隆十六年（1751年）十一月癸酉

谕军机大臣等："据喀尔吉善永贵奏，拿获传抄伪稿之卢顺阳供称，自直带回，已传给福建人张秉仁，又福建人戴岳万曾经传抄，已回福建等语。此案发自滇南，即僻远如甘肃、四川一经查拿，传抄之犯，不一而足。闽省与江浙接境，何得独无，而潘思榘从未奏及。昨召见布政使顾济美，奏称伊在闽时尚未发觉，并未闻有此事。布政使之言如此，巡抚之意可知。试问各省见此悖逆伪词，无不发指，实力查办。而闽省独欲掩覆消弭，潘思榘于心安乎？现据该督从浙江查出闽省人犯，札交潘思榘提办，如稍不实心，则有准泰之前车在。将此传谕潘思榘知之。"

（卷402　287页）

乾隆十六年（1751年）十一月丙子

户部议准甘肃巡抚杨应琚疏称："狄道、河州、渭源、靖远、会宁、平凉、静宁、永昌、平番、宁夏、宁朔、灵州、西宁、碾伯等十四州县本年水雹成灾，饥民已行赈恤。其勘不成灾之皋兰、狄道、渭源、金县、陇西、会宁、安定、岷州、伏羌、通渭、漳县、平凉、静宁、庄浪、华亭、隆德、盐茶厅、宁州、合水、环县、宁夏、灵州、平罗、摆羊戎厅、西宁、碾伯、大通卫、归德所、礼县、阶州、成县等三十一厅、州、县、卫、所村庄饥民，应贷给籽种、口粮。"得旨："依议即行。"

（卷402　290页）

乾隆十六年（1751年）十二月丙午

定拔贡朝考选用例。谕各省选拔贡生："经朕降旨，以十二年举行一次，计至癸酉年，即届选拔之期。惟是来京朝考，拣选引见，札监读书。或以知县等官试用，或以教职即用，或以教职归班序选，条例屡经更定。朕思选拔于每学数十百人中拔取一、二人，且不糊名易书，可以验其人才，核其素行。自当精择以充其选。应令该学政于试列前茅之士，举其文行兼优、才品出众者，会同该督抚秉公抡采，以杜滥觞。至庠序为陶育人才根本，今教职率多昏耄龙钟，滥竽恋栈，虽定以六年甄别，而上官以闲曹多方宽假，非国家设官敷教本意。应分以年限，详加澄汰。所遗员缺，即以应授教职之选拔充补，于士风当有裨益。所有选拔贡生赴部验到，作何定限及朝考录用一切规条，俱应详悉酌定，永著为令。大学士九卿集议以闻。"寻议："各选拔赴部应以该年十月起限。云南、贵州、四川、广西、广东、甘肃限次年五月到部。湖南、福建、江西、浙江、湖北、陕西限次年三月。江南、河南、山东、山西、奉天、直隶限次年正月。其有患病事故者，许呈明咨部。朝考之法，除前项选拔补考人少，仍照向例在礼部考试外，其新选拔应照拟定限期分为三次，由礼部奏请，钦点大臣于午门内考试，拟定等第进呈。卷分三等，不入等者，本生斥革，发回原学。该学政及督抚、府尹一并议处。再向例朝考后，礼部会同九卿，拣选引见。有奉旨以知县及知县以下等官试用者，余札监肄业，三年期满，以教职选用。其考取景山等处教习，期满引见，候旨分选知县教职。归本籍肄业者，遇考职之年，准考取州同、州判、县丞。有愿就佐贰及教职者，以直隶州州判复设教谕选用。乾隆二年议停。今请照旧拣选一、二等引见，候旨简用。"从之。

（卷404　313页）

又谕曰："提督李绳武奏夷使到境日期一折。内称今次所带人畜数目，虽据报称大率不越钦定之例，可谓恭顺。然往往以多报少，其间违例索求之处，是其故智。现在查察等语。准噶尔夷人交易一事，前因其所带人口牲畜货物每岁加增，贪得无厌。经尹继善等奏请，限以数目，未免过于减少，朕酌量加恩，传谕该台吉等，嗣后肃州交易以十三年来数为准，贡使交易，以呢玛来数为准。如在此数之内许其交易，余者驳令带回。今夷使所带人畜货物，据报虽在定例之内，但夷情狡诈，或有以多报少，至临时又复再三恳求，以图例外多售，殊未可定。自传谕定例之后，此系初次交易，不可稍有迁就。著传谕李绳武，即行查明夷使等所带人畜货物数目，如在定例之内，准其交易，若或稍有浮多，一面先令贡使进京，一面查明多带之数，概行驳回。其在呢玛所带数目之内，仍许带进贸易，务宜妥协办理，使将来该夷人知所遵循，不致妄生希冀。"

（卷404　314页）

乾隆十六年（1751年）十二月己酉

以故甘肃碾伯县土司指挥佥事朱永泰子孙林，贵州杨义司土官金玉子光宸等各袭职。

（卷405　317页）

乾隆十六年（1751年）十二月辛亥

安西提督李绳武奏："准噶尔来使所带人畜俱在前次呢玛数内，惟骆驼浮多二十只。此多彼少，折算相当，并擦掌乏弱牲畜，应俱准其变售。"奏入。谕军机大臣等："据李绳武所奏，是该夷等已知恪遵朕谕，不敢越例多带矣。其浮多骆驼既合之少带之数，折算相当，自应准其交易。至擦掌乏弱牲畜，即留之口外喂养，俟其回巢时带归，亦未为不可，何必定在哈密变售。但为数无多，需银不过二千余两，此次该提镇等既循往例，代为售变，亦姑照所奏办理，然究属不在额数之内者。总之夷性狡诈，不足深信，或因此次定例之初，故为恭顺，以相尝试，将来又复逐次增添，亦未可定。向来绿营习气，多图迁就了事。此次夷人交易，必应明白晓谕，示以节制，俾其怀德畏威。主为妥协，若一味委曲周旋，致夷人不但不知感激，且窥测该提镇等有畏彼之心，则大不可矣。著一并传谕知之。"

（卷405　317页）

乾隆十七年（1752年）正月乙亥

准噶尔台吉喇嘛达尔扎奏："前遣使臣额尔钦尼玛将前往西藏聘请喇嘛之事具奏。仰蒙恩准于再遣使臣入贡时，延请有德行喇嘛四、五人前来教诲众喇嘛。闻命之下，不胜感激。今遣使臣图卜济尔哈朗进贡，虔申顶戴下忱，并延请喇嘛。恳于呼图克图三人内恭请一人前来教诲众喇嘛，于推广黄教实有裨益。并祈仍照前奏，许令我处遣人轻骑减从，前往西藏，为我先人设忏进供。所有沿途派拨官员兵丁照看等事，虽觉繁琐，但已蒙恩和好。而遣往之人为数无几，尚属易行。使远近闻知，无不仰慕盛德。其贸易之事，令使臣口奏。"奏入，赐喇嘛达尔扎敕书曰："据台吉奏恳准于呼图克图三人内延请一人前往尔处，推衍黄教，并恳准尔处遣人至藏进供等语。去年尔使额尔钦尼玛来，以延请喇嘛之事具奏。朕已明降谕旨，我中国呼图克图三人及有德行喇嘛俱有教习学艺之事，不可遣往，但朕不忍令尔处黄教灭绝，故特许于西藏拣选有德行喇嘛到京，俟尔再遣使来，准令请往。是时降旨后，朕即令达赖喇嘛拣选精于经咒，可以推衍黄教之喇嘛十人送至京师。今尔不遵朕旨，反以断不可遣往之呼图克图为请，是尔并非真心推衍黄教可知。况西藏选来之喇嘛，尔来使亦曾会面，以未奉尔命，不敢延请。朕自去年即挑藏内喇嘛至京，以待尔之延请。今尔使既至又不请往，是尔原无请喇嘛之意，今并此喇嘛十人亦不遣往矣。至尔奏遣人至藏一事，去年尔使臣额尔钦尼玛来时，以尔袭位为辞，朕既降旨，必无换一台吉即差人进藏一次之理。今来使又以追报尔父噶尔丹策零为辞。果尔则从前策旺多尔济那木扎勒已经为尔父熬茶一次，安得今又差人前往。设有子十人，将十次差人进藏乎？来使又奏使臣来往，请不限人数，肃州贸易牲畜内不好者准其售卖等语。从前我大臣与尔使臣哈柳定议，有事差人，不携买卖。后因每次遣来使臣俱托言预备口粮，携带货物，渐渐加增。本应不准贸易，勒令带回，朕因和好，是以施恩来使，令照尼玛所带货物为准。其人数若不限定，日久亦难遵行，故亦令以五十人为准，至肃州贸易。复加恩准照乾隆十三年最多之数。贸易一节，原系小人谋利之事。尔等携来不堪之物，虑我中国之人不用。若我中国之人将不堪之物给尔等，尔等肯受乎？此事琐屑，朕所不问。即我封疆大臣亦不屑办理，尔何必以此渎奏。来使又以逃走之萨喇尔赐回为请。萨喇尔虽来自尔处，实因惧祸逃生。朕为天下大皇帝，以生成众生为本，岂肯转置之死地。况我中国逃至尔处，如罗卜藏丹津者甚多，若一一索取，不可胜计。朕并不索取一人，即尔送至，朕亦不受。朕以为既往之事，不忍深究，尔反求给回，甚属错误。尔若念尔父恭顺和好，年老遣使请安，受朕恩典，事属可行。若以此等断不可行之事渎奏，究属无益。是以特降敕旨，令尔使图卜济尔哈朗赍归，谕尔知之。"

（卷406　329页）

乾隆十七年（1752年）二月癸巳

谕军机大臣等："黄廷桂所奏夷人留肃交易情形一折，内有从优经理、委婉告知等语，所见甚属非是。夷人交易一事，贪得无厌，逐岁增添。是以立定章程，以示节制。所带货物在定数之内，准其交易。若逾此数，即行驳回。伊等本应恪遵前谕，有何可从优鼓励之处。乃该督折内，一则曰从优，再则曰委婉。看来沿边节镇，俱不免怀畏惧之情，幸保无事，此非所以壮远猷而驭荒裔也。该督等膺边疆重寄，固不可因有此旨，遂加凌慢，致起衅端。亦不可过于柔靡，令夷人得以窥测，方为妥协。再另折奏称喇嘛达尔扎甫经袭位，不能固结众心，必希天朝赐好，以壮声势。观伊近今倍加恭顺之心，即可见其自固藩篱之意等语。朕意亦殊不谓然。盖夷性狡诈贪残，难以情理相度。彼如无心生变，蒙业相安，或未必过为恭顺。如心存叵测，反外示谦弱，以行其狡黠之私。况彼地当此内乱叠兴，人怀携贰。伊恐无以邀结众志，或纵其侵掠，各得少利。冀将来惟其所使，或借以逞强于番部，均未可定。不可因来使之倍加恭顺，遂相信之过深也。国家之于准夷，并非有意兼并，以示远略。若谓伊等方有内难，遂不敢扰我边疆，似亦未为确见。现在北路各卡有夷人借词带兵驻牧之事，故命尚书舒赫德等前往查勘，并饬该副将军严密堤防，毋致稍有疏懈。其西路之哈密一带为准夷扼要之区，尤宜加意防范，不可忽视。可一并传谕黄廷桂等知之。"

（卷408　344页）

乾隆十七年（1752年）二月己酉

谕军机大臣等："策楞、岳钟琪所奏办理郭罗克番贼情形一折。据称该镇马良柱以土目丹增自知畏罪，托故不到，非用兵不足以示儆戒等语。郭罗克近在松潘口外，马良柱身为总兵，不得不以用兵为请，且以尝试总督之意，未必实有见于兵之不可不用而为是请也。番人越在远徼，不能如内地州县绳以国法，原属人性不通之类。第该处乃通藏要路，不可听其恣行劫掠，是以应化诲约束，使知畏服，庶以儆其将来耳。用兵一事谈何容易，必当权其轻重，值与不值。彼并非骚扰边境，自无须轻用兵威，驯至不可收拾，亦非谓此时封疆宁谧，习于恬熙，以偃武为了事也。著传谕该督提令其妥酌筹办。"

又谕曰："西宁副都统舒明奏查郭罗克番子抢夺班禅额尔德尼之使臣，所领赏物等项，有未交还者，移咨督臣严查具奏。今据策楞奏称，查明即令交还，并将已毁缎匹、银锞等物追出。其从前偷窃牲畜别案尚未呈报等语。此等番子与内地民人不同，原系无知之辈，但既居西藏大路，焉有任其抢夺之理，须化导使知法律。已降旨策楞，郭罗克番子虽系四川所属，离省窎远，而与西宁尚近，故令舒明善为留心，此后无论过往差务及赴藏使臣，俱由舒明处酌派青海蒙古、西宁番子沿途护卫，期于无失，不可托言非其所属，以致疏懈。"

（卷409　362页）

乾隆十七年（1752年）三月是月

陕甘总督黄廷桂奏："哈密孤悬绝塞，与准夷为邻。设兵防守，原非聚集游民之所。查近年客民多至二千余人，除挟资贸易外，有无业游民招引兵丁，开场赌博。间有索欠争闹之事。现饬清查，陆续迁移内地，仍令安西道、厅不时访拿赌博打降等事，严办递回本籍安插。"得旨："所办是。"

陕西固原提督齐大勇奏："庆阳等一十六协营额兵缺出，向例俱尽本标新兵拨补，无以鼓励合营兵丁，应请每出五缺，以一缺令该营兵拨补，以四缺仍令新兵拨补。"得旨："允行。"

乾隆十七年（1752年）四月甲寅

青海扎萨克固山贝子丹巴、喀尔哈扎萨克镇国公旺扎勒故，并遣官致祭如例。

乾隆十七年（1752年）五月戊寅

又谕："李绳武奏到巡查哈密情形一折。所谓知其一不知其二。防边饬备，固属保境之常经，但应于平时整饬。目今正值贸易夷人到哈。彼惟利是图，此时断不敢冒险，无可防范。况从前夷商来哈，从未见提臣亲临其地，今面见李绳武已不免惊疑。又闻筑墙添栅，防范加严，彼不以为巡边常事，必且多方猜疑。况提臣甫回，督臣又往，不审天朝意欲何为。回巢传播，易致生心，或更缮兵设警，启彼此相疑之端。甚非所以安夷心而靖边圉也。著速行传谕李绳武，所筹办筑墙添栅等事，此时竟可不必办理，如必须添设，亦俟交易事竣，夷商回巢后缓图之。但恐既向沿边营弁区划安排，又复传令中止，并此意亦为夷使所窥也。益复不能释然，须行所无事，使彼不觉，方为妥协。向来绿旗习气，必不能据实。此事殊有关系，不可稍有粉饰。可将现在情形，详悉奏闻。黄廷桂已另有旨谕，并谕李绳武知之。"寻李绳武奏："臣因今岁准夷贸易一事，新定章程，恐在哈防员，办理不实。是以从上莫艾回至哈密，就近查办。至筑墙安栅，前提臣永常于旧岁巡查哈密各卡，即有应行修添者，今于夷人未至之先，已令速修告竣。其塔兽沟应修木栅，塔尔纳沁应补城墙，本拟与督臣酌定后办，并未兴修。"报闻。黄廷桂奏："边营形势，臣未经亲历，故于三月杪奏明由甘、凉、肃直抵安西，遵例巡查。嗣于途次，始悟贸易夷商必自哈赴肃，若与臣遇，恐致惊疑。是以甘、凉、肃三处不过委查马驼，检点军械，一宿即行。俟安西归途，再阅兵丁技艺。及抵安时，夷商尚在境外甚远，随于阅兵竣事后，拟即回肃。缘提臣李绳武云，夷人多带牲畜，应否在哈变售，候谕旨到日酌办，然后起程。至哈密各处卡座，经累任提臣布置，按图查考，亦已周密。其添防事宜本不便急遽办理。"得旨："览奏俱悉。"

（卷415　431页）

乾隆十七年（1752年）五月庚辰

以甘肃金塔寺营副将永柱为江南狼山镇总兵。

（卷415　434页）

乾隆十七年（1752年）五月己丑

赈恤甘肃狄道、渭源、靖远、会宁、平凉、静宁、庄浪、永昌、平番、宁夏、宁朔、灵州、西宁、碾伯等十四州县乾隆十六年水灾饥民。

（卷415　438页）

乾隆十七年（1752年）六月癸巳

以故青海扎萨克固山贝子丹巴子沙克度尔扎布袭爵。

（卷416　447页）

乾隆十七年（1752年）六月壬寅

谕军机大臣等："夷人贸易一事，前据李绳武奏到，已交军机大臣定议，并降旨传谕，令其遵守章程，不必曲为迁就。疲乏牲畜概不准在哈变售，听其留人牧放，于回巢日赶回。其李绳武周章观望之处，并经传旨申饬。今据黄廷桂所奏，系五月十六日在肃州封发仍有敬候谕旨至日钦遵之语，可见李绳武自具奏之后，竟全未办理，惟专候朕之批示矣。是明令夷使在哈密候旨而行。前于折内批示之旨，实为洞中其情。李绳武身为提督专阃边陲，远驻数千里外若毫无担当，事事必待驰奏，候旨而行，何能迅合机宜。幸此不过夷人贸易小事，设或事关紧要，岂不贻误地方，其罪亦非李绳武所能当也。看此则李绳武遇事全无实心，从前不过庸常自保，幸而藏拙。今偶值夷使求易小事，则如此张皇观望，若有意外军情，其何以副此重任耶？著再传旨严行申饬。其贸易一事仍遵从前定数及所降谕旨，妥协办理。并将如何办理情形据实速奏。"寻奏："遵即会同督臣黄廷桂、札知镇臣吕瀚委员前赴哈密，明白宣示夷人，恪遵乾隆十三年赴肃交易之例，分起前往。其浮多畜货或驳令赶回，或留人牧放已经竣事。"报闻。

（卷416　451页）

乾隆十七年（1752年）六月癸卯

又谕曰："李绳武前任固原，不过循分供职，并无出众之处，及调任福建，即托病迁延。后甘省提督缺出，因其曾任边疆，复加委用，至永常升任，一时未得其人，念伊系熟手，又复调往安西，自应勉力报效。今观其办理夷情，毫无定见，一味推诿取巧。种种未协，深负任使，且亦年老有病，著革职来京候旨。所遗安西提督员缺，著绰尔多补授。凉州将军员缺，著七十五补授。"

（卷416　452页）

谕军机大臣等："绰尔多著即速前赴提督之任。夷商贸易诸事，伊尚未办理，著黄廷桂一一告知，务遵前降谕旨，悉照乾隆十三年之数，通融计算，示以节制。至哈密贸易断不可行。不可因其再四纠缠，稍有迁就。力除绿旗苟且了事陋习。"

又谕："前因李绳武于夷人贸易一事周章观望，毫无担当，是以降旨革职，令绰尔多往代其任。绰尔多到时，自当遵照新定章程，不容稍有迁就。但亦不可因李绳武以此获咎，遂尔矫枉过正，使该夷等至于难堪。向来绿营习气，惟是因循，及一经严饬，往往又过于苛急，皆非酌中办事之道。总之驾驭外夷，当使之知畏，亦当使之知感，可传谕绰尔多知之。"

（卷416　453页）

乾隆十七年（1752年）六月丙辰

又谕："甘肃巡抚杨应琚丁忧员缺，著鄂乐舜补授所遗。湖北布政使员缺，著德福补授。浙江按察使员缺，著同德补授。"

谕军机大臣等："甘肃巡抚杨应琚丁忧员缺，已有旨将鄂乐舜补授。此时甘省现有夷商交易之事，巡抚印务不可照常令布政使护理。黄廷桂现在巡查甘省，著即速传谕该督，令其暂行兼署甘肃巡抚印务，俟新任巡抚到肃之日，黄廷桂再回西安。即已过甘肃，亦令仍往甘省暂署。"

（卷417　465页）

乾隆十七年（1752年）七月甲子

谕军机大臣等："黄廷桂奏称，夷商交易畜货俱已遵旨如例，现在定期过山等语。夷人贪得无厌，必当示以节制。今既将浮多畜货驳回，该商等俱遵奉约束，已得天朝控驭之体。所有伊等应得贸易利息及本分赏赐，观瞻所系，虽不必加厚，亦不可矫枉过正，故为裁抑。前经将此意传谕绰尔多。今黄廷桂署理甘肃抚篆皆伊任内所应办之事，当酌中区划，务令轻重得宜。至夷目阿布都拉患病回巢，未必非将现在办理情形告知伊台吉，是以托故先回，欲于贡使未起程之前抵该部落耳。其求医胗视，正欲使知遘疾非虚，以掩先回之迹，皆其诡诈伎俩，无足言者。边防宜加整饬，但当不动声色，密为防范。夷商数百人耳目窥伺，不可稍露形迹，致骇观听，以启其疑。黄廷桂当善体此意。新抚鄂乐舜到甘肃并将此谕知之。"

（卷418　477页）

乾隆十七年（1752年）七月丙寅

谕军机大臣等："年来米价，在在昂贵，深厪畴咨。上年大学士高斌曾奏动帑委官采买，数盈万千，克期取足，市价鲜不骤昂，有妨本地民食，请永行停止。经军机大臣等议，令该督抚量其缓急，通融筹办。近复有以停止采买为言者。夫采买以裕仓储，本为民食计耳，乃因采买而市价益昂，是未得向后接济之益，而先受当前贵食之苦。市侩共知采买在所必需，甫届西成，预为抬价之地。小民嗜利，习为当然。地方官亦以奉行为职，务在取盈。年复一年，有增无减。筹米价者率以停采买为言，非无所见，虽未可明立禁令永行停止。而以今岁情形而论，各省仓储尚多有备，即或有需，亦可于附近拨给。所有存贮实数得十分之三四，即不必亟资买补。其动帑委员采买之处，似可概行停止。官买少则市粜多，米价庶可望其渐平，于民食有济。著传谕询问各该督抚，令将本地收成情形据实查明，详悉妥酌具奏，如应行停止，即一面奏闻，一面出示晓谕商民，俾共知悉。"寻……陕西巡抚钟音奏："陕省西、同等属因被秋灾，现停采买。至延、榆等处，界在边地，积贮宜裕，缺额粮石或仍照旧采买，俟秋收后酌办。"陕甘总督兼署甘肃巡抚黄廷桂奏："甘省常平仓额已足十之七八，即缓急需用不敷，尚可于附近拨给，应停采买。至本年大势丰收，粮价减落，各州县出粜谷于秋收后各在本境买还，为数尚少，毋庸议停。"

（卷418　478页）

乾隆十七年（1752年）七月是月

陕甘总督黄廷桂奏："本年夷商赴肃贸易有浮带畜货，不遵定例者，业经驳令带回。其在哈留放牲畜，并严禁客民私相交易。再安西一带，营务边防，俱关紧要。臣因提臣绰尔多尚系新任将，筹办各事宜详悉告知。"得旨："知道了，卿看绰尔多能胜此任否？"寻奏："绰尔多人甚老干，但安提有统领官兵、应援哈密之责，其能否相机筹办，尚未确有所见。"报闻。

又奏："夷商交易一事，臣面饬镇臣马得胜妥协办理。"得旨："此人外刚而内柔，尚虑其不无迟回观望也。"

又奏："安、甘、凉、肃在厂孳生马匹，岁渐蕃衍，虽经拨有弁兵牧放，而马多人少，调习不能遍及。请令各标营酌派步兵一二百名，轮往牧厂，分给马驹乘骑，使之人马两习。又安西各营将备等官于各处道路、水草、边防、隘口未能熟悉，应令安提按季量派弁兵分巡各卡，既以习劳，兼能晓悉边务。"得旨："览奏俱悉。"

安西提督绰尔多奏："哈密沿边一带卡座，臣现拟亲往查勘。"得旨："若尚未起行，俟贸易夷人回巢后再行往查不迟。"

（卷419　496页）

乾隆十七年（1752年）八月己丑

吏部议准原任甘肃巡抚杨应琚疏称："甘属各厅学等从前铸给印文多与官衔不符，请改铸颁给等语。应如所请。改铸甘肃临洮府儒学印为兰州府儒学印。兰州儒学记为狄道州儒学记。狄道县儒学记为皋兰县儒学记。临洮府经历印为兰州府经历印。洮州卫儒学印为洮州厅儒学印。监收庄浪仓粮关防为凉州府庄浪茶马同知关防。庄浪在城驿为平城驿记。芦塘、松山二驿为松山驿记。王铉、大坝二驿为三眼井驿记。古浪驿为营盘驿记。西宁卫土官指挥使为西宁县土官指挥使印。西宁卫土官指挥同知印为碾伯县土官指挥同知印。庄浪卫土官指挥使为平番县土官指挥使印。庄浪卫土官指挥佥事为平番县土官指挥佥事印。陕西布政使司照磨所为陕西甘肃布政司照磨所印。其庄浪县儒学铸给庄浪县儒学记。"从之。

（卷420　497页）

乾隆十七年（1752年）八月乙巳

以甘肃永昌协副将马乾为陕西延绥镇总兵官。

（卷421　507页）

乾隆十七年（1752年）八月丙午

谕军机大臣等："据钟音奏到陕省西、同、凤、干等属被旱情形，看来灾象颇广，朕心深为悬注。但钟音初历外任，一经诘问，非回护掩饰，失之过轻，则有意张皇，又失之过重。其复奏之处，恐未足为信。至一切受灾分数，不过尽凭守令开报。将来照此赈恤，亦不能妥协。现在甘省地方宁谧，黄廷桂经练赈务，著速行传谕，令其即回西安。如经过有被旱州县，即可亲行查勘，于灾地民情，自可得其确实。一面备悉奏闻，一面即将办赈事宜，会同钟音详悉妥酌，俟办理灾务已有就绪，再行回至甘省。或将甘抚印务即于西省随带办理之处，并令该督酌量奏闻。"寻奏："西、同、凤、干等属被旱成灾者共三十余处，臣奉命回陕查勘，并筹办赈抚事宜。有仓贮不敷者，酌拨甘省平、庆、秦等府州贮谷接济，并将灾地应征银粮照例停缓。至甘抚印务，臣随带赴陕，一俟办有就绪，或再回甘省，或在陕随办。容臣临时酌定。"得旨："所办甚好，又批鄂乐舜已令驰驿赴任矣。"

（卷421　509页）

乾隆十七年（1752年）八月丁未

补行甘肃、贵州乾隆十六年份大计。不谨官三员，浮躁官一员，休致官三员，年老官十一员，才力不及官三员。分别处分如例。

（卷421　509页）

乾隆十七年（1752年）八月是月

陕甘总督黄廷桂奏："夷商额连胡里等携带牲畜来肃贸易。臣札嘱肃州镇总兵马得胜、甘肃道文绥分别等次给价。总之交易则谨守定制，不得迁就。款赍则照常相待，勿致简薄。"得旨："甚好。"

（卷421　518页）

乾隆十七年（1752年）九月辛未

甘肃临洮卫指挥使赵廷基故，以其子恒钿袭职。

（卷422　529页）

乾隆十七年（1752年）九月戊寅

户部议准前任甘肃巡抚杨应琚疏称："甘属张掖、宁夏、宁朔、中卫、皋兰等五县，府田偏重地三百五十六顷六十六亩有奇，请减则征收，共豁银二百二十三两有奇，粮一千七百零三石有奇。"从之。

（卷423　536页）

乾隆十七年（1752年）十月戊子

谕："鄂容安著暂署江西巡抚，其山东巡抚事务著原任甘肃巡抚杨应琚暂署。郎中阿桂著暂署江西按察使。给事中范廷楷著暂署抚州府知府，俱著往山东，随同鄂容安前赴江西。鄂容安到日，鄂昌即带同丁廷让、戚振鹭驰驿来京。"

（卷424　545页）

乾隆十七年（1752年）十月癸巳

吏部议复陕甘总督黄廷桂疏称："兰州府属河州之景古城，距州治较远，应以该州州判移驻定羌驿，与景古城地方较近，一切可资弹压。应如所请。"从之。

（卷424　549页）

乾隆十七年（1752年）十二月戊子

赈贷甘肃皋兰、河州、金县、狄道、渭原、靖远、通渭、岷州、镇原、灵台、安化、西宁、碾伯、大通、清水、徽县等十六州、县、卫及狄道、伏羌、西和、平凉、崇信、隆德、华亭、固原、安化、正宁、灵州、秦川、秦安、河州、岷州、盐茶厅、镇原、合水、环县、宁夏、西宁等二十一厅、州、县本年水灾雹灾饥民，并缓征新旧正借额赋。

（卷428　593页）

乾隆十七年（1752年）十二月辛卯

豁除……平凉县雹灾废地二十九顷四十一亩额赋。

（卷428　595页）

乾隆十七年（1752年）十二月戊戌

以安西提督绰尔多为黑龙江将军，京口将军王进泰为安西提督。

（卷428　600页）

乾隆十七年（1752年）十二月乙巳

谕军机大臣等："据黄廷桂奏称，陕甘各标营生息银两，饬令极力招商领运。其无商僻远营分，将本银提至省城，设法代运。如此经理，庶四五年之内，原本可以全缴等语。此又误会朕旨矣。绿营生息原为惠济兵丁而设，所拨本银皆系库项，原议利息充裕之后即将原本陆续归款。乃各省办理不善，经管弁役不免从中侵蚀挪掩之弊，以致原本悬宕，能归全者甚属寥寥。是以降旨传谕，令其善为料理，亦欲厘剔积弊，使原本可以渐次归足，而此后以息作本，源源生息，仍不失惠济兵丁之本意，并非专为归本起见也。乃督抚提镇中，竟惟以急图归本为事，或请酌减赏需，或请增添利息，种种舛谬不一而足。业经传旨通饬，黄廷桂岂尚未经奉到耶。然黄廷桂久任督抚，似亦不应误会若此。可再行传谕知之。"

（卷429　605页）

乾隆十七年（1752年）十二月是月

甘肃巡抚鄂乐舜奏："皋兰等十六州、县、卫本年被水、旱、雹灾之处，除照例分别赈恤外，臣因边地苦寒，穷民衣食不充，饬照京城冬月煮粥之例，设厂散给。其衣不蔽体者亦为备给。"得旨："甚好。"

（卷429　616页）

乾隆十八年（1753年）正月戊寅

谕："总督策楞、阿里衮现在丁忧。四川总督印务著黄廷桂署理，奉到谕旨即速驰驿赴任。陕甘总督印务著尹继善署理。两广总督印务著班第署理。尹继善、班第俱著驰驿速行前往。江西巡抚鄂容安著署理两江总督印务，即著在江西办理。"

（卷431　632页）

乾隆十八年（1753年）正月癸未

又谕："准噶尔无遣使入觐之信，或以所请不遂之故，妄生窥伺，亦未可定。安西提督王进泰系属新任，恐未必深悉情形。永常在彼更事已久，著传谕永常倘至四、五月，尚无夷使来信，即著伊驰赴安西，与王进泰协同商议防范事宜。俟旨到日，即可酌量起程。现令尹继善前往署理陕甘印务，朕已另有指授，一并传谕永常知之。"

（卷 431　635 页）

乾隆十八年（1753 年）正月甲申

又谕："将军七十五奏称，凉州庄浪满兵照管准噶尔夷人两次赴藏，所有倒毙驼马内，除本身额马及八年添拨马匹业经赔补外，其八年及六年倒毙驼马，请展限六个月，令其赔补等语。兵丁骑用驼马，并不加意照料，以致倒毙如许之多。本应按数赔补，但赴藏路途遥远，又值冬春雨雪，该兵丁等业已赔补两起，若将八年、六年倒毙之数令其一时全赔，究恐兵力不逮，著加恩将未赔补驼马全行免其赔补。此后兵丁遇有差役，务将官驼、官马加意喂养。若不留心仍致倒毙，必令如数赔补，断不宽免。"

（卷 431　635 页）

乾隆十八年（1753 年）二月癸卯

谕军机大臣等："鄂乐舜复奏，保举能胜知府之同知、知州一折，甚属非是。荐贤本以储用，甘省所属丞牧何至无一可登荐牍者。即云抵任未久，尚有未经亲见之员，而该省藩臬大僚于属吏贤否平时岂无见闻。此系明颁谕旨，并非甚密之事。何难向该司等悉心咨访商酌，务得其人以入告耶。看来鄂乐舜不过心存推诿，欲避将来滥举之咎。聊为此奏以塞责耳，殊非为国得人，实心任事之道，著传旨申饬。"

（卷 433　651 页）

乾隆十八年（1753 年）二月庚戌

谕军机大臣等："永常奏请抄寄两年内准噶尔夷使到京办理原委一折。前经降旨传谕永常以四、五月间，尚无夷使来信，令其候旨起程前赴安西，密行预备。如果临时有必应前往预备之处，自当另降谕旨。先令该督来京，候朕训谕一切机宜再行前往。其近年办理夷使事件，统俟该督到京后令军机大臣等详悉录交带往。此时且不必抄寄，可传谕永常知之。"

（卷 433　654 页）

乾隆十八年（1753 年）二月癸丑

户部议复陕甘总督黄廷桂疏请更定盐务章程："平、庆、宁三府、州、县，各于要地设厂，抽收土盐税课。应令司税各员设立串根流水，预送该道钤印给发，慎选妥役抽收。该道仍不时稽察。又渭源县未设盐引，其原设税额，应按盐征收完课。请将每年税银六两四钱零，在贩卖盐内每斗收税三厘，完纳额解之数。如额外多收，指名报参。又狄道州征收税银向系吏目赴熬盐处所收解，除交正课银十二两外，尚余钱八、九、十、千不等，请抵解按丁加引银二十六两六钱零，免令里名地丁项下摊征，其余钱仍留补该员养廉。又凉庄道属素不产盐，所食皆系永昌、镇番二县土盐，并无商引，而每年镇番县属蔡旗、野猪湾、六堡税银九十八两一钱零。永昌县属新城各堡税银四十三两一钱零，又隶武威县收解。越境征收未便，请嗣后令各该地方官就近按数收解。均应如所请。”从之。

又议复黄廷桂奏请停修城垣，急建仓廒：“甘省连年采买谷石日增，各属旧仓不敷，随地寄放，州县难于照料，道府难于盘查，添建仓廒实难再缓。甘州、河州、狄道州三处前议急修城垣款内，除狄道州城西修筑石岸挑挖引河动用银一万七千二百四十一两有奇应行修挖外，其三处城垣目前尚可暂停，请即以原估工银七万四千一百四十余两移作建仓之用，所少无多拨补，亦易应如所请。”从之。

（卷433　657页）

乾隆十八年（1753年）三月己卯

谕军机大臣等：“鄂乐舜奏巡查甘、凉、肃情形一折。已于折内批示。其所称番性犷悍难驯，控驭之道，宜于防范中，仍加矜恤，勿格外苛扰，勿过于胁逼等语。如果巡查所至，实有应行振刷办理，以为绥靖疆圉之计，自应据实入告。但鄂乐舜此奏全属泛论，不过因巡察一番，敷衍其说，以见不虚此行耳，未必于地方实有裨益也。封疆大吏不能实心实力，随事筹办，而徒以虚文相尚，何事此喋喋为耶。然或伊误会此旨，辄思勉强振作，又故为更张纷扰，则尤其大不可者。朕于一切政事，务期实际。鄂乐舜始终未能领悉朕旨，不免沿习故套，著将此一并传谕知之。”

（卷435　677页）

乾隆十八年（1753年）三月庚辰

以故青海扎萨克固山贝子莽鼐长子罗布藏色布腾袭爵。

（卷435　678页）

乾隆十八年（1753年）七月己未

军机大臣等议复陕甘总督尹继善条奏安西等处边防事宜："一、挑选精锐官兵，分委大员查验。一、牧养马驼，宜严饬经管将弁，加意调习。一、口外路径，查勘水草。一、防兵宜酌带鸟枪。一、防所多贮铅药。一、甘、肃两州宜分贮银两备拨。应如所请。"从之。

（卷442　751页）

乾隆十八年（1753年）九月甲子

兵部遵旨议复署陕甘总督尹继善疏称："查保安营远处口外，向隶附近之循化营管辖。嗣因改守设都，与游击衔次不远，是以隶于镇辖。但保安距河镇遥远，凡有文报，必须经过循化而后达河州，纡回数百余里，往返稽迟。请将保安营改归循化营游击兼辖。应如所请。"从之。

（卷446　809页）

乾隆十八年（1753年）九月壬申

又谕："前命策楞查察南河积弊，即令接办河道总督，原系暂署。其于河务究非素习，所有江南河道总督，著尹继善补授。河工废弛已极，此番清厘之后，尹继善务宜加意督率，实心办理，俾弊窦肃清，工程坚固，以副委任。若仍旧习不除，一味模棱，将循高斌之旧，必且加倍治罪。陕甘总督著永常调补，不必来京请训，即赴新任。尹继善俟永常到陕即赴南河。开泰著补授湖广总督。黄廷桂著实授四川总督。贵州巡抚员缺，即著定长补授。胡宝瑔著实授山西巡抚。鄂容安著实授两江总督。江西巡抚员缺，著范时绶调补。杨锡绂将次服阕，所遗湖南巡抚员缺，仍著杨锡绂补授。策楞著补授两广总督。班第俟策楞到粤交代后回京。"

（卷447　816页）

乾隆十八年（1753年）十月戊戌

谕："据尹继善奏，凉州镇总兵员缺，为西陲重镇，关系紧要。现在总兵徐启新年已七旬，精力渐衰，恐滋贻误，请勒令休致等语。徐启新著休致，所遗员缺著该督于通省总兵内拣选调补，所遗缺著李中楷补授。"

（卷449　843页）

乾隆十八年（1753年）十月癸卯

谕军机大臣等："尹继善等奏拿获匪犯马自道一案。据称，咨缉伙党，严讯确情，究拟题报等语。此等托名马朝柱，书写匿名字帖之案，前经传谕各省督抚，令其审讯明确，即予杖毙，不必题达。今此案据供现有同谋为匪之人，及闻查拿，复通信窜匿。或党羽尚多，实有图谋抢劫情罪，即应尽法处治，以儆奸民。著传谕永常、钟音令其查拿严审，如系恐吓乡愚，强劫为匪，律应正法者，即行正法。如审无此等情节，即遵照前旨，杖毙完结，不可因有前旨，使凶恶之徒得以漏网。"

（卷449　848页）

乾隆十八年（1753年）十月己酉

甘肃凉州将军七十五等奏："西宁关外伊克察达木、德布特尔卡座，向由京派员巡察。自乾隆二年庄浪添设满兵驻防，经军机处议裁京员，就近派委庄浪官四员、兵二十名巡察。查巡卡事关紧要，须多派干练员弁防守。请于明岁添派凉州官二员、兵十名，与庄浪官弁一体巡察。"得旨："如所请行。"

（卷449　855页）

乾隆十八年（1753年）十一月壬子

军机大臣议复甘肃提督豆斌奏称牧厂窄狭，请酌拨孳生一折："查甘、凉、西、肃乾隆元年议各设马一千二百匹，择厂牧放，三年均齐一次，以备拨补营马之用。甘州岁久蕃息，除拨补营缺，现存马八千九百余匹，自应设法牧养。今该提督既称札商陕甘督臣，于延绥、宁夏、固原、河州等镇，饬查草厂，拨分牧放，俟三年均齐，仍照原议考成。应如所请。行令督臣遵办。"从之。

（卷450　859页）

乾隆十八年（1753年）十一月甲子

赈贷甘肃皋兰、狄道、渭源、河州、金县、靖远、环县、安化、镇番、平番、灵州、宁夏、中卫、平罗、西宁、宁朔、陇西、安定、会宁、静宁、崇信、华亭、合水、秦州、清水、徽县、武威、碾伯、大通等二十九州、县、卫本年水雹灾民，并蠲缓额赋有差。

（卷450　868页）

乾隆十八年（1753年）十一月是月

甘肃巡抚鄂乐舜奏："口外边防要地，积贮最重。查沙州卫贮粮七万石，安西、柳沟、靖逆、赤金四卫止贮一、二、三万石不等，未甚充盈。请采买小麦，拨安西卫三千石，柳沟、靖逆卫各五千石，赤金卫六千石。价银于续办夷使熬茶款内动支。"报闻。

（卷451　885页）

乾隆十八年（1753年）十二月壬午

定外任武职借支养廉例。谕："前因文职员自京赴任，盘费维艰，往往重利借贷，是以准其预借养廉。武职官员未经议及，嗣后副将以下著加恩照文员之例，一体准其借给。其应作何酌量省份及扣除归款之处，交该部分别定议。"寻议："除八旗驻防官员例支廪给路费，及不由部选之卫所守备、千总，各省在外拔补之千、把，均毋庸议外，其副将以下等官应按省份、职衔定议。云南副将借银四百两，参将二百四十两，游击二百两，都司一百五十两，守备一百两。贵州副将借银三百六十两，参将二百二十两，游击一百八十两，都司一百三十两，守备九十两。均限二年扣缴。四川、广东、广西、福建、甘肃、湖南副将借银三百二十两，参将二百两，游击一百六十两，都司、卫守备一百二十两，营守备八十两，卫所千总六十两，营千总四十两。江西、浙江、湖北、江苏、安徽、陕西副将借银二百八十两，参将一百八十两，游击一百四十两，都司、卫守备一百两，营守备七十两，卫所千总五十两，营千总三十五两。均限一年半扣缴。河南、山东、山西副将借银二百四十两，参将一百五十两，游击一百二十两，都司九十两，卫守备八十两，营守备六十两，卫所千总四十两，营千总三十两。直隶副将借银二百两，参将一百二十两，游击一百两，都司七十两，卫守备六十两，营守备五十两，千总二十五两。均限一年扣缴。统于引见得缺后，兵部汇知户部，盘费缺乏者，令该弁持札赴部具领。不愿者听，仍知照各省，俟该弁到任后，于名粮养廉内按限扣归。"从之。

（卷452　886页）

乾隆十八年（1753年）十二月癸未

调甘肃宁夏镇总兵韩锜为凉州镇总兵。

（卷452　887页）

乾隆十九年（1754年）正月丙子

谕："凉州将军七十五现在患病，著赏给人参一斤，并派御医一员驰驿前往诊视。"

（卷455　929页）

乾隆十九年（1754年）三月庚申

调……甘肃提督豆斌为广西提督。以陕西延绥镇总兵官武进升为甘肃提督。

（卷458　958页）

乾隆十九年（1754年）四月庚辰

调山东登州镇总兵官李绳武为甘肃河州镇总兵官。

（卷460　972页）

乾隆十九年（1754年）四月壬午

调安西提督王进泰为甘肃提督。广西提督豆斌为安西提督。浙江提督史宏蕴为广西提督。甘肃提督武进升为浙江提督。

（卷460　973页）

乾隆十九年（1754年）四月癸未

谕军机大臣等："豆斌已降旨调任安西提督。安西边陲重地，现在一切防范筹备事宜更关紧要。豆斌甫经调任，于该处情形，多有未悉，可详悉询问永常、王进泰，务当处处留心，妥协办理。再伊前任广东提督时，曾有人奏伊雅慕清客，终日烧香作画，恐有偷安逸乐，有妨军政。已于陛见时面加训诲。著再行传谕豆斌，令其实力奋勉，整顿营伍地方，不得仍蹈故习，以致有负委任。"

（卷460　973页）

乾隆十九年（1754年）四月丁未

赈恤甘肃省皋兰、狄道、河州、渭源、金县、靖远、环县、镇番、平番、宁夏、宁朔、灵州、中卫、平罗、西宁等一十五州县乾隆十八年份被旱灾户有差。

（卷461　991页）

乾隆十九年（1754年）闰四月辛亥

谕："户部议复甘肃巡抚鄂乐舜奏请估变西宁县库收贮缎匹一折。此案先经该抚咨请部示，户部以不便据咨遽议，驳令具奏，到日再行办理。一切政务惟论其事之可行与否，若事在可行，督抚业已咨部，该部复行令具奏，及奏到之时，原不过照议复准，徒多往返案牍之烦，甚属无谓。况部臣奏准与督抚自行陈奏，又有何区别耶。嗣后督抚咨商各部事件，著该部将应驳者即行咨驳，应准者亦即定议奏闻，毋得沿袭陋习，仍以具文从事。将此传谕各该部知之。"

（卷462　994页）

乾隆十九年（1754年）闰四月乙卯

豁除甘肃各属乾隆元年至十年水冲地亩额赋，银一万六千九百两有奇，粮一十五万九千一百七十六石有奇。

（卷462　996页）

乾隆十九年（1754年）闰四月戊午

谕军机大臣等："鄂乐舜议复拨运甘省库贮茶斤一折，已交军机大臣速议矣。该抚办理此事，殊属迟缓。伊于四月初三日接到军机处移咨，即应作速查议奏复，何以至十八日始行缮折。又不由驿驰递，仍遣家人赍奏，以致转稽时日。前令外省督抚折奏事件，不得擅用驿递者，原指地方寻常事件而言。至此等事关军务，既经查明酌议，自应即速驰奏，何必如此拘泥。著并传谕知之。"

（卷462　997页）

乾隆十九年（1754年）闰四月庚申

谕军机大臣等："军机大臣议复鄂乐舜请将库贮官茶由黄河装载，顺流至归化城，运往北路军营一折。鄂乐舜原奏不特道路纡回，且有委卸之意。著传谕申饬。至议复中所称动拨标营驼只之处，拨运官茶原为备赏之用，非刻不可缓。此项拴养备战驼只，军行在所必需，若以驮运茶斤，则缓急需用，转恐贻误，不应如此办理。此事原当鄂乐舜亲身前往出力处，但有巡抚地方责任，且彼及该省藩臬亦俱非能办此事之人。其兄鄂昌现在军台效力，即令其前往甘省，带同甘肃道公泰承办。除不得动用官驼外，其应如何陆续办运，能运几何，著动用官项，伊等自行酌量办理。至鄂昌自己用度，著伊二人自备，仍著该抚具折奏闻。"

（卷462　998页）

乾隆十九年（1754年）闰四月甲子

又谕："鄂乐舜奏报甘肃已未完钱粮数目内，有未完胥役侵蚀一项，据称现议于失察各官名下分别赔补等语。此项钱粮乃民间正供，从前经征各官，漫无觉察，竟令奸胥蠹役，从中饱其欲壑。今积年既久，尚无著落。自应于从前失察各官名下著赔，以清帑项，但须上紧催缴，毋任拖延。仍以往返咨行具文了事。可传谕鄂乐舜知之。"

（卷462　1003页）

乾隆十九年（1754年）闰四月癸酉

予故甘肃河州镇总兵杨大立祭一次，给与半葬。

（卷463　1010页）

乾隆十九年（1754年）闰四月是月

山西巡抚兼管提督恒文奏："请将大同一镇，照陕甘例，于该镇各协营路内挑取勇健马步兵一二千，并拣选晓畅行阵、技勇优娴之将，备、千、把俱指名派定，立为备战官兵，以备调发。"得旨："此非目下急务，办理徒滋讹传，且绿旗兵亦非缓急可恃之物也，且缓二三年再看。"

（卷463　1014页）

乾隆十九年（1754年）五月辛巳

谕曰："甘肃布政使吴士端著来京，其员缺著史奕昂前往署理。

（卷464　1016页）

乾隆十九年（1754年）五月壬午

又谕："据永常奏，准噶尔夷使已抵桥湾，现在即可入关。且据该夷使言，于起程时业已派出贸易头目，亦于六月间可到等语。从前准夷部落准其通贡贸易，原系加恩噶尔丹策零，其后策妄多尔济那木扎勒、喇嘛达尔扎继立，因系噶尔丹策零之子孙，是以仍前办理。至达瓦齐篡立，则系伊之仆属矣。今伊贡使前来，若仍前相待，我朝当全盛之时，国体攸关，不应委曲从事，以示弱于外夷。若少示贬损，准夷素性猜疑，阴怀叵测，将来必至构衅滋事。不得不先为防范。况伊部落数年以来内乱相寻，又与哈萨克为难，此正可乘之机。若失此不图，再阅数年，伊事势稍定，必将故智复萌。然后仓猝备御，其劳费必且更倍于今。况伊之宗族车凌、车凌乌巴什等率众接诚，至万有余人，亦当思所以安插之。朕意机不可失，明岁拟欲两路进兵，直抵伊犁。即将车凌等分驻游牧，众建以分其势。此从前数十年未了之局，朕再四思维，有不得不办之势。所有明岁军兴，一应粮饷、兵丁、马驼，均应预为筹划。其西路所调兵丁，约需二万，此内欲拨甘凉绿旗兵八千，及西宁、凉、庄、西安、归化城、土默特、察哈尔以及新降之厄鲁特兵，共合二万之数。如此办理，似已足敷调遣。或有另行办理之道，著永常详细筹议，速行具折驰奏，候朕酌定。将来十月内，朕另降谕旨，令永常、策楞等来京，将一应机宜，面加训谕。至陕甘现办军需，鄂乐舜恐不能办理裕如，已特派鄂昌前往，并令史奕昂署理甘藩，以资协助，可一并传谕知之。"寻奏："查归化城、土默特、察哈尔及新降之厄鲁特，习知口外道路情形，自应派拨。再索伦兵骑射素强，尤谙草地路径，亦应派入。请于臣标暨固原、甘州、安西三提，西宁、宁夏、凉、肃四镇绿旗兵派拨一万。其西安、宁夏、凉、庄、归化城、土默特、察哈尔、厄鲁特派兵九千，再将索伦兵派入一千，共合二万之数。又查瓜州扎萨克公额敏和卓人极勇往，深悉夷情，应将哈密瓜州缠头派拨二百名，使额敏和卓带领随营进征。如遇夷境左近之缠头，令其晓谕招顺。至一切军装器械，现有备战备贮之项，可以动用。粮饷、马驼查照出征西路筹划，奏闻办理。"下军机大臣议行。

（卷 464　　1018 页）

乾隆十九年（1754 年）五月癸巳

甘肃巡抚鄂乐舜疏报："西宁县属沙塘、川脑、巴扎等各庄番、汉民人，补首乾隆九年至十年份垦过旱地共一千零二十二段，十三年份垦过水地一百三十七段。"

（卷 464　　1025 页）

乾隆十九年（1754年）五月甲午

谕军机大臣等："鄂乐舜奏称运送官茶一事，办理不能妥协。蒙谕申饬，不胜惶悚。请将应运官茶于伊养廉内自备脚力送往，不必另动公项等语，所见非是。运茶一事，前因鄂乐舜原议道路纡回，且有委卸之意，是以降旨申饬。若鄂乐舜自知从前错谬，实心办理，毋任经手人役，得以浮冒，实用实销，原可不至糜费。至任内养廉几何，即尽捐为办公之资，亦何补于公事。适以形其见小而已，著传谕知之。"

（卷465　1025页）

乾隆十九年（1754年）五月戊戌

又谕："永常现有交办事件，不能专办陕甘总督事务，著刑部尚书刘统勋驰驿前往，协同办理。阿克敦著总理在京事务，不必随往盛京。"

（卷465　1026页）

乾隆十九年（1754年）五月己亥

军机大臣奏："查西、北两路派兵，臣等公同商议，北路派兵三万，西路派兵二万。拟派京城满洲兵四千，黑龙江兵二千，索伦巴尔虎兵八千，远城右卫兵二千五百，西安满洲兵二千五百，凉州、庄浪满洲兵一千，宁夏兵一千，察哈尔兵四千，新降厄鲁特兵二千，归化城土默特兵一千，阿拉善蒙古兵五百，哲里木兵二千，昭乌达兵二千，喀尔喀兵六千，和托辉特兵五百，宣化、大同绿旗炮手兵一千，甘肃各营、安西绿旗兵一万，共兵五万，分两路遣往。计每兵需马三匹，共马十五万。除现在北路军营所有马六千余匹，及交额琳沁多尔济采买马一万，莫尔浑解送二万外，再令额琳沁多尔济动军营饷银，于喀尔喀四部落买马三万。车凌等带来马甚多，著将官羊换马一万。于内扎萨克六会盟处买六万，尚不敷一万四千。应令永常于绿旗营并孳生牧厂内照数拣派。其北路所需驼约计一万，除现在官驼三千外，交额琳沁多尔济亦动军营饷银再买二千，于内扎萨克六会盟处买五千。其口食羊亦于内扎萨克六会盟处采买二十万。西路兵应需驼六千、羊十万，除各营现在备战驼三千二百余，近经宁夏满洲营交鄂尔多斯等旗喂养官驼八百，与孳生驼一并取用外，若仍不敷，交永常动饷采买。其口食羊甘肃所管番子地方产羊甚多，且萨尔楚克、海努克等处牛亦可应用。亦交永常动用饷银，或羊、或牛酥量共采买十万预备。其采买内扎萨克马、驼、羊，仍照前于御前乾清门行走之王公额驸内，分派数员前往，会同各盟长采买。其价值每驼一，银十八两，马八两，羊七钱，不得浮用。所有应派蒙古王公等职名伏候钦定。"得旨："依议，著派齐默特多尔济、索诺木喇布坦、阿喇布坦多尔济、裕木充、扎拉丰阿、哈穆噶巴雅斯瑚朗图、班珠尔、喇什塞楞、齐旺班珠尔、喇什纳木扎勒、德里克旺舒克、拉里达外，添派鄂实、白衣保、哈清阿、诚林、永兴、巴尔品前往办理采买马驼事务。"

（卷 465　1027 页）

乾隆十九年（1754 年）五月丙午

军机大臣等奏："明年进兵，西路所派兵二万名俱于明年四月内令至军营，方于进兵日期无误。但所派兵远近不等，明年春草未生时，势难趱行。其索伦、巴尔虎兵三千，应交该将军，令于明年正月初十内至京师，自京师送至军营。应交直隶等省各督抚照往金川兵例，或用马，或用车，自正月十五日起，间三日起程一次。其由嘉峪关送至军营，如何备马之处，交永常办理。其察哈尔兵二千，应令总管固穆扎布带领，会同京师派出侍卫各员，带四十日口粮，乘今年秋令起程。沿途牧养马畜，前至推河等处时，令将军策楞等自军营差人换给马匹，酌办口粮，送至西路驻扎哈密军营，其口粮由永常处办给。新降厄鲁特兵一千即令车凌乌巴什带领，于四月内赴西路军营。其阿拉善兵五百名交永常、鄂昌派员照例办理，令公衮楚克带领，于四月底至军营。至西安、凉州、庄浪满洲兵及甘肃各营、安西绿营兵，俱离军营甚近，应令该将军等会同永常照例支给行装口粮，如期调集。"得旨："依议。索伦、巴尔虎兵著派三格、纳木球带领。西安满洲兵著派都赉、丰安带领。凉州、庄浪满洲兵著派纳迈、齐努浑带领。甘肃、安西绿营兵著派豆斌、李中楷、傅魁、马得胜带领。"

（卷 465　1032 页）

乾隆十九年（1754 年）六月丁巳

陕甘总督永常奏："此次进剿准夷，自哈密至伊犁三千余里，全资马力。若照廷议，按二万兵备办，内绿旗兵八千，需马一万六千，满洲兵例系一兵四马，需马四万八千，加以领兵大员及随带余丁，共约需马七万余。两省营马及驻防各处马全调方足此数。若再办理分站设拨，则两省驿马可调者不过一二千。计潼关至哈密四千六百余里，并站安设，亦需马一二万，仅及十分之一二。请将归化城、土默特、察哈尔、黑龙江、京城满洲兵及新降之厄鲁特兵，仍令各骑原马前来。沿途皆有供支，便于饲喂。骑来之马到甘省后，就近分拨各营，以备摘拨之数。"得旨："军机大臣议奏。"寻议："臣等现议西路进剿兵二万名，内察哈尔兵于本年秋起程，新降厄鲁特兵及阿拉善兵俱于明春起程，由口外行走。其西安、凉州、庄浪驻防兵，均骑本营马。及甘肃、安西绿旗兵俱近在该省，并令料理车骡前往。惟哲哩木兵一千、索伦兵三千系由直隶、河南、陕、甘一路。令照金川之例，每五百名一起，陆续行走。各该省于经由道路，安台设拨，逐站更替。永常尚未接阅臣等今议，以为满洲、蒙古、索伦兵一万二千俱由陕甘行走，是以不免周章。今据称两省营马约四万余，驿马共二千余，若于明年二月内将附近马调集，按站更替拨送，则兵数不过四千，分送仅止八起，料理原属从容。所有议令各骑原马之处，应毋庸议。惟是备战兵丁马匹，关系紧要。现议西路用兵二万，约共需马五万。臣等原议于各处采买马十六万内拨给该处马三万六千，并于两省营马内挑拨二万四千，共足六万之数，已极宽裕。应令仍照原议备用。现在料理哲哩木、蒙古、索伦兵，设拨递送。自明春至四月，时日较宽，可以从容办理。并于道路宽阔之处，添雇车骡，俾按次进发无误，营驿马力尽可节省。再现议于喀尔喀及内扎萨克等处采买马匹，恐尚不敷。查青海一带及附近洮、岷、庄、浪等处各番部落，俱系产马之地，并令设法购备。"从之。

（卷466　1040页）

乾隆十九年（1754年）六月戊午

又谕："据鄂乐舜奏，皋兰、金县、会宁、靖远四县得雨未能普遍，业有受旱情形。静宁、通渭、镇番各州县山地亦现在望雨等语。时当盛夏，农田望泽甚殷，所有甘省缺雨州县，如旱象已成，该抚等即当预为筹办接济。况该省现有应备军需，正资民力，尤当加意培养，毋令拮据。斯办理一切，不致张皇，著传谕鄂昌实力查明，令将缺雨处所曾否得有雨泽，是否成灾，并作何料理抚恤之处，一面妥协办理，一面速行奏闻。"寻奏："查会宁、静宁、通渭、镇番四州县自五月二十四、五日得有透雨，二麦虽稍减分数，不致成灾。惟皋兰、金县、靖远三县，暨狄道、渭源二州县二麦大半枯槁。现借给籽种，翻种晚秋。其被灾较重处，分别赈恤。至于备办军需，虽地方偶被偏灾，毫不累民。查军需案内运粮脚价，河东每京石、每百里给银一钱六分，河西每百里给银二钱。灾民领运脚价，尽可营生，不但不致拮据，且甚有益。”得旨：“览奏稍慰。”

（卷 466　1042 页）

乾隆十九年（1754 年）六月辛酉

谕：“此次考试甘肃等省拔贡，若候至回銮后带领引见，未免守候需时，著交在京总理王大臣等验看拣选。其应行引见者，即送至热河行在，带领引见。”

（卷 466　1044 页）

乾隆十九年（1754 年）六月癸亥

豁除甘肃大通、川城、西古、边墙等四处试种无效之石滩地亩共六十九段额赋。

（卷 466　1046 页）

乾隆十九年（1754 年）六月壬申

军机大臣议复陕甘总督永常奏称：“兴师进剿，利于火器。拟每百名用鸟枪手七十五名，每名于向例带铅药五百出之外，再加带铅药三百出。炮手五名，带新铸威远炮一位。弓箭手二十名，各佩弓二张。梅针箭五十枝，随身插带战箭数十枝。查现今各处挑选兵丁，奉旨俱令学习马上长枪。该督按照马六步四之例，于各标镇营拣选骁健，令其学习长枪击刺之法。其弓箭器械虽应预备，但随身佩带，总宜轻捷便利，期于有济实用。至炮位一项，举动辄费驮载，旷野殊不适用，无庸备带。铅药亦无庸加添，仍照例用五百出为率。”又奏称：“领兵官员及进剿兵口粮，俱以六个月计算，应备粳米一万一千二百余石，炒面二百二十五万斤，白面七十五万斤，羊二万只。又领兵官员跟役及满汉兵跟役余丁等口粮，应备粟米六千七百石，炒面及青稞面一百万斤，白面四十万斤，羊七千八百只。再满汉官员及跟役余丁亦以六个月计算，应支盐菜银一十七万九千六百两等语。查此次进剿与前不同，携带食物简省则进攻轻捷，行走便利。现奉谕旨，北路兵进剿应带牛羊肉干、炒面、棋子，可以随身备用，不必多需驮载。交策楞酌量办理。今西路官兵即有应行预备之处，亦应简便携带，不碍行程，方为妥协。应令永常、刘统勋另行筹办具奏再议。"得旨："永常议奏进剿官兵、器械、粮饷折内裹带官兵跟役口粮，至米、面数百万斤。此系从前岳钟琪所办，乃相沿绿旗陋习，已属失策。况此番情形与前更自不同，现在准夷内乱相寻，人心离畔，以天朝余力，乘机进取，正所谓取乱侮亡之时。若裹带米、面数百万斤，驮载前往，则兵丁防获不暇，何能轻骑进剿。且与蒙古交战，惟应仍用蒙古行走之法，加以官军节制足矣。若辎重为累，不得鼓勇直前，反启准夷窥伺攘夺之心，岂非转资盗粮耶？已据军机大臣等议，另行筹办，可将此传谕知之。"

（卷467　1050页）

乾隆十九年（1754年）六月丙子

礼部带领甘肃、四川、广东、广西、云南、贵州等省选拔贡生引见。得旨："李炳、姚世勋、杨式慎、何大璋、王恒、章纯儒、王承爔、罗绅、杨曰试、杨东临、夏玢、贺廷楠等十二名以知县试用。冯世经、弁实顾、刘晓、邓在珩、孙永宁、邓家璐、王知止、李藩、莫崇义、胡经武、黎文辉、张兆魁、阮大材、谢祖锡、李能发、黄应魁、刘良浚、许怀、霍士垲、何一鸣、唐文灼、王敬天、窦晟、蒋梦璋、杨如溥、景殿扬、徐诣坦等二十七名著交吏部询问，愿以佐贰等官用者，以佐贰等官用，愿以教职用者以教职用。"

（卷467　1053页）

乾隆十九年（1754年）六月丁丑

命甘肃道公泰、宁夏道孔继洞总理买马事宜。

（卷467　1054页）

乾隆十九年（1754年）六月是月

甘肃巡抚鄂昌奏："此次征兵自肃州嘉峪关出口，前赴哈密。沿途戈壁水草须先期料理。查从前西路军兴，派兵预为开井、刈草，于官兵经过处，逐站分备。今应照例办理。臣等现委弁员带领目兵前往附近戈壁处所，多挖井眼，并谕各粮员雇夫割草，晒干后解往各站分贮。"得旨："诸凡尽心可嘉。"

又奏："征兵出塞，路经沙碛无水之地难免干渴。查前此军需有办给果单一条，果单能生津止渴。出口之兵各带一分，经无水处所益殊多。此系甘州所产，名曰秋子。八月半后果熟时，可制成单。现饬甘州府制二百斤办用。再北路兵亦应须用，预先办就三百斤，于冬初解京，转交北路军营应用。"得旨："甚好。"

又奏："奉谕办运北路军营茶，于六月初八日抵兰。自兰州至宁夏，雇骡驮运，需骡一千余只。照供应例，每骡一头驮茶一百八十斤，每站给脚银二钱，计茶二十万斤，共十二站，需脚银二千六百余两。自宁夏至北路军营，用驼驮运，需驼八百三十余只。每驼一，驮茶二百四十斤。自宁出口至军营，约行五十余日，共需脚银一万三千七百余两。统计驼骡脚银一万六千余两。再茶运由口外行走，须派员押送，且驼只众多，并须分起前往。拟分为四起，间日一行。派同知、通判、守备各一员，千、把四员，佐杂四员，分起押送，令甘肃道公泰督率总理。该道禀称，情愿自备资斧前往。其押运各员，自应酌给路费。今拟同通。俟临行之时，酌量给与，余员照军需办差例。守备跟役三名，千把、佐杂各跟役二名。守备口内日给银三钱，口外三钱七分五厘。千把、佐杂口内日给银二钱，口外二钱五分。至跟役，每名口内日给银六分，口外八分。并行文驻宁管理蒙古事务理藩院郎中，雇觅能作汉语之蒙古人四名，沿途听用。"得旨："览奏俱悉。"

又奏："查由陕至甘，原有两路：一由陕西沿边一带，自安边、靖边入宁夏之花马池，由宁夏至凉、甘、肃。一由陕西之邠州、长武至甘肃之泾州，由泾州至兰州，前往甘、凉、肃。但泾州一路，必经由巩昌府属之会宁、安定。二县地处山隈，并无井口。乡民俱食窖水，偶值天旱，即水无所资，难以行走。查西安之西南有大路一条，由陕省之陇州进甘省之清水县界，由秦州、伏羌抵兰州。一路水皆充裕，程途虽远百余里，路极平坦。惟中间隔一官山，然不甚险峻，上下颇便。是以从前官兵亦由此路行走。"得旨："军机大臣议奏。"寻议："据称由陇州、秦州、伏羌一路军行为便，应请交与总督永常及陕抚陈宏谋、甘抚鄂昌等再行查明。此一路地方，应调拨何处营驿马匹，设拨递送，并派委官员，预备供应。如何办理之处，会商妥办，再行奏闻。"

乾隆十九年（1754年）七月甲申

（军机大臣等）又议复甘肃巡抚鄂昌奏请酌拨饷银一折："查西路应备粮饷、马驼各事宜。先经陕甘总督永常具奏、臣等议以此次进剿兵粮、不须携带过多、致行走迟滞。请交尚书刘统勋、总督永常等另行筹办。鄂昌所奏大略均照永常办理、计算甚多。但该省军兴之际，需用银不妨宽裕备贮，应于本年春拨内，山东拨银二十万两，河南拨银三十万两，四川原有贮司库银六十万两，又乾隆十五年备贮银五十万两，应于此二项内拨银五十万两，通共拨银一百万两，再于户部拨银二百万两，交该抚备贮应用。"从之。

（卷468 1059页）

乾隆十九年（1754年）八月庚申

赈恤甘肃皋兰、狄道、金县、渭源、靖远等五州县本年旱灾饥民，并予缓征。

（卷470 1089页）

乾隆十九年（1754年）八月壬申

谕军机大臣等："永常奏明岁大兵齐集，自嘉峪关至哈密应分路前往，所有沿途道路并挑挖井泉，以及到哈密后驻扎营盘、牧放马驼厂地均须及时酌办，以免临期贻误等语。官兵经过，若遇戈壁水泉缺少之处，挖井应用不过偶一为之。至于行走道路、驻扎营盘、牧放厂地俱属随时办理之事，若皆先事周章，则于军行迅速之道转有未协。且入夷境之后，谁为预先料理此事耶？向来绿营习气，每于此等事宜，经营筹办，腾口说而费笔墨，徒致行走迁缓，总非切要机宜。永常此番统率官兵，正宜一洗绿营积习，务为简捷便利，一切随时随地相机办理，总以迅速遄行方为允协。若仍蹈故习，必为厄鲁特兵所笑矣。将此传谕永常知之。"

（卷471 1096页）

乾隆十九年（1754年）八月癸酉

户部议准调任甘肃巡抚鄂乐舜疏称："赤金卫地气潮湿，应添建仓廒五十间。"从之。

（卷471 1097页）

乾隆十九年（1754年）八月乙亥

谕军机大臣等："据陕甘总督永常、甘肃巡抚鄂昌奏，西路一切军需粮石已经陆续购办，将次到齐，可以转运哈密等语。但思各处调遣之兵明年三、四月始陆续到营，为期尚远。此时哈密巡防兵丁，仅止绿旗及回民人等，殊不足恃。若将一应军粮悉行运往哈密堆贮，则守御未免单弱。恐准夷狡黠或乘雪前来攘窃，转足饱其所欲，雍正八年前事可鉴也。永常等所办军粮宜从容缓运，分贮安西以内一带地方。俟明岁大兵齐集之际，再行运往哈密。则程途既不甚远，尽可源源接济，而于防范之道，更为周密。"

（卷471　1098页）

乾隆十九年（1754年）八月是月

陕甘总督永常等奏："进剿官兵需用驼只，前以六个月计算，估数太多。今臣等酌议，满汉官兵驮载军装，共需驼七千七百四十只，现在本省驼足敷用。至官员兵丁口粮，以三十日计算，需用驼六千三百余只，即在现买驼内拨给。"得旨："如所议行。"

陕西巡抚陈宏谋奏："明年进剿兵由陕入甘，应设台站。陕省自华阴庙起至甘肃清水县，共设十台，需用车马照例预备，桥梁道路乘农隙时赶紧修治，务期平坦完固。"得旨："诸凡俱妥。"

（卷471　1099页）

乾隆十九年（1754年）九月甲申

蠲免甘肃皋兰、狄道、渭源、金县、靖远、环县、镇番、平番、宁夏、宁朔、灵州、中卫、平罗、西宁等十四州县十八年份被灾地一千六百二十七顷有奇额赋，并豁除被水冲坍无征地二十六顷有奇额赋。又免西宁县被雹地一千五百九十八段额赋。

（卷472　1105页）

乾隆十九年（1754年）九月庚子

工部议准调任甘肃巡抚鄂乐舜疏称："陇西县县丞改调平罗县，移驻已裁之宝丰县城内。应建衙署。"从之。

（卷473　1116页）

乾隆十九年（1754年）九月是月

甘肃巡抚鄂昌奏："臣查办军需，自省城至凉州，今暂回兰州料理诸务，仍赴各属督办。"得旨："有旨令汝往安西，为夷使或有来信，须督理得宜也。即偶有鼠窃之事，亦当镇静万全，毋致惊张失措。"

（卷473　1120页）

乾隆十九年（1754年）十月是月

陕甘总督永常等奏："会议索伦、巴尔虎、哲哩木等兵入陕后，前赴肃州道路。查由泾州、静宁、会宁等境为北路，由陇州、秦州等境为南路。南路山多崎岖，且大河拦阻，计程三十五站，较北路多四站。北路惟会宁、安定两县缺水。今勘得自静宁州稍南取道易岗州、马营监，由巩昌府渭源县、狄道州而达兰州，一路水足途平，最为妥协。"报闻。

协办陕甘总督尚书刘统勋等奏："西路明年备战马驼及安设塘站各马，日食草豆，为数浩繁。已派交凉、甘、肃三府州属分棚拴养。应需草束，业饬广积供支，惟料豆一项，该地所产有限，采买不易，请将河东存仓常平豆拨运三十万石，分贮凉、甘、肃三府州属，与各州县采买豆接济供支。其河东运缺豆额仍于捐监项下补足。"得旨："如所议行。"

甘肃巡抚鄂昌奏："肃州挽运出关军粮，车户口食繁多，现在关外粮价腾贵。查安西一厅五卫共存小麦六万八千余石，应粜卖以平市价。除河州卫非军粮行走之路，毋庸出粜外，其赤金、靖逆、石柳沟、安西四卫并安西厅，酌粜小麦一万五千石。"得旨："依议速行。"

（卷475　1145页）

乾隆十九年（1754年）十一月庚辰

加陕甘总督永常为内大臣。

（卷476　1149页）

乾隆十九年（1754年）十一月己丑

谕曰："刘统勋奏称，官兵奉派出征，其本任养廉，本兵月饷例应照旧支领。请将陕甘出征满汉官兵明年秋季应得养廉月饷，移于夏季起程之前支领等语。著照所请，陕甘二省出征官兵明年秋季应得养廉月饷，俱准其移于夏季起程之前支领，以裕戎行。"

（卷476　1153页）

乾隆十九年（1754年）十一月辛丑

谕军机大臣等："刘统勋等奏本省采买驼马数目一折，内称于十月收槽饲喂等语。北路兵丁现在酌议于明年二月分起先进，若筹办既定，将来西路兵丁亦应于明年二月先进数千。马匹关系甚为紧要，必加意饲喂，使膘满壮健，始足资用。若喂养官员，稍有侵克，则料草虽按数报销，而未必一一尽归实用。马不能言徒滋官役中饱，著传谕刘统勋等令其留心查察，实力妥办。毋任绿营官弁蹈其故智，致马匹膘分不足，咎有攸归矣。"

（卷477　1166页）

乾隆十九年（1754年）十一月甲辰

谕军机大臣等："据署甘肃布政使史奕昂奏，西路进剿兵丁由直隶、河南设拨入陕。今准河南藩司咨送直隶抄册，照金川例，官兵尖宿处所另备饭食。查拨站应付，既有廪给口粮，又供饭食，似属重复。现拟于甘省各站广招铺户，多备食物，毋许高抬价值，以便官兵随便买食等语，所办甚是。金川案内，直隶、河南于廪粮之外预备饭食，原系该督等均属满洲，不过偶给一饭，非每站于廪给之外又备饭食，不可援以为例。此次出兵，按站行走，自不必另行预备饭食。前已传谕直隶、河南，令将兵丁沿途饭食折给钱文，自行买食。此项钱文即应按其廪粮之数给与。可传谕方观承、蒋炳，照甘省之例，一体预备铺户饭食，听兵丁自行平价买食，毋庸重复给饭，并将该二省现拟给与钱文，是否即照廪粮数目之处，据实奏闻。"

（卷477　1167页）

乾隆十九年（1754年）十一月是月

协办陕甘总督尚书刘统勋等奏："承准廷议，遴员购买马驼。今买获马七千三百二十九匹，驼七千五百六十三只。查西路进剿兵丁共约需战马五万八千九百余匹，驼一万四千八百余只。有本省营马、凉州满兵自骑本马、东晋北口解来马，合现买马共六万五千七百余匹。本省备战及余牧孳生合现买驼共一万五千六十一只。马驼俱已充裕，青海及沿边地方所产马驼，原属有限，此次购买，非甚从容。臣等度既足用，已饬停买。"得旨："所办尚妥。"

（卷477　1169页）

乾隆十九年（1754年）十二月甲寅

协办陕甘总督尚书刘统勋等奏："西路所需战马约计几六万匹。前准廷议摘调本省，及东晋二省营马，并本省沿边及伊克昭等盟购买之马应用。今各该盟解来实数，止得二万三千七百余匹，且疲瘦居多。西路战兵须于明年四月内全抵军营，正月间即应由喂马处所陆续起解。前项马即加意牧养，断难增其膘力。查甘省递送满洲蒙古官兵系于陕省标营及西安、凉州驻防各营马内抽调。前准廷议，于甘省分设五大站，拨营马应用。今北口马匹难资备战，若用以递送官兵，尚可不至竭蹶。其原派安站营马皆膘力充足，请移以备战。查此项递送官兵，除雇觅民马、原调营马合以甘省各营，并凉州满兵自骑本马及东晋二省解到，与本省沿边采买，可得马六万一千余匹，尽足敷用。再甘省口内各标营马并凉州、宁夏满营拨调之外，共缺额马二万八千八百余匹。现议安站之口马，及将来西安满兵、固提兵骑赴肃州马，合计三万二千余匹，臣等拟以七分留甘，三分还陕，补各标营调缺之额，不敷者购补。至甘肃安提一营调缺马六千匹，查现到哈密之察哈尔及明春赴军营之厄鲁特、阿拉善等官兵，换存骑马，数可相抵，即令就近留补。再陕省各标马既资备战，解送时仍令本营住支马干于沿途，照东省拨来战马例支给。"得旨："如所议速行。"

（卷478　1177页）

乾隆十九年（1754年）十二月癸亥

赈恤甘肃河州、狄道、皋兰、金县、会宁、平凉、泾州、静宁、抚彝、平番、灵川、西宁、大通等十三厅、州、县、卫水灾饥民，并予蠲缓。

（卷479　1182页）

乾隆十九年（1754年）十二月甲子

兵部议复协办陕甘总督尚书刘统勋等题明岁进剿准夷，递送军报，安设台站事宜："一、陕省神木县至甘省定边营安设正、腰各站二十九处，每一正站马三十匹，腰站十七匹。其正站九处，各派千、把、外委一员，于延绥镇附近营汛酌拨。一、甘省口内自宁夏至嘉峪关安设七十六塘，正站马二十五匹，腰站十六匹，协站十匹。共派千、把、外委四十五员，于宁、凉、肃三镇酌拨，并令三镇各派都守一员管领。一、口外自黑山湖至巴里坤安设二十七站。每站安马二十六匹，每三站设千把一员，外委二员，再设守备二员，居适中之地稽查，于安西、肃州提镇标内酌拨。以上所需马，除塘站现存及各处抽拨不敷外，饬令采买。应添夫即行召募，夫马工料照例支给。其各员弁盐菜银，除三镇所派都守不必给予外，口内照出征例减半，口外照例给予等语。均应如所请。"从之。

（卷479　1183页）

乾隆十九年（1754年）十二月庚午

户部议奏："定北将军班第、定西将军永常请照定边左副将军例，给跟役四十名，每月盐菜银十二两。北路副将军阿睦尔撒纳、西路副将军萨喇勒请照喀尔喀王兼副将军例，给跟役二十四名，每月盐菜银十二两。再此次派出陕甘绿旗官兵，应得盐菜跟役，除应照旧办理外，惟提督等官从前所定数目过多，应量为裁减。请给提督跟役二十四名，每月盐菜银十二两，总兵跟役十六名，每月盐菜银九两，副将跟役十名，都司跟役六名，盐菜仍照旧例支给。"从之。

（卷479　1187页）

乾隆十九年（1754年）十二月甲戌

御保和殿，筵宴朝正外藩。左翼：乌珠穆沁和硕亲王朋苏克喇布坦，辅国公德勒克旺舒克，阿巴噶多罗郡王车凌旺布，辅国公旺沁扎布，青海多罗郡王索诺木丹津，土默特多罗贝勒索诺木巴勒珠尔，扎噜特多罗贝勒阿第沙，土尔扈特多罗贝勒罗布藏达尔扎，科尔沁固山贝子班珠尔，公衔一等台吉垂扎布，多罗额驸色旺诺尔布，固山额驸吉哩第，喀尔喀固山贝子阿喇布坦，扎萨克一等台吉桑斋琳沁，乌喇特镇国公达尔玛哩第，巴林和硕额驸德勒克，敖汉和硕额驸朋苏克喇锡，固山额驸旺扎勒，翁牛特二等台吉诺尔布扎木素。右翼：科尔沁多罗郡王喇特纳扎木素喇特纳锡第，辅国公喇什扎木素喇什色旺，喀喇沁二等塔布囊格勒克、萨木鲁布，鄂尔多斯多罗贝勒齐旺班珠尔，喀尔喀多罗贝勒拉旺多尔济，扎萨克一等台吉阿喇布坦，阿噜科尔沁多罗贝勒达克丹，敖汉固山贝子垂济扎勒，辅国公桑济扎勒，和硕额驸密扎特多尔济，固山额驸罗布藏锡喇布，翁牛特固山贝子巴勒丹，巴林多罗额驸丹津，苏尼特辅国公罗垒，青海扎萨克一等台吉巴勒丹，郭尔罗斯固山额驸苏玛第，归化城侍卫兼一等台吉喇嘛扎布，及大学士领侍卫内大臣等宴。召乌珠穆沁亲王朋苏克喇布坦、辅国公德勒克旺舒克、阿巴噶郡王车凌旺布、青海郡王索诺木丹津、土默特贝勒索诺木巴勒珠尔、扎噜特贝勒阿第沙、敖汉和硕额驸朋苏克喇锡、贝子垂济扎勒、科尔沁郡王喇特纳扎木素、辅国公喇什扎木素、鄂尔多斯贝勒齐旺班珠尔、喀尔喀贝勒拉旺多尔济、扎萨克一等台吉阿喇布坦、阿噜科尔沁贝勒达克丹至御座前，赐酒成礼。

（卷479　1190页）

《清乾隆实录（七）》

乾隆二十年（1755年）正月庚辰

　　谕军机大臣等："陈宏谋奏北路解送马匹中多疲乏，不足备甘省安台之用，仍就西安督抚标马及挑存留省马匹内挑选解赴甘省应用。北路解送马匹既多疲瘦，即不用之备战。而安台递送兵丁亦属紧要，若不上紧喂养膘壮，正恐临期有误。现在西路兵丁已于正月初旬陆续起程。马匹关系紧要，著传谕刘统勋严饬承办各员，加紧饲喂，以利遄行。勿致稍有遗误。"

（卷480　2页）

乾隆二十年（1755年）正月辛巳

　　军机大臣议奏平定准噶尔善后事宜："一、查四卫拉特台吉户口，如何给爵，授扎萨克，及编列旗分佐领设官，俟班第等议奏。其四卫拉特之人原系散处，应安置各原驻附近地方，不必将一姓聚处。一、回人俱有地亩，岁纳贡赋于准噶尔。今准夷底定，回人内属，除岁供喇嘛外，余赋悉蠲，贡额亦应议减，内如吐鲁番原系内地，应将其回目查出，俾管所属。爪（瓜）州居住之额敏和卓属下回人亦仍移吐鲁番安置。一、现收之乌梁海既编列旗分佐领，有续收者应照办，同移置各原地方。其管辖人令班第等选奏。一、扎哈沁人众应移于喀尔喀游牧之外，厄鲁特台吉等所住之内，则阿尔台内藩篱愈固。包沁与扎哈沁相近，应俱令玛木特掌管。一、大兵撤回，应于满洲、蒙古兵内留五百名，随班第等驻扎伊犁，各盟回部。乌梁海咨报伊犁文移，应设台站。令班第等酌办。一、伊犁既驻大臣，应择形胜地驻兵为声援，西路吐鲁番、鲁布沁地方，膏腴可耕，请驻兵一千。再爪（瓜）州、乌鲁木齐俱可屯田驻兵，则伊犁、鲁布沁声息相通，亦展疆土。一、准夷既平，喀尔喀游牧应加恩展宽。喀尔喀、厄鲁特游牧即以阿尔台山梁为界，其间乌梁海所居游牧不动外，所有阴坡令喀尔喀游牧居住，阳坡令厄鲁特游牧居住。喀尔喀西界既经展远，其东陲鄂尔坤、塔密尔、推河等处俱闲。喀尔喀北界俄罗斯，西界厄鲁特，请派京师满蒙兵数千前往闲处屯田，一如蒙古授产安插，以靖边境。"从之。

（卷480　3页）

乾隆二十年（1755年）正月癸未

又谕曰："刘统勋奏接准廷议，西路兵丁于二月先进数千，但索伦兵自京至军营，计程八十余站，非兼程疾驰，势难克期而至。拟即日前往甘凉一带，相度各站车骡、马匹情形等语。西路先进之兵系厄鲁特，及甘凉满洲兵，非索伦兵也。原议于三月初由军营进发，是二月内即应齐集。而索伦等兵自京起程，长途按站次第前进，即使沿途车马无误，亦不能疾驰而至。刘统勋此奏似属误会。但第一、二起索伦兵业于正月初三等日起行，较原议已早半月，若至陕甘境内，再能稍为变通，酌量趱行，令早至军营，更为有益。然亦不必改安台站，多费周章，或致欲速转迟，总以妥协遣行为善。其甘凉等处满汉官兵俱当及早料理，照议分起速发，听候调遣。所有起程日期，附折奏闻。再现议大兵到日，俱驻巴里坤。另折所奏，火药、军装、口粮等项即应运至军营，不必更驻哈密。该督可留心上紧督率办理，以济军资。并传谕鄂容安、鄂昌等知之。"

（卷480　5页）

乾隆二十年（1755年）正月丙戌

青海郡王索诺木丹津奏请于游牧处预备兵内带往噶斯效力。得旨："索诺木丹津著带兵一千名驰驿前往噶斯驻防，如有投诚者，即行受降照管。"

（卷480　9页）

乾隆二十年（1755年）正月戊子

谕曰："提督豆斌、总兵傅魁、马得胜现派领兵，其安西提督事务著冶大雄就近署理，延绥镇总兵事务著周文魁署理，肃州镇总兵事务著舒敏署理。"

（卷480　10页）

协办陕甘总督尚书刘统勋奏："北路马匹不堪，改站马为战马，其站马须四万二千余匹，挑北路马抵用万六千余匹，甘、凉、西、肃提镇骒马可用者约六千匹。此外向民雇备及令陕省协济，查骒马尚宜驿站，将来拨存千二百匹，遇有倒毙拨给。"报闻。

（卷480　11页）

乾隆二十年（1755年）正月辛卯

又谕："据唐喀禄奏，班珠尔等恳请仍留北路。先据萨喇勒奏班珠尔人甚去得，而和硕特兵又最勇健，若与杜尔伯特兵于西路同进，实为有力，是以降旨令其调往西路。今班珠尔等既愿留北路，兼于进取事宜有益，即著照伊所请，仍与阿睦尔撒纳前进。准噶尔平定之后，朕意将四卫拉特封为四汗，俾各管其属。封车凌为杜尔伯特汗，阿睦尔撒纳为辉特汗，班珠尔为和硕特汗。朕曾面谕车凌、阿睦尔撒纳二人，第班珠尔尚未知悉，可即谕伊知之。再纳噶察告称，将和硕特人移驻青海之处。从前纳噶察来热河时，朕降旨俟事成后或在原游牧，或移居青海，悉惟尔便，并未谕令必移青海居住也。此阿睦尔撒纳、讷默库所共闻。况朕方将封班珠尔为和硕特汗，乃转令伊舍旧地而移青海乎。若纳噶察不过一扎萨克，或欲移驻青海亦无不可，俟事定后，伊再具奏请旨班珠尔未来热河，而纳噶察又误传朕旨，著唐喀禄明白晓谕班珠尔等知之。"

（卷481　14页）

乾隆二十年（1755年）正月壬寅

又谕曰："刘统勋奏酌办军务折内称凉、庄、宁夏满洲兵俱于二十四、五日前可抵肃州。其甘、凉、肃一提二镇兵亦于三月初旬均可抵巴里坤军营。前队哨探兵原定于二月二十九日自军营起程，嗣降旨令于二月中旬进发。若三月初间始抵巴里坤已属迟误。想奏折时尚未接此旨，接到自必遵照办理。著再传谕刘统勋，前队哨探兵丁令其速行催调，务于二月初十日全抵军营。其随后续进官兵若可趱进，亦酌量先行数起。总以六千名为率，其余仍按站行走，不必严催，致竭马力。至官兵进剿口粮，原议俱令自行裹带，若进剿时于自行裹带外又复官为驮运，仍属军行粮随故套。从前岳钟琪等办理旧例与此次轻骑捷趋，机宜殊未符合。况北路进剿口粮俱自行裹带，而西路又官运三分之二，办理亦不划一，应速行筹划，以便捷轻利为主，西、北两路亦不致参差。其所奏大兵齐集军营，所需口粮酌量运往散给。巴里坤可以不留余粮，所见尚是。巴里坤原可无庸另设仓库存贮，即有应需接济亦可自哈密运往，料不至于有误。应照所奏办理。"

（卷 481　24 页）

乾隆二十年（1755 年）二月丁未

谕军机大臣等："据萨喇勒等奏称，沿途驿站竟有无马者。其有马之驿又必越至七八站，始能更换数匹。虽尽弃行装，尚不能日行三百里等语。西路用兵之时，驿站最关紧要，而沿途情形如此，岂从前屡经筹办，不过托之空言耶。况永常、萨喇勒等驰驿前往西路，兵部早已先行知会，其需用马匹尽可克期预备，随到随换。今观其周章贻误，竟若全未料理者。该署督刘统勋、巡抚陈宏谋不知所司何事，著传旨严行申饬。其萨喇勒经过各驿，并著逐一查明，何处无马，何处短少，据实参处。至萨喇勒奏内又称因接到趱前进兵谕旨，永常恐一同行走，马匹不敷，遂先往肃州等语，此又永常糊涂之处，且永常又从无一折奏闻。萨喇勒、扎拉丰阿等皆系派令带兵先进略地之人，自应一同行走。即因驿马不敷，亦当尽萨喇勒等先行方是。永常现系陕甘总督，尚可饬属催调，趱行前进。若总督乘马先往，而令伊等数蒙古大臣在后，其呼应自属不灵矣。驿站马匹短少，自属刘统勋等之办理不善，而永常亦复不知缓急轻重，著一并严行申饬。"

（卷 482　33 页）

乾隆二十年（1755 年）二月乙丑

调陕西兴汉镇总兵张接天为甘肃凉州镇总兵。以甘肃庆阳协副将罗英笏为陕西兴汉镇总兵。

（卷 483　47 页）

乾隆二十年（1755 年）二月丁卯

谕军机大臣等："朕前以纳噶察误记朕旨，有事成后移居青海之语。令传谕班第等，明白晓谕班珠尔、纳噶察，想班珠尔等此时已至军营，伊等一闻晓谕，情形若何，并有何言语之处，著班第密奏毋泄。"

又谕："据刘统勋等奏，口外文报台站，从前军营旧路由桥湾直抵巴里坤，路径久废，并无人烟。请仍由安西、哈密一路安至军营。口外驰送军营文报，安设台站，惟在路径直捷，方免迟滞，何必定有人烟之地。若由安西、哈密一路，必致纡远。此盖绿旗将弁安常习故，惮于迁移，而不顾军务奏报之迟误也。现在军营台站自当仍照旧路，由桥湾一路安设。其哈密、安西军台亦不必尽撤，著酌留十之三四，以备偶有哈密、安西文报往来之用。"

协办陕甘总督尚书刘统勋奏："陕甘台站设在南路，沿边北路未经筹办。指日凯旋，必由沿边近道赴京，请站设马六十，俟南路各驿兵过，撤调北路。"下军机大臣议。寻议："北路如议，南路凯旋需马应另筹。"从之。

（卷483 49页）

乾隆二十年（1755年）二月己巳

又谕曰："班第所奏晓谕班珠尔、纳噶察等一折。观纳噶察所告尚属含糊。前伊奏居青海时，朕原谕以事定后或居原处，或居青海，悉从其便，并未令其必居青海也。今称将伊属下由巴里坤迁移安插，亦与原旨未符。其安插伊等于青海之语，纳噶察曾否告知唐喀禄，亦未声明。再谕以将班珠尔封为和硕特汗，及伊等或居青海悉听其便之旨，伊等意见如何，究系愿居青海，或仍愿居准噶尔地方，著传谕班第据实密奏。"

（卷483 51页）

乾隆二十年（1755年）二月辛未

命河州镇总兵李绳武赴哈密专办防务。

（卷483 53页）

乾隆二十年（1755年）三月甲戌

以镶白旗蒙古副都统伍弥泰为凉州将军。

缓征甘肃狄道、靖远、金县、皋兰、渭源五州县乾隆十九年份被旱田地旧借银粮。

（卷484 56页）

乾隆二十年（1755年）三月己卯

命甘肃巡抚鄂昌来京候旨。调陕西巡抚陈宏谋为甘肃巡抚。

（卷484　59页）

乾隆二十年（1755年）三月庚辰

又谕曰："刘统勋奏办理马驼粮运情形折内称，挑出瘦小不堪用及疲乏驼只，俱系上年秋闲查报堪用，永常奏明收槽喂养者，此处显有推诿情弊。永常系该省总督，又命为将军，一切事务原系分所应办。即来京请训，往还亦仅数月。该省办理情形，岂得诿为不知。设使不令刘统勋前往，宁能不办耶？此永常之无可推诿也。至刘统勋以军机大臣，朕特派往协同办理，则永常所办之事皆伊之事，彼此本无可分。设使永常独力能办，亦不必派伊协办矣，此刘统勋之无可推诿也。二者之中永常之责较重，而其不应存彼此之见则一耳。况办理此等重大事务，其中小有未协，惟当随宜筹酌，令于事有济。此番进兵原议于四月内，今于二月先进数千，克期部署，已无误先行进剿之期。若仅如肉干等项运送稍迟，不过将承办属员照例参处足矣，岂可以此各存意见，有负朕郑重委任之意。著详悉传谕伊等，倘再蹈前辙，朕必重治其罪。"

（卷484　60页）

乾隆二十年（1755年）三月庚寅

革原任甘肃巡抚鄂昌职，锁解来京。

（卷485　70页）

乾隆二十年（1755年）三月癸巳

谕曰："张师载戴罪河干已经二载，著加恩准其回籍。所有未完应赔银两著交与尹继善等酌量定限，分年完缴。"

谕军机大臣等："据永常奏自肃州前至巴里坤，即带现在兵丁进发，并咨后队带兵大臣等。兵足一千亦即迅速前进。永常之意，特欲急进邀功，不知伊系将军，一切事务，俱应承办，刘统勋不过协同办理。乃永常诸事俱委之刘统勋，伊之专责似止带兵一进，余皆无涉者，殊属谬误。著传谕永常即遵前旨，仍回肃州办理一应事务。果能妥协，即未带兵前进，朕亦必将伊议叙。今彼处口粮既少，何必又带此无用绿旗兵汲汲先进耶？至移咨索伦兵但足一千，即行前往，此特为伊子额勒登额耳。其于事理当否，亦曾悉心筹及乎？永常务令各队兵丁，仍遵前旨，量足三千带领前进，不得故违取戾。"

（卷485　72页）

乾隆二十年（1755年）三月甲午

协办陕甘总督尚书刘统勋奏："臣赴兰州途次见各处兵俱整齐安静，及到，兵已全过。其台站所雇民间车马，河东各站已尽归农，河西亦陆续遣散。当此春深雨足，及时力作农事，亦甚有益。"报闻。

（卷485　72页）

乾隆二十年（1755年）三月乙未

又谕曰："额琳沁多尔济同永常带兵前进。朕已降旨，令永常回肃。额琳沁多尔济可俟集福到后，即同彼晓谕敦多克等，言尔等闻大兵一到即便输诚。已据将军奏闻，大皇帝极为奖赏。特授敦多克为散秩大臣，赏给孔雀翎。巴哈曼集为三等侍卫，并各赏给衣服。敦多克所属或有应行鼓励之人，另交孔雀翎五枝，令敦多克酌量赏给。俟功成后，仍当加以重恩，务须明白晓谕，令其深知朕意。至彼处如必需兵弹压，额琳沁多尔济即带兵居住，倘毋庸留兵，仍遵前旨带兵前进。"

（卷485　73页）

乾隆二十年（1755年）三月丙申

谕军机大臣等："班第奏称，据阿睦尔撒纳等咨，请将绥绷喇嘛并沙毕纳尔数人移至伊等现住之扎布堪游牧居住。恳降旨将此等喇嘛暂时另行安置，俟事定后迁至青海，仍归班禅额尔德尼属下，则一切争竞之端可杜。班第所见虽是，但将伊等迁至青海，既多烦扰，亦恐阿睦尔撒纳生疑。顷阿睦尔撒纳将伊等投诚之处具奏，朕令于伊犁地方设立一库伦，由京师遣呼图克图喇嘛前往教经。班第可照此办理。俟功成时，入于应办事宜内议奏。此时且勿令阿睦尔撒纳闻知，恐其别生他意也。再前班第奏称阿睦尔撒纳等过扎哈沁时，私将人口带往。朕以非大事，不必过于约束。今观此情形，其心迹已露，若俱置之不问，恐其益生妄想。班第可密加节制，但勿泄漏为要。又前令班第进兵与阿睦尔撒纳相隔十日前往。今既欲从中节制，则须急行一两日，以相离七八日为妥，然亦不必太急。纳葛察情愿移至青海之语，如系实心尚属可悯，俟将来令其迁往亦可。此时尚可毋庸晓谕，倘伊复行询问，惟以此非必不可行之事，将来断无不准，答之可耳。将此密谕班第知之。"

（卷 485　73 页）

乾隆二十年（1755 年）三月辛丑

　　署甘肃布政使史奕昂奏："从前军需报销，每迟至数年。承办之员类多更易，查询愈烦，胥吏反得上下其手。此次拟俟大兵齐至军营，即查明随时题销。其有用剩银两或应留备道库、府库，或应提解缴司。现在先为清理，如有必须凯后（旋）后核造者，请以凯旋日起，限一年造报。"得旨："好。"

（卷 485　76 页）

乾隆二十年（1755 年）三月是月

　　协办陕甘总督尚书刘统勋奏："遵旨查出鄂昌诗稿、札稿及书札。臣与鄂昌共事甘省，见其书词闪烁，好为隐饰，意其不过遇事多疑，识见鄙琐。今阅札稿，除发价派属员代买物件等事，罪止不应外，至如闻伊弟鄂容安将有北路之命，遂有奈何之辞。又于史贻直则夤缘纳贿，于黄廷桂则舞弊市恩，实出意料之外。谨签进。"得旨："汝如此不瞻顾直奏，何愁不永受朕恩耶？勉之。"

（卷 485　80 页）

乾隆二十年（1755 年）四月戊申

　　谕曰："藩司为钱粮总汇，库贮银两向成弊薮，历经厘剔，仍未肃清。即如川省拨解陕甘军需银两，乃系经征正项，而鄂昌与黄廷桂书称，解到军需，青潮不足者十分之三，以拨兵饷，虽属不可，若以采买军需各物及运脚等项，尚属无碍，已谕司照数兑收，通融搭用等语。协饷拨从邻省，青潮不足，应责该省抚藩赔补足额，何可委婉通融。在鄂昌第借以市恩，而不知徇私舞弊，已无所辞咎。且青潮银色，既云不可支给兵饷，又以为采买运脚，岂不重累商民。殊不知朕之恐累吾民之念尤切也。且藩库之项，解自州县。州县之款，征自闾阎。征收兑解，稍有不足，岂肯丝毫迁就，以自贻厥累。青潮之色何自而来，此必有巧为舞弊者。况潮色不足，必至短平，弊窦日滋，何所底止。即此而观，外省库项殊不可信。向来伊等畏解部而利于协拨邻省，正恃有彼此通融之说。而经生迂论，至谓库项当存留各省，不当多入太府，此非独不通世务，乃典守者流言惑听，便于蠹蚀营私耳。甘省此案已交刘统勋确查办理，其各省藩库银两亦当彻底清查。著各该督抚秉公盘验，如平色亏缺，即著按数赔补。仍将有无情弊具折奏闻。嗣后再有青潮不足等弊，一经发觉，惟督抚是问。"

（卷486　84页）

又谕曰："史奕昂著来京以京员用。甘肃布政使员缺，著明德调补，速赴新任。史奕昂俟明德到甘交代，再行起程。周琬著补授四川布政使。"

以甘肃安肃道公泰为四川按察使。

（卷486　86页）

乾隆二十年（1755年）四月庚戌

又谕曰："朕前降旨，令永常等将带领前往之兵交额琳沁多尔济统领，永常即回肃州办理各处续到兵丁起程事宜，俟完竣后，再行带兵进发。今萨喇勒等奏称，已行知永常带兵随后继进。著传谕永常，伊若接萨喇勒咨文，业经前进，自无庸中止。倘先接奉令伊回肃之旨，现在驰赴肃州，则不必复带兵进发，仍遵照前旨办理，俟各处兵丁起程后，再为后殿前往。仍转饬额琳沁多尔济督兵继进，以为声援。"

（卷486　87页）

又谕曰："公泰已补授四川按察使，但伊在甘现办军需，著传谕刘统勋，如该司有经理事件未便遽易生手，即奏明留甘办理，俟事竣再赴新任。"

（卷486　88页）

乾隆二十年（1755年）四月辛亥

又谕："从前永常、刘统勋会参凉庄道李肖筠勒属揽捐一案。查鄂昌与刘统勋札稿内有嘱其酌定题本字语，使各县官免即革职，惟大笔超豁等语。刘统勋此事曾否照应，著传旨询问，令其复奏。"寻奏："李肖筠一案，鄂昌在肃时，游移观望，及其起程回省后，督臣永常同臣定稿，将李肖筠包捐情节会参。鄂昌因疑臣等意在苛刻，遂有札托之事。臣等照例办理，已有定议，断不因鄂昌之书，稍为徇庇。"报闻。

（卷486　89页）

乾隆二十年（1755年）四月乙卯

谕军机大臣等："永常奏称：索伦、巴尔虎、哲哩木各处兵丁俱已至肃州。伊接到谕旨，即拟回至肃州。及抵巴里坤，而各处兵丁俱已就道，是以即照萨喇勒等来咨，领兵前赴乌鲁木齐驻扎，以为声援，俟索伦、巴尔虎兵一到，即遣令前往策应。其萨喇勒队内撤出之宁夏、凉州、庄浪等处兵丁，入于末队兵内，候哨探兵信息，如无需用之处，即同绿旗兵一并撤回。永常此次办理尚合机宜。朕前降旨令永常回至肃州，特因永常于任内应办之事，全无筹划，惟务邀功轻进，恐贻笑蒙古人众耳。今接萨喇勒咨，即前赴乌鲁木齐，以为声援。应将驻扎兵丁留心约束，俟萨喇勒有调取之信，再亲身带兵前往。倘因朕此旨，仍复冒昧前进，或一闻萨喇勒得伊犁之信，思欲邀功，轻举妄动，则大不可。永常系将军，俟萨喇勒底定伊犁，身临其地，一同办理，亦体制应尔。彼时大局已定，将应令驻守之兵，即分派驻守，应撤回者，即饬交领队大臣撤回。伊酌量带兵数百名，从容前赴伊犁，商办善后事宜，庶为允协。原不在此时急遽前进，始足表其奋往之忱也。永常可即遵旨办理，毋得冒昧取戾。至萨喇勒等将宁夏、凉州、庄浪等处疲乏兵丁裁汰，显系带队行走之大臣侍卫等，不能善为约束，著永常查明据实参奏，如稍有徇隐，亦难逃朕洞鉴。"

（卷486　92页）

协办陕甘总督尚书刘统勋奏："各处官兵先后进发，所需马驼，前经调肃拣放，除给出口各兵及解赴军营外，尚余驼三千九百余只，马六千七百余匹。查此项马驼原自各营拨补，臣即分给甘肃、安西，令于就近标营加意牧养备拨。"报闻。

（卷486　95页）

乾隆二十年（1755年）四月丙辰

协办陕甘总督尚书刘统勋奏："口外军台马匹有限，专递军报，不敷应差。查肃州镇标摘缺营马，已将备战余马补给。臣因将营马照依勘合拨给，挨塘递换。其换存之马即留前塘应差，所需驼亦于新补营驼内拨给。照二马一驼折算，回肃日照数归营。"得旨："知道了。投降之人接踵，则将来钦差加恩之人必多。应善为料理，俾速至军营，以宣朕惠而安新附也。"

（卷486　96页）

乾隆二十年（1755年）四月丁卯

协办陕甘总督尚书刘统勋奏："前抚臣鄂昌因哈密之粮足敷裹带，奏将余粮于哈密、安西二处分贮。查安西军营较远，需用转运为难。现饬安西道运赴哈密，以期充裕。再此次进剿准夷，大兵所至，投诚接踵。将来遣使抚绥，需用马驼必多。臣现于备战余存马驼内拨马三百匹、驼一百二十只，令安西标兵前往塔尔纳沁地方牧放，遇有差遣，即酌定数目，调赴巴里坤备用。"报闻。

（卷487　106页）

乾隆二十年（1755年）四月是月

协办陕甘总督尚书刘统勋奏："口外递送文报，军台地方辽阔，每站设马二十六匹，应差不敷。现在大兵迅速凯旋，塘驿差多。请于安提、肃镇两标备战余马内，每塘拨给十四匹，即从各营兵内派往照料，酌给口粮。"得旨："好。"

（卷487　112页）

甘肃巡抚陈宏谋奏："近接定西将军永常来文，知准噶尔最重官茶。现大兵进发，投诚甚众，功成后奖赏用茶，较银尤便。臣查五司所贮官茶共一百余万封，西宁存贮三十四万余封，由西宁草地运哈密路亦便捷，番民驼马可雇。请于西宁贮茶内拨二万封，由草地先运哈密。其自哈密如何运至军营，臣日内即往肃州，再与督臣面商筹办。"得旨："知道了，多多益善耳。"

（卷487　113页）

乾隆二十年（1755年）五月己卯

工部议准原任甘肃巡抚鄂昌疏请："凉州府镇番县柳林湖通判移驻甘州府抚彝堡，建给衙署监狱。"从之。

（卷488　119页）

乾隆二十年（1755年）五月己丑

吏部尚书仍管四川总督黄廷桂复奏："上年协拨甘省银，系原任藩司齐格在金川支剩各省协拨项下拨给。臣前接鄂昌来字，有青潮不足等语。彼时齐格已故，即讯之库吏等。据称前项银实系足色，又将司库正杂各项银三百余万逐款盘兑，实无短少低潮。且齐格果有情弊，必将此项留本省应用，何敢拨解他省，致滋口实。但臣接鄂昌来字，既未奏明，又未咨询甘省，罪无可诬。请敕甘省查明实少成色若干，应臣独赔。以为不实心办事者戒。"得旨："览，亦降旨问刘统勋及陈宏谋矣。"

（卷489　130页）

乾隆二十年（1755年）五月辛卯

谕军机大臣等："据班第奏擒获罗布藏丹津，派侍卫台布等解送来京。并据达什敦多布转报，额伯津宰桑所属得木齐诺尔布扎布、巴颜辖将逃人巴朗擒获，同从前擒获之孟克特穆尔一并派员解送前来。罗布藏丹津负恩悖叛，逃往准噶尔，偷生三十余年。今两路大兵直抵伊犁，无路奔逃，并将投降潜逃之巴朗一并擒获，实足以彰国宪而快人心。著班第等令解送之侍卫等沿途悉心防范。仍派乾清门侍卫前往张家口，俟罗布藏丹津等一到，即速解京，候朕择日献俘，明正典刑。其擒获巴朗之诺尔布扎布、巴颜辖奋勉可嘉，应从重加恩，但前此投降人内，并未见有额伯津宰桑及巴颜辖之名，著班第查明，如系新来投降者，即照投降宰桑之例，宣旨授为散秩大臣，并著赏给世袭云骑尉银一百两以示奖励。再副都统达什敦多布有无协力擒拿巴朗，班第等亦即查明奏闻，候朕酌量加恩。"

（卷489　132页）

调甘肃巡抚陈宏谋为湖南巡抚。以工部侍郎吴达善为甘肃巡抚。以河南布政使图勒炳阿为河南巡抚。

（卷489　133页）

乾隆二十年（1755年）五月癸巳

又谕："从前青海郡王索诺木丹津奏请带领游牧预备兵丁前往噶斯驻扎防范，朕已降旨允行。今大兵已至伊犁，抚定准噶尔全部。叛贼罗布藏丹津亦已擒获。噶斯地方毋庸驻兵防守，著传谕副都统德尔素传旨晓谕索诺木丹津，将兵丁即行撤回，并将准噶尔平定之处，通行晓谕众扎萨克知之。"

（卷489　138页）

乾隆二十年（1755年）五月是月

协办陕甘总督尚书刘统勋、甘肃巡抚陈宏谋会奏："甘省口内各塘站旧设正站、腰站、协站，正站安马二十五匹，腰站十六匹，协站十匹。查文报挨站递送，而马数多寡参差，劳逸不均。请将甘省境内俱为正站，每站照腰站例安马十六匹。此内除原设腰站之处毋庸变更外，应将原安之七正站马二十五匹内各减去九匹，共减马六十三匹。于原安之七协站马十匹外，各添马六匹，共添马四十二匹，尚余马二十一匹。查嘉峪关向无驿站，即拨彼处应差。"报闻。

刘统勋又奏："投诚台吉噶勒丹多尔济遣使布图库等进京，携带皮货，欲行售卖。伊等系进京请安之人，未便以交易为事，但未谙体制，不便过绳。应将货物暂贮肃州，俟还日再酌量代为变价。"得旨："总不必官办，回日令其自行持向商人交易。若以语言不通，可令为之传语照看而已。"

陈宏谋又奏："臣于四月自西安起行，由凉甘赴肃。沿途查勘塘驿马匹，塘马俱极膘壮，惟驿马不免疲瘦。臣饬有驿各官上紧喂养，即出嘉峪关，前抵安西。巡历所属五卫地方，麦禾丰收有望，其各处草滩湖荡，于官民驼马牧放亦便。至桥湾一带，每塘安马四十匹，虽道里远近不均，然轮替应差，可以迅速。"得旨："览奏俱悉。今已用汝为湖南巡抚矣，所有应办事宜，据汝所见，告之刘统勋及吴达善。"

（卷489　147页）

乾隆二十年（1755年）六月丁未

户部等部议奏陕甘协督尚书刘统勋奏称："川省协甘军需银，查验委有青潮，折算共短银二千一百一十八两，应如该督所奏，于前任四川藩司齐格家属名下追缴，并先于督抚藩司名下按股分赔。其前署藩司史奕昂照徇隐不报例革职，黄廷桂照应奏不奏例降三级调用，永常、刘统勋照徇例降二级调用。"得旨："依议，史奕昂著革职，黄廷桂著降三级，刘统勋著销去加一级，仍降一级，俱从宽留任，永常著销去军功加一级，免其降调。"

（卷490　154页）

乾隆二十年（1755年）六月癸丑

又谕曰："开泰著调补四川总督，即赴新任。大学士黄廷桂著调任陕甘总督，将川督应办事务交明开泰，即赴肃州。刘统勋将现办事务一一交明，回京供职。湖广总督印务著硕色前往署理。云南总督印务著爱必达署理。云南巡抚印务著郭一裕署理。山东巡抚印务著白钟山兼署。"

（卷490　164页）

乾隆二十年（1755年）六月甲寅

青海扎萨克辅国公贡格故，以子纳罕塔尔巴袭爵。喀尔喀三等男扎木苏故，以兄端多克袭爵。

乾隆二十年（1755年）六月己未

谕军机大臣等："永常议奏撤回兵丁折内，称哲哩木兵丁及各处兵丁编作行队，至嘉峪关、肃州分队遣回。又称哲哩木兵丁若自乌鲁木齐赴博罗塔拉，由阿尔台一路遣回，稍觉纡回。不若令其回至巴里坤，由北路顺便遣回等语。永常此奏，前后矛盾，殊不可解。哲哩木兵丁回至巴里坤时，即由近日车凌等所走阿济必济等处遣回游牧，甚觉便捷。著永常即照此办理。但伊折内既称至嘉峪关、肃州分队遣回，又云至巴里坤由北路遣回，究竟作何行走，著永常即速奏闻。再绿旗兵丁不必存留，莽阿纳带往健锐营满洲兵一千名令驻扎巴里坤。朕已降旨，即遵照前旨行。其哨探队内兵丁，俟萨喇勒办理外，所有别项兵丁著照伊所奏，俟萨喇勒等移咨撤兵时，即行办理。"

乾隆二十年（1755年）六月壬戌

谕军机大臣等："罗布藏丹津背恩叛逃，理应从重治罪，但伊入准噶尔年久，又率伊二子迎接大兵，随同前进。朕特施恩，将罗布藏丹津父子免其死罪。罗布藏丹津著留京，赏给房屋一所居住，不许擅出。伊二子著入正黄旗蒙古旗，分授为蓝翎侍卫，在司辔上行走。并著班第等，查明罗布藏丹津家属及所属二十户不必迁移，仍令在原处居住。罗布藏丹津二子于此处另行赏给妻室。"

乾隆二十年（1755年）六月甲子

谕："此番凯旋兵丁，除索伦、哲哩木等兵由口外游牧行走，其由西路行走之京兵一千名，现议令驻扎巴里坤军营所有经由之甘、陕、河南、直隶等省台站军马，均可不必筹办。"

乾隆二十年（1755年）七月庚辰

军机大臣议复定北将军班第奏准噶尔善后事宜："一、四卫拉特分封汗应兼管盟长。户口按籍编次，游牧各按原处。查盟长职非世袭，应请拣放。余应所奏。一、叶尔羌喀什噶尔等部辽远，应酌减贡赋。吐鲁番头目之子满苏尔投诚，其属人应否令其统辖。向住瓜州公额敏和卓愿迁鲁克察克地方。查回部贡赋应核旧册办理，满苏尔属人现系何人管辖，额敏和卓迁移是否妥协，应查奏定议。一、汗哈屯等乌梁海，俟收服后，交青滚杂卜办理，无庸减其贡赋。应如所奏。一、扎哈沁、包沁人众应俱迁阿尔台等处。小策零敦多布之子达什达瓦为喇嘛达尔扎所杀，部众分散，今俱归降。闻伊有子图鲁巴图逃入回部，如访得即令统旧众。查扎哈沁、包沁之人，应如所奏迁移。达什达瓦之子图鲁巴图访得与否均未可定。请将达什达瓦部众，择人心推服之宰桑统领。一、伊犁至哈密，巴里坤至乌里雅苏台俱设台站。乌梁海呈报伊犁事件，从相近之卡接递，由伊犁至回部，沿途蒙古供应，无庸设台站。应如所奏。一、乌鲁木齐鲁克察克毋庸驻内地兵。今议将瓜州回众迁鲁克察克即可，派京城蒙古兵移往瓜州。裁安西绿旗营兵。查现因酌议驻兵事宜，令黄廷桂来京，俟到时公议具奏。一、喀尔喀与厄鲁特旧为仇敌，若将喀尔喀游牧展至阿尔台，与厄鲁特相近，不无窃盗争斗。即喀尔喀亦不愿离故土。其鄂尔坤、塔密尔、推河等处无庸驻兵安台。应如所奏。一、四卫拉特所属赋税，给伊等收管。噶尔丹策零分内赋税俱行交官。查噶尔丹策零分内赋税原与伊等无涉，应令查明实数，如何收取支用，另议具奏。"从之。

（卷492　　187页）

乾隆二十年（1755年）七月辛巳

又谕："前有旨令刘统勋于黄廷桂到任之后，回京供职。今黄廷桂川省任内，现有应办之事，不能即赴陕甘，而甘省政务边防，一切关系紧要，如现议改驻满兵处所，尤当相度情形，通盘筹划。刘统勋即应亲身前往，会同策楞查勘，并与班第咨商，至将来瓜州回民仍回吐鲁番原住游牧处。于该协督所请，改设满兵之外，另设驻防满洲兵二千名，则哈密城堡等处或即于瓜州满兵内，分拨防守，其绿旗官兵又可酌量裁减至贸易处。如何派兵照料，该协督均当亲履其地，悉心酌议具奏。刘统勋系军机大臣，此等事宜伊即回京亦分所应办。将此传谕该协督，令其详悉熟筹，务期允协。"

军机大臣议复定北将军班第奏："遵查蒙古地方向例遇有差务，供应马驼。但数年准噶尔骚乱，各游牧生计艰窘，所有令伊等照喀尔喀供应之处，请缓一二年办理。此时遇紧差，需派无多，仍照旧派遣。其钦差官员多需马驼者，照西宁之例，地方官承办。应如所议。"从之。

（卷492　189页）

乾隆二十年（1755年）七月戊子

军机大臣等议复协办陕甘总督尚书刘统勋奏称："哈密贮粮充裕，巴里坤驻兵口粮按季赴哈密关领，应如所议。至现议瓜州驻兵屯田供食或有不敷，即于哈密拨济，应并筹办。"从之。

（卷493　193页）

乾隆二十年（1755年）七月壬辰

协办陕甘总督尚书刘统勋奏："上年河西各属承喂马驼料豆，军需初动，市价腾贵，应设法平粜，是以奏请拨运河东仓豆三十万石备用。今军务全竣，无应喂马驼，河西丰稔，豆价渐平，所有河东未运豆十七万石，毋庸转运。"得旨："好。"

（卷493　194页）

乾隆二十年（1755年）七月丙申

建甘肃归德守御所千总衙署，从巡抚陈宏谋请也。

（卷493　197页）

乾隆二十年（1755年）八月丁未

谕军机大臣等："据陈宏谋奏，甘省茶务项下历年积欠官茶二十八万六千余封，欠改折银一十六万七千余两，又欠官礼捐项等银九万三千余两，共欠银茶约五十余万等语。此项欠课历年既久，恐其中不无侵蚀隐射情弊。著传谕刘统勋、吴达善等将该省积欠官茶及各项公费，逐年详细查核。实在商欠几何，其中有无官商侵隐及该欠户实系贫乏无力，难以清完，并人亡产绝，无可催追者，逐细清查，分年列款，详晰奏闻。毋得因有此旨，或任属员混开滋弊。"

（卷494　204页）

乾隆二十年（1755年）八月庚戌

军机大臣等议复前任甘肃巡抚陈宏谋奏筹办安西等处事宜："一、据称准噶尔需用内地货物甚多，向来贸易三年一次。今既内附，自须推广，或一年一次，一年两次，不必官为经理，亦不必令进关抵肃。于哈密以东之布隆吉地方招集商贾同通事评定物价，于嘉峪关盘验稽查，量定税则抽税。其牛羊听客商交易，惟马匹归官，将茶易换，以充营伍之用。就年来贸易马价斟酌定数等语。查准噶尔需用货物，自应量为流通。现经奉旨，西路贸易，定于巴里坤地方，驻兵弹压。一切事宜令协督刘统勋前往筹办。至马匹归官，以茶易换，亦属筹办之法。应将所奏交该协督酌量情形，详议具奏。一、据称关外赤金、靖逆、柳沟、安西、沙州五卫，每卫设守备、千总各一员，又安西同知一员，管辖安西、柳沟、沙州三卫。靖逆通判一员，管辖赤金、靖逆二卫。每卫所管屯民不过六七百户。沙州一卫较多。至塘汛卡座各有弁兵。卫备、千总无所事事，莫如裁去卫备、千总，将五卫归厅专管，令通判驻扎赤金，同知移驻柳沟。惟沙州一卫偏在西南，远难兼顾，添设沙州同知一员，与副将同城，方为合宜。再哈密向于陕甘二省派府佐一员，专管屯田民事。派州县佐贰一员，收支兵粮。五年更换，究非所宜。不如设同知一员，常驻哈密，责成更专。以上四厅皆应设巡检一员等语。查安西等处地方辽阔，裁汰、归并、添设、移建事属更改旧制，是否必应如此办理，当确按情形，筹酌妥协。应请交该协督一面详查确拟，俟总督黄廷桂抵任，公同酌议具奏。至所奏瓜州回民宜迁归旧地之处，现刘统勋亲往巴里坤查勘，俟奏到再议。"从之。

（卷494　206页）

乾隆二十年（1755年）八月甲寅

又谕："前因西、北两路征兵，现合一处。西路道里至京较北路为近，一切军营奏报事件，应俱由巴里坤一路驰达。曾经传谕沿途各督抚，令其严饬各地方台站官弁，务宜按刻速递。如仍前迟玩，惟督抚等是问。乃将军班第此次奏折，自七月二十二日封发，直至八月十三日始到。较之从前更迟三四日，此皆地方官员怠玩成习所致。著传谕沿途各该督抚，按站挨查，于何处迟误缘由，明白据实回奏。"寻甘肃巡抚吴达善奏："甘省自西境至东境，逐站挨查，并未接递定北将军七月二十二日奏折。惟七月二十五日以后，自伊犁所发奏折，历经到部驰递。自系彼时仍由北路驰递，直至二十五日始并为一路。"报闻。

（卷494　209页）

乾隆二十年（1755年）八月是月

协办陕甘总督尚书刘统勋奏："军机大臣议复调任巡抚陈宏谋奏筹办安西等处事宜一折，行知到臣。查贸易处所，既定在巴里坤，该抚所奏布隆吉地方一年一次、两次之处，应毋庸议。其所称商货出关盘查，自属应行事宜。嘉峪关现有游击一员，应行知照例办理。至所称量定税则，现在商民未齐，俟试行一二年，商货果有利息，再定则抽收。马匹归官拨营于事有益。应于哈密贮茶，俟贸易马到，照近价定数易换。令各营交价领马。又瓜州回民仍归旧处，甚为合宜。臣前往查勘，田土平衍，可容千余人。屯田约可下种九千石。其应如何迁移之处，再行具奏。至所请将赤金等五卫分驻同知、通判，添设巡检四员。臣现行安西道，就该管地方情形，如何合宜，备细详复，俟督臣黄廷桂到任后，公同酌议。具奏请旨。"报闻。

（卷495　223页）

乾隆二十年（1755年）九月辛巳

谕军机大臣等："刘统勋现往巴里坤，所办驻兵之事尚可稍缓。现在阿睦尔撒纳尚未擒获，大兵须由西路前进，马驼最关紧要。著传谕该督，令其回至肃州，密速筹办。即将现存营马加意喂养，约计足供五六千人乘骑之用。如有不敷，即随便购买，其价不必拘泥成例，但期筹划无误，听候今冬调遣，并将办理情形速行陈奏。"

（卷496　235页）

乾隆二十年（1755年）九月乙酉

谕军机大臣等："前经屡谕刘统勋回至肃州办理马驼，计已奉到。今据奏现有兵丁三千四百名，拟以一千四百名防守巴里坤，二千名听候调遣等语。巴里坤无须多兵防守，已传谕策楞，约存兵四五百名，余俱令其前进，其马匹仅二千六百有余，亟应筹划。务宜悉心办理，俾马力充裕，足应疾驱，方为妥协。"

（卷496　240页）

乾隆二十年（1755年）九月戊子

谕军机大臣等："前因阿睦尔撒纳逃窜，西路仍须进兵。传谕刘统勋速回肃州筹备马匹，约敷五六千兵乘骑，务于冬至前齐备，以供进剿之用。但刘统勋现驻巴里坤，计其奉到此旨，回肃办理，尚须旬日。著并传谕吴达善，令其就近速为筹备，或调营马，或用购买，不拘何项，惟期膘壮充裕，足敷应用。如须购买，则其价值亦不必以成例为限，办得若干，一面报知该协督，即于甘肃一带，分槽上紧喂养，听候军营调遣。若购得膘壮之马，即先行解送军营更善，著速行传谕知之。"

（卷497　242页）

乾隆二十年（1755年）九月庚寅

谕军机大臣等："吴达善奏，刘统勋准永常来札，檄调甘肃绿营官兵援剿，所办甚属错谬。阿睦尔撒纳系闻军营大臣参奏，畏罪潜逃，岂能遽犯巴里坤，致为边患。试思从前噶尔丹策零时，尚不能轻犯边境，况阿睦尔撒纳素为众恶，又复负恩逃窜，人人恨其反复。即伊兄弟妻子亦尽离心，以一穷蹙亡命，何能飞度巴里坤、哈密，而须尽征内地绿旗兵于数千里外为拒守计耶？且现据北路官兵，将附和逆贼之包沁首恶就缚，党羽歼除，军威已振。西路兵力不为不敷，与其调兵，何若勤办马驼口粮，应现兵之用。刘统勋尚为稍知事体者，何一接永常来信，竟不详加审度，惶遽若此。定西将军已著扎拉丰阿补授，著速传谕刘统勋，令其就军营现有官兵料理马驼口粮，即日前进。如回肃办理尚需时日，并传谕吴达善令其就近速为筹备，或调营马，或另行购买，其价值不拘成例。一面报知该协督，即于甘肃一带分槽喂养，听候调遣。若购得膘壮之马，即先行解送军营。"

（卷497　245页）

乾隆二十年（1755年）九月乙未

又谕："据署提督冶大雄奏，刘统勋、策楞檄调安西官兵援剿，复行撤回等语。刘统勋等从前之张皇失措，于此益见。阿睦尔撒纳从北路窜逸，岂有飞越西路为患之理。该协督等听信永常惬怯之词，辄远从内地调兵援剿，不思兵行全资马力。今忽而征发，忽而撤回，不惟惊惑视听，使甘肃内地一带妄生疑议。即以马力而论，亦何堪此往来纷扰耶？总之此事皆由永常懦怯，但思退守哈密，以为自卫之计，又不欲出诸己口，故尔张大其词。而刘统勋等遂为喋喋陈奏耳。策楞前获罪戾，未经正法，今复弃瑕任用，伊应感激报效，何竟遇事毫无所见若此。刘统勋虽未娴军旅，然于军机重务，亦宜审察确实。初不意其茫无定识至斯也。著传谕刘统勋、策楞，令将永常如何用言耸动伊等，伊等如何遽然听信之处，据实奏闻，不得稍涉粉饰。"

又谕曰："冶大雄奏报，准刘统勋、策楞檄调绿营官兵援剿一事，前经吴达善奏到，已经降旨刘统勋，令其停止矣。阿睦尔撒纳畏罪逃窜，西路诸部并无被其煽惑之事，皆由永常怯懦退缩，以至于此。军营原有现兵尽敷追捕，何必由内地纷纷征调。且此所派官兵必资马力，与其现筹马匹供此无用之兵，何如以此马速解军营，使现有之满洲、索伦等兵得以及早进发。从前萨拉勒进兵时所带不过数千，今以一逸贼逋窜，乃欲集兵万人，为婴城自卫计耶？看来安西官兵此时业已闻调前赴，不必停止。目今时值天寒，官兵赏项著照例给与一半。其安西续派候调之二千及肃州兵二千，著遵前旨，停其派往。其军营现有各兵，亦著加恩给与赏项一半。所需马驼口粮务期作速办齐，即日进发。再永常此番举动，摇惑军情不小，可一并传谕刘统勋等，速将此旨遍行晓谕军营大小官弁知之。"

（卷 497　249 页）

乾隆二十年（1755 年）九月丙申

谕曰："刘统勋奏西路实在情形一折，乖谬已极。现今伊犁平定之后，阿睦尔撒纳背恩叛窜。阿巴噶斯、哈丹弟兄不过一鄂拓克之宰桑，为所煽诱，抢夺台站。业克明安宰桑扎木参等率众求请于附近军营居住，而永常妄生疑惧，遂退回巴里坤。今噶勒藏多尔济之子诺尔布琳沁即带兵千余杀退阿巴噶斯兵众，则西路全势并无丝毫变动。若使永常仍驻穆垒，率来归之众令为前驱，奋往直前，早通伊犁声息。而追寻阿睦尔撒纳逋逃踪迹，西陲当已安帖无事矣。乃永常恇怯于前，刘统勋附和于后，实出情理之外。军营所恃全在领兵大臣，今一将军、一总督无端自相恐怖，众心其何所恃耶？刘统勋奏内所云，诺尔布琳沁等来告之说，俱未可深信。夫诺尔布琳沁为守护游牧，始则恳求内移，继则率众剿贼。现将阿巴噶斯之得木齐班咱擒送来营，情形若此，尚何不可信之有。又云，内外之界不可不分。试思各部自归诚以来，悉已隶我版图，伊犁皆我界，尚何内外之可分。今西路诸台吉、宰桑皆知遣人来告军营，求以兵力壮其声势。其自效之意显然可见。而永常、刘统勋乃望风疑畏，甚欲全调陕甘满汉标营马匹，且以向年巴里坤孤悬塞外，马驼被劫为词。夫雍正年间，准噶尔以其全力鸱张鼠窃。视今日之一举荡平，诸部归诚，相去天壤，三尺童子莫不知之。刘统勋作此种种乖谬之语，贻误军事。且班第等在伊犁，系办理军务大臣。刘统勋并不与永常亟谋安接台站，竟奏请退回哈密，而置班第等于不问。伊身为总督，现在巴里坤，一切军营应办事宜，何莫非其专责。即如军营马匹，现俱乏弱，纵撤回之马，不无疲瘦。而所有一切马匹，何以不预饬豢养膘壮。刘统勋所司何事，糜费钱粮，不能适用，其罪尤无可逭。昨据冶大雄奏到，伊将安西官兵忽而调遣，忽而停止，马力岂不更加疲乏。永常已降旨革职，拿解来京。刘统勋如此乖张，贻误军旅重务，若以其系汉人为之宽恕，而不治以应得之罪，则是朕歧视满汉，且将复何以用人，何以集事耶？刘统勋著革职，拿解来京治罪。伊子刘墉亦著革职，拿交刑部。永常子额勒登额著革职，在军营效力。永常、刘统勋在京诸子并著拿交刑部。所有各本旗籍及任所资财，并著查出，为偿补军需马匹之用。"

（卷497　250页）

乾隆二十年（1755年）十月壬寅

又谕："前据冶大雄奏，准刘统勋、策楞等札调安西标兵二千名，又续调各营兵二千名。随降旨将续调官兵停其派往，其安西安兵业已进发，不必停止。嗣经冶大雄复奏，续据刘统勋等密札，停止调遣。因将先进官兵调取回营等语。今复据永常等奏请派安西官兵一千名前赴军营。看来伊等忽调忽停，茫无定见。徒使官兵往返，马力疲乏。现在巴里坤有兵五千余名，足敷调遣，著传谕冶大雄，此时永常等所调官兵若已前往，即赴巴里坤军营驻扎，如尚未起程，即无庸派往。"

（卷498　261页）

乾隆二十年（1755年）十月丁未

军机大臣等议复革任协办陕甘总督尚书刘统勋奏："先后解到军营马匹足供七千兵，恐有疲乏，仍将陕甘存马挑解。军营存驼计四千余只，再购调拨。粮饷应募殷商分别程途，给值转运，俱交吴达善办理。又请于兰州司库拨银二十万两，分贮甘肃、安西道库。均应如所请。"从之。

（卷498　264页）

乾隆二十年（1755年）十月丙辰

军机大臣等议复原任协办陕甘总督尚书刘统勋奏派甘肃兵驻防巴里坤一折："查前奉谕旨，令豆斌带领绿旗兵二三千名防守，嗣经传谕冶大雄，将所调安西兵二千名停止。巴里坤防兵稍弱，请将原派安西兵仍拨一千名，给与车价，前往驻防。"从之。

（卷499　273页）

乾隆二十年（1755年）十月辛酉

谕军机大臣等："策楞奏称据达什达瓦属人索诺木从伊犁脱出，告知将军班第等陷贼之信。现在达什达瓦之妻率其游牧前来等语。此信属实，必须会合兵力大为办理。昨降旨令达勒当阿等同噶勒藏多尔济带兵前往西路，会同进剿。伊等谅已前进。今闻阿巴噶斯、哈丹等兵败后潜匿山中，策楞即带兵与诺尔布琳沁相见。若其力可用，即会兵速进。如少觉单弱，则据守要害之地，俟达勒当阿等到日，整饬兵力，严行剿捕。已谕总督方观承等催趱马驼，解赴军营应用，将来自必陆续得信。策楞惟相机乘势，勿少退诿，亦勿致冒昧前进，方为妥协。但此系索诺木一人之言，达什达瓦之妻及军营侍卫满楚等尚未抵营，或系逆贼造言惑听，亦未可定，策楞尤宜加意侦探。达什达瓦家口若至军营，即令在巴里坤居住，令和起照管，其派出达什达瓦兵丁随营进剿。存留宁夏、庄浪兵丁驻防各事宜，俱照所奏行。派出兵丁，照现在进兵例，赏给整装银两外，仍每名赏银三两。并派散秩大臣阿雅勒虎拣选可用宰桑数员，在军营效力行走。至索诺木所称八月内敦多克曼集、巴朗图布慎会同喇嘛、回人等作乱。班第、鄂容安被陷，而萨喇勒带兵百人，为乌鲁特宰桑纳亲哈什哈之子锡克锡尔格所困。又伊犁之喇嘛等，传书达什达瓦游牧，阻其迁移各情节，俱属可恶。策楞等进剿时，务将此项贼人临阵斩获，或擒拿解京治罪，勿使漏网。看来助恶者亦不过数人，未必全行煽乱，著派侍卫满楚及陆续投来人内，令其前赴伊犁，晓谕众厄鲁特，宽其胁从，劝以反正，有能擒贼自效者必格外加恩。倘阿睦尔撒纳已在伊犁，即不必宣示。惟整兵进剿，速行擒捕，以昭国法。现在既有此信，则从前发回班第等奏匣及节次谕旨，不必久候。著扎拉丰阿、策楞即行阅看，相其缓急，次第办理。策楞此次办事，颇知奋勉，著加恩授为参赞大臣，给与副都统职衔。扎拉丰阿未到时，仍署理将军事务，并著传谕扎拉丰阿知之。"

（卷499　282页）

又谕："西路大兵现议进剿阿睦尔撒纳。军行马匹最要，已节次传谕该督抚等，速为购买。虽据吴达善奏派甘省营马二万匹，但不妨宽裕筹办。若拘泥原数，恐临期转不敷用。著再传谕方观承等，速于西安等处凡有产马地方，多为购买，分起解巴里坤军营。其有膘分稍次及此次拣剩收槽马匹，均须作速喂养，务令壮健，以收实用。至粮饷茶斤亦须宽裕筹备，酌量驼装车运，陆续解送巴里坤，听候拨用。"

又谕："现在大兵进剿阿睦尔撒纳，需用马驼。去年虽在青海采买，为数无多，著传谕西宁副都统德尔素，速往青海扎萨克游牧会同郡王索诺木丹津盟长等，于各旗酌量采买。即派伊等所属官兵酌量由青海至巴里坤程途，赏给路费，护送前往交与西路军营，听候调拨。其需用价银即向西宁地方官支给，务期多方购买，速为驰送，毋得因循推诿。"

（卷499　284页）

乾隆二十年（1755年）十月甲子

大学士管陕甘总督黄廷桂奏："臣于途次，据布政使武忱禀称，刘统勋行文调取营马，并令各州县采买马驼。臣思陕甘驿站额马颇多，除沿边冲驿外，其余各驿十调其五六，可得马千数百匹，较采购更速。已咨抚臣台柱吴达善选解。臣现加站赴京。"得旨："甚属可嘉，此方系实心为国之大臣所为也。"

（卷499　287页）

乾隆二十年（1755年）十月乙丑

军机大臣等议复署陕西巡抚台柱奏称："陕西督抚二标应解马一千八百六十六匹，仅挑出堪用马七百余匹，已向将军都赍商借解送。又称各属采买骡多马少等语。查前据刘统勋奏，调陕省各标马七千匹，今督抚两标止挑马七百余匹，应行文将军，于满营照数拨解。骡头一项，前议停止购买，今既购办，应于抽拨驿马之冲途边口台站，分拨协济。又甘肃巡抚吴达善奏称，军营现存驼只及甘省购买解送者共三千五百七十余只，恐仍需用，已行文军营，酌定数目移知等语。查本月议复刘统勋奏，于陕甘两省购买驼只备用。今大兵进剿所需正多，应于军营移知实数外仍多备。至派调出关马匹，膘分不及者，即以拨补安西各营摘缺额数。应如所请。"从之。

（卷499　289页）

乾隆二十年（1755年）十月己巳

谕军机大臣等："驻扎巴里坤宁夏将军和起奏，安西及内地拨解马匹均未送到，俟到日即将索伦兵料理进发等语。此次进剿兵丁，利在迅速。策楞已带兵前进，后继尤不可稍迟。看来管解马匹虽派有将领，仍须大员专司催督。署总督方观承此时谅已抵肃，著传谕令其驻肃料理马驼粮饷事务。甘肃巡抚吴达善著来往稽查，专司催送马驼，速抵军营。固不可稍有迟延，亦不得因有此旨，将马匹过于疲顿，有误军行。"

（卷499　291页）

乾隆二十年（1755年）十一月辛未

军机大臣等议奏："前据刘统勋奏，调甘省营马二万匹，陕省七千匹。又据大学士陕甘总督黄廷桂奏，于陕甘驿马内挑拨，可得马一千数百匹等语。查各项派调马原于陕甘各营驿约略定数。其可调之马，数目本难均齐。应请行令署督方观承、巡抚吴达善，不必拘原派数目，但就各营驿现存堪用马，并行知西安、宁夏、凉州将军所有满营马，一体尽数拨解。再山陕接壤，并请行令该抚恒文于各营驿马，亦尽数摘拨，解赴甘省备用。"从之。

（卷500　295页）

乾隆二十年（1755年）十一月庚辰

谕："军营文报，关系紧要，须特派大员督率稽查，方无玩误。直隶著派永宁，山西著派富尼汉，陕西著派武忱，甘肃著派明德。各于所辖境地，沿途往来督察，如有稽延，惟伊等是问。"

（卷500　304页）

又谕："现在调拨陕、甘、山西各镇、协、标营马匹，陆续解赴军营。所有营伍驿站原设额马关系紧要，未便日久悬缺，自应及时设法购补足数。近据方观承等奏称，各营摘缺之马速为购补，其已补若干，未经奏明。著传谕该督、抚、将军、提、镇等将所属营驿，先后摘缺马匹，已经陆续购补若干，即速查明。自行具奏，嗣后并著每月奏闻一次。"

（卷500　305页）

乾隆二十年（1755年）十一月甲申

军机大臣等议复署安西提督冶大雄奏称："遵旨调派安西兵驻防巴里坤，应否照哈密防兵例，酌给行装等语。查九月内，冶大雄奏报调派绿营官兵续经停止。现在防兵奉旨即于原派安西兵内酌拨，由安西至巴里坤路近，且系暂防，非哈密驻防三年更换可比，应减半给与。"从之。

（卷500　308页）

乾隆二十年（1755年）十一月丙辰

谕军机大臣等："王守坤现因迟误军粮，交和起等质讯。永贵在北路军营办理粮饷尚属黾勉，著加恩赏给按察使衔，署理临洮道，速往巴里坤办理粮饷。其乌里雅苏台粮运事务，著苏章阿、温福办理。"

署陕甘总督方观承奏："临洮道王守坤已经参革，其印信令帮办粮务之凉州府知府图桑阿护理。哈密粮务现令安西道文绶协同办理。巴里坤粮务请令安西粮道成德前往专办。"得旨："好，多多益善也。"

（卷501　310页）

乾隆二十年（1755年）十一月丁亥

谕："现在西路军营粮饷马驼需员经理，除该督抚等现经委派各员外，著再派潼商道萨瀚、凉庄道来朝，前赴肃州及安西、哈密等处，听候该督等差委分办。至巴里坤军营委用将弁亦尚需人，著派副将满禄、际泰、参将青海、迈思汉、游击堆齐、富明阿前赴巴里坤，听候和起、豆斌等委办军务。"

（卷501　310页）

乾隆二十年（1755年）十一月辛卯

又谕："据扎拉丰阿奏称，甘州、肃州送到马匹内膘瘦不堪乘骑，仍行解回者甚多。现在所收马匹，膘亦不过四分等语。此项送往马匹，俱系各营喂养备用，何至疲瘦若此之多。即堪用者亦不能肥壮。甘州、肃州离巴里坤甚近，现已若此，路远更何以堪。策楞领兵前进，为时已久，续进官兵刻不容缓。乃马匹竟不能应用，此皆各营平日不尽心喂养及解送人员怠忽所致。著方观承、吴达善严查参奏外，仍将此项解回马匹照数选择补送。其续解各处马匹，亦著作速送赴巴里坤应用，毋得少有迟误。再解回马匹，若回至各原处必多倒毙，或于安西等处地方就近喂养。并著方观承酌量办理。"

（卷501　313页）

乾隆二十年（1755年）十一月壬辰

谕曰："吴达善参奏，据安西同知佟禄揭报安西卫千总于铨，经支马莲井站草束，运送迟延，不敷供应。柳沟卫守备江永清，经支东长流水站草束，不能预先筹备裹带，贻误供支。请将该二员革职审究。同知佟禄一并附参，交部察议等语。军行粮草关系紧要，非寻常迟误可比。江永清、于铨即应革职拿问，佟禄有统辖督催之责，仅予察议，未足蔽辜，应交部严加议处。该抚所请，殊不知事理重轻，且该抚专司往来催趱，乃一任员弁等稽迟贻误，伊所司何事，何得仅以查参塞责。吴达善著一并交部严加察议。"

（卷501　313页）

乾隆二十年（1755年）十一月癸巳

以陕西延绥镇总兵傅魁、甘肃凉州镇总兵张接天对调。

（卷501　314页）

乾隆二十年（1755年）十一月丙申

谕："据方观承参奏游击钟世俊、守备色尔敏接收军营换留马一千九百七十匹，沿途并不加意牧放，以至倒毙一千八百四十余匹，怠忽已极等语。钟世俊、色尔敏均著革职拿问治罪。至所称军营换回马匹，前据冶大雄、刘统勋等奏明四千有零，何以该弁等所领仅止一千九百余匹，是冶大雄等并未查明实数，冒昧具奏，并著交部严察议奏。"

又谕曰："方观承参奏游击钟世俊折内，据钟世俊供称此项马匹，系索伦、察哈尔等兵丁自伊犁骑回，又经进接永常，骑往克什图，往返疲乏等语。该弁等收领马匹，如果不尽心牧放，以致倒毙如此之多，自属罪无可逭。若实系回自伊犁，又复骑往克什图，劳伤已极，与有意怠忽者有间。且其咎在责令收领之人，而该弁等承委办理，势非由己，情尚可原。著方观承等将实在情由查核具奏，候朕酌量降旨。"

（卷501　316页）

乾隆二十年（1755年）十一月丁酉

又谕："据策楞奏，咨催和起、豆斌等，将应补给兵丁马匹及甘州、肃州续到马匹，即速解赴军营。现在尚未解到等语。策楞带兵进发，全恃马力。和起、豆斌理应上紧办理。凡解到巴里坤马匹，自宜随到随解，俾策楞等不至有误军行。今屡次咨催，尚未解送。和起等不过以策楞系得罪之人，即不遵照调遣，无甚关系。策楞现办理将军事务，伊等何得不遵照办理，有意延缓。著和起、豆斌明白回奏。"

（卷501　317页）

乾隆二十年（1755年）十一月戊戌

军机大臣等奏："现在西路进兵，马应多备。查绥远城右卫满洲官员兵丁实挖马共七千八百余匹，请选马数千匹解送宁夏等处，暂补营马缺额，收槽喂养，再由彼处解往肃州。途中不致疲乏，就近亦可调遣。其绥远城右卫应补马，即将郝善、哈宁阿带领撤回兵马一千七百匹充补，余令采买足额。"从之。

（卷501　318页）

乾隆二十年（1755年）十二月庚子

谕："据方观承奏，解到肃州挑存膘欠马匹，及拨补肃州镇缺额马匹，急须饲喂充用。惟所支草豆折价，现不敷采买。请按马借银三两，分季扣还等语。此项喂养马匹，系筹备军需之用，折价既属不敷。著即加恩赏给，不必扣还。但或因此而承喂之员，转思从中侵蚀，贻误军需，情罪尤不可恕。

著黄廷桂于到肃之日，留心查核，如有前弊，即严参治罪。"

（卷502　322页）

乾隆二十年（1755年）十二月丁未

　　裁定各省驿丞员缺。兵部等部议复前经两江总督鄂容安奏准："将驿站钱粮改归州县经管，臣等议令各督抚妥酌裁汰。分别附郭远近，或量移佐杂驻守照管。今据各省陆续奏到，裁者：直隶三，江苏十七，又大使二，安徽二十，江西一，浙江九，福建十五，湖北四，湖南六，山西四，陕西二，甘肃二十八，四川一，广东三，云南六，贵州三，共一百二十四员。内江苏之龙潭、界首、古城、钟吾、赵村、泗亭、桃山、利国八驿，各设巡检一，仍驻该地方管理。安徽之池河、固镇、大柳三驿，以各该地方巡检兼管。江西攸镇驿以桂源司巡检移驻。湖北丽阳驿以仙居镇巡检移驻。湖南归义驿以新市司巡检移驻。云溪驿以桃林司巡检移驻。排山驿以归阳市巡检移驻。界亭、罗旧二驿以各该县县丞移驻。西安长宁驿以陇州州同移驻。东河驿以宝鸡县县丞移驻。甘肃靖边、大河二驿归凉州理事同知经管。苦水、红城二驿归庄浪同知经管。平城、松山二驿归理事通判经管。四川神宣驿以灌县白沙河巡检移驻。云南板桥驿以昆明县县丞移驻。白水驿以赵州白岸巡检改为南宁县白水巡检移驻。易隆驿以石屏州宝秀司巡检改为寻甸州易古巡检移驻。炎方驿以临安府司狱改为沾益州炎松巡检移驻。余均归州县管理。惟山东兰山县原管徐公店驿改归青驼寺巡检。甘肃中卫县原管长流水、三塘水二驿改归西路同知，因该县事烦难兼，应如所请。议留者：直隶十二，江西四，浙江六，湖北八，湖南十四，河南八，山西九，陕西九，四川三，贵州二，共七十五员。内陕西草凉、三垒、松林、武关、马道、青桥、黄沙、大安、黄坝、贵州杨老、亦资孔十一驿丞，准兼巡检衔。惟江西南浦、横浦二驿，浙江西水、吴山、浙江、西兴四驿，附省府，有佐杂可兼，应并裁，或归州县及佐杂管理。另报到议。再直隶之和合，湖南之长安，原奏遗漏，应补查。又江苏龙潭驿向设旱夫二十名，不敷差应。龙江关递运所二大使既裁，应将龙江关额夫八十拨给二十名，余六十，并递运所夫役归上元、江宁二县各半分管。改移各员换给印信，增设衙署皂役弓兵，令督抚议报。至盛京二十九驿驿丞向于驿丁考取，与别省异，且有监督稽察。应仍旧。"从之。

（卷502 331页）

乾隆二十年（1755年）十二月庚戌

又谕："据明德奏称，西路军营需用驼，陕甘二省竭力采办，尚未充裕。晋省归化城、朔平府一带，商贩驼只甚多，请敕令采买一二千只。由沿边一带迅解肃州听用等语。昨据黄廷桂奏，伊经过晋省，见有运货商驼，颇堪适用。随面商布政使蒋洲，令其设法购解，以应急需。业经朕批谕准行。今又据明德奏请，著照所请，传谕该抚恒文，令其就该省商贩驼只，尽力购买，解赴甘省应用，并将办解数目随时奏闻。"

（卷502 338页）

乾隆二十年（1755年）十二月乙卯

以故甘肃西宁土司指挥使祁宪邦子执中袭职。

（卷503 342页）

乾隆二十年（1755年）十二月己未

大学士管陕甘总督黄廷桂奏："陕甘两省各营购补摘缺马匹，奉旨令将军、提、镇每月一次奏闻。原欲其及时购备，惟是驿站马匹，纷纭驰递，过费马力，恐于要务有误。请嗣后各将军、提、镇每月买补马数，近陕省者令其报知陕抚，近甘省者即令报臣。每月俱由督抚核实详奏。"得旨："是，如所议速行。"

（卷503 347页）

乾隆二十年（1755年）十二月壬戌

又谕："甘肃布政使明德，现随黄廷桂往肃办理军务，所有该省稽察台站事务，著派辅德管理。"

（卷503 348页）

乾隆二十年（1755年）十二月甲子

谕军机大臣等："据黄廷桂奏称，西安满营等摘缺马匹在归化城购买。山西绥远城右卫拨马三千匹亦陆续买补，一时同购，必致难于采买等语。现在西路用兵，陕甘调缺营马急须购补，著照大学士黄廷桂所奏，先尽西安满营各处应需马数速为买足，其绥远城右卫应补马匹，不必同时购买。"

（卷503　349页）

乾隆二十年（1755年）十二月是月

甘肃布政使明德奏："甘省自花马池起，西至巴里坤止，计一百零三台。向因经制千把，不敷派委，多派外委千把管理。此辈本系马兵，如迟误文报，斥革后仍入伍食粮，不足示惩。请嗣后台站迟误者，照例斥革，加枷号两个月，不许更名入伍。"报可。

（卷503　353页）

乾隆二十一年（1756年）正月癸巳

大学士管陕甘总督黄廷桂奏："署安西提督冶大雄年老重听，办事不能悉心斟酌。其参奏方观承系任性执拗，有心推诿，恐其劾奏，托辞取巧，先占地步。"报闻。

（卷505　371页）

乾隆二十一年（1756年）二月辛丑

谕曰："冶大雄已照军机大臣会同部议革任，拿解来京，交部治罪。所遗哈密总兵员缺，亦经降旨令傅魁调补，仍著署理安西提督事务矣。其傅魁所遗凉州总兵一缺，可传谕黄廷桂于陕甘现任副将及发往副将内选择一员。速行奏请升补。"

（卷506　382页）

乾隆二十一年（1756年）二月癸丑

又谕曰："逸贼阿睦尔撒纳现已就擒，军务告竣。黄廷桂、吴达善办理一切军需，劳绩卓著，著交部议叙。和起、豆斌从前虽经获罪，尚能竭力奋勉，其革职留任之案，著加恩开复。至陕甘两省派办军需大小员弁有实在出力者，著该督黄廷桂查明奏闻请旨。"

又谕："去秋阿睦尔撒纳负恩背叛，用兵剿捕。陕甘两省承办军需，甚为紧急。在事员弁，因办理不善，参革治罪者前后数案。其中有情罪较重，无可宽贷者，亦有迫于时势，尚在可原者。情节不一，在彼时军务紧要，稍有宽贷，众情益为懈怠，自不得不如此查办。今逆贼业已就擒，所有从前获罪员弁，应量为分别原宥，以示格外之恩。著黄廷桂、策楞、兆惠查明。秉公酌议，奏闻请旨。"

（卷506　398页）

乾隆二十一年（1756年）二月庚申

谕："陕甘两省办理军需以来，绿旗各营办解马匹及一切公私借垫，为数颇多，例应于官兵粮饷内均摊扣还。朕念伊等趋事急公，倍多劳苦，更加扣饷，生计尤为拮据。今窜逆就擒，兵艰宜恤。著加恩免其按名扣抵。但此等借项均关国帑，不便虚悬，著于陕甘各营兵数内，酌留公费粮名，通融弥补，以清帑项。该督黄廷桂详细查明，妥协筹酌应留名数，核实奏闻，一面办理，副朕优恤戎行至意。该部即遵谕行。"

谕军机大臣等："据兆惠奏称，此次陕西、甘肃官员办解马匹，及满营、绿旗送到马匹，膘分俱足，倒毙甚少等语。此等马匹皆预备军需之用，今正值春冬之际，俱能妥协送到，官兵甚属黾勉。其原办之将军地方官员，办理亦属妥当，并应加恩鼓励。所有此次购办解送之文武大小官员，俱著交部查明，分别议叙。其承送兵丁著交和起等，查明详报军机大臣。应如何恩赏之处，具奏请旨。"

（卷507　403页）

以甘肃花马协副将容保为甘肃凉州镇总兵。

（卷507　404页）

乾隆二十一年（1756年）二月戊辰

实授硕色为湖广总督。郭一裕为云南巡抚。以山西巡抚恒文为云贵总督。以甘肃布政使明德为山西巡抚。调署云贵总督爱必达为山东巡抚。陕西布政使武忱为甘肃布政使。以服阕宗人府府丞刘藻为陕西布政使。

（卷507　407页）

乾隆二十一年（1756年）三月庚辰

谕："陕甘两省办理军需以来，所有驻防满营办解马匹及裹带草料等项，颇多借垫。例应于饷银内扣还，但念陕甘上年收成歉薄，粮价未免稍昂，各兵应领粮饷若一时扣抵，生计必多拮据。伊等趋事急公，宜加优恤，著西安、宁夏、凉、庄各将军将各该营借垫数目，核实奏闻，准其暂借司库银两，先行弥补，分作三年扣还归款，以纾兵力。该部即遵谕行。"

（卷508　419页）

又谕："据黄廷桂奏，吐鲁番并无蒙古占据。瓜州回民各愿迁回，并称向与准噶尔交纳方物，即作每年贡献等语。瓜州回民迁回吐鲁番一事，前已降旨。俟策楞、兆惠于军务凯旋之便，先将吐鲁番地方情形会同查勘，定议办理。今虽据额敏和卓绘图呈览，著传谕黄廷桂仍遵前旨，晓谕回民。今年仍令暂住瓜州，俟策楞等查勘之后，再为料理迁移。若此旨未到之前已经迁移，则将此旨寄策楞等，听其查办。至伊等进贡方物一节，当稍示区别。如向隶二十一部落者，即系噶尔丹策零之人。今伊犁既经平定，自应奉贡方物。如原系噶勒藏多尔济及巴雅尔等所属，此番迁回故土，应仍归伊等管辖，方为允协。俟策楞等查勘之后再行详议妥办可也。著传谕黄廷桂知之。"

又谕："据策楞驰报，阿睦尔撒纳就擒，所有陕甘等处驼马已降旨停办，但此时尚未得实在确信。倘或尚需策应，一经檄调，即需驰赴。不可不先事筹备，著传谕黄廷桂令知此意。将作何密行调度，使缓急足恃之处，悉心筹划，一面办理，一面作速奏闻。但不得稍涉张皇，致传闻疑惑可也。"寻奏："前恐凯旋需马于甘、凉、肃各标留六千匹。现仍以接济凯旋为辞，加留一万六千匹。恐军营急需，已解往二千匹。驼只除赴各路运粮及疲瘦之外，堪用者尚有一千四百只。再甘省因军需米贵，一闻擒贼，立减八九钱一石。臣恐此信不确，泄漏张扬，市侩居奇，依旧腾涌。一切俱慎密办理。"得旨："甚善。"

（卷508　420页）

乾隆二十一年（1756年）三月甲申

大学士管陕甘总督黄廷桂奏："接军营将军和起咨，将军策楞等带兵前进，恐军中尚需马，应将内地马密行饲养预备等语。查陕省路远，缓不济急，且一概饲喂预备，亦恐张皇。现在甘省各营共存马三万余，即以接济凯旋官兵并索伦、察哈尔兵需马为辞，移各将军提镇共留二万二千匹，将冬季收槽马干。挪前一月留槽饲喂以备调用，疲瘦者出厂。庶伊等不致猜疑，钱粮亦无糜费。”得旨：“甚是，径当密行文。问之兆惠尚须马否？”

（卷509　424页）

乾隆二十一年（1756年）四月庚子

谕军机大臣等：“黄廷桂奏安西添设满兵，因饷项不敷，不能遽照原议五千之数，请先拨三千名前往等语。前因分驻边防，满洲兵丁较为有益。是以令黄廷桂酌量裁汰各营冗兵。于安西地方安设满营，今既称各项裁汰节省饷银尚在不敷，正不必拘五千之数，即酌拨三千名，未始不可。此时著先拨二千名前往，俟一二年后再行办理。”

（卷510　440页）

乾隆二十一年（1756年）四月甲辰

吏部议复先据原任浙江巡抚周人骥奏称：“教职与学政最为切近。勤惰贤否不待临期验看，请嗣后六年俸满教职，该督抚即调省看验，并咨学臣出具考语。到日分别题咨，经臣部饬各督抚会同学政议奏。今据复，除奉天、顺天、山东、山西、广东、云南、安徽、四川、湖南、广西等省教职，均应照旧会验，惟直隶、江苏、陕西等省学政驻扎，均不与督抚同城。江西、浙江、福建、湖北、河南、贵州等省学政虽与督抚同城，而回省不能准于岁底，碍难会验。所奏随时验看，事属可行。请嗣后直隶、江苏、陕西、江西、浙江、福建、湖北、河南、贵州学政于岁科两试按临时，即将所属教职考验，出具考语，移咨该督抚存案。其按临不及地方俸满之员，令于考试邻府时，先期调验，如有遇病出差，另行补验，统咨督抚存案。该督抚于各员报满日，即无庸会学政验看，径行咨题。至甘肃岁科两试系同时并考，学政驻扎较远，应止送抚臣验看。再周人骥议令督臣在闽，抚臣径行验看。福建巡抚钟音议请总督驻浙，令抚臣验看。原任广西巡抚卫哲治，议督臣驻扎东省，无庸会验。均应如所请。”从之。

（卷510　443页）

乾隆二十一年（1756年）四月甲寅

又谕：“现有旨命大学士公傅恒前赴西路军营。一路遄行甚速，自肃州至巴里坤一带，需用马驼甚关紧要。著传谕黄廷桂酌在沿途适中之地，于寻常驿站外，不拘何项即速先期预备。"

乾隆二十一年（1756年）四月丁巳

谕军机大臣等："据策楞等奏到，业经率兵前进。傅恒即遄行已属无及，且策楞等已知畏罪，努力自赎，俟观此番效力如何，再行降旨。已令傅恒不必前往，所有前谕自肃州至巴里坤一带，为傅恒预备马驼，俱可无庸料理。至额林哈毕尔噶地方，预备兵二百名。此旨到日，计已预备，仍著前往军营。可知会策楞此项兵丁，或随策楞等前进，或留与扎拉丰阿以壮声威，令策楞酌量调度。其军营所需马驼口粮，亟应预筹接济，务须作速催攒解运，无致稽迟。黄廷桂仍著亲赴巴里坤相度情形，妥协筹办。将此详悉传谕黄廷桂知之。"

乾隆二十一年（1756年）四月己未

谕军机大臣等："黄廷桂奏解运巴里坤粮茶牲畜以资赏恤一折，办理自属妥协。但朕前降旨，令厄鲁特部落人众就食巴里坤者，原因伊犁人等生计艰迫，不便听其聚处滋事耳。后复有旨传谕策楞等，如可就其部落中设法资助，则不必令赴巴里坤就食。现在伊犁人众四处分散，已属无几。策楞等此时正在进兵，亦无暇筹办人数号簿等事。其就食巴里坤之厄鲁特，当已寥寥。所有粮茶牲畜已办运者，似亦足用，不必过为多购。牛只一项，内地耕种所必需，尤不必多购，致妨农业。现在巴里坤若无可办理，该督即应仍回肃州料理诸务。况据奏旧症复发，军营于调养非宜，尤当速回内地为是。其调解马匹事宜一折，军营当进兵之际，正资马力，该督所办，俱属合宜。应如所奏办理。"

乾隆二十一年（1756年）四月庚申

谕曰："豆斌现在患病，著解任调理。安西提督员缺，著李绳武补授，即赴巴里坤，照豆斌之例，会同和起等办理粮饷等事。其河州镇总兵员缺，著傅魁补授，仍署理安西提督事务。"

乾隆二十一年（1756年）五月戊辰

又谕曰："逆贼阿睦尔撒纳罪大恶极，法在必诛。此时两路进兵追捕，若贼已就擒则接济军需可以奏明停缓。若贼尚未就擒，则添备马匹最关紧要。著传谕黄廷桂，即于甘陕等省营马内调拨四万匹，今年秋间陆续解至巴里坤。仍一面筹办豆料，妥速运往，于冬间喂养此马，务令膘肥力壮，以为明春二月内万兵进征之用。其调拨空缺营马，亦应酌量陆续买补。黄廷桂速遵谕旨妥协办理。"

（卷512　467页）

乾隆二十一年（1756年）五月丁亥

谕："甘省一应军需多于甘、凉、肃等府、州、县就近采办。虽一丝一粟悉皆取给公帑，即挽运转输之事亦必计丁给值，不以派累闾阎。但此数郡小民急公趋事，较之他属倍觉勤苦出力。朕心深为轸念，著加恩将甘省之甘、凉、肃等府、州、县民户、屯户及番民等本年应征各项钱粮、米豆、草束一概蠲免。其有已经完纳者，按数扣出，准作来年正供。该督抚其督率各地方官实力奉行，务俾边郡小民均沾实惠。如有不肖官吏以完作欠，侵蚀中饱者，察出即行严参治罪。该部遵谕速行。"

赈甘肃皋兰、金县、靖远、平凉、华亭、隆德、固原、盐茶厅、环县、平番、中卫、河州、渭源、静宁、宁夏、宁朔、西宁、碾伯、高台、镇原等二十厅、州、县乾隆二十年霜雹被灾贫民。

（卷513　483页）

乾隆二十一年（1756年）五月壬辰

户部议复甘肃巡抚吴达善疏称："成县仓贮屯粮积六万二千余石，如再征本色，贮多不免霉变。应如所请。照秦、徽二县例，自本年为始改收折色。"从之。

（卷513　486页）

乾隆二十一年（1756年）五月丙申

军机大臣等议复大学士管陕甘总督黄廷桂疏称："向来北路军营与西路哈密、巴里坤一带俱有大兵驻扎，商贩原许流通。往年西路军营所需牛羊多借资于北路商贩。今巴里坤既经军营驻扎，而货物只由肃州一带贩往，远难接济，因而价腾。且伊犁平定后，与从前应防范情形迥异，自宜照旧流通。应如该督所奏。行文军营大臣，速谕两路官民，凡有贩运牛羊货物往来贸易者，许向该管大臣请给印票，照验放行。至守卡官兵就近向巴里坤、哈密置买食物者，仍听自便。”得旨：“依议速行。”

（卷513　490页）

乾隆二十一年（1756年）六月乙巳

户部议复大学士管陕甘总督黄廷桂疏称：“酌定西宁、肃州、哈密等处供应各款：一、西宁、肃州办供青海、哈密、瓜州等处致祭，并颁诏人员，应需盐菜、口粮、骒头等项，向不划一。请照西宁进藏等次例，列为九等供支。一、由京差往西宁各寺赍送布施人员，亦请照致祭颁诏例，划一支给。一、西、肃两路照看夷使贸易人员，分别口内、口外，供支盘费、骒头等项。如差派京员照看贸易者，按照知府、参将等次一例支给。一、派往青海办理亲王旗务人员，系长处口外，三年始行更换。马驼锅帐设有不周，体统攸关。请照前议供支。均应如所请。”从之。

（卷514　498页）

乾隆二十一年（1756年）六月丙午

谕军机大臣等：“吴达善奏请将甘省乾隆十年以后民欠钱粮、草束、番粮等项援恩诏酌免一折。前因甘、凉、肃等府、州、县办理军需，较之他郡，倍觉勤苦出力。已降旨将该地方民户、屯户及番民等本年应征各项钱粮、米豆、草束一概蠲免。是一岁应征之赋尽行除豁，为数已属较多。民力自可大为舒展，不至有新旧并征之困矣。但免征之旨，惟指甘、凉、肃三府而言，此外或有承办军需之府亦未可知。著该督抚详细查明奏闻。或照吴达善此奏，酌量加恩可耳，著吴达善会同黄廷桂办理可也。”

（卷514　498页）

乾隆二十一年（1756年）六月是月

（湖南巡抚陈宏谋）又奏：“陕甘两省茶商领引赴安化县地方采办茶斤，图占便宜，克减戥头银色，以致茶户先卖客贩，引商采办不前，彼此争执。臣现与署布政司裘舒定议，茶山戥秤由官颁发，向后引商买茶，勿得短戥低潮，苦累茶户。其谷雨前细茶先尽商买，雨后之茶许卖给客贩。违者照阻坏盐法律治罪。"得旨:"好,具见诸事留心。"

大学士管陕甘总督黄廷桂奏:"准署安西提臣傅魁咨称,安属地处口外,与哈密、巴里坤军营附近。现在防兵多于安标调拨,且军务未竣,遇有大差,存营兵马,不时调遣。若将公私借垫等项,统于一年限内并行裁扣名粮,实属办理掣肘。应如所请,先将公私借垫尽数扣足,所遗马步粮缺,即抵各官亲丁养廉公费。"得旨:"如所议行。"

又奏:"据甘肃布政使武忱等详称,肃镇马匹送至安西,往回须十数日。其留营马止一百五十匹,遇有钦差大臣官员赴营办事,悉系兼呈驰骤,且前后差使接踵,又经戈壁重重,马少差繁,致多伤毙。似应如该司等所议,于肃镇、安西二处各添马五十匹,连前共马二百匹,以资朋送。"得旨:"如所议行。"

又奏:"现于陕甘满汉各营马通为调解,以足四万匹之数。第陕省各牧厂水草平常,臣已檄饬经过州县,令于永昌之水磨关、甘州之扁豆口等处就便出口,遇有水草地方从容牧放。行至赤金一带再为牧养。统俟九、十月间赶赴巴里坤,收槽喂养。查山南塔尔纳沁、哈密等处,距营三四百里,应分布马二三万匹,派员喂养。即令巴里坤办事大臣往来稽察,至陕甘各镇协营均属临边要地,倘马匹调拨一空,于营伍亦有关系。一时购补所得无几,应请于河南、山东、山西等省各营,饬选肥壮马凑一万匹调解来营,俾有备贮。"得旨:"此一万匹竟可且置不补。况逆贼就擒亦近矣,若各省调马必致内地又生议论。余如议。"

(卷515　513页)

乾隆二十一年(1756年)七月是月

大学士管陕甘总督黄廷桂奏:"遵旨停撤各处所调马匹,仍饬甘省各营,将现马牧放,俟九月后加意喂养备用。"得旨:"知道了。但今又有沙克都尔曼济来巴里坤乞恩之事,仍恐似此者不少,可尽力多办茶米,以为赈恤之用可也。"

又奏:"甘省台站、文报本多,现办军务,差使更繁,原设驿马不敷。经臣奏明,每驿暂雇民马二十匹协济。兹缘民马俱欠膘壮,据司道等转据各州县,请将民马散归,自愿照数备办,扣捐帮贴喂养,亦属急公之意,俟大功告竣后，查明应差毋误各员，奏请量叙。"得旨："是。"

乾隆二十一年（1756年）八月己酉

又谕："现在青滚杂卜自军营私行逃归，并唆众喀尔喀人等，令其群生摇惑，其叛迹已显著矣。已命亲王成衮扎布为定边左副将军，督师擒拿。并令阿拉善贝勒罗布藏多尔济将伊所辖兵丁派出一二千名，以备调用。此番预备兵丁，一面令罗布藏多尔济派出之后，前赴宁夏，会同黄廷桂商办赏给兵丁之项，并马匹价值。黄廷桂接到谕旨即赴宁夏，会同罗布藏多尔济商办。如伊游牧马匹不敷，黄廷桂即于所辖绿营马匹内酌拨预备。其兵丁按例赏项及赏给马价之处，皆与罗布藏多尔济议定，将银两运至宁夏道库预备。若用彼之兵即行办给，不致迟误方妥。但此事不过先事预办，不必声张，务须慎密。再赶送巴里坤之马，起程者若干，未起程者若干，著该督查明速奏。其未起程者，用为此项备用，想亦不致大费周章也。"寻奏："遵旨先拨银二十万两运至宁夏。臣兼程赴宁，同罗布藏多尔济商定赏项备用。其游牧马匹如或足用，即折给马价。至陕甘两省原调马四万匹，除拨解巴里坤三千匹外，余俱赶回原处喂养。若伊处本马不足，即于甘省附近各营调拨，均已足用。"得旨："此事不必张皇，目今喀尔喀皆知向所为非是，勉力供差矣，不过一么么逃虏，易于办理，即阿拉善之兵亦可不用矣。将此谕令罗布藏多尔济知之。"

乾隆二十一年（1756年）九月乙酉

缓征甘肃皋兰、金县、狄道、河州、张掖、山丹、武威、肃州等八州县本年旱灾额赋。

乾隆二十一年（1756年）九月戊子

谕："前因甘省地方承办军需，降旨将甘、凉、肃三府州属民屯及番民等本年应征各项钱粮、米豆、草束一概蠲免，其余各府、州、县虽地方有冲僻之不同，承办有多寡之或异，朕念该处小民趋事赴公，均属勤苦，著加恩将甘省十三府、州、厅属各州、县、卫乾隆十一年至十五年民欠地丁钱粮、草束概予蠲免。十六年至二十年民欠未完正借钱粮，著自丁丑年为始，分作五年带征。其安西五卫近接军营，皋兰一县地居省会出力尤多，著将本年应征各项钱粮俱照甘、凉、肃三府州之例一体蠲免。其宁夏、平凉、巩昌、兰州等府属十七州县本年应征各项钱粮，亦著蠲免十分之三，以纾民力。再甘肃通省尚有乾隆元年至九年蠲剩未完，及十年至十五年民欠籽种、口粮、牛本等项银粮，非因灾出借，为定例所不应免，但该省承办军需，民力实堪轸念，著一并加恩蠲免。该督抚等其董率属员实心经理，务使膏泽下逮，以副朕格外恩施，优恤边民之至意。"

（卷 521　572 页）

乾隆二十一年（1756年）九月己丑

甘肃巡抚吴达善疏报："秦安县勘报升科地五十八亩有奇。"

（卷 521　572 页）

乾隆二十一年（1756年）闰九月丁巳

铸给陕西长武、西安州、关山、靖边、紫阳、临洮、甘提标后营、凉州镇前营、后营、西宁镇前营、后营、兴武、黑城等营，改设都司十三缺关防。从大学士管陕甘总督黄廷桂请也。

以安西提督李绳武为镇海将军。

起原任安西提督豆斌为原官。

（卷 523　593 页）

乾隆二十一年（1756年）闰九月是月

大学士管陕甘总督黄廷桂复奏："安西驻防满兵遵旨先拨往三千，预定章程。查额敏和卓自吐鲁番回抵瓜州，即派员照看起程，随将所遗地亩丈勘，召民佃种收租，以备将来支放满兵本色月粮。至瓜州及回民所居之头堡二处，地势轩敞，应令将军及副都统等带兵分驻。所遗兵房，率皆狭小。原有衙署，不敷分驻，均应另行估建。其回民分驻五堡，原有土房四千八百余间，年久坍塌，应行建盖。再两省截留一成公费名粮，每岁可省银二十四万六千余两。其移驻满兵二千名，合计俸饷粮料本折等项，每年需银三十六万六百余两。如将家口粟米一半折给，回民所遗地亩并于一半粟米内搭给二成茶叶，复于五卫额征内酌拨京斗青稞等粮九千石外，该岁需银二十四万四千余两。即以截留绿营公费凑支，有盈无绌。至原议扣留公费兵额，系统于一年内裁扣齐全，一年清还各营垫项，两年后多有节省。应令满兵于二十三年秋季凉爽时派拨来安。"得旨："如所议行。"

（卷523　596页）

乾隆二十一年（1756年）十月乙亥

谕军机大臣等："黄廷桂奏请派满洲兵二千名驻扎瓜州。现在巴里坤已设库伦，其从前派往兵丁一千名应行更替，著即于派驻瓜州满洲兵内先派一千名令往巴里坤驻防。其瓜州驻防兵一千名，著照黄廷桂所奏，俟戊寅年再行派往。所有此次拣选派兵事宜，著军机大臣议奏。"寻议："派兵驻扎巴里坤，应设协领二，佐领八，防御八，骁骑校八，笔帖式一，俱由八旗应升人员内拣往。其兵由八旗前锋护军披甲人内挑派，于明年二月内起程，沿途折给车辆、口粮、草干银。悉照西安兵移驻凉州、庄浪之例。再官兵携眷前往，应酌给协领、佐领整装银四十两，立产银六十两。防御、骁骑校、笔帖式整装银三十两，立产银五十两。兵整装银二十两，立产银三十两。其整装银在京给发，立产银俟抵巴里坤支给。巴里坤现有驻兵房屋，著黄廷桂派员修葺。"从之。

又谕："巴里坤驻扎满洲兵一千名，已经军机大臣等议奏派往。其瓜州议设驻防兵丁，既经黄廷桂奏请，俟戊寅年移驻，为期尚远。该处远在边外，满洲兵丁携眷前往，殊属未便。现在厄鲁特等前赴巴里坤者甚多，伊犁等处尚有散处厄鲁特人等。若择其年壮可任耕种者或一千名，或数百名移驻瓜州。伊等既获养赡之资，加以训练，更可收日后效力之用，似无庸再派满洲兵丁前往。著传谕黄廷桂、兆惠、雅尔哈善等商酌办理。"

（卷524　606页）

大学士管陕甘总督黄廷桂奏："巴里坤现派满兵驻防，应酌设屯田，以省兵粮运费。查该地颇宜青稞，兼有南山雪消之水可资灌溉。计布种一千石，可收成九千石。应预开沟渠，置犁铧农具二百五十副，牛马五六百头，并派甘、凉、肃三处熟悉耕作兵五百名前往。俟春融播种，秋成后悉令入城居住。又可添壮军容。统照驻防例三年一换。"得旨："具见留心，如所议行。"

又奏："瓜州回人迁移鲁克察克，所遗成熟地二万四百五十亩。应就近募种，按官四民六征收，存贮厅仓，供支驻防满兵口粮。"得旨："好，如所议行。"

（卷524　607页）

乾隆二十一年（1756年）十一月己亥

谕军机大臣等："驻防哈密之宁夏镇总兵李中楷病故，已有旨令五福补授矣。至哈密驻防一事，朕意伊犁久经平定，巴里坤现有将军，安西复有提督，声势已属联络，似可不必复设驻防大员，可否即行裁撤。抑或派员留驻，俟军务竣后改设副参之处。正拟降旨询问黄廷桂，令其酌量办理。今据黄廷桂奏称，哈密地方距巴里坤军营较近，议将安西提督移驻哈密，其现在防镇印务委沙州协副将祖云龙署理等语。此奏适合朕意。安西提督移驻哈密一折，已批令大学士、议政大臣会议具奏。所有哈密现在驻防事务，即令祖云龙在彼办理，竟勿庸另行简派矣。可传谕黄廷桂知之。"

（卷526　624页）

乾隆二十一年（1756年）十一月癸卯

又谕："前经降旨，令雅尔哈善派厄鲁特兵一千名驻防瓜州。此次厄鲁特都尔图毕克等著暂留巴里坤，俟明年春间派入驻防瓜州兵内遣往。"

（卷526　627页）

乾隆二十一年（1756年）十一月丁未

又谕："现在巴里坤马匹虽已敷用，但尚须多为预备。且伊犁或尚有需用马匹之处。前降旨方观承购马五千匹，今已收槽喂养。著将直隶购买马匹解往西安，西安马匹调往甘肃，甘肃马匹调往巴里坤。逐次更换调拨，可免长途疲瘦之虞。而巴里坤得此马匹，尤觉应用裕如。现又据黄廷桂奏称，接四川总督开泰咨称，川省可拨马一千匹解甘备用等语。并著传谕开泰，即于川省营驿马内拣选一千匹，就近委员解交黄廷桂验收，以备来春调遣。"

（卷526　629页）

赈贷甘肃皋兰、狄道、河州、渭源、靖远、平凉、崇信、镇原、盐茶、抚彝、张掖、平番、中卫、碾伯、高台、岷州、洮州、抚番、庄浪、宁州、正宁、合水、大通、归德、礼县、西固等二十六厅、州、县本年水雹灾民籽粮有差。

（卷526　630页）

乾隆二十一年（1756年）十一月庚戌

又谕曰："黄廷桂所奏调解西安马匹折内有行文甘凉各处，俟其到时，沿途分拨，则皆知为补缺之马，不致启人疑议等语。此亦何疑议之有，岂黄廷桂尚未深悉此事机宜耶？阿逆之负恩逃窜，罪在必诛，以国法论之。固不得不极力擒追，用示显戮。以事理论之，尤不得不深筹剿获，永绝根株。前此降旨撤兵，不过暂令休息，俟一二年后再为相机酌办。其实一切进剿事宜，仍当及时筹备。若竟任其远扬，必致终贻后患。况准噶尔一事实皇祖、皇考未竟之绪，仰承上苍默佑，适值事有可乘。今伊犁二十一昂吉皆隶版图，岂可留此遗孽，挠我已成之功，致贻将来之患。阿逆从前尚不过孑身远扬，虽意其必将煽惑哈萨克，以图狂逞。而势难骤合，不妨徐为之图。今据顺德讷所奏，则阿布赉已妻之以女，假之以众，党羽盘结，其必不能忘情于伊犁，已可概见。且以阿逆之穷凶极恶，反复狡诈，将来亦安知不吞噬阿布赉，而悉夺其众，逾致滋蔓难图。是叛贼一日不获，则伊犁一日不安。边陲之事一日不靖。大臣以体国为心，俱应筹办及此。至用兵之费，雍正年间西、北两路费至五六千万。今自用兵以来，统计军需才及一千七百余万。即更有多费，而翦此凶顽，永靖荒服，朕亦何惜。今所虑者不过马不足用。甘肃一省屡经调拨，缺额自多。现令直隶购买马五千匹，已降旨全数解往。将来即再有需用之处，自当预为筹划，正不必以此鳃鳃过计也。朕非舍逸好劳，务勤远略，良以揆机度势，断无中止之理。既已事在必行，自当明切宣谕，俾众共晓然于一劳永逸之意。所有办理军需事宜，届期另当降旨黄廷桂，令其来京面谕。著将此先行传谕知之。"

（卷527　633页）

乾隆二十一年（1756年）十一月壬子

谕驻扎西宁办事副都统德尔素著再留三年。

（卷527　635页）

乾隆二十一年（1756年）十一月丙辰

又谕："巴雅尔等现在背叛。巴里坤地处边要，宜派兵前往驻扎。前令派安西绿旗兵一千名交傅魁带领前往，著再派一千名令马得胜即随后起程。如兵尚不足，黄廷桂仍预为派定，以供临期调遣。所有现在办理机宜，已命裘曰修驰赴肃州，面为宣谕。黄廷桂即遵照办理。"

又谕："前命何国宗等赴伊犁测量，并绘舆图。今大段形势皆已图画，其余处所可以从容再往。是此事已属完竣。何国宗及西洋人等现已回至肃州，闲暇无事，可即令其乘驿来京。著传谕遵行。"

（卷527　638页）

乾隆二十一年（1756年）十一月丁巳

军机大臣等议奏："察哈尔、吉林兵到京时，不必候至明正，随到随即前往巴里坤。五百名一次，交该管官头目带领行走。仍知照各督抚等，或站马，或车辆，预先设站。"得旨："直隶著清馥专办，方观承总理。河南即著图勒炳阿专办。陕西著塔永宁专办，陈宏谋总理。甘肃著黄廷桂总理。"

命甘肃巡抚吴达善赴巴里坤承办军需事务。

（卷527　639页）

乾隆二十一年（1756年）十一月戊午

大学士管陕甘总督黄廷桂奏："据扎萨克公额敏和卓呈称，奉将军和起檄调兵四百名于十一月初一日由鲁克察克起程，随同将军行走。初六日莽噶里克、尼玛等率兵抢掠，将军和起被围。莽噶里克向众厄鲁特言，额敏和卓原系回人，暂令回至鲁克察克。莽噶里克随遣人令其赴吐鲁番。额敏和卓不甘从贼，托病未往。又据哈密副将祖云龙禀称，贝子玉素布接额敏和卓来信，知莽噶里克背叛情形。莽噶里克之子白和卓现在内地，适于是日由京抵哈密，未便遽令回巢，现在拘留防守。"谕军机大臣等："据额敏和卓具报莽噶里克背叛情形，甚属可恶，著传谕雅尔哈善等即选派妥员前往晓谕额敏和卓，伊系输诚最久之人，感激厚恩，遣人报信，朕甚嘉予。伊身在贼中，实深轸念。现在甫从瓜州迁至彼处，诸务未经整理，岂有擒拿逆贼之力。如能诱擒莽噶里克固属甚善，俟奏凯后，其地方悉交伊管辖。倘力有不能，惟将驻扎地方严加防范，静候内地大兵前往，即可戡定。现在调集各路兵克期前赴，著额敏和卓遵照办理。至祖云龙将白和卓羁留防守，甚合机宜，著传谕黄廷桂遇有总兵缺出，即行请旨补授。"

乾隆二十一年（1756年）十一月庚申

大学士管陕甘总督黄廷桂奏："前奉旨解马五千匹，内安西马一千匹，已于十一月初旬先后起程，计此时已抵军营。陕甘两省满汉各营马尚有四五万匹，实可拣选三万匹。已檄饬加紧饲喂，并不时差员查看，务期膘壮适用。但陕省各营距肃遥远，按站需五六十日，若赶送又易致疲乏。请将陕省满汉营马先调来甘，陆续行走。到甘后分拨凉、甘、肃各营，交州县官加意喂养。陕省摘缺之数，应听自购。至驼只前于归化城采买一千，经晋抚委员运送，但赶解亦恐疲乏。应令该抚再于晋省各处购二三千只，每有数百随起分解。"得旨："甚妥。"谕军机大臣等："黄廷桂奏称陕甘满汉各营约可调马三万匹，檄饬加紧喂养，以备调用等语。现在派调察哈尔、吉林及索伦兵丁约计四千名，备马二万匹，即可敷兵丁乘骑之用。著即照数挑拨，分起陆续解赴巴里坤。约于明春二月内到齐，不致迟误。至驼只一项，前令方观承购买一千只，又预备行营驼一千只解交明德转送陕省解往巴里坤。并著传谕明德再购驼千余只，解往备用。"

又奏："回人莽噶里克与厄鲁特等潜谋叛逆，经雅尔哈善等将莽噶里克之子白和卓严拿拘禁。查哈密与吐鲁番毗连，厄鲁特及回人等贸货，在巴里坤、哈密往来出入者甚多，恐潜通信息，应派兵严防。哈密虽有防兵二千名，巴里坤亦有防兵一千余名。第各项差委外，存城无几。已密札安西提督傅魁选兵添驻哈密、巴里坤各五百，但兵数尚少，若再向内地甘、凉、肃各营征调，必致张皇。查有派赴巴里坤种地官兵五百名，及塔勒纳沁种地兵二百名。原议明年二月起程，今令先行前往防守。再晋省解到驼只，出关未久，若赶赴军营，又须拨兵防护。已截留安西一带牧放，续调马匹未至军营者。现咨商雅尔哈善等于附近哈密和暖地方，截留喂养，将来一有需用即可调往。而此时不即赶赴军营，亦可省拨兵防护之烦。"得旨："此皆朕降旨命卿办理之事，而卿早已虑及，不候旨到而已办理矣。若皆似卿如此明决担承，则军营何致有此不虞之事耶？嘉悦之至，笔不能宣，余有旨谕。"

乾隆二十一年（1756年）十一月辛酉

谕曰："黄廷桂经理军务，筹划精详，一切调度，甚合机宜。大臣能如此明决担承，实心体国，深可嘉悦。著赏给双眼孔雀翎，并加赏骑都尉世职，令伊子承袭。雅尔哈善、吴达善等宣力军营，实心办事。雅尔哈善著赏给内大臣职衔。吴达善著赏给孔雀翎。以示奖励。"

谕军机大臣等："现在派调各路兵丁，明春进剿，口粮最关紧要。前黄廷桂筹办军需，曾请拨饷四五百万。彼时以军务将次告竣，未经准行。今虽不必如此多备，然亦须酌量足敷四五千兵之用。恐甘肃一省不能猝办，著将西安粮石拨运巴里坤应用。再将山西归化城粮石拨运安西，以备接济。河南麦面于军需食用亦为有益，并著多为运送。其应如何酌定数目，迅速办理之处，著各该督抚详细咨商，妥协办理。"

（卷527　644页）

乾隆二十一年（1756年）十一月是月

大学士管陕甘总督黄廷桂奏："甘、凉、西、肃各营，累次摘缺马匹，除通融弥补外，尚缺七千六百余匹，自当购补足额，但恐一时未必齐全，而新马亦难适用。现在西安将军标下有肥马数千匹，臣等已商定解甘备用，缓急自可有济。"得旨："此事即宜办理，况早有旨矣。"

甘肃巡抚吴达善奏："十一月二十日接准雅尔哈善等密札奏稿二件，一系厄鲁特等抢夺解送兆惠处马匹。一系询问多尔济哈萨克所供情由。如此负恩肆恶之逆贼，自必即日就擒。臣思肃州系军需总汇，一俟清厘积案后，即借巡边为名于本月二十二日，自兰起程前往，就近与黄廷桂密为商办。"得旨："有旨令汝赴巴里坤，汝宜前往照料。黄廷桂年老之人，坐办运筹在于彼，驰驱督理在于汝。汝二人如心腹手足，一体合意，何事不济耶？勉之。将此旨与黄廷桂看。"

（卷527　645页）

乾隆二十一年（1756年）十二月己巳

谕军机大臣等："雅尔哈善等奏，拿获莽噶里克遣至哈密回人色梯巴勒氏等，请旨即行正法等语。色梯巴勒氏等系莽噶里克所遣之人，声言抢掠哈密、巴里坤，摇惑众听，甚属可恶。应照所奏办理。第在彼处正法，莽噶里克闻知，易生疑惧，著解至肃州，交黄廷桂严行监禁。"

（卷528　649页）

乾隆二十一年（1756年）十二月乙亥

钦差侍郎裘曰修奏："肃州备用之马多多益善，此次只解送五千匹，恐尚不敷。已告知西安将军扬桑阿、抚臣卢焯再于满营及绿营内预备四五千匹，俟臣到肃，商之黄廷桂，如有拨调，即令续解。"得旨："甚好。"

（卷528　652页）

乾隆二十一年（1756年）十二月丁丑

谕军机大臣等："昨降旨令傅魁、马得胜带兵二千名赴巴里坤驻扎。原以预备不虞，恐有意外之事，并非用为进剿。若大兵一到巴里坤，并可不必多兵。黄廷桂所奏固原、西宁两镇各调兵一千名之处，殊属不必，亟宜传谕停止。并明示此非大事，不用多调绿旗兵丁，免致内地讹传。至现派察哈尔兵一千名，吉林兵一千名，索伦兵二千名，阿拉善兵五百名，合之兆惠带出兵二千余名，约共兵六千余名，以为进剿之用。其由内地行走者，止察哈尔、吉林、阿拉善兵二千五百名。其在直隶、河南境每五百名为一起，入陕以后或量为分拨，每台所备车马不过足供二三百兵之用，惟期通行无误。原奏每台安马一千六百匹，其数自可大减，至所称邻省购买骡头、驼只等项，已谕卢焯于西安买骡一千头，就近解甘。豫省已起运米面，令其将驮载骡头一并留甘应用。晋省现令购驼二三千只运赴甘省，不必再办骡头。川省协济马一千匹已传谕开泰，取径捷道路运往。其直隶办马五千匹已经起解，自可计日到陕。黄廷桂前奏膘壮马三万匹，谕令就近先备二万匹，供应大兵进剿，务须喂养膘壮。此系该督专责。至所奏白和卓一事，亦属羁縻之意。今思若径解送京师，则莽噶里克以为伊子不能保全身命，转致坚其叛念。现在可暂时拘禁肃州，该督遣使传谕莽噶里克，俾早归命投诚，以为伊父子自全之计，亦自可行。至大兵进剿之事，不可稍令知觉，以致远扬。或走漏声息，若恐去人不妥则莫若竟不遣去。盖黄廷桂不知莽噶里克之致书报信，原为计出伊子也。此事额敏和卓已密报玉素布，确有可据。其子必不宜遣去脱网也。适又据雅尔哈善奏到，和起家人备述莽噶里克首先设计，调远驼马，戕害大臣官兵，情罪深为可恶。此时只可暂为羁縻笼络，统俟大兵进剿之时，声罪诛殛可耳。将此一并传谕知之。"

又谕："前黄廷桂奏请于晋省购买驼二三千只，已有旨令直隶、山西两省如数购办解往。今据黄廷桂奏称，驼只一项宜多为筹备，务须购足二三千只，迅速解往等语。昨裘曰修称大同一带见商驼甚多，若及时购买，尚属易得。著传谕明德即速委员多方购办二三千只，解甘应用。"

大学士管陕甘总督黄廷桂奏："前奉廷寄命三省转运军粮，但约计运费共需四十余万两，不特用车太多为时迟久。且明春军行之际，粮车与兵马壅塞难行。查巴里坤现贮粮二万六千余石，哈密现贮粮八万一千余石，似可不必远计转输。"得旨："甚好。"谕军机大臣等："据黄廷桂奏，哈密、巴里坤两处现贮粮石，自可不必远计转输等语。著传谕图勒炳阿，将办运麦面业已起运者，仍令运往。其未经起运者，著停止运送。所有驮载骡头即留甘应用，视骡力为行程期。到甘仍适用也，不必过急。将此传谕图勒炳阿知之。"

又奏："陕甘两省台站多寡悬殊。计陕省自潼关至长武仅八站，而甘省自泾至肃州共二十八站。又陇西、红城、镇羌三处，因道路过长，添设三腰站。臣拟略为变通，令陕省将送兵马骡再递送泾州至瓦亭驿三站，即将此三站应备马骡，帮协前站，庶劳逸均而办理裕如。"得旨："好。"

（卷528　652页）

乾隆二十一年（1756年）十二月戊寅

谕军机大臣等："前降旨令方观承将直隶所购马五千匹解往西安、甘肃之马逐次更换，调赴军营，以期宽裕备用。但陕甘各营驿屡经调拨，马匹现在缺乏，自应及时筹备，以资接济。著传谕方观承于预备南巡马匹内再挑选五千匹，派委妥干员弁解送西安。仍令西安、甘肃之马遵照前旨，逐次更调。既免长途运赴，可保膘分。而预备军营调遣，更属充裕。至南巡应用马匹折给价值，令其自行雇备，另交总理行营大臣办理，差务自不致有误。可传谕该督，一面遵照速行办理，仍著将办理之处奏闻，并传谕陕西巡抚知之。"寻方观承奏："预备南巡官马共一万二千五百八十余匹，此内挑五千匹解送西安。另带余马二百五十匹应按各标营道路，派定先后日期起程。第查前送西安马系自井陉一路，经由山西。现在接次进发，此次若仍由山西，恐致拥挤，兼虞夫役草豆，供支短缺。臣酌令自磁州一路，由河南前赴西安。

两路分行较便。已飞咨河南、陕西抚臣遵照，并饬各营送至保定，均照定送旗马例，自行派兵牵送。其自保定以南分定起数，归入总路之后，始由驿递雇夫充用。"得旨："甚妥。"

（卷528　655页）

乾隆二十一年（1756年）十二月庚辰

谕军机大臣等："黄廷桂前奏有膘壮马三万匹，已谕令以二万匹即行运送，预备进剿官兵之用。尚应有马一万匹，亦著分起解送巴里坤，以备接济。至甘省缺额马匹，前已令方观承解送五千匹，现又令预备南巡马内，再行拨出五千解往补额。其各营现缺马额应照例令各营自为购补，可一并传谕知之。"

（卷529　657页）

乾隆二十一年（1756年）十二月癸未

谕军机大臣等："陕甘两省调赴巴里坤预备进剿马匹，现在想应陆续分起解送。自宜严饬员弁，沿途上紧喂养，缓程行走，以保膘分。大兵未到军营之前，马匹计必先抵巴里坤，若专委解送弁兵，恐启贼人窥伺之心，致有疏虞。已降旨雅尔哈善，令于巴里坤以内择地牧放，留心防范。俟大兵到日，按人分给。既可无误军行，又不致有疏失。并著传谕黄廷桂一体悉心办理，严加戒饬，务期周密稳固，以防盗窃等弊。"

（卷529　660页）

乾隆二十一年（1756年）十二月庚寅

谕军机大臣等："据黄廷桂奏，额敏和卓呈称莽噶里克送到噶勒藏多尔济印文令与尼玛等，同赴罗克伦，商谋叛逆。莽噶里克并未前往等语。此不过因伊子白和卓未回，谬为恭顺之词，未可轻信。已令傅魁领兵会同额敏和卓密商办理，仍著传谕傅魁，俟见莽噶里克时，即谕知伊子现在肃州，并未加罪。伊或亲赴肃州，即行拿解来京候朕办理。至噶勒藏多尔济印文，俟奏到时查勘图记，或系扎那噶尔布等捏造，或实系噶勒藏多尔济谋为不轨，立可查验。彼时另行降旨。"

（卷529　666页）

乾隆二十一年（1756年）十二月是月

大学士管陕甘总督黄廷桂奏："安西绿营兵二千前往巴里坤，共需马四千七八百匹，酌议每兵三名合给车一辆，装载军械。兵丁令从容步行，以节马力。若节得一分马力，将来乘骑进剿即可多得一分之用。"得旨："甚合机宜，嘉许之至，笔不能宣。"

又奏："接奉廷寄，始知由内地赴肃出口者，止吉林、察哈尔、阿拉善兵二千五百名，约需马八千五百余匹，即应在肃拨给。其索伦及兆惠原带兵四千名，既经赴巴里坤，所需马一万四千余匹，已飞调陕甘满汉各营解赴坤营。并于戈壁各站将应备草料一并运供，约明春二月内即可全抵军营。"报闻。

陕西巡抚陈宏谋奏："陕省台站马骡均已齐备。其住兵房屋俱与民居隔别，又皆安设栅栏堆卡，各有防闲，易于约束。至甘省道长，台站较多，马骡难雇。黄廷桂商令陕省代雇五千余匹，为泾州等三台之用。现上紧派雇，务于兵到之前赴台，亦可无误。通计陕省雇用马骡比前次较多，诚恐里胥人等乘机索扰。饬将某县雇用车马若干安于某台，送兵回空，给价若干，明白出示晓谕，以杜弊端。"得旨："所奏俱悉，汝原能办此也。"

又奏："遵旨购骡一千解肃，现已陆续起解，但民骡与营马不同，若照营马委员分解，长途难于照应。今即责成购骡之各州县专差家人，雇用长夫解送。"得旨："甚妥。"

四川总督开泰奏："川省助马一千应分十起解送。第查由蜀至甘道路有二：一由略阳等处，一由宝鸡、秦州等处。臣现令管解各员于将出境时，探明甘省何路草料已备，即由何路前进。并飞咨黄廷桂将应由何路及何处交收之处，迅为咨复。"得旨："所办甚妥。"

乾隆二十二年（1757年）正月戊戌

又谕："甘省地方承办军需，去岁屡经降旨，将该省本年应征及历年民欠各项钱粮，分别蠲免。但念西路现在用兵，甘省小民趋事赴公，甚属勤苦，朕心甚为轸念，著再加恩将甘、凉、肃三府及安西五卫、皋兰一县应征本年地丁钱粮、米豆、草束（束）概予蠲免。其甘肃通省自乾隆十六年至二十年未完地丁钱粮一并加恩蠲免。该督抚等其董率属员，实心经理，俾小民均沾实惠，毋致胥役中饱，用副朕恩施格外，优恤边氓至意。该部即遵谕行。"

乾隆二十二年（1757年）正月己亥

军机大臣会同兵部议复河南巡抚图勒炳阿奏称："西路军报向由陕、晋、直隶递京。若南巡启銮后，仍由原路未免稽时。查豫属内黄路通直隶，考城壤接山东，永城界连江省，请军报由潼关出境，即从豫省递送行在，并自陕豫交界之阌乡及路通直隶、山东、江南各属，俱设正腰各站，恐各该州县不能分身照料。应每二站就近派佐杂一员，该管守牧县令随时查察。其腰站马，于正站抽拨等语。查西路军报向由陕晋沿边递送直隶良乡，今由内黄递送直隶，计程较远，应毋庸议。其由考城接递山东，永城接递江南，则较沿边程途为近，应如所请。至每二站仅派佐杂办理，难保无误。应照直隶、陕、甘等省奏定之例，每正站派守备一，千把、外委三，专司驰送。同知通判往来料理，道府不时稽查。马于通省各驿拣拨。"得旨："依议，著兵部行文陕省沿边一带，尚有北路军营奏报，所有台站仍照旧安设。俟启銮后，计程已抵山东境，则西来文报即由潼关径送河南接递。至回銮将抵直境，即仍由北路驰递。其陕西、河南、山东、江南、浙江著该督抚各拣派满洲道员一人，专司军台事务，往来督察，以期迅速。"

（卷530　678页）

乾隆二十二年（1757年）正月辛丑

谕："甘省现在办理军需，库贮宜裕，著该部于应拨省份酌拨银二百万两解往甘省，以备军需之用。"

（卷530　681页）

军机大臣等奏："各省驻防兵数，原视各该地方情形。今应制绵甲一项，若统计兵数造办，似属纷繁。查盛京、吉林、黑龙江、绥远城右卫、西安、庄浪、凉州、宁夏、成都等十处，俱系沿边，应计兵数三分之一预备绵甲。请分敕三处织造，与京城兵绵甲一体制办。解内务府转行各该处委员领取，其制造经费于各该处兵丁钱粮照例坐扣。"得旨："依议。"

（卷530　682页）

乾隆二十二年（1757年）正月癸丑

谕："西路大兵指日进剿，运送军粮利在迅速。其脚价银两若照部议每石给银一钱五分，恐不敷运户往回之费。所有甘省现在挽运军粮，著照雍正九年例，每京石每百里，河西给脚价银二钱，河东给脚价银一钱六分，以恤民力。俟军务告竣，各属遇有拨补粮石，仍照地方拨运之例办理。该部即遵谕行。”

（卷531　691页）

乾隆二十二年（1757年）正月甲寅

谕："据陈宏谋奏，陕省送兵车马夫役有检获兵丁遗失衣物，立即报官交还之事。其急公好义甚属可嘉。著该督抚查明奖赏，以示鼓励。至此次吉林、察哈尔官兵经过直隶、河南、陕、甘等省，兼程遄进，一切车马供顿，料理俱甚妥速。该督抚及承办各官，均著交部议叙。"

谕军机大臣等："贝勒罗布藏多尔济派领阿拉善兵丁，自备驼马前赴肃州，甚属勇往可嘉。所有应给俸饷各项俱已照例赏给，著传谕黄廷桂，酌量加赏缎匹、茶叶，以示鼓励。"

（卷531　692页）

乾隆二十二年（1757年）正月是月

山西巡抚明德奏："臣上年六月因沿边驿马不敷，奏明于省南及偏僻各路抽拨二百七十余匹，并请照陕甘之例，添雇民马三百三十匹，即于通省驿站工料内，每两酌扣三分以资刍秣。定以半年为限，今虽已满限，而差务尚多，应请仍照前例，暂存此项马匹，俟军务告竣，再行停扣。"得旨："是。"

钦差吏部侍郎裘曰修奏："嘉峪关外五卫共贮麦石二十余万，哈密贮各色粮石九万有余。闻巴里坤亦贮有二万余石。查兵丁裹带口粮，每人日需八合零。现在兵数五六千名，是六千石便敷裹带。若先将哈密所贮裹带，则仓贮尚余八万余石。今为宽裕储备起见，再将五卫贮麦酌拨十余万石，添贮哈密，是较哈密旧贮之数又为倍之。由五卫拨粮，止须本卫牛车挽运，夏间再将内地粮陆续挽至五卫补额。此时肃州以内之粮应暂缓运送。又安西至哈密一路塘站，米面甚贵。五卫除拨哈密之粮尚多存剩，若量加运脚，分散各站平粜，每站不过二三百石，价可立平。安西地方稍大，亦止须一二千石为率，其价存备籴，买官不费而兵民有益。臣当与督臣黄廷桂、抚臣吴达善公商，如属应行，即听其转饬妥办。"得旨："皆妥。"

（卷531　698页）

大学士管陕甘总督黄廷桂奏："肃关以外靖逆地方现有牧驼九百九十余只，与在肃马匹膘力俱佳，俱验明分起解往。其他赶解来肃之马，随到验解，拟于三月望前可到巴里坤军营。至解运之马，全资膘力。臣于各提镇协解肃马，先委镇道大员点验，令解员将膘分当时填注，臣复遂细看明。将注单存案，并抄送雅尔哈善等照单点收。俾解员不得不小心经理，并即以膘力之分数，定解员之功过。复恐口外严寒，弁目不善饲饮，致马减瘦，臣于安西以内另派副游都司等官分地照料。安西外戈壁各站运贮刍豆已多，惟恐水泉缺少，复分委效力游守等官在彼相度开挖，并令现署安提印务刘顺驻戈壁适中处所，不时查察。"得旨："览此稍纾朕虑，仍须时刻稽察，若误军行，咎有所归。"

又奏："臣接陕抚陈宏谋札寄，于奉旨解骡千头外又添购一倍，帮补台站，送至肃州应用。臣查自肃州抵哈密以达巴里坤军营，凡征兵所需车辆驴骡俱预备充足，无需陕省添助，其添购骡头已复陈宏谋停止。"得旨："既不需用，自应停买为是。"

又奏："臣前节次解往巴里坤壮马三千匹，曾准雅尔哈善咨调八百，供傅魁带赴鲁克沁之用。臣以此项系备进剿官兵数内之马，未敢旷缺，已如数设法补足。如雅尔哈善等再有所用，可期不乏，且此时陕甘起送在途之马，将来先解到者以备五千官兵所用，尽可充裕。惟恐出口戈壁一带，解马踵至，前后拥挤，水泉不敷。臣又委员于安西桥湾站路之外，勘得大北路可以分行。但此路并无人烟，刍豆需车挽运，臣更设法雇备，统期三月望前青草将发之时，俱到巴里坤军营。"得旨："好，此足慰朕西望萦念矣。"

（卷531　699页）

乾隆二十二年（1757年）二月庚辰

又谕曰："黄廷桂等奏称，接雅尔哈善咨文，知噶勒藏多尔济叛迹已著。前舒赫德自京带往噶勒藏多尔济宰桑固穆扎布等四人现留肃州，请旨办理等语。伊等尚未识朕令固穆扎布等前去之意。前舒赫德起程时，朕令将固穆扎布等带往，特因众厄鲁特等虽潜谋不轨，而噶勒藏多尔济尚无叛形，是以令将伊属人遣回游牧。伊果无异心，自必率众归诚，彼时酌量情形，原可从容办理。此时虽有雅尔哈善之咨，而噶勒藏多尔济实在情形究未深悉，著仍将固穆扎布等令黄廷桂送交舒赫德带往。如舒赫德等已接有擒拿噶勒藏多尔济之信，即将固穆扎布等停止前往，毋庸拘泥此旨办理。"

（卷533 717页）

乾隆二十二年（1757年）二月是月

大学士管陕甘总督黄廷桂奏："甘省自泾而肃道路绵远，台站较多，所用人夫牲畜按日发价，在途有牵领之值，在台有守候之资，民情踊跃争先。自本年正月初一日起至二月初六日止，征兵加站巡行，节次到肃，今已先后全数出关。时届春融，所雇牲畜车辆，俟尾起官兵一过，即撤令归农。"得旨："欣慰览之。"

黄廷桂会同甘肃巡抚吴达善奏："裘曰修奏明请将五卫贮麦酌拨十万余石添贮哈密。又因安西至哈密一路塘站米面甚贵，请分五卫麦运往出粜等因。臣等查哈密现贮各色粮九万余石，惟白面颇少，若概以麦石运送，该处民户稀少，办磨维艰。查沙州一卫贮粮较他卫独多，距哈密又近，应请先于沙州卫仓拨小麦一万石，磨面运交哈密。即分五卫豆草回空之车，赴沙分运。再哈密一路塘站俱系戈壁，并无居民，汛兵、塘夫亦少，官兵由肃裹带口粮甚裕，惟解马兵夫暨车户人等需用买食，应即拨安西卫仓麦，磨面减粜，市价稍平即停。"报闻。

又奏："肃州上年收成稍歉，兼以采办军糈，供支过往食用，粮价日昂。查肃州贮麦尚多，当即酌动小麦二万石，分厂平粜，按时估酌中定价。再口外赤、靖、安、柳四卫，麦值亦昂，当动赤、靖、柳仓贮小麦三千石，安西小麦五千石，减价分粜，价平即停。"得旨："览奏俱悉。"

（卷533 729页）

乾隆二十二年（1757年）三月戊申

大学士管陕甘总督黄廷桂、陕西巡抚陈宏谋奏："大兵凯旋在即，陕省府谷至定边七州县为自京抵肃捷径，沿边驿马，急宜筹添。查定边以西，甘省接壤之花马池等四十六驿，经前署督臣刘统勋奏准，于孳生马内每驿各添足六十匹，于建旷并军需项下支给工料。府谷以东，晋省接壤之保德州一十二站，亦经晋抚明德奏准，各拨足六十匹及八十匹不等。陕省各站介乎二省之间，计其道里远近相等，而一派砂碛，山岭崎岖，比甘晋二省更甚。今每站止马四十匹，或十五匹，多寡悬殊。请照甘省每站暂添足马六十匹，计正站九处，每站暂添马二十匹，腰站二十处，每站暂添马四十五匹。每匹买价八两，暂于司库公费内动支。凯旋差竣，仍责成各州县变价还项。夫马工料亦照甘省事例支销。"得旨："如所请行。"

（卷535　741页）

乾隆二十二年（1757年）三月是月

大学士管陕甘总督黄廷桂奏："本年二月甘省满汉各营买补摘缺马数甚多，沿边觅购艰难。现委员弁前赴张家口、杀虎口一带出马处所，广行购买。闻青海蒙古各部马尚多，亦札知副都统德尔素照料购办。"得旨："买补马匹乃第一要务，当实力督催，不可缓视之。"

（卷535　754页）

又奏："哈密年满防兵今应派换，向来于安、甘、凉、肃各提镇内就近拣派。今查有派往巴里坤种地兵五百名，即系甘、凉、肃三处之兵，现因巴里坤地亩荒废已久，不能妥种。经将军成衮扎布等奏请暂令回营，请即以此项兵作为换班防兵，应支整装赏项，即以前经赏领之项抵数，无庸另给。"得旨："甚妥。"

（卷535　755页）

乾隆二十二年（1757年）四月丙子

调甘肃凉州将军保德为绥远城将军。绥远城将军松阿哩为凉州将军。调绥远城副都统保云为江宁副都统。江宁副都统富昌为绥远城副都统。

（卷536　772页）

乾隆二十二年（1757年）六月壬戌

谕："甘肃地方承办军需，小民急公趋事，甚属勤劳。屡经降旨，将该省历年积欠并承办之甘、凉、肃三府，安西五卫，皋兰一县，本年应征地丁钱粮、米豆、草束概予蠲免。但现在军务未竣，该省为总汇之地，小民出力尤多，朕心时切轸念。著将甘肃通省乾隆二十三年，应征地丁钱粮加恩概予蠲免。该督抚等其董率属员，预行出示晓谕，实心查办。毋任不肖官吏从中舞弊，用副朕优恤边民，格外施恩至意。该部即遵谕行。"

（卷540　824页）

乾隆二十二年（1757年）六月丁丑

又谕："连年西路用兵，其进剿马匹皆取给于陕甘二省。采买拨解，长途饲喂，满汉官兵均恐不无赔累。而各标营摘缺应行买补者甚多，借动公帑，若必依限扣还，兵力更未免拮据。著总督黄廷桂于回任后速行查明，将应作何展限加赏之处，据实具奏。候朕降旨加恩，以示体恤边兵之意。"寻奏："查满汉标营借垫未还银共一百二十六万四千六百十九两，除乾隆十九年至二十一年二月以前满营借垫，在季饷坐扣，未还银一十五万九千六百两零。绿营借垫在公费名粮扣补，未还银一十三万七千三百两零。应照旧分别查扣外。其自乾隆二十一年二月至今止，满汉各营共未还借垫银九十六万七千六百两零，请将解送马匹及兵丁添补衣物等项，借垫未还银六十万八千三百两零，于各兵季饷分年坐扣。将各营买补摘缺及增添马价借垫未还银三十五万九千三百两零，请旨特加恩赏。"得旨："有旨谕部。"

（卷541　841页）

乾隆二十二年（1757年）六月戊寅

谕："各省教职六年俸满，例由该督抚学政公同甄别。前经降旨，令将堪膺民社者保题，其年力未衰可以留任者，一并出具考语，送部引见。但教职一官，寒毡可念，远道孤征，舟车僮从之资不无多费。僻在边省者转瞬六年，尤为仆仆。嗣后直省甄别教职，云、贵、川、广、福建、湖南、甘肃等省俱著改为八年举行一次，俾得宽其程限。至来京时亦不必专檄独行，听其从便结侣，请咨送部引见。其六年保题县令及其余近省，俱著照旧例行。"

（卷541　844页）

乾隆二十二年（1757年）六月庚寅

谕："据甘肃巡抚吴达善奏，甘省之碾伯、会宁等三十八州、县、厅各村庄，今夏或因崖土坍塌，或因雨水带雹，并山水涨发，间有损伤田禾及冲压房屋，淹毙人口之处。现在饬查抚恤等语。甘省地处边陲，雨雹偏灾，旱潦不齐，虽所时有，然今岁被灾情形视往年较广，朕心深为轸念，著该抚董率属员将灾地逐一详勘，其有可以补种杂粮者，即速酌量借给籽本，赶种晚秋，以望西成。其冲倒房屋以及淹毙人口、牲畜，著即行确查，照例按数赈给，务俾边徼灾黎均沾实惠。毋致稍有失所。大学士黄廷桂回任时，并令顺道查察，该部即遵谕速行。"

又谕曰："蒋嘉年奏报雨水折内称甘省各属雨水调匀，秋禾滋长，通省民情欢悦等语。现据吴达善奏，甘省碾伯等三十八州、县、厅俱被水雹，偏灾较重。并称甘、凉二属雨水不能深透，渠水亦细，旱地颇觉干燥等语。则蒋嘉年所奏全属抵牾。向来藩臬本无紧要陈奏之事，惟地方雨水收成情形乃分所当奏，自应详查据实入告。乃虚词粉饰如此，其不实在留心民瘼可知。著传旨严行申饬，并令将各属望雨之处，现在曾否得雨。详悉奏闻。"

（卷 541　860 页）

乾隆二十二年（1757 年）七月辛卯

又谕："嘉峪关外路多戈壁，从前并无水泉。今年大兵经过，凿井数处，俱得甘泉。水势胜涌，普济军行，不特所过驼马汲饮有资，即往来商贾亦多利赖。此实神明赞佑所致。昔年皇祖用兵时，地涌灵泉，曾于托里地方建庙，以答神庥。今即照此例，交该督敬谨建造。该部遵谕具议以闻。"寻大学士管陕甘总督黄廷桂遵部议复奏："查嘉峪关外由安西至哈密，中有得胜墩地方系戈壁之首，平坦空旷，应于此择爽垲处建造。且就近安西，岁时祭享亦便。所有殿宇规制，绘图呈览。来岁春融，择吉兴工。"得旨："好，庙成时请扁可也。"

又谕："据什兆等奏称，凉州、庄浪二处应买补官马。自伊以下至骁骑校等，请赏借三年俸银，以为采买喂养之用等语。什兆等此奏，自属因公，但思官员借俸，按季坐扣，于伊等生计无益。前因西安将军都赍等应解肃州马匹，办理无误，已降旨将大臣官员等所借俸内未扣者加恩宽免。今凉、庄二处大臣官员著加恩照什兆等所奏，赏给三年俸银，免其扣还。再宁夏将军舍图肯等亦因办理马匹，大臣官员借俸二年，事同一体，亦著加恩免其扣还。至前宽免西安将军等俸银时，本年春季已经坐扣，惟将未扣者七季宽免，殊觉不均。著加恩将西安大臣官员等本年春季已扣俸银，仍照数赏给。该将军大臣等务令将所赏银两用于采买喂养，俾得肥壮。并悉心严查，勿致浮费。有余则存公备用，以副朕曲加恩赍至意。该部即遵谕行。"

（卷 542　864 页）

乾隆二十二年（1757年）七月己亥

　　谕军机大臣等："陕甘二省驻防及绿营买补马匹，俱令按月奏报。原以各营缺马甚多，急需买补，必有所稽核，庶可不致延玩也。今各处缺额之马业已将次买补足额，而买马官弁迫于限期，趱行迅速，转恐于新购马匹，致多劳乏。且行之日久，恐成虚套，此惟在该督等稽查得实耳。著传谕黄廷桂嗣后陕甘二省买补马匹，停其按月奏报。其沿途应如何牧放行走及买补多寡，应如何设法催查之处，令该督自行酌量办理可也。"

　　　　　　　　　　　　　　　　　　　　（卷542　874页）

乾隆二十二年（1757年）八月己巳

　　赈恤甘肃柳沟、安西、沙州三卫旱灾饥民。

　　　　　　　　　　　　　　　　　　　　（卷544　918页）

乾隆二十二年（1757年）八月癸酉

　　谕军机大臣等："现在两路收服之厄鲁特等甚多，伊等外虽投顺，多系畏威乞降，其心未可全信。如姑息养奸，将来必致滋事。著传谕将军大臣等看其情形毫无可疑者，即移向额林哈毕尔噶等处指给游牧，以备来岁屯田之用。如稍怀叵测，即移至巴里坤，再令移入肃州，即行诛戮。朕从前本无如此办理之心，实因伊等叛服无常，不得不除恶务尽也。将军成衮扎布、兆惠等将现在来降之厄鲁特查明具奏，分别办理。如应指给游牧则不必送巴里坤，其送至巴里坤者尤须慎密，如稍有漏泄，则闻风惊窜，地方益难宁谧。并传谕阿里衮、黄廷桂等知之。"

　　　　　　　　　　　　　　　　　　　　（卷544　922页）

乾隆二十二年（1757年）八月是月

　　甘肃巡抚吴达善奏："甘省安西提标各营兵每年应支本色粮向例按距肃远近折价，自赴肃州买运。本年安西等卫风灾，粮价甚昂，折价实属不敷。请照乾隆九年雅尔图奏准之例，将安西提标各协营本年冬季兵粮于附近各本卫仓，每马兵一名借给一月粮二石，步兵一石五斗，余令通融买食。其动缺粮俟价平时饬各卫按数买补。用过价银若干在各该营应领季饷内扣还归款。"得旨："如所议行。"

　　　　　　　　　　　　　　　　　　　　（卷545　940页）

乾隆二十二年（1757年）九月戊戌

又谕曰："阿里衮等奏称，沙喇斯、玛呼斯游牧叛逃，已传谕满福令其作速带兵擒剿。并谕将军成衮扎布、兆惠等军行所至，严行剿杀，勿以姑息养奸。著传谕阿里衮，如有移至巴里坤贼众，即遵前旨送往肃州办理。再雅尔哈善奏称，达瓦之弟鄂尔奇达逊已送往巴里坤等语。俟其到日，即著解送来京。"

（卷546　948页）

乾隆二十二年（1757年）九月癸丑

谕："甘肃茶商马元亨包揽侵欺，亏缺茶斤一万七千余封，照例拟斩，现于秋审情实予勾。但此案内之茶马大使叶炯、王轲文系专司茶封之员，乃听嘱受贿，虚出实收，以致该商任意侵亏，则马元亨之罪实叶炯等有以成之，仅照杂犯准徒，不足蔽辜。叶炯、王轲文俱著发往军台效力，以示炯戒。"

（卷547　963页）

乾隆二十二年（1757年）九月是月

大学士管陕甘总督黄廷桂奏："瓜州回民所遗熟地二万四百余亩，经臣奏明招佃承种，官民分收。随令安西道就近于五卫地方陆续招佃六百八十余户。每户先后拨地三十亩，借给籽种、口粮、牛具等项。今春督令及时耕种，嗣因夏间口外陡起热风，苗稼不无吹损。现查收成多寡照例办理。此外尚有回民未种荒地一万九千余亩，自应次第经理垦辟，但屡招乏人，盖因地瘠土坚，耕种匪易。且俱在熟地下游，去水甚远，必须其年雪厚春暖消化应时，渠流充畅，始能引水灌溉，否即难免歉薄。似应将此项荒地照开垦例，招民认垦，官止借给籽种、口粮，按年征还。至所垦地先令于熟地接水处开起，由近而远。试种一年后，如水足有收，即照民地升科。查军兴以来，多有佣工谋食在外者，应先于此等民人内招垦，尚有余地，再于内地设法招往。"得旨："诸凡甚妥。"

（卷547　971页）

乾隆二十二年（1757年）十月壬戌

谕："前因陕甘二省满汉官兵采买拨解马匹及各标营摘缺买补，借动公帑。若依限扣还，兵力未免拮据。降旨该督，应作何展限加恩之处，查明具奏。今据黄廷桂奏，陕甘二省满汉各标营借垫未还银三十五万九千三百两零。其解送马驼添补口食盘费等项，除季饷坐扣外，尚未还银六十万八千三百两零等语。此所奏借垫未完之三十五万余两，著加恩免扣，以示优恤。其坐扣未还之六十万余两，著酌量分别年限，按期展扣，以纾兵力。该督抚其善为经理，务俾均沾渥泽，以副朕加惠边兵至意。该部即遵谕行。"

（卷548　974页）

乾隆二十二年（1757年）十月庚午

大学士管理陕甘总督黄廷桂奏："查雍正年间，巴里坤驻扎大臣时，奎素、石人子、巴里坤至尖山一带地亩俱经开垦，尚有沟塍形迹。臣于上年冬月奏请派拨绿旗官兵五百名，前往垦试。嗣因逆贼巴雅尔等叛逃，派调军前，旋议撤回。臣复扎知巴里坤大臣，派现存绿旗兵将渠道先行开浚，并踏勘各处水泉，可溉地亩若干。旋据复称，委总兵丑达勘得尖山子起至奎素一带百余里内，从前地亩旧迹俱存，系取用南山之水。共有正渠九道，自山口以外多渗入沙碛，必须木槽接引，方可畅流。其三道河以北自镜儿泉三墩起至奎素止，亦有正渠三道及支渠形迹。芜久湮塞，现在工多人少，且工科必须拨运等语。臣查善后事宜案内，巴里坤驻扎满兵三千名，绿旗屯田兵一千五百名。今驻防满兵尚需时日，而开垦地亩似宜早计。请于甘、凉、肃三处先派种地官兵一千名，于来年正月前往。浚泉引渠需用工匠、物料、田器、牛只等项均由内地办运。至二三月间，土膏萌动，即分布各兵于可垦之地翻犁试种。查巴里坤一带气寒霜早，惟宜青稞。应令各兵于青稞外，如糜谷之类少为试种，有收再增。其官兵整装银两照例给发。"谕军机大臣等："黄廷桂奏派兵一千名，于来春前往巴里坤等处屯田等语，自应及时筹办。但此尚在近地，其乌鲁木齐等处亦须渐次屯种，接济兵食。其如何相度水利，测验土脉及派兵前往，一切口粮、牛具、籽种等项，预为料理之处著传谕黄廷桂详悉具奏。"

（卷548　986页）

乾隆二十二年（1757年）十月辛未

又谕曰："黄廷桂所办马匹，自肃州送至巴里坤，即另委官兵解送。著派出厄鲁特散秩大臣巴图济尔噶勒、乾清门侍卫果木尼勒图、富绍自巴里坤解送济尔哈朗。巴图济尔噶勒赏银一百两，果木尼勒图、富绍各赏银五十两，即前赴巴里坤等候。仍派察哈尔索伦兵四百名，沿途防备吗哈沁。其马匹加意照料，如遇风雪，即便住宿。进兵之日以巴图济尔噶勒为领队大臣，果木尼勒图、富绍照从前图伦楚例，带兵行走。"

（卷548　987页）

乾隆二十二年（1757年）十一月癸巳

又谕："甘肃提镇标营每年应支兵米向例止给四月本色，其余月份俱给折色。年来西路用兵，兼之口外地方今岁偶被风灾。商贩之出口者多，内地米价未免稍昂。所支折色不敷买食，兵丁生计，未免拮据。著加恩将甘提、凉肃二镇所属标营无论马步兵丁，每兵赏借小麦一石六斗。于本年十一月起，分作四月按月支领，以济口食。各照本营额定折色之例，自来年春季起，分作四季扣还。其安提各营兵丁前因灾歉，业经赏给一月口粮。但安西地处口外，兵丁之差使较繁，亦著一体借支，连前所借一月口粮一并分季扣缴，以示体恤边兵之意。该部即遵谕行。"

（卷550　1016页）

乾隆二十二年（1757年）十一月辛丑

吏部等部议复大学士管陕甘总督黄廷桂等奏称："兰州府属狄道州所管西北各乡，距州治一百二三十里不等。回汉杂处，民情刁悍。请将同城州判移驻适中沙泥驿，兼司附近渠道水利。皋兰县所管北乡红永宽镇四堡，距县治三四百里不等。里民纳粮跋涉维艰，请将原设宽沟县丞移驻边要之红永堡，即令就近分征四堡额粮，并将三眼井、白墩子塘驿马匹归其管辖。秦州所管东南乡，与陕省宝鸡县连界，距州治二百八十里，山深箐密。请将同城州判移驻迤东三岔镇，其附近三岔镇各堡钱粮即归该州判征收，仍照旧兼理捕务。巩昌府属抚番同知所管番民间处，命案繁多，若值公出，厅治遂无别员。请设照磨一员，兼司狱事。其添设照磨，查有厅属茶马大使一员驻扎岷州，专司茶务，事简应请裁汰，改设照磨。原管茶务归岷州吏目兼理。以上移驻州判二员，县丞一员，应需官役俸工，照旧支食。改设照磨一员应需俸工，即于现裁茶马大使额编俸工内动支。衙署另请估建，均应如所请办理。"

从之。

（卷550　1026页）

乾隆二十二年（1757年）十一月乙巳

　　大学士管陕甘总督黄廷桂等奏："钦奉恩旨，将陕甘二省满汉各营采买补缺马匹借垫银三十五万九千三百两零，免其扣还。其解送马驼，添补口食盘费，坐扣未完银六十万八千三百两零，酌量分年展扣，以纾兵力。臣等酌议，各营应支马干俱已留为喂马之用。每岁添制军装及差使盘费俱系该营自行措办，于季饷内扣还。又有朋扣银两，并年底在司库接济，及粮贵时预借银米均应于季饷内扣缴。现在朋喂解送正余马一万三千余匹，加添料豆，制备衣装，统须陆续扣还。再加此项坐扣银六十万八千余两，自应宽以限期，俾季饷扣还之外，各有余剩。应请自乾隆二十三上春季为始，各于本营季饷内分六年扣还。"得旨："六年尚觉限迫，著宽至十年。"

（卷551　1030页）

乾隆二十二年（1757年）十一月丙午

　　谕军机大臣等："现在由巴里坤送至肃州，赏给官兵之厄鲁特等，特因其情有可原，始如此办理。但伊等心怀叵测，而肃州等处距口甚近，或有约会逃走，妄行生事之处，即当正法示众。著晓谕得赏官兵，留心驱策，如不遵约束，虽致死亦不加罪。若生事逃窜，则罪有所归。黄廷桂等亦当时为稽察。"

（卷551　1031页）

乾隆二十二年（1757年）十一月丙辰

　　谕军机大臣等："陕甘两省挑解军营马匹，所有摘缺应买补之马，定价不敷，多借公项垫用，分限扣还。朕已降旨加恩矣。直隶连年挑解马匹，各标营摘缺买补或亦有似此借垫者，著方观承即查明具奏。其动项买补者不在此例。"寻奏："直隶买补马匹，定价每匹九两，已足敷用，并未借垫公项，亦无私行挪垫之累，与陕甘情形不同。"报闻。

（卷551　1039页）

　　又谕："据塔永宁奏，晋省营伍有因连年挑解军需马匹，额定价值银八两，不敷买补，挪垫公项，陆续坐扣还款之事，与陕甘两省情事相同等语。

陕甘不敷之项，前已降旨加恩。晋省营伍若果系因公挪垫，此与州县侵亏者
迥别，著交刘统勋就近详查，据实奏闻。朕自酌量施恩。倘有私自侵用者，
亦据实指参，不得稍涉瞻徇。”

（卷551　1040页）

乾隆二十二年（1757年）十一月戊午

赈恤甘肃皋兰、狄道、金县、渭源、靖远、平凉、华亭、镇原、庄浪、
泾州、灵台、安化、环县、合水、抚彝、张掖、平番、中卫、平罗、碾伯、
西宁、高台等二十二厅、州、县夏秋二禾被霜雹等灾贫民，分别蠲缓有差。

（卷551　1042页）

乾隆二十二年（1757年）十二月甲戌

又谕曰："黄廷桂请将军营用剩之马，挑选数百匹，为乌鲁木齐等处屯
田之用。昨已有旨详悉传谕矣。军需马匹不妨多为预备，著传谕塔永宁于晋
省营马内择膘壮者，酌拨二三千匹解甘。其挑缺营马另筹买补，如价例不
敷，不妨据实奏闻，量为加增。至乌鲁木齐一带屯田需用牛马，甘省耕牛难
购，骒马、菜马亦属无多。如晋省民马内除买补营马外，有骒马及不堪乘骑
之细小马匹，俱可酌量收买。或五六百匹，或千余匹，即行解赴甘省。至川
省所产牦牛颇多，其马匹虽小，不堪驰驱进剿。而服犁耕地尚属可用。可传
谕开泰将川省牛马酌量购买一二千，即骒马亦可凑数，于来年陆续解交甘
省。即不能趱赴春耕，亦可补下年之用。得此两省协济，无烦另为筹办矣。
并传谕黄廷桂其如何预备员弁，接收分送，俟开泰、塔永宁咨到之日，一面
办理，一面奏闻。"

（卷553　1063页）

乾隆二十二年（1757年）十二月庚辰

又谕："据黄廷桂奏称，添派绿旗兵三千名，计哈喇沙尔等处屯田兵内
抽调十分之六，仍须派兵一千九百名。请于甘省标营及巴里坤屯田兵内派足
等语。巴里坤屯田兵一千名，若抽调六百，则该地恐不敷用，宜酌量办理。
昨闻贼众投往回部，因虑兵力单弱，又谕于三千绿旗兵外添派五千。黄廷桂
想尚未奉到此旨。看来各处屯田兵数尚少，若可耕处多，则续派五千名，即
留十分之四亦无不可。且先后兵八千名，酌留一二千屯田，六七千进剿，均

觉裕如。黄廷桂其与雅尔哈善加意办理。"

（卷 553　1070 页）

乾隆二十二年（1757年）十二月壬午

谕军机大臣等："据黄廷桂奏称，派往哈喇沙尔、伊拉里克地方屯田兵八百名，续派前往吐鲁番屯田兵一千名内酌留十分之四，收获看守外，抽拨兵一千一百名进剿。如合三千之数，尚应派兵一千九百名，即于内地各营派兵一千三百名，令其前往。不敷兵六百名。查巴里坤现有屯田兵一千名，临时就近抽拨，以足三千之数。所有续派兵丁应需籽种、马匹等项，一面具奏，一面办理等语。黄廷桂所办甚是。但于巴里坤屯田兵一千名内抽拨六百名，恐巴里坤屯田之兵又复缺少。此一千兵或另有用处，或只系备用。如另有用处，理宜补派前往。将此寄信黄廷桂酌量办理外。近闻阿里衮、额敏和卓、以沙喇斯、玛呼斯人众，由库车地方逃往叶尔羌、喀什噶尔等语。奏到时，朕意绿营兵丁多为派往，于声势甚壮。是以复降谕旨，令黄廷桂原派三千绿营兵外，再于甘省绿营兵内拣派五千名。与原派三千名一同料理前往。此旨黄廷桂尚未奉到，但黄廷桂所奏屯田兵数尚少，现应屯田数处内，如堪耕种之地可以多得，即将此项续派五千兵。于到营时，均令开垦布种毕。于此内酌留十分之四，令其看守，亦无不可。即原续共派八千进剿之兵，本属宽裕派往者，于此内酌留一二千屯田，六七千进剿，尽足敷用。总之屯田愈多愈善。黄廷桂知此，可行文雅尔哈善尽心筹划办理，务期广为屯种，以资积储。再马得胜已降旨授为提督，令其带领进剿前往。其统辖屯田兵丁之处，黄廷桂酌量另行拣派。除将此寄信雅尔哈善遵照办理，著一并传谕将军兆惠等知之。"

（卷 553　1071 页）

乾隆二十二年（1757年）十二月甲申

又谕："据黄廷桂奏，甘省各官承办军需有垫办银十万一千余两，请量为拨补一半，其一半仍令各该员自行弥补等语。甘省连年承办军需，该督黄廷桂事事悉心筹划，董率属员，迅速妥协，克济军行。该抚吴达善同心协力，往来经理，俱著劳绩。在事各员俱能奋勉出力，急公趋事，于间阎毫无扰累，民情踊跃，深属可嘉。所有垫办银两既系因公实用，若复令其自行弥补一半，殊无以示奖励。此项应补之十万余两著加恩赏给，概行免其还补。黄廷桂著赏银一万两，吴达善著赏银五千两，俱于正项钱粮内支给，用示优恤贤劳至意。"

又谕："甘、凉、肃、安一带各标营官兵，因本年米价稍昂，曾经加恩每兵赏借四个月口粮，以资接济。其陕省延绥一镇地属边徼，差务络绎。本年秋收适值歉薄，各营口食未免拮据，来岁青黄不接为时正长。朕心深为轸念。著照甘、凉、肃、安之例，无论马步守兵，每名赏借四个月口粮一石六斗，自十二月起按月米麦兼支。俟来年照各本营折色四季扣还归款，以示体恤边兵至意。该部遵谕速行。"

（卷553　1074页）

又谕："据黄廷桂奏，甘省各官承办军需有垫办银十万一千余两，请于准噶尔夷人进藏案内余剩银两，及扣留公费名粮内量为拨补一半，其一半仍令各员自行弥补一折。已有旨概行赏给，免其还补，并赏给黄廷桂银一万两，吴达善银五千两矣。各官垫办银两本系军需实用，自不妨即以正拨补，并不必于准噶尔进藏余剩银内支给，仍于军需项下作正开销可也。至延绥镇兵请借口粮四个月一折，亦已照该督所请，特颁谕旨。敕部速行，但恐由部行文，稍稽时日。已寄信吴士功即行遵办。可一并传谕该督黄廷桂知之。"

（卷553　1076页）

乾隆二十二年（1757年）十二月丁亥

军机大臣等奏："前遵旨传谕黄廷桂于屯田绿旗兵内抽拨三千名，再于甘省各营添派五千名，给与口粮马匹，令总兵马得胜、丑达带领，再派总兵一员同领。今该督奏称，从屯田兵拨出一千三百名外，添派一千七百名，仍于各营选派五千，共八千名。派马得胜、丑达及总兵五福一同带领。其领队将弁，速行各该提镇遴选等语。俱系遵旨办理，应如所奏行。"又据奏："减半拨给马匹，每兵各给一马，官兵跟役，亦俱减半给与。是需马不过八千数百匹。今甘省有未解余马二千匹，又直隶解甘马五千匹，自应即于此内选用，仍于各营挑选足额。其军装器械等项，统照进剿之例办给。内盔甲一项不过壮观，徒费驮载，应停带往。查巴里坤有存贮棉甲，应按数给与，事竣交回。再甘省现办驼二千只，仅供拨运行营口粮之用。即塔永宁前后协办驼五千只，恐一时不能即到。该督所奏暂雇车辆，每兵余丁四人合给一车，自属通融筹办。亦应如所奏办理。至各兵口粮，实不便多行裹带。今该督既称于巴里坤裹带一月口粮，又办羊二万只，作一月口粮。俟驼只解到再为接济，事属可行。所有应增羊价及沿途草料，统于军需项内核销。再屯田兵丁，自应广为垦种。臣等现遵旨传谕该督于备剿兵内，酌量抽拨。应令遵照办理。"从之。

（卷553 1080页）

《清乾隆实录（八）》

乾隆二十三年（1758年）正月己丑

又谕："据黄廷桂奏称，现在陕甘买补摘缺营马，官价八两，实有不敷。及买解巴里坤等处屯田牛只，请于官价四两四钱外添给一两六钱等语。两省连年需马甚多，市价未免昂贵，若拘定成例，诚有不敷。著于定价八两外准其加给二两，至牛只系本省农民所需用，时届春耕，不惟官价四两四钱不足，即增一两六钱亦未必充裕，若再加二两给以官平足数，采买自属易集，而闾阎亦无滋累。因此次购办过多，特加恩格外，以示体恤，后不为例。"

又谕："甘肃一省承办军需，虽丝毫不以派累闾阎，而小民之趋事勤劳，殊堪轸念。前经降旨，将该省乾隆二十三年地丁钱粮悉行加恩蠲除。但本年正项虽已免征，而历年旧欠尚有应须输纳者。边氓仍不免追呼之扰，著再加恩，将该省乾隆十六年至二十二年一应民欠未完银粮草束，通行豁免。该督抚其董率属员，实心查办。倘有不肖官吏以完作欠，侵蚀中饱，及违例私征，致百姓不沾实惠，即行严参究治，用称朕嘉惠体恤之至意。该部遵谕速行。"

谕军机大臣等："前因乌鲁木齐屯田处所需用牛只，已有旨令开泰购买牦牛解甘，以备垦种。今据黄廷桂奏，川省所产大半俱系水牛，其黄牛不过十之一二。口外天寒不能适用等语。黄廷桂久任川陕，于两省情形皆所熟悉。川省黄牛既少，于口外不甚相宜，自可无庸采买。且现据黄廷桂于陕省竭力措办牛一二千头添补应用，似可无误春耕。著传谕开泰所有川省牦牛一项，不必办解可也。"

又谕："晋省办解儿骒马一事，现据黄廷桂奏称，晋省民间骒驹甚少，其购解者不过老骒马。冬月赶解出口，恐多倒毙等语。著传谕塔永宁于该省各营现在挑解备战马匹之外，再挑选不堪乘骑之驽骟马一二千匹，于三四月内解赴甘省，以备屯种。所有儿骒马一项既无裨实用，停其办解可也。"寻奏："购办骒马未奉旨前已验解四百匹，未便撤回。至谕挑解各营驽骟马，晋省现存营马因上年挑换陕马，多老瘦难解。请买民间口轻耕种骟马三四百匹，或五六百匹，并将原买未全解肃之骒马一并挑解。"得旨："如所议行，既欲集事，亦不欲累民也。"

又谕："据黄廷桂奏称，川省既无黄牛，而晋省骒马多老不堪用，已谕开泰、塔永宁停其购办。但令晋省于标营内，挑取不中乘骑之骟马一二千匹，解甘备用。至军营牛马自应充裕。现命军机大臣于太仆寺、上驷院牛马群内挑取，亦可以资接济。著传谕知之。"

（卷554　1页）

乾隆二十三年（1758年）正月甲午

命副都统集福带领侍卫扎拉丰阿、纳木扎勒往西宁。谕军机大臣等："去年进剿厄鲁特，叛贼余党分路逃窜。近据阿里衮等奏称，沙喇斯、玛呼斯贼人俱逃向爱什玛山之东南。察其踪迹，应在呼尔塔克山、罗布诺尔等处藏匿等语。罗布诺尔等处与噶斯相近，可通青海，或贼人逃往彼处，亦未可定。因特派集福、扎拉丰阿、纳木扎勒前赴西宁，与副都统德尔素、青海郡王索诺木丹津、贝子纳木扎勒车凌等会同办理。集福等至西宁，德尔素即同往青海，令索诺木丹津等派兵一千，听候调遣。仍选派熟识路径兵丁三四十名，交扎拉丰阿、纳木扎勒等带往噶斯一路，根寻贼人踪迹，若有藏匿逃窜之厄鲁特等，扎拉丰阿报知集福等，即带兵前往搜剿。若并无踪迹，扎拉丰阿等亦即回京。集福可传谕索诺木丹津等密为预备，小心宣露。"

又谕："据阿里衮奏、沙喇斯、玛呼斯贼人向爱什玛山之东南呼尔塔克山逃去。呼尔塔克山与罗布诺尔相近等语。因披览地图，呼尔塔克山、罗布诺尔等处与鲁克察克相近，未知阿里衮曾否行文雅尔哈善等，可传谕雅尔哈善在鲁克察克一带留心访查。此时阿里衮若已追及贼人固善，倘又逃往他处，或向噶斯一路，已调青海蒙古兵丁预备堵截。再呼尔塔克山等处，既与鲁克察克相近，去巴里坤亦当不远。巴里坤大臣等亦应远设卡座，加意瞭望，如有贼人踪迹，即行搜剿，似此分途防范，贼众自难藏匿。"

（卷554　8页）

乾隆二十三年（1758年）正月丁酉

谕军机大臣等："据巴里坤办事大臣等奏称，甘肃解送军营马一万二千匹，俱陆续妥协解到，今已办理起程等语。黄廷桂办解军营马匹妥协无误，深属可嘉。黄廷桂及承办马匹官员俱交部议叙。其解送马匹至巴里坤官兵，著黄廷桂查明，官员交部议叙，兵丁酌量加恩赏给。以示鼓励。"

（卷554　11页）

乾隆二十三年（1758年）正月乙巳

又谕曰："兆惠等奏，招降噶勒藏多尔济之哈尔察海等七十余口，拣选七人作为向导，余交巴图鲁侍卫齐努浑解送巴里坤候旨等语。哈尔察海等见我九人前往招降，即率二十余户归顺，非兵威迫胁可比。从前因厄鲁特等反复无常，故送往肃州正法。今助恶逆党俱多歼灭，此辈原无关紧要，当酌量安插，稍给产业，同绿旗兵支领钱粮，以供调遣，使众厄鲁特闻知。猜惧之心稍释其藏匿余贼自必来投。庶疆圉可以永靖。著传谕巴里坤大臣等，现在哈尔察海等即遵照酌量安插，嗣后有似此者一体具奏，俟事竣之后，量其情节分别办理。并传谕兆惠知之。"

（卷555　15页）

乾隆二十三年（1758年）正月戊申

谕："据黄廷桂奏，上年简发来甘以副参游击都司委用等员，除陆续题补外，未经得缺之员尚多，因有缺系部推，例不准补。请照文职拣发之例，其曾经得缺候补者，遇缺酌量题请等语。甘省现在军务需员，所有发甘差委之现任旗员，若必俟应行在外题补之缺，始请补用，未免守候需时。著照所请，准其不拘题选各缺一例补用，俟军务告竣，仍照定例遵行。"

（卷555　18页）

乾隆二十三年（1758年）正月是月

大学士管陕甘总督黄廷桂奏："起发屯、征兵。原议屯兵三人给一车，征兵四人给一车。现因车不敷用，通融令屯兵轮流步行，减半给车。征兵三车减给一车。减价按分各兵。"得旨："所办好。"

（卷555　34页）

乾隆二十三年（1758年）二月乙丑

又谕："据雅尔哈善等奏称，所调陕甘绿旗兵丁，计二月二十日以外可至鲁克察克。自鲁克察克至玛纳斯又需二十日，于三月初十左右始至军营。距兆惠进兵之期已逾一月等语。前因兆惠屡次奏请增兵，又将伊所领索伦兵一千名拨给雅尔哈善，故派绿旗兵一千名前往。近因雅尔哈善奏，伊现在所有索伦、察哈尔及富绍等送马兵丁将及三百名，拟分派哨探策应及巡察牧群之用。朕虑此数尚不敷用，谕将一切差遣回程索伦兵留于鲁克察克，合计可得若干。如有不足，再自兆惠军营遣发。又谕顺德讷、阿里衮兵丁俱归雅尔哈善之队，亦将及一千。但未知此内有索伦兵若干，若得六七百名已足敷用，则兆惠所领索伦兵即无庸调遣。或已经起程，行走未远，亦可调回。再绿旗兵虽赴调稍迟，而随后进发，亦足增声势，可仍行遣往。若兆惠竟不需用，即存留屯种亦可。著传谕兆惠、雅尔哈善一面咨商办理，一面奏闻。"

（卷556　40页）

乾隆二十三年（1758年）二月丁卯

又谕："据黄廷桂奏称，安西至哈密，中间戈壁各站，向乏水泉。因令总兵刘顺设法开掘，灵泉腾涌，该镇能相度情形，筑砌洼池，蓄水分槽，在在如式。不特牲畜供饮无缺，兵商亦资利赖等语。刘顺委办戈壁水泉，能实心经理，甚属可嘉。著交部议叙。"

谕军机大臣等："据开泰奏，川省挑选营马及购买土马共八百余匹解甘等语。前因黄廷桂奏川省牦牛不适于用，曾降旨令开泰停止办牛。至马匹一项，川省既经起解。且据黄廷桂亦已咨复，于肃州验收。是甘省又可得此八百余马添补之用矣。黄廷桂可择其骨力强大，足供驰驱者，加意喂养，以备军营调拨。其土马或酌量拨补驿站，自亦足供应差使。将此传谕知之。"

又谕："据吴达善等奏，遵旨将厄鲁特哈尔察海等俟送到时，赏给产业，同绿旗兵食粮。嗣后有似此者，查照办理等语。昨因厄鲁特剿杀之后，余众无多，若概行诛戮，恐闻风惊惧，以致各处藏匿。故将哈尔察海等如此办理。但此等降人情节不一，著传谕吴达善等，嗣后有似此送到者，俱著奏闻请旨。哈尔察海等亦不必安插巴里坤，俱发往安西，归入绿旗兵内差遣。仍加意约束，勿致脱逃。再丑达自军营送回巴里坤驼只，倒毙甚多，所存俱属疲瘦。是全不尽心照管，吴达善何以并不参奏，著一并传询。"

（卷556　41页）

乾隆二十三年（1758年）二月戊辰

谕军机大臣等："据黄廷桂奏称，军需办解将竣，请暂停可缓之粮运，以便农功。具见悉心调剂，其所称预备正余马一万七千匹，四月初间可抵肃州等语。著饬交各该员加意饲秣，至春深时，口外青草丰茂，陆续酌拨。送赴巴里坤一带，分厂牧放。膘分易于滋长，兼可省内地刍豆。且免五六月间经行戈壁之劳。将来遇有调遣，自可就近趱赴，不患长途疲乏。可传谕知之。"

（卷556　42页）

乾隆二十三年（1758年）二月辛巳

青海扎萨克多罗贝勒达什车凌故，遣官赐祭如例。

（卷557　56页）

乾隆二十三年（1758年）二月癸未

又谕曰："阿里衮等带往军前之右卫前锋索诺木扎布，曾为厄鲁特喇嘛等，遣往回部。熟悉伊地情形，因照额敏和卓所言，绘图令其订正。奏呈朕览，著将此图发与雅尔哈善等阅看，如进兵时有应行查勘者，即相机办理。索诺木扎布仍著为前锋，在雅尔哈善队内奋勉行走。又阿里衮等前至布叶地方，搜获回人巴雅尔等。据供系库尔勒伯克托克托之属人等语。雅尔哈善等进兵至库尔勒，彼处人等若输诚归附，即谕以仍令伯克托克托管辖，此时且随军效力。伊等既有名称，前至叶尔羌、喀什噶尔等处招降所识人等，自属有益。其他收服回人头目亦可照此办理。再义州马甲巴尔泰去年从回部脱出，颇知彼处路径，亦著在前锋效力。其从前由准噶尔脱出安插安西之旗人内，有识回地路径，情愿效力者，俱行遣往。果能奋勉，将来仍令伊等来京，归入本旗。俱著传谕雅尔哈善等知之。"

（卷 557　58 页）

乾隆二十三年（1758 年）二月甲申

命驻扎西宁办事副都统德尔素来京，以副都统集福办青海事。

（卷 557　62 页）

乾隆二十三年（1758 年）三月壬辰

又谕曰："舒明在科布多军营已阅数载，著即来京。正红旗蒙古副都统集福驻扎西宁，其员缺著扎隆阿补授，在科布多办事。其正红旗蒙古副都统，著德尔素署理。正白旗蒙古副都统顺德讷现在军营，其员缺著舒明署理。"

（卷 558　71 页）

乾隆二十三年（1758 年）三月甲午

大学士管陕甘总督黄廷桂奏："哈萨克本年七月应在乌鲁木齐等处交易。缎布等项经运赴巴里坤收贮。努三赴京，于前月过肃，询称交易人数不能预定，内地茶叶不必备往。妆蟒缎匹等件亦不必过多，惟各色绒褐、毡毯、白布、印花布等件，宜多购备。已饬陕甘各藩司办运巴里坤。交易有余，即散给彼处官兵，扣饷归款。"报闻。

（卷 558　72 页）

乾隆二十三年（1758 年）三月戊戌

以故青海扎萨克多罗贝勒达什车凌子丹巴车凌袭爵。

（卷 558　73 页）

乾隆二十三年（1758 年）三月辛亥

又谕："据黄廷桂奏，侍卫孟雅萨尔带有回民黑巴斯夫妇三名口。其回妇巴喇彦称系伊族妹，因中途撞遇，一同带归。现在将伊夫妇等暂留肃州收管。或应解送京城，或于就近安插，请旨遵行等语。黑巴斯系外藩回民，虽孟雅萨尔称系亲戚，亦并无实据。伊若已带同进京，自不防听从其便。今既留于肃州则解送来京，殊可不必，即于就近赏给绿营官员为奴可也。将此传谕黄廷桂知之。"

（卷 559　85 页）

乾隆二十三年（1758年）三月壬子

兵部议准甘肃巡抚吴达善奏称："甘省河东、河西各驿额马，乾隆十九年筹设口外军务塘站，摘拨口内冲驿马三百五十八匹。稍冲及僻递各驿马二百二十四匹。冲驿经题买补，余尚缺额，应买补。"从之。

（卷559　86页）

乾隆二十三年（1758年）三月是月

大学士管陕甘总督黄廷桂奏："前因防守吐鲁番等处，拨兵驻巴颜布喇。今西路平定，且乌鲁木齐、吐鲁番一带有屯田兵，应将原驻防兵撤归安西本营。但令该提督于沙州西南之古庄子、沙枣、墩石、阿博、党河口、古墩、红山石并巴颜布喇等处，就近每处拨兵五名，分汛防守。"得旨："好，如所议行。"

（卷559　90页）

乾隆二十三年（1758年）四月壬戌

免甘肃兰、巩、平、甘、凉、宁等六府属州县乾隆三年起至十年止带征未完银粮。

（卷560　98页）

乾隆二十三年（1758年）四月乙亥

又谕："现在阿里衮已抵巴里坤。吴达善著回甘肃巡抚之任。至阿里衮所奏招服罗布诺尔回人一事。此等回人自守其地，无甚关系，即有逃匿之厄鲁特等，伊等亦未必能擒获。前经赏给缎、布、茶叶，嗣后不得援以为例。"

（卷561　111页）

乾隆二十三年（1758年）四月丁丑

谕军机大臣等："兆惠等据由屯呈报领兵至伊犁，疾追乌尔古勒济勒等。已派玛瑺策应由屯，大兵亦相继进发等语。兆惠等自进兵以来，虽数次击败贼众，而渠魁如哈萨克锡喇等未能擒获，且今日奏报中并未言及。又有奏贺阿睦尔萨纳身死一折。阿睦尔撒纳之死，诸人俱可庆贺。惟兆惠、富德疏脱逆贼，未曾擒获，尚宜愧耻。乃亦觍颜奏贺，岂谓逆贼既伏冥诛，大事已竣，而哈萨克锡喇等贼俱可置之不论乎。此时贼众若向特克斯等处，即宜迅速追剿，若已逃入哈萨克，亦应勒兵索取，仍分兵至博罗塔拉，擒拿舍楞等，务期弋获。至所奏喀喇乌苏之呼鲁苏台台站被贼抢夺。兆惠等领兵进剿，自应令巴禄照管台站。两将军、两参赞闲居一处何为，而巴禄更属无事。伊等岂欲效去年西路所行乎。奉到此旨后，若达礼善等尚未追剿哈丹鄂拓克、善披领集赛等余贼，即派巴禄领兵二三百名前往搜捕。又所奏瑚尔起等收取伊克胡喇勒得木齐巴苏泰，由屯收取杜勒巴集赛等户口，皆系畏威乞降，解至巴里坤时，仍送肃州办理。"

（卷561　114页）

乾隆二十三年（1758年）四月甲申

以甘肃凉庄道来朝为广东按察使。

（卷561　120页）

乾隆二十三年（1758年）四月是月

甘肃巡抚吴达善奏："乾隆二十二年八月内奉文减捐起，至年底止，惟抚彝、山丹等厅县仍无报捐，其余张掖、武威等十州、县、卫已共收捐、监生一百一十六名，共京斗粮八千一百一十一石。所收粮数虽较前不及，但为期止三四月，非经久可比。此后如长年收捐，商民远近闻风踵至，报捐自必更有成效。"报闻。

又奏："甘省各属春夏以来，民间耕牛染疫，率多倒毙。查从前旧例，如遇农民牛只倒毙，原有借给牛本银三两，或粮三石，饬令买补之例。除批饬宁夏府属灵州及中卫等县，照依前例借给牛本，分作二年还项，别属或有续报之处，均请一例办理。"得旨："甘省常有牛疫之灾，何不讲求医治禳解之方耶？"

（卷561　122页）

乾隆二十三年（1758年）五月戊子

又谕："甘肃地方数年以来办理军需，悉颁帑项。虽丝毫不以累民，而小民急公趋事，甚属勤劳，殊堪廑念。前经降旨将本年应征地丁钱粮概予蠲免。又经降旨将二十二年以前旧欠之银粮、草束通行豁除。但该省为军需总汇，民风淳厚，出力尤多，朕心时切轸念。著将甘肃通省乾隆二十四年份应征地丁钱粮再行加恩，悉与蠲免。该督抚等其董率属员预行出示，遍为晓谕，毋任不肖官吏从中舞弊，以副朕格外加恩，优恤边氓至意。该部即遵谕行。"

（卷562　125页）

乾隆二十三年（1758年）五月己丑

谕："据黄廷桂参奏，甘肃布政使武忱、粮道成德，因私废公，漠视军务，有玷方伯监司之任等语。司道为方面大员，非端谨率属，何以整饬官常。况军需关系紧要，伊等身系满员，尤当奋勉集事。乃任意怠玩误公，彼此瞻徇，甚乖职守。武忱、成德俱著革职，交与该督黄廷桂，令其效力赎罪。所遗甘肃布政使员缺，著蒋炳补授。即驰驿前往。"

（卷562　125页）

乾隆二十三年（1758年）五月丙申

调甘肃提督王进泰为江南提督。以西宁镇总兵刘顺为甘肃提督。金塔协副将高天喜为西宁镇总兵。

（卷562　131页）

乾隆二十三年（1758年）五月丁酉

谕军机大臣等："西宁总兵刘顺已有旨补授甘肃提督，伊现署豆斌安西提督之缺，如有承办军务，必须该员在彼经理，或将甘提印务酌委总兵一员暂行署理。若刘顺所办事件无甚紧要，则令其竟赴新任。其豆斌安西提督之缺，该督另委妥员署理。至西宁总兵员缺，已令高天喜补授，所遗员缺，即著该督拣选一员奏请补授可也。将此传谕黄廷桂知之。"

（卷562　131页）

乾隆二十三年（1758年）五月壬寅

谕曰："黄廷桂参奏宁夏满营协领齐布腾、昌阿礼、佐领伯色、凉州佐领二格等解送巴里坤马匹，照管疏忽，致多遗失。请交部严加议处等语。此项马匹系预备军前调拨，关系甚重，自应留心看守牧放。向来满营解送马匹胜于绿旗官兵，乃齐布腾等较之绿旗转多遗失，甚属不知愧耻。除将送马兵丁严行责惩外，齐布腾等俱著交部严加议处，仍勒令分赔。将军舍图肯、松阿哩平时不能管束教训，亦著交部严加察议。"

（卷563　135页）

乾隆二十三年（1758年）五月甲辰

兵部议准甘肃巡抚吴达善疏称："甘省凉、庄、宁夏所属之红城等八驿驿丞裁去，请将各驿岁需钱粮归各该厅领销，并令该管知府及驿道就近查核。"从之。

（卷563　138页）

乾隆二十三年（1758年）五月丁未

又谕："发遣巴里坤种地一事。前据阿里衮奏请分屯筑堡，酌量安置。已降旨从黄廷桂处行文申饬，俾该督一体知悉矣。昨据黄廷桂复奏折到，看来该督亦尚未悉办理本意。此等人犯本系情罪重大，应死之人，因有一线可原，未即置之于死。其实与黑龙江等处为奴人犯无异，不过因西陲平定，是以发往巴里坤等处，给屯田绿旗兵为奴耳。而办理此事者，不知命意所在，以致辗转筹划，甚欲分屯筑堡，为之计长久，定世业，如良民之抚摩，而惟恐不至，岂不轻重倒置之甚耶？此事从前定议时未经特行指出，发与兵丁为奴字样，仅将此列入屯种事宜各条内。原未甚明晰，无怪外省之拘泥，瞻前顾后，觉为万难办理之事也。著再详细传谕黄廷桂，俾得知所从事，但此时屯种一事，现须由近及远。人犯亦未便遽行远发，著酌量将此等遣犯先赏给安西绿营兵丁为奴，俟安西赏足后，再行赏给哈密绿营兵为奴。过二三年后以次再及于巴里坤、乌鲁木齐等处。伊等如安分则已，倘或滋事不法及私行逃窜，一经拿获，即行正法。若有逃回内地者，肃州乃系要路，断不能潜越。该督并当留心盘诘拿获，亦即于该处正法。总之此等原系匪类，免死发遣，已属宽典，毋庸多为顾虑也。"

（卷563　140页）

乾隆二十三年（1758年）六月己未

谕军机大臣等："塔永宁奏，办解军需驼只额外余费及倒毙驼只等项，仍请公捐各属养廉还项一折。所办未为允当。已降旨将解驼各项需费应行开销，照例动公报销，不得于各属养廉内捐补。至于沿途遗失及倒毙驼只为数过多，在应准开销之外者，自属解员办理不善，则应于管解各该员养廉内酌量照数弥补。或该员等养廉不多，亦只可于委派各员之巡抚两司及该管道员分扣还项，断不得将未经承办各属之养廉轻议摊派。著传谕塔永宁，将来俟甘省咨到，查明实在应赔驼数，遵照此旨办理，毋许仍沿向来陋习，致于政体有乖也。"

（卷564　149页）

乾隆二十三年（1758年）六月庚申

又谕："据吴达善奏称，甘省大势缺雨，其杖徒以下等罪可否亦照直隶清理刑狱之例，酌减办理等语。已于折内批示，清理刑狱亦只祈求雨泽之一端。今肃、甘、凉、兰等属未得透雨，而泾州、高台数州县又有被灾之处。边省贫民深为轸念。虽该省频年额赋悉已加恩豁免，若秋成未能接济则应行抚恤之事，不可不急为筹划。宁夏一带素称产米之区，价直较他处必当平减。其应如何设法采购，以为未雨绸缪之计，务宜作速部署，以备临时酌量赈粜，庶边氓得沾实惠。将此详悉传谕吴达善知之。"

（卷564　152页）

乾隆二十三年（1758年）六月癸亥

谕军机大臣等："前经传谕黄廷桂先期购办口粮，以备明岁支给添派兵丁之用。今思甘省河东、河西各处向有征贮粮石，原为储备军需，此时自应速为筹运。如本省足敷备办，较之别省采买自属便易。倘为数不敷则应就近移商开泰，令于四川近甘各州县广为先时购运，大约务足二万官兵一岁口粮之需，方为妥协。其解送之期，能于今冬料理齐备，运至巴里坤或哈密存贮应用，乃为得济。征兵口粮关系紧要。该督即速为妥协筹办，勿致临期迟误也。著即传谕黄廷桂知之。"

大学士等议复大学士管陕甘总督黄廷桂奏："发遣人犯，赏给屯兵为奴，自有该兵丁督课取力。牛具、籽种毋庸另为办给，所居土屋听自行盖造。至发遣人犯，据永贵等拟请托克三、哈喇沙尔二处共需五百名。查现在乌鲁木齐及穆垒一带屯种处，增添不一。遣犯难遽定数。再所议本年发来遣犯暂留肃州，俟明年正月起解。边地狭瘠，米价腾贵，各省匪类聚集，诸多不便。请令刑部行知各省，将应发人犯计程起解，于明年正月陆续到肃，转解巴里坤大臣等语。查该督所奏发遣人犯赏给屯兵为奴，牛具、籽种毋庸另给，土屋听其自造，并令兵丁严束，毋庸另立科条，均如所奏办理。至所议遣犯不必遽定其数。查此等遣犯各省陆续结案，原难定以成数。至行知计程起解未免纷烦，应令该督遵旨，将此等遣犯先赏给安西绿营，次给哈密，俟二三年后以次及于巴里坤、乌鲁木齐等处。不必咨会各省，徒滋案牍。"从之。

又议复甘肃巡抚吴达善奏："昨岁大兵进剿，及驻防牧放屯田各官兵一万余员名，经臣奏拨哈密食粮二万石。今春不敷接供，复请拨哈密、甘肃等处三色粮二万石，运交军营备贮。今岁各项官兵统算约二万余员名，数增一倍。就前原拨粮石，支放难期足用。查向来凯旋官兵盐菜、口粮长支者按口扣抵，少领者计日找给。伊等在外，制备衣履，皆借此找支之粮补用，似应少为变通。将来凯旋官兵需找口粮，莫若酌以二成本色，八成折价搭给。倘有借食他人口粮，必需归还本色者，仍支领本色，其愿领折价者，听其自便等语。查军营粮石最关紧要，现在巴里坤贮粮无多，大兵凯旋找给，若一概补领本色，未免不敷。应如该抚所奏，此项找给口粮，酌以二成本色，八成折价，不拘色样，每石以八两定价。"从之。

（卷564　155页）

乾隆二十三年（1758年）六月甲子

谕曰："甘肃提督刘顺著仍留署安西提督之事。其甘肃提督印务著额僧额即行驰驿前往署理。大同镇总兵印务著曹瑛署理。"

（卷564　156页）

乾隆二十三年（1758年）六月庚午

又谕："巴里坤一带现在垦种地亩甚多，兼有办理回部之事，均需马匹。若就陕甘两省购买，一时恐难足数。应于附近各省分路采办，自易为力。直隶著买马三千五百匹，山西二千五百匹，山东、河南各一千匹，陕西二千匹。可传谕各该督抚，即派委贤员上紧购办，解赴肃州，交总督黄廷桂验收转解。务于十月内赶至巴里坤，以备拨用。再此次马匹各该省如能及时买足甚善，设或不能趱办，准于营驿马匹内，先挑选口轻膘壮者凑足解往。所有缺额马匹，限于今年内陆续购补。并传谕黄廷桂知之。"

（卷565　160页）

乾隆二十三年（1758年）六月辛未

又谕："据黄廷桂奏，甘省河东、河西各府属间有被旱、被雹地亩，业已酌借籽种、口粮，无虑失所。而吴达善奏内则称，除有渠水可资灌溉及河东之秦州、河西之西宁等属，得雨深透，而其余各属均欠沾足，并有未能播种之处等语。吴达善此奏系五月二十五日拜发，乃各属田地尚有未能播种者，秋成岂不失望耶？所有一切抚恤事宜，该督抚等务须悉心预为经理，毋俟勘灾已成，始议赈粜也。至现今各属曾否续得雨泽，得雨之后，如尚可补种秋禾及杂粮菽豆之属，亦即各按地方情形，速为劝谕，及时补种，以资接济。总勿致边地贫民稍有失所。著再传谕知之。"

又谕："据黄廷桂奏称，甘肃现存炮位年久不堪应用，现在雇觅良工，趱造大神炮二三十位，请交松阿哩监造，就近演放，交臣转解等语。军营现需炮位，自宜制作精坚，著传谕松阿哩，督同镇道等员监视工匠，加意铸造，但必俟全数铸就始行转解，未免稽迟时日，且解送亦殊繁费。惟酌量铸成三四位或五六位即为一起转解可也。"

礼部议准大学士管陕甘总督黄廷桂疏称："嘉峪关外素系戈壁。西路进剿时，水泉喷涌，奉旨建立龙神祠。今于得胜墩地方建立，并请封号匾额，以彰神贶。"从之。

（卷565 161页）

乾隆二十三年（1758年）六月己卯

工部议准甘肃巡抚吴达善疏称："兰州北临黄河，水势南徙，石岸冲刷，请建大小挑水板坝七座，并对岸沙滩开挖引河一道。"从之。

（卷565 165页）

乾隆二十三年（1758年）六月辛巳

谕军机大臣等："甘肃连年承办军需，虽一丝一粟不以派累闾阎。而运送兵丁，输挽粮饷，多资民力，急公趋事，朕心时廑于怀。今岁复值得雨较迟，深为轸念。现在各属已曾遍行得雨否，秋收可不至甚歉否。其从前未经种植者，曾补种杂粮否。当此连岁馈运之后，继以雨泽愆期，米粮自必短少。黄廷桂劳勚日久，刻下办理粮饷，设或拮据，不可不为之体恤。现在尚须再派京兵一千前往军营。朕意即令此一千兵于京师各带军前四个月口粮，以免甘省购办。如此筹划是否简便易行，于边省地方有益，著传谕黄廷桂，令其酌量速行具奏。再前经降旨该督，先期购办明岁征兵口粮，如本省不敷，则移商开泰于四川购运，务足二万官兵一岁之用。计今已接到谕旨，其现在作何擘画，或本省足敷，或须借资川省，及何时可运到巴里坤之处，并著速行会商，妥协定议具奏。"

乾隆二十三年（1758年）六月壬午

谕军机大臣等："甘省办理军需，一切运送兵丁转输粮饷需用骡驼，该省难于一时采办，著传谕方观承于直隶办解驼四千只，塔永宁于山西办解驼三千只，吴士功于陕西办解驼一千只，并骡一千五百头。胡宝瑺于河南办解骡一千五百头。各上紧购买，务得口轻膘壮者。于今岁九月、十月内赶解到肃，以利军行。所有办买官价若不足，不妨据实奏明酌加。一面办理，一面奏闻，著传谕各该督抚知之。"

又谕："甘省连年办理军需，黄廷桂急公集事，俱无贻误。今岁春夏以来，一切转运粮饷，复甚妥协，勤劳懋著，深慰朕怀，著加恩再赏银一万两，于军需正项钱粮内支取，以示体恤。"

免甘肃各属乾隆十六年至二十年民欠水冲沙压地亩额赋，停征地丁银两。其甘、凉、肃三府州，安西五卫，皋兰一县，乾隆二十二年份地丁银米并予缓征。

乾隆二十三年（1758年）六月是月

大学士管陕甘总督黄廷桂奏："查两路大军在外，并台站及各处屯田兵，每月口粮已不下二三千石。近奉谕明年添派官兵二万，预备一岁口粮。虽经臣具奏在于凉、宁、兰、巩等府拨十万石，分运哈密、巴里坤存贮。内地距营窎远，转输需时。口外露雪早降，即难行车，应乘此夏秋道路可行，先从哈密存粮内米面兼拨，尽力运送巴里坤，务于九月前运足五万石，交收备用。"得旨："甚好。"

甘肃巡抚吴达善奏："甘肃所急筹者：一在遵旨采购，一在通融拨运，一在银粮兼赈。查宁夏产粮最多，价俱平减。就最贱州县不拘色样采买，不惟凉、甘被灾各属赈用，且可协拨延、榆。臣已拨银，在平罗等县加紧购贮，以备所需。其他各属仓贮与藩司筹商，通查多寡，酌量选拨，务期灾地足用。至于现办军需冲途仓贮，不宜尽数动用。统计应恤灾属约需粮五十万石，银三十万两，方为两益。"得旨："览奏俱悉。"

（卷565　169页）

乾隆二十三年（1758年）七月戊子

谕："甘省历年正供及杂项钱粮，并乾隆二十四年地丁额赋屡经降旨，加恩蠲免。其正赋之外随征耗羡，系留支地方公费之需，例不免征。但念甘省地处边陲，土瘠民贫，正供既已蠲除，而历年积欠耗羡尚须照数完纳，小民输将仍不免拮据。著再加恩，将甘省自乾隆元年至二十二年民欠耗银三万三千四百余两，耗粮一十五万八千六百四十余石概予蠲除。其二十三、四两年应征耗羡银粮亦并暂缓催征，俟正赋开征之年，再行输纳，用昭体恤边氓至意。该部即遵谕行。"

大学士管陕甘总督黄廷桂奏："巴里坤为军需总汇，近奉旨派出索伦、察哈尔兵丁，明年又添派官兵二万，须预备一岁口粮。请于甘省各属运十万石，乘此夏秋道路便于行走，先从哈密存贮粮内米面兼拨，务于九月前运足五万石。其哈密缺额再从内地运补。"报闻。

蠲免甘肃安西厅及安西、沙洲二卫乾隆二十二年份夏禾风灾一千一百三十九顷八十亩有奇额征。

（卷566　173页）

乾隆二十三年（1758年）七月乙未

军机大臣等议复大学士管陕甘总督黄廷桂筹增马匹一折："前奉谕令该督预备明年二万官兵口粮，系统计进剿兵数而言，并非专用绿旗兵二万。今该督所奏绿旗兵二万，人给马一匹，加以官员随役，得马二万五千匹已足敷用等语，似属误会。查今年若取库车，大兵前抵阿克苏，则来年所用绿旗兵多不过一万五千，人给马一匹。再合吉林、索伦、察哈尔等兵，约以五千为率，人给马三匹。前陆续派往巴里坤马已有三万，应如所奏。再饬陕甘各营拨出五千匹，则官役需用亦足。此外若有急需，可于军营骑回马内挑用。至称巴里坤养马不便过多，亦应如所奏，酌将续拨马匹于十月送至肃州饲秣，俟军营需用转解。"得旨："来岁进剿回部，合吉林、索伦、察哈尔及绿旗兵不过一万五千人，即再多亦不过二万。该督筹办一切，具见实心。然看来未免稍形拮据，转恐远近传闻，张皇其事，当以静镇密筹为要。至马驼骡只又交直隶及各省购办。现又于鄂尔多斯购马四千匹，驼一千只。自可无误军行，著再传谕知之。"

（卷566　182页）

乾隆二十三年（1758年）七月丙申

又谕曰："大学士兼管陕甘总督黄廷桂老成端练，宣力有年，筹划军需，精勤敏达，不辞劳瘁，迅合机宜。江南河道总督白钟山、漕运总督杨锡绂、闽浙总督杨应琚、四川总督开泰、云贵总督爱必达、总督管江苏巡抚陈宏谋、安徽巡抚高晋、河南巡抚胡宝瑔、甘肃巡抚吴达善并历任封疆，贤劳懋著，嘉兹显绩。特晋崇阶，用示褒荣，以彰优眷。黄廷桂著加少保，杨应琚、开泰俱著加太子太保，杨锡绂著加太子少师，陈宏谋、高晋、胡宝瑔俱著加太子少傅，白钟山、爱必达、吴达善俱著加太子少保。"

（卷566　183页）

乾隆二十三年（1758年）七月戊戌

军机大臣等议复大学士管陕甘总督黄廷桂奏称："派出京兵一千名，蒙恩体恤甘省岁歉，购运拮据，拟令各兵自带四月口粮。是否简便可行，令臣酌量具奏。查现备军粮已属宽裕，各兵长途裹带，转多未便。甘省所拮据者在雇觅骡马。此次京兵入甘境，请分三四起，每起间二日进发，可以牛车、驴头递送到肃。出口即移安台挽运车辆载送。俟兵过，再运军粮。应如所请，停其自带口粮，分起进发，通融载送。"从之。

（卷566　184页）

乾隆二十三年（1758年）七月己亥

谕军机大臣等："现在派健锐营官兵一千名于七月二十八日自京起程，分为五起，每间二日，按起行走。可传谕黄廷桂，京兵出口之后，即由哈密取道前赴库车，较之经由巴里坤更为直捷。其应给马匹口粮即在哈密预备，并传谕布政使衔德舒即赴哈密，妥协办理。仍著甘肃巡抚吴达善亲往督率。甘肃现有赈恤事宜，兰州省城不可无大员经理，著布政使蒋炳自肃回兰办事。"

（卷566　185页）

以湖北黄州副将吴宗宁为陕西兴汉镇总兵。甘肃花马池副将达启为甘凉州镇总兵。

乾隆二十三年（1758年）七月辛丑

谕军机大臣等："据雅尔哈善奏，此次所带炮位不能攻城，如由内地解送军营，路远不便。请谕黄廷桂解送匠役铜铁，照金川例，即于军营铸造大炮二位等语。此奏尚属可行，著传谕黄廷桂，令将匠役铜铁等项解交雅尔哈善等铸造，凉州不必再铸，其已成者，仍著即速解往，将此一并传谕雅尔哈善知之。"

乾隆二十三年（1758年）七月癸卯

定边将军兆惠疏报："右翼布噜特玛木特呼里比归诚，遣其弟舍尔伯克等入觐。谕军机大臣等，据兆惠等奏称，侍卫乌勒登招降布噜特玛木特呼里比，遣其弟舍尔伯克入觐等语。乌勒登伴送入觐之布噜特等，行至巴里坤、肃州等处，俱著优加宴赉，以示慈惠。其贸易回人愿往招降安集延等处回众，恐伊等如期来至伊犁。自当预为守候，庶不失信远人。车布登扎布、富德回兵时，即在彼驻扎办理，或酌派大员亦可。至托克托拜遇哈萨克额尔类，将属人所掠官物查出交还，具见诚恳，著赏额尔类缎四端，仍传旨嘉奖，并谕以据擒获人口所供，哈萨克锡喇往阿勒沁部落，如能传示缚献，必沛殊恩。前锋托克托拜行走黾勉，著授为蓝翎侍卫。其侍卫额勒登额受伤既重，即回京调理。俱各传谕知之。"

乾隆二十三年（1758年）七月戊申

又谕："据凉州将军松阿哩奏称，军营须用大炮，已造成两位，送往肃州。其续造两位，俟演放后再行运送等语。前经雅尔哈善等奏称，内地铸造炮位，转运艰难，请将匠役物料趱赴军营，酌量铸造。朕已如所请行，可传谕黄廷桂等此时自必遵照前旨办理，但将已成炮位，速送军营可也。"

乾隆二十三年（1758年）七月辛亥

陕西巡抚钟音奏称："甘、凉、肃军需总汇，用钱孔多。且本省搭放兵饷及现在兵行口粮，需钱折给，宽裕备贮，市价庶平。随于七、八两月应铸四卯外加铸三卯，分解三府州，以济民用。"得旨："嘉奖。"

（卷567　197页）

乾隆二十三年（1758年）七月是月

甘肃巡抚吴达善奏："甘省预备明年一二万兵一岁口粮。现在雹水偏灾等邑尚需赈粜，宜因时变通，急筹买补。查日下粮价最平处莫如河东巩昌所属，最贵莫如河西肃州。然以巩昌最贱之粮加费运肃，合银四两上下，不若本处买补。每石二两三钱内外，转多节省，请无论河东、西，除灾地外，其成熟之厅、州、县、卫，夏秋收成后，各就本地购买，倘妨民食即止。"得旨："如所议行。"

（卷567　200页）

乾隆二十三年（1758年）八月甲寅

又谕："昨派出察哈尔兵一千名，由阿济必济往乌鲁木齐，所需口粮马匹应先送至乌鲁木齐预备支给。现在派出索伦兵二千名俱由此路行走，亦应照前预备。至派出健锐营兵一千名则不必至巴里坤，径由哈密、吐鲁番、鲁克察克一路。著传谕阿里衮或将巴里坤现有马匹送至哈密预备，如不敷用，即将肃州牧养马匹，令伊等支领，前赴军营亦可。阿里衮速咨黄廷桂筹酌办理。"

（卷568　202页）

乾隆二十三年（1758年）八月己未

又谕："据努三察勘穆垒至乌鲁木齐屯田，约需兵丁六千有奇，绘图呈览，屯田为军食所关，必由近及远，以次增垦，方可省馈饷而丰积贮。此时虽距耕作之期尚早，自当先事筹划。可传谕黄廷桂于内地绿旗兵内挑选七千名，调赴乌鲁木齐等处。其农器即于肃州办给，交兵丁带往，或并给以工作器具，令兵丁就近伐木造屋。俱宜酌量办理。至派往回部之绿旗兵，现在军营仍需调遣，不必撤往屯田处所。并传谕永贵等知之。"

（卷568　205页）

乾隆二十三年（1758年）八月甲戌

以西安将军都赍为兵部尚书。调凉州将军松阿哩为西安将军。以绥远城右卫左翼副都统蕴著为凉州将军。

（卷569　218页）

乾隆二十三年（1758年）八月丙子

谕曰："黄廷桂奏，甘省河东、河西州县内有雨泽愆期，不及补种秋禾之处，目前即应照例银粮兼赈，但该处现在粮价颇昂，若照部价每石一两折给，不敷买食。请于部价之外，河东每石加银二钱，河西每石加银三钱等语。该省连岁办理军需，继以雨泽愆期不及播种，粮价自不免昂贵。即照该督所请加增之数折给，恐尚不敷，著加恩于部价外，河东每石加银三钱，河西每石加银四钱。俾民间买食宽裕，以示格外轸恤至意。"

（卷569　218页）

乾隆二十三年（1758年）八月丁丑

赈贷甘肃皋兰、金县、河州、渭源、狄道、靖远、会宁、环县、山丹、武威、古浪、平番、永昌、镇番、中卫、灵州、平凉、镇原、凉州、甘州、西宁、宁夏等二十二府、州、县，平凉、镇原二厅旱灾户口籽种、口粮。

（卷569　219页）

乾隆二十三年（1758年）八月是月

甘肃巡抚吴达善奏："甘省粮色有粟米、小麦、豌豆三项。而时价贵贱不同，缘所收厚薄不等。现买补仓储，若必拘原粜粮色，不独添价既多，且舍价贱之粮。不即购买，恐缺额骤难补足。查河东州县现豌豆之价较贱于米、麦，况军需喂养马匹，拨运尤多，请即购买抵补，至秋成后，总视何项收获较丰，市价稍贱，通融办理。"得旨："甚是，此原不可拘泥者，但留心察其影射谋利之弊可耳。"

（卷569　226页）

乾隆二十三年（1758年）九月壬辰

又谕："著传谕黄廷桂、阿里衮等，现富德收服右部哈萨克，遣送使人来京。至巴里坤、肃州时，著照布噜特使人例，筵宴赏赉。"

（卷570　232页）

乾隆二十三年（1758年）九月丁酉

旌表守正被戕之甘肃秦州民郭跟保子妻雷氏。

（卷570　238页）

乾隆二十三年（1758年）九月戊戌

又谕曰："黄廷桂奏于安西甘肃各营孳生驼只内拣得四百有奇，送往哈密、巴里坤应用。现在供应大兵尚无贻误。俟直隶、山西购解到日，即行拣送等语。看来所有驼只只足递运粮饷器械，而进剿兵丁则不敷派拨。是以黄廷桂请于官兵额支马匹外，再给驮马一匹。此次进剿回部，沿途城堡可居，非若与准噶尔等野战，必须驮载帐房器什也，况回人等乞降相继，官兵到彼，自可立奏肤功。尤应轻装速进，以从便捷。领队大臣侍卫等至辟展支给马匹，不必拘泥成例。俱著传谕知之。"

又谕："览黄廷桂奏折有将来平定回部仍应驻兵之语。于回地情形，尚未深悉。回部与伊犁不同，伊犁入我版图，控制辽阔，不得不驻兵弹压。至回部平定后，不过拣选头目统辖城堡，总归伊犁军营节制。即从前准噶尔之于回人亦只如此。可传谕兆惠将来办理回部，惟于归顺人内择其有功而可信者，授以职任，管理贡赋等事，具奏请旨。至伊犁则必需大兵驻防。现在作何筹划，且由近及远，以次屯田，俱著于平定后一并详悉妥议具奏。其驻防伊犁大臣即兼理回部事务。"

（卷570　239页）

乾隆二十三年（1758年）九月庚子

大学士管陕甘总督黄廷桂奏："向例遇有偏灾，本折兼赈，银粮各半。本省偏旱各处，现奉恩旨，每石加银三钱、四钱不等。如该处一隅偏灾，粮价不甚昂贵，民间得领加折，多买杂粮，可资糊口，请将初赈加赈全折。若灾地广阔，粮少价昂，又以少支折价，多散本色为妥。应请因地制宜，无拘银粮各半成议。"得旨："嘉奖。"

（卷571　242页）

乾隆二十三年（1758年）九月己酉

谕军机大臣等："甘省牧放马驼不无赔垫，前已特加恩赏，其应行著追之项亦有旨豁免。但自去冬以来，办理回部，各省办送驼骡，俱在该省分槽饲养。其承办各官兵或又有赔垫之处。至该省承办军需，虽无派累，而小民踊跃急公，深为轸念。所有本年及来年应征地丁及各年一切积欠已屡经降旨蠲免。此外或尚有应行宽免之项，俱著黄廷桂查明据实具奏。候朕酌量加恩。"

（卷571　248页）

乾隆二十三年（1758年）九月庚戌

又谕："据兆惠奏，未奉到命将雅尔哈善拿解送京谕旨之前，已遵前旨，将雅尔哈善遣往屯田处所。至讯马得胜等怯懦贻误军务之处，皆支吾推诿，不肯实供。请将马得胜等解送至京。现派游击苏勒登额解至黄廷桂处等语。著传谕黄廷桂，马得胜等若已解至肃州，不必审讯，即派妥员解来。再兆惠若已奉到续降谕旨，将雅尔哈善拿送肃州。黄廷桂即留心看守，解送来京。若兆惠处尚未解到，朕已将拿解雅尔哈善之处传谕永贵矣。黄廷桂即先将马德胜解京，俟雅尔哈善至肃州，再派妥员解来。务饬沿途防守，毋使自戕。"

（卷571　250页）

乾隆二十三年（1758年）九月癸丑

又谕："据黄廷桂奏，嘉峪关口先后盘获固原逃兵李子云等，并靖远营逃兵孙林共七名，解肃讯明正法等语。此等脱逃兵丁一经拿获，自当即行正法，断不可稍存姑息，所有未获余犯仍应严饬内外各关口，上紧速拿务获，毋使漏网。其在嘉峪关口盘获逃兵之各弁兵等，著该督查明，酌量奖赏，以示鼓励。并将现在已获各犯姓名即行文军营及管理屯田大臣等，使各谕绿旗兵丁知之。"

（卷571　256页）

乾隆二十三年（1758年）十月戊午

吏部议准大学士管陕甘总督黄廷桂等奏称："甘省渠宁、瓦亭、苦水、镇羌、大靖等五驿，前各设驿丞，乾隆二十年裁汰。该处俱回汉杂处，距县城甚远，需官弹压，请改设巡检五员，兼司驿务。"从之。

（卷572　265页）

乾隆二十三年（1758年）十月辛酉

大学士管陕甘总督黄廷桂奏："前钦差大臣在鄂尔多斯、阿巴噶等处购驼五千只，并直隶、山、陕等省办解驼八千只，预备转运军粮及屯田籽种。今已陆续抵肃，择其膘壮者解送哈密，羸乏者留肃喂养。现通计各项差使止需驼六七千只，余驼五六千只，常年饲养，糜费不赀。且驼不耐暑，恐有倒毙。查巴里坤、哈密、辟展等处均有牧厂，应令该处各大臣择水草丰美、凉爽厂地牧余驼备用。"得旨："甚好，即照此奏，交伊等办理。"

又奏："甘省河西一带运送军粮，向例每石每百里给脚费银二钱。今岁兰、凉、宁、西、甘、肃等府州属歉收，食物腾贵，例价不敷。请增给银一钱，至运送军装，向例每百里给银一钱五分，应与运粮一例增给。"从之。

（卷572　268页）

乾隆二十三年（1758年）十月甲子

大学士管陕甘总督黄廷桂奏："准屯田大臣永贵咨明岁屯兵，每名种地十五亩外，酌加五亩，共计新旧屯兵一万七千名，应添籽种七千二百余石。本年甘、凉、肃收成歉薄，采购艰难。查肃仓有拨剩小麦六百数十余石，再令该州动用仓贮易换新麦三百余石。又武威县原办粟谷籽种八百石，均令转运哈密。现巴里坤、塔勒纳沁二处有收获青稞，令就近拨运三千石。辟展、吐鲁番、托克三等处秋收粟谷，可取用二千四百余石。该处粟谷原备明岁屯兵口粮，应由哈仓运补。"得旨："嘉奖。"

（卷572　272页）

乾隆二十三年（1758年）十月丙寅

又谕："据黄廷桂奏，请拨饷以备屯田籽种之用等语一折，著该部于附近甘肃省分拨银三百万两，迅速解甘，以备供支。"

（卷572　273页）

乾隆二十三年（1758年）十月己巳

谕军机大臣等："黄廷桂所奏伊犁屯田事务一折，已交军机大臣议奏矣，但阅该督折内未免有竭蹶之意。办理回子事竣，明年既于伊犁驻兵，则屯田之事自不可不亟为筹划，但亦不必过于张皇。总以静镇妥速，因时制宜，尽地利而足兵食，斯为允协。若明年二月内可以赶办屯务，不误春耕，于驻防军需更为有益。如实有不能赶办之势，则随宜酌量举行。朕亦必不以从事稍缓遽为督责。但不得因此遂生作辍之意耳。现在乌鲁木齐既有屯田官兵，垦种广阔，将所获粮石酌量运往伊犁，以资接济，可省甘肃、哈密等处转运之繁。较乌里雅苏台运送粮石至北路军营，道里亦不甚相远，况从回部凯旋，绿营兵丁撤回时，兼可留在伊犁屯种。此外或就回民中量行调派应用，则人不烦而事易就。垦得一亩即可得一亩之用。总之办理屯务，在该管大臣等相度事势，次第通融筹办，如乌鲁木齐等处人力有余，不妨量为挑派，移赴伊犁开垦。如其不能，亦不必勉强。前降谕旨由近及远，接次顶补，意正如此，固不必预事过为周章也。"

（卷573 278页）

乾隆二十三年（1758年）十月丁丑

又谕："甘省调运陕省西安、凤翔、邠州、乾州四府州属采买米麦，以备军储。所有应给脚价，除自泾州交界以内，道路平坦，而经过各属，秋成丰稔，照例给发脚价外，其自泾州接运赴兰，山路崎岖，沿途之平凉等属今秋又俱有偏灾。若照例给以脚价，往返食用未免拮据，著加恩准照河东运送兵粮之例，每京石每百里给脚价银一钱六分。回空给银四分，以资挽运。该部即遵谕行。"

（卷573 286页）

乾隆二十三年（1758年）十一月丁亥

旌表守正捐躯之浙江龙游县民方公会妻张氏。甘肃正宁县民穆廷义妻马氏。

（卷574 295页）

乾隆二十三年（1758年）十一月己丑

又谕："据阿里衮奏准兆惠咨调马三千匹即往哈密，酌量多为挑选，亲身送至军营等语。所办甚合机宜。马匹固应赶送，而沿途亦须加意牧放，不致疲乏。送至军营时如尚未成功，阿里衮著以参赞大臣行走，现在巴里坤办事。著吴达善署理，俟阿里衮事竣转回，仍回甘肃巡抚任。"

（卷574 298页）

乾隆二十三年（1758年）十一月壬辰

大学士管陕甘总督黄廷桂奏："乌鲁木齐添派屯兵一万三千四百名，需籽种二万四千余石，农具七千副。此时尚未全数运到。查自肃州至哈密十九站内，各有商民承买官骡，共安车三千八百辆，应俱遣送哈密，交抚臣吴达善等装载籽种、农具全赴辟展，仍令各回本处，分安各台挽运粮料。哈密现有之车辆牲畜全行运送辟展，以备前往乌鲁木齐等处挽运之资。"得旨："好，可谓悉心筹划矣。"

（卷 574　300 页）

乾隆二十三年（1758 年）十一月庚子

又谕："据集福奏称，巡查青海扎萨克等游牧。今岁雨泽透足，水草丰美，牲畜肥壮。所有扎萨克蒙古等俱安居乐业等语。览奏欣慰。青海扎萨克等近年并未出兵，今岁复值雨泽透足，牧畜肥壮，购买马匹，谅必易得。著寄信集福，即赴青海，晓谕众扎萨克等，于伊等马匹内挑取肥壮者，或二千匹，或一千匹，按数给价，解赴肃州，以备需用。"

（卷 575　313 页）

乾隆二十三年（1758 年）十一月癸卯

谕军机大臣等："现令将军松阿哩带领西安满洲兵二千名前赴军营。已有旨交黄廷桂、钟音由驿站递送。但由陕至甘，由甘出口，沿途需用车辆、骡马，恐一时雇办，不无拮据。河南省现无应办之事，且与西安接壤。巡抚胡宝瑔前次办理送兵事宜，亦所熟谙。可令胡宝瑔于豫省预备车辆、骡马，约计足供二千兵丁之用，星即委员解赴西安，尽力递送前进。其西安所办脚力，又可以次接济甘省，则黄廷桂、吴达善俱须料理征兵自甘出口之事，更可妥速无误。但兵丁自西安起程，本系钟音分内应办之事，今令胡宝瑔协力佽助，盖专为甘省所办差务甚多，必需彼此通融，使有余地，可以集事也。钟音不得因有此旨，遂卸责于胡宝瑔，而遽自弛其力，仍致甘省办理竭蹶。至河南车骡一入陕境，所有需用草料等项，即应预饬地方官妥速应付。其自西安至甘省一路，亦即先期料理，不致缺乏。并与甘省督抚即行咨商经理。其河南车骡若可多送数站，更为有益。应于何处再与陕西车辆接换，送往甘省之处，令胡宝瑔、钟音各自酌量承认。总以不致迟误为妥。伊等接到此旨，即行遵照速办，一面奏闻，若必俟会商具奏请旨遵行，则缓不及事矣。将此速行传谕知之。"

（卷 575　317 页）

乾隆二十三年（1758 年）十一月丙午

补行甘肃乾隆十九年、二十二年大计，卓异官八员，不谨官一员，年老官三员，有疾官三员，才力不及官二员，浮躁官一员，分别升赏处分如例。

（卷575　324页）

乾隆二十三年（1758年）十一月戊申

大学士管陕甘总督黄廷桂奏："甘省草豆昂贵，今甫经收获，宜乘时备办。现于甘、凉、肃一带并口外安西等卫购草二百二十余万束。甘、凉、肃种豆甚少，请于河东各属拨二万石，运河西备用。"得旨："甚妥，军需之事，大约明年夏秋方可完事。此时亟宜加意调剂。总以不伤民力为要，莫惜费也。"

（卷575　326页）

乾隆二十三年（1758年）十一月己酉

谕："甘省尚有应办军需，所有拨贮银两须宽裕储备，著该部酌量拨银三百万两解交黄廷桂收贮备用。"

（卷575　326页）

乾隆二十三年（1758年）十二月癸丑

又谕曰："钟音所奏办理送兵一折内称，于西安雇用长骡径送到口，较设站递送更为便捷等语。昨据胡宝瑸复奏，豫省现在筹办雇骡六千余头，由西安送至兰州，再令陕省接换，直送出口，所办甚为妥协。今兰州以上，既用豫省骡头递送，则陕省所办之骡力量自充裕，径可先期赶赴兰州接替，直抵哈密。彼此甚属妥便。其一切沿途委员加意照料之处，均遵照前旨，悉心妥办可也。将此传谕钟音知之。"

（卷576　334页）

乾隆二十三年（1758年）十二月甲寅

又谕曰："大学士兼管陕甘总督黄廷桂忠诚素著，老成练达。西陲用兵以来，虽未身历行阵，而筹办一切军需，动协机宜，多有计朕所降谕旨尚未到肃，而适相吻合，旋即奏到，与朕所规划不约而同者。数年以来，若非黄廷桂体国奉公，不遗余力，安得精详妥协若此，而毫不累民。内地若无事，此其功为尤大。朕心实深倚毗。宜晋崇阶，用彰劳绩。黄廷桂著由骑都尉晋封为三等伯，并加赏红宝石帽顶，四团龙补服，以示优异。"

又谕曰："黄廷桂晋封伯爵，前授骑都尉例应注销，但此职现赏给伊子，著加恩仍准其本身承袭。"

谕军机大臣等："甘省筹办驮运军装，现需驼只，若于归化城一带购办，尚为敷裕。著传谕塔永宁即速委员动项采买三四千只，分起解赴甘省备用。其应于何处交收之处，著一面咨明黄廷桂办理，一面奏闻。再塔永宁现奏请于本月初一日进京陛见，若接到此旨，当即回晋办买驼只，俟事竣后再行来京。可一并传谕知之。"

（卷576　337页）

（大学士伯管陕甘总督黄廷桂）又奏："现在各路兵丁进往叶尔羌，口粮最关紧要。据舒赫德咨、阿克苏等处现贮粮石足敷一万四千兵丁四十日口粮。若调进官兵于十月下旬到阿克苏，所解羊粮足敷明岁二月底支放等语。查阿克苏至叶尔羌，尚有十七八日路程，于哈喇沙尔、库车一带安台挽运，应用驼四五千只。现移咨吴达善等，令将哈密驼只赶送辟展。并飞咨永贵、定长等，将辟展粮石，用所有驼只，酌量地方，安台挽运。运缺之粮由哈密、肃州拨补。"得旨："嘉奖。"

（卷576　338页）

乾隆二十三年（1758年）十二月乙卯

谕："据驻扎阿克苏城尚书舒赫德奏称，前遣散秩大臣伯克鄂对同侍卫齐凌扎布、噶布舒等前往和阗城，招抚回众。今据伯克鄂对遣人告称，和阗回人奉到传檄，倾心投诚，即将逆贼霍集占遣往之数十人攻击奔窜。随出迎三日，将伯克鄂对等接入城内。其所属之哈喇哈什、玉陇哈什、搭克、齐尔拉、克勒底雅等五城伯克一闻此信，亦俱前来投诚。今伯克鄂对带领各城回目人等赴叶尔羌投见将军等语。初将军兆惠勒兵前进，大兵所至，如乌什、阿克苏等城相继迎降，而霍集斯伯克复诣营投顺，愿效前驱。是贼首霍集占势已穷蹙，惟逃窜于叶尔羌，以图苟延旦夕。若不乘机直入，径捣贼巢，则以霍集占之奸诡狡诈，焉知不又煽惑诸城回众。今观和阗等城，奉到传檄，即皆相率倾心归化。且各遣人投见将军，是可见现在我兵之为贼回所拒者，不过逆贼霍集占。自知各城回众，俱已人心解体，断不能听其煽惑，因悉其老弱之众，以为孤注之一掷耳。则从前将军兆惠乘贼不备，整兵疾驰，亦系乘机进取，势无中止之理。特以对阵时未能得其地利，又兼马力疲乏，是以未即克捷，并非贼势猖獗所致也。况现今军营大臣及侍卫兵丁等闻信之下，无不切齿愤恨，星夜兼程前进。而肃州、哈密、巴里坤大臣等，亦各将枪炮、军器、马匹、口粮迅速解办，朕心深为嘉悦。观大臣、官兵如此奋勉，同心协力，则人心上应天心，自必默相成功，殄灭贼众。彼势穷力蹙之逆回，我兵内外攻击，将军兆惠至阿克苏时，遵屡奉谕旨，整顿兵力，来年进剿，即可集事。此次进兵，如蒙上天默佑，遇可乘之机，一举成功，亦未可定。伯克鄂对等皆已加恩外，将此通行晓谕知之。”

（卷576　338页）

乾隆二十三年（1758年）十二月丙辰

谕："甘省因年来办理军需，兵民辐辏，米粮市价，未免稍昂。所有各营兵丁应支折色，若仍照旧支给，兵丁不免拮据。著将该省满营官兵除六个月照旧折支外，其六个月如有改支折色者，每石加赏银一两。其甘、凉、宁、西、肃五提镇所属并兰州抚标城守、固原提标各官兵，除八个月照旧折支外，其四个月有改支折色，以及六个月本色马料改支折色者，每石俱加赏银一两。安西口外每石著加赏银一两五钱。至陕省延绥镇属地方，偶被灾歉，著将明岁应关折色，亦照甘省甘、凉各镇之例，一体每石加赏银一两。再甘省应纳草束，业已降旨豁免。其满汉各营折支草价，恐不敷采买。著将口外安西提属每束加银一分五厘，口内宁夏、凉、庄满营及甘、凉、宁、西、肃、延绥六提镇属，兰州抚标城守、固原提标每束各加银一分，以示体恤兵弁之意。该部即遵谕行。"

（卷576　340页）

乾隆二十三年（1758年）十二月己未

谕："陕甘满汉各营喂解马匹，自去秋以及今春，各项借支官银，据黄廷桂查奏，计五十万九千二百余两，皆应行按限扣还之项。朕轸念边兵用昭优恤，著加恩全行宽免，以示鼓励奖劳至意。该部即遵谕行。"

（卷576　343页）

乾隆二十三年（1758年）十二月辛酉

谕："黄廷桂奏请亲赴凉州，查点喂养马匹，如膘分平常，请将绿旗都司、满营防御以下官员捆责等语。黄廷桂系满洲大学士，满营绿旗官员，俱应管辖。如关系军需事件有不尽心办理者，八旗防御、绿旗都司以下各官，著黄廷桂即行捆责。"

（卷576 344页）

乾隆二十三年（1758年）十二月乙丑

大学士伯管陕甘总督黄廷桂奏："甘省军台正、腰、协站均安马十六匹，现军报络驿，马匹不敷更换，易致疲毙。请每站添四匹。"从之。

（卷576 347页）

乾隆二十三年（1758年）十二月丙寅

又谕曰："黄廷桂奏称，运送来年进剿兵丁口粮，现在辟展有驼六千只，仍需驼四五千只方足敷用。请降旨直隶、山西督抚，再行购办，趱赴甘肃备用等语。可传谕黄廷桂，适已谕直隶总督方观承办驼二千只，山西巡抚塔永宁办驼三千只。今又谕塔永宁量力再办二三千只，随得随解，以济军需矣。运粮驼只购办不易，朕意自库车至阿克苏，若雇回人牛、驴，给以脚价，递相传送。又于屯田收获粮石内量为拨运，亦可稍省转饷之劳。但此事恐非永贵所能独办。可传谕舒赫德，计此旨到时，伊已应援将军等回抵阿克苏，来年不必随同进剿，仍于阿克苏、库车之间，同永贵往来巡查粮运，劝课屯田。至拨运口粮时，或雇回人牲只，或贫苦回人内有愿肩粮步送者，俱酌给价值，但宜视其果否情愿，不可勉强派累，致失新附之心。德舒既办理库车事务，并著传谕知之。"

（卷576 347页）

青海扎萨克多罗郡王索诺木多尔济故。以其从弟闲散台吉色布腾多尔济袭爵。

（卷576 348页）

乾隆二十三年（1758年）十二月丁卯

豁除甘肃张掖、抚彝、平番、高台等四厅县水冲地亩额征租银。

（卷576 349页）

乾隆二十三年（1758年）十二月戊辰

军机大臣会同兵部议复大学士伯管陕甘总督黄廷桂奏称："甘肃驿站马应添补。查甘省现办军务，需马既多，应于内地驿务简少处斟酌裒益。除直隶、山西、陕西等省现有递送文报等事，及浙省驿马只一百匹，均无庸议裁外。计各省额马，山东三千一百五十四匹，湖北三千九十五匹，应各减六百。河南四千五百六十三匹应减九百。安徽一千八百六十五匹，江苏二千匹，应各减三百五十。江西九百六十八匹，应减二百。湖南一千七百四十三匹，应减三百。共减马三千三百匹。应令各督抚酌量驿务繁简，道路冲僻，分别抽拨。山东、河南解直隶候拨。安徽等五省俱不必解送，但于各驿按数裁扣，至军务告竣，应否酌补缺额，再请旨办理。"从之。

（卷577　351页）

乾隆二十三年（1758年）十二月己巳

又谕："据同福柱奏称，黄廷桂调拨营马二千匹至凉州喂养，伊亲行送往，并派协领瑚柱等作九起行走等语。解送马匹之满洲、绿旗官兵，沿途所需行粮，有无应给官项，伊等至凉州照看饲秣时，应如何加恩赏给。可传谕黄廷桂查明议奏。再降旨赏给，以示体恤。"寻议："今岁口内外粮价翔踊，解马官兵额支盘费不敷。向例协领、佐领、参将、游击口内日支银四钱，口外五钱。今请口内每日加银一钱，口外二钱。防御、都司、守备向例口内日支银三钱，口外三钱七分五厘。应请口内日加银八分，口外一钱六分。骁骑校、千总、把总日支盘费银口内二钱，口外二钱五分。应请口内日加银六分，口外一钱二分。至牵马兵丁向例无论口内、外日支银四分。今请口内日加银六分，口外一钱。"从之。

大学士伯管陕甘总督黄廷桂奏："甘、凉、肃出差边兵家属月领银一两。粮价昂不敷买食。存营兵差繁粮少，不能兼顾家口。现每兵一名借给粮四斗。延绥镇属兵差务尤繁，又值岁歉，每兵借给粮一石，均于来年各应领粮饷内分四季扣还。"得旨："嘉奖。"

（卷577　353页）

甘肃岷州土百户马绣、青海琼布纳克鲁族百户隆珠旺扎等故，以其子映星、纳旺四朗等各袭职。

（卷577　354页）

乾隆二十三年（1758年）十二月乙亥

大学士伯管陕甘总督黄廷桂等奏："西、北两路台站弁兵连年驰递文报迅速，奉旨加恩赏赉。应赏给千、把总每员银四两，外委三两，额外外委一两，兵夫每名一两。"从之。

（卷577　360页）

乾隆二十四年（1759年）正月甲申

谕："甘肃本年应征地丁钱粮及历年积欠银两、草束等项，业经上年屡次加恩豁免，但念该省边地苦寒，年来承办军需，小民急公趋事，朕心深为嘉予。著再加恩，将甘肃通省来年应征地丁钱粮悉予蠲免。该督抚等即行出示，遍为晓谕，并严饬属员实力奉行，副朕格外优恤边氓至意。"

又谕："甘省远处边陲，地方寒瘠，比岁收成歉薄，生计未免拮据。虽迩年办理军需，毫无派累，而一切受雇挽运，罔不踊跃急公，民情淳朴，深堪轸念。业经叠次加恩，将近年正供杂项，并历年积欠带缓银粮草束概予豁免。惟昨春曾被偏灾之地尚有官借牛具、籽种、口粮及积年应交官项，为从前恩旨所未及者。若照例征收，无力贫黎仍复艰于输纳。著再加恩，将甘省上年曾被偏灾及勘不成灾各州县，所有未完籽种粮九万六千余石，又折给银一千余两，未完口粮四万四千七百余石，又折给银五千八百余两，又各属被旱及被雹处所内有勘不成灾地亩，原借籽种粮一万一千三百余石，又折给银二千五百余两，口粮一百余石，又折给银四千七百余两。又甘州、凉州、肃州未完牛价银一万一千五百余两，乾隆二十三年各属借给牛本粮一万五千九百余石，银八千余两。皋兰县借制水车未完银两，及雍正七年起至乾隆二十二年止未完牙税、磨课等银两普行蠲免。其乾隆元年至二十二年止，带征民欠未完各官养廉公费银三万九千二百余两，粮一十二万三千三百余石，并雍正十三年未完耗羡银粮，均属远年积欠，概予豁除。俾免追呼，以安耕作。至口内之柳林湖、毛目城等处，口外之靖逆、柳沟、赤金、瓜州、小湾等处屯田，并著一体加恩。将本年应分粮石各照交官之数，酌减一半交收，俾得均沾渥泽。"

又谕："年来甘省承办军需，所有通省正供，叠经宽免。其带缓各正、杂钱粮亦已屡次加恩蠲豁。今思陕西与甘肃毗连，小民踊跃趋事，未曾沐恩，深堪轸焉。除上年被灾各属已加赈恤外，其余或有承办军需州县应如何分别加恩，著黄廷桂详悉查明奏闻。候降谕旨。"

（卷578　369页）

乾隆二十四年（1759年）正月乙酉

谕曰："西宁镇总兵一缺，前经降旨，令将军兆惠保举补放。今据黄廷桂请以新升直隶大名协副将汪腾龙暂留护理镇务等语。著照所请，准其以副将衔护理西宁总兵印务，俟兆惠保举有人，即将汪腾龙留于甘省，遇有副将缺出另行补用。"

（卷578　371页）

大学士管陕甘总督黄廷桂奏："奉谕酌购牛羊，接济军营。查内地牛不习口外水土，赶解每易倒毙，且耕作届期，难于购办。惟各属羊尚可购四五万，但时值腾贵，定价八钱不敷，恳恩每只准给一两。口外严寒，于来年二月起程。又奉旨以回部各城有粮可购，哈密等处贮银宜宽裕。臣于十二月初旬饬甘肃道，将库贮银内动拨二十万两送哈密，并咨吴达善等酌解阿克苏备用。"得旨："如所议行。昨据舒赫德奏筹办粮石一折，已有旨谕，今览来奏，朕为粮运一事可以稍纾怀矣。"

（卷578　371页）

乾隆二十四年（1759年）正月丙戌

谕："甘省河东、河西各属上年偶被偏灾，业已加恩多方抚恤，但念该省地处边隅，民生素称寒瘠。现在时届春初，小民方勤东作，至青黄不接之际。例赈既停，闾阎未免拮据，著再加恩，将河东之皋兰、金县、靖远、会宁、武威、古浪、平番、永昌、山丹、碾伯、盐茶厅、花马池等十二厅、州、县上年被灾处所，无论极次贫民，灾分轻重，俱一体加赈三个月。仍准银米兼赈，其余应行酌借口粮者，并著照例查办，俾穷黎得以接济，用资力作。至皋兰省会之地，以及平番、古浪、武威、靖远、张掖、肃州等属粮价较贵，而关外之安西五卫价值尤昂，虽该督等现在减价平粜，然照常例酌减，恐仍不足以平市价。著再加恩，将粟米每石减粜银二两四钱，小麦每石减粜银二两二钱，庶贫民不致艰于买食。该督抚等其董率属员，悉心查办，务使农民普沾实惠。该部即遵谕行。"

又谕："从前甘省安台送兵多雇民间马骡，用过脚价及到站守候支给料草银两，该部按例察核，议不准销。但念领价分雇俱属无力里民，且事在乾隆二十年，阅今三载，若复按名查追，边氓力难完缴，著加恩将送兵雇价银三万八千六百余两，支过五日料草银一万一千九百余两一并准其报销。其乾隆十九年各标营、州县应赔北口马四千六百余匹，自当照数著追。第念该省文武各官比年承办军需，俱能黾勉效力，并著格外加恩，一体免其赔补，副朕奖恤勤劳之意。"

（卷578　371页）

乾隆二十四年（1759年）正月庚寅

谕："甘省承办军需，一切粮料、草束、食物等项采购既多，价值未免增长。所有额支运脚亦恐不敷。前已屡经降旨，节次量为增给。而肃州、安西一带市集尤为稀少，料草办理维艰，宜加渥恩，用昭体恤，著将该省运送赈粮、兵粮、脚价均照挽运军粮之例一体增给。其肃州、安西塘、驿应差马匹及中路自高台县至泾州等二十一州县。北路自中卫县至灵州六府、厅、州、县所管塘驿马匹，俱暂停折支料草干银，著照例日给本色料草以资饲秣，俟军务告竣仍旧支给折色。再凉、庄满营采买粮料、草束及宁夏满营官员应需粳米，并著查明，照依时价采买供支。该督抚其妥协经理，毋任胥吏从中侵蚀，转致滋扰。"

（卷578　374页）

乾隆二十四年（1759年）正月己亥

谕曰："大学士伯管陕甘总督黄廷桂，忠诚敏达，干练老成，历任封疆，勤劳懋著。西陲用兵以来，筹办军需，备极劳瘁，一切规划机宜，动与朕心吻合。数年来转运粮马，事事精详妥协，毫不累民。内地不知有军兴之费，厥功甚巨，倚毗方深，是用叠加宠锡，晋爵锡金，以彰劳绩。昨据蒋炳奏，伊在凉州偶感风寒，力疾视事，旧恙增剧。即命福隆安同御医驰驿前往诊视，以冀速痊。遽闻溘逝，深为震悼。览其遗疏，当弥留之际，尚拳拳以西师垂竣，筹办军储为念。益见体国奉公，赤忱罔斁。不知声与涕俱，难以自禁。即著福隆安前往奠醊，赏银一万两，交地方官料理丧事。并准入祀贤良祠。其伯爵即令伊子承袭，所有应得恤典，仍著该部察例具奏。"

（卷579　381页）

又谕曰："陕甘总督员缺，著吴达善补授。甘肃巡抚员缺，著明德补授。吴达善未到之前，总督印务即著明德暂行护理。"

谕军机大臣等："黄廷桂筹划军务，一切俱有办定章程，皆吴达善、明德所悉知者。务须遵守成规，实心实力善为经理。而目今总以镇静为要。但两省承办员弁甚多，黄廷桂向来督率综理，不遗余力。今猝然病故，恐其中不无乘机滋毙之人，更须加意严行查察，俾各知凛遵，不致稍有懈弛，贻误军需重务。至黄廷桂遗折内所奏办理各项军需，俟回部荡平之后，有尚须详晰面陈数语。平日曾否与吴达善、明德言及，著将原折抄寄二人，令其阅看具奏。至哈密地方如有必须巡抚驻扎应办之事，俟吴达善到肃，彼此讲论。已有端绪，明德即前往哈密接办，如酌量哈密现有五吉在彼，可以无庸前往。明德可即回兰任事，将此传谕知之。"寻明德奏："黄廷桂曾言甘省办理军需，米粮价长，兰、凉偏灾，粮价尤贵，虽不日凯旋，恐一二年内不能如旧，将来尚须妥办。其究应如何调剂及入觐面陈之处，并未言及，亦未闻与吴达善作何议论。至马匹过凉，无大员督查，恐弁兵疏懈。臣即自凉起程，沿途督查，俟到肃将督篆移交吴达善，并面酌哈密有应办事。于巴里坤办马完日回至哈密驻扎。"得旨："览奏俱悉。"

（卷 579　382 页）

乾隆二十四年（1759 年）正月甲辰

谕军机大臣等："副都统什兆来京，询知凉州米价昂贵，每石价至四两以上。盖由甘省现办军需，上年又间有被灾之处，粮价不能骤平。然此尚系冬间价值如此，其入春后青黄不接时势必有增无减。民食攸关，不得不悉心调剂。开泰现在陛见，据称川省产米尚多，可以通融酌拨。其自川运至汉中略阳地方皆由水运，自属径捷。自略阳起岸，即须陆运，不能不多需脚价，但核之甘省贵价，自可尚有节省。莫若两省通盘筹划，挹彼注兹，将陕省附近甘省边地州县所有米石，就近酌拨运甘。而以川省之米留济陕省民食，事属两便。已降旨令开泰于回任时，道经陕省，与钟音面商妥办。并著传谕钟音、明德先时会咨详议。量其道路之远近，与运费之多寡，务期地方多得一分协济，民间即多得一分之用。纵使核计运费与陕省现价不过相等，而市肆间米价日增，驵侩即不得居奇。盖藏之家亦必闻风出粜，于平价办公均有裨益。即如宁夏系产米之乡，上年曾令黄廷桂将宁夏之米运赴沿边各处协济。不但陕省灾地得沾实惠，而甘省办理兵饷，亦不觉竭蹶。不知宁夏之米尚可酌拨甘、凉、肃一带，以资接济否。若足资接济则不需川陕如此周章矣。总之黄廷桂在日，此等事朕一付托于彼，可不费心。今则不能不费心为之预筹。各督抚知朕之苦衷，共抒丹赤，效黄廷桂之所为，一切预事熟筹，以裕军储，以济民食。将此详悉传谕，令伊等和衷相商，无分彼此。一面办理，一面奏闻。"寻钟音奏："查西、同、凤三府，邠、干二州距甘不远，车运可通。五属共额贮仓谷百八十四万余石，除节年民欠及本年春月借粜外，尚存谷百二十余万石。于此内动碾三四十万石并以麦抵米，协济甘省，既可及时赶运，且省脚费甚多。至川省米自略阳陆运，计程一千二三百里至一千六七百里不等，每石脚价约需二两，再加自川至略阳水运，费更不赀。查西、同等属，上秋已种麦，雨雪不缺，麦秋可望。动项买补，较拨运川米更省。臣即飞咨甘抚臣明德妥办，仍俟开泰过陕面商办理。"得旨："甚好，如所议行。"

（卷579　386页）

乾隆二十四年（1759年）正月丁未

又谕："据傅景等奏称，凉州送马二万三千匹，于二月下旬可至巴里坤。西安满洲兵亦于二月初旬可到等语。此项兵丁马匹全抵巴里坤后，计三月初旬始行进发，及至阿克苏则前进官兵早已会合成功。因传谕兆惠，酌量需用与否，如不需用即行文知会，将兵丁撤回。其马匹留巴里坤牧放。可传谕达勒当阿等，若接到将军撤兵之信，所有官兵即用原来车辆马匹乘载转回。将赶送马匹交与清馥，令其加意牧放备用，不可沿途更换乘骑，以至疲乏。"

（卷579　389页）

乾隆二十四年（1759年）正月庚戌

升任甘肃巡抚吴达善奏："现在满兵陆续出关，所调文武官在甘、凉等处。饲秣马匹正需挑验起解。恐沿途懈弛，臣现将哈密事务交五吉办理，驰回甘肃查办，俟新督臣到再往哈密办事。"得旨："汝此来甚是。汝才器声望实不及黄廷桂，但若用新人恐更不如汝熟路也。故不得已即用汝为总督。汝其勉之，但须实心实力，效黄廷桂之居心行事，或能胜任，亦未可知。有黄廷桂在，实可慰西顾内地之忧，一心专办军务，今将并系怀甘陕于痌瘝也。汝知朕一片苦衷，感发天良，不存顾己之念，或不负任用之意。然此际所最要者，莫如镇静若无事，不然，属员见汝底里，稍形竭蹶，误事不浅，勉之勉之。"

（卷579　391页）

乾隆二十四年（1759年）正月是月

甘肃巡抚明德奏："甘省河西一带本系砂碛，所产仅供本地兵民用。自办军需，米粮昂贵。前督臣黄廷桂于春月照时价大减出粜。上年兰、凉被灾，省城尤重，粮价较贵。平粜照时价所减每石不过数钱。已饬司将灾重之皋兰、武威、平番、古浪先行开仓，大为减粜。其余如靖远、永昌、山丹、张掖、高台、肃州及口外各卫均系军需冲途，体察民情，尚可稍缓，俟奉旨再行遵办。"得旨："如所议速行。"

（卷579　395页）

乾隆二十四年（1759年）二月癸丑

又谕："据明德奏称，准阿拉善郡王罗布藏多尔济以阿拉善游牧，应买羊只。俟钦差大臣等到日，会同办理。罗布藏多尔济进贡羊五千只，赶送镇番县所属地方交纳等因。移会前来，除现在派员接收赶解外，罗布藏多尔济所进羊只应否赏给价银之处。具奏请旨。罗布藏多尔济感戴朕恩进羊五千只，解往镇番所属地方，殊属可嘉。著加恩将所进羊只，俱照现在加增羊价之例给与价银。明德接准罗布藏多尔济解送咨文，即派员接收甚是。著寄信与吴达善接收鄂尔多斯阿拉善扎萨克等贡买牛羊，务须严饬属员，沿途加意赶解，送往军营。"寻吴达善奏："甘省食物价增数倍，肃州口外至安西、哈密各处更昂，现解送牛羊之弁兵夫役，额支不敷，且远涉阿克苏、叶尔羌等处，恳照解马一体加增赏给。"得旨："如所议行。"

（卷580　398页）

乾隆二十四年（1759年）二月戊午

谕军机大臣等："甘省连年承办军需，钱价未免昂贵。西安鼓铸炉座无多，从前已屡次协拨，现存无几。四川为产铜之区，添炉鼓铸，钱文必多。若由水路运至略阳，转送甘省，即增添运费，较之甘省现在钱价，尚当减省。著传谕开泰，查明该省存局余钱，尽其所得，拨出数万串，委员陆续运至略阳，交陕省委员转运甘肃一带。视钱文之多寡，酌定成数，搭放兵饷，以每银一两折钱八百文为率，如有赢余，即设局减价兑换，并计其兑换银数报部。于拨解甘省协饷时，照数扣除改拨川省抵饷，以省往返运送之烦。并传谕明德知之。"寻据开泰复奏："以钱八百文折银一两，每串计可多出二百文，足敷陆路运费。至川铸钱文，除搭放兵饷及发交地方官出易外，局存有限。钱价本不甚昂，应将出易之钱暂停，并将搭放饷钱暂借数月拨运，不致久需时日。"得旨："妥协办理可也。"

又谕："昨将庄浪协领琳泰、陈世泰俱授为西安副都统。原以伊等供职有年，并无升路，是以委曲加恩。看来琳泰尚能奋勉，陈世泰微觉糊涂。著寄信松阿哩，此二人原系伊之属员，其贤否自无不知。俟伊等到任后试看一二年，果能办事即可令其供职，仰承朕恩。若不称职，亦不可姑容，即行陈奏，令其以原品休致。可加意试看，若伊等尚能勉力办事，亦断不可因有此旨，过于苛求。"

（卷 580　402 页）

乾隆二十四年（1759 年）二月庚午

又谕："甘省河东、河西两路冲驿及口外各驿并关内各塘马夫，并陕省延、榆二府属之葭、榆、神、府、怀、定、靖七州县，沿边塘驿马夫，现在差务络绎，照例额支工食，未免不敷食用，著加恩于常例外，每日赏给米一升，以资养赡，俟军务告竣之日，即行停止。"

（卷 581　417 页）

乾隆二十四年（1759 年）二月丁丑

谕曰："甘省地处偏隅，风土贫瘠，兼之去冬未得透雪，麦苗未能遍种，民力不无拮据。前经降旨，将上年被灾各属于青黄不接时一体加赈至本年五月。但其时秋成未届，又逢闰月，贫民糊口维艰，深堪轸念。著加恩再行加赈三个月，酌量银谷兼赈，以资接济。现在东作方兴，各属内有不能及时耕种者，俱应量借籽种、牛具，折价给予，务俾农民早事南亩，以冀有秋。著该督吴达善详悉查明，奏闻借给，副朕念切恫瘝至意。该部遵谕速行。"

（卷 581　421 页）

乾隆二十四年（1759 年）二月己卯

又谕："昨因甘省被灾各属民食维艰，降旨加恩再行加赈三个月，以资接济。辗转思维，该省僻在边陲，生计素瘠，上年既不免薄祲，而自冬涉春，雨雪又未能沾足，现在展赈虽可接至初秋，而随时悉心擘画，俾小民得沾实惠，则司牧者之责也。著传谕该督抚确体情形，通融经理，如春月雨水调匀，入秋西成可望。即将后一两月应行给赈之项，以次按数先期并给，俾支用倍为充裕。若量其岁事未能预定，饔飧之资必须按月分领，以防耗费，则仍循例次第给发。盖穷檐止谋旦夕，不知远计，督抚等其曲体民情，毋拘成例，务期边地灾黎，不致稍有失所，以副朕恫瘝在抱之至意。"

（卷581　426页）

又谕曰："定长等奏，鄂尔多斯、阿拉善及甘州、凉州所办军需羊只尚未送到。现在大兵会合，正资接济。已行文陕甘督抚速为解送等语。军需固宜速到，但此项羊只系预备官兵口粮，前令于青草苗茂之时沿途牧放，约五月内送到。今虽当春令，而草尚未萌，若即令趱行，必至损伤。可传谕吴达善、五吉将办送辟展羊只，严饬解送官兵，务于沿途酌量缓急，加意牧放。即无误军需，亦不至疲瘦不堪，虚糜经费。并传谕定长等知之。"

（卷581　427页）

乾隆二十四年（1759年）二月庚辰

又谕："甘省米价昂贵，春令雪泽缺少，现值东作之时，朕心深为轸念。因降旨加赈，未知此际该省已获雨雪与否。再该处现在分赏之厄鲁特，伊等多有善求雨雪者，著寄信吴达善即行查问择派，令其祈祷。此特为百姓农务起见，惟宜酌量办理，不必张皇。"

（卷581　427页）

起革职甘肃凉州镇总兵容保为西宁镇总兵。

（卷581　428页）

乾隆二十四年（1759年）二月是月

（升任甘肃巡抚吴达善）又奏："河东、河西上年偏灾，甘民素鲜盖藏，乡堡中罕能自备籽种者。业经通饬各属，如仓贮充裕，以本色借给。否则折色出借。至军兴雇用民车，农隙赴官领运，原资脚价以沾余润。若春耕失时，终岁无望。现饬乡民牛车应役者悉放归，其运送兵粮军械，专用粮台原安骡车，如不敷再酌雇商车协运。"得旨："嘉奖。"

（卷581　429页）

乾隆二十四年（1759年）三月辛巳

谕：“据吏部参奏，候选道员方体浴于拣发甘肃时规避不到，请革职发往差遣等语。朕恭读圣祖仁皇帝实录，谕议政大臣等，汉官不能骑马耐劳，设有紧急之事，边塞地方，必兼用旗员，方有裨益。汉官或自谓清廉，不取不与，节用度日。如解马运粮等事，督抚俱差州县汉官，汉人出口，一二仆从，何济于用。遇劳苦之处，旋亦逃亡，纵令参处何益，彼亦但愿任咎卸事，将所得宦囊，回籍自娱耳。仰见圣谟垂示，洞烛物情，无微不到。不啻此也，向者金川及近日甘省候选人员无不规避者，此不过用备差遣，并非责以军旅之效。若使之临阵，将抱头鼠窜乎。可见惟利是图，与国事漠不相关。方体浴系应用监司大员，尤非丞倅微末者可比，著革职发往甘肃，交与该督等差委效力，俟十年无过，再请开复。”

（卷582　431页）

乾隆二十四年（1759年）三月壬午

又谕：“据集福奏称，青海王公等因办送马二千匹，蒙恩加给价值。其倒毙者亦减半给价，情愿捐输马七百余匹，驼三百二十余只等语，诚恫可嘉。著加恩照所增之价赏给，分拨凉州、庄浪满营、西宁绿旗营牧养备用。”

（卷582　435页）

乾隆二十四年（1759年）三月己丑

谕军机大臣等：“吴达善奏称，续调满洲索伦等兵五百名，并应需马匹当即于甘、凉、肃等处喂养马内挑选一千匹起解等语。所奏与现在办理军务情形，均未得其肯綮。从前节次解送之马约计已及二万匹，陆续赶赴阿克苏。其所调征兵如达什达瓦及西安满兵皆系劲旅，足资应用，至此次续调兵马，无论解到军营，必逾进剿之期。即能如期解往，而为数无几。军营得此不为有余，少此亦未见不足，究何裨益。况甘省频年办理军需，收成复多歉薄，此时正当令其耕种休息。若当民力拮据之时，复事增添购办，虽所用不致浩繁，而民情倍为累苦，所谓强弩之末也。昨经降旨，如展赈期已至七月，此时间阎生计若何，正当加意体察，据实具奏，以慰朕西顾殷怀。一切更宜加意拊循，镇静办理，若黄廷桂在时，熟谙事机，更不作此措置。所有兵丁马匹已经调解者，自无庸置议。该督务体朕意，于权衡缓急轻重之间，熟筹妥办。惟将现在马匹加意饲喂，勿徒牵合应付，转致民间滋扰可耳。又另折所奏，续拨银两交五吉转解阿克苏一事。从前拨解军营银已及三十万两，谅亦足敷征兵整理行装之需。若以所请续解之项留给将来凯旋兵丁，立业资生，尤沾实惠。若尽数拨解，无论边地货物有限，未必需此多银置买。且阿克苏虽经归附，究属回地，亦未便以内地如许帑项散用于彼处。此中正当留心筹酌，并非为撙节赏项起见。该督宁不知之。至哈密驼只现资挽运军粮，亦不宜转拨解饷。已有旨传谕五吉，令其停止办理。将此详谕吴达善知之。"

（卷582 443页）

乾隆二十四年（1759年）三月癸巳

谕军机大臣等："现在降旨令杨应琚速行来京。闽浙督篆暂交杨廷璋护理。浙抚印务暂交明山护理矣。朕因西事尚未告竣，军需关系紧要。前黄廷桂在日，办理一切动合机宜。因念杨应琚久任甘肃，熟悉地方情形。且能实心任事，是以令其作速来京陛见，面聆训诲，并将军需事宜，悉心查阅，以资督率筹办之效。俟到时再降谕旨，先将此传谕该督知之。"

（卷582 447页）

乾隆二十四年（1759年）三月丁酉

谕军机大臣等："据吴达善奏，甘省河西之永昌、古浪等州县相继以牛瘟具报。若照例每只借银三两，恐穷民无力添补，有失农业。现饬交地方官，每只以五两出借等语。现经巴尔品等在鄂尔多斯等处已购得羊五万三千余只，牛四千余只，可以陆续运送。其羊只一项合之各属所办已过十万有余，按次赶赴军营，已属充裕。至所购牛只，正可裒多益寡，令其解至河西各属，仍以五两作价分给农民以资力作，实为一举两得。著传谕该督，体朕轸念边地耕农之意，妥协经理。设使巴尔品等所办牛只一时不能即到，已逾耕种之期，而该督增借牛价又已按户给发，再行奏明停止。盖现在牛既生瘟，即借给牛价，恐亦无从购买。此时为边地穷黎计，不得不曲为体恤。该督固当慎重军糈，亦不可不留心民瘼。一切调剂事宜，随时筹划，一面奏闻请旨，一面办理，毋庸过拘成例。总不使有一夫失所，方足副朕委任也。可一并传谕知之。"

（卷583 452页）

乾隆二十四年（1759年）三月戊戌

又谕："据巡抚明德奏称，自肃州解送马二万四千余匹，妥协送至巴里坤，分起解往军营等语。此项马匹俱系进剿官兵乘骑之用，所关甚要。今自肃妥协送至巴里坤，甚属可嘉。著加恩将办理马匹之大臣官员交部议叙。其解送马匹至巴里坤之官员兵丁，著交吴达善、明德查明，将官员送部议叙，兵丁酌量奖赏。"

（卷583　453页）

乾隆二十四年（1759年）三月是月

（陕甘总督吴达善）又奏："自肃州至哈密，原有台车三千八百辆运粮，因哈密转运辟展各粮紧要，暂行撤赴。现在哈密节经分运后，存仓无几，拟俟辟展军粮运足四万石，即将台车全数赶回，仍在自肃抵哈一路安设粮台，源源挽运。"得旨："正宜如此。"

（卷583　466页）

又奏："查本年二三月起解直、晋驼只全数抵肃，共挑健驼解送出关者八千三百四十余只。内挑解行营备战驼七千只，并酌带余驼数十只，余一千二百余只。已知会五吉，俟到哈时即挑出一千只转解辟展，交定长等收。酌添各台驮运军粮，下剩二百只，留哈密择厂牧放，以备差使。"得旨："嘉奖。"

（卷583　467页）

乾隆二十四年（1759年）四月辛亥

又谕："安西、瓜州屯民所种地亩本属瘠薄，年来雇运军粮，颇能急公襄事，所有乾隆二十二年份应行交纳借给牛具、碾磨未完银一万零七百三十余两，著加恩悉予宽免。其未完籽种、口粮三千五百七十余石，并平分粮二千零八十余石，俱著缓至今岁秋后，分作三年带征，以纾民力。该部即遵谕行。"

（卷584　469页）

又谕："据吴达善等奏称，应发往伊犁充当披甲之伊昌阿、良柱二名及遣犯吴顺成等六十六名，请俱发往巴里坤，分别种地当差等语。伊犁现无驻防官兵，伊昌阿、良柱二名自应发往军营，令其当差效力。至陆续发往遣犯，人数众多，应于安西、巴里坤两处分派安插。若谓安西管束无人，易致滋事，不思安西近在内地，尚易弹压。巴里坤较安西辽远，概行发往，独不至滋事扰害乎。此似有意委之于清馥也。总之此辈匪徒，本系情罪重大，应置重典之人，仅予发遣，已属法外施仁，留其一线生路。设仍于安插地方生事，一经发觉，自可立置重典，以警凶顽。该督等毋庸多方顾虑，辗转推诿也。将此一并传谕清馥知之。"

又谕："前月十七日吴达善奏到，甘省河西一带牛瘟，请增价出借一折。当经降旨，允其所请，并将鄂尔多斯等处所购牛只，令其解至河西各属，分借农民，以资力作。想明德奏折时，吴达善尚未将此旨咨到，故复有此奏。著再传谕明德，接到前旨，一体遵照妥办。再该督抚前后折内所奏借给牛只价，州县稍有互异，著逐细查勘，一并分散借给，务使穷民耕作有资，以副朕体恤边氓之意。"

（卷584　470页）

乾隆二十四年（1759年）四月甲寅

山西巡抚塔永宁奏："山西营驿马于上年挑送二千六百余匹前赴肃州，久经购补足额。今闻陕甘缺额者尚多，臣于各营择膘足者二千一百匹，可否解西安，或送肃州。"下军机大臣议奏。寻议："安西满营缺额马，前令方观承节次代购二千五百余匹，无须再补。惟甘省军务未竣，自应多备。但由山西至肃州，未便解送，酌议将西安满营挑选二千一百匹解肃，其山西马即解西安补缺。所有西安解肃马匹，或留饲秣，或交巴里坤大臣牧放候拨。应令吴达善酌量奏办。"从之。

（卷584　472页）

乾隆二十四年（1759年）四月丙辰

谕军机大臣等："前据吴达善奏，甘省河西之永昌、古浪等处相继以牛瘟具报，穷民无力添补，降旨将巴尔品等所购牛只分借农民，以资力作。今据奏到，现在委员将牛只经过少牛之处，酌其地方之大小，缺牛之多寡，随处截留，均匀分借。其有领银在先，已经买补者，自可无庸置议。如领银未买，情愿缴价者，亦应仍予牛只。该督等务宜妥办，俾小民均沾实惠。此项牛只原系应解军需之用，因地方一时急需，是以通融截留，借给穷民。则羊只一项，接济军需，最关紧要，著传谕吴达善等，令其严饬委员，沿途加意牧放，乘此青草发生之时，送至军营，以收实用。倘办理不善，以致疲瘦倒毙，惟该督等是问。并传谕五吉、清馥、定长等知之。"

（卷584　473页）

乾隆二十四年（1759年）四月丁巳

谕："甘肃巡抚明德现丁母忧，念彼勤劳驰驱，著加恩赏银一千两，经理丧事，俟百日即诣宫门请旨。"

谕军机大臣等："前因陕甘军需紧要，一时办理乏人，降旨令杨应琚来京面领训示，再往甘省筹办一切事宜。现在明德又经丁忧，吴达善著以总督管甘肃巡抚事，其陕甘总督员缺，已将杨应琚补授矣。计此时杨廷璋已回浙省，著传谕该督奉到此旨，即行交代，迅速驰驿来京。请训后即赴新任。"

又谕曰："明德现丁母忧，已有旨令杨应琚补授陕甘总督。吴达善以总督管理巡抚事务矣。杨应琚未到任之前，督抚印务俱系吴达善一人经理。在该督应办军需业有就绪，即一切赈务亦已定有章程。而地方事宜应查办者，正宜加意整饬。著传谕吴达善将一切事务派委大员，分任办理。该督往来督率稽核，以期妥协迅速，勉之毋怠。"

（卷584　474页）

乾隆二十四年（1759年）四月辛酉

又谕："甘省上年被灾各州县叠经加恩抚恤，展赈已至七月。其河州、狄道、环县、东乐等四处被灾次重，虽已照例领赈，当此青黄不接之际，穷黎谋食维艰，朕心深为轸念。著加恩一体展赈三个月，按月支给，俾小民糊口有资，自可力勤耕作，以待秋成。该部遵谕速行。"

（卷584　478页）

又谕："据吴达善奏，甘肃春种情形一折，内将上年被灾之皋、金等县展赈三月，银粮兼散。现在按月分领，以防耗费，办理甚是。其河州等四处应行加赈地方，现已降旨加恩矣。至该省望雨之处甚多，朕心深切轸念。所有祈求雨泽事宜前已降旨，令该督虔诚申祷。此时更宜多方设法祈求，并博访能祈雨泽之人，齐心协力，以冀感格。或得甘霖普降，有裨农田也。至清理刑狱，亦祈求雨泽之一端。该省各州县所有杖徒以下罪犯，或应释放，或应减等。著传谕吴达善，令其督率各属分别办理。"

（卷584　479页）

乾隆二十四年（1759年）四月乙丑

赈恤甘肃狄道、河州、靖远、陇西、岷州、安定、会宁、泾州、盐茶厅、环县、正宁、平番、宁朔、宁夏、中卫、平罗、灵州、花马池、摆羊戎、西宁、大通、秦州、清水二十三厅、州、县、卫乾隆二十三年旱灾、雹灾饥民，并给葺屋银两。

（卷584　484页）

乾隆二十四年（1759年）四月戊辰

又谕："据吴达善奏报，河东之河州、渭源等十州县，夏田俱已种齐。皋兰、金县等六厅、州、县布种无多，正需雨泽。兹于四月初一、二等日甘雨连绵，皋兰县城乡各入土三四寸，金县亦同时得雨。各属虽尚未报齐，而雨势甚广，夏秋均可赶种等语。览奏深为额庆。该处今年春雨稀少，时萦朕怀。现在幸沛甘霖，正可乘时劝种，以冀有秋。著该督吴达善等即速查明，如有力不能置牛具者，即行借给牛具，缺乏籽种、口粮者，即行借给籽种、口粮，俾得及早耕作，尽力南亩。并派委贤员多方劝导，务使农民咸知勤奋，仰承膏泽，以慰朕轸念边氓至意。该部遵谕速行。"

（卷585　486页）

乾隆二十四年（1759年）四月乙亥

又谕："伍弥泰驻藏年久，著西宁副都统集福前往更换。多尔济著赴西宁办理青海事务。"

（卷585　491页）

乾隆二十四年（1759年）五月己亥

谕军机大臣等："据吴达善奏称，甘省各提镇营储备铅斤一项，自调拨以来渐见短缩，而兰州、宁夏等处出产无多，不敷买补。请于湖北代购黑铅三十万斤，委员解赴甘省等语。铅斤为军储要需，务宜预为积备。现在甘省各营存贮无多，本地买补艰难，未可任其缺乏。向来西安鼓铸铅斤俱取资于湖北，买运定有成规，自可挹彼注兹，补完旧额。著传谕该督硕色即于楚省收买黑铅三十万斤，委员解赴西安，转解至兰。其水路脚运即于该二省耗羡项下动支。解兰之后，令各提镇分领回营，以补备贮原项。"

（卷 587　516 页）

又谕："据玛玛特讷则尔告称，霍集占于叶尔羌附近耕种等语。是逆贼等尚无远遁之意，盖伊等以我兵到彼不过攻围数月，未能持久，俟撤兵即可无事。著传谕兆惠等进兵时，须加意备办攻城器具。现在吴达善于肃州造送挡牌，又有铸造大炮及云梯等件，足以突阵冲坚。至贼人逃窜之路，亦宜严为堵截。再披阅地图，痕都斯坦一路似与克勒底雅相通，克勒底雅为和阗六城之一，富德等宜详加询问，派兵防范。"

（卷 587　517 页）

乾隆二十四年（1759年）五月壬寅

谕军机大臣等："据吴达善等奏，甘省河东、河西各属，春夏以来均未得有透雨，夏收恐致歉薄。现在率属祈祷，并预为筹划部署等语。甘省积歉之后，全望夏禾有秋，今复雨泽不继，农田已有旱象，尤深忧切。前经降旨，令该抚等虔诚祈祷，并将刑狱清理，以格天麻。此时亦惟有遵照前旨，尽心办理，并留心访觅谙习祈雨诸色人等，设法祈祷。凡有应行筹办者，预为部署，倘一得透雨，即将夏田及早翻犁，亟为改种晚秋，以收地利。总在该督抚等董率各属，留意民瘼，实力善为经理，则修省祈祷之法，莫逾于是。至清理刑狱，亦当斟酌得宜，倘不肖匪徒乘此戢法作奸，则又当从严究治。若一概宽释，转非所以感召嘉祥而仰冀膏泽也。著将此传谕杨应琚、吴达善，总以镇静体恤，并行不悖为要。勉之。"

又谕："前因甘省米价昂贵，曾经降旨，令于陕省附近州县酌拨运甘。而以川省之米留济陕省。嗣据钟音奏到，以西、同等府尚有现粮八九十万石，民食有备，毋庸动拨川米。且水陆运价，亦更不赀。而护督明德又以凉、兰一带尚不缺乏，且有采买陕粮二十万石，正在起运，毋庸再令陕省拨协，奏请暂缓办理。自属酌量情形，因时筹划。今据吴达善奏称，兰、平等属复有旱象，应预为筹备，约计本省仓粮仅可拨动二十万石，倘需赈恤借粜，殊觉不敷。又不得不拨及陕粮，请拨米、麦各十万石，解交泾州接运等语。甘肃连年承办军需，粮价未免昂贵，且上年被灾之后，今夏又复少雨，民食攸关，不可不急为筹划。著传谕该督抚等即于陕省西、同等属内如数拨运。并令开泰将川省附近各州县现在米谷，仍照前旨由水路拨运至陕省之略阳交收，分运各属，以备储积。从前钟音之奏，原因陕米本不缺乏，而运价又觉多费。今陕省米价亦不甚平，必须有备无患，且当需米之际。朕为百姓，即多费运价，亦不惜也。至陕省现今亦旱，而拨米、麦往甘省以济他人，恐愚民不知而怨。应于川米未到之前，将接运川米之处明白宣示，俾民间皆知有川米到陕。庶本地市侩不致居奇，而间阎民心亦皆安帖，方为妥协。如钟音可保拨米接济甘省，而陕省尚属有备，亦不致米贵民怨，则不借川省运米亦可。著传谕杨应琚、开泰、吴达善、钟音一面互商速办，一面奏闻。"寻奏："甘省河东各属夏收失望，甫种秋禾，丰歉难必。如需接济，即拨陕粮二十万石亦不敷拯恤之用。若从他省拨运，需费更繁，缓难济急。臣等悉心筹酌，值此岁歉之余，无须定用米、麦，即杂粮亦可备用。查河东赈粮每石折银一两三钱，河西折银一两四钱，倘遇应行抚恤之处，请即照数折给，如并杂粮购买维艰，再以陕粮散给。较之另筹拨运所省实多。"得旨："如所议行。"

（卷587　518页）

乾隆二十四年（1759年）五月乙巳

陕甘总督杨应琚奏："甘省河东被旱州县甚多，倘夏至前雨不沾足，急宜预筹抚恤。查平凉、庆阳所属仓贮无多，万一成灾，断不敷用。先经布政使蒋炳议于拨运陕粮二十万石内，除拨给武威、皋兰等县外，留贮平凉一万石，华亭五千石，固原三万石，盐茶厅二万石。而泾州、镇原、隆德未议拨给，应于运贮皋兰粮内截留泾州一万石，镇原五千石，隆德五千石，以备缓急。至庆阳附近州县无粮可拨，拟在陕省近处州县仓内筹办。查上年被灾之皋兰、金县、狄道、河州等处，奉谕展赈三月，皆系本折兼支，如给一月本色，即需粮十九万七千余石，挽运维艰。拟照河东、河西折给银两，按月分散，俾户民自买杂粮糊口，留本色备支。"得旨："如所议行，余有旨谕。"谕军机大臣等："据杨应琚奏，预筹平、庆两府属被旱州县粮石，暨续赈全支折色留粮备用缘由。已于折内批谕矣。杨应琚现在将到肃州，而哈密粮饷军务事宜办理已有就绪。吴达善可不必同驻肃州，即回至兰州，将甘省一切地方事务面同藩臬等悉心妥办。有应行知会杨应琚者，彼此咨商调度，尤为近便。著一并传谕该督等知之。”

（卷 587　522 页）

乾隆二十四年（1759 年）五月戊申

谕军机大臣等：“吴达善奏，甘省应解军前布匹，现在凉、甘二府采买尚堪适用，不过市价稍昂等语。所见与朕意不合。已于折内批谕矣。甘、凉一带承办军需，且有被灾之处，民食未免拮据。朕叠次加恩，犹深轸念。布匹一项，市价既昂，若又官为采买，则民间愈加腾贵，殊非体恤灾黎之意。除已经解送外，余著停止采买。现在部库存贮布匹饶裕，已著户部即查明酌拨数千匹，派司官一员，按站解往肃州，交与该督等转运备用，以赡军储，以便民用。将此传谕该督知之。”

（卷 587　524 页）

乾隆二十四年（1759 年）五月己酉

（吏部）又议复原任甘肃巡抚明德疏称：“兰州府属之狄道、河州、皋兰、金县、靖远五州县，旱地虽多，然引洮、黄二河之水灌溉者亦复不少。乾隆十八年间，曾以河州州判兼衔水利，督理渠道，究不足以资治理。请以该府河州同知兼水利衔，经管河、狄二州水利。以河桥同知兼水利衔，经管皋、金、靖三县水利，并加临洮道水利衔，统为督率。至宁夏府属之宁夏、宁朔、平罗、灵州四州县水利，请并归水利同知管理，加宁夏道水利衔，换给关防。应如所请。”从之。

（卷 587　525 页）

乾隆二十四年（1759 年）五月是月

总督管理甘肃巡抚吴达善奏：“甘省河东一带自四月初旬缺雨，如皋兰、金县等十二厅、州、县因上年歉收，已于例外加赈。其被灾较轻之环县、河州等处，亦应加赈三月。现在银粮兼散，减价平粜。”得旨：“实属无法，即京师亢旸情形亦甚，更添朕西顾之忧矣。今得沾足恩泽否，一切留意绸缪。勉之。”

（卷 587　527 页）

乾隆二十四年（1759年）六月癸丑

又谕："据清馥等奏称，巴里坤办事之凉州府知府图桑阿呈报，审明刃杀民人马幅之蒋二一犯乘间脱逃，除饬委官兵严缉务获外，应将疏纵各员交该督抚照例题参等语。巴里坤、哈密、辟展、阿克苏等处因距肃州窎远，派有总理大臣及随同办事之地方官，一切逃盗案件既经呈报，大臣等即宜速行审结，不必行令该督抚办理。著为例。"

（卷588　529页）

乾隆二十四年（1759年）六月戊午

陕西巡抚钟音奏："西、同等属二麦登场，收成不薄。兹已普得时雨，民心甚安。现在五府州所属，米麦除拨协外，尚存粮八十四万余石，仓储不为无备。所拨协甘粮石俱系平常积贮，市价无由加昂。至陕省民情敦朴，邻省灾荒，无不乐于挽输。况西、同等属运粮赴泾，而略阳又接收川钱，转运甘省，相继接递，驮脚已属不赀。若再分运川米，费更繁重。且时届农忙，转恐有妨民事。其川米请仍停拨运。至西、同等属拨缺额谷，俟秋成买补还仓。"得旨："如此，是朕所愿也。如所议行。"

（卷588　535页）

乾隆二十四年（1759年）六月庚午

陕甘总督杨应琚奏："西宁青海之得卜特尔、伊克柴达木等处设卡，原以防范准夷，今伊犁已入版图，口外各处驻兵卡隘人迹不到，请自今年八月防兵回汛时即停。其青海蒙古仍各于驻牧边界防守。"下军机大臣议。寻议："前黄廷桂以伊犁平定，请将巴颜布拉克派驻官兵撤回西安，所有噶斯口至青海各卡，派蒙古及西宁镇官兵防守，事属空设，应一例裁撤。其蒙古官兵二百四员名即于各边界防守，听管理青海事务大臣查察。西宁镇标官兵一百四员名，庄浪满营官兵二十四员名均撤回本营。"从之。

（卷589　546页）

乾隆二十四年（1759年）六月癸酉

谕："陕省运送甘肃粮石，现在时值农忙，若照旧例，平路每百里给脚价银一钱，未免不敷雇觅，著加恩将陕省运送泾州粮石，照泾州以西之例，每石每百里给脚价银一钱六分。其陕甘运送钱文，并著加恩于向例每百里给脚价二钱之外，量给回空银六分，以示体恤。该部速遵谕行。"

（卷589　547页）

乾隆二十四年（1759年）闰六月癸未

谕："甘省附近之连城、红城两土司所属地方，上年被有偏灾，已加恩借给籽种。今岁雨泽未能沾足，夏收歉薄。念边外土民，糊口未免拮据，著再加恩，借给口粮三个月，照例折给。该抚吴达善即委干员前往会同该上司等按户散给，俾沾实惠。并著令于来岁麦熟后，同前借籽种分作三年交还，以示体恤。该部速遵谕行。"

（卷590　557页）

乾隆二十四年（1759年）闰六月丁酉

谕："据吴达善奏称，甘省所属皋兰等三十六州、县、卫，五六月间雨泽愆期，被旱情形轻重不一等语。甘省地处边陲，连岁秋成歉薄。去冬雨雪稀少，今夏禾失收，粮价昂贵，闾阎必多拮据。朕心深为轸念。该督等应悉心体察民情，勤加抚恤，各属内有赶种秋禾并借籽种，晚秋现在乏食之户，即查明量借口粮银两，以资接济。其被灾较重，节候已迟，不能改种秋禾及止种一收成灾之处，不在现领加赈之内者，接济尤不可缓。俱著该督等详悉确查，速行赈恤，使穷黎不致失所。至皋兰、金县等处前因被灾，屡经降旨加恩，展赈已至七月。今该省现在尚未收获，所有加赈之期未便拘于常格，至十月始行散给。著即于八月内接续放赈，俾得源源接济。朕嘉惠穷黎，有加无已。该督等其董率属员实力奉行，体朕优恤边氓至意。该部遵谕速行。"

又谕："甘省河东地方所有挽运协济粮石一项，计自泾州至平番各属地方，食物料草，现在价值未能平减。向例每京石每百里价银二钱，往返费用，恐有不敷。著加恩暂照河西之例，一体增给，以示优恤。该部遵谕速行。"

（卷591　568页）

乾隆二十四年（1759年）闰六月乙巳

谕军机大臣等："杨应琚奏，库车等处咨调绸缎布匹等项，换易回民粮石，业已酌办解送一折。看来各项布匹于回地既为适用。当此刈获之时，用以易换粮石，非特军营得资接济，且可省内地解运之繁，甚为便益。前已降旨，令户部酌拨布匹二万解送肃州，交该督等贮库备拨。将来或有需用，不妨广为筹备，多多益善。现在传谕户部，再于各省产布地方，酌量备解，陆续运甘。庶军储倍为充裕。甘省比年歉收，民间食用，庶多方体恤。其粮石、草束，本地既务从撙节，不令采办拮据。即布匹一项亦系小民日用所必需，今既由各省源源接办备用，则甘省一切可以无需购买，价值亦自平减。该督等正当专力于抚绥赈恤，副朕加惠边民至意。此时回众已得因粮之便，军务亦指日可以告竣。该督等办理储胥，使内地静若无事，斯为经理得宜耳。将此详悉传谕知之。"

（卷591　576页）

乾隆二十四年（1759年）闰六月戊申

刑部议准总督管理甘肃巡抚吴达善奏称："甘省军务未竣，兼逢岁歉，一切口粮车脚，拨运维艰。请将未经金解人犯暂行停止。俟甘省有收，耕作需人时，即请改发屯所等语。臣部行知各督抚，查照该犯等应配地方，即行分解。至从前缓决三次，及私铸情轻，本年秋审减等者，应改发近边地方安插。此后罪应改发巴里坤者，俱暂照各本律问拟。"从之。

（卷591　579页）

乾隆二十四年（1759年）七月丙辰

又谕曰："刘顺著调补安西提督，其甘肃提督员缺，著阎相师调补。阎相师现在军营，其印务仍著额僧额署理。"

（卷592　585页）

乾隆二十四年（1759年）七月癸酉

户部议准总督管理甘肃巡抚吴达善疏称："武威县民地二顷二十五亩有奇，买作凉州满兵茔地，请自二十三年为始，豁除额赋。"从之。

（卷593　603页）

乾隆二十四年（1759年）七月丁丑

陕甘总督杨应琚奏："西陲平定，幅员广大。陕西、甘肃非一总督所能兼理。请将西安总督改为川陕总督。四川总督改为四川巡抚。甘肃巡抚改为甘肃总督，管巡抚事。川督中军副将改为川抚中军参将。甘抚中军参将改为甘督中军副将。固原提标归川陕总督统辖。提属之庆阳各协营并河州镇属标营均归甘肃提督统辖。固原提督听两省总督节制。陕省官兵听甘肃总督调遣。至安西提镇标营应酌量移驻改设。请将安西提督及本标五营移驻巴里坤，应驻之兵即以巴里坤、哈密驻防，及提属凯旋兵内留驻。不敷再拨。其哈密原驻官兵请撤。以靖逆副将军司移驻哈密。布隆吉游击移驻靖逆。安西都司移驻布隆吉。瓜州参将移驻安西。瓜州留千总一员，兵一百名驻扎。靖逆额兵八百名内撤二百名。瓜州额兵六百名，内撤三百名，并千、把、外委随靖逆之副将都司移驻哈密。其靖逆留兵六百名，即令靖逆游击管辖。瓜州余兵三百名并安西城守营额兵五百名归安西参将管辖。均听巴里坤提督节制。移驻之副、参、游、都、守等官俱作为题缺。安西、柳沟、沙州、靖逆、赤金五卫裁汰，于安西设一府。安西、柳沟二卫改设一县，并驻安西。靖逆赤金二卫改设一县，驻靖逆。沙州卫改设一县，驻沙州，设一经历，一教授。随知府驻安西，设三典史，三训导。随知县分驻三县。安西道移驻哈密。安西同知移驻巴里坤。靖逆通判移驻哈密，俱令管理粮饷，兼办地方事务，归安西道统属。其训导三员于文县、徽县、镇远县移改。"得旨："开泰著补放川陕总督，仍驻扎四川，令其往来西安，稽察一应事务。杨应琚著补放甘肃总督，陕西提镇营务并听甘肃总督节制。其甘肃提镇营务，川陕总督不必节制。余依议。"

（卷593　606页）

乾隆二十四年（1759年）七月是月

陕甘总督杨应琚奏："甘省被灾各属，虽现经筹办赈抚，但积歉之余，乏食者多，非以工寓赈，未能源源接济。查狄道、河州、靖远、静宁、环县、平番等六州县，皆系灾区。而城垣亦甚坍塌，请乘时兴修，俾灾民得资养赡。其同时被灾之皋兰、金乡、盐茶厅等处及连城、红城等土寨贫民，亦可前往附近各州邑佣作。"得旨："如所请行。"

又奏："回部底定，官兵即日凯旋。约于秋杪可至辟展等处。而口外天气早寒，皮衣在所必需。现饬军需局分檄甘、凉、宁、西等府产皮之处，赶紧制备，解送辟展办事大臣收贮，俟官兵过此，分别散给。"得旨："好。"

又奏："甘省肃州居民向借杂木杂草，以供炊爨。迩年商贾辐辏，需用尤多，砍伐殆尽。居民远赴北山樵采，往返辄数百里。查肃州东北乡鸳鸯池

一带出产石炭，且距城仅七十余里，应请酌借工本，招商开采。"得旨："如
所议行。"

乾隆二十四年（1759年）八月壬午

赈贷甘肃皋兰、金县、靖远、河州、狄道、渭源、陇西、宁远、伏羌、
会宁、安定、漳县、岷州、平凉、崇信、静宁、泾州、灵台、隆德、镇原、
庄浪、固原、安化、宁州、合水、环县、山丹、武威、古浪、平番、永昌、
中卫、灵州、西宁、碾伯、大通、庄浪同知、盐同知、东乐县丞、花马池州
同等四十厅、州、县、卫本年旱灾饥民。

乾隆二十四年（1759年）八月壬辰

谕："甘省连年歉收，仓贮尚未充裕。明岁春耕，一切籽种、口粮皆须
酌借。向来原有折银借给之例。但念该处现在粮价稍昂，若照每石折给银一
两之数，购买尚觉不敷。著加恩自今冬明春各属灾地及勘不成灾处所，应借
籽种、口粮。河西每石折借银一两四钱，河东每石折借银一两三钱。俾农民
耕作有资，不致拮据，用示体恤。该部即遵谕行。"

乾隆二十四年（1759年）八月己亥

军机大臣等议复总督管甘肃巡抚吴达善奏，庄浪满营马匹赶赴西宁喂养
一折："查庄浪马匹所需不敷，草束每年在西宁府属碾伯县派买运供。近因
该处连被偏灾，草少价昂，难以买运。该督请将马匹于明春赶赴西宁，就草
喂养。自属因时调剂之法。但大兵凯旋在即，马匹尚需接济，莫若令该督等
即将此项马匹赶赴巴里坤牧放备用，尤为一举两得。"从之。

乾隆二十四年（1759年）八月癸卯

又谕曰："副将军富德等带兵追擒逆酋霍集占弟兄。贼势创败穷蹙，大
队辎重俱为我兵所获。逆酋仅余数百人逃往巴达克山。现经行文晓谕巴达克
山头目，令其缚献，如遵谕即行献出。军务自可速竣。万一稍稽时日，尚须
遣兵索取，以期剿绝根株。总计军营所需，除一切粮饷等项，现有喀什噶

尔、叶尔羌各处蓄聚颇饶，尽可取给，毋庸内地另为筹运。其马匹一项关系紧要，虽我兵此时乘骑现未缺乏，但经行远道为期已久，其中疲瘦拣留中道者当亦不少，自应先期宽余办理，以资接济。现在陕甘各标营额设之马及巴里坤存留牧养之马为数尚多，近经军机大臣议复吴达善将庄浪满营马三千二百余匹赶赴巴里坤牧放，以备明春之用。此外或尚有存营马匹堪以挑选解往者，俱可酌量调拨。但此时所宜详悉筹划者不在于挑拨之充裕，而在于沿途喂解之妥协。盖甘省间被旱灾，恐草豆购办不易，尤宜加意经理，以济军行，而又不累民方妥。前此黄廷桂酌办，虽有成规，但今岁被灾之后，又非去岁可比。此事朕甚廑念。著传谕杨应琚将各该处所有马匹详加查算，可得若干匹。并令先计该省草豆可敷送出关若干匹之用。先即速行奏闻，以便降旨派人送往。至此次所办马匹，原不过因索取逋逃，是以添解备用，并非又事军兴征发可比。内地可以行所无事。该督应将此意谕令民间，使之共晓，不得稍涉张皇。再各营挑解缺额之马，竟可毋庸汲汲筹补。在内地既不需用，且可省草豆喂养之需。而将来凯旋在即，亦无难徐议归补原额也。可将此详谕该督令其悉心筹划，一面办理，一面即速奏闻。"

（卷595　630页）

乾隆二十四年（1759年）八月乙巳

又谕："昨因将军富德等向巴达克山索取逆酋霍集占弟兄，尚需筹办马匹，以资接济，故传谕杨应琚，令其详悉查奏。但因甘省灾地，购办草料，民力不免竭蹶，是以降旨杨应琚，令其妥酌。今据扎拉丰阿、阿兰泰奏解甘马有一万一千余匹，因思此项马匹加以内地各标营原所补立，则为数愈多，均属在甘喂养者，草料更为滋费，莫如酌量挑选及早解送叶尔羌，以济军行，则止需沿途一过之喂养，较之内地经年喂养，需费不更省乎。似此通融调剂，在内地可省刍秣之需，灾民既不致拮据，而军行亦资实用。所有挑解马数不必补额，统俟凯旋时徐议归还。但扎拉丰阿等新解之马，既经历长途，恐有疲乏，势难一时赶送。应将在甘喂养之马解用为宜。其自哈密往军营已派令清馥，并乾清门侍卫等赴哈密管理解送。该督可查照黄廷桂所办章程，并查明可得若干匹，一面办理，一面即速奏闻。著将此详悉传谕该督等知之。"寻奏："扎拉丰阿等解到北口马，虽有万余匹，途中即多疲乏倒毙，均须收槽喂养。现已议将内地朋喂及巴里坤牧放马一万匹，先行解送叶尔羌，以济军行。"得旨："依议速行。"又批："一万匹亦甚足用矣，妥协办理解往可也。"

（卷595　631页）

乾隆二十四年（1759年）八月是月

陕甘总督杨应琚复奏："陕省赏恤兵丁，交商营运银八万三千六百余两，甘省十七万六千四百余两。每年各商应交息银系计本输将，相安已久，分之各邑，为数无多，无由即启官商结纳之渐。且陕甘各商，恒以三分取息，今极重者不过二分。商有余利，无不乐于领运。应请毋庸议停。"得旨："竟如所议，咨部存案可也。"

安西提督刘顺奏谢新授恩。得旨："览，以汝轻车熟路，能胜此任也。一切更宜勉力。何未奏及一言耶？"

（卷595　634页）

乾隆二十四年（1759年）九月丁巳

以前锋参领敦柱为甘肃庄浪副都统。

（卷596　644页）

乾隆二十四年（1759年）九月戊午

谕军机大臣等："据杨应琚等奏，甘省钱价稍昂，解济搭饷，需用甚繁。楚省存局余钱尚多，请敕下湖广督臣，委员解甘济用等语。著传谕硕色，将该二省存局钱文，查明现存若干，尽数拨解。派委妥员由水路陆续运至陕省之龙驹寨，交该处地方官接收，转运西安藩库，另解甘省。其一切运价钱本及解送接收各事宜，该督等彼此咨商，一面妥协办理，一面将查明存局余钱若干。先行奏闻。"

（卷596　645页）

乾隆二十四年（1759年）九月己未

军机大臣等议复甘肃总督杨应琚奏称："陕甘二省分派朋喂马五千匹，膘分已壮。又屡次拨解巴里坤备用马可择取五千匹，合计得战马万匹，先期调至甘、肃二府州属分喂，就近转解。至沿途草豆俱已筹备等语。查各处马匹甚多，挑解军营，既资接济，而内地亦省饲秣之费。现据该督查明一路刍豆俱足供支，应如所奏，即将各处马调至近地，速解哈密。现在奉旨派清馥及侍卫等管解，应先解送五千匹，随后续挑五六千匹。其如何分起行走及沿途照料，令该督会同清馥等商办。"得旨："依议速行。"

（卷596　646页）

乾隆二十四年（1759年）九月辛酉

吏部议准甘肃总督杨应琚奏称："甘省嘉峪关外自安西至哈密，计程八百余里，地方辽阔，并无官弁驻扎。查安西以西，哈密以东有马莲井，为南北两路总汇之区。虽经于沙州协拨兵七名在彼分巡，但兵数既少，又无专官督率，未免虚应故事。请将平凉府属泾州州判改为安西新设首县县丞，移驻马莲井。并于河州协再拨兵二十三名，连前共三十名。酌拨千总一员带兵往驻。遇有递解人犯及匪窃案件，责令该县丞、千总协同查缉。其改设县丞，照边缺例，五年升用。"得旨："依议速行。"

（卷596　648页）

乾隆二十四年（1759年）九月甲子

谕军机大臣等："杨应琚奏，军需驼只现可得壮健者一千二百余，随同马匹解送军营。所办甚妥。至所奏辟展催运商驼，咨明定长等于卸载后给价雇用等语。军营既得健驼千余，谅足敷用。若前项商驼既经停止官买，又复截留守候。内地商民或致闻风不进，何如留此有余，俾得转输接济。至若询之将军等，自必以军营所需，多多益善，岂有遽称足用，而转为推却者。自可不必行文。"

甘肃总督杨应琚奏："查外省定制，遇有隔省交涉事件，俱系移咨督抚，转饬查办。向无径饬他省司道办理具复之例。今臣蒙恩补授甘肃总督，其营伍钱粮俱系陕西藩司总理，且军务未竣，一切调遣人员，解送军器及军营往返官兵等项，多系陕西藩司应办之事。拟嗣后遇有应行事件，一面咨会陕省督抚，一面径饬陕西藩司，上紧办理，并令该司径行详禀，以速机务。"得旨："自应如此，有旨谕部，以重事权。"

（卷597　651页）

乾隆二十四年（1759年）九月乙丑

谕："前经议政王大臣议准，将陕西一省改归四川总督统辖。甘肃一省专设总督一员管理。降旨令杨应琚补授，仍令节制陕西营务。原为西陲办理回部告竣之时，甘省幅员辽阔而言。今军务尚未武成，回部现有将军大臣在彼办理诸务，而一切军需多由陕省运甘，未便遵照新制，转多掣肘。所有陕省事务著杨应琚照旧管辖，开泰且不必兼管，俟军务告竣后，再行候旨遵行，以期集事，以专责成。"

（卷597　652页）

以三姓副都统噶隆阿、庄浪副都统敦柱对调。

（卷597　654页）

乾隆二十四年（1759年）九月丙寅

改甘肃安西镇为安西府。安西、柳沟二卫为渊泉县。靖逆、赤金二卫为玉门县。沙州卫为敦煌县。从总督杨应琚请也。

（卷597　654页）

乾隆二十四年（1759年）九月丁卯

署陕西固原提督延绥镇总兵张接天奏："甘肃新设总督，议驻肃州，不若仍照前议驻扎凉州，弹压诸番，控制口外，实能扼要。且与甘州提臣、肃州镇臣声势联络。其凉州总兵应改驻固原，陕西提臣应改驻西安。各营、协改隶事宜，因地筹办。"得旨："如此大事，岂汝一武夫所当轻言者，甚属冒昧。但汝若有真知灼见，亦未可知。汝宜来京陛见，令汝与廷臣面议再定。有旨谕部。"

（卷597　655页）

乾隆二十四年（1759年）九月戊辰

谕军机大臣等："据张接天奏，甘肃总督应驻扎凉州等因一折，已降旨令其来京陛见，详悉面陈矣。总督驻扎地方关系控制西陲，事体崇重。前经该督杨应琚折奏改设事宜，令议政王大臣集议，斟酌允行。张接天特一武臣，何以冒昧建议及此，或伊别有真知灼见之处，亦未可定。但思常人之情，多徇目前，难于虑始。如总督标下所属员弁兵丁等甚属纷繁，恐以凉州地近腹里，商贾云集，居处乐就便安。若肃州地在千里之外，较此殊为弯远，因而腾其口说。该镇为所怂恿，即据以入告。既得于朕前有所建白，并以博庸人之称誉，此又武途之习气所不能免者。殊不知就甘肃内地而论，则凉州固为适中，若就统驭新附各部落而言，则肃州犹为近地，而凉州则相距转遥。但徇庸众私情，岂能远计国家大体。且改设总督一切新定规制，原俟军务告竣之日再令候旨遵行，现在仍循其旧。此时正毋庸议改。张接天此奏是否有所见，抑或为众论所惑，著将原折抄寄杨应琚，令其虚公体察，据实奏闻。其总督驻扎地方，究于何地最为扼要，并著悉心详议具奏。"

（卷597　655页）

乾隆二十四年（1759年）九月辛未

又谕："据吴达善奏称，兰、巩等府州各属地亩，间有因旱未种秋禾，亦有已种仍被旱伤之处。自七月内，甘属各厅、州、县透雨沾足，其未被旱伤之各色秋禾，咸沐滋培之益等语。甘省各属积年歉收，边徼穷黎，实堪轸念。是以叠降谕旨，将应征额赋蠲至明年。而灾地加赈展至七月。原为前经被灾之地，多方量筹赈恤，今岁收成如获丰稔，则间阎生计，可资接济。今该省各属自六月以后始得透雨，田禾复有歉收之处，民力未免拮据。著传谕杨应琚、吴达善等，将各属现在情形，并于前此蠲赈之处，应行作何筹办，加恩抚恤，俾穷民不至失所，及该督抚曾否预为经理之处，作速查明妥议。一面奏闻，一面办理，慰朕念切民瘼至意。"

（卷597　659页）

乾隆二十四年（1759年）九月乙亥

又谕："甘省山丹县渠坝工程，向系民修。前据该抚吴达善奏，请借帑修筑，照例按年催征还项，但念该处秋成稍歉，民力未免拮据。所有官借修筑渠坝工程银两，著加恩一并豁免，以示体恤边氓至意。该部遵谕速行。"

又谕："前因庄浪土司所属地方偶被旱灾，曾降旨折借籽种、口粮银两，以示抚绥。现在该处谷价未能平减，所领折银恐尚不敷买食，著再加恩将应借一月折色改给本色，即于西宁县仓粮内动拨。令该土民自往领运。至此项借给口粮，例应征还归款，第念该处连岁歉收，土民生计拮据，著格外加恩，将所借口粮本折银米一并赏给，免其交还，用昭一视同仁至意。该部遵谕速行。"

（卷597　664页）

乾隆二十四年（1759年）九月是月

甘肃总督杨应琚奏："甘肃靖远县城建设黄河南岸，向于西北近河处筑石土坝以资保护。近年河流南徙，直逼县城。西北石坝漂没无存，形势颇险。请于向设石坝处建筑挑水坝座，并于大溜北首开挖引河，以杀水势。明春再行兴工修城。"得旨："亟应修筑者。"

（卷597　672页）

总督管甘肃巡抚吴达善奏："兰、巩、平、庆等属，现议折给赈银，但灾重之区，仍宜筹备本色。查成县仓粮可拨四万石，该邑距西和县一百九十里，虽属山路，骡马驮载，尚易筹办。至由西和县转运灾重之皋、平等邑，车辆通行，挽输甚便。"得旨："如所议行。"

（卷597　673页）

乾隆二十四年（1759年）十月戊寅

谕军机大臣等："据钟音奏，发遣巴里坤人犯，在途脱逃之王忝等五名先后拿获，应请旨即行正法。其疏防各犯之地方官，移咨甘省查参等语。已有旨交钟音，将该犯等照例即行正法矣。此等罪犯皆系积匪猾贼。发遣巴里坤已属宽典，乃敢蔑法脱逃，其罪更无可逭。现在特因甘省地方岁收歉薄，是以暂为停遣。将来仍应照例举行。地方各官自应严加约束防范，毋使兔脱。何至沿途逃遁者罪犯累累。虽现在五犯已经就获，其余未获各犯务须星速缉拿，勿使迁延漏网。其获犯各官固当分别议叙，而疏防各员弁尤应逐一严查。请参议处。杨应琚、吴达善因何并未查奏及此，俱著明白回奏。"

（卷598　674页）

乾隆二十四年（1759年）十月乙酉

又谕曰："吴达善奏，洮、河五司积茶甚多，请照康熙年间茶三银七之例，搭放俸饷一折。所见非是。库贮官茶，存积有年，未免成色不足，若以之放俸饷，其于官兵即不能无苦累。设若以茶易银，尚有利益，则前此商民自当踊跃请领，又何致陈陈相因，卒难销售。此情理之所不可解者。且此权宜之计，若在他省，尚属众擎易举。目今甘省官兵以军需皆属勤苦，岂可加以额派，所见更非。况以该抚筹办茶法全局言之，向以商茶配运不敷，是以负课累累，今既增配如额，而旧课竟得清偿，其库贮官茶，又何以难于出变。初不知商茶短配之时，民间食用，何所取给。抑始终均系私茶充斥，迄为茶政之累，则该抚此时究竟作何设法防禁耶？此折批交该部议奏，著传谕该抚，将前后情节一一详悉确查。先行奏闻。"

（卷598　681页）

乾隆二十四年（1759年）十月癸巳

谕军机大臣等："杨应琚奏，陕甘两省酌留公费名粮，除弥补各营公私借垫银外，尚余存库银三十六万八千余两等语。前此酌定扣留此项银两，原为通融调剂，俾帑项不致久悬，而兵丁亦免按名扣抵，实为一举两得。今自二十年办理以来，不特借垫全清，现在更有余剩，可见行之确有成效。著传谕该督，此时尚有应办善后军需，酌扣公费名粮，应仍照前办章程，妥协经理。所有存贮余银，著该督详细查明，自前项弥补既清以后，所有续办解马及一切公私借垫等款，并将来有无应行酌量协济之处，一一据实奏闻。到日候朕降旨加恩，即于此项银两拨用，庶以奖励急公，倍加踊跃，于军务转输，兵丁生计均有裨益。"

（卷599　688页）

乾隆二十四年（1759年）十月乙未

谕军机大臣等："杨应琚奏，请新设安西郡县佳名一折，前已据该部请定颁发。该督此时亦应接到部咨矣。其折内所开历朝建置及山川名目清单，颇属详明，即著留存，以备增订图志时查核采取之用。可并传谕知之。"

豁免甘肃狄道、河州、靖远、岷州、安定、会宁、泾州、盐茶、环县、正宁、平番、宁朔、宁夏、中卫、平罗、灵州、花马池、摆羊戎、西宁、大通、秦州、清州等二十二厅、州、县、卫乾隆二十三年被雹、被水、被旱灾地额赋。

（卷599　692页）

乾隆二十四年（1759年）十月丁酉

谕军机大臣等："前军机大臣会同刑部定议，将减死远遣之犯改发巴里坤一带地方安插，原因此等人犯情罪本重，国家特推法外之仁，俾得屏居宽闲，力耕自给。而内地粮莠扩清，物力亦不虞坐耗。乃定法伊始，该犯等尚敢悍然蔑法，中路潜逃，其罪更何可逭。已敕总督杨应琚、巡抚钟音等，令其即行按律正法示众，以昭惩创。第念此等遣犯俱由各省改发，一时狡计兔脱，未必不仍回原处，若仅令陕甘两省官吏严行捕治，仍属未周。著传谕各督抚等通饬所属，实力访查，如有窜回本地者，一经缉获，即慎选员役，押解赴甘。令其酌量原犯重轻，分别处治，俾共知警惕。各督抚等身为大臣，于国计民生所见当存远大，务宜破除一切姑息目前之陋习，使定制可以永久。试思国家承平百有余年，民生不见兵革，休养滋息，于古罕有伦比。而天地生财，只有此数。生齿渐繁则食货渐贵。比岁民数谷数，奏牍了然。朕宵旰勤求，每怀尧舜犹病之叹。今幸边陲式廓，万有余里，地利方兴，以新辟之土疆，佐中原之耕凿，而又化凶顽之败类为务本之良民，所谓一举而数善备焉者。孰大于是，倘复不知大体，惟以纵释有罪为仁，是终使良法不行，而奸徒漏网益众，岂朕期望封疆大吏之至意乎。著于各该省奏事之便，将此详悉传谕知之。"

议政王大臣等议复陕甘总督杨应琚议奏："总督驻扎地方，前经廷议，定为肃州。嗣原署固原提督张接天请驻凉州。凉州地近腹里，未足控制西陲。肃州虽为厄要，而增置标营，办理供支，诸多掣肘。惟甘州距肃止四百余里，紧要文报，不日可达。若以总督驻扎，即将提标五营改为督标，一切妥便。肃州原有督臣行署，有事即驻肃办理，遇操演等务仍可回甘。至甘肃提督请带同中军参守移驻凉州。凉标五营改为提标。其凉州总兵应裁。庄浪营改设副将。庄浪营参将改为凉州城守营参将，与原隶凉州之永昌协副将及所属各营俱归提督辖。凉标中军游守并裁，改设督标中军副将一员。凉州城守营都司改为督标中军都司，随同总督驻甘。凉标五营内每营抽兵三十名，共兵一百五十名，添拨凉州城守营。再总督既经驻甘，其旧裁之甘山道亦应复设，随同办公，仍兼辖甘州等处事务。均应如所请。"从之。

（卷599　694页）

乾隆二十四年（1759年）十月癸卯

谕："前因甘肃钱价昂贵，传谕湖广、四川各督抚于局铸余钱内，酌拨协济。现在大兵凯旋及一应屯田事务并民间日用，钱文在所必需。著于四川省每岁协济钱十二万串，湖广省每岁协济钱八万串，按数分起解甘济用。其所需工本物料价值以及水陆运费，各该省俱作正报销，毋庸甘省归还，以节糜费其甘省易钱银两，并著照数报部拨饷。该部遵谕速行。"

谕军机大臣等："杨应琚奏分别办理收降回人一折。已于折内批谕矣。现在逆酋已经授首，回部全定。此等人自可随宜酌量办理。著传谕杨应琚令将降回等即于陕甘两省驻防满营及绿旗营内，酌量分赏官兵等为奴。但安插降人宜散而不宜聚。该督其妥协酌派，毋令生事可耳。仍令移会齐凌扎布知之。"

（卷599　709页）

又谕："从前副都统多尔济奏，请裁撤由西宁之噶斯通伊犁之得卜特尔等处二十三卡。彼时因逆贼等尚在逋逃，稍为留待。今大功既成，著将前项卡座即行撤回。一切遵照原议办理。"

（卷599　710页）

乾隆二十四年（1759年）十月丙午

谕军机大臣等："兆惠奏称，齐凌扎布解到回人内，系逆贼迫胁之各城回众，俱安插吐鲁番。其伊犁塔哩雅沁、伯德尔格乌沙克等众送往肃州，照厄鲁特之例办理等语。兆惠具奏时，似尚未闻逆贼伏诛之信。盖霍集占一日未获，则此等回人仍怀叵测。今大功告成，自可从宽免死。前已屡降谕旨，仍著送至肃州分赏官兵。其叶尔羌等城回众，亦不必安插吐鲁番，即顺便留于各该处。若系叶尔羌、喀什噶尔回人如已过该处，亦不必复回，即分派库车、沙雅尔、塞哩木、吐鲁番等处安插。此数年来各城未免地广人稀，令其耕种，亦甚有益。著速传知齐凌扎布等遵照办理。并谕兆惠、舒赫德知之。"

又谕曰："齐凌扎布所解乌沙克、伯德尔格、塔哩雅沁等回众已谕送至肃州，分赏官兵。但伊等素染恶习，今虽从宽免死，仍须严加防范。著传谕杨应琚、吴达善分赏此等回人时，必离其党羽。每一处以十人为率，不可过多。杨应琚业经起程出关。吴达善即遵照办理。"

（卷599　713页）

乾隆二十四年（1759年）十月是月

总督管甘肃巡抚吴达善奏："南路差多，驿马不敷。边路各驿近日差少，每驿原设马五十七八匹至六十匹不等。请划一各留四十匹，共抽三百八十八匹。于南路额设四十五匹之二十四驿，各添十五匹，余马二十八匹。兰泉驿系省会，平番县通青海，各添十四匹。"从之。

（卷 599　715 页）

乾隆二十四年（1759年）十一月甲寅

以头等侍卫洛泰为凉州副都统。

（卷 600　727 页）

乾隆二十四年（1759年）十一月己未

谕："现在西陲大功告竣，所有军站各员已令该督抚等查明咨部议叙。至此次递送红旗之千把、外委各弁，自军兴以来，均属按刻飞驰，勤勉无误，应量为优擢，以示鼓励。著直隶、山西、陕、甘各该督抚等，照各本省道里远近，于沿途各弁中分别选择内有行走奋勇人才可观者，以五人中拔取一人为率，出具考语，送部引见，候朕酌量录用。"

（卷 600　730 页）

乾隆二十四年（1759年）十一月辛酉

谕："陕甘总督杨应琚筹办军需，循照大学士伯黄廷桂规划章程，俱能实力经理。所办凯旋马匹，措置尤为妥协。现在西陲善后各事宜，正资协心襄事。著加恩晋阶太子太师，以示优奖。"

（卷 600　732 页）

乾隆二十四年（1759年）十一月壬戌

谕军机大臣等："据方观承奏，曲周县拿获逃匪王灯山押解赴甘处治等语。此等匪徒，原系应死重犯，一经拿获审明，自当即行处决，以昭炯戒。若复解至甘省，长途押赴，焉保其不又乘间兔脱。著传谕方观承如尚未起解，即于拿获地方正法示众。若已经起解，即行文前途地方官，于该犯所到之处正法。仍一面咨明甘省，一面咨部存案可也。"

（卷 601　733 页）

乾隆二十四年（1759年）十一月癸亥

谕："甘省挽运军粮及调运协济粮石所需脚价，前据大学士黄廷桂奏明，叠经降旨，一体增给，俟秋成后仍照旧例支发。但该省本年收成歉薄，米粮价值，尚未平减。所有一切运脚，著再加恩仍暂照从前增给之数一体支放，俾挽运贫民用度充裕，以示体恤。该部速遵谕行。"

（卷601　734页）

乾隆二十四年（1759年）十一月甲子

又谕："甘省折赈向例每石给银一两，上年因该地方岁事歉收，恐贫黎买食不敷，已降旨河东每石加银三钱，河西每石加银四钱。今皋兰等各属被灾地方粮价尚未平减，朕心深为轸念，著再加恩，将皋兰、靖远、金县、平番、固原、盐茶厅、环县、古浪、安定、会宁、新宁、隆德、灵州、花马池、中卫、狄道、河州、碾伯等各州县赈粮折价，俱于前加每石三钱、四钱外，河西、河东每石再各加给银三钱，俾穷黎足敷买食，以示惠养边氓至意。该部遵谕速行。"

（卷601　735页）

乾隆二十四年（1759年）十一月丙寅

谕军机大臣等："巴达克山、安集延等部落陪臣入觐，已谕沿途各督抚等加意料理。今据鄂弼奏称，沿边一带间有偏灾，恐未能整饬。可传谕鄂弼一切供应官兵及回部使人，俱由内地南路预备，并传谕直隶、陕、甘各督抚等一体遵照。再著陕甘督抚先期知会将军、大臣等，均由内地来京。昨据吴达善奏，分饬南北两路，探听凯旋官兵，接济马匹。今既由南路行走，自应酌量调拨。其北路预备马匹，只须足敷台站之用，其余可酌量调赴南路，俾官兵等遄行无误，并著传谕知之。"

（卷601　739页）

乾隆二十四年（1759年）十一月戊辰

谕："甘省今岁收成稍歉，粮草价值较昂，满汉各营改支折色。若照向例折给，购买未免不敷。所有明岁官兵改折粮料草束及采买满营粮草价值，著加恩照二十三年之例，一体加增。其河州镇标临洮、巩昌二营及陕省延、榆地方并固原一带协路各营，隶于甘省者均属灾歉之区，著将明岁各营应关折色，亦一例增给，以示体恤。该部遵谕速行。"

谕军机大臣等："努三等奏称，阿拉善佐领布岱招降玛哈沁云敦等十五人，酌留堪为向导者三人，余俱解送京师。现在修理穆素尔岭道路，俟追剿逆贼事竣后，将索伦、吉林兵丁撤回等语。布岱既招降玛哈沁等，著酌量奖赏。此等降人尚未盗窃生事，著发往甘肃，分赏官兵。努三等修理道路，即拟追剿逸贼，甚属可嘉。若能弋获匪犯则伊与永贵等从前疏忽之咎，俱可宽免。但伊等此时应已奉到来京之旨，即暂回亦可。将来所撤索伦、吉林官兵，著从巴里坤办给车辆，由肃州行走各回原处。”

陕甘总督杨应琚奏：“臣前因大兵凯旋，拟将巴里坤马解往备用。今准兆惠咨文停止。将第一起马五千匹仍交总兵存泰牧放。其第二起甘省满汉营马二千余匹，将抵哈密，拟拨一千五百匹，赴巴里坤牧放，备伊犁等处驻兵屯田之用，余留哈密。至陕省所调马，将至河西，请以拨补摘缺。则嘉峪关以外所储刍豆，俱移为凯旋官兵马匹之用。又舒赫德等请自辟展至库车，派驼供运。查臣前办驼一千一百只，近准定长咨拨昌吉、罗克伦、乌鲁木齐等屯，应将军营行装驼及节次收获贼驼，分派各台站休息牧养，及解马官兵未用之驼三百余只，亦可添补额数。”报闻。

（卷601 742页）

乾隆二十四年（1759年）十一月壬申

谕：“直隶州知州调取引见，应与道府各员一并按照省份远近，酌量分别年份，著为定例。直隶、山东、山西、河南、江南等省著以六年为期，江西、浙江、湖南、湖北、陕西、甘肃等省著以七年为期，云南、贵州、四川、广东、广西、福建等省著以八年为期。庶该员等赴部之期，既属适均，而甄择人才亦为有益。”

（卷601 744页）

乾隆二十四年（1759年）十一月丙子

军机大臣等议复陕甘总督杨应琚遵旨议奏：“新疆效用武职人数，请于在京、在部候补候选人员内拣选副、参、游、都、守共二十员，发交甘省。遇有辟展等处差务，陆续委用。其勤慎出力者，即由驻扎各该处办事大臣确核出具考语，移咨总督，不拘题选各缺，一例补用，仍与内地应补应升人员通融办理。如遇内地人员较少，而出缺多，即将在外应补者，多用数员。或内地员多，即将在外应补之员量为轮用。俟伊犁等处添设绿营兵，加增额缺之时，择其谙练勤奋之员，题请坐补。坐补外尚有未用者，仍于内地题选各缺照前分别补用。至此项拣发人员，除按品级给与半俸外，仍照委署出征人员例，副将酌给随粮二十分，参将十二分，游击十分，都司八分，守备六分，于截旷项下支销。均应如所奏行。"从之。

乾隆二十四年（1759年）十二月甲申

赈甘肃皋兰、河州、靖远、金县、安定、岷州、盐茶厅、环县、山丹、武威、古浪、平番、庄浪、碾伯等十四厅、州、县及东乐县丞属本年旱灾贫民。

乾隆二十四年（1759年）十二月戊戌

谕："总兵张接天以武夫条奏甘肃总督移驻事宜，甚属冒昧，降旨令其来京陛见，面加询问，果系剿袭幕吏浮词，于道里远近情形亦茫无所见。且人本糊涂，年力又已衰惫，不胜专阃之任。张接天著以原品休致。福宁镇总兵员缺著承明补授。"

乾隆二十五年（1760年）正月戊申

又谕："甘省自军兴以来，连年叠次施恩，蠲免正杂钱粮及一切展赈缓征，酌增运脚所有正赋，已蠲至二十五年，俾边民溥沾渥泽。现在大兵凯旋，军务全竣，正宜与民休息。且上年岁收未能丰稔，朕心尤深轸念，著再加恩，将甘肃省乾隆二十六年应征地丁钱粮通行蠲免，俾得共安耕凿，永承乐利之休，以示朕优恤边黎，有加无已至意。"

又谕："甘省上年夏田、秋禾均被偏灾，其较重之皋兰等十厅、州、县及次重之静宁等八州县，已降旨分别加恩展赈。其灾轻之渭源等十七厅县亦经照例蠲缓赈恤，并于春初借粜兼行，以资接济。惟念勘不成灾处所，夏田被旱，改种秋禾，小民已费工本，未免拮据。著再加恩，将所有春借籽种、牛价缓至麦熟后征还。仍于青黄不接之时，酌借籽种、口粮，俾得尽力耕作，至该省被灾等处，尚有无业贫民，艰于觅食者，并著饬令地方官或设厂煮赈，或开工佣作，俾资糊口，以示体恤。该部遵谕速行。"

乾隆二十五年（1760年）正月己酉

谕："甘省兰、凉、平、庆一带上年偶被偏灾，已加恩一体赈恤。但念边氓生计拮据，春耕在即，而例赈将停，恐不足资接济。著再加恩，无论被灾分数、极次贫民，将皋兰、金县、平番、古浪、会宁、安定、固原、靖远、环县、盐茶等十厅、州、县于正赈之外，再加展赈至麦熟后停止。静宁、隆德、狄道三州县再加展赈四个月。灵州、花马池、中卫、河州、碾伯五厅、州、县再加展赈三个月。俾小民得以糊口力耕，副朕念切恫瘝至意。该部遵谕速行。"

又谕："甘省被灾各属，仓储未能充裕，业令该督抚拨运本省及陕省粮共四十余万石，分贮灾属备用。但春间赈粜兼行，恐有不敷，著于巩昌、宁夏、西宁、秦州四府州仓储有余之处，除留本地备用外，再酌拨十余万石，就近运赴被灾各属，俾赈恤借粜，宽裕储备。该部即遵谕行。"

（卷604　780页）

乾隆二十五年（1760年）正月癸丑

又谕曰："纳世通奏，现在军务告竣，阿克苏、库车、喀喇沙尔、辟展、巴里坤、哈密等处俱有承办军需，应至肃州销算。但阿克苏等处相隔甚远，往返查核，未免致劳台站。请将各处承办钱粮之章京、笔帖式及地方官、书吏等派出数人，携带册档，往肃州军需局核对登答等语。著照所请，交各该处办事大臣，即派员赴肃州销算。仍著该督于道府内酌派一员，专司办理。"

（卷604　784页）

乾隆二十五年（1760年）正月癸亥

陕甘总督管理甘肃巡抚事务吴达善奏："甘省常平仓粮，乾隆二十二年以仓斗定额，实贮三百六十万石。近值岁歉赈粜，屡有动拨缺额，现贮仅一百三十七万五千六百二十二石，猝难筹补，请俟来岁丰收再行设法通融酌办足额。"报闻。

（卷605　790页）

乾隆二十五年（1760年）二月丁丑

又谕："前因吴达善奏，崔应阶之子原任县丞崔琇赎罪留甘委用一折，甚属乖谬，当经传旨训谕。崔琇以私递家书，擅动驿马，按律拟徒。而该抚徇其呈请之词，以该员承办军需，挪用库项，因而寄书取银弥补，为之解嘲，殊出情理之外。至奉到谕旨，非但赎罪之事毋庸再议，其矫诬之愆更何从置喙。乃吴达善复奏折内，尚支离其词，哓哓置辩，是诚何心。且朕原旨正为吴达善辩白，而吴达善乃谓朕疑其有染指之事乎，昏愦极矣。是转不能不疑矣。又谓崔琇不能开销之项，即在已蒙恩免并弥补之内。其说更属荒唐。西陲筹划，军储甫及五年，度支开销，不下数千万。朕丝毫并不派累闾阎，而蠲除之旨后先相望，自督抚以至官弁，既格外恩赏。而物价运脚以次递增，有加无已。此中外所共知共见，毋论蠲免之后司事者无不沾恩，即未免之前承办各员亦不独一崔琇，岂伊等皆系布政使之子，可以唾手驿致多金，一一权且弥补，以待宽免之旨者。且军需全局，独非吴达善经手所办乎，如果承办人员有赔累之事，此非吴达善办理不善，致为属员所欺，即将帑项正供及节次恩赏，竟与各员通同侵肥中饱，非愚即贪，二者必居一。于此吴达善自当据实自行请罪，何至瞻徇崔应阶之子而谬为抱怨之词。不知其糊涂颠倒，一至于是，其居心尚可问乎。朕不难将吴达善等即行交部，按例处分，但事关军行实政，朕若不将此中情节彻底清厘，则庸愚无知之徒未必不以此言出自督办之巡抚，而心滋疑议，甚而承办军需各员中，有自便其私者，又得用此为口实，其毙尚可言耶。现在国家肤功捷奏，荒陬并隶版图。朕于军糈复何所靳，即使果有挪用赔累，其罪自在总理之督抚，朕何难执定律以绳之。矧在崔琇微末之员，准赎与否又何足深论。然朕办理庶务，从不肯颟顸了事，此事尤有关系，非水落石出亦何以服吴达善及崔应阶父子之心。著派侍郎裘曰修、伊禄顺驰驿前往甘省，将各州县办理军需，会同吴达善按籍逐一清查，秉公确核复奏。候朕再降谕旨。杨应琚若回任亦著入议。"

（卷606 802页）

乾隆二十五年（1760年）二月庚辰

谕军机大臣等："阎相师奏，甘肃各镇备战马匹及兵丁营马，因陆续拨解军营，率多缺乏，购觅维艰。请将哈萨克马匹买补足额等语。西陲大功告竣，内地营马将来无须调拨，而伊犁、辟展一带现议驻兵屯田，皆需马匹，是以经划市易，务令有余。其甘肃各营额缺原可徐为补足，不必汲汲于此。今阎相师所奏，或因哈萨克屡来贸易，遂为筹补营马起见，抑或该督抚等催令各营补额，未为官兵熟计。不知内地马匹原以储备调拨，今新疆既不需接济，与其收槽充数，又不若立厂孳生。若急于购补，马价昂贵，兵丁必多赔累，即足额后终年饲秣，徒耗刍豆，何如即水草以善牧养，于公私均有裨益。著传谕杨应琚、吴达善，据现在情形妥议速奏，并传谕阎相师知之。"

（卷606　804页）

乾隆二十五年（1760年）二月乙未

谕军机大臣等："齐凌扎布奏称，伊解送之伯德尔格塔哩雅沁、乌沙克回人等由阿克苏至库尔勒，中间脱逃男丁十六名，又在吐鲁番、辟展等处落后行走之男妇三十一名口。据素赍璊咨，现在拿获二十人。由哈密递解，今解至肃州者共七百九十余名口，已交与吴达善等语。此等逃走回人，务期拿获，即于本处正法，令回人等观看。其已经解送者，亦即于所到之处正法，并传谕自哈密至阿克苏办事大臣等知之。其解至肃州回人，吴达善即遵旨分赏官兵，毋令聚集一处。"

（卷607　815页）

乾隆二十五年（1760年）二月辛丑

谕军机大臣等："据庄浪副都统噶隆阿奏称，军兴以来，庄浪兵丁解送马匹等项，所借银两分作六年、十年扣还者仍扣还外，所有原任副都统佛伦接济兵力及补买缺额并添喂马匹，尚应还银一万六千二百余两，恳恩展限扣还等语。甘省兵丁喂解马匹，借欠银两，曾经黄廷桂查明具奏，降旨分别豁免展扣。今噶隆阿既有此奏，恐尚不止庄浪一处为然。从前黄廷桂如何办理，吴达善自必悉其原委。著传谕杨应琚、吴达善，将甘省各营出兵解马兵丁借欠银两，已经豁免者若干，现在分年扣还者若干，未经查奏者若干，逐一详细查明，据实具奏。"

（卷607　818页）

乾隆二十五年（1760年）二月乙巳

又谕曰："蒋炳、明德奏，甘省近年间被旱灾，请暂开甘赈事例一折。所奏非是。现在西陲大功告成，承办军需已经竣事，其内地歉收各属，节次加恩蠲赈平粜，不惜帑金亿万，多方抚绥，现俱办理就绪，何必于此时为此权宜之计。即地方实有应行通融筹划事宜，亦当听督抚等据实陈奏，候朕裁酌。蒋炳等何竟不量事体之应行与否，辄尔冒昧渎请，所奏不必行，并著传旨申饬。"

（卷607　821页）

乾隆二十五年（1760年）三月丁未

又谕曰："安泰等奏，屯田以渐开扩，直通伊犁。自乌鲁木齐至罗克伦择水土饶裕之地，立四村庄，每庄屯兵八百余名，委游击一员，都司一员，分派杂职等督课耕种等语。所见甚是，可即勉力善为经理。至设立村庄，尤宜防范盗贼，不可轻忽。所奏官兵四五千人，间有疾病，乞赏给医士及药材等语。著传谕吴达善于甘肃选良医二名并各种药材送至乌鲁木齐备用。"

（卷608　824页）

乾隆二十五年（1760年）三月丁巳

又谕曰："永宁等奏称，固原州回民林福与民人马友饮醉互殴，扎伤马友殒命，将林福拟以绞候解送巡抚衙门。报部入于秋审案内等语。哈密尚与肃州相近，若伊犁、叶尔羌等处又焉能长途解送肃州。此等新定地方，立法不可不严，将来内地贸易民人与回人杂处，凡斗殴杀人之案，即应于本处正法，庶凶暴之徒知所儆畏，非可尽以内地之法治也。著传谕各该驻扎大臣等，遇有似此案件，即遵照办理。俟新疆一切就绪，再降谕旨。其林福一犯不必解送肃州，著即行正法。"

（卷608　831页）

乾隆二十五年（1760年）三月壬申

又谕："据杨应琚奏，巴里坤现存马一千二三百匹，而甘肃各营马匹，每年例应出厂。巴里坤一带水草丰裕，请于安西等五处提、镇、标、营摘拨三千匹赴巴里坤牧放，即于此内拨出一千五百匹解赴阿克苏。其伊犁屯田需马九百匹，竟由巴里坤解往乌鲁木齐预备，其余俱存巴里坤牧放备拨等语。所办自属可行，但不知内地马匹是否足敷调拨。基已经照数拨往，则缺额竟不必急于筹补。甘肃绿旗额马视他省较多，原为边防起见。今西陲平定，则各营马匹不过供应差操足矣。况巴里坤水草既佳，同一牧放而于马有益。且省饲秣之费，岂不甚便。又如各营额缺有必须购补者，即于哈萨克马匹内酌量抽拨亦可，不必于内地采买，致费周章。或秋冬之际有必须收槽马匹，临时预为奏闻。至该督前奏伊犁等处设官屯田事宜，已据军机大臣议奏行知矣。总之新疆自应次第经理，不可懈弛，亦无庸急遽。惟各就本地情形，因利乘便，随时酌办，以规久远之计。若又大费内地财力，以为设官屯田之用，殊属无谓。且军务现已全竣，而收买驼骡，纷纷滋扰，愚民转致猜疑，亦岂休息镇静之道。并传谕舒赫德等知之。"

（卷609　848页）

乾隆二十五年（1760年）四月癸未

办理陕甘总督事甘肃巡抚吴达善奏："哈密留牧孳生羊四万余只，经五吉查办，挑出瘦癫羊四千三百余只，变价交内地另买。现于甘、凉、西宁三府属商贩收买，并于正羊外，每百带余羊十只，以备补缺。此项购办之羊，先交地方官，在本处暂行牧放，俟五月间青草茂盛时即解往哈密。再查孳生羊，原议分拨哈密、巴里坤屯田处一并牧放。巴里坤入冬寒甚，且设厂之始数尚不多，应请先于哈密设厂牧放。"报闻。

（卷610　858页）

乾隆二十五年（1760年）四月壬寅

办理陕甘总督事甘肃巡抚吴达善奏："接准杨应琚来咨，于甘州、安西、凉州、西宁、甘肃五提、镇、标下，按现存营马酌拨三千匹解巴里坤备用。复于庄浪满营内量拨数百匹，以足余马。查安西在口外与巴里坤较近，随移提臣刘顺将拨马四百匹先行解送。其甘肃镇拨马六百匹于四月十九日业经验明，起解出关。至甘、凉、西等处拨马，俟调到次第解赴巴里坤，交道员同德接收。现委副将达启解往。俟甘、凉、西拨马到日，再行委员续解。"得旨："好。"

（卷611　869页）

乾隆二十五年（1760年）四月癸卯

谕军机大臣等："据吴达善奏，甘省现在兴修狄道等处城工，并分派道府大员各经理一二处，往来稽查督理等语。前此准该督等所请，修茸城垣，原因该省被灾民人得借此就工觅食起见。今既经相度估计，有需帑至三万两及五、六万两以上者，动用既多，而兴工又非一处，自应实力责成董率大员，以杜侵蚀挪移之渐。乃吴达善并未将所派道府等开列名单，各分处所。

是虽有稽察之名，而无专任之实，其何以重帑项而杜侵肥。著传谕吴达善，令其详慎遴派，分段督修，仍不时亲行悉心查核。一面先行缮单奏明，倘不肖之员，有从中滋弊，官帑不归实用以致年限未满，工程不能坚固，在专督之大员固罪无可逭，而该督身任总理，亦咎有攸归也。"

（卷 611　869 页）

乾隆二十五年（1760 年）四月是月

陕甘总督杨应琚奏："查甘省各标营额马五万一千余匹，除征兵乘骑未回五千余匹，拨缺未补四千三百余匹。又此次拨赴巴里坤牧放三千匹外，实存四万三千余匹，已足供差操之用。所有缺额之马，自可徐议通融筹办，无需亟补向内地采买，致费周章。至新疆经理一切事宜，自当酌量情形，与口外办事大臣会商妥办。"得旨："览奏俱悉。"

（卷 611　871 页）

乾隆二十五年（1760 年）五月丁未

谕军机大臣等："吴达善题请于邻省拨银六十七万余两，为凉州、宁夏、庄浪等营加折粮料之用。部议以该抚甫经两次拨银三百八十万两备用，应即在第二次拨解银两内动支，毋庸再拨等语。已降旨依议矣。该抚前请拨银八十万两，原系接准杨应琚移咨，遽行奏请。后该处屯田驻兵事宜概从缓办，则所拨前项银两自属备用充裕，且现在军需事竣，谅亦无甚急需。著传谕吴达善，此次请拨银两，即照部议，在第二次拨解八十万两内动支。其是否足敷应用，将来不致再有缺少需拨之处，详悉查明奏闻。"

（卷 612　875 页）

乾隆二十五年（1760 年）五月壬子

军机大臣议奏陕甘总督杨应琚奏称："叶尔羌旧制钱，以普尔五十枚为一腾格，作银一两。回民岁贡、兵丁月饷以此为准。后市钱稍广，经舒赫德等奏，请每银一两，以七十文为定。现在市钱日益平减，至以钱百抵银一两，并一百零十文不等。官兵月领钱数十文不抵应关饷银之用，既无可加增，又不便议令回民增钱上纳。请将现铸之钱重如其旧，惟较旧样微薄而加广，于钱面添铸回子字一分二字。以钱百作银一两，铸出新钱，即散为现驻官兵月饷，所有回民岁贡亦照此为则。查钱法之低昂，由于市值之多寡聚散为权衡，时增时减，本无定准。在内地尚不能强绳以官法，节制以定价，况在回部地方。鼓铸伊始，收旧铸新，广为流通，则钱价日就平减，亦属物情自然。此时只宜酌市值之贵贱，以定出纳之准。若必拘以一文抵银一分，百文作银一两，则该处白金本属稀少，现在白银一两已换至一百零五文至十文不等，焉知将来不再加平减，则官兵等支领百文之钱，仍不抵其应关饷银之用。况钱式早经颁定，又复减薄分数，于钱上铸明定值，强制回众以不得增减，微特势所难行，转致更张成例。该督杨应琚业回甘肃，请交舒赫德酌量市值情形，随时妥协办理。所有该督请改定之处，毋庸议。至所称阿克苏每年有贡纳铜斤，库车亦有产铜之山，应令该处回民量力输纳，即于应征贡赋内扣抵，以资鼓铸。事属可行，应一并令舒赫德查明妥议具奏。"得旨："依议速行。"

又议奏："据陕甘总督杨应琚奏称，现在军务已竣，台站马匹应酌分缓急，口外办事大臣如所奏紧要，仍用六百里传牌速递。如寻常奏报者，皆用四百里。应如该督所请。令办事大臣酌量轻重缓急，如不必遽奏之件，即稍迟数日。积有数件，再行驰递。并或有应奏之事，适他处军报经过，亦即顺便附奏。于传牌内声明，以免另发。"从之。

办理陕甘总督事甘肃巡抚吴达善奏："乾隆十九年，因西域军务，甘省口内自肃州至宁夏之花马池，安设正、腰站七十六塘，每塘额马二十匹。兹军务告竣，各处往回折报较少，应请每塘裁去四匹，酌留十六匹，尽敷驰递。所裁马即补驿马倒缺之数。有疲敝不能供差者，变价于军需项内归款。"得旨："如所议行。"

（卷612　883页）

乾隆二十五年（1760年）五月甲寅

又谕曰："同德参奏协办钱粮之县丞鲍立应。因回民孙起云与差役马九互殴，将年逾七十之孙起云滥刑致毙，请将该员交部严加议处。鲍立应徇庇衙役，违例杖毙无辜，若不重治其罪，何以示惩。鲍立应著革职，枷号示众。满日照发遣民人之例，仍留该处。此等劣员，同德仅请交部议，殊属轻纵。著传旨严饬。"

（卷612　884页）

乾隆二十五年（1760年）五月戊午

（陕甘总督杨应琚等）又奏："前因阿克苏、伊犁需马，臣于陕甘省安西等营拨解三千匹，以一千五百匹解送阿克苏，余留哈密暂行牧放，仍由巴里坤解往。今接舒赫德来咨，阿克苏之马现有三千余匹，尽敷拨用。则由巴里坤解往之一千五百匹，应移咨该处办事大臣，于经过时全数截留，即在彼牧放。如阿克苏需用，再行调解。"得旨："好。"

（卷612　888页）

乾隆二十五年（1760年）五月辛未

又谕："据松阿哩奏称，由阿克苏、乌什撤回之西安驻防兵一千名，内兵丁塔青阿行次哈喇沙尔未回。贵柱、张俊复以患病逗留盐池。请将营总特克慎、黑翰等交部分别严加议处等语。特克慎等系领兵行走之员，漫无稽查约束，以致遗失兵丁，又不报明驻扎大臣官员查缉，私行寻觅无获，俱著交部严加议处。至驻防兵丁撤回，应有领队大员。松阿哩何以不行参处，著明白回奏。仍逐一查取职名续参。再塔青阿等随从大队行走，何至迷失，或系乘间潜逃，亦未可定。著交哈喇沙尔、巴里坤驻扎大臣及甘肃巡抚严行查拿。兵丁善福系贵柱之婿，跟役张显系张俊之弟，委令照管，乃于半途先返，殊属藐法。著拿送来京，交部审明治罪。"

（卷613　898页）

乾隆二十五年（1760年）六月乙亥

谕："甘省乾隆二十三、四两年耗羡，业经降旨缓征。其二十五、六两年应征耗羡，该抚吴达善奏请带征。朕念随征耗羡，向遇蠲免正供，例不应停缓。但甘肃自办理军务以来，小民急公趋事，诚朴可嘉，业已叠次加恩，凡属缓、带及一切正、杂钱粮无不破格豁除，以示抚绥。今军需告竣，幸遇旸雨应时，秋收可望，正宜益加惠养，俾蒙乐利鸿庥。著将该省二十五、六两年应征耗羡概行豁免，用彰优恤编氓格外加恩之至意。该部遵谕速行。"

（卷614　903页）

乾隆二十五年（1760年）六月丁丑

又谕："伊犁等处屯驻事宜，所有屯田收获粮石及回子所交税粮，约足供屯兵若干之用。已降旨舒赫德，令其详查具奏矣。至甘省经费，有较从前未用兵时不惟不加多，且更加减省者。从前黄廷桂以绿营兵内借支银两至数十万，一时难于扣还。因奏请凡遇兵丁缺额，不复挑补，以其名粮抵还帑项。已经数年，昨岁据杨应琚奏称，业有成效，将来扣清之后，其兵丁缺额自不必再补。是此项名粮较未用兵之前已多减省。且甘省各营缺额马匹，若由内地购补拴喂，其费自多。今各营额马除本省足敷应用外，其余既可不必汲汲买补。而屯田所用马匹，现又取给于哈萨克贸易，其价值较之甘省购办，已属悬殊。兼就水草牧放，更非内地拴喂需用刍豆可比，是马匹一项较前又可大省。合此数者，前后通计，则军兴数年，所费虽繁，而将来该省经费，日就减省。在疆土既经增扩，而财用仍可不致虚糜。著传谕杨应琚等，令其将此数项减省之处通盘筹算，所用银两，较未用兵以前约余若干，或现在办理伊始，所省尚少，将来行之既久，自必渐次增多。此时亦可预行核计。详悉具奏。"

（卷614　905页）

乾隆二十五年（1760年）六月辛巳

谕军机大臣等："据吴达善奏，甘、凉、肃留养之厄鲁特等送往热河安插等语。于办理此事，原委殊未知悉。此等厄鲁特与达什达瓦之人不同。现在乌鲁木齐、阿克苏、叶尔羌、伊犁各处均有大臣驻扎，将来或尚有役使伊等之处，已降旨舒赫德令其酌量分派。著传谕吴达善只须将伊等暂行养赡管束，俟舒赫德等知会到日，应作何派遣之处，即行发往可也。"

（卷614　909页）

乾隆二十五年（1760年）六月丁亥

谕曰："西宁总兵容保之母年老，容保留京，以副都统补用。所遗之缺著金梁补授。"

（卷614　915页）

乾隆二十五年（1760年）六月己丑

谕曰："仓场侍郎员缺，著蒋炳补授。蒋炳现有军需奏销事件，俟办理完竣，再赴新任。其未到任以前，仓场事务著裘曰修暂行署理。甘肃布政使员缺，俟蒋炳事竣奏闻到日，降旨简补。"

（卷615　918页）

乾隆二十五年（1760 年）六月庚寅

谕曰："金梁已补授西宁镇总兵，所遗庆阳营副将员缺著马彪补授。金梁在军营熟悉屯务，仍留乌鲁木齐办事。"

谕军机大臣等："蒋炳已有旨补授仓场侍郎，现在军务告竣，所有一切军需奏销事件，即应加紧办理完结。著传谕蒋炳即将任内经手各案作速妥办，事毕再赴新任。仍一面起程，一面即行奏闻。候朕降旨，简员补授甘肃布政使。"

（卷 615　919 页）

乾隆二十五年（1760 年）六月辛卯

军机大臣议奏："据陕甘总督杨应琚奏称，甘省各提镇营向俱有孳生马厂。自军兴以来，屡经动拨，牧厂所存数目参差。内有平常数处，一交冬令草枯不能饱啖，致马赢瘠，孳生亦难茂育。若将此项儿骒马改拨巴里坤牧放，于孳生甚为有益等语。查甘省各标营牧厂，其水草平常之处，改拨尤为要务。但巴里坤水草较之内地固佳，恐绿营官兵不善经理。现在乌鲁木齐一带土沃草肥，该处驻防及屯田官兵俱可就近照管，将来蕃息又可就近调用，并省巴里坤拨解之烦。应令该督查明此项平常牧厂马现有若干，趁此水草丰盛时径解乌鲁木齐，择厂牧放。其分起解送各事宜请交阿桂、安泰等会同杨应琚酌议妥办。"得旨："依议速行，但今年竟至乌鲁木齐，恐已至秋深草黄时，在巴里坤过冬亦可。并谕该督等知之。"

（卷 615　919 页）

乾隆二十五年（1760 年）六月壬寅

办理陕甘总督事甘肃巡抚吴达善奏："甘省连年因旱歉收，今岁自春徂夏，雨水调匀，禾苗丰茂，市价平减。其从前各灾地展赈平粜之期，俱于五月停。尚有拨运粮石未经起程者，概饬停止。在途者即于所到，截留贮仓。据布政司等禀报，计可节省运费银四十余万两。"得旨："节费犹其小者，所喜在吾民得免沟壑也。"

（卷 615　924 页）

乾隆二十五年（1760 年）七月乙巳

谕曰："蒋炳已补授仓场侍郎。甘肃布政使员缺，著许松佶调补。所遗湖南布政使员缺，著彰宝补授。贵州按察使员缺，著勒尔金补授，其甘肃临洮道员缺，著苏凌阿调补，所遗福建粮驿道员缺，著朱圭补授。蒋炳办理军需奏销到京尚需时日，许松佶著来京陛见后再赴新任。"

（卷616　928页）

乾隆二十五年（1760年）八月壬午

谕军机大臣等："前因噶隆阿奏，庄浪副都统佛伦接济兵力及买补缺额马匹等，欠项一万六千余两，请展限扣还。朕因陕甘各营未扣银两当不止庄浪一处，谕令该督等查明具奏。今据军机大臣会同督臣杨应琚议查吴达善折内查奏各项未扣银两，俱经现在办理内，如佛伦因公借欠一项，应统俟查办到日，请旨酌量展扣等语。朕念该营未经奉有缓扣谕旨，恐仍先照例扣还，兵力未免拮据，著吴达善将佛伦此项银两暂行停扣，统俟各案查明奏到后，再行分别降旨可也。"寻据陕甘总督杨应琚、庄浪副都统噶隆阿奏复："查原任副都统佛伦因公借欠各项银一万六千二百余两，内除买补缺额并添喂马匹等项，共银一万五百七十余两。原系军需借欠之项，应统归两省满汉各营军需借欠案内核办。惟佛伦接济兵力借支银一万四千六百余两，除节次查扣外，尚未扣还银五千六百九十余两。此项原因岁值歉收，于应支折色兵饷内预期借支，并非军需借欠之项，自应即行查扣。惟是庄浪满营马甲计仅一千名，今又有分作六年、十年应扣之项，若复将此项预支饷银即行扣还，兵力诚未免拮据。请将此项预支未完饷银分作两年查扣归款。"得旨："如所议行，于前项扣完时再扣。"

（卷618　955页）

乾隆二十五年（1760年）八月癸未

军机大臣等议复陕甘总督杨应琚奏称："节省甘肃经费事宜，查各提镇裁减名粮十分之一，岁省银二十三万九千五百余两。各标名粮酌改马六步四，岁省七万四千余两。缓购摘缺马七千三百余匹，岁省十万五千三百余两。裁撤西宁口外台卡官兵，岁省九千七百余两。裁汰瓜州渠道官兵，岁省三千四百六十余两。撤回安西推莫尔图官兵，岁省七百七十余两。共计节省银四十三万余两。至安西提标官兵仍遵前旨移驻巴里坤，以联络哈密。所有专派防兵二千名，即可全撤，岁省十万余两。应如所请。"从之。

又议复总督管甘肃巡抚吴达善奏称："陕甘绿营马定例于夏秋放厂，冬春收槽。现各标存营马除征骑外出及摘缺裁扣外，其现存较原额不及十分之八。今届收槽之期，请将安提、肃镇二处现存马以七分收槽，三分下厂。其余陕甘二提，西、凉、宁、河四镇等营马，统以六分收槽，四分下厂。既于差操无误，兼可节饲喂之费等语。查肃州、安西俱边口要地，现军务虽已告竣，而递送文报及各处屯田差使往来，俱系派拨营马供应，实与内地营分不同。其陕甘二提等情形亦大略相似。应如所请。"从之。

（卷618　957页）

乾隆二十五年（1760年）八月丁亥

以甘肃西宁镇总兵金梁、陕西兴汉镇总兵汪腾龙对调。

（卷619　960页）

乾隆二十五年（1760年）八月甲午

吏部议复贵州按察使彰宝奏准："苗疆命盗等案停止展限办理一折。经臣部行文湖南、湖北、四川、云南、广西、甘肃等省，并山西归化、福建台湾、广东琼州等边远地方，可否照贵州一例办理之处，令各督抚详议。兹据各督抚回奏，苗瑶夷僮，久知奉法，承审案件未便仍旧展限。且内地定例，解审人犯，原准扣除程限。今苗疆既照内地不准展限，请一体扣除。应如所请。"从之。

又议复陕甘总督杨应琚奏称："赤金、靖逆二卫经臣奏准改设为玉门县，但查靖逆卫西至安西首邑渊泉县交界仅五十里，东至肃州交界二百四十里，地势偏于西隅，未便将县治驻扎。赤金卫西距靖逆一百里，自靖逆至渊泉县交界五十里，东距惠回堡九十里，自惠回堡至肃州交界五十里，居中扼要，请将玉门县移驻赤金卫。应如所请。"从之。

（卷619　962页）

乾隆二十五年（1760年）八月辛丑

以甘肃按察使明德为甘肃布政使。调云南按察使吴绍诗为甘肃按察使。以甘肃驿盐道巴哈达为云南按察使。

（卷619　968页）

乾隆二十五年（1760年）八月是月

总督管甘肃巡抚吴达善奏："甘肃布政使蒋炳等奏称，甘省乾隆二十四、五两年各属折借籽种、口粮银四十七万余两，例应于今秋征银还项。但农民粜粮易银，殊费周折，且甘省仓贮无多，明岁各营兵马粮料约需四五十万石，不敷支放，采买亦见繁难。莫若乘此岁丰免赋之时，将所借折色银改收本色，于九月内秋收已毕，即照时价折征还仓。应如所请办理。但甘省每岁供支兵马粮料，大概以米、麦、豆为多，而民间树艺各相土地所宜，就该地所出粮色，按照时价折纳，或远乡纳粮不便仍愿完银者，亦听其便。"得旨："如所议行。"

（卷619　968页）

乾隆二十五年（1760年）九月己酉

谕军机大臣等："据钟音奏，陕省沿边各站额外增添马一千八十匹，除已撤五百八十匹外，其尚存五百匹，应尽行裁撤，仍照原价每匹八两变价归款等语。此项额外增添台马，从前虽经军机大臣议令裁撤，但目下陕甘二省马价尚在昂贵之时，若照原价变卖，将来倘有需购买之处，转不免周章。且现今乌鲁木齐等屯田处所亦皆需马，是以甘省此项增添台马及孳生马匹，皆令其解赴巴里坤等处，设厂牧放。今陕省应撤台马事同一例，亦莫若照甘省之例办理。在陕省既免变卖之烦，而出口牧放屯田处所，可就近拨用，亦甚为有益。著传谕该抚，令其遴委干员，妥办解赴，勿致疲瘦。若业经变价归款，即不必另行办理。"寻钟音奏："查陕省马匹缺额，是以奏明定价八两采买应用。今裁存五百匹内，各州县恐糜费草料，于具奏后已陆续变价过二百八十余匹，尚存马二百一十余匹。遵旨解赴牧放。但长途远解，且时届冬令草枯，更虞伤损。请将前项现存马分发附近各驿喂养，无庸另支草料，俟各驿有应补倒毙额马，既以此项补额。"得旨："如所议行。"

吏部议复总督管甘肃巡抚吴达善奏称："甘省渠宁、瓦亭、镇羌、苦水、大靖五处先经题准各设巡检一员，兼司驿务。请将五处巡检印信加兼管驿务字样。再大靖堡向未设驿马，嗣因军兴，差员往来较近，该处改为正站，所调安马三十六匹，驿夫十八名，仅堪支应差务。并请照原议再募弓兵十六名。至大靖、渠宁并无衙署，亦请建盖。均如所请。"从之。

（卷620　973页）

乾隆二十五年（1760年）九月壬子

工部议复总督管甘肃巡抚吴达善疏称："甘州府属山丹县南城逼近沙河，一遇水发，冲刷莫御。必须开挖引河以分水势，建筑拦水堤坝以固城垣。应如所请。"从之。

（卷620　975页）

乾隆二十五年（1760年）九月戊午

总督管甘肃巡抚吴达善奏："西路自军兴以来，各台站于额马外加增四匹、二匹不等。今大功告成，自应裁撤。但一切章奏，虽较前减少，而驻扎大臣及屯田台站文武各员仍属往来络绎。臣详加酌议，每站设马六匹已足敷用，余尽裁撤，拨归本营及变价归款。附近巴里坤者解往牧放。再上年歉收及口外塘驿马匹，请特给本色刍豆饲秣，俟秋收后停止。惟安西至哈密等站，或远距内地，或路多戈壁，应请仍支本色。臣等再行筹办。"报闻。

（卷621　980页）

乾隆二十五年（1760年）十月丁丑

吏部等部议准总督衔管理甘肃巡抚事吴达善条奏："安西五卫地方经部议准，改为一府三县。应行事宜：一、新设安西府地方应仍照五卫原管地界分拨；渊泉县照安西、柳沟二卫旧界；玉门县照靖逆、赤金二卫旧界；敦煌县照沙州卫旧界管辖。一、前各卫城垣坍塌，应勘估兴修。一、巴里坤、哈密距安西窎远，新移驻之同知、通判应定为直隶厅，归安西道辖。其粮饷、刑名、钱谷等项该道核查。一、安西道、府、厅、县经历、县丞、典史等官，原议俱照边缺例五年俸满升用。其安西府教授、渊泉等三县训导俸满，一例照办。一、新设之安西府知府、经历、教授移驻之巴里坤同知、哈密通判、渊泉、玉门、敦煌各县知县、训导并渊泉县分驻马莲井县丞均铸给印信。门皂、书役、壮丁、斋夫就五卫各项人役内，按数分拨。一、道、府、丞、倅并知县、佐杂、教职各员均地处极边，食物昂贵，差务纷繁，俸银请仍按品级照例支给。其养廉公费，安西道于岁额养廉三千两外给公费银五百两。知府照内地岁支养廉银二千两外给公费银五百两。巴里坤同知照旧岁给养廉八百两，公费三百六十两外增公费一百四十两。哈密通判照旧岁给养廉六百两，公费三百六十两外增公费一百四十两。新设三县知县应岁支养廉六百两，公费四百两。渊泉县分驻马莲井县丞应岁支养廉四百两。府经历三百两。三县典史二百两。教授、训导例无养廉，各给公费六十两。一、安西道业经移驻，所遗衙署改为知府署。原裁安西卫守备署改为渊泉县署。安西卫千总署改为府经历署。其府教授及渊泉县训导、典史署请于裁汰游守旧署内酌拨。渊泉县分驻马莲井县丞署请估建。靖逆原有通判、守备、千总三署，改为玉门县知县、训导、典史署。沙州卫守备旧署改为敦煌县知县署。千总旧署改为典史署，其训导署应请估建。一、原有仓廒，安西、柳沟归渊泉县经管。靖逆、赤金归玉门县经管。沙州卫归敦煌县经管。安西厅既移驻巴里坤，原管瓜州仓廒就近归渊泉县经管。一、安西、靖逆、沙州各卫俱旧有监狱，新设府经历兼管司狱，应添建府监。巴里坤同知、哈密通判均管理地方，亦应各建监狱。一、原设驿站。安西、柳沟二卫归附府之渊泉县经理。赤金、靖逆二卫归玉门县经理。沙州卫归敦煌县经理。一、安西等卫赋税、户口并无更张，照旧遵办。一、府县应建坛庙，并祭祀银两均照内地办理。一、安西等卫原有文生一百九名，应分拨府学二十二名，新设三县各二十九名。武生五十九名，应分拨府学十一名，三县各拨十六名。遇岁科试，每县取进文、武生各四名，再拨府学各二名，设廪增二缺，六年一贡。学政于肃州考棚调试。均应如所请。"从之。

（卷622　993页）

乾隆二十五年（1760年）十月是月

陕甘总督杨应琚、总督衔管理甘肃巡抚事吴达善奏："甘省乾隆二十四年各属出借牛本银十二万五千余两，又分领鄂尔多斯牛只作价银一万四千余两，原请分二年征还，内有乾隆二十四年歉收各属民借银两，例得缓征。今岁夏秋收成丰稔，例应征收，但思民间粮石充裕，若必令粜银还官，转费周折。查甘省仓储频年动缺，亟宜照数筹补，莫若按照各地市价，不拘色样，令民以所有粮石抵完借欠官项。不惟输纳称便，兼在官多储一石，即多一石支用之备。请核实各该地市价，饬令地方官遵办，其情愿完银者听。"得旨："甘省灾后如此从权尚可，但不可滋弊。慎之，勉之。"

（卷623　1006页）

乾隆二十五年（1760年）十一月辛丑

谕军机大臣等："安泰等奏称，奉到遣回凉州总兵达启之旨，已于十月十一日遣令起程。续准阿桂咨送奏稿，将金梁调往伊犁。其乌鲁木齐绿旗兵丁请派大员管领等语。安泰此奏系十月十三日，距达启起程之期未远，何难即时追回。乃另行请派，甚属拘泥。但业已遣行，且达启亦效力有年，不必再行调遣。著传谕杨应琚于陕甘副将内拣选一员，前往乌鲁木齐。并传谕安泰等知之。"

（卷624　1007页）

乾隆二十五年（1760年）十一月癸丑

总督衔管甘肃巡抚事吴达善奏称："平凉府华亭县瓦亭驿，乾隆二十年裁汰驿丞，改归华亭县知县管理。嗣因县治去该驿太远，奏准添设巡检一员，兼司驿务。接年差务虽无迟误，但马匹钱粮仍须该县照料，殊多未便。查平凉府属之固原州距瓦亭驿八十里，较华亭为近，请将驿务改归固原州管理，其居民粮赋一并拨隶。原设华亭驿巡检应裁。再平凉府属之盐茶厅，回民杂处，狱讼繁多。向设同知一员，并无佐杂，因公出署，仓库监狱乏员经理，请即以裁减瓦亭驿巡检改设盐茶厅司狱一员。"下部议行。

（卷624　1015页）

乾隆二十五年（1760年）十一月戊午

抚恤甘肃洮州、古浪、灵州、中卫、摆羊戎、西宁、皋兰、金县、河州、渭源、靖远、狄道、陇西、通渭、安定、宁远、盐茶、华亭、静宁、环县、张掖、永昌、平番、平罗、大通、秦安、徽县等二十七厅、州、县、卫本年水灾饥民。

（卷625　1020页）

乾隆二十五年（1760年）十一月庚申

谕军机大臣等："靖逆卫守备沈趋亏空一案，据庄有恭以该备未完银两，无力请豁，经部指驳，所见甚是。守备微员即有亏空，何至一万二千余两之多。且现将资产变追，尚未完银九千余两，如系挪移，自有应归款项，若属侵贪，尤宜照例办理，以示惩创。该抚并未分晰声明，率行请豁，办理殊属不合。著传谕庄有恭并杨应琚，于该备任所原籍再行严饬确查，务将亏空缘由实在系何情节之处，详细分别，据实具奏。"寻庄有恭奏："故备沈趋亏空情节，原籍无案可稽。现咨陕甘督臣办理。"寻杨应琚奏："沈趋系屯卫守备，原有经手钱粮之责，其挪移等项有款可归者，久经归还，其余侵欺银两实系在任年久，用度不检所致。该备任所无可著追，应令该管失察上司分赔。"下部议行。

（卷625　1021页）

乾隆二十五年（1760年）十一月壬戌

谕军机大臣等："陕甘各营承办军需马匹，所有垫用银两，自乾隆二十三年春季以前，屡经降旨加恩宽免。今询问蒋炳，据称二十三年夏季起至二十四年春季止，各营喂解官兵进剿马三万余匹，约有垫项八十余万两。又二十四年夏秋解送军需马匹，沿途喂解，亦不免有垫项。现在该督抚详查核减，会同具奏等语。此项垫用银两前曾令该督等分别查奏，今军务久经告竣，所有满汉各营前后办解马匹之借垫银两，或应行抵扣还项，或量予格外加恩，自当速为完结归款。著传谕杨应琚等即将垫项实数若干，详悉查明。务于年内据实具奏，候朕降旨。"

（卷625　1023页）

乾隆二十五年（1760年）十一月是月

陕甘总督杨应琚奏："甘省肃州地方界当边塞，地多荒畴。自开辟新疆以来，肃地为内外总汇。现在商民辐辏，查该州北乡一带荒土，界在边墙以内者，始则编户畸零，未及垦开，远在边墙以外者，又以地有禁限，未许越耕。但际此拓疆万里，中外一统，似不必区区以远边为限。请将肃州邻边荒土尽令开垦，并为相其流泉，开渠引灌。于军需平余项下借支工需，令承垦人户分限缴还。"得旨："甚好。"

（卷625　1027页）

乾隆二十五年（1760年）十二月庚辰

谕军机大臣等："前据蒋炳奏，甘省各营喂解马匹赔垫银两约有八九十万，因未得确数，是以传谕该督抚，令其查明具奏。今该督等奏到之数，殊未明晰。虽奏此折时尚未接到前谕，但此项银两原欲俟查明实数，以便颁发加恩谕旨。今该督所奏并未将历年免过若干，现在余欠若干，分晰开除。乃预计明年未扣之公粮，谓可抵补有余。夫远域平定，无庸多兵，则省费自是国家经权之道。不可云为抵补起见，该督所奏转多牵混。至历任督臣前后承办军需，事同一体。今该督等以黄廷桂任内所办，与伊经手之项分别胪列，未免意存畛域。著传谕杨应琚，即速据实查明二十一年夏季以后借垫各项，除历次降旨豁免及曾经抵扣外，现在欠数若干。务于岁内速行奏到，候朕降旨加恩。"

（卷626　1033页）

乾隆二十五年（1760年）十二月丙戌

又谕："前因平定西陲，版图式扩，朕本意欲于伊犁、叶尔羌等处皆置屯田，令地方官管理。因念陕甘总督所辖既广，势难兼顾，是以准议将陕甘总督改为甘肃总督，而陕西一省归于川督管辖。然军需之际恐隔省呼应不灵，是以虽定有此制，仍令照旧统辖，俟军需办完再降旨如新制。今思新辟各处俱有大臣驻扎，无须更设道员，则甘督无鞭长莫及之处，莫若仍旧管辖。著将甘肃总督仍为陕甘总督，统辖二省。其四川总督不必兼管陕西。"

又谕曰："胡宝瑔著调补江西巡抚。吴达善著以总督衔调补河南巡抚，兼管提督事务。甘肃巡抚员缺，著明德补授。高晋现令来京陛见。胡宝瑔到江西之后，常钧著前往安徽署理巡抚印务。"

谕军机大臣等："陕甘两省各营承办军需马匹、银两，昨经谕令该督等速行查明，实数具奏，俟奏到降旨加恩。惟是军需马匹，历任督抚先后承办，事属一体。乃杨应琚等屡次折奏，以黄廷桂任内所办与伊等经手之项，两相较量多寡，所见甚小。至折内所称垫用字样，尤属非是。试思连年承办军需马匹，一切动用各项果系何人垫办耶。况以扣缺公粮抵补前项，乃朕格外特恩，该督等又何得以节省经费，竟视为应行抵补之项耶？杨应琚久任封疆，向来办事从未至如此之谬。今此奏立意措词，均未得体。著传谕知之。"

又谕曰："安泰等奏称，乌鲁木齐等处耕种地亩，需用牛只等语。甘省素产驴头，用以耕种，原可以代牛力，且发价购买，尚属易办。现已降旨五吉、永宁，令其于巴里坤、哈密及喀尔喀之贸易商民，带有富余牛只、驴头，酌量采买。著传谕杨应琚，于肃州一带按照该处情形，不拘数目，量为采买驴头，陆续解往乌鲁木齐，交与安泰等备用可也。但不可以此累民。"

（卷627 1039页）

乾隆二十五年（1760年）十二月戊子

以甘肃按察使吴绍诗为甘肃布政使。以甘肃安西道文绶为甘肃按察使。

（卷627 1042页）

乾隆二十五年（1760年）十二月己丑

定驻扎回部厄鲁特办事大臣等养廉。军机大臣议复："回部厄鲁特驻扎大臣，事务繁杂，每岁请各给养廉银二千两。查西藏、西宁坐办事务之大臣均岁给养廉银三千两，未免过优。请于驻扎西藏大臣养廉内各减银五百两，驻扎西宁大臣养廉内各减银一千五百两，归入驻扎西路办事养廉款内。"从之。

（卷627 1042页）

乾隆二十五年（1760年）十二月丙申

参赞大臣阿桂等奏："现在伊犁所有厄鲁特及来年自阿克苏、肃州送到之厄鲁特等，共百余名，将来藏匿哈萨克、布噜特人等，闻安插之信，必陆续来投。请嗣后来投满百人则编为一佐领，拣选佐领一员，骁骑校一员，领催四名管束。更换日期，将在京及察哈尔居住之厄鲁特侍卫等拣选派出，新旧参用，三年一换。兵丁著有劳绩者给与钱粮，新经来投之人给口粮候补，跟役家口等酌给籽种、牛羊。"下军机大臣议行。

（卷627 1046页）

乾隆二十五年（1760年）十二月是月

陕甘总督杨应琚奏："口外各城需用物件，悉由西、兰一带办运。惟清油程途遥远，脚力维艰。查各该屯田处所，种植靡不有收。现在各城官兵食用均无烦内地转运。请饬兰州藩司采买菜子、胡麻运送肃州。按照各屯需用油斤，分别给种。仍行文各该处办事大臣，于明春相度种树，以省运费。"得旨："甚好。"

（卷627 1050页）

《清乾隆实录（九）》

乾隆二十六年（1761年）正月壬寅

又谕："甘省连岁承办军需，兵民俱为出力。其民间应征钱粮已节年蠲免，而昨岁雨旸时若，稼事大丰，闾阎谅纾拮据。惟是满汉各营历年喂解马匹尚有预借银两，虽屡次加恩豁免至八十余万，今犹有九十余万之多，本应于各该营俸饷内扣还。第念兵弁等日用攸资，按限坐扣，必致艰窘。兹大功既蒇，惠恺宜宣。所有预借银两著再加恩悉予豁免，用示朕体恤兵力至意。"

（卷628　2页）

乾隆二十六年（1761年）二月乙亥

谕曰："杨应琚奏，请将现在屯所之甘提标左营守备马得亨调补西宁镇标中营守备，所遗员缺，即以西宁镇属镇海营千总赵印补授等语，已有旨允行矣。西陲新疆初辟，屯务方兴，现住屯兵，服勤率作，殊可嘉尚。况于屯政尤所熟谙，遇本处缺出，即行补授。在该员自必益加奋勉，而公事亦属有裨。嗣后遇缺需人，应令管理屯务大臣即于所辖人员内拣选升用，不必移咨该督另行拣补。其内地缺出在屯员弁，作何与内地应升人员酌量分缺，按次补用之处，军机大臣会同该部详议具奏。"寻奏："查论俸推升，由兵部通计内外人员具奏，至题补保举，则系该督抚办理。自应将内地营伍及屯田人员一体分缺间用，方为公当。请交陕甘总督，嗣后内地应行题补人员缺出，务将在屯员弁一体较其资俸浅深，行走优劣，于本内声明备查。其保举人员亦宜秉公查办，庶劳逸适均，而升转有阶，于屯政尤有裨益。"从之。

（卷630　25页）

乾隆二十六年（1761年）二月丁丑

谕军机大臣等："据五吉等奏称，巴里坤支给官兵口粮由肃州等处运送，殊多烦费，请将辟展等处出巢粮石及乌鲁木齐等处余粮，俱就近雇商人牲只运送巴里坤，以备支给等语。所奏甚是。年来官兵口粮由内地不时运送者，亦因巴里坤等处无可接济耳。今屯田收获，既有赢余，即照五吉等所奏办理。仍传谕辟展、乌鲁木齐办事大臣，于商驼回空之便，酌量雇觅起运。"

（卷630　26页）

乾隆二十六年（1761年）二月戊寅

军机大臣等议复巴里坤办事大臣五吉等奏称："安西兵三千五百名，现议令于巴里坤城内建造兵房，将眷属一同移驻，其哈密所驻之二千兵应裁。但查巴里坤现只驻兵千余，除看守仓库、牧场、卡座外，所余兵二三百名。又有新建工程及往阿克苏、乌鲁木齐等处运送牲畜各役，不敷差遣。而哈密之二千兵又俱情愿留驻，请酌量调往巴里坤，以供添派各项差役。俟竣事，仍令撤回。应如所请，于哈密所驻兵内指派一千名前往。"从之。

（卷630　27页）

乾隆二十六年（1761年）二月乙酉

吏部等部议复两江总督尹继善疏称："江宁添设布政司应照苏州布政司之例，设理问、库官各一员。请将常州府经历、江宁府都税大使二缺裁改。其安徽布政司移驻安庆，旧设之经历、库大使应随同移驻。至安徽查无仓库，其库大使一员应仍隶江宁布政使管辖，并应分铸江南、江淮、扬徐、海通等处承宣布政使司之印。江南苏、松、常、镇、太等处承宣布政使司之印，理问、经历、库官等印分别铸给，均应如所请。至各直省布政使养廉，从前各照本省额征耗羡酌定，但事务繁简不同，自宜多寡适均。今江宁新设布政使，应给养廉银八千两。其直隶、江苏两省原定各一万两，应各裁减一千两。山东、河南、福建、陕西、广东五省原定各一万两，应各裁减二千两。山西原定九千两，应裁减一千两。湖南原定八千三百两，应裁减三百两。云南原定八千四百两，应裁减四百两。至江西原定七千二百两，应增八百两。贵州原定四千五百两，应增五百两。广西原定五千五百二十两，应增四百八十两。其安徽、湖北、四川三省原定各八千两。浙江、甘肃两省原定各七千两，应仍其旧。"从之。

（卷630　32页）

乾隆二十六年（1761年）二月己丑

谕军机大臣等："据明德奏，甘省钱价现已大平。所有湖南、湖北每岁各协济钱八万串，请概停拨解，以免挽运之烦等语。从前因甘肃钱价昂贵，且在办理军需之际，是以降旨令川楚两省就近拨解协济，以裕民用。今军务既已告竣，而甘肃钱价又已大平，且湖广距甘辽远，水陆转运约四五千里，计其运脚所费，转多于甘省现在市价，自应酌量停止，以省糜费。著传谕该督苏昌及湖南、湖北二抚，除已经起运在途者仍照旧转运至甘外，其未经起运及原定每岁协济钱文，概行停其拨解。可也。"

（卷631　35页）

举行乾隆二十五年大计。直隶不谨官二员，浮躁官一员，罢软官二员，才力不及官三员，年老官十四员，有疾官二员。直隶河员才力不及官二员。奉天年老官二员。山东年老官三员，有疾官一员，才力不及官二员，罢软官一员。河南不谨官一员，罢软官二员，年老官二员，有疾官三员，浮躁官一员。浙江不谨官三员，罢软官一员，浮躁官二员，才力不及官六员，年老官五员，有疾官一员。陕西年老官六员，有疾官二员，不谨官一员，浮躁官一员，才力不及官二员。甘肃不谨官一员，才力不及官一员，年老官五员，有疾官二员。江苏不谨官四员，罢软官二员，浮躁官五员，才力不及官四员，年老官二员，有疾官二员。安徽才力不及官六员，年老官九员。江南河员才力不及官二员，年老官一员，有疾官一员，浮躁官一员。河东河员才力不及官一员，年老官二员，有疾官一员。湖北不谨官一员，罢软官二员，年老官四员，有疾官三员，才力不及官一员，浮躁官一员。湖南不谨官一员，才力不及官三员，年老官五员，有疾官三员。广东不谨官二员，罢软官一员，年老官四员，有疾官一员，浮躁官一员。广西才力不及官二员，年老官一员，有疾官一员。福建不谨官二员，罢软官一员，年老官三员，有疾官三员，才力不及官二员。四川不谨官三员，年老官五员，有疾官四员，才力不及官三员。云南才力不及官一员，浮躁官二员，不谨官二员，年老官二员，有疾官三员。贵州不谨官一员，罢软官一员，年老官一员，有疾官一员。分别处分如例。

（卷631　36页）

乾隆二十六年（1761年）二月癸巳

参赞大臣舒赫德奏："穆素尔岭有塔木噶塔什、噶克察哈尔海二台，较各台差务繁剧。所有台站官兵酌拟一年更换，以应升之缺升用。其委署笔帖式于凉州、庄浪驻防官兵内挑选，绿旗兵由陕甘各标营派出。但现届更换之期，请暂调阿克苏满洲、绿旗兵前往，来年更换官兵，应于班期前三月到台，学习行走。其哈密至回部各台站官兵定为二年更换，仍回该处操防。又各处驻扎大臣有字识差遣等兵，亦请二年一换，照例于甘、肃、凉州等处选派于班期之前学习。其换回各兵，行文本处，量加奖赏。"得旨："军机大臣议奏。"寻议："军营所设台站，酌量繁简，随时增减移撤。则更换之期，未便定以年限。如繁剧之地或一年，或半年更换一次，俱属可行。现在伊犁及回部各城，满洲、绿旗甚多，台站差务乃伊等奋勉之路，令其更换行走，本属近便。或有在军前年久，应行更换者，亦可随时奏报。将京师满洲及陕甘绿旗兵再行选派，以均劳逸。所有凉州、庄浪满兵及陕甘绿旗兵丁分年派出之处，应毋庸议。其换回官兵，议叙升用，或量加奖赏等事，应如所奏办理。"从之。

（卷631　40页）

乾隆二十六年（1761年）二月甲午

陕甘总督杨应琚奏："肃州威鲁堡安插吐鲁番回人，现有二百五十户，一千五十余名口。承种熟地一万五千三百六十余亩。户口日增，地亩有限。伊等闻爪（瓜）州回人迁回故土，其年老者亦有思归之意。臣前晤额敏和卓，亦云愿接济口粮，带回安插。拟即于本年秋收后，令该千户珈如拉等带领，仍委员照看起程，送至哈密。并先期知会吐鲁番公素赉瑞前来接济。其所遗地亩招募承种，于内地民生亦有裨益。"得旨："军机大臣议奏。"寻议："肃州所住回人自雍正四年内附，世宗宪皇帝赏给安插，不征赋税。至乾隆二年生齿日繁，又赏可耕荒地，减半给籽种、农具，但所有户口较初附时已增一倍，自当筹划久长。今西域荡平，吐鲁番已成乐土，且可耕之地尚多，应照爪（瓜）州回人例，准回故里。但所奏知会额敏和卓之子素赉瑞之处，臣等愚见，该千户珈如拉之祖托克托玛木特与厄闵和卓俱被准夷凌虐，先后来归。今既迁回，应交该督等酌量附近辟展之吐鲁番可以耕牧之地，于今年秋收后迁往，并即于千户珈如拉、百户厄闵和卓二人内拣选一员，授为伯克，以一员副之。将来赋税，即由辟展大臣征收。至沿途照料，交该督妥办。"从之。

（卷631　41页）

乾隆二十六年（1761年）二月是月

陕甘总督杨应琚议复署陕西提督额僧额条奏军前隔营挑补兵丁事宜一折："查绿营辞退兵内，如有复挑补名粮者例作新兵。惟是陕甘两省绿营兵派往军营，暨留驻屯防者，遇有缺出，步拔马，守拔步，不论营分，通融办理。但营分隔远，不特眷属支领粮饷跋涉维艰，即该兵回营，或以父母年老，或为家室所累未能远离。又不得不以本营及附近粮缺，酌予改补。若竟作新兵造报，似非优恤之意。应如所请。凡军前效力兵，隔营改补，其原食钱粮年份暨效力行走之处，准予统算。"得旨："著照所请行。"

又奏："西陲大功告成，军需奏销事竣后，兰、肃两局即须裁撤。嗣后口外各处每年采办、收支一切经费钱粮，请令口外办事大臣查明款案，造册移交督臣，转饬甘肃布政使，确查会核题销。"得旨："如所议行。"

又奏："安西以西各站塘递马，岁需豆六千余石，由肃州采运，需费不赀。即安西以东支领折价各站，亦因向不产豆，购运颇费周章。查该处气候渐暖，可以试种豌豆。现于仓贮豆内择堪为籽种者一千三百余石，借给渊泉、敦煌、玉门等县农民，广为试种。俟有成效，即可将额征之粮酌改豌豆，而塘运马料亦可就近拨支，无须由肃挽运。"得旨："甚好。"

甘肃巡抚明德奏："巴里坤等处遣犯遇有脱逃，地方官自应上紧查拿，无如甘省幅员辽阔，稽查稍疏，即难免其透漏。惟嘉峪关为内外往来咽喉，盘诘最易。但两旁土筑边墙，年久残缺，请动项粘补完固。撙节办理，嗣后再有逃犯，审系由关度越者，将嘉峪关游击严加议处。"得旨："所见甚是，如所议行。"

（卷631　47页）

乾隆二十六年（1761年）三月庚子

谕："前因甘省军务未竣，且岁事尚属歉收，所有免死减等发往巴里坤安插之犯，暂行停止，以免兵役押解及沿途口食之繁。今大功已经告成，该省年谷时熟，新疆屯田收获亦为充裕。自应仍照前例改发，俾投诸远方者，既得力耕自给。而腹地匪类亦可日就减少，不致渐染居民，此举实为两得。惟从前所议条例为数稍多，著军机大臣会同刑部堂官，详核各犯案情，酌量删减，著为定则。奏请通行。"寻奏："前议发遣人犯，各就其罪名相等，列款请发，条例未免稍多。兹会同详核，择其桀骜难驯，屡惩屡犯，如强窃盗贼及抢夺发冢凶徒等项，渐染甚易，驯化又难，请照原议，发巴里坤给种地绿旗兵丁为奴。其余仍依各犯本律应配地方分别充配。"从之。

（卷632　49页）

乾隆二十六年（1761年）三月辛丑

谕："据明德奏，嗣后巴里坤逃犯请于拿获本省地方，审明正法，不必远解甘省一折，所奏甚是。前于直督方观承折奏，拿获巴里坤逃犯王灯山一案，曾降旨令就本处正法，不必再行解甘，而各省办理并未划一。此等匪犯原属去死一间之人，乃复悍然脱逃，愍不畏死。即解至甘省亦法无可缓，而长途押解，易致疏虞。且徒滋兵役派送往返之繁。嗣后凡有发遣巴里坤等处逃犯，经原籍及路过省份盘获者，一经移讯明确，即由各省督抚自行奏闻，于拿获处所正法示众，以省弊累。"

（卷632　50页）

乾隆二十六年（1761年）三月庚戌

兵部议准甘肃巡抚明德奏称："甘省驿马工料向因河东诸物平贱，每马日支银五分，河西料草昂贵，每马八分。但今昔情形不同，自应量为调剂。请将河西各驿马二千二百六十三匹，每匹日减银七厘。其河东中路十五站马七百五匹，每匹日增银二分。再河西沿边之花马池等五驿马二十匹，每匹例支银四分，应增三分三厘。口外安西以东十塘军台马二百匹，每匹例支银八分五厘，应增五厘。"从之。

（卷632　57页）

乾隆二十六年（1761年）三月甲寅

又谕曰："德尔格奏，辟展余粮运送巴里坤一事，已定议准行矣。因思哈密、安西等处俱有官兵，所需口粮多由肃州等处运送。著传谕杨应琚，查明内地运至哈密等处，每石约需运费若干，若照辟展运送巴里坤之例，由吐鲁番一路送来哈密、安西，每石约费运费若干。如较内地运往之费大有节省，固不待言。即令所费相等，而内地多留一石之粮，即间阎受一石之惠，其为利更溥也。即著详筹妥议具奏。"

（卷632　59页）

乾隆二十六年（1761年）三月己未

　　谕军机大臣等："杨应琚请撤南路台站，改归北路安设一折，所奏哈密不必驻官等语，甚属非是。军机大臣遵照复定议，亦于事理未协。前南路设台，原因捕剿逆回而起，此时军务全竣，仍议改归北路，其事原属可行。至欲将哈密各项事宜均归巴里坤大臣承办，而辟展一带屯务交乌鲁木齐大臣稽查，毋庸再行驻官之处，则所见殊属纰缪。哈密乃新附各回部总汇必由之地，将来安集延、巴达克山、布噜特等回人往来贸易，必得特派统辖大臣为之弹压料理，方能持国体而悉夷情，在随同驻扎弁兵人等，或以为数众多，随宜减撤，固无不可。若将任事大员径行撤去，诸事一归巴里坤承办，毋论道里纡远，鞭长莫及，且将来该处经理之员势必由督抚等派委，武则副将，文则道员。此等不晓外藩事宜，中朝政体，非办理张皇，即因循推诿，有不蹈准噶尔贸易之辙，而损威失驭者乎。杨应琚向知任事，何乃并不计及。其中或因永宁等在彼办事，未免掣肘。因为此改归之奏，则伊等非撤回内地即移驻远边，而于国家要务竟将诿诸不能胜事之有司。封疆大吏似此存心畛域，岂朕委任重寄之意乎。若永宁等果有徇私舞弊之处，何妨直参其人，然不可撤此一任也。至请停驼运辟展等处余粮一事，所引仅属安西驻防绿营一处折价，未可概以为例。此项运粮乃为现在哈密、巴里坤等处，一应办事官兵口食，及将来接济之计，若果可与绿营驻防者一例办理，朕岂转不乐从，而必斤斤预筹挽运乎。乃该督只缘折色二两二钱之价，絜长较短，亦所谓不揣其本而齐其末矣。所有该处办事一切官兵等现在作何支放，及所存七万粮石实在足敷几年供支，此外倘有不敷，又将作何接济，俾将来无事再筹运粮之处。折内并未通盘筹划。著将此传谕该督，令其悉心确核，妥议具奏。"

（卷633　65页）

乾隆二十六年（1761年）三月是月

　　陕甘总督杨应琚、陕西巡抚钟音、甘肃巡抚明德奏："新疆大功告竣，秦关望幸弥殷，请举西巡之典，以慰群情。所有西安、同州一带驻跸处所已详加勘定，先为筹备。"得旨："且俟旨而行。"

　　陕甘总督杨应琚奏："甘省新疆展拓以来，于伊犁、乌鲁木齐等处分驻官兵，广筹垦种，已有成效。至安西、肃州一带，遥控新疆界，当总汇昔为沿边屏障，今成腹内要冲。生聚既繁，田畴宜辟。查肃州金塔寺等处可耕荒地一万余亩，业经奏明招垦。兹复查安西所属渊泉县之四道沟等处，玉门县之头道沟等处可耕荒地一万余亩，勘系平衍之区，又有泉源引灌。现在招垦试种，酌借籽种，俟秋收后，分别粮则，另议升科。"得旨："好。"

（卷633　71页）

乾隆二十六年（1761年）四月丁亥

吏部议复陕甘总督杨应琚疏称："前议裁大通卫、归德所之卫备。查大通在西宁府治西北，东西二百七十余里，南北四百三十余里，幅员甚广。卫备既裁，距各属州县并皆窎远。自应遵旨另设州县等语。应如所请。将距西宁窎远之北川、新添堡等处十八村庄拨归大通管理，改为县治。知县之外应设训导、典史各一员。查高台县现设教谕、训导各一员。该县留教谕一员，其训导移新设之县。请添设典史一员。改设之县，地处极边，请定为沿边繁、难、要、缺，在外于现任知县内拣选调补。至归德所距西宁三百余里，请改设西宁县丞分驻，该处亦系临边要地。所改县丞员缺，应请于现任县丞经历内，拣选调补。"从之。

（卷635　88页）

乾隆二十六年（1761年）四月己丑

甘肃巡抚明德奏："前奉旨拨运川楚钱解甘协济，两年以来已拨到钱四十余万串。正月内因河东钱价大减，业请将湖南、湖北两省停拨。今河西钱价大平，川钱亦请停拨。"得旨："著照所请行。"

（卷635　90页）

乾隆二十六年（1761年）四月庚寅

又谕曰："杨应琚请停运辟展等处余粮一事，并未计及哈密、巴里坤等处官兵口食及将来接济之法，仅援引安西驻防一处折价与驼运脚费，较短絜长，办理全未中窾。军机大臣已经议驳。今又据纳世通奏，哈喇沙尔一年收获米谷九千余石，除支用外可余四千余石，请照乌鲁木齐例，雇觅回空商驼，运送巴里坤等语。是裒屯田之粮，节内地之费，实为一举两得。而杨应琚所奏，则援绿旗兵折价二两二钱之例，欲议概行停运。试问哈密等处办事大臣官兵岂可尽照绿旗兵例，专给折色乎。将来安西官兵移驻巴里坤，若从内地裹带前往，此二两二钱之数是否半本半折，抑系全给折价，并合之借给购办孳生牲只，每石合价若干。且向据地方官奏报粮价，肃州、安西等处每石不下五六两有奇，今折给之数不及三之一。此数年来官兵等但恃此不足余食之折价，亦岂能支。此处朕殊不解。且与其令伊等向内地采买拮据，何若就便于辟展等处转运之为得乎。杨应琚所奏全未明晰。著再行传谕，令其详悉确核具奏。"

（卷635　92页）

乾隆二十六年（1761年）四月壬辰

谕军机大臣等："据德尔格奏，雇觅回空商驼运送米面六百余石至巴里坤等语。前因德尔格筹运辟展余粮，经军机大臣议，比较肃州运费节省三分之二，是以行文交办。嗣据杨应琚奏，哈密、巴里坤粮石充裕，又经行文停止。著传谕德尔格，嗣后不必运送，遵照续降谕旨，减价扣抵官兵盐菜、银两，其或不便，亦即据实具奏。"

（卷635　93页）

乾隆二十六年（1761年）四月丁酉

军机大臣议复吉林将军恒禄奏请派理藩院官员前往伯都讷办理蒙古盗贼事务等语："查伯都讷地方人命盗贼事务简少，非库抢、恰克图、青海、哈密等处可比。况理藩院司官有限，而各处差使甚多，岂能按年遣往。应请交理藩院，由笔帖式内拣选能员，授为额外主事，三年一换。若三年之内办事妥协，该将军保奏实授主事。如行走平常，参奏治罪。至吉林倘有重大事务，应如所奏，派理藩院司员驰驿，会同刑司办理。再伯都讷有巡检一员，每年除经收地丁钱粮外，并无余事。且满蒙杂处之区，令汉巡检居住，于地方无益，应如所奏，裁去此缺。其地丁钱粮交副都统衙门承收，照例送交将军衙门。将巡检所居之屋即给派往官员居住。再查由理藩院前往哈密、瓜州、青海、库抢、恰克图等处办理蒙古、回子事务司官等，皆酌量道路远近，每日给盘费银二、一两五钱及一两不等。今伯都讷地方以笔帖式授为额外主事遣往，请照驻扎青海等处司官应给一两五钱银内减半，每日给银七钱五分，即由地丁钱粮银内支领。"从之。

（卷635　97页）

乾隆二十六年（1761年）四月是月

甘肃巡抚明德议奏："查从前递解遣犯，屡有脱逃，缘甘省地广站长，州县之有监狱者即行收禁，其余各站皆系住宿坊店，易致脱逃。今请于沿途各驿酌添闲房二三间作为监房，遣犯一到即行收禁，令在驿书役协同看守，其有营汛处所即令该员弁巡查。如有疏虞，照州县例参处。"得旨："所议甚是，依议。"

（卷635　99页）

乾隆二十六年（1761年）五月壬寅

谕军机大臣等："据明德奏，甘省河州、皋兰、靖远三州县沿河水车损坏，民间无力修补，请于司库现存扣留运送赈粮脚价余平内借给银七千三百两，俾得乘时修造，分年扣纳还项等语。现在已交夏令，大田正需灌溉。该抚等既查明皋兰等州县水车损坏，自应如所请及早办理。至称此项余平银两，免其拨用，即存贮司库，以为每年借修水车之项。所奏非是。溉田水车虽有关农工，究系民间私置之物，借帑修整，此在一时权宜则可，若必每岁借银办理则无力农民，将视为官办，而不乘时自行修补，且将此项银两存贮在官，转滋侵蚀混冒之弊，于民事究无裨益。著将此传谕该抚知之。"

（卷636　103页）

举行乾隆二十五年大计。直隶、奉天、山东、河南、浙江、陕西、甘肃、江苏、安徽、江南河员、河南河员、湖北、湖南、广东、广西、福建、四川、云南、贵州卓异官共一百四十员，分别升赏如例。

（卷636　104页）

乾隆二十六年（1761年）五月乙卯

军机大臣议复陕甘总督杨应琚奏称："皋兰县属骚狐泉之磺厂，久经封闭，现在各标营火药不敷，查该厂磺砂旺盛，仍请招商开采。应如所请。"从之。

（卷637　111页）

乾隆二十六年（1761年）五月甲子

谕军机大臣等："据杨应琚奏称，现在库贮硝磺不敷各营需用，而边外无硝磺处所，又复咨取等语。从前军需硝磺俱取之库车等处，并不专籍内地。即如从前准噶尔之人亦有枪炮，其所用火药，不过本地所产，岂有取之内地之理乎。著传谕杨应琚，嗣后火药，各宜查访出产硝磺之区，采办使用，不必取之内地。即间有一二不产硝磺处所，亦宜由附近地方取用，庶可省内地挽运之力。将此通谕各处遵行。"

以甘肃庆阳协副将马彪为四川川北镇总兵。

（卷637　116页）

乾隆二十六年（1761年）五月是月

甘肃巡抚明德议奏："阿拉善郡王罗布藏多尔济前于边外之占茂山建立喇嘛庙宇。查该处虽在民界之内，业蒙赏赐庙名，未便复令拆移。请嗣后不许添建，并令地方官分定界址，埋石立界。庙界以内禁止民人砍伐树木，界外不许喇嘛越界砍伐。"得旨："如所议行。"

（卷637　120页）

乾隆二十六年（1761年）六月戊辰

吏部议准陕甘总督杨应琚疏称："裁汰赤金卫守备衙署，请改为新设玉门县衙署。卫千总衙署改为典史衙署。靖逆卫千总衙署作为训导衙署。"从之。

（卷638　121页）

乾隆二十六年（1761年）六月壬午

军机大臣议复陕甘总督杨应琚奏称："安西提标官兵移驻案内，议拨靖逆兵二百名，瓜州兵三百名移驻哈密。但瓜州营兵饷原定折价每石二两二钱，靖逆协一两八钱。今两处合驻一营，折价未便参差。查布隆吉营折价亦系二两二钱，请改拨布隆吉额兵二百名同瓜州兵移驻哈密等语。应如所奏。至称布隆吉拨缺之数，即将原议之靖逆兵二百名归补，并以靖逆兵一两八钱之折价合之布隆吉二两二钱之数摊算，每石统计价银二两零四分，一体折给等语。查本年四月内该督原奏安西提标五营悉照每京石二两二钱之例，改给折色，并未声明内有多寡不齐之处，所奏前后不符，应令详悉确查具奏。"从之。

（卷638　133页）

乾隆二十六年（1761年）六月是月

陕甘总督杨应琚奏："巴里坤官厂备调马三千匹，请改拨各营驿以备骑操。现据安西标营就近愿领七百匹，肃州镇领五百匹，甘提、凉镇各四百匹，凉州满营三百六十匹，庄浪满营二百匹，余三百二十匹，听附近塘驿领买，俱令照例缴价。"得旨："著照所请行。"

（卷639　144页）

乾隆二十六年（1761年）七月庚戌

军机大臣等奏："平定准噶尔回部后，陕甘等处裁撤之绿旗兵、台站及满汉营马每年于三、四月牧放，合计可节省银六十二万两有奇。所有伊犁、叶尔羌等处大臣等养廉，官兵盐菜银，请即于节省项下动拨。"报闻。

（卷640　152页）

乾隆二十六年（1761年）七月辛亥

（军机大臣等）又议复陕甘总督杨应琚奏称："陕甘营马按期牧放，每岁节省草料银九万两。将来新疆岁需经费，请将此项就近酌留拨用等语。应如所请。"从之。

（卷640　153页）

乾隆二十六年（1761年）七月壬子

补行乾隆二十二年份军政。陕西省卓异官五员，年老官一员，有疾官三员。甘肃省卓异官四员，年老官一员，分别升赏处分如例。

（卷641　156页）

乾隆二十六年（1761年）七月癸亥

陕甘总督杨应琚奏："安西气寒，豆非地产，向由内地购运，路远费繁。今春令民试种，悉皆成熟，各处收成八分以上。既可省内地采买挽运之烦，并可将额征之粮改征豌豆。"得旨："甚妥、甚美之事。"

（卷641　163页）

乾隆二十六年（1761年）八月庚午

军机大臣等议复陕甘总督杨应琚奏布隆吉拨缺兵饷摊匀折给，请仍照前议一折："查前奏称布隆吉拨缺兵数，以靖逆兵二百名归补，其折色银两摊减布隆吉兵二两二钱之有余，拨补靖逆兵一两八钱之不足，统以二两四分折给。臣等原议，以事关兵食。在靖逆兵以少加多，自属有益，而在布隆吉兵，旧定折价忽减，未免拮据，恐日久又费周章。是以行令该督再议具奏。今该督称布隆吉距靖逆止一百四十里，将折价稍为匀减尚不至艰买食，均匀摊给，正为熟筹久远，俾同城兵丁，折价初无歧式等语，是与原议并无妨碍。应如所请。"从之。

（卷642　173页）

乾隆二十六年（1761年）八月庚辰

陕甘总督杨应琚奏："肃州威鲁堡回民迁移辟展，有余存麦谷六百余石带往彼处，路远费繁，请就近交贮肃州仓，俟伊等到辟展时，即于该处余粮内按数给还。再该回民迁移到彼，诸事创始，请借给明春口粮、籽种二千石，分年交还。"得旨："好。"

（卷642　186页）

乾隆二十六年（1761年）八月辛巳

军机大臣等议复侍郎五吉奏称："巴里坤有屯田绿旗兵一千名，虽经垦种，而地寒霜早，仅收青稞。该屯兵仍须给盐菜银及粟麦，所费颇多。安西兵三千余名计日迁移，止折给粮价，不需支食青稞。是此项屯田兵竟可撤回。将安西兵派出屯田，以节冗食等语。又陕甘总督杨应琚奏称，巴里坤原设之屯田兵撤回，派安西兵五百名及巴里坤遣犯四百八十余名，给与口粮，同往屯田，尽足敷用。该处地气虽寒，试种豌豆亦皆成熟，加以人力粪治，并可种麦等语。臣等酌议，巴里坤屯田所收青稞不敷官兵等支食。今安西兵又移往该处，所支银米尤多，即云试种豌豆有收，亦未必常年如是。查乌鲁木齐现设有驻防兵，该处屯田收获，极为丰稔，且相距不远。若于巴里坤留兵千余人，余俱移驻乌鲁木齐，情形尤便。应行建屋整装各事宜请交杨应琚、五吉等会商妥议具奏。其巴里坤酌留安西兵及遣犯屯田之处，应如所奏办理。"从之。

（卷642　187页）

乾隆二十六年（1761年）八月壬午

谕军机大臣等："杨应琚奏，迁居吐鲁番回人现已自肃州起程出关，沿途料理护送等语。前据该督奏，将来回人起程后所遗熟地，肃州民人俱愿认垦升科。经军机大臣议复，令于回人起程后，丈明确数，按则升科。该督此时自应遵照前奏，确勘妥办。其从前瓜州回人所遗熟地，现在作何办理之处，著一并查明具奏。"寻奏："肃州回民迁移后所遗熟地，丈明共一万二十一亩，经肃州民人认种升科。其从前瓜州回民所遗熟地二万四百六十亩改为民地，给种升科。"得旨："览奏俱悉。"

（卷643　188页）

乾隆二十六年（1761年）八月丁亥

户部议准甘肃巡抚明德疏称："环县、中卫、灵州、摆羊戎、西宁、碾伯等六厅、州、县上年被雹、水偏灾，应免银粮草束。查甘省乾隆二十五、六两年额赋，节奉恩旨蠲免，请俟壬午年补豁。"从之。

（卷643　193页）

乾隆二十六年（1761年）八月壬辰

参赞大臣舒赫德等奏："叶尔羌、喀什噶尔地大近边，阿克苏回城总汇，切近伊犁，俱事务繁多，拟设随印办事司官各一员，笔帖式各二员，专办回人事务司官。笔帖式各一员由陕甘同知、通判内派出管粮官各一员。库车、哈喇沙尔地当要路，钱粮亦多，拟设笔帖式各二员，由陕甘县丞、主簿内派出管粮官各一员。乌什及喀什噶尔所属之英吉沙尔，叶尔羌所属之和阗皆地僻事简。乌什酌设笔帖式一员，余城令该驻扎大臣等酌量派委具奏。至卡座、牧群及差务均需侍卫，拟派叶尔羌、喀什噶尔各十五员，阿克苏十员。以上各员俱照例三年更换，并准保举议叙。其侍卫等照例拣选引见，司官、笔帖式等交军机大臣拣选引见派往。"得旨："如所奏行。"

（卷643　196页）

乾隆二十六年（1761年）九月癸卯

陕甘总督杨应琚奏："哈密附近之蔡把什湖有地一万三千余亩，除一万亩给回民种获外，其三千亩曩拨哈密防兵耕种。今哈密防兵陆续撤回，该协移驻兵少，难再分屯，应于安西提标步兵内酌拨一百名归入哈密协，令往蔡把什湖屯种。仍于哈密协兵内每年轮流更换，如再不敷，即于哈密遣犯内酌拨年力精壮者令随耕作。"得旨："如所议行。"

（卷644　206页）

乾隆二十六年（1761 年）九月丁巳

陕甘总督杨应琚复奏："乌鲁木齐招募内地流民垦种事宜，查安西、肃州、甘、凉一带，地邻乌鲁木齐，应就近招募。今于安西、肃州二处招得贫民百户，情愿挈眷前往。拟分为两起给以车辆、口食、衣服，派员照料起程。其自哈密以西沿途俱无旅店，请于军需余帐房内酌拨带往，到彼交还。初到时按给口粮，届明岁麦熟后停止。至乌鲁木齐官兵有愿将家口迁往者，现移咨安泰查明，俟移复到日办送。"得旨："好。"

旌表守正捐躯之甘肃宁州民马生才妻王氏。

（卷 645　218 页）

乾隆二十六年（1761 年）十月戊辰

豁甘肃皋兰等三十二厅、州、县乾隆二十四年水冲田亩银三千四百两有奇，粮二千九百石有奇，草四千二百束有奇。其山丹、通渭、平罗、安定、碾伯等县拨运被冲粮一百七十石有奇，并予豁。

（卷 646　229 页）

乾隆二十六年（1761 年）十月庚辰

旌表守正被戕之甘肃玉门县民崔秀妻刘氏。

（卷 646　235 页）

乾隆二十六年（1761 年）十月戊子

又谕："前据多尔济奏，请将从前罗布藏丹津游牧之洮赉郭勒等处给与青海扎萨克等游牧。经理藩院议驳，此等游牧系罗布藏丹津旧地。伊逃叛之后久经入官，不应再给扎萨克等。但念此时新疆展拓，非旧日之比，即酌给伊等游牧亦无不可。惟是洮赉郭勒等处是否牧放官马，抑系向来闲旷之地，无妨拨给。著传谕杨应琚，令其筹度，如尚可查给该扎萨克等，即应酌办，不必过于拘泥。俟奏到再降谕旨。"

（卷 647　240 页）

乾隆二十六年（1761 年）十月辛卯

又谕："据杨应琚奏，安西提督刘顺腿疾增剧，气血渐衰等语。刘顺系明年轮派驻兵巴里坤之员。今现在有疾，办理安西事务且难支持，岂复能前往巴里坤驻扎。该督只筹及量派大员协办本任，而于移驻一节尚未通盘计算。著传谕杨应琚，将明年派往驻兵大员或于附近提督内如阎相师等悉心酌议一员。具奏到日，再降谕旨。"

陕甘总督杨应琚奏报："高台县毛目等处劝垦水田五千二百亩有奇。"

又奏报："肃州、安西、高台等处先后募民三百户送往乌鲁木齐屯田。"报闻。

（卷647　244页）

乾隆二十六年（1761年）十一月壬寅

谕军机大臣等："据杨应琚奏，甘肃提督阎相师，巡阅营伍于十月十一日回甘调理等语。前因刘顺调养未愈，业经降旨，令该督预为计算明岁移驻巴里坤之员，或于阎相师等酌议一员具奏。今阎相师调理又需时日，著再传谕杨应琚，不知阎相师至期能去与否，若不能，可将总兵内酌议一员具奏。令其前往移驻。"

（卷648　254页）

乾隆二十六年（1761年）十一月乙巳

谕军机大臣等："据明德奏到，拿获成县投递逆书要犯王献璧，取名王寂元一折。此等恶逆之徒不但编造歌谣，肆行煽惑，且胆敢将逆书回学政投掷。现在既讯供直认不讳。向来甘省民风尚称淳朴，似此逆徒妖言猖惑，于地方甚有关系，非尽法惩治，无以示儆。著传谕明德，即将该犯因何赍投缘由，并平日有无同恶党羽，及曾否招集何人之处，逐一详细严鞫明确。速将该犯正法，庶足儆愚顽而彰风教，并谕杨应琚知之。"

（卷648　255页）

乾隆二十六年（1761年）十一月癸丑

又谕："据杨应琚复奏，安西提督刘顺现在尚需调理，明岁巴里坤移驻无可派之员。请以肃州镇总兵五福署理提篆等语，著照所请。刘顺准其暂行解任调理，其安西提督印务，即著五福署理，并令带兵移驻巴里坤。"

（卷649　262页）

乾隆二十六年（1761年）十一月甲子

谕："前因西陲平定，新疆广辟，所有移驻大臣官兵岁需养廉经费比前或致增多，是以特命在外办事大臣等详查奏闻。顷据舒赫德复奏，军机大臣通行较核，则叶尔羌、喀什噶尔等城驻防应需各项，合之陕甘节省诸费视未用兵以前，不但绝无所增，实可减用三分之二。其屯垦自给之粮既可不縻运费，且将来种地日开，所入倍当充裕，又不在此时约计之内。此皆一一指数可按者。前用兵之初，庸愚无识之徒，好生浮议，朕固不屑深辩。今武功大定，又或以长驾远驭不无多耗内地物力为疑。今经查核，不但未曾多费，而且有所节省。夫天子不言有无，国家有当用者虽累巨万不可惜也。朕非锱铢较量，但因西陲用兵始末所关不得不详为剖晰，以晓庸众，俾知此番武定并非耗帑勤远之为，将此通谕中外知之。"

（卷649　275页）

乾隆二十六年（1761年）十二月戊辰

调西安副都统范宜中为京口副都统，以原任西安副都统陈世泰为西安副都统。

（卷650　281页）

乾隆二十六年（1761年）十二月辛未

谕曰："安西提督刘顺前曾随征金川，颇属奋勉。此次平安西陲，虽未身列行阵，而安西一带设台穿井诸务，具见实心经理。今闻溘逝，深为轸惜。著加恩晋赠太子少保，再赏银一千两。所有应得恤典，著该部察例具奏。"

（卷650　283页）

乾隆二十六年（1761年）十二月壬申

以甘肃肃州镇总兵五福为安西提督，调四川川北镇总兵马彪为肃州镇总兵。以陕西西凤协副将索柱为川北镇总兵。

（卷650　284页）

乾隆二十六年（1761年）十二月甲戌

陕甘总督杨应琚等奏："新疆奏销钱粮宜定章程。请将伊犁、乌鲁木齐、喀什噶尔、叶尔羌、阿克苏、库车、哈喇沙尔、辟展八处，每处为一案，分八本具题。其英吉沙尔附喀什噶尔内，和阗附叶尔羌内，乌什附阿克苏内。至各处奏销，经纳世通奏准差官赍兰，往返迟误，嗣后应停差赍。此次奏销臣明德，将底册咨该处照造大臣核明钤印，由塘送兰。即督藩司核题，并请自明岁起，每年内地供支新疆各项统为一案，限次年六月奏销。哈密、巴里坤二处各统为一案，限次年十月奏销，迟逾参处。"得旨："允行。"

（卷650 285页）

乾隆二十六年（1761年）十二月丙子

建甘肃秦州移驻三岔镇州判衙署，从巡抚明德请也。

（卷650 286页）

乾隆二十六年（1761年）十二月戊寅

工部等部议准陕甘总督杨应琚疏称："安西提标官兵移驻巴里坤，应建兵房。"从之。

（卷650 287页）

乾隆二十六年（1761年）十二月甲午

御保和殿，筵宴朝正外藩。左翼：科尔沁和硕亲王固伦额驸色布腾巴勒珠尔，多罗扎萨克图郡王纳旺色布腾，固山贝子多罗额驸班珠尔，镇国公固山额驸索诺木色楞，辅国公固山额驸拉里达，辅国公诺观达喇，和硕额驸敏珠尔多尔济，固山额驸鄂尔吉纳，一等台吉喇特纳，二等台吉巴勒珠尔，三等台吉济克济扎布，阿巴噶亲王品级郡王索诺木喇布坦，敖汉多罗郡王垂济喇什，辅国公多罗额驸桑济扎勒，固山额驸旺扎勒，翁牛特多罗贝勒朋苏克，多罗额驸班珠尔，固山额驸车布登，乌珠穆沁多罗额尔德尼，贝勒达什衮布，辅国公敦多布色楞、阿巴哈纳尔多罗，贝勒达什敏珠尔、苏尼特多罗，贝勒甘珠尔，喀喇沁固山贝子多罗额驸扎拉丰阿，镇国公丹津达尔扎，辅国公温都尔湖，扎萨克公品级一等他布囊齐齐克，扎鲁特镇国公纳逊额尔克图、巴林，辅国公和硕额驸德勒克，归化城土默特辅国公喇嘛扎布，土默特和硕额驸纳逊特古斯奈曼，固山额驸敦多布。右翼：喀尔喀扎萨克图汗多罗，郡王巴勒达尔，和硕亲王多罗，额驸桑寨多尔济，亲王品级多罗，郡王车布登扎布，辅国公密什克，公品级台吉佛保，扎萨克一等台吉达玛琳扎布、达尔巴图、韩克、海都布，厄鲁特多罗郡王罗布藏多尔济，镇国公衮楚克，公品级台吉达木拜、绰罗斯多罗，郡王罗布扎，回子郡王品级贝勒霍集斯，辅国公和什克、额色尹图尔都，公品级台吉漠咱帕尔，扎萨克一等台吉玛木特，土尔扈特多罗贝勒罗布藏达尔扎，土默特固山贝子哈穆噶巴雅斯呼朗图，和硕特辅国公色布腾，扎萨克一等台吉特默齐，青海扎萨克一等台吉旺舒克喇布坦，吐鲁番郡王额敏和卓、子鄂罗木萨布等。召左翼科尔沁和硕亲王固伦额驸色布腾巴勒珠尔，阿巴噶亲王品级郡王索诺木喇布坦，科尔沁多罗扎萨克图郡王纳旺色布腾，敖汉多罗郡王垂济喇什乌珠穆沁，多罗额尔德尼贝勒达什衮布，喀喇沁固山贝子多罗额驸扎拉丰阿，科尔沁固山贝子多罗额驸班珠尔，右翼喀尔喀扎萨克图汗多罗郡王巴勒达尔，和硕亲王多罗额驸桑寨多尔济，亲王品级多罗郡王车布登扎布，厄鲁特多罗郡王罗布藏多尔济，绰罗斯多罗郡王罗布扎，回子郡王品级贝勒霍集斯，土默特固山贝子哈穆噶巴雅斯呼朗图等至御座前，赐酒成礼。

（卷651　296页）

乾隆二十七年（1762年）正月庚子

谕曰："杨应琚奏，甘肃提督阎相师病势有增无减，请暂行解任调理一折。阎相师效力戎行，备著劳绩，克胜专阃之寄。今既患病未愈，著准其解任回籍调理，并加恩准食全俸，以示优眷。甘肃提督员缺，著武进升补授。"

（卷652　302页）

乾隆二十七年（1762年）正月丙辰

陕甘总督杨应琚奏："据张掖、山丹、东乐等县详报，招户民二百户，共男妇大小七百八十余名口。经咨准乌鲁木齐办事大臣旌额理等复称，本处于二月内种麦稞，三月种粟谷，此项续招民户须于三月初旬到屯，始副耕期。随分四起起程：第一起于正月十六日抵肃，十七日出关。余三起间日续发，委都司安德等按起护送，并咨办事大臣查照。"得旨："嘉奖。"

（卷653　311页）

乾隆二十七年（1762年）正月辛酉

谕曰："甘肃提督阎相师久历戎行，克娴武略，随征西路，奋勇策勋。前因患病，准令暂行解任，并赏给全俸，俾得尽心调摄，以冀速痊。遽闻溘逝，深为轸惜。著加赠太子太保，并赏银一千两。治办丧事所有应得恤典，仍著该部察例具奏。"

谕军机大臣等："据杨应琚奏报，提督阎相师已经病故，其提督印务现在自行兼署等语。所奏甚是。阎相师提督员缺，前已有旨，令武进升补授，但武进升到任尚需时日，该督因员缺紧要，不避小嫌，即自行兼署，深得总制边围大臣之体，甚属可嘉。武进升未到之前，其提督印务即著该督署理。留心整饬营伍。著将此传谕知之。"

（卷653　314页）

乾隆二十七年（1762年）正月是月

陕甘总督杨应琚奏："陕甘二省军装向听各营承造，规式参差，又自详允修补后，将备委之弁目。弁目听之匠工，草率不堪适用。现查兰、凉、甘、肃一带各营所存鸟枪、弓箭等项，未能一律铦利。且今大功告成，各营拨缺军装并需补制。请照闽浙例，于两省提镇驻扎处所各设公局，遇应制军装器械，确估造报，督臣核移该提镇，遴委标员，同该协营员弁，于局内监匠如式妥造。制成，呈提镇验发该协营应用。如违式及减料，参追另造。"得旨："甚好，如所议行。"

又会同甘肃巡抚明德议复布政使吴绍诗奏："请将乾隆二十六年民借仓粮各色准抵。查甘省地寒，岁止一收。民间种植，各随土宜。必令交还原色，势致售此易彼，辗转亏折。应如所请。原借上色者准以小麦、粟米抵交，下色者准以大豆、青稞抵交。至豌豆一项，河西地方皆驻重兵，需用既多。民间又皆磨面作食，价值与米麦无异，应准与米麦并抵，河东各属不得援此为例。又二十六年折借银二万余两，现岁丰，民有余粟，亦应令愿完本色者，照时价改征。愿交银者听。"得旨："如所议行。"

（卷653　316页）

乾隆二十七年（1762年）二月戊辰

以署固原提督肃州镇总兵五福为安西提督。

（卷654　319页）

乾隆二十七年（1762年）二月壬午

军机大臣议复陕甘总督杨应琚奏称："前青海办事大臣多尔济请将青海入官旷地拨给该扎萨克等游牧。查罗布藏丹津入官之地系与西宁、甘、肃等提镇地界毗连。原奏所指察罕鄂博、伯勒齐尔庙、洮赉郭勒等处，现系西宁、甘、肃等提镇牧放官马厂地。其巴尔敦郭勒、特尔恳达坂等处现有黄黑番族住牧，安插日久，且每岁贡马、纳粮，均未便议拨。惟素拉郭勒、西尔噶勒金二处，东西五百余里，南北三十余里。现闲旷且与该扎萨克等游牧相近，堪以赏给。至西尔噶勒金过河即系产磺山场，曾经开采，嗣封禁。应指明定界，饬交该扎萨克就近看守。应如所请。并划定北以山梁为界，西以河为界，河东听其驻牧，河西磺山即照青海察察宁楚尔铅矿之例，饬交看守。毋许越界盗采。"从之。

（卷655　329页）

乾隆二十七年（1762年）二月己丑

陕甘总督杨应琚奏："前经奏定，安西提标中、左、右三营官弁带兵一千五百名移驻巴里坤，于二月底起程。查提标与所属各协营现在巴里坤屯防听差单身兵不下八九百名，若皆撤回，由三营内更换，往返繁费，屯防听差，又悉易生手。且现在彼处兵以田土日辟，生聚日繁。又自军兴以来，叠蒙体恤，咸愿留驻报效。应将此项按数截留，以抵该标应移之数。其截留之数，即在该标应移兵内就近拨还各协营补额。"得旨："甚是。"

（卷655　333页）

乾隆二十七年（1762年）二月庚寅

旌表守正被戕之甘肃河州民脱有德妻马氏。

（卷655　334页）

乾隆二十七年（1762年）三月甲午

予故安西提督赠太子太保刘顺祭葬如例，谥壮靖。

（卷656　338页）

乾隆二十七年（1762年）三月辛丑

吏部议准陕甘总督杨应琚奏称："兰州同知驻扎河州城内，所管番民七十一寨，一十五族，计一万四千余户，俱散处边外之循化、保安、起台三营地方，距城窎远，难于控制。查该丞从前兼管河司茶务，嗣裁。应请移驻三营适中之循化营城内。至该厅收纳番粮，系支各寺喇嘛口粮之用，除口外寺二座仍赴厅支领外，其口内一十九座请于河州应支循化等营兵粮内支给。循化等营兵粮即令在该厅番粮内支发。"从之。

（卷656　342页）

乾隆二十七年（1762年）三月戊申

陕甘总督杨应琚奏："分发伊犁、乌鲁木齐暨各回城换班官兵供支事宜：一、领兵官员及随伺之人，调拨放厂，营马乘坐往来繁费。应于安西提标营移驻巴里坤随带马内酌留三百匹，按起拨送。其往乌鲁木齐者直至巴里坤就近归厂，其由哈密分途往南路各回城者，即由哈密赶归本营。一、安西仓储甚裕，官兵自肃州出口，应令止带至安西口粮。其自安西至哈密令于渊泉县接支，并嗣后出口、进口官兵俱照此办理。一、军兴以来，口外需用粳米，由内地采运，此时半已动用无存，应令官员经过地方，准将粟米、白面抵支。"得旨："如所议行。"

又奏："安西提标中、左、右三营移驻巴里坤兵酌分十起，于二月二十八、九等日陆续起程。提督五福驻扎南山口，照料稽察。俟末起过后尾至巴里坤，妥协安插。"报闻。

（卷656　347页）

乾隆二十七年（1762年）三月辛亥

予故甘肃提督赠太子太保阎相师祭葬如例，谥桓肃。

（卷657　350页）

乾隆二十七年（1762年）三月甲寅

甘肃巡抚明德奏："安西五卫及肃、高二州县捐监粮额，经前抚吴达善奏请酌减，部议准行，并令将每年收过数目，有无较前多寡成效，岁终奏闻。今查安西府属渊泉、敦煌、玉门三县，肃州并所属高台县乾隆二十六年份，共收京斗监粮一万四千九百二十八石有奇，较二十四、五两年每年仅收数千石，已有成效。"报闻。

（卷657　351页）

乾隆二十七年（1762年）三月戊午

（户部）又议准甘肃巡抚明德疏称："安西厅属之瓜州踏实堡、小湾、奔巴尔图等处屯田，先经督臣杨应琚于乾隆二十四年奏请改为民地，招佃认种。现查明各该处屯民共七百七十五户，新旧开垦水旱地四万六千三百二十一亩。据垦户呈称，该处不产谷草，所有每亩应纳草束统照原奏改为小麦三升，随正粮同纳。其安西、柳沟二卫二十四年业经题报升科地，亦请一例改纳。再该处招佃多系口内民人，既经改屯升科，即为伊等世守之业，应令地方官发给印照，详开户籍，并地亩段落。俾收执以杜争冒。"从之。

（卷657　354页）

乾隆二十七年（1762年）三月癸亥

谕军机大臣等："鄂弼奏，据乐平令陶镛禀报，凉州将军额尔德蒙额由豫赴任，其家人刘受、张黑子从山西至乐平柏井驿，持有兵部车票、户部粮单，支取车辆、口粮、草束（束）。已将该家人等查讯有无假冒，并将车票、粮单解部查验等语。额尔德蒙额既由河南赴陕，何以伊家人等又令从山西行走。违例折取车辆、口粮，沿途骚扰驿站。额尔德蒙额不但卑鄙不堪，抑且全然不晓事理。著传谕该将军，令其明白回奏。"

（卷657　358页）

乾隆二十七年（1762年）四月辛巳

谕军机大臣等："杨应琚奏，伊犁、乌鲁木齐等处现在贸易接踵，所需绸缎恐有不敷。请令三处织造预先织办解肃等语。前已降旨三处织造令其预备，酌量贸易所需各色绸缎，织造数千匹，以资拨用。著将杨应琚此次所开色样数目寄知江宁、杭州、苏州各织造，即行照数速办解肃。"

（卷659　373页）

赈恤甘肃安定、平凉、静宁、庄浪、华亭、平番、灵州、西宁、大通、成县等十州县乾隆二十六年雹灾饥民，并予缓征。

（卷659　374页）

乾隆二十七年（1762年）四月是月

陕甘总督杨应琚奏："安西府境当冲要，额设差马百匹不敷供应，向在提标五营内酌拨。今已分驻巴里坤、乌鲁木齐。安西城守兵数无多，马数亦减。查安西营属之百齐堡，设把总一员，兵一百名，马六十匹。该处并非要隘，请移拨安西府城，以供差遣。"从之。

（卷659　384页）

乾隆二十七年（1762年）五月辛丑

陕甘总督杨应琚奏："甘省现有情愿携眷告驻乌鲁木齐弁兵二百八十一员名，已造具营分花名清册移咨该处办事大臣，并饬令沿途地方官妥协照料。现俱陆续自肃起程出关。"得旨："知道了。外域竟成乐土，实堪欣悦。当益为鼓励招徕，以开其路。"

以正蓝旗蒙古都统巴禄为凉州将军。

（卷660　388页）

乾隆二十七年（1762年）五月戊申

调吏部右侍郎海明为理藩院右侍郎。兵部右侍郎观保为吏部右侍郎。以陕西巡抚钟音为兵部右侍郎。调山西巡抚鄂弼为陕西巡抚。甘肃巡抚明德为山西巡抚。江西巡抚常钧为甘肃巡抚。以原任浙江布政使明山署江西巡抚。

（卷660　393页）

乾隆二十七年（1762年）五月乙卯

谕军机大臣等："明德奏请减配茶封一折。已饬部议复准行。但思茶商等照例完课，何以配运茶封转愿减少。即云近议搭放兵饷，地方行茶日伙，是以不乐多配。而兵丁所支之茶，出售是否果有余利。兵利赢余则官茶不无损价。若官茶但利疏消，又岂能抑派兵丁勉强从事，其中必无两利俱存之理。且现在库茶实在积有若干，其最陈者起于何时，近来搭放兵饷之外，是否尚多存积，无可支销，应行设法调剂之处。著传谕杨应琚逐一通盘核计，妥协筹办，期于公私交有裨益。此时新疆地方，生聚渐繁，米粮、蔬果物产，在在丰裕。惟茶斤一项必取资于内地。各处济用，自属多多益善。惟远运多需脚价，仍属有名无实。台站往来之便可以量为携带分贮，俾日久积少成多，则不动声色而其事易集，其利亦普。即今年明瑞所领各处换班兵三千余名，皆应里带盐菜、口粮，或兵丁一路实在需茶，而库积亦有多剩，可以酌量搭放，俾资日用之处。目下明瑞约已抵肃，杨应琚亦可会同商搉，果于兵丁有益，即一面办理，一面奏闻。并将此速行详悉传谕知之。"

（卷661　398页）

乾隆二十七年（1762年）五月是月

陕甘总督杨应琚奏："肃州金塔协及附近之清水等六营堡，向年兵粮除折色外，约领本色仓斗三千余石，俱远赴高台县支领，需费繁多。查肃州金塔寺等处近垦荒地一万七千余亩，又附近之威鲁堡有新升科地一万二千余亩，请先将威鲁堡应征粮四百三十余石就近拨给兵粮。尚有不敷，又有毛目城九家窑每年运肃平分仓斗粮一千七百石，免其运肃，各就近改拨。并暂将肃州采买及收捐监粮估拨。将来金塔寺等处新垦地亩，全数升科后，又可估拨，庶归省便。"从之。

（卷661　403页）

乾隆二十七年（1762年）闰五月丁卯

谕曰："驻藏大臣原为照料达赖喇嘛，如遇蒙古王公等熬茶等项仍照旧遵行，倘关系公事，应详报部院，虽达赖喇嘛、班禅额尔德尼均不应干与。即使呈报驻藏大臣，亦应明白告知，此非我等应办之事，令其报部。前集福接青海郡王衮楚克达什呈诉，伊侄达什达尔济系达赖呼图克图之呼毕勒罕，应令其出家。伊子索诺木多尔济应令承袭王爵一事，集福代为具奏，甚属非是。因系初次，不知误奏，姑从宽贷。著传谕驻藏大臣，倘遇此等事件，伊等不必管理，嗣后往换之人，转相传谕遵行。"

（卷662　406页）

乾隆二十七年（1762年）闰五月壬申

谕："前杨廷璋、德福奏，拿获私造敕书假冒世职一案。查出邹文等先于乾隆九年即有捏造札付转卖之事。则该犯等玩法作奸已非一日，历任督抚岂竟漫无觉察。因令查明参奏，今据该督将前任失察之各督抚奏到。此内除业经身故之那苏图等毋庸置议外，杨廷璋既饬令该司德福行查。此案始得彻底根究，俾奸顽不致幸逃宪典。杨应琚莅任未久，且在陕甘任内办理诸务，实心出力，并著从宽免其议处。吴士功现已赎罪自效，亦著免其复行交议。所有失察之钟音、陈宏谋俱著交部照例议处。"

（卷662　410页）

乾隆二十七年（1762年）闰五月丙子

都察院参奏："失察西宁等侵盗舞弊之稽察旗务科道各员，请交部议处。"得旨："所有专派查旗之科道佛伦、西通额任事年久，乃西宁等任意侵盗，舞弊种种，毫无觉察。所司何事，俱著交部严加议处。至署理之科道德明图、广明任事已在四月、九月以上，著交部照例议处。"

（卷662　412页）

乾隆二十七年（1762年）闰五月是月

陕甘总督杨应琚奏："查安西府建设戈壁之内，米粮食物咸仰给于河州。稽之志乘，汉晋皆以河州为敦煌郡，唐设河州刺史，元为河州路。盖河州为关外第一沃壤，即体访舆情，亦咸以府治军台移设河州为便。且用绳丈量，自河州至哈密较之安西实近一百六十里。各台运费既可节省，而应设军台亦可量减。请将安西府治军台俱移设河州，洵于公私交有裨益。但事关重大，臣拟于六月内亲往勘明，再将移设各事宜妥议另疏。"得旨："嘉奖。"

又奏："孳生马匹最为边储要务。西宁镇孳生马厂，军兴以来动拨外，仅存马一百三十五匹。以水草丰厚之区，任其闲旷，殊为可惜。查甘州提标牧厂尚存节年考成过儿、骒、骟马，并产获马驹四千七百余匹，尽堪分拨。请酌拨一千一百四十六匹赶赴西宁。又凉州镇孳生马七百十九匹。本厂水草平常，亦请就近改拨。连西宁现存之马共二千匹，派拨谙练弁目加意牧养，自必日见蕃盛。"得旨："甚好，如所议行。"

（卷663　423页）

乾隆二十七年（1762年）七月己巳

陕甘总督杨应琚奏："安西兵移驻乌鲁木齐，酌分五起。第一起定于九月初二日起程，间日一行。"报闻。

（卷666　448页）

乾隆二十七年（1762年）七月癸酉

军机大臣等议复陕甘总督杨应琚等奏办沙州一带移设事宜："据称，沙州在安西府西南二百余里，气局团聚，土沃产饶。其地利形势非安西可比。查自肃州出关至玉门县属之靖逆营，即系分途前往安西、沙州之总路。由靖逆自沙州抵哈密较之靖逆历安西至哈密实近一百六十里，且水草丰裕，道路平坦。应请令安西知府带同经历。教授俱移驻沙州，酌议靖逆以西，沙州以东于八道沟、秃葫芦、忒布忒沙、挠丝、兔树沟、沙州共设军台六处。沙州以西至哈密，于可可沙石、青墩、硖井子、博罗特口大泉、酷水、哈什布拉、柳树泉共设军台七处。统计移设军台十三处，较行走安西计少军台一处，应裁塘递马二十六匹。第自沙州至可可沙石之八十三里中有砂碛三十五里，恐马力不继，应于适中之黄墩堡设腰站。又自酷水至哈什布拉一百三十里，亦应于适中之红柳峡设腰站。除以天生墩腰站原设马骡移拨外，尚应安设马五匹，即于应裁塘马内酌拨等语。均应如所请。"从之。

（卷 666　451 页）

乾隆二十七年（1762年）七月甲申

谕军机大臣等："淑宝在哈密办事已逾三年，著杨应琚于陕甘道员内拣选一员前往办事。淑宝即著来京。"

（卷 667　459 页）

乾隆二十七年（1762年）八月辛丑

吏部等部会议调任甘肃巡抚明德疏称："大通卫改设县治，归德所改设县丞各事宜：一、新设大通县，西宁县县丞所管地方仍照大通卫归德所原辖地界。一、新设大通县定为沿边、繁、难、要、缺。西宁县归德县丞仍定为边、缺。一、请铸给大通县印信，大通县儒学记，西宁县县丞分驻归德兼管屯番粮务关防。一、大通卫旧守备署改为县署，教职典史新设，各建署一所。又归德所向衙署，今改设县丞，应添建。一、大通卫原设向阳驿应归大通县经管，均应如所请。"从之。

（卷 668　470 页）

乾隆二十七年（1762年）八月甲辰

调江西巡抚明山署广东巡抚。湖北巡抚汤聘为江西巡抚。以山西布政使宋邦绥为湖北巡抚。甘肃按察使文绶为山西布政使。

（卷 668　472 页）

乾隆二十七年（1762年）八月乙巳

以山西冀宁道海明为甘肃按察使。

（卷 668　473 页）

乾隆二十七年（1762年）八月辛亥

军机大臣等议复陕甘总督杨应琚奏称："金塔寺、威鲁堡等处在边墙以外，距肃州百余里。今各该处增辟地二万七千余亩，其已经升科之回民遗地应征粮石，前经奏准令王子庄州同就近征收，其余回民遗地五千三百余亩与金塔寺等处招垦地一万二千余亩，此外尚有向在肃州征收，附近王子庄之金塔寺户口坝等九坝原额正粮八百五十余石，俱请交与王子庄州同督率垦种，并收放粮石。又威鲁堡内外各地悉系种地民人，居住不可无就近治理之员，请将该州同照依各州县分防佐贰之例，将附近各村庄斗殴、赌博、户婚、田土等案，俱责成该州同办理。疏防失察参处。俱应如所请。"从之。

（卷669　475页）

乾隆二十七年（1762年）九月壬戌

添建甘肃肃州镇中军衙署，从总督杨应琚请也。

（卷670　486页）

乾隆二十七年（1762年）九月乙丑

兵部议准陕甘总督杨应琚奏称："乌鲁木齐原派屯田之甘、凉、西宁、河州、安西各官兵，今既告驻迁移，请俱归入乌鲁木齐协标两营管辖。"从之。

（卷670　488页）

乾隆二十七年（1762年）九月戊辰

贷给甘肃陇西、靖远、宁远、伏羌、安定、漳县、通渭、安化、武威、平番、永昌、古浪、中卫、花马池等十四厅县本年被灾贫民口粮、籽种，缓征新旧额赋。

（卷670　491页）

乾隆二十七年（1762年）九月甲戌

以故甘肃洮州土指挥佥事昝景瑜子朝龙……袭职。

（卷670　494页）

乾隆二十七年（1762年）九月是月

陕甘总督杨应琚奏："新疆各处运送物件均由肃州雇车，需费甚繁。甘、凉等镇余存孳生暨杂项驼共三百余只，请挑拨二百只交肃州择厂牧放。凡遇运送新疆物件即用此转运。"得旨："如所议行。"

（卷671　506页）

乾隆二十七年（1762年）十月庚子

军机大臣等议复喀什噶尔办事尚书永贵、陕甘总督杨应琚等奏："新疆绿营兵丁换班事宜：一、新疆南、北各城绿营兵一万余名，除乌鲁木齐携眷移驻兵外，计换班兵七千余名，应于陕甘各营摊派。查安西提标五营业经分驻巴里坤等处，哈密一协兵少差繁均无庸派拨。其余各营实兵七万四千余名，每千名派往百名，每兵百派千总、外委各一管领。一、派出兵以一营同驻一城，如数不敷于近营添拨，即以本营员弁领辖。一、官兵俸赏照英吉沙尔换防例，官每员支给俸一年，兵每名支给银十五两。一、各官骑本身例马，每匹日支草束银一分，于马干银内扣还。每兵四名给车一辆，由肃州送至哈密。其前赴防所，兵三名给驼一只，折银十八两自购。所领驼价至防所后，交该督等量其道里远近，酌减扣缴。均应如所请。"从之。

（卷672　515页）

乾隆二十七年（1762年）十月癸丑

兵部奏："向例奉天、宁古塔、黑龙江等处发遣人犯，由兵部发往西安、荆州、杭州、成都等满洲驻防省城，分别当差为奴。此项匪犯集聚一处，每难约束。查现在直隶、江宁、山西、山东、河南、甘肃等省俱设满洲驻防，请嗣后奉天等处遣犯，轮流编发各省安插，无庸专发西安等四处。"从之。

（卷673　525页）

乾隆二十七年（1762年）十月是月

甘肃巡抚常钧奏："甘省民务力田不善经营，每秋成后，稍有余粮，即思出粜。非官为采买，必致囤户居奇。应于粮多价平地方不拘上下色样，饬各属乘时采买。价银于减粜粮价内酌量拨发。"得旨："如所议行。"

（卷673　532页）

乾隆二十七年（1762年）十一月辛酉

移甘肃渊泉县马莲井县丞驻踏实营堡，从总督杨应琚请也。

（卷674　535页）

乾隆二十七年（1762年）十一月壬午

以陕西河州镇总兵存泰、延绥镇总兵福宁对调。

（卷675　549页）

乾隆二十七年（1762年）十一月甲申

赈恤甘肃狄道、皋兰、金县、河州、靖远、渭源、陇西、宁远、会宁、通渭、平凉、镇原、泾州、镇番、武威、永昌、平番、中卫、摆羊戎、西宁等二十厅、州、县本年冰雹、霜灾饥民，并借给籽种。

（卷 675　550 页）

乾隆二十七年（1762年）十一月是月

陕甘总督杨应琚奏："固原城守营参将于本年正月内奉裁。该参将向隶靖远协副将统辖，今改归提标后营游击兼管。请嗣后遇地方公务俱就近呈报提督衙门，再后营游击衙署，规制狭隘。后营守备并无衙署，请以所裁城守营参将衙署改令游击居住，其游击衙署即令守备居住。"下部知之。

（卷 675　553 页）

乾隆二十七年（1762年）十二月己丑

又谕："浙江提督员缺，著武进升调补。所遗甘肃提督员缺，著王澄补授。其云南昭通镇总兵员缺，著吴达善于通省总兵内拣选一员调补。所遗员缺著刘德成补授。"

（卷 676　555 页）

乾隆二十七年（1762年）十二月辛卯

谕："各省督、抚、提、镇，职任封疆藩、臬二司，为通省钱谷、刑名总汇。员缺紧要，遇有丁忧事故，向俱专差奏报，其在近京各省尚不致稽迟，若边远省份长途赍奏，往返需时。嗣后云南、贵州、四川、广东、广西、福建、甘肃、湖南等省督、抚、提、镇、藩、臬等大员遇有丁忧事故，著由驿限日行四百里驰奏，以便另行简放。庶要缺不致久悬，于边省地方营伍事务均有裨益。"

（卷 676　556 页）

乾隆二十七年（1762年）十二月乙巳

军机大臣等议复库车办事大臣鄂宝、喀什噶尔办事尚书永贵奏称："库车印房贴写办事人员现由凉州、庄浪兵内派拨三人。请即作为三缺，照各城办事人员例给与六品职衔，并盘费、盐菜银两如行走勤慎。换班时量予升阶，懒惰者革退另放。应如所请。"从之。

（卷 677　569 页）

乾隆二十七年（1762年）十二月丁未

举行各省军政。江苏卓异官三员，年老官一员，才力不及官一员，浮躁官一员。安徽卓异官五员，年老官三员，才力不及官一员。江南漕运卓异官一员，年老官三员，才力不及官一员。浙江卓异官四员，才力不及官二员，有疾官二员。福建年老官二员，才力不及官一员，湖南卓异官二员，年老官一员，才力不及官一员。湖北年老官一员。河南卓异官四员，才力不及官二员。山东卓异官二员，年老官一员。陕西卓异官三员，年老官二员，有疾官一员。甘肃卓异官五员，年老官一员，才力不及官一员。四川年老官一员，有疾官一员。广东卓异官六员，罢软官一员，年老官二员，才力不及官三员。广西卓异官一员，年老官一员。云南卓异官五员，年老官一员，有疾官一员。贵州卓异官三员，年老官二员，浮躁官一员。分别议叙，处分如例。

（卷677　571页）

乾隆二十七年（1762年）十二月庚戌

又谕曰："杨应琚奏，伊犁屯务现在需员办理，而陕甘总兵、副将内熟谙田功者甚少，惟西安城守营参将马虎曾于辟展等处屯田四载，妥协干练，堪以派往等语。马虎著赏给副将职衔，令于明岁带领换班兵丁前赴伊犁，承办屯田事务。其西安城守营参将并著暂停开缺，俟有陕甘副将缺出，请旨补用。"

（卷677　573页）

乾隆二十七年（1762年）十二月甲寅

定移驻伊犁防兵事宜。谕军机大臣等："前因准夷未平，凉州、庄浪等处为西陲冲要，故将西安驻防之满洲、蒙古、汉军兵丁派出数千名，分地驻防。今大功告成，巴里坤以西皆成内地。凉、庄既非边徼，而该处并无行围习艺之所，以致兵丁怠惰偷安，俱归无用。现在伊犁建造城堡，设立将军驻防屯田。与其三年一次派兵更番戍守，何如即以凉、庄兵丁挈眷迁移，较为省便。至内地之京口、杭州等处亦不必多驻官兵。从前汉军人等原准其出旗，拨补绿旗兵缺。此二处兵丁亦应照例裁汰拨补，将所出额缺分例，拣选索伦、察哈尔余丁派往伊犁驻防，庶粮饷不致虚糜，而伊等得以及时效用，差操得所，为国家增一劲旅。著军机大臣，将凉州、庄浪兵官作何挈眷迁移，及裁汰京口、杭州驻防，拣选索伦、察哈尔余丁派往伊犁之处。详密定议具奏。"寻奏："凉州、庄浪旧驻满蒙兵三千二百名，现在无须防守，应遵旨令其携眷移驻伊犁。其余汉军兵一千名，照出旗例裁缺，交该管将军，或拨归绿营，或令为民。杭州额设汉军兵一千九百名亦照此办理。惟京口汉军兵三千三百名，系水师营缺，应留千余名，于江宁满蒙兵六千名内，择其熟谙水务者拨往。再将汉军兵缺裁汰。各项额缺给与索伦、察哈尔余丁往驻伊犁，交该管将军、都统拣选索伦一千名、察哈尔一千名作为马甲，照例于应得兵饷外给与盐菜、银两，统计遣往兵丁共五千余名，并其眷口将及二万名，须陆续派遣。议于所拣余丁内派索伦五百名、察哈尔五百名，于春草萌生时先往，其眷口著后去五百名携带。凉州、庄浪满蒙兵自明年为始，分为三起，按年起程。"从之。

（卷 677　　575 页）

乾隆二十七年（1762年）十二月戊午

御保和殿，筵宴朝正外藩。左翼：科尔沁和硕达尔汉亲王多罗额驸色旺诺尔布、和硕亲王固伦额驸巴布腾巴勒珠尔、固山贝子多罗额驸班珠尔、辅国公和硕额驸喇什纳木扎勒、辅国公玛哈玛裕尔、哈达、固山额附索诺木、多尔济瑚、一等台吉喇特纳、三等台吉色楞丹巴、喀喇沁多罗都棱郡王喇特纳锡第、镇国公丹津达尔扎、和硕额驸纳木扎布、一等塔布囊格勒克萨木噜布、翁牛特多罗都棱郡王布达扎布、镇国公恭格喇布坦、一等台吉诺尔布扎木素、二等台吉巴颜巴图尔、三济扎布、扎噜特多罗贝勒锡勒塔喇、镇国公纳逊额尔克图、二等台吉朋苏克喀尔喀多罗贝勒阿裕尔、固山贝子车木伯勒、一等台吉桑寨琳沁、端多布多尔济、萨木丕勒多尔济、固穆扎布、二等台吉巴勒丹多尔济敖汉固山贝子固山额驸垂济扎勒辅国公多罗额驸桑济扎勒、和硕额驸密扎特多尔济固山额驸山津阿尔必特瑚、三等台吉色布腾多尔济、鄂尔多斯固山贝子纳木扎勒多尔济、巴林辅国公和硕额驸德勒克、归化城土默特辅国公喇嘛扎布、和硕额驸纳逊特古斯、四等台吉巴勒丹多尔济。右翼：喀尔喀和硕亲王齐巴克雅喇木丕勒、亲王品级郡王车布登扎布、多罗郡王多罗额驸罗布藏多尔济贝子品级额尔克沙喇、镇国公扎木禅公品级台吉成衮扎布、扎萨克一等台吉纳旺车凌、绰罗斯多罗郡王罗布扎、回子郡王品级贝勒霍集斯、辅国公和什克、额色尹、图尔都、色布腾、扎萨克一等台吉玛木特、茂明安多罗贝勒裕木充、青海固山贝子沙克都尔扎布、和硕特扎萨克一等台吉特默齐及大学士、领侍卫内大臣等宴。召科尔沁和硕达尔汉亲王多罗额驸色旺诺尔布、和硕亲王固伦额驸色布腾巴勒珠尔、喀喇沁多罗都棱郡王喇特纳锡第、翁牛特多罗都棱郡王布达扎布、扎噜特多罗贝勒锡勒塔喇、喀尔喀多罗贝勒阿裕尔、科尔沁固山贝子多罗额驸班珠尔、敖汉固山贝子固山额驸垂济扎勒、喀尔喀和硕亲王齐巴克雅喇木丕勒、亲王品级郡王车布登扎布、多罗郡王多罗额驸罗布藏多尔济、绰罗斯多罗郡王罗布扎、回子郡王品级多罗贝勒霍集斯、茂明安多罗贝勒裕木充、青海固山贝子沙克都尔扎布、喀尔喀贝子品级额尔克沙喇至御座前，赐酒成礼。

（卷677　577页）

乾隆二十八年（1763年）正月辛酉

谕："甘省河西、河东各属去岁间被偏灾，业经该督抚等照例抚恤，但念该省地土硗瘠，在被灾地方固属收成歉薄，即其余各属夏、秋二麦丰歉不一，所有历年借欠各项若概令一并征还，民力未免拮据。著加恩将甘省河西、河东各属历年借欠口粮、籽种、牛本等项均予缓至本年秋收后完纳，俾小民糊口有资，得以尽力东作，称朕惠恤编氓至意。该部遵谕速行。"

谕军机大臣等："新疆平定有年，伊犁应多驻官兵以筹久远。昨谕将凉州、庄浪等处官兵携眷迁移，交军机大臣详悉妥议。因念官兵三四千名，合之家口不下万人。所有营房粮饷俱当预为备办。著传谕明端等将此项移驻官兵作何建造城垣、庐舍及给与粮饷之处先行筹划。一面办理，即行具奏。"寻奏："察哈尔、厄鲁特兵游牧为生，应仍其旧。索伦亦然，过冬自备棚房，产业再行议给。惟凉州、庄浪官兵房屋需七千余间。乌哈尔里克新城仅敷现在官兵驻扎。查伊犁河岸高阜，地土坚凝，可筑大城。在新城及固勒扎回城之间，粮运亦便，所产煤薪皆足用。计明春调兵起造至乙酉年，城屋均可竣。现派伊犁兵游牧至阿布喇勒山伐木，咨遣内地工匠，制器应用。至粮饷以伊犁收获及回人所交粮计之，至丁亥年麦收，可支新旧兵三年食。更请以来年为始，陆续增屯田兵一千五百名，耕获自有盈余，孳生牛羊在外，将来塔尔巴哈台驻兵亦可源源接济。"从之。

（卷678　582页）

乾隆二十八年（1763年）正月戊寅

乌鲁木齐办事副都统旌额理等奏："乌鲁木齐岁易哈萨克马数不过三千余匹。本年九月至十二月已得四千二百匹，积久增多，除拨补新疆额缺及肃州等处标营倒毙马外，拟于乌鲁木齐常留马一千匹应差，七百匹备阿克苏调，余于来年四月牧放巴里坤，供安西提标及肃州等处拨补。"得旨："军机大臣议奏。"寻议："现奉谕旨，令索伦、察哈尔余丁及凉州、庄浪驻防兵丁续赴伊犁，须增牧群。先请将孳生马匹往，骟马暂留乌鲁木齐备拨。如应留马外仍有余，即续送伊犁。此后与哈萨克交易，以孳生马为要，俟新疆足额，再拨补内地。"从之。

（卷679　596页）

乾隆二十八年（1763年）二月庚子

谕军机大臣等："前军机大臣议准，将凉、庄满兵移驻伊犁。所有汉军人等或入绿营当差，或入民籍，俱听其自便。已行知该督及凉、庄将军矣。该督等此时想久经接到，其现在作何饬令移驻，及如何按额充补之处，著传谕该督。一面作速妥办，一面即行奏闻。"

（卷680　615页）

乾隆二十八年（1763年）二月壬寅

军机大臣等议奏："查西宁特派大臣驻扎，原为噶斯一路蒙古兵、柴达木等处立卡及照料青海蒙古会盟。今准夷、回部平定，西域各卡兵裁撤，青海蒙古、番子安静多年，除会盟外，平日无事。查西宁向系一年一次会盟，后经都统众佛保奏请改为二年。青海蒙古等游牧地方距会盟处远者颇多，如改为三年，事体并无贻误。蒙古等亦可省往返费。应遵旨裁西宁办事大臣，交理藩院。至三年会盟之年，开列在京侍郎副都统、御前侍卫、乾清门侍卫职名具奏，恭候钦派，驰驿至西宁。由西宁出口，令彼处总兵、道员照会明例所需赏项、筵宴、缎匹等物拨发，派官兵随往。再查西宁除办事大臣，尚有理藩院章京一员，笔帖式三员，转递青海蒙古报部事件，迎送藏内来使来京，承办玉舒番子事件，不可无人。请仍留办事章京一，其笔帖式裁二。"

从之。

（卷680　616页）

乾隆二十八年（1763年）二月丙午

户部议复："各省督抚酌议该省同知、通判支给养廉，应如所请。除山东、福建并四川叙永、松潘、江北镇同知，云南思茅同知，鲁甸通判，甘肃盐茶同知，江西莲花厅同知，云南威远同知及元江等四府，四川宁远等三府，广东盐务同知，潮州、琼州、南澳等厅同知、通判养廉，准其在本处本府、州、县耗羡盐项内坐支，仍令该督抚稽查透借。余四川保宁等府、江西南昌等府、云南云南等府、广东广州等府属同知、通判及广西、湖南、山西、河南、甘肃等省同知、通判养廉，均准于藩库给。"从之。

蠲缓甘肃镇番县乾隆二十七年被旱额赋。

（卷681　620页）

乾隆二十八年（1763年）二月癸丑

谕军机大臣等巴禄："杨应琚所奏，筹办凉州、庄浪满营官兵移驻伊犁及汉军官兵出旗各事宜二折，已交军机大臣议奏。至另折所请，于凉州、庄浪甲兵三千二百名内，查其年老、残废、孤寡、幼稚之户酌留五百名，统归凉州驻扎，改设城守尉一员管辖等语。朕初阅时，以移驻之兵既皆精锐，足壮新疆营伍。其老弱残废之跋涉维艰者自不妨区别酌办。至于迁移帑项不致虚糜，犹其后焉者也。当于折内批谕，即可并入议行。但思设立驻防，原为地方起见。今新疆开拓二万余里，凉州、庄浪一带已成腹地，是以特准军机大臣所议，将该处驻防官兵移驻伊犁。汉军则令改调绿旗营缺及听其散处为民，而俸饷经费，即可挹彼注兹，化无用为有用。且伊犁屯田丰收，水草畅茂，尤于伊等生计有益。今若因老弱、废疾、孤幼等户遂酌留兵额五百名，改设城守尉等官，不但非驻防体制，而耽逸恶劳，安土重迁之徒，势必纷纷托词规避，此风断不可长。即该将军亦转觉难于办理，此内果有前项户口万不能远赴伊犁者，伊等原从西安移驻凉州、庄浪，至今不过二三十年。自可体察实情，量为酌留，仍令回至西安，交该将军归入佐领，就便安插，又何必为此委曲迁就之举耶。另折所奏不必再议，仍将此详悉传谕巴禄、杨应琚知之。"寻军机大臣议奏："一、凉、庄满蒙兵挈眷移驻伊犁，办装银官按品级赏俸一年，兵每名赏银三十两，跟役二两。一、步兵自凉、庄至哈密，每二名并跟役给车一辆，至伊犁每名给马一匹，折银八两，到后缴还十分之三，分二年坐扣，眷口照例给车外，每户添给行李、锅帐车一辆。一、应需盘费、盐菜、口粮照安西提标兵移驻乌鲁木齐例，分别支给，跟役无论多寡，准量给一名，盐菜银不准更支盘费。一、帐房照察哈尔兵移驻伊犁例给价，爨具应所本有不准折给。一、抵哈密后应由辟展、乌鲁木齐台路前进，仍令该将军、总督、办事大臣等遴员沿途照料。"从之。

又谕曰："巴禄、杨应琚所议凉州、庄浪满营移驻伊犁事宜一折。如加赏整装银两及增给车辆各条，业经军机大臣等议复，降旨允行。至所请锅价二两之处，其事本属琐屑，非体自当分别指驳。在巴禄等不过欲为伊等多得分例起见，殊不知伊等每户既已从优赏给，又加以沿途车马路费所得并不为少，何至炊爨之具尚烦鳃鳃过计。伊等在凉州、庄浪岂家家俱不熟食耶？但伊等办装之项，如先时早为给发，兵丁到手，既不免任意花消。若给发于濒行之时，又恐置备不周而购买亦受居奇之累，何如先事官为预办，临时散给，所余者留至伊犁分授伊等。为长久生计，尤为费省而事集耶。著传谕杨应琚，一面自往兰州会同巴禄及庄浪副都统，计其必需各件，预行妥备拨用更觉便易，即如营中饲马自拴之费不及攒槽之省，此一定之理，今一并官为计划，诸事俱得实济。至兵丁驻防日久，零星通欠自所必有，然屡经盘剥，其息亦足敷本。此时既当起程，自不应任需索之人滞留滋扰。其中办理亦应官为主持，示之节制。将来起程仍应按时分作三起行走，途次虽有本旗管押官员，即经过地方亦必有员役料理。而该将军巴禄、副都统勒克、兴长等尤当专任其责，直至伊犁方为奉职竣事。倘兵丁等途间或不安静及有乘间逃回情事，伊三人不能辞咎。逃而不获，则罪在杨应琚，其拿获者一面正法，一面即行奏闻。"

大学士等议复凉州将军巴禄、陕甘总督杨应琚奏凉、庄汉军官兵出旗事宜："一、愿为民者，准呈明凉、庄地方官，给印票，行文所往地方，一体考试、婚配立业。一、愿补绿营者，查系领催马甲，并有马匠役头目补马粮。系步兵、匠兵、养育兵补步粮，就近于甘抚标，陕甘提标及陕提属之靖逆标，宁夏、凉州、西宁、肃州、沙州五镇所属营匀补，即于食粮处入籍。

一、调补兵穷苦闻散户口，照闽省汉军调补例，分别给赏，准领回自立马匹。一、出旗官员分别送部引见，咨部改补，及世职、进士、举、贡生、监并候补、候选、降调、捐职衔等员，均归入汉班考试补用。"从之。

（卷681　624页）

乾隆二十八年（1763年）三月壬戌

吏部议准甘肃巡抚常钧奏称："泾州、平凉、静宁三州县地冲差繁，应改为调缺，在外拣补。"从之。

缓征甘肃伏羌、安定、漳县、安化、陇西五县旱灾、霜灾新旧未完额赋。

（卷682　635页）

乾隆二十八年（1763年）三月癸亥

甘肃巡抚常钧奏："玉门、敦煌二县耕牛因疫多毙，民间无力买补，照例借给银粮。"得旨："此盖向来资借便民之事，以云利济间阎则可。若云因牛瘟而借给，则阖县传染皆无牛矣。幸而存者谁肯卖与他人。虽借给银米，牛何由而得。必期实济，则当于他处买牛，恐无此办法，亦非地方官力所能为。一切朕惟务实，空言无补。将此登答来看，谕军机大臣等，据常钧奏称，安西府属之玉门、敦煌二县于去年得雪稍迟，气候温和，与牛性非宜。腊、正两月新旧招插户民所畜耕牛，瘟气流行，每多倒毙，照例借给银粮，接济买补等语。向来资借银粮等事，原因小民日用缺乏，市廛贸迁有无，以便民用。至于牛瘟，乃阖县传染之事。该处牛只既已短少，即幸而存者亦仅能自供耕作，谁肯出售他人。若云以此银粮尽赴他处买牛，当此东作方兴之日，在在需用耕牛，又安所得此牛只蓄息之地足敷二县种户购买之需。不惟小民自办艰难，即地方官亦难为经理。看来资借银粮之举，以云接济间阎，则可若云购买牛只，恐系托之空言，未必实有其事。著将批谕常钧之旨抄寄杨应琚看，亦令其据实具奏。"

（卷682　636页）

乾隆二十八年（1763年）三月乙丑

陕西巡抚鄂弼奏："本年轮查西安营伍，应督臣亲往。杨应琚驻肃州办新疆事，请代赴各营阅视。"得旨："好。将奉旨处，移咨杨应据知之。"

（卷682　637页）

乾隆二十八年（1763年）四月壬辰

谕军机大臣等："常钧奏，请动款修理兰州城工一折。城垣关系省会，岁久倾颓，理应及时修葺，以资巩固。所请各款亦应准酌量动支应用，惟监办工程则须得妥于道府大员，实心经理，务使事归实用，帑不虚糜，方为允协。至折内所奏西巡经费一款，此事并未传旨预备，特系该省悬揣之词，固不应列之经费，又岂可形诸奏章。现在修城一事，该抚驻在会城，正可随时自往察勘，俾官吏不稍有浮冒可耳。若徒恃该部核销，又焉保工员估报时，不已预留地步耶？著传谕常钧，此案即令其自行确核妥办，总属公项银两不必分晰名色，缮本具奏。咨部存案。"

（卷684　653页）

乾隆二十八年（1763年）四月甲午

谕："凉、庄满兵二千二百余户现今移驻伊犁。凉、庄虽属内地，无可守御之处，但该处系西陲通衢，且城垣房屋建立未久，若因官兵移驻伊犁，将城垣房屋空闲，必致倒坏，即行人往来亦不足以肃观瞻。西安官兵驻防年久，生齿日繁，若将西安官兵内酌量移往凉、庄居住，则现有之城垣房屋既不至空废，于西安兵丁生计亦大有裨益。可将西安满兵内拨二千名移驻凉、庄。兵数既已无多，毋庸设立将军，凉州留副都统一员，庄浪设城守尉一员，以资管辖。其如何移驻之处，著交杨应琚、嵩椿定议具奏。"

（卷684　655页）

乾隆二十八年（1763年）四月是月

凉州将军巴禄等奏："凉庄兵移驻伊犁，给银办装，其毡布等项先委员于出产地方预购存贮，起程时给办，省费甚多，仍余银十五两，足资生计。"得旨："嘉奖。"

（卷685　674页）

乾隆二十八年（1763年）五月丁巳

礼部等部议准甘肃巡抚常钧疏称："靖逆通判移驻哈密，安西同知移驻巴里坤二处，俱有关帝庙，应举行祀典。"从之。

（卷686　675页）

乾隆二十八年（1763年）五月己巳

刑部议准甘肃按察使海明奏称："监犯患病，例委佐杂看验后因附和出结，改委州县。但州县有相距甚远者，往返邻封，转误本务。嗣后百里内仍委州县，百里外遴委不同城、不同乡之邻封佐杂，查验结报，扶同率结者参处。"从之。

（卷686　688页）

乾隆二十八年（1763年）六月壬辰

赈恤甘肃狄道、渭源、皋兰、河州、金县、靖远、陇西、宁远、会宁、通渭、平凉、泾州、固原、崇信、镇原、灵台、华亭、静宁、庄浪、张掖、武威、永昌、镇番、平番、灵州、花马池、中卫、平罗、摆羊戎、西宁等三十厅、州、县，乾隆二十七年份水、旱、霜、雹灾饥民，并缓应征额赋。

（卷688　705页）

乾隆二十八年（1763年）六月甲午

军机大臣等议复："据西安将军嵩椿、陕甘总督杨应琚奏称，凉州拟驻马兵一千三百名，步兵二百名，并派协领二员，分左右翼八旗。设防御八骁骑校八，笔帖式二，归副都统管辖。庄浪拟驻马兵四百，步兵一百，设城守尉一，即以庄浪副都统改用，并设防御四，骁骑校四，笔帖式一，归凉州副都统管辖。各员俱于西安驻防官内移改，其兵分作三起，每年移往一起。至西安兵移驻后，为数无多，应裁协领四，佐领防御骁骑校各九，笔帖式二等语。应如所奏。惟西安协领向兼佐领，今移驻亦令相兼。所请凉州设佐领八员，止须六员。"从之。

（卷688　706页）

乾隆二十八年（1763年）六月戊戌

以甘肃凉州镇总兵达启为云南提督。

（卷688　711页）

乾隆二十八年（1763年）六月庚子

以直隶山永协副将德保为甘肃凉州镇总兵。

（卷688　712页）

乾隆二十八年（1763年）六月丙午

陕甘总督杨应琚奏："粤东山多田少，民食半资，粤西向于省城、佛山二处额设米行，听商投行发卖，相安已久。迨前督臣班第、前抚臣鹤年添设经纪米谷总埠，本为平价起见，然恃系独行，把持更甚。臣抵任裁革，缘办理未有成效，是以设立裁汰，均未报部。臣在粤时，曾饬地方官，遇应补仓项在市买籴，不得将广西谷船截买。殷实之家听其收买，不得拘泥囤积例禁，俾西商踊跃转输，粤东民食充裕。至陕甘牙行本少，远来商贩，人地生疏，必借牙行。领售评价与粤东总埠不同，无庸议革。再陕甘接壤外三面俱无邻省，一遇歉岁，挽运无从，势必仰资官粟。应于丰熟之年动项收买，以备平粜。"得旨："可谓通达时务之论，缘苏昌所奏未晰，故有此问。若卿所云，乃新立之总埠，而非旧有之牙行，又何必致问耶？"

（卷689　718页）

乾隆二十八年（1763年）七月丁巳

谕曰："常钧奏，查阅河州镇营伍情形一折。前经降旨，遇各省应行查阅营伍之年，由兵部奏请，或特派大臣，或即著该督抚就近巡阅。所以并及巡抚者，原指山东、山西、河南三省巡抚兼提督者而言。若其余有总督省份，巡抚所辖仅抚标数营，此外通省武弁皆非其正属，巡抚本不得掺其举劾也。昨鄂弼奏，杨应琚远驻肃州，所有陕省营伍难以随时稽察，是以准令该抚巡查。今常钧与总督同在一省，情形较鄂弼不同，乃亦仿而行之，甚属失当。且据奏称，游击史自龙、高元龙二员年逾六十，仅能骑射，诚恐暮齿因循，致滋贻误，嘱令镇臣张和察看等语。常钧现经查阅，而于将弁贤否，仍不能示以劝惩。于营伍究何裨补。恐各省中似此者尚不能免。若遇喜事之人，或借此越俎干与，而似常钧之虚应故事者，又不过潦草塞责，毫无实济，殊非整饬戎行之意。且所至徒费，供亿酬应，于地方营伍亦有损无益。著通谕各督抚，嗣后除山东等省仍听巡抚查阅外，其现有总督之省，著归总督办理，或总督不能与巡抚同驻一城，如广西等省相离窎远，一时难于遍历者，亦著随时酌量，会商具奏请旨。不得仍前径行，徒滋纷扰。"

谕军机大臣等："明瑞奏凉州、庄浪移驻伊犁官兵，仍领滋生红白赏银一折。现在移驻官兵筹办业已丰裕，毋庸再议赏给。今西安官兵陆续移驻凉州、庄浪。著传谕杨应琚，将此项滋生银两留存该处，俟官兵等移驻凉州、庄浪后，即作伊等红白赏赉之用。"

（卷690　724页）

乾隆二十八年（1763年）七月庚申

又谕："据杨应琚等奏，平凉等州县禀报，护军参领、宗室松年沿途需索银两不遂，踢伤管号家人等语。松年由新疆奉差回程，辄敢骚扰盈站，到处需索，并踢打州县家人，赊欠绸缎价值。种种肆行无忌，殊属不堪。该督抚据实参奏，即将松年留肃候旨，所办甚是。松年著革职。此等不法之员本应永远枷号示众，但宗室向无枷号之例，著即在肃州永远圈禁，不得令其出入。凡有一切差遣过肃官员即令往视，并晓谕伊等，松年沿途骚扰勒索，因系宗室，仅予革职圈禁。若常人有似此者，定行永远枷禁，俾往来奉差人员，触目警心，共知省惕。"

（卷690　727页）

乾隆二十八年（1763年）七月丁卯

谕军机大臣等："据陈宏谋奏，武昌府属马迹岭地方，离城窵远。有吴姓一族，盘踞为匪，历经惩创，怙恶不悛。请将举族迁徙各县城内，编入保甲管束等语。此等积匪既恃巢穴险峻，肆窃无忌，久为地方之害。自应远徙他处，以绝根株。但该族三十余户，男妇大小将近百人，其鼠窃狗偷，习惯已成自然。若只令徙入武昌、咸宁各城安插，纵管束甚严，安保其不故智复萌，贻累闾里。晨若将该族分徙安西、瓜州为一处，巴里坤为一处，乌鲁木齐为一处，使败类析居，羽党四散，庶不致聚集为匪，贻累地方。现在陈宏谋谅已离楚，著传谕李侍尧即行妥办，俾匪巢一清，而险僻之区永得安堵无虞。并将该族等分作数起，遴选干员押解前往，无致中途疏纵滋事。"

（卷690　735页）

乾隆二十八年（1763年）七月戊辰

谕："据留保住奏称，青海地方西南界连川藏，沿边与内地合（河）州、沙州接壤。凡民人、唐古忒交涉命盗及玉舒番子、扎萨克等支领俸饷，承袭官职，并征收巴彦囊产等部落马匹、赋税，办理藏使行粮等项，非给与印信，恐致滋弊贻误。应请颁给西宁办事章京关防等语。前因西宁无事，不必专驻大臣，是以将副都统撤回，止留部院章京一员，带领笔帖式一员，在彼办理事务。今因大臣撤回，地方官员即有妄行给票舞弊情事，看来必须仍设大员，诸事方有裨益。七十五著赏给副都统职衔前往办事。该处现在乏人，七十五不必来热河请训，即于京师领带撤回原印，驰驿前往。所有该处一切事件，俱著照旧办理。"

（卷690　735页）

乾隆二十八年（1763年）七月庚辰

吏部议准甘肃巡抚常钧奏请："张掖县县丞移驻东乐，应建衙署。"从之。

（卷691　748页）

乾隆二十八年（1763年）七月辛巳

陕甘总督杨应琚奏："查乌鲁木齐应驻挈眷兵四千名，除现在移驻一千八百余名，尚须二千一百余名。业经移行陕甘提镇查询派拨。又准旌额理咨，所造兵房一千二百间，七月可竣，足敷居住。臣复行查询，据甘肃提标及凉、肃二镇所属挈眷兵及家口共六百五十余名，先后抵肃，于本月初十日起程，其续行查送者，俱照例办理。"报闻。

（卷691　750页）

乾隆二十八年（1763年）八月乙酉

军机大臣等奏："查哈密、巴里坤、伊犁、叶尔羌等处官兵养廉、盐菜等项，曾经核算，每年共须银四十三四万两。今伊犁、乌鲁木齐二处增设官兵，约须增银一二万两，合之各城旧额，每年不过四十五六万两。若于甘肃等处裁撤兵丁马干等项节省之六十六万余两内支用，每年尚可节省十八九万余两。即将来索伦、察哈尔各兵一千，庄浪、凉州兵三千携眷移驻后，廉俸、盐菜虽又加增，计尚有京口、杭州所裁汉军兵丁分例，可给索伦、察哈尔等兵。凉州、庄浪官兵仍得原旧分例，无庸议增。"报闻。

（卷692　755页）

乾隆二十八年（1763年）八月庚寅

兵部议准甘肃巡抚常钧奏称："查奉差人员，在内由兵部，在外由督抚，核给勘合差牌。其应给夫马廪给，例有确数，应请嗣后责令给发勘合衙门，一面核给勘合，一面即将应付确数，饬知首站，照牌移咨下站，按照备办，书写印花，俟差员到站，并无额外需索，即将印花交差员自贴，不必抄写勘牌，仍将应付无误之处，转移前途，并随时呈报本省督抚存案。如差员需索，该州县即不给印花，一面将应付过夫马若干，无缺少迟误及差员如何需索，据实声报督抚察核。其有遗漏印花不贴，惟差员是问。若州县有应付迟误，准差员指名开报督抚查察。"从之。

伊犁将军明瑞等奏："前奏塔尔巴哈台驻兵，先行驱逐越境之哈萨克，因就便勘定驻扎地方及设卡处所，暂停办理。惟于来年秋季领兵巡查，榜示晓谕。本年三月，因有移驻凉州、庄浪兵一事，改议俟驻防事竣，给于后年迁移驻扎。伏思塔尔巴哈台驻兵，虽暂缓其期，仍须先为办理，来年建造城房工程及安插挈眷兵，恐无闲暇。此时正值秋高马肥，臣明瑞、臣爱隆阿于七月十七日，带满洲、蒙古兵五百名，令领队大臣鄂津等随往学习。将从前阿桂所定塔尔巴哈台驻兵设卡之处详加勘验。即有越境之哈萨克等亦可量为驱逐。其沙喇伯勒、特穆尔图诺尔等处，来春令伊勒图前往巡查。现在酌将印务交伊勒图护理。"报闻。

（卷692　757页）

乾隆二十八年（1763年）八月壬子

以福建按察使淑宝为甘肃布政使。福建粮驿道朱圭为福建按察使。

（卷693　770页）

乾隆二十八年（1763年）九月乙卯

以甘肃布政使淑宝、广西布政使王检对调。

（卷694　775页）

乾隆二十八年（1763年）九月壬戌

陕甘总督杨应琚奏："陕甘各标营挈眷驻扎乌鲁木齐兵俱应随带马匹，恐长途多费。请于乌鲁木齐贸易马内拨给，其存营马又可住支草料，择厂牧放，拨补缺额。嗣后再有移驻兵，俱照例办理。至本年派往挈眷兵五百余名，合计家口一千余名，俱于八月十六日以前全数起程。"报闻。

（卷694　778页）

乾隆二十八年（1763年）九月癸酉

吏部议准原任甘肃布政使吴绍诗奏称："临洮道管理通省驿传事务，请改为甘肃驿传道，兼巡兰州府字样。洮岷道管辖巩昌府，暨直隶秦、阶二州，请改为分巡巩秦阶道字样，铸给关防。"从之。

（卷695　786页）

乾隆二十八年（1763年）十月庚子

吏部议准甘肃巡抚常钧奏称："瓦亭巡检无紧要事，而盐茶诸务较为烦琐，请裁瓦亭巡检，改设盐茶厅，照磨其厅监囚禁等事，责令专管，养廉于盐茶耗羡项下支领。该照磨听盐茶厅管辖，缺归部选。换铸平凉府盐茶厅照磨兼管司狱司印。"从之。

（卷697　807页）

乾隆二十八年（1763年）十月癸卯

钦差刑科给事中副都统衔七十五奏："啯匪侵扰青海蒙古等，来路甚多，其出没要区，共计五处。请派兵一千名分守五卡，游牧探贼动静，合力追剿，奋勉者报部议叙，怠惰者严加惩治。扎萨克有不遵行者，指名题参治罪。再查王索诺木丹津衮楚克达什、贝勒丹巴策凌、贝子那木扎功策凌、沙克都尔扎布皆熟识啯匪情形，尚能办事，请即令伊等总管五卡兵。臣面饬王索诺木丹津等，率属勒习武艺，明年在会盟处亲阅勇惰，以定赏罚。"从之。

（卷697　808页）

乾隆二十八年（1763年）十月甲辰

钦差刑科给事中副都统衔七十五奏："据青海扎萨克郡王索诺木丹津呈请由四川出派大臣一员，聚集郭罗克百户等带领该扎萨克等约地会盟。嗣后青海蒙古及郭罗克番子等倘有盗窃案件，将为首一二人从重惩治。法律既定，庶盗风可以渐绝。恳请代奏等语。查郭罗克番子习于攘夺，往往阻截西藏大路，抢掠唐古忒。蒙古被劫之人因距西宁、西藏、四川较远，走告无路。前任大臣等虽曾咨拿，因不知贼匪姓名，从未捕获。但该番虽习于为盗，然久服王化，若再开导训饬，俾共知宪章，或可改恶习。请咨商总督阿尔泰，可否照索诺木丹津所请，聚集郭罗克百户会盟之处，俟阿尔泰查明，移咨到日，请旨办理。"报闻。

（卷697　809页）

乾隆二十八年（1763年）十月己酉

以故甘肃河州撒喇族土司韩玉麟子光祖袭职。

（卷697　811页）

乾隆二十八年（1763年）十月是月

甘肃巡抚常钧奏："甘省仓粮向贮米、麦、谷、豆四色，遇借给籽种、口粮等项，各照原借色样征还。但甘省种植又有糜子一种，民间种食者多，价与粟谷相等。而有糜无谷者，情愿以糜抵谷。地方官因违例不准抵交，民多未便。请令通融交纳，除米、麦、豆仍各收原借本色外，其原借粟谷一种，听民以糜抵交。至下年借出糜子，有欲以粟谷还仓者亦听。"从之。

（卷697　812页）

乾隆二十八年（1763年）十一月辛酉

谕曰："崔应阶奏，张师载现已病故，河东河道总督员缺，著叶存仁补授。阿思哈著调补河南巡抚。明山著调补广东巡抚。明德著调补陕西巡抚。辅德著调补江西巡抚。常钧著调补湖北巡抚，其甘肃巡抚印务著总督杨应琚暂行兼署。"

陕甘总督杨应琚奏："臣由巴里坤阅看营伍，沿途亲勘各营站，俱属妥协，惟自沙州至库克沙什地有沙碛，恐马力不继，于适中之黄墩堡设立腰站。今查该处地方俱系洼下，与其在黄墩堡设立腰站，莫若将库克沙什一台移设土窑子地方，道路平坦，里数亦属相仿，其黄墩堡腰站即可裁汰。再自沽水至哈什布拉克约一百数十里，俱系戈壁，原于适中之红柳峡设立腰站，因井水味咸，难供汲饮，故未安设正站。今于红柳峡四十里内访有四道湖甜水，用骡拉运一日可以往还，应将红柳峡改为正站。"报闻。

（卷698　817页）

乾隆二十八年（1763年）十一月己巳

伊犁将军明瑞等奏："据阿奇木公茂萨回至伊犁，呈称应派各城种地回人一千五百户，派出阿克苏二百七十户，乌什二百户，喀什噶尔三百户，叶尔羌、和阗四百户，赛哩木拜一百三十户，库车、沙雅尔一百五十户，哈喇沙尔、多伦五十户，同员外郎拖穆齐图按城分验，俱年壮可效力之人，其家口册籍并查核收明，内匠役二十六户先行，带来制造器具，应照例给口粮。再臣等准凉州将军巴禄咨称，凉州、庄浪兵三千二百名挈眷移驻伊犁，分作三年送往。此项官兵皆坐车辆，路途险易，务须预为酌定等因。臣查晶河至托和木图台站尚可车行，惟呼苏图布拉克台站中间有一里不可行车。又自塔尔巴哈台、伯勒齐尔台站至闾勒奇阿璊，亦不可行车。臣等劝谕商贾渐次修平，应再派官兵于中路崎岖处，加意平治，兵到时无卸车驮负之累。仍行知辟展、乌鲁木齐等处大臣。"报闻。

又奏办理凉州、庄浪满洲兵移驻伊犁事宜："臣杨应琚即赴凉州会同巴禄，将兵行装各项逐一查明，派员赴出产之地置备，其余银照例至伊犁补给。但新疆移驻满洲与索伦、察哈尔兵人众，物价未免昂贵。与其厚利归商，莫若令旗人分获利息。请将前项银交臣巴禄派委妥干旗员。臣杨应琚饬令地方官将日用必需物件从内地采买载运，牲只、车辆交三起移驻官兵陆续运至伊犁。臣明瑞预备开设店铺，按月查访市价，酌平增减，每年所得余利一体均散各兵，以为买补马匹、修理器具之用。"报闻。

（卷699　822页）

乾隆二十八年（1763年）十一月丁丑

又谕："据明瑞奏，内地存贮茶封，现在运送口外散给官兵，令于应领盐菜银两内坐扣。但伊犁驻扎满洲、索伦、察哈尔既多携带家口，此外复有厄鲁特回子等聚处甚多，皆需茶叶。应用若准其一概承买，庶于生计有益，而甘省旧贮茶封亦可陆续销售。可否于现送二万包之外再行增送数千包等语。前因甘省存积茶封难以销售，是以酌令运往伊犁，给发官兵。今既需用甚多，自应宽裕运送，以资食用。俾彼地人众，并得承买。著传谕杨应琚，即行酌量办理，并将茶封成本每包计值若干，自甘省运至伊犁，每包需费脚价若干，其给发官兵复于盐菜银两内坐扣者，是否足敷折扣。俱行详悉查明，具折奏闻。"寻奏："臣调剂茶务已于未奉旨之先添运五千封，连前共二万五千封，嗣后每年照此数拨运。如此外尚可多销，临时酌定。其茶例以五斤为一封，每封价银三钱，由肃运至巴里坤，由巴里坤运至伊犁，每封脚价茶本共需一两二钱零。其由哈密拨运之二万五千封，每封需银一两一钱四分零。如将来由内地运往，自肃州出关，走沙州新路较近，需银一两一钱一分。再各省兵应领盐菜银两均敷抵扣。"报闻。

（卷699　825页）

乾隆二十八年（1763年）十一月己卯

谕军机大臣等："大学士梁诗正员缺，朕念汉军大臣中宣力年久者，莫如杨应琚及杨廷璋二人。其先擢总督及办事明练杨应琚实为最优，是以出缺时朕即欲加恩补放，以奖贤劳第。念杨廷璋现在已逾七旬，其年较长，而杨应琚则犹为可待，是以先将杨廷璋简用，著将此传谕杨应琚，俾知朕意，遇事益加奋勉，用副倚任。"

（卷699　827页）

乾隆二十八年（1763年）十一月是月

陕甘总督杨应琚奏："河州镇属旧洮营，距镇甚远，番族环列，向设都司驻扎弹压。准用辕门鼓吹，出入鸣炮。乾隆二十三年，山西抚臣塔永宁奏准游击以下不许僭用鼓吹，该都司一体停止。而该处番人渐生藐玩。临番重地，体制宜崇。凡驻扎番境之营，准其照旧鼓吹鸣炮。"从之。

（卷699　828页）

乾隆二十八年（1763年）十二月丁亥

蠲赈甘肃皋兰、抚彝、张掖、山丹、庄浪、武威、永昌、镇番、古浪、中卫、西宁、碾伯等十二厅县旱灾饥民。

（卷700　831页）

乾隆二十八年（1763年）十二月壬辰

吏部议奏调任甘肃巡抚常钧咨称："直隶阶州西固地方距州甚远，文武生员多不安分。应将训导移驻西固大佛寺后院空房，以资约束惩劝。应如所咨。"从之。

（卷700　833页）

乾隆二十八年（1763年）十二月甲午

豁除甘肃安定县坍没房租额征银六十两五钱有奇。

（卷700　833页）

乾隆二十八年（1763年）十二月乙未

谕军机大臣等："阿思哈奏甘、凉一带山木出口之处，请派员稽察一折。

盖为多留木植荫，雪灌田起见，所言殊切事理。著将原折抄录于该督杨应琚，奏事之便寄与阅看，令其留心查办，以利农田。"

（卷700　833页）

兵部议准调任甘肃巡抚常钧奏称："甘省前因军务殷繁，将驿站改移同知、通判管理，请仍归县管。红城、苦水二驿系平番县地方，靖边、大河二驿系武威县地方，应归各该县管，钱粮由县支销，责令该府核办。"从之。

（卷700　834页）

乾隆二十八年（1763年）十二月丙申

军机大臣等议奏："据巴禄奏称，庄浪派往伊犁兵，按三丁给车一辆，一户物件给车一辆，由地方官及旗人等备办。但伊犁路远，一过哈密即无地方官员，须令总督由陕西派员押送。复按佐领派员分管，又马恐前后不接，致有贻误处。须预定条例等语。应如所请。查乌鲁木齐现有马，应令巴禄等于兵过时，将行远疲乏者，量予补换。"从之。

（卷700　834页）

乾隆二十八年（1763年）十二月壬子

御保和殿，筵宴朝正外藩。左翼：科尔沁和硕亲王固伦额驸色布腾巴勒珠尔、多罗郡王和硕额驸齐默特多尔济、多罗毕里克图郡王喇特纳扎木素、固山贝子多罗额驸班珠尔、辅国公和硕额驸喇锡纳木扎勒、辅国公喇锡色旺、辅国公哈达、和硕额驸敏珠尔多尔济、一等台吉喇特纳、二等台吉班珠尔、三等台吉济克济扎布、乌珠穆沁、和硕车臣亲王朋素克喇布坦、喀喇沁多罗都棱郡王喇特纳锡第、固山贝子多罗额驸瑚图灵阿、固山贝子多罗额驸扎拉丰阿、镇国公丹赞达尔扎敖汉、多罗郡王喇锡喇布坦、辅国公固山额驸罗布藏锡喇布、固山额驸旺扎勒扎噜特、多罗达尔汉贝勒阿第沙、镇国公纳逊额尔克图、喀尔喀多罗达尔汉、贝勒拉旺多尔济、阿噜科尔沁、多罗贝勒达克丹、翁牛特固山贝子巴尔丹巴林、辅国公和硕额驸德勒克多、罗额驸丹津、土默特和硕额驸纳逊特古斯、郭尔罗斯固山额驸素玛第奈曼、固山额驸敦多布。右翼：喀尔喀和硕亲王齐巴克雅喇木丕勒、多罗贝勒衮布多尔济、固山贝子敦多布多尔济、固山贝子车布腾多尔济、贝子品级扎萨克台吉齐旺多尔济、辅国公佛保、辅国公策灵多约特、扎萨克一等台吉噶尔玛扎布、扎萨克一等台吉策当敦多布、扎萨克一等台吉车登、阿巴噶多罗、卓哩克图郡王车凌旺布、青海多罗郡王色布腾多尔济、固山贝子纳木扎勒策灵、扎萨克一等台吉纳木锡哩策旺、绰罗斯多罗郡王罗布扎、回子郡王品级贝勒霍集斯、辅国公和什克、辅国公额色尹、辅国公图尔都扎萨克、一等台吉玛穆特、苏尼特辅国公罗垒、归化城土默特辅国公喇嘛扎布、和硕特辅国公色布腾、扎萨克一等台吉特默齐及大学士、领侍卫、内大臣等宴。召科尔沁和硕亲王、固伦额驸色布腾巴勒珠尔、多罗郡王和硕额驸齐默特多尔济、多罗毕里克图郡王喇特纳扎木素、乌珠穆沁、和硕车臣亲王朋素克喇布坦、喀喇沁多罗都棱郡王喇特纳锡第、固山贝子多罗额驸瑚图灵阿、固山贝子多罗额驸扎拉丰阿、敖汉多罗郡王喇锡喇布坦、辅国公固山额驸罗布藏锡喇布、巴林辅国公和硕额驸德勒克、喀尔喀和硕亲王齐巴克雅喇木丕勒、阿巴噶多罗卓哩克图郡王车凌旺布、青海多罗郡王色布腾多尔济、回子郡王品级贝勒霍集斯、辅国公和什克、辅国公图尔都等至御座前，赐酒成礼。

（卷701　843页）

乾隆二十九年（1764年）正月甲寅

又谕："甘省皋兰等属，上年夏秋俱有偏灾较重之处，虽经该督抚等照例抚赈，灾黎自可不致失所。第念该省土瘠民贫，生计维艰。时届春和，若使饔飧不继，何以课其尽力田畴。著再加恩，将夏秋两次被灾之永昌、西宁、碾伯三县，无论极次贫民，俱各展赈两个月。其夏禾被旱之皋兰县并所属之红水，张掖县并所属之东乐，以及抚彝厅、山丹、庄浪厅、武威、镇番、古浪、平番、中卫，秋禾被灾之狄道、河州、靖远、平凉、华亭、固原、隆德、盐茶厅、摆羊戎厅等十九厅、州、县，无论极次贫民，俱各展赈一个月，以资接济。该督抚等董率属员，妥协经理，务俾灾黎均沾实惠，副朕爱养黎元至意。该部遵谕速行。"

又谕："据嵩椿奏，由西安移驻凉州、庄浪满兵，于本年正月十八日起，作二起分日起程等语。昨据军机大臣议复，凉州、庄浪移驻伊犁第一起兵于本年春季前往。彼处遗有空屋，俟热河携眷兵到时，暂行歇住。所有由西安遣往凉州、庄浪兵，亦暂停拨派。嵩椿想未接到此文，故已定期遣往。著即传谕嵩椿，此时如业经全行起程则已，否则暂行停止。仍照军机大臣原议办理。"

（卷702　845页）

乾隆二十九年（1764年）正月辛未

谕军机大臣等："明瑞等奏，请将移驻伊犁凉州、庄浪兵丁办给盐菜、银两外，应给之粮，仍照内地一半给与本色，一半折价。又兵丁、马匹夏秋全行牧放，冬春牧放四分。官员马匹四季牧放四分，其余概令拴养。所需米、面、豌豆照巴里坤、乌鲁木齐之价，酌中折给。仍于每石添给零数，以符内地仓石。经军机大臣等议准。但明瑞此奏，于朕移驻兵丁本意全未知悉。满洲八旗从来敦尚本业，以技勇为务，原无奢侈靡费之事。近来各处驻防渐染汉人习气，是以令其远移，俾习于劳苦，庶还淳朴之旧。既已迁移，则应给之项，亦应照所驻地方酌办，乃拘于内地成例，纤悉计算。而粮价不敷，又欲增添折给，实觉过优。朕意伊犁地甚肥饶，如田亩有余，仍酌量分给满洲兵丁，令其学习耕种，更为有益。著俟兵丁到齐后，议定具奏。现在所议粮价，著照乌鲁木齐价折给。伊等果得地耕种，一二年后所给银米，俱应停其给放。余俱如所议行。"

（卷703　853页）

乾隆二十九年（1764年）正月壬申

谕："携带家眷移驻伊犁之热河满洲兵一千名，著由内地行走，护送陆续至凉州、庄浪。直隶著布政使观音保、河南著布政使佛德、陕西著道员图桑阿、甘肃著按察使海明于各境内加意护送。"

谕军机大臣等："据额勒登额奏，现在遵旨于热河等处挑选满洲、蒙古兵一千名移驻伊犁。查此项兵丁除另记档案外，共有一千三百名。若于此内挑出一千名，所余俱非出色之兵，再从京师派来补缺兵丁，于随围事宜亦未熟练。每年巡幸之时，外藩部落，咸来瞻仰，殊有关系，似未可以此项兵丁预备差使。查另记档案兵丁六百零四名，在旗年久，诸事熟习，请于此内一体拣选派往。经军机大臣议，此项另记档案兵丁系已经出旗之人，毋庸拣选。但派往伊犁，俾伊等世世受恩，自当踊跃从事。请降旨额勒登额详议酌办。其管领之协领、佐领、骁骑校等官悉照凉州、庄浪移驻兵丁之例派往。此项兵丁四月间始能起程，计到乌鲁木齐时天气已寒。查凉州、庄浪头起兵丁于春季起程，遗有房屋可以居住。请令热河兵丁到彼暂行歇息，俟明年起程。仍行知嵩椿，将由西安往驻凉州、庄浪兵丁暂行停止等语。此项另记档案兵丁，久应出旗为民。朕怜其生计艰难，加恩仍令食粮，俟出缺后裁汰。今如所议，于伊等生计，颇有裨益，但其中不愿派往者未必无人。著舒赫德、新柱前往热河，详细询问。愿往者即行派出，其或不愿远行，即令出旗为民，不必勉强。"

（卷703　853页）

乾隆二十九年（1764年）正月丙子

谕军机大臣等："杨应琚奏凉、庄官兵起程，办理车价银两一折。既请将节省银两弥补从前长支核减之项，俟至伊犁后，于兵饷内扣还。又请赏给完公，免其坐扣，而于前减应扣之项实在若干，与节省之数是否相抵。究竟应抵应免之处，俱未明晰。著传谕杨应琚，令其详查确议。复奏到日，候朕再降谕旨。"

（卷703　857页）

乾隆二十九年（1764年）正月己卯

谕军机大臣等："今日召见常钧，询及陕甘二省地方情形。据奏，督臣远驻肃州，距西安辽远，凡遇考验弁兵诸务，往返动逾两月。其所属有司，且有经年不能识面者。揆之控制事宜，均多未便，其言甚切事理。朕意陕甘总督驻扎肃州，原因前此办理军需，不得不就近调遣。今大功久已告成，而巴里坤、乌鲁木齐等处屯田章程亦经大定，现在更无紧要事件必须在肃督办。若准其道里适均之地，将总督移驻兰州抚署，则东至省城，西至甘肃程途约略相等，一切官方吏治皆可居中统摄，无庸更设巡抚。规制实为允协。其安西缘边屯政，即有应行勘验者，每隔一二年出巡一次，自不患鞭长莫及。至督标所辖五营向驻西安，自当划一改正。或将固原提督回驻西安，即将督标旧辖改归提标。所遗提标，将凉州总兵移驻固原管辖，其凉州镇标则拨督标中军副将一员统率，并兰州抚标一体改为督标管辖。似此调剂则一举而数善皆备。再西安省城近居腹地，况有满洲官兵驻防，其督标议改提标，弁兵或可酌量裁减，以归实用。并著传谕杨应琚，令其通盘筹划，详议复奏，候朕降旨。其中如有一二隔碍难行之处，亦即据实奏闻，不必勉强。"

（卷703　858页）

乾隆二十九年（1764年）正月是月

陕甘总督杨应琚奏："凉、庄第一起移驻伊犁官兵，现在定期起程。其盐菜等银若沿途接续支领，事属繁琐。当饬凉州府将眷口盘费核总支给，盐菜银预支三个月，均于府库动用。俟至伊犁后，有余不及，核明另办。其官兵跟役口粮移行凉、甘、肃、安暨哈密、辟展、乌鲁木齐等处经过地方，按站支领。至官兵眷口行走前后参差，需员协同护送。已委文武员弁，照料直送伊犁。仍饬凉州以西，甘、肃以东各营，每站派官二员，带兵十名接替护送。其哈密以西亦移咨各处办事大臣照料。复恐长途车辆伤损，骡头疲乏，一并宽余备用。"得旨："好。"

又会同护理陕西巡抚方世俊奏："今于西安满兵内移驻凉、庄二千，自本年为始，分为三起，每年移驻一起，统计移驻马步兵二千。每年余例支本色粮一万三千九百余石。请于存营八旗暨绿旗九营兵内均匀摊给，仍按摊给本色之数，扣除应领折色之银。"得旨："如所议行。"

（卷703　860页）

乾隆二十九年（1764年）二月癸未

又议复陕甘总督杨应琚奏称："陕甘各标营内移驻乌鲁木齐兵四千名，内有原营兵少之处，统计应添补兵二千五百八名等语。查陕甘自展拓新疆以来，伊犁已驻将军，乌鲁木齐、巴里坤久成腹地。陕甘各标营兵不过差操巡防，足敷应用，无庸遽筹添补。至实有不敷各处，即于督标各营内酌量拨补。"从之。

（卷704　862页）

乾隆二十九年（1764年）二月壬寅

谕军机大臣等："杨应琚复奏凉、庄移驻伊犁兵未扣应完银两，请以节省车价弥补，俟到伊犁分年扣还一折。所办殊于事理未协。此项车价原属官事官办，自当核实动用，所用既已实销，所余即应实贮，安得名为节省。譬如办理工程，估报之初数必浮多，及奏销自以核实为准，岂得因较从前约略虚数稍赢，遽谓此非官项乎。朕于兵丁欠项，如果应行宽免，未尝不加恩优恤，即如热河移驻兵丁，所有未完之项现俱豁免，岂独于该处兵丁稍为爱惜。但伊等身为满洲兵丁，乃于军需马驼，不知加意喂养，致倒毙之数较绿营兵丁更甚。若一概免赔，众复谁知惩儆。况该兵丁等将来既驻伊犁，所食钱粮等项特为宽裕，无难从容归补。但念甫经迁移，力量犹或不足，不妨稍为展期，以示体恤。著传谕杨应琚现在整装之始，只应不动声色，照常办理。将此交与伊犁将军酌量伊等移驻二三年后，其力可以坐扣时，令其奏明请旨，分年扣补。并已有旨谕明瑞矣。"

（卷705　872页）

乾隆二十九年（1764年）二月己酉

陕甘总督杨应琚奏："臣于上年十二月内奏复伊犁茶封如数运往，其茶价于该处官兵盐菜银两内扣抵一折。于本年正月十六日奉到朱批。此系有益官兵之举，但官项虽多节省，而陈茶变价，较此为如何，所奏尚未明晰也。查向来甘商交纳官茶，如遇库贮过多，即征折色，每封折价银三钱。若库贮无几仍征本色。自乾隆七年议征本色，至二十四年积至一百五十余万封，陈陈相因，易致霉浥。续经奏准，调剂茶务，或搭放兵饷，或招商售变。亦以三钱为率。现在新疆需茶甚多，将官茶运往搭支，亦照内地每封扣银三钱，并将脚价摊入茶本，于官兵盐菜银内扣还。较买自商人实多减省。是官茶运至新疆各处，除应扣脚价外，其应扣茶本亦系每封作价三钱。与内地搭放售变均属一例。但内地系零星销售，而新疆各处系成总发运，且使远驻官兵同沾利益，免受居奇，较内地陈茶变价，大有裨益。"报闻。

（卷705　878页）

乾隆二十九年（1764年）二月是月

陕甘总督杨应琚奏："甘省连城、红山、古城、渠马庄四土司所属地方，上年夏秋旱霜成灾，土民向不输纳正赋，例无赈恤。今各该土司援乾隆二十四年持恩，请借籽种及三个月口粮，并声明二十四年借过籽粮折色银，缘二十八年复灾，尚未全完。请将新旧借项俱俟二十九年麦熟后，分作三年带征。查明实在缺乏户口，每粮一石折银一两。委员会同各该土司按户散给。"得旨："如所议行。"

又复奏："前任甘肃布政使吴绍诗，以上年甘、凉等处偏灾，奏请兴修张掖等八州、县、厅城垣，以工代赈。当饬司道查勘，内惟镇番县城议请缓修，其张掖、永昌、高台、碾伯、抚彝、隆德、泾州七处，共需银二十二万八千余两。且各该处被灾较重，均应动项兴修，俾灾民借资糊口。"得旨："如所议行。"又奏："镇番邻近边塞，今东、西、北三面，内外砂与城齐，几无城垣形迹。先当劝民刨运砂土，于近城处种柳成林，俟足御风砂之后，始可徐议修葺。至镇邑贫民自可赴永昌等县就近佣工。"得旨："此法甚善。宣化府城已得其利，宜亟力行之。"

（卷705　881页）

乾隆二十九年（1764年）三月乙卯

又谕："前因西陲办理军需，令陕甘总督驻扎肃州，以便调遣。迄今大功久竣，新疆屯政亦已酌定章程，而该督仍驻肃州，距西安会城较远，于腹地属员案牍，控驭转多隔碍。朕意若将总督移驻兰州巡抚原署，则东西道里适均，不难居中节制，而甘肃巡抚亦可裁汰。因于常钧陛见，面询情形。据奏，即应遵旨乘时移驻，始于体制允协。当经传谕杨应琚，令其熟筹妥议。今据复奏，与朕所见吻合，著将兰州巡抚衙门改为督署，令该督移驻，并兼管巡抚事，无庸更设巡抚。所有原设抚标即改为督标。其旧设西安督标改为提标，即令固原提督回驻西安管辖。至所奏河州镇总兵改为固原总兵，并折内条议各标营弁兵一切裁汰拨给事宜，该部详悉定议具奏。"寻议："固原系平凉重镇，应将河州镇改驻其地，河州改设副将。以花马池协标移驻，其花马池改设参将，以镇番营移驻。又兰州应添设城守营，请以甘肃靖远下马关参将等官改驻。"得旨："允行。"

（卷706　885页）

乾隆二十九年（1764年）三月丁巳

缓甘肃红水、伏羌、会宁、碾伯、高台、河州、盐茶七厅、州、县乾隆二十八年份被旱灾地应征额赋。

（卷706　889页）

乾隆二十九年（1764年）三月辛酉

谕军机大臣等："前曾降旨，凉州留副都统一员，庄浪留城守尉一员，管束西安移驻兵丁。但伊犁移驻兵丁甚多，应派大员管理。兴常著授为凉州副都统，勒克现往伊犁，明年回时应带第二起兵丁再往伊犁，著照新疆大臣例，携带家眷一同驻扎。其将军既已裁汰，巴禄著即来京。"

（卷706　890页）

乾隆二十九年（1764年）四月乙酉

谕："甘肃省续据题云，翻种秋禾，复被偏灾之金县、沙泥州判、环县、灵州、花马池等处，虽经该抚照例赈恤，恐民力尚不无拮据，并著加恩，照皋兰等十九州县之例，加赈一个月。该督抚等其各饬属实心经理，务俾小民均沾实惠。该部遵谕速行。"

（卷708　908页）

乾隆二十九年（1764年）四月甲午

谕："前以甘肃皋兰等属上年偶被偏灾，业经降旨展赈，复念该处贫黎或尚有应行加恩之处，并谕令该督杨应琚查明奏闻。近又降旨，令将续报成灾之金县等处一例加赈矣。今据杨应琚奏到，该省冬春雨雪沾足，俱已借给籽种、口粮，翻犁播种。惟凉州府属之武威县，上年被灾较重，山丹县稍次等语。该二县前此虽在展赈之内，足资接济，但念其地较寒瘠，麦收尚远，民间口食未能充裕。著加恩将武威县再行展赈两个月，山丹县再行展赈一个月。该督董饬所属，实心经理，务俾小民均沾实惠。该部遵谕速行。"

（卷708　913页）

乾隆二十九年（1764年）六月甲申

谕军机大臣等："据杨应琚奏，预筹新疆等处乙酉年应需各项绸缎，请敕三处织造，照样织办解送等语。前经降旨，新疆各处应办绸缎下年需用者，但于上年奏闻交办。著将杨应琚奏单抄寄三处织造，令照各项数目色样预备制造，解送甘肃应用，毋得粗糙塞责，并延误干咎。"

（卷712　946页）

乾隆二十九年（1764年）六月辛卯

陕甘总督杨应琚奏："甘省军需告竣，各属库贮一切正杂钱粮，应尽数提解司库，第恐年例必需之项，无可支应。应将冲繁州、县、厅拨贮经费银四百两，简僻州、县、厅拨贮银三百两。至若道府库中拨贮除平凉、甘州、凉州、西宁、宁夏并肃州现有存贮及备公等银，无庸拨贮外，其兰州、安西、巩昌三府应各拨银二千两，庆阳、秦、阶等府州应各拨银一千两。如所属州县额贮经费不敷，准于该府州库内支领，俟报销后，赴司按数领回归款。"得旨："如所议行。"

又奏："巴里坤提督、乌鲁木齐总兵既互相调驻。其乌鲁木齐原设镇标中、左、右并城守等四营自应改为提标。巴里坤原设标中、左、右三营自应改为镇标。止令提臣于移驻之时，带中军参将前赴乌鲁木齐。并令镇臣带中军游击前赴巴里坤。其余员弁兵额俱无庸移易。至提督原辖之哈密、沙州、安西、靖逆、塔勒纳沁、瓜州、黄墩、卜隆吉、塔尔湾、桥湾、赤金、踏实、双塔、惠回等一十四营堡，俱在巴里坤以东，遇有考验弁兵，拨发粮饷，稽查营伍等事，若仍照前送提臣核办，相距遥远，难以兼顾。请就近改归巴里坤镇臣管辖，仍听乌鲁木齐提臣统辖节制。"得旨："如所议行。"

（卷712　950页）

乾隆二十九年（1764年）六月丙午

以甘肃布政使王检为湖北巡抚。安西道恒光为甘肃布政使。

（卷713　959页）

乾隆二十九年（1764年）六月是月

杨应琚又奏："甘省雨泽未遍，预筹调剂事宜：一、甘省连岁歉收，各府存贮无多，倘兰州、巩昌、甘州、平凉、凉州等府属竟至小暑后无雨，则旱象已成。抚恤口粮须预为筹酌。查陕省西、同、邠、乾等属与甘省北路相接，凤翔、汉兴一带与甘省南路相近，请即于此数府州酌拨仓粮十六万石，就近运递，以备河东赈恤之需。一、甘肃河西一带，近宁夏、西宁等府属，拨运各该属仓粮，尚不敷用。请于宁夏等就近未经被旱处所于二麦登场后采买，以备河西拨运。一、兰州、巩昌、平凉等府属城垣应请兴修，以工代赈。一、甘省粮价未平，恐益增昂，应饬地方官照米贵之年，大减价值，乘时平粜。其距城遥远之处，计应粜数目，运赴该乡，就近粜卖。一、现在缺雨处所，已现饬地方官购备小糜、小谷、小莜、燕麦及莜麦各种。一、俟得雨之后，立即查明借给，并按户借给一月口粮，劝令上紧赶种。"得旨："此皆未雨绸缪之计，然即使果致成灾，总宜镇静妥办，不可张皇失措。甘省皆良民，亦常遇灾歉，不可不矜恤，亦不可启以不静也。"

又奏："凉、庄满营官兵分三次携眷移驻伊犁。经臣将应行筹办各事条奏，本年第一次兵眷已全抵伊犁。原定章程尚有应行酌议更定事宜：一、兵经由黑水、丹河及昌马、疏勒并玛纳斯河，每当盛夏，水涨难行。请明岁第二次移驻官兵应比今年早行十余日，正月下旬即陆续起程，可以早渡。一、行李车辆。第一次装载行李车辆交旗办埋，眷口车辆地方官办理。嗣各旗承办不敷，请明岁第二次均交地方官承办。一、盘费等银。第一次将眷口应需盘费在凉州府库核总支给。官兵并跟役盐菜银在府库先支三个月，俟至伊犁后，核明另办。请明岁第二次官兵起程，应将眷口盘费及盐菜等银均在凉州、肃州、哈密、辟展、乌鲁木齐等处，沿途陆续支领。第三次均照此办理。"得旨："甚好，如所议行。"

（卷713　961页）

乾隆二十九年（1764年）七月辛亥

谕曰："杨应琚著补授大学士，仍留陕甘总督之任。从前杨廷璋补放大学士时，朕原拟明岁南巡回銮后，即令伊来京办事。因为期甚近，阁务毋庸简员协办。今杨应琚留任陕甘，封疆重寄，正资料理，一时不能来京供职。内阁办事需人，应添设协办汉大学士一员，著尚书陈宏谋协办。"

（卷714　963页）

乾隆二十九年（1764年）七月甲寅

陕甘总督杨应琚等奏："查巴里坤提督与乌鲁木齐总兵互相更调。经将军臣明瑞等议准，于本年十一月先令提督起程移驻。臣伏思提督原辖之哈密、沙州等十四营，俱在巴里坤之东，应就近改归巴里坤总兵管辖，仍属乌鲁木齐提督统辖节制。"从之。

（卷714　966页）

乾隆二十九年（1764年）七月辛酉

又谕："前据杨应琚奏，兰州、巩昌、甘州、平凉、凉州各府所属州县地方，五月以后得雨未能遍透。时将小暑，需雨甚殷等语。嗣后奏到，六月中旬以前，兰州等府尚有缺雨之处，距今又将一月，各该处曾否续得沾沛。

此数府属夏禾收成若何，并能否赶补晚秋各种，及现在农田情形是否成灾，深为廑念。著传谕杨应琚速即确查，据实复奏。"

（卷714　969页）

乾隆二十九年（1764年）七月庚午

谕军机大臣等："从前因安西水草肥美，立有孳生马群。自办理军需以来，群内骟马多拨征兵乘骑，其儿、骒马匹亦有兼备干粮之用者，现在军务告竣，业经数载。该处地方既于牧放为宜，前此拨用所余之马，曾否孳生蕃庶，足以补立马群。及此时该督作何筹划办理之处，可传谕杨应琚，令其查明具奏。"

（卷715　976页）

乾隆二十九年（1764年）七月壬申

谕："现在准夷、回部均已平定。凡从前边境俱属内地，不必多驻兵丁。各省汉军兵有出旗之例，已降旨将凉州、庄浪汉军兵出旗为民。调拨绿营，其右卫、绥远城二处汉军兵，亦著蕴著和其衷，照例办理。详议具奏。"

（卷715　977页）

乾隆二十九年（1764年）七月丙子

军机大臣等议复工部尚书署四川总督阿桂奏："请将西安移驻凉州满兵改驻成都。查成都为通藏大路，番夷环居，地居紧要，原驻兵二千名为数尚少。应如所奏，添驻兵一千五百名，以壮声势。至所称凉州无须驻防，请即以西安移驻凉州之满兵一千五百名改驻成都。凉州满兵房屋拨绿营兵居住等语。查凉州虽不为冲途，但彼处满兵既移驻伊犁，又以别处兵移驻于彼，实为近便。况绿营亦无给与官房之例，应无庸议。请仍由西安另拨满兵一千五百名安驻成都，其编设佐领及均齐兵丁，添建房屋各事宜另行定议。又称，移驻之后，成都共有兵三千余，仅副都统一员管辖恐有不周。查四川督臣，皆由旗员补放，应请将成都满兵即归督臣统辖。寻常案件，副都统承办。其军政保荐及整饬营伍，俱令请示督臣会办等语。亦应如所奏办理。再查西安满兵原共五千七百名，现移驻凉州、庄浪二千名，复移成都一千五百名，所余无多。应由京拨兵一千五百名遣往。其官员亦照数派拨，则京师又得一千五百兵缺。选人挑补于八旗生计有益。"从之。

吏部奏请："大学士杨应琚应定何殿阁及兼衔。"得旨："杨应琚著为东阁大学士兼兵部尚书。"

（卷715　979页）

乾隆二十九年（1764年）七月是月

河南巡抚阿思哈奏："各省遣发军流人犯俱照道里表内，注定安置地方佥发。查豫省各府州现在安置数十名至一二百名不等。惟卫辉、光州二属独无。军卫表内虽载湖北安陆、甘肃平凉、广西庆远军犯应配卫辉，而从未发到。三流表并未载及，至光州则二表俱不载。当系安陆等三府犯案本少，抑因道里不符应配之数。请嗣后各省解到军流人犯，由臣衙门核明，如应佥之处，犯数过多，而与卫、光相去不远者，即匀拨二属安置。庶不致集聚滋事。"报闻。

（卷715　982页）

乾隆二十九年（1764年）八月庚辰

刑部奏："查积匪猾贼最为民害，各省案犯人数亦多。乾隆二十三年定议发遣巴里坤，嗣因甘省岁歉，拨解匪易，奏准停遣。发往云、贵、两广烟瘴地方。四省究系内地，未便令奸宄聚集。查现在乌鲁木齐、伊犁等处派往种地及驻防兵倍于往昔，应请嗣后将臣部及各省积匪案犯，年力精壮者俱仍照改发巴里坤之例，与现代定例内，应发新疆各项人犯一体解交陕甘总督衙门，分发乌鲁木齐、伊犁等处，给种地兵丁为奴。若数年后，原发云、贵等省人犯渐少，新疆人犯渐多，再酌量改发。再查乾隆二十三年奏定，抢窃满贯及三犯窃赃数至五十两，拟绞三次，缓决以上者，均照强盗免死发遣例，改发巴里坤等处种地。嗣于停遣时亦改发云、贵、两广烟瘴在案。今此等人犯亦应仍照原议，改发乌鲁木齐、伊犁等处，给兵丁为奴。以上各项人犯，惟年在六十以上及废疾者，仍照例发往四省，毋庸改遣新疆。"从之。

（卷716　985页）

乾隆二十九年（1764年）八月辛巳

谕："甘省巩昌等府属前此雨水未足，时廑朕怀。今据杨应琚奏到，六月中连次得雨，夏禾仍属有收，秋禾亦可及时赶种。惟皋兰等州、县、厅属不及补种秋禾，应查勘办理等语。该处缘边土瘠，夏秋雨泽未遍，岁事歉收。朕心深为轸念。该督其速饬所属悉心查勘。按例实力抚绥，无使灾黎稍有失所。因念西陲办理军务时，岁岁加恩蠲除正赋。今大功告竣，已历数载，甘民未受恩惠。本年秋成既未能一律收获，民力未免拮据。著特加恩，将被旱较重之皋兰、金县、渭源、靖远、红水县丞、沙泥州判、陇西、通渭、会宁、盐茶厅、山丹、东乐县丞等十二州、县、厅，并被旱稍轻之河州、狄道、漳县、安定、平凉、固原、静宁、隆德、庄浪、张掖、武威、镇番、平番、古浪、永昌、西宁、碾伯、花马池州同等十八州、县、厅及灵州、中卫县属之被灾旱地，所有本年应征地丁钱粮概予蠲免。该督其董率有司，妥协办理，毋致胥吏人等中饱侵渔，副朕加惠元元之至意。该部遵谕速行。”

谕军机大臣等：“昨杨应琚奏，甘省皋兰等三十二州、县、厅地方均有被旱之处。已降旨查勘赈恤，并加恩蠲免额赋，厚示抚绥。因念该处现在收成歉薄，缘边瘠土之民生计未免拮据，年来新疆屯政屡丰，如乌鲁木齐等处粮贮甚为饶裕，且其地泉甘土沃，并无旱潦之虞，如令该省接壤居民，量其道里近便迁移新屯各处，则腹地资生既广，而边隅旷土愈开，实为一举两得。著传谕杨应琚，令其悉心体察，随民情所愿，设法开导，善为经理。仍一面熟筹详议，奏闻办理。”寻奏：“乾隆二十六年，经臣遵旨在甘州、肃州、安西等处招贫民四百余户，男妇大小一千五百余名口送往乌鲁木齐垦种立业。一切资送安插俱立有章程，奏明在案。彼时臣留心体察，沿边瘠土之民，尚有愿挈妻孥适彼沃土者，亦有佃人地亩，耕种输租，情愿迁往自垦立业者。今若照前办送之例，给与车辆、口食，则河西一带附近新疆之安西、肃州、甘、凉等处，大概招募一二千户，可以不劳而集。惟热河及凉、庄移驻官兵，明岁正月同时起程，需用车辆较多。拟今冬先办送五百户，可赶明春耕种之期，其余俟明岁再行办送。不特迁移户口，谋生有路，且可使河东无业贫民以次迁移佃种，诚为两便。”得旨：“嘉奖。”

军机大臣等议复：“伊犁驻防官员缺出，应引见者，奉旨以道路遥远，加恩准其驰驿。其何项官员应赴京引见及如何分班前来之处，令臣等议奏。臣等酌议，伊犁驻防凉、庄及热河、满洲蒙古官员，并锡伯官员缺出，均应照索伦、察哈尔、厄鲁特之例。骁骑校将应补之人，开单奏放。其佐领以上等官，多拣数员请旨，恭候钦点补放。若令其引见，则不论年限，于差遣之便赴京。未引见前，即令办理所指任内事务。再防御步军校亦与佐领一体办理。"从之。

（卷716　985页）

乾隆二十九年（1764年）八月乙酉

大学士管陕甘总督杨应琚疏报："乾隆二十八年份靖远县开垦荒地五十六亩有奇。"

（卷716　988页）

乾隆二十九年（1764年）八月丙戌

大学士管陕甘总督杨应琚奏："准将军明瑞咨送奏稿，设立伊犁理事同知。查该同知承办旗民事务，自应专设实缺。查凉州、庄浪官兵俱移驻伊犁，其西安移驻兵数无多，止须于凉州设理事通判一员。其凉州理事同知即请裁移伊犁。但现任同知长禄未通晓蒙古语言，应请在部拣选。至伊犁事务较繁，一切公费请照乌鲁木齐同知之例支给。"得旨："军机大臣议奏。"寻议："伊犁为新疆要地，兵民杂处，必须专设理事人员，以清案牍。今该督请将庄浪通判移驻凉州，凉州同知移驻伊犁，应准其裁移改设。由各部院衙门拣选通晓蒙古语言之主事等官补授，照边缺三年应升之例升用，其养廉公费既较内地加增，应令该督等会同将军明瑞办理。"从之。

（卷716　989页）

乾隆二十九年（1764年）八月丁未

吏部议准升任甘肃布政使王检奏称："各省大计举劾，例由藩司主稿，借臬司会详，督抚察核具题。督抚到任未及一年者，例得奏请展限，而藩司新任并无展限之例，殊非慎重考核之道。请嗣后藩司到任在三月以上者，仍照例迅速办理。如甫经到任，详明督抚，奏请展限三月。"从之。

（卷717　1000页）

乾隆二十九年（1764年）九月辛酉

兵部议复伊犁将军明瑞等奏称："凉州、庄浪、热河三处移驻伊犁兵四千余名，各有额设之协领、佐领。请照索伦、锡伯、察哈尔、厄鲁特之例，分别给与关防图记。应如所奏，令该将军逐一拟定字样，咨部铸给。"从之。

（卷718　1009页）

乾隆二十九年（1764年）十月己亥

谕军机大臣等："甘省皋兰等被旱州县，前经降旨蠲免正赋，并令该督等督同地方官实力抚绥。自当率属遵照，妥协办理，何以迟延至今未见折奏及此，殊为疏漏。朕念此等灾黎目下虽已优加存恤，而明春青黄不接之时自应加恩展赈。第该省筹办米粮维艰，率由陕省购运接济，难免拮据。若于此时现办赈务，即为酌量银、米兼发，预留余米以待将来加赈应用之资。擘画庶为允协，该督何未思及此也。除展赈月份，俟新春颁发恩旨外，著先传谕杨应琚，令明悉此意，并将现在督办情形及所用粮石作何前后通盘筹议之处，一并详悉速奏。"寻奏："七月后叠获甘霖，布种秋禾，尚称中稔。其夏禾被旱，与夏秋被雹水灾各属应需赈给粮石，经臣奏明，于陕省拨运十六万石，本省拨运二十余万石，再于各州县采买四十余万石，统计可得七十余万石。初赈全给折银，加赈银、米兼散，内夏禾被旱各属需加赈十八万余石，夏秋被雹水等属亦需加赈十余万石，约尚余粮四十余万石。堪备来春展赈，暨出借籽种。现在督办情形及前后通盘筹议，均与谕旨相符。"报闻。

（卷721　1038页）

乾隆二十九年（1764年）十月是月

陕甘总督杨应琚奏："前奉恩旨招募缘边瘠土民人迁移乌鲁木齐等处。臣于肃州并张掖县共招有五百一十八户，敦煌县招有一百九十户，俱于十月内料理起程。一面移咨乌鲁木齐大臣，料理安插。"报闻。

（卷721　1043页）

乾隆二十九年（1764年）十一月戊申

军机大臣等议复御史曹学闵奏称："从前纂修《大清一统志》，于乾隆八年告成，久已颁行海内。近年来平定准噶尔及回部，拓地二万余里。实为振古未有之丰功。前命廷臣纂修《西域图志》，并令钦天监臣前往测量各部经纬地度，增入舆图，惟一统志尚未议及增修。请饬儒臣查照体例，将西域新疆敬谨增入。再查一统志自成书以后，迄今又二十余年，各省、府、厅、州、县添设裁并多有不同，亦应查照新定之制逐一刊改等语。查一统志自直隶各省而外，外藩属国五十有七，朝贡之国三十有一，凡版图所隶无不载入。我皇上戡定西域，收准夷之疆索，辑回部之版章，特命将军大臣分部驻守，一切制度章程与内地省份无异。该御史所奏将西域新疆增入一统志，以昭圣朝一统无外之盛，自属可行。至臣等奉饬所纂之《西域图志》，分野、疆域、风俗、山川等类无不备具。请即将一统志所应载者按类择取，增入志末，以成全书。再一统志甘肃部内之安西、靖逆二厅，即今《西域图志》之安西府，朝贡诸国内之叶尔钦，即今《西域图志》之叶尔羌。他如哈密、吐鲁番二处，两书互见。将来增纂时应于各该处发明申说。其从前已经载入处，俱请无庸删裁，以致更换全书。但《西域图志》须俟现在所纂之同文志告竣后，再行增改。而方略一书，善后事宜各条，志内亦有应行采用者，统俟方略全编告成时再行办理。至各省、府、厅、州、县或奉旨更定，或经地方大吏陈奏，添设裁并，在所时有。而一统志于康熙年间开馆纂辑，乾隆八年始行告竣，至今甫及二十余载。若此时轻议重修，统行刊改，一二年后，地方情形不同，即有添并，又当随时刊改，未免过于烦琐。该御史所请刊改之处，应无庸议。"谕曰："御史曹学闵奏西域新疆请增入一统志，并志成后，各省添设裁并府、厅、州、县详悉续修刊改一折。军机大臣议复，俟方略及《西域图志》各书告成后，再行编辑。第念一统志自纂修竣事以来，迄今又二十余载，不独郡邑增汰，沿革随时，理宜一一汇订。且其中纪载体例，征引详略，亦多未协。其尤甚者，顺天人物门内竟将国朝诸王载入，于事理更属纰缪。诸王事迹自载八旗通志，原不得与隶籍京圻者同日而道。况八旗大臣等功纪太常者，则应见昭忠贤良诸祠，其在直省宣猷著绩者，又有各省名宦可入。今乃援亲藩以淆地籍，实为儗不于伦，义甚无谓。若其他考稽失实，与凡挂漏冗复者，谅均在所不免，亟应重加纂辑，以成全书。但前此修志之初，必待移取各省通志而后从事，以致旷日持久，艰于集事。此时特就已成之书，酌加厘核，即新疆幅员辽阔，而一切事实又有《西域图志》及同文志诸书为之蓝本。馆臣采撮排撰，实为事半功倍。可即令方略馆按照各条厘订纂辑。一俟纂出稿本，悉照《续文献通考》例，随缮随进，候朕裁定。所有一切应行规条，著军机大臣详议具奏。"寻奏："查顺天府所载诸王及八旗大臣等事迹，均载八旗通志，自无庸再行编入。其有功业显著者另于各省名宦内编纂。至添设裁并之府、厅、州、县所有山川、田赋、人物各门，悉照现在添并各处，逐一分载。至西域新疆，拓地二万余里，除新设安西一府及哈密、巴里坤、乌鲁木齐设有道、府、州、县、提督、总兵等官，应即附入甘肃省内。其伊犁、叶尔羌、和阗等处现有总管将军及办事大臣驻扎者，亦与内地无殊。应将西域新疆另纂在甘肃之后。至哈萨克、布噜特、巴达克山、爱乌罕等部，俱照外藩属国之例编辑。统俟《平定准噶尔方略》及《西域图志》同文志等书告成后，查照一统志凡例，详悉考订厘正，缮写进呈。"从之。

（卷722　1044页）

乾隆二十九年（1764年）十一月壬子

赈恤甘肃皋兰、金县、渭源、靖远、平凉、固原、盐茶、张掖、山丹、庄浪、武威、永昌、镇番、古浪、平番、中卫、西宁、红水县丞、沙泥州判、东乐县丞等二十厅、州、县旱灾贫民，缓征新旧额粮有差。

（卷722　1047页）

乾隆二十九年（1764年）十一月乙卯

青海办事大臣七十五奏："去年臣至西宁，防范番匪。会同青海扎萨克王等定议，将沙拉图尚那克等处派兵防堵。出派王索诺木丹津、衮楚克达什、贝勒丹巴策凌、贝子那木扎勒策凌、沙克都尔扎布、扎萨克台吉萨喇等管辖兵丁。本年三月，郭罗克番匪将阿哩克牲畜掠去，被守卡兵截住，杀死多人，生擒二十余名，解送西宁，奏请正法。数月以来并无贼匪滋扰。臣伏思防范郭罗克，原为保护青海游牧，乃众扎萨克之事。今出派索诺木丹津等六扎萨克，自今年二月起至明年二月止分为三班，轮流坐卡。若明年仍派伊等，不但差使不均，而伊等坐卡办事，一切不无需费。责海蒙古并无徭役，仰受天恩，习于安逸。应一并轮派学习。臣与各扎萨克会议，明年防范番匪，除索诺木丹津、衮楚克达什、丹巴策凌等呈请情愿再留一年外，仍应出派三扎萨克。臣于青海扎萨克内将谙悉郭罗克情性，可以管辖兵丁之扎萨克公索诺木巴勒济、那罕塔尔巴、扎萨克台吉贡青策凌等出派。已严饬伊等遵照原议，各按佐领多寡出派兵丁。于明年二月起，轮班遣往，加意防范。俟二三年后，四川督臣将郭罗克查办肃清，再将设卡兵撤回。"报闻。

（卷722　1049页）

乾隆二十九年（1764年）十一月丙辰

赈恤甘肃河州、渭源、安定、清水、静宁、平凉、灵台、抚彝、张掖、山丹、平番、巴燕戎格、西宁、碾伯、高台等十五厅、州、县，被风、雹、水灾贫民，缓征本年额粮及各年籽种、口粮有差。

（卷722　1050页）

乾隆二十九年（1764年）十一月丙寅

谕："前据嵩椿奏称，西安移驻凉、庄第二起兵丁，请于明春拨往等语。现在陕省协济甘肃米三十万石，俱由西安等处运送。车辆、牲只需用必多，若明春又将兵丁拨往凉、庄，预备车辆不无掊据。著传谕新柱、明德等，应拨兵丁或于明岁秋收后，或俟后年春令再行拨往。"

（卷723　1055页）

乾隆二十九年（1764年）十二月丙戌

兵部议准陕甘总督杨应琚奏称："河州改设副将，应将原辖之积石等二十四关及口外起台等营，归西宁镇就近巡查。其河州镇移驻固原，所辖内地洮、岷等营应令固原镇巡查。西宁镇属之亦杂石营及千户庄等处，改归南川营兼辖。均应如所请。"从之。

（卷724　1070页）

乾隆二十九年（1764年）十二月庚寅

谕军机大臣等："甘省被灾各州县处，地土瘠薄，灾后民食未免掊据。业经降旨加意抚恤，并蠲免额赋。因念新春尚须特降谕旨，加恩展赈。曾传谕该督将现在如何赈恤情形，查明具奏。今据奏称，灾重地方十四处，稍重地方十五处，灾轻者七处。其狄道、镇原等十州县，据称尚未勘复。该十州县秋禾既偏被雹水，是否勘明成灾，暨被灾轻重情形如何，及灾重灾轻各州县现在作何分别抚恤加赈之处，折内俱未经声叙。再河州、狄道、碾伯三州县，既称俱已改种秋禾，续经勘不成灾，而又将河州、碾伯列入夏秋偏被雹、水灾轻之七州县内，狄道一州列入尚未勘复之十州县内，所奏亦未甚明晰。著传谕该督杨应琚，将以上各情节及明春应行展赈，并酌量予赈各州县，速即查明具折奏闻，俟朕临时降旨。"寻奏："明春应将灾重之皋兰、金县等十四处展赈两月，稍重之固原、张掖等十五处展赈一月，至狄道等八州县，勘不成灾。惟泾州、华亭二处系一隅偏灾，按例抚恤，无庸加赈。又河州、狄道、碾伯等三州县，前奏列入灾轻及未勘复之内，另指夏秋间别有被灾田亩，非即改种秋禾勘不成灾之地。"得旨："届时有旨。"

（卷724　1074页）

乾隆二十九年（1764年）十二月戊戌

予故甘肃伏羌县翰林院侍读学士巩建丰，江苏常熟县太仆寺少卿严虞惇各祀乡贤祠，从各督抚请也。

（卷725　1083页）

《清乾隆实录（十）》

乾隆三十年（1765年）正月戊申

又谕："去岁甘省夏秋偶被偏灾各州县，业经降旨，令该督等加意抚绥，照例给赈，并蠲免本年额赋，以示优恤。但念该处地土瘠薄，当此青黄不接之时，例赈将停，麦秋未逮，小民口食恐尚不免拮据。著加恩将灾重之皋兰、金县、渭源、靖远、红水县丞、沙泥州判、盐茶厅、山丹、东乐县丞、平凉、陇西、通渭、会宁、安定等十四厅县，无论极次贫民，概行展赈两个月。稍重之漳县、固原、张掖、武威、镇番、平番、古浪、永昌、西宁、中卫、静宁、隆德、庄浪、灵州、花马池州同等十五州县，无论极次贫民，概行展赈一个月。该督其董率属员实心查办，毋令胥吏侵蚀中饱，务俾贫民均沾实惠，以副朕轸念边氓之至意。该部遵谕速行。"

（卷726　2页）

乾隆三十年（1765年）正月庚戌

大学士管陕甘总督杨应琚奏："巴里坤牧厂，前经奏准，将安西、凉州、肃州等处拨剩马解往孳生。现届三年，按部定额数有赢无绌，惟乌鲁木齐现存多系骟马，应俟雅尔驻兵时，贸易拨解孳生。生息既蓄，遇营马倒毙，在五年限外者，即以孳生马抵补，无庸动项。未满五年，应按日月分赔者，亦以厂马补给，令其交价充公。"报闻。

（卷726　3页）

乾隆三十年（1765年）正月甲寅

谕军机大臣等："步军统领衙门奏，据尚书陈宏谋送交二保控原任武威县知县永宁，前自任所驮回银十余万两，开设当铺一节。随令军机大臣会同陈宏谋查审。因思永宁系布兰泰之子，永贵之弟。布兰泰曾为巡抚、提督，永贵又经身任巡抚，伊家现在资财亦非必不应有之物。且永宁不过一县令，分例所得，即极为撙节，亦何至积有十余万两之多。至其办理军需，正当黄廷桂为总督之时，稽查不可谓不严，亦安得听其恣意侵蚀。是二保所控情节，原意其必无是事。今据军机大臣等审讯，则二保全不能指出实据，显系计图陷害。然即治以诬告之罪，不足以服其心。著传谕杨应琚，将永宁前在武威任所承办军需，其经手钱粮有无侵蚀亏空，及得赃受贿情弊，秉公详确查明，据实复奏。原折并抄寄阅看。"寻奏："永宁系二十一年到任，值连年办理军需，间因车辆不敷，添雇骡头运送，实无驮银十余万两，潜运往京之事。其任内经手军需并地方钱粮，俱经接任知县接收结报咨部。"报闻。

（卷726　5页）

乾隆三十年（1765年）正月是月

（大学士管陕甘总督杨应琚）又奏："雍正年间，西路军需赏项下有余剩皮棉袍褂暨暖帽等项，节经各提镇分领赏给出师兵。今甘省提标尚存衣帽一百四十一件，此次西陲出力官兵业经给赏。现在伊犁驻扎官兵中多奋勉，且雅尔现亦移驻官兵，均需贵项。请即以此项衣帽，乘今岁凉、庄第二起官兵移驻伊犁之便，交与护送委员分载。令将军明瑞等酌量赏给。"得旨："嘉奖。"

（卷727　15页）

乾隆三十年（1765年）二月癸巳

工部等部议准大学士管陕甘总督杨应琚疏称："甘肃安西府治，前经改设沙州。知府衙署请将右营都司署加拓改建，以旧有公廨改作都司署。敦煌县典史现住卫千总旧署，该员有监狱专责，应择近狱处另建。所遗卫千总旧署，隔别门户，令教授、经历分住。"从之。

（卷729　26页）

乾隆三十年（1765年）闰二月丙寅

以甘肃庆阳协副将祖云龙为湖广镇箪镇总兵。

（卷731　48页）

乾隆三十年（1765年）四月丙午

赈恤甘肃河州、渭源、陇西、会宁、安定、漳县、通渭、平凉、静宁、华亭、隆德、泾州、灵台、镇原、庄浪、固原、张掖、山丹、平番、灵州、花马池州同、巴燕戎格厅、西宁、碾伯、三岔州判、高台等二十六厅、州、县乾隆二十九年份雹、水、旱、霜灾民，粮一十二万四百八十石，折赈银二十七万六千一百七十两有奇。

（卷734　80页）

乾隆三十年（1765年）四月戊申

兵部议准大学士管陕甘总督杨应琚疏称："乾隆二十年，军机大臣原议，驿站钱粮统归州县管理。嗣经升任巡抚陈宏谋等先后奏请，红城等站夫马钱粮分归各同知、通判支领报销。乾隆二十八年，复据巡抚常钧以军务告竣，不若仍归州县管理，以符原议。维时庄浪理事通判所管之平城、松山二县，因地僻差稀，仍听其管理。今既改为凉、庄理事通判移驻凉州，平城、松山二驿自应改归州县经理。但该县现管八驿，势难兼顾。且平城、松山二驿又在庄浪同知所辖界内，应请将该二驿改归本管番地之庄浪茶马同知经管。"从之。

（卷734　81页）

乾隆三十年（1765年）四月辛亥

又谕："甘肃布政使员缺，著海明补授，所遗按察使员缺，著周景柱调补。河南按察使员缺，著何焊补授。何焊久任河工，于一切修防事宜素为熟悉。所有豫省南北两岸河道工程，仍著何焊兼理。"

（卷734　82页）

乾隆三十年（1765年）四月是月

大学士管陕甘总督杨应琚奏："狄道州南乡宗石等三庄，于三月十二日地震，计坏居民四十一户，压死男妇六名口。又与狄道州连界之设炉庄，同日地震，共坏居民三十八户，俱未伤损人口。当即飞饬确查，妥协赈恤。兹据禀，震倒土房各户，每房一间给银五钱，压毙人口，每口给棺木银一两。压毙牲畜，每户给银五钱。因银数无多，俱经该州捐给，其余各村，因上年收成尚好，口食不缺。现在民情安帖，无庸复请动支正项。"报闻。

甘肃按察使周景柱奏请入觐。得旨："不必来。汝才具只宜甘省事简之地，若再不努力奋勉，益不可矣。"

（卷735　98页）

乾隆三十年（1765年）五月是月

大学士管陕甘总督杨应琚奏复："据升任陕西布政使方世俊以陕省潼关至长武，路通新疆，护解遣犯，民壮不敷，请按照冲僻分缺裁拨。经部议以陕甘二省俱通新疆，甘省现俱照旧，陕省因何更调。请敕下督臣通筹详议。查陕七十六州、县、厅，惟潼关至长武十三处为通新疆之孔道。甘省六十四州、县、厅，惟泾州至哈密二十处为毗连新疆之上游。现在护解遣犯，多系各该处于各班人役内通融派拨，并捐给往返口食。数年办理，尚无贻误。至民壮一役，设自顺治四年，因各州县捐解俸工，以致有名无实。雍正六年敕部定议，令将壮丁按额选足，用以捕缉盗贼，防守城池仓库。原非专为递解遣犯而设。计自节经裁汰以来，俱系确按繁简酌定数目，实难再行裁拨。臣悉心通筹，二省民壮应请仍循其旧，毋庸更张。惟严饬各属，务须选用精壮，如有老弱充数，及不知技勇者，即令该管府厅据实揭参。以示惩戒。"得旨："如所议行。"

又奏："甘省巴里坤镇标中、左、右三营与安西营从前额设把总，每营四员。嗣于乾隆二十六年经臣奏明，在巴里坤镇标右营内酌拨把总一员，前往蔡把什湖率兵屯种，归哈密协管辖。是以巴里坤镇标右营只有把总三员。其安西营因将百齐堡把总一员，兵一百名移拨安西，所以现有把总五员。两处营制，未臻划一。再查巴里坤孳生马厂，所需牧马兵丁，向因镇标三营不敷派拨，每于各协路拨用，未免需费滋繁。经臣奏请在安西营兵内酌拨二百名移往，以资牧马，并请于安西营把总五员内酌拨一员，移往巴里坤镇标补额。庶于牧务营制，两有裨益。"得旨："如所议行。"

（卷737　123页）

乾隆三十年（1765年）六月己酉

以甘肃哈密协副将四十六为肃州镇总兵。江宁将军标副将颜荣仁为陕西固原镇总兵。

（卷738　130页）

乾隆三十年（1765年）六月庚戌

予故青海辅国公达什纳木扎勒、科尔沁辅国公拉锡色旺祭葬如例。

（卷738　132页）

乾隆三十年（1765年）七月丙戌

添建陕西（应为甘肃——引者注）安西府属渊泉县县丞，移驻踏实堡衙署。从大学士管陕甘总督杨应琚请也。

（卷740　154页）

乾隆三十年（1765年）七月甲午

举行乾隆三十年份陕甘两省军政。卓异官四员，年老官二员，有疾官一员，分别议叙处分如例。

（卷741　159页）

乾隆三十年（1765年）八月戊申

大学士管陕甘总督杨应琚奏："前奉旨，令将甘省与新疆接壤居民迁移乌鲁木齐开垦。兹据肃州申报，招民八百余户，高台县四百余户。现饬道员在瑚图毕、宁边城、昌吉、罗克伦等处，查明余地，给与车辆、口粮，送往安插。"报闻。

（卷742　166页）

乾隆三十年（1765年）八月庚申

赈恤甘肃红水、靖远、会宁、山丹、东乐、武威、永昌、镇番、古浪、平番、中卫等十一县，夏旱灾民，并贷皋兰、金县贫户籽种。

（卷743　175页）

乾隆三十年（1765年）八月乙丑

谕："据杨应琚奏，省城皋兰县于七月十八日地觉微动，少顷即止，并无伤损。其巩昌府属之陇西、安定、会宁、通渭、漳县、宁远、伏羌、西和、岷州、直隶秦州并所属之清水、礼县等十二州县亦于是日地动。内有损坏旧城仓署民房，并间有压毙人口牲畜者。而宁远、伏羌、通渭等三县较他处稍重。现在亲往查勘，分别抚恤等语。甘省远处西陲，地瘠民贫，兹以地动压损房屋人口，朕心深为轸恻。现在该督亲往查勘抚恤，著加恩照乾隆三年赈恤宁夏成例。查明被灾情形，分别优恤。其灾重地方，并著将本年应征钱粮一体蠲免。该督其董率所属实力奉行，毋任胥吏侵蚀中饱，俾闾阎均沾实惠，以副朕矜念灾黎之至意。该部遵谕速行。"

谕军机大臣等："据杨应琚奏，巩昌府属于七月间地动，业经降旨加恩抚恤。而该督另折所奏，又有赴兰、巩等府采买粮石，以供兵糈、民食等语。巩昌府属现在被灾，虽据称秋成可望丰收，而一经采买，价值必增，闾阎食用不免拮据。所有巩昌府属自应停其采买。至甘省产米素少，而乌鲁木齐、辟展屯田处所，连岁丰稔，米粮充裕。若能设法运至内地，则以有余济不足，似属两便。惟是程途稍远，挽运恐多糜费。但该省安西等处粮价向颇昂贵，若核计沿途脚费，较买价有减无浮，即可通融筹办。倘以新疆经运为艰，则或由乌鲁木齐、辟展运至巴里坤，再接运至甘省。陆续转递，自觉事半功倍。否则于官邮随便带运，或听民间负贩流通，俱无不可。如此源源接济，于甘省民食自有裨益。著传谕杨应琚，将各项情形徐为通盘计算，悉心筹划。是否可行之处，详晰奏闻。"

（卷743　176页）

乾隆三十年（1765年）八月丁卯

兵部议准大学士管陕甘总督杨应琚疏称："安西副、参、游、都、守各员，除西宁镇属保安、归德二营都司壤连内地，番民风气日驯，应照旧例，定为题缺外，请将移驻乌鲁木齐之安西提标中营参将、守备，左营游击、守备，右营都司、守备，乌鲁木齐城守营都司、守备，巴里坤镇标中、左、右三营各游击、守备，沙州营副将及左、右二营都司，哈密协副将及中军都司，安西营参将、守备，靖远营游击，赤金、布隆吉、塔勒纳沁、踏实、桥湾五营都司，塔尔湾营守备各缺，定为边俸。五年报满，甄别题升。其寻常供职者，调回内地，仍照常俸计算。"从之。

（卷743　179页）

乾隆三十年（1765年）九月壬午

谕："前据杨应琚奏，巩昌府属之宁远等县地动情形较重，朕深为轸恻。已降旨令照乾隆三年赈恤宁夏成例，分别优恤。今该督奏称，亲往查勘地动各属，请将被灾较重之宁远、伏羌、通渭等三县，照宁夏之例，稍减办理等语。想尚未奉到前旨。甘省素本贫瘠，此次地动，倒塌房屋，压毙人口较多，民力未免艰窘，自当加意抚绥，俾皆得所。若仅照宁夏例减半办理，恐尚不足以济民困。著该督仍遵照前旨，将赈借各项均照优恤宁夏之例，一体筹办，以副朕矜恤灾氓至意。该部遵谕速行。"

兵部议准大学士管陕甘总督杨应琚奏称："肃州镇属临水、双井、盐池、深沟等堡，凉州镇属水泉、红水二堡，地介冲途，原设兵额，不敷差防。又肃州属边外之毛目城及黑泉、抚彝二堡。凉州属靖边、丰乐二堡，俱未设弁兵。今酌地方冲僻，差务繁简，请拨高台营外委一员，驻黑泉堡。洪水营把总一员，驻毛目城。大靖营外委一员，驻靖边堡。永昌营外委一员，驻丰乐堡。改下古城千总驻威鲁堡。威鲁堡外委驻下古城。裁下古城兵六十名，匀添临水、双井、盐池、深沟、黑泉等堡。威鲁堡兵四十名，设毛目城，平川堡马守兵各四名。设抚彝堡，高古城、镇番营兵各二十名，分添水泉、红水、二堡。大靖、永昌二营兵各三十名，分设靖边、丰乐二堡。"从之。

（卷744　188页）

乾隆三十年（1765年）九月庚寅

以故青海辅国公达什纳木扎勒养子礼塔尔袭爵。

（卷745　195页）

乾隆三十年（1765年）九月己亥

大学士管陕甘总督杨应琚奏："巴里坤镇属哈密协兵粮因艰于筹办，每石折色二两二钱。赴安西采买，兵丁既多往返之劳，折价亦有运送之费。查该协所属塔勒纳沁等处屯田，小麦、豌豆丰稔，来岁兵粮，请即拨屯田豆麦，较折价节省实多。"得旨："嘉奖。"

（卷745　202页）

乾隆三十年（1765年）九月是月

大学士管陕甘总督杨应琚奏："甘肃地瘠民贫，春借籽粮，秋成还款。或仓贮不敷，即借司库银接济。查各属所产粟米、小麦为上，豌豆为次，大豆、青稞、糜子、大麦、青豆为下。嗣后请毋拘原借，止分上、下色，通融抵收。再河西一带，豌豆价昂，并请即抵米、麦，兼按时值，以粟抵银，改收本色。其愿照原借交还者听。"得旨："允行。"

（卷745　205页）

乾隆三十年（1765年）十月癸丑

谕："移驻伊犁骁骑校等，向在凉、庄，凡遇闰月，俱不支给饷银。今既移驻伊犁，著加恩照八旗之例，一体支给闰饷。"

（卷746　211页）

乾隆三十年（1765年）十月己未

又谕："甘肃巩昌等处，秋间地动。业经降旨该督，令其分别加恩，从优抚恤。昨据杨应琚奏到，河东、河西各属，秋禾偏旱，及间被雹、水、风、霜，系一隅偏灾，与阖属收成，尚无关碍。现经照例赈恤等语。该省今岁秋成，通计尚属丰稔，但偏灾处所，盖藏未必充裕。明岁青黄不接之时，民力不无拮据。其或有尚须赈恤之处，著传谕杨应琚查明现在情形，详悉复奏。候朕酌量加恩降旨。"

（卷747　218页）

乾隆三十年（1765年）十月乙丑

兵部议准西安将军新柱等奏称："西安八旗兵派往凉州、庄浪，外存蒙古兵，每佐领下马甲一百二十名，步甲十二名。满洲每佐领下马甲六十名，步甲六名不等。蒙古披甲拜唐阿倍于满洲，应均齐在满洲旗分，一体挑选派差。惟咨报丁册仍归蒙古旗分。再八旗另记档案，披甲拜唐阿，蒙古百家保、赵家保二佐领下各四十余名。移驻凉州、庄浪后，该二佐领下另户人等甚少。另记档案各兵，陆续充补绿营，其遗缺、挑补不均，应将另记档案披甲拜唐阿均齐在八旗满洲、蒙古旗分。再满洲、蒙古另户闲散人等，及汉军另记档案各兵另户闲散，数亦不均，应并均齐办理。"从之。

（卷747　221页）

乾隆三十年（1765年）十一月己卯

军机大臣等议准西安将军新柱等奏称："前派凉州、庄浪满洲、蒙古兵，携眷驻防伊犁。迁西安兵二千移驻凉州、庄浪。头起兵各将官房二间交出，其自盖房尽皆拆卖。致居不联络。明岁二、三起兵迁移时，其自盖房禁止折卖，业经卖给旗人，及现今迁移兵、出旗汉军人等，交出空房，俱按该佐领地方作为官学，并设马圈，分给家口众多之兵居住。"从之。

（卷748　235页）

乾隆三十年（1765年）十一月辛卯

赈甘肃河州、狄道、陇西、泾州、安化、宁州、永昌、平番、中卫、巴燕戎格厅、西宁、碾伯等十二厅、州、县本年水、雹、霜灾饥民，并蠲应征钱粮，缓征狄道、渭源、金县、岷州、秦州、静宁、正宁、灵州、碾伯、大通等十厅、州、县本年额赋及旧欠钱粮。

（卷749　244页）

乾隆三十年（1765年）十一月癸巳

换给洮岷营副将，岷州、旧洮、文县、西固、保安等营都司，阶州、巩昌、循化等营游击各关防，及起台堡守备条记。从大学士管陕甘总督杨应琚请也。

（卷749　245页）

乾隆三十年（1765年）十一月己亥

又谕："据杨应琚奏，甘省兰山书院于去岁延请丁忧在籍之府丞史茂来主讲席一折。此甚非是。史茂系回籍守制之员，理应闭户家居，以尽三年之礼。至读礼之余或在家课训子弟，自属分所应为。古人尚有庐墓终制者，即不能取法，亦当杜守里门。若竟住居省会书院，教授生徒，与地方官长宾主应酬，则与居官何异。此不过冀得膏火，以资赡给，遂置礼制于不问，微特人子之心难安，其又何以为多士表率乎。督抚有维持风教之责，搢绅中绩学砥行，足备师资者，谅不乏人，何必令丁忧人员觍居讲席。是应聘者固不能以礼自处，而延请之地方大吏亦复不能以礼处人。于风俗士习颇有关系。恐他省不无类此者，特为明切晓示通谕知之。"

（卷749　247页）

乾隆三十年（1765年）十二月戊申

赈贷甘肃红水、靖远、会宁、山丹、东乐、武成、永昌、镇番、古浪、平番、中卫等十一县，本年旱灾饥民，并蠲应征额赋，缓征蠲剩及旧欠钱粮有差。

（卷750　256页）

乾隆三十年（1765年）十二月辛酉

予安徽故左都御史梅珏成，甘肃故直隶提督吴进义，西宁镇总兵包进忠，各祀乡贤祠。故河南陈留县知县许勉炖，祀名宦祠。从各督抚请也。

（卷751　265页）

乾隆三十年（1765年）十二月戊辰

军机大臣等议准大学士管陕甘总督杨应琚奏称："甘省毗连新疆，往来差繁，应将泾州瓦云至肃州酒泉共四十八驿，各添马一十五匹。此内安定县属之秤钩、西巩、延寿，会宁县属之青家、保宁等驿，山险道长，应于已添马十五匹外，各再添十四。"从之。

又议复大学士管陕甘总督杨应琚奏称："巴里坤连岁丰收，地气较前渐暖，地未垦者，应于明春拨马厂兵一百名垦种。该处同知库内贮有农器，如不敷，再为添造。应用马牛，巴里坤现无可拨，应令该同知向商人购用。至巴里坤迤西穆垒地方，直接乌鲁木齐之特讷格尔，可垦地数十万亩。现于安西、肃州等处招募无业贫民，给与盘费，令次第开垦。将来粮石充裕，商贩流通，可以接济内地民食。该处应设官管理，请令塔尔湾营守备、把总各一员，兵一百二十名移驻，归巴里坤镇营管辖。塔尔湾余兵七十八名，归并附近之靖逆营。其建房开渠及牛具、籽种等事，俱令巴里坤镇预为筹办。均应如所请。"从之。

（卷751　268页）

乾隆三十一年（1766年）正月癸酉

谕："前因甘肃河东、河西各属有秋禾偏旱及间被雹水风霜之处，业经照例赈恤，但念偏灾处所盖藏未必充裕，特令该督再行悉心查勘具奏。今据查明奏到，所有被灾较重、稍重之各州县，于例赈完毕之后，正值青黄不接之时，民力不无拮据。著加恩将被灾较重之靖远红水县丞、安定、会宁、通渭、宁远、伏羌、镇原、平凉、安化等县，静宁州、泾州、宁州等十三处，无论极次贫民，俱展赈两个月。被灾稍重之皋兰、金县、陇西、漳县、华亭、庄浪、固原州、盐茶厅、隆德、灵台、合水、武威、镇番、平番、中卫等十五处，无论极次贫民，俱展赈一个月，以副朕优恤边氓至意。该部遵谕速行。"

（卷752　273页）

乾隆三十一年（1766年）正月甲戌

又谕："昨岁河东、河西间有偏灾，业经降旨，于例赈之外加恩分别展赈抚恤，期穷黎不致失所。复念甘省土瘠民贫，而被灾各属尚有历年缓带借欠未完等项，例须新旧并征，同时输纳，民力未免拮据。是用特沛恩膏，将甘肃省之靖远、红水县丞、会宁、固原、盐茶厅、环县、山丹、东乐县丞、武威、镇番、永昌、古浪、平番、花马池州同一十四厅、州、县自乾隆二十三年至二十九年民欠地丁银及折借籽种、口粮、牛本等项银，共三十七万四千余两，民欠地丁粮及籽种、口粮、牛本等项粮共一百二十四万五千余石。陕省延安、榆林、绥德三府州属自乾隆二十一年至二十五年民欠籽种、口粮共四万六千余石，民欠籽种、口粮、牛具银一万一千余两，普行豁免，俾闾阎益滋康阜。该督抚其董率所属尽心经理，务使小民均沾实惠，毋任不肖官吏侵渔中饱，以副朕爱养边氓至意。该部遵谕速行。"

调广西左江镇总兵俞金鳌为甘肃肃州镇总兵。甘肃固原镇总兵颇荣仁为左江镇总兵。肃州镇总兵四十六为固原镇总兵。

（卷752　274页）

乾隆三十一年（1766年）正月丙戌

又谕："现在征剿莽匪一应军务，均须调度得宜。总督刘藻办理地方事务，素属妥协，然究系书生，未娴军旅。设于用兵机宜，稍有不当，既于剿贼之事无裨。而用违其才，亦非朕所以成全刘藻之意。杨应琚久任陕甘，筹办军需事务伊所熟谙。杨应琚著调补云贵总督，吴达善著调补陕甘总督。湖广总督员缺，即著刘藻调补。此旨且不必颁发。该督现在普洱调集官兵，督率攻剿，恐此旨一经宣示，未免属员等意存观望，呼应不灵。所有一应军务，该督仍实心妥协办理，不可存聊待后人之心。俟杨应琚到滇后，再行一一交代起身，赴湖广新任。著将此传谕知之。"

又谕曰："杨应琚已调补云贵总督，由京驰驿赴滇。刘藻调湖广总督。其陕甘总督员缺，令吴达善调补，但吴达善须俟刘藻到楚，方能交代起身。和其衷亦须吴达善到彼，方能回任湖北巡抚印务。现有吴达善兼摄汤聘，署陕西抚篆务，须随时随事实心经理，不可存五日京兆之见，致有贻误。"

（卷753　283页）

乾隆三十一年（1766年）二月丁未

谕曰："尚书舒赫德现在命往甘肃合水县，有查办事件，著驰驿前往，所有随带司员俱著一并驰驿。"

（卷754　301页）

乾隆三十一年（1766年）二月辛亥

谕曰："四达等审拟段成功诈扰婪赃一案，请将从前保举堪胜知府之上司查明议处。段成功系和其衷所保，按例自有应得处分。但闻段成功在阳曲县任内曾有亏空，当升用同知离任时，上司代为弥补。朕以为若果有此情节，则和其衷之罪更不止于滥举匪人。是以谕令彰宝确实查奏。今据奏到，段成功于升授同知时，亏空银一万两以外，上司知情弥补，俱属确实。此事可谓大奇。从前蒋洲亏空库帑，勒派婪赃一案，经朕大加惩治，方谓凡有人心者，皆当知所儆惧。而晋省覆辙在前，尤当引以为戒。不意未及十年，复有上下关通，营私欺罔。若和其衷之甚者，实出朕意料之外，是其罪较庄有恭更重矣。庄有恭参奏段成功时，故为隐跃其辞，市恩解怨，已属有心取巧。和其衷明知属员亏空盈万，不但不参劾究治，转为出资伙助，掩饰弥缝，其玩法欺蔽之罪，尚可贷乎。若和其衷因曾经保举，恐参出亏空，致罹罪愆，不知上司保举属员，岂能保其终身之必无过失。或当时见为能事，则登之荐剡及其劣迹昭著，即予以纠劾，原属两不相妨。且以见封疆大臣立心公正，朕方嘉予之。纵使议以滥举处分，亦不过止于降调，朕尚予以从宽留任。从未因此等吏议，将举主遽行罢斥。和其衷久膺外任，岂尚未深知，而必欲为此委曲隐蔽之事，殊不可解。且段成功仅一县令，何至亏空如许之多，即云首邑用度较繁，亦不应妄费若此。而通省各上司何以互相容隐，竟无一人举发其事。和其衷甚至给银五百两代为凑补，是段成功平日必有交结逢迎之处，不可不彻底根究。若和其衷竟受其馈送，遂尔曲意周旋，则更不能稍稽刑宪矣。和其衷前此曾获重愆，经朕弃瑕录用，擢至巡抚，竟敢如此徇私蔑法，深负朕恩。和其衷著革职拿问。派四达前往山西，会同巡抚彰宝将此案各情节，秉公严审，定拟具奏。并著舒赫德前往甘肃将和其衷锁拿，就近讯问明确，即遴委干员押解山西质审。至文绶系专管钱粮大员，明知属员亏空，纵容弥补。刘塘系亲临知府，并不揭报亏空，通同容隐。按察使蓝钦奎、前任冀宁道富勒浑知情不举，均非寻常徇庇可比。俱著革职，交与四达等，将有无授意及助银弥补之处一并究审。朕办理庶务，从不预设成见，凡有重大情弊，莫不自行败露。即如庄有恭题参段成功本进呈时，朕阅其情节可疑，交军机处题奏，嗣经高晋审拟舛谬，亲加指驳，遂得实情。至段成功亏空一案，伊等自以隐饰为得计，不期事阅年余，仍然水落石出，可见欺诳营私之事，天理难容，日久自然发觉。不独内外臣工均当深知畏惧，即朕披览此等案牍益觉彰瘅昭然。若有使之者，亦用自惕然矣。著将此通谕中外知之。"寻四达、彰宝复奏："段成功仅一县令，且在阳曲半载，辄亏空银一万两以外，则平日结交馈送必有隐情。且查出库簿，开载帮银州县共三十二处，在交代限内即能弥补足数，苟非上司授意，焉能迅速齐全。容再逐层根究，庶无渗漏。再段成功升用同知离任时，系镗宜禄接署，因镗宜禄旋升甘肃平凉府知府，未经收清出结。但侵亏何项及如何凑交还库各情由，该署令必知详细。亦应咨提解晋质审，以成信谳。"得旨："既已水落石出，不难穷源到底，惟应得其实情少有假借，惟汝二人是问。"

又谕："陕甘总督印务著舒赫德暂行署理，俟吴达善到任后再行来京。明山著调补陕西巡抚。江西巡抚员缺，著吴绍诗补授，所遗刑部侍郎员缺，著周煌补授。吴绍诗到任后，明山即赴陕西巡抚之任。汤聘俟明山到任后即赴云南新任。山西布政使员缺，著喀宁阿补授。山西按察使员缺，著吴虎炳调补。江西按察使员缺，著揆义补授。山东按察使员缺，著勒尔谨补授。"

乾隆三十一年（1766年）二月丁巳

军机大臣等议复原署陕甘总督和其衷奏称："筹办换防官兵应领马匹，上次领兵官系拨给台马乘骑，兵役行李，由肃州雇车载至哈密，再拨给马驼送赴各处。今哈密及附近之巴里坤现存马匹甚少，不敷支应。且回城地方不宜驼只，请将附近之甘、凉、肃各营马均匀拨用，并照例一驼折给二马，由哈密送往乌什。应如所奏办理。"从之。

（卷755　310页）

乾隆三十一年（1766年）二月己未

旌表守正捐躯之甘肃阶州民王宏才妻王氏。

（卷755　313页）

乾隆三十一年（1766年）二月甲子

谕军机大臣等："前经降旨吴达善，令其俟刘藻到任后，即交代前赴甘肃新任。今刘藻已经革职，其湖北巡抚员缺，令鄂宁补授。但鄂宁初任封疆，所有巡抚应办之事，尚须久任者协同经理，未能兼摄总督印务。著传谕吴达善于鄂宁抵楚时，将巡抚任内一切事宜逐一详悉告知，以便接办无误。俟定长到任后，再行前往甘肃任事。至总督任内应办之事亦俱于交代时，备细告知定长，可将此于吴达善奏折之便传谕知之。"

（卷755　317页）

乾隆三十一年（1766年）二月是月

署陕西巡抚汤聘奏："西安移驻凉州、庄浪官兵共计一千二百九十九员名，自正月初六日至二十七日陆续起程。计十一起，车辆饬州县雇备，派员护送，给发口粮盘费，正在前进。适接军需局传牌，内开官兵必由黄河过渡，今冰桥解冻，浮桥尚未搭就，令将各起官兵暂住，候桥成再行起程。现在第八起留住长武县，余在邠州、永寿、醴泉等处居住候信。查移驻官兵已入甘肃境者七起，在西安境内沿途暂住者四起，未经起程者尚有三起。当与署西安将军副都统伟善等，酌谕未经起程者暂缓束装，并谕领兵官员，加意约束，务使兵丁宁帖静候桥成进发。"报闻。

（卷755　323页）

乾隆三十一年（1766年）三月是月

刑部尚书署陕甘总督舒赫德奏："甘省赈务城工均关紧要。部拨城工银二十万两，约计三月二十后抵兰。急工已于藩库酌发三五千两为办料资，以次续给。加赈部项，查入甘大路多系被灾处所，应即留于适中之平凉府，令被灾州县就近请领，俾灾黎早得糊口。"得旨："嘉奖。"

又奏："穆垒地方可耕地亩甚多，奏准于安西、肃州等处招募耕种。请选派守备、千把四员，抽拨兵二百名，携带牛具、籽种前赴穆垒，及时垦种。收获粮石，即为借给明春送到户民籽种、口粮，所派兵秋后撤回。本营应招户民先办二百户赶于明年二月内到彼。其应用住房及衙署仓库即令现在移驻之塔尔湾兵迅赴赶造。续送户民照此办理。再官兵系久远驻扎，自应携眷前往，俟明岁秋收充裕搬取完聚，应支车脚盘费，照例核销。"报闻。

又奏："甘肃应修急工城垣，如武威、肃州、西宁三处，本内土外砖，应仍用砖。其巩昌府属之会宁、宁远、伏羌、通渭四处柴薪既少，且不产煤。又敦煌、玉门、巴里坤均在嘉峪关外，且土带沙性，难以烧砖，均应仍旧，惟城圈女墙应用砖，以期坚固而壮观瞻。再口外工匠艰于雇觅，巴里坤城不临大道，应俟敦煌、玉门工竣，再办一切，立定章程，使急公者遵循，不肖者无所施其伎俩。"得旨："如所议行。"

（卷757 344页）

乾隆三十一年（1766年）四月戊辰

原任署陕甘总督陕西巡抚和其衷疏报，乾隆三十年狄道州垦地一顷五十二亩。

（卷759 362页）

乾隆三十一年（1766年）五月戊子

旌表守正捐躯之……甘肃华亭县民张得朝妻董氏。

（卷761 372页）

乾隆三十一年（1766年）六月辛丑

署陕甘总督刑部尚书舒赫德奏："据青海王、贝子、扎萨克等呈称，请将副都统职衔七十五再留该处办事三年。"得旨："青海更换大臣，特为办理该处事务。大臣等办事妥协，分所应尔蒙古、扎萨克妄行请留，此风断不可长。七十五如不知伊等呈请，即同木偶，如知之而听其呈请，尤属不堪。七十五应行更换时，该部仍奏请更换。"

（卷762　377页）

乾隆三十一年（1766年）六月甲辰

谕曰："海明著驰赴西宁办理青海事务，更换七十五来京。"

（卷762　377页）

乾隆三十一年（1766年）六月乙巳

署陕甘总督刑部尚书舒赫德奏："现在发往新疆人犯，自各省解甘，由总督衙门查各省来文或载伊犁，或载乌鲁木齐字样，分别给牌解往。又有文载伊犁、乌鲁木齐等处者，即按文内所开地方，如伊犁在前，即解伊犁，乌鲁木齐在前，即解乌鲁木齐。并未定有均拨成例。查伊犁地广田多，屯垦耕作在在需人，似较乌鲁木齐尤当多拨。请嗣后将遣犯解甘者除来文指定地方，仍照指定地方解往外，其拨发乌鲁木齐、伊犁等处者，由总督衙门以伊犁三人、乌鲁木齐一人，周流派拨。"得旨："允行。"

（卷762　377页）

乾隆三十一年（1766年）六月乙卯

礼部带领甘肃、四川、广东、广西、云南、贵州等省选拔贡生引见。得旨："胡赞麟、马乾怡、冯元吉、牟钤、孙世荣、欧焕舒、伍葆光、林润庄、马联臻、潘鲲、杨焯、万钟杰、刘朝彦、周大本等十四名，著以知县试用。罗暲、杨震春、南国棫、吕镛、夏岳、陈宝鼎、杨藩、向彭龄、周猷苏、于荣、苟宗鲁、胡嘉言、邓世钦、张德化、康济隆、徐延翰、梁肇文、杨玉衡、饶庆捷、陈名仪、庄玉馨、张文聪、叶仪、欧阳立魁、李龙涛、曾琪、张良玉、杨自强、王廷、杨绂、刘超凡、邬维慧、申兴瑞、祝世清、朱文渊、刘宪吉、邹铿、李世英等三十八名，著交吏部询问，愿以教职用者，以教职用，愿以佐贰等官用者，以佐贰等官用。"

（卷763　383页）

乾隆三十一年（1766年）七月己巳

谕："甘省每年额征地丁等项银两不过三十余万，所有应支经费皆由邻省拨运协济，存贮库项为数无多。该省地瘠民贫，每需赈恤，未免不敷支给。现在户部帑藏充盈，著拨给银三百万两，交与该督吴达善收存藩库，以备应用。该部即遵谕行。"

（卷764　389页）

又谕："前因各省应修城垣，费繁工巨，特发内帑一律修缮，以资巩固。屡经谕令各督抚，董率地方官实力承办，并派大员专司查估，务期实用实销，工程足垂久远。兹据舒赫德自甘肃回京奏称，该省各属办理城垣率多浮估，并经亲行查勘，确核兴修。其从前已经修竣城工，在定例保固限内者，亦或有未尽核实之处等语。甘肃一省如此，恐他省亦不能保无弊混。工程冒滥草率，将来报竣时，特派大臣察验。自不能丝毫掩饰。但与其按治于事后，莫若防检于事前。现在各省鸠庀伊始，物料在厂，按册可稽，而夫役、食价等项亦正当支发，计人计日，查考更易周详。著各该督抚于已报兴工之各州县或亲往察勘，或令原派司道等前往确切查勘，如有浮开冒估，即行核减，则承办各员，咸知儆惕，自不敢任意侵肥及蹈扣克草率诸弊。其已报修竣城工，在保固限内者，或有浮冒情节，并著一体查明核办。倘各督抚及承办各大员不以为意，或心存姑息，以致蚀帑误公者，将来经钦差查出，或朕别有访闻，惟于伊等是问。著再将此通行晓谕知之。"

（卷764　390页）

乾隆三十一年（1766年）七月壬申

谕："陕甘捐监事例，原因筹备仓储，以备缓急赈恤之需。行之有年，仓谷尚未能充裕。闻近日渐至捐本色者少，而折色者多。遇有需用谷石之处，仍不敷支给。且以本地折色，即向民间采买，恐不免勒派滋累，而承办官吏，挪移侵蚀之弊，亦难保其必无。于积贮实政，闾阎生计，均无裨益。现今降旨发库帑三百万两存留甘省备用，如遇年谷顺成，米值平减之时，著即于此项银两内酌拨采买，陆续购补足数。则当岁收丰稔，既无虑谷贱伤农，即或偶有歉收，亦复足资赈粜。如库项买谷，间有不足之处，并著该督随时奏闻，再行拨给。该督等其实心经理，饬属妥办，务使积贮裕如，帑归实用。所有陕甘两省现在捐监之例，均著停止，如该省有愿捐贡监者，准其赴部报捐。"

（卷764　391页）

乾隆三十一年（1766年）七月乙酉

谕军机大臣等："据七十五奏称，郭罗克越境抢掳青海牲只一案，请交川省大臣，向郭罗克索取，给还原主一折。朕已降旨，此事令青海王公等会盟，伊等自量其力。能向郭罗克索取，即合力向郭罗克索取，不能则已，不可令川省大臣办理。但郭罗克系四川所属，此事朕虽如此降旨，而阿尔泰亦不可视同局外，理宜悉心办理。嗣后饬该管官员严加约束，不可听其越境行窃。所有命青海人等会议谕旨，并七十五奏折，著抄录传谕阿尔泰，将如何办理之处，即行奏闻。"

（卷765　399页）

乾隆三十一年（1766年）七月庚寅

又谕："去岁吴达善至江南迎銮，曾面奏提督李勋年力衰老，因调其来京陛见。及召对时，察其言动，颇为明捷。虽齿逾七十而精力未衰，遂令仍回原任。昨因办理莽匪之事，调伊为云南提督。李勋到滇后，节次奏事，颇中机宜。且因首恶召散，未就弋获，远驻孟艮地方，督率总兵严缉。在提督中尚属实心出力，可资倚任者。设如吴达善所云，岂衰颓之人，能如此不惮劳剧，黾勉从事乎。看来吴达善不过因其前任湖广提督时，曾奏地方事件，人皆憎嫉之。吴达善初至楚省，遽逞私臆入告。夫以封疆大臣，于朕前奏提臣优劣，而任性毁誉若此，其他尚可信乎。吴达善著传旨申饬。李勋折并著抄寄阅看。再舒赫德自甘肃回京时，奏及该省首邑皋兰县有为上司代办铺设赏需，及应付公事之项，致有赔累等语。吴达善前任巡抚总督数年，何以并未筹办及此，亦未据实奏闻，可见该督不过奏对尚好，其于地方事务，并不认真整理。嗣后务痛自湔洗，诸事实心妥办，以无负委任。若仍不知悛改，恐不能长受朕恩矣。至吴达善原系陕西驻防，其地即总督所统辖，尤当小心谨慎，毋任其家属恃符滋事，倘管束不严，致有过犯，朕惟于吴达善是问。著将此一并传谕知之。"

（卷765　403页）

乾隆三十一年（1766年）七月辛卯

吏部等部议准前署陕甘总督刑部尚书舒赫德疏称："凉州理事同知已移

驻伊犁，其凉州理事同知衙署即改为凉庄理事通判衙署。"从之。

（卷765　404页）

乾隆三十一年（1766年）七月是月

陕甘总督吴达善奏："新疆各处屯防兵均由陕甘二省绿营兵内派往，向例三年更换，嗣改为五年一换。而领兵官员年份未经奏改，查官兵事同一例，应请将官员换班亦改为五年一次。"得旨："如所议行。"

（卷765　408页）

乾隆三十一年（1766年）八月癸丑

以两广督标中军副将赵兴宗为甘肃西宁镇总兵。

赈恤甘肃红水县丞、沙泥州判、盐茶厅本年旱灾饥民。缓皋兰、金县、会宁、固原、盐茶厅、武威、平番、中卫、花马池州同、碾伯等十一厅、州、县额赋，并贷给籽粮。

（卷767　418页）

乾隆三十一年（1766年）八月是月

陕甘总督吴达善奏："接奉申饬面奏提督李勋年力不实谕旨，实深悚愧，努力改悔，并严禁首县承办供应，约束西安驻防子弟，毋得生事。"得旨："若再不知改，亦惟汝自知耳。"

（卷767　425页）

乾隆三十一年（1766年）九月壬申

豁免甘肃靖远、会宁、山丹、武威、永昌、镇番、古浪、平番、中卫九县，并红水、东乐二县丞，乾隆三十年份旱灾额赋。

（卷768　427页）

乾隆三十一年（1766年）九月甲戌

陕甘总督吴达善奏："承准廷议，令于陕西内地操演兵内多派一二千名往乌鲁木齐等处屯种，并乌鲁木齐有无堪耕地亩，陕西、甘肃派兵前往有无多费钱粮，令悉心筹议。查上年十月间，乌鲁木齐调拨屯兵一千名，经调任督臣杨应琚于甘州提标、凉州、肃州二镇并安西、靖逆二营派拨前往。今次续调屯兵六百名，应就近于西宁镇酌派兵二百四十名，宁夏、固原二镇各一百八十名，并令各该镇选年力精壮者前往。仍按兵数遴委游击一员，沿途总统稽查。又守备一，千总二，把总三分领弹压。一切军装等项照例预为妥备，酌视营分之远近，定于仲冬分别起程，俱在肃州汇齐，分作二起，交游击管领出口，务令依期抵屯。至所需农具，查哈密库贮甚裕，已咨询乌鲁木齐大臣，彼处有无存剩，如有不敷，即于屯兵过哈密时带往。其所派游守各员到彼，应否仍需管辖，及乌鲁木齐等处可种地亩，需兵若干，派兵前往，如何不致糜费。容臣同新疆经费局司道并咨商温福，另行筹办。"报闻。

（卷768　428页）

乾隆三十一年（1766年）九月辛巳

又谕："据明瑞等具奏，凉州镶白旗满洲福龄佐领下闲散富亮，三次由原省脱逃。听闻该处兵丁移驻伊犁，自行投回，随伊兄来至伊犁。若将富亮照例发往黑龙江，未免转置内地，即令其充当步甲又觉便宜。请将富亮枷号两个月，鞭一百，交该管官严加约束，令当苦差等语。明瑞此奏尚是，著将富亮即照明瑞等所奏办理。但伊犁乃新疆，驻兵非内地可比，必立法严，俾众知警惕，方不致混行逃窜。将此交明瑞等。嗣后驻防伊犁兵丁内如有脱逃者，获日即行正法，不必拟以发遣之罪。著为令。"

谕军机大臣等："据海明奏称，与青海厄鲁特王、公、扎萨克等会盟。会议得将附近郭罗克居住之众扎萨克等内迁，归于别扎萨克游牧安置。驻卡兵八百名外，再添兵二百名，共作一千名，令驻扎西宁。理藩院章京、笔帖式巡查卡座，遇有空误，即行参处等语。海明所奏尚是，但卡座所关綦重，青海人等原因玩愒，始时被郭罗克等抢掠。今虽添兵，若仍不以为事，亦属无益。著传谕海明，令其派驻西宁之理藩院章京、笔帖式等，不时巡察，如有兵丁不齐，军械残缺者，即将管卡之王、公、扎萨克等指名严行参处。"

（卷768　433页）

乾隆三十一年（1766年）九月癸未

谕军机大臣等："闻陕抚明山患病，未知迩日光景若何，于地方事务尚能照常办理，不致贻误否。吴达善驻扎甘肃，虽相隔稍远，但陕省官员常有因公至甘肃谒见者。况其家又系西安驻防，自当有所闻见。著传谕吴达善即将明山患病曾否就痊情形，据实奏闻。"寻奏："臣五月经过西安省城，接见明山，精神略欠强健。而料理公事照常。近日陕西武员因公来兰，臣详加询问，均称明山身体比前已好，现赴中部耀州、洛川等州县，勘验城工。是明山病体已经就痊，地方事务，可不致贻误。"报闻。

（卷769　438页）

乾隆三十一年（1766年）九月己丑

谕军机大臣等："据阿尔泰奏，郭罗克贼匪逾青海境，抢掠马匹牲只一事，交松潘总兵德兴等派员前往郭罗克部落，严查训饬。再嗣后巡察番人地方预为防范，严饬郭罗克，约束属下人等语。近郭罗克贼匪逾境抢掠青海马匹牲只。朕曾降旨郭罗克系四川所属，阿尔泰不可置之度外，不悉心妥办。阿尔泰接奉此旨，即应将此次郭罗克人等掠去马匹牲只追取，查出贼首，办理治罪。今观阿尔泰所奏，只于晓谕郭罗克等，又称嗣后防范查禁则是此案。伊全不以为事，仅以空谈具奏。朕从前又何必降旨令其查办乎。阿尔泰所奏非是，著传谕阿尔泰，遵朕前旨，妥行办理。其现在若何筹办之处，著即行奏闻。"

（卷769　442页）

乾隆三十一年（1766年）九月丙申

陕甘总督吴达善奏："奉谕甘省拨发库帑三百万两，留备采买粮谷以充积贮。查甘省本年夏秋田禾虽间有偏被旱、雹之处，其余收成俱属丰稔。将来民有余粟，市粜必广。谨于拨到银两，先买粮一百万石，如粮广价平，再请续买，渐补常平定额。倘市值稍昂，即行停止。"得旨："嘉奖。"

（卷769　447页）

乾隆三十一年（1766年）十月甲子

谕军机大臣等："甘肃提督王澄来京陛见。召对时，看其人尚明白，而奏对语言，微露依附文墨之意。且为伊子乞赏文举人，尤非武臣所宜陈请。已令军机大臣，传旨训饬。王澄身膺专阃重寄，当以训练士卒，整饬戎行为务，方为称职。若假托斯文，妄为笔墨，必致废弛营伍。著传谕吴达善留心察看，倘该提督或喜文事而疏武备，于该处营务致有贻误，著该督即据实奏闻，毋稍容隐。"

（卷771　470页）

乾隆三十一年（1766年）十一月辛巳

赈恤甘肃循化、河州、镇原、环县、戎格、西宁、碾伯、岷州、文县、山丹、中卫、陇西、徽县等十三厅、州、县本年被雹、被水、被虫、偏灾贫民，蠲免额赋如例。豁除中卫县沙压地亩额粮。其勘不成灾之狄道、渭源、安定、会宁、宁远、伏羌、西和、通渭、漳县、三岔州判、礼县、秦安、阶州、固原、静宁、华亭、平凉、灵台、隆德、崇信、庄浪、宁州、平番、盐茶等二十四厅、州、县，并予缓征。

（卷772　484页）

乾隆三十一年（1766年）十二月丁未

赈甘肃盐茶厅、沙泥州判、红水县丞各属村庄本年旱灾贫民，并蠲缓额赋如例。

（卷774　499页）

乾隆三十一年（1766年）十二月癸丑

以凉州副都统恒德，西安副都统伟善对调。

（卷775　503页）

乾隆三十二年（1767年）正月是月

陕甘总督吴达善奏："甘省应修次急城工九处，内金县等七处，均经购料兴工，惟安西府属渊泉县城，缘从前驻扎提督，规模宏厂。今提督已移驻乌鲁木齐，往来改由新路，该处竟成僻径，且地势潮碛，春冬消长不一，城垣率多坍塌。驻兵仅六百名，人烟无多，铺户亦止二十余家，似无需重费帑金，修此旷僻大城。现已饬该道府踏勘妥协地方，另为筹议。至巴里坤城垣，经前督臣奏准，俟玉门、敦煌二城工竣接办。查乾隆二十一年，系奏准派兵修理，今该处已非往来冲途，差使简少，计需匠夫三万七千二百二十余工。仍应于存城镇标兵内挑其年力壮健者二百五十名，派拨谙练工程把总、外委各一员，管领督率。该兵等虽有坐粮，但既任以力役，应每名每日酌给银六分，毋庸另给盐菜、口粮、杂面等项。其土坯木料即令购买牛车，派做工兵拽拉，俟事竣变价归款。"得旨："如所议行。"

（卷777　542页）

乾隆三十二年（1767年）二月乙未

又谕："据冯钤奏，拿获行窃解京缎箱贼犯王福尹等。讯供，俱系甘肃回民。有该处贼首马得鳌，为积年巨窝。现在飞咨该督查拿等因一折。马得鳌纠合匪徒，资其盘费，肆出行窃，坐地分赃，大为民害。实属匪党首恶，非寻常窝贼可比。著传谕吴达善，即速妥选弁员，严密上紧缉捕，务期迅即弋获，以正刑诛。倘不实力查拿，致该犯闻风兔脱，惟该督是问。所有王福尹等供出各犯，并著一并躧缉，毋使漏网。即就近严行究讯，分别定拟具奏。冯钤原折，并著抄寄。"

又谕："前据永泰奏，解京缎匹于宿州地方被窃，经亳州知州潘振莹缉获贼犯王福尹等一折。曾经降旨，令高晋等将失察之地方官照例议处。其拿获正犯之官役酌量鼓励。今据冯钤奏称，潘振莹将贼犯等解送宿州收审。经该州知州李允升究出巨窝马得鳌，在甘肃留藏匪党，出外肆窃等情，已降旨令吴达善严缉务获矣。该州李允升前于境内被窃，例有应得处分，但其详悉严讯，审出巨窝并党伙多人，尚属能事之员。州县若果如此悉心根究，务得根株，奸宄何患不除，地方何患不靖。该州前此虽有失事之咎，功过正不相掩。著传谕高晋、冯钤，将是否果系李允升究出之处查明据实复奏。候朕再降谕旨。"

（卷778　546页）

乾隆三十二年（1767年）二月庚子

谕曰："巴尔品著赏给副都统衔，在青海办理番子事务。扎拉丰阿著即来京。"

（卷779　552页）

乾隆三十二年（1767年）三月甲戌

兵部议复陕甘总督吴达善奏称："巴里坤镇安西营旧设参将、守备各一员，经前督臣奏准，将安西参将移驻靖逆营，以靖逆营原设游击调驻安西。查靖逆介在冲途，地阔差繁，现以千总作为中军，承上接下究多未便。请并将安西守备移驻，作为参将中军。其安西游击即以该营左哨千总为中军。应如所请。"从之。

（卷780　587页）

乾隆三十二年（1767年）三月乙亥

吏部议准四川总督阿尔泰遵旨议奏："查川省道员，除松茂道现有兼衔，及驻省之驿盐道无提镇，同城之永宁道均无庸加衔。惟川北、川东二道，系与各镇同驻，又建昌道驻守泸州，管辖各土司地方，尤资弹压并请加兵备道衔。又陕甘总督吴达善奏查甘肃道员，除安西、平庆二道，现有兼衔及驻省之驿传道无提镇，同城之秦阶道均无庸加衔，惟肃州、凉庄、宁夏、西宁四道，俱与各镇同驻兵民错处，均应加兵备道衔，并铸给关防。"从之。

（卷780　588页）

乾隆三十二年（1767年）三月戊寅

谕军机大臣等："吴达善奏，拿获巨窝马得鳌，并伙党阎景彩等，分别斩决发遣一折。已谕令法司速议具奏，以正刑章矣。该犯马得鳌等敢于积聚多匪，助资外出行劫客商，积案累累，实为罪大恶极。现在首犯虽经伏法，而党伙未获者尚有二十八人，著传谕吴达善，饬属悉心躧缉，务期凶党尽获，以绝根株。至该犯等既已四出行窃，自必窜伏各省，希冀匿避。著传谕各省督抚，并将各犯名单抄寄阅看，一体设法查拿，迅速缉获，毋致闻风远扬，幸逃法网。"

（卷780　590页）

乾隆三十二年（1767年）三月壬午

又谕："肃州镇赴哈密，向由安西一带，设立军台。嗣经杨应琚奏称，沙州地方，水草丰裕，挽运便易，各项运费脚价，亦多节省。请改由沙州行走。自乾隆二十八年以来，节据各该督每年奏报，节省银四五万两不等。今据明瑞面奏，沙州一带名为较安西近便，其实程站辽远，转不若旧台直捷。且水泉性劣，人马汲饮，多不相宜。行旅往来，金以由旧为便等语。军台孔道，期于安坦利行。若旅客经由更可各从其便，以顺舆情。至历年所报节省银两是否实在库贮，抑系作何开销，著传谕吴达善即行详晰查明，据实复奏。其安西、沙州两路，究以何路最为妥协，亦著将确实情形一并奏闻。"寻奏："肃州至哈密，向由安西一带，程站适均，水土不劣，行路俱称便宜。其改由沙州新路，情形素未深悉，俟亲赴哈密查勘后，即行据实奏闻。至接年节省盐菜、口粮、料草、脚价，统计银十七万七千八百十二两零。原系每岁经费项下减发之项，并未另立款项贮库。"报闻。

（卷781　595页）

乾隆三十二年（1767年）四月癸卯

谕军机大臣等："据彰宝奏，查出晋省应发新疆遣犯闵良有，即系马得鳌案内余党闵三白子。又遣犯陈福海，虽不在通缉二十八人数内，亦系马得鳌余党，俱应解甘办理。又马得才等六名均系甘省回民，所知伙类亦多，恐有狡饰，亦咨会陕督，再行究明发遣等语。闵三白子等二犯，皆马得鳌余党，自应严切根究，即马得才等六名既皆甘省回民，或亦系马得鳌同伙，捏改姓名，希图避罪，皆未可定。并须逐一诘讯，毋任狡饰。至马得鳌一案，伙党多人，散布肆窃，情罪重大，实非寻常窃盗可比。所有未获各犯，务上紧严加躧缉，迅即戈（弋）获，尽法惩治。并不妨从重多办数人，大示惩创，俾匪徒永绝根株。著将此传谕吴达善知之。"

（卷782　617页）

乾隆三十二年（1767年）四月丙午

刑部奏："甘肃巨窝马得鳌联结匪徒，积案累累，惩治之法，不得拘于常例。其有满贯为首已逾数次者，应照前案之阎景彩、马甫臣等，从重拟绞。满贯一次者，应照现案之苟老三，拟绞入于秋审情实。至满贯为从已逾数次，其分赃又在一百二十两以上者，亦应即照为首例拟绞，秋审时一并入于情实。其仅系为从一二次，分赃又未满贯者，亦应加重改发黑龙江。"从之。

（卷782　620页）

乾隆三十二年（1767年）五月甲子

谕："前因安省缉获贼匪，究出固原州巨窝马得鳌，盘踞多年，分遣伙党出外肆窃。业将首伙各犯擒捕正法示惩，并饬严缉余党，以净根株。兹据吴达善奏，尚有三十二人未经弋获，自应速饬所属员弁，上紧缉拿，毋任远扬漏网。至此等积恶巨窝，纠蓄贼匪，四出行窃。地方有司平日岂竟毫无见闻，何致鼠辈横行无忌，蔓延各省。直待安河犯案，始得究出积窝情节。该地方官所司何事。可见伊等全不以缉盗安民为务。所谓奉行保甲，徒属具文，竟容奸匪潜踪境内，漫无觉察，不可不示以惩儆。除年远难稽者毋庸追究，其马得鳌等犯案原供内有月日可考者，俱著吴达善查明历任府州各员职名，交部分别严加议处。至该督吴达善前后在甘历有年所，不能留心访察，饬属蹑缉，以靖地方，亦属不合。著察议。"

（卷784　636页）

乾隆三十二年（1767年）七月癸亥

军机大臣等议复陕甘总督吴达善奏称："嘉峪关外至哈密一路军台，系属新疆孔道。一切递送报函暨商旅往来不绝。该处安设台站，原由安西行走。前督臣杨应琚奏称，自靖逆、沙州至哈密，较靖逆历安西而至哈密近一百六十里，系将多余里数匀分于各站之中，以致人马往还，均虞疲乏。经臣逐站查勘丈量，沙州新路较之安西旧路实远二百里有余。且沙州一带水泉恶劣，戈壁山坡绵长，车辆易于竭蹶。不惟文报稽迟，即马匹亦多倒毙，实为官民往来之累。若由旧路至哈密，其长流水、黄芦冈二站，水草丰美，即格子、烟墩数站，间多戈壁，而沿途挖有井泉，味平可饮。兼之自安西以历靖逆，烟村相望，民户团居，尤属舆情所便。自宜循照前规，将沙州台站仍设安西。至杨应琚于红柳峡设有拽运柴水车辆，本属苟且涂饰之计。今台站既议改移，其车辆亦裁。应如所请。"从之。

又议复陕甘总督吴达善条奏："改复安西旧站，官兵应行事宜：一、哈密既有钦差驻扎，又有通判佐杂，足资料理。现在移驻哈密之安西道无甚紧要，应令仍回安西弹压。一、军站既设安西原路，请照旧将安西营游击千总改归靖逆，其靖逆营参将守备仍归安西。至安西额兵八百名，除裁拨告驻外，该处差务繁多，势难敷用。查军站既移之后，踏实营已属僻壤，额兵三百名，又沙州协额兵一千二百名俱属过多。请于两处协营内裁拨兵二百名，归足安西八百名原额。其千、把、外委，安西既有九员，无庸另行派拨。一、新疆往来官员及入觐回目伯克等，向系肃州标镇，并沙州、哈密二协营各拴喂马一百匹，供应乘骑。今安西系适中之地，差程络绎，势必应接难周。该处并补足额兵八百名，共止存马二百余匹，不敷拨遣。请于哈密协及巴里坤镇标营马内各酌抽十匹，归安西营应差。一、渊泉县丞原系分防马莲井子，同派拨弁兵驻扎。自改由新路，将县丞移驻渊泉，所拨官兵亦即撤回。今军站仍复旧路，应将该县丞仍驻马莲井子。每年派拨千总一员，兵三十名，与县丞互相稽查。一、安西一路除现有墩台、汛房、塘兵外，每站应行添建者，即将沙州新路木植拆移修建，并每站派兵五名防守。再旧路各站房屋坍塌无存者，应一并将新路木植拆移建盖。均应如所请。至该督所称安西营兵八百名应复旧额，现除裁拨巴里坤并告驻乌鲁木齐共二百八十五名外。止存五百一十五名，乃仅请于沙州、踏实两处，共裁拨二百名补数与原额，仍有未符。应令该督复查详晰。咨明兵部察核。"从之。

（卷788 683页）

乾隆三十二年（1767年）七月甲申

谕军机大臣等："从前青海郡王衮楚克达什请令，伊承继之子出家一事赴藏呈报，彼处大臣陈奏，因此获罪。该院议以罚俸二年。经朕加恩，改为罚俸一年。今多尔济来京，向伊询问，据称从前衮楚克达什并未向伊告知，伊并不知情等语。多尔济系该处办事大臣，衮楚克达什此等事件并未向伊告知，转向驻藏大臣呈报，代为陈奏，殊属不合。虽事属已往，朕已施恩，仍著传谕留保住，于会盟之便，齐集众人，将衮楚克达什傅来，作为己意，晓谕彼云，王之一切事件俱宜呈报本处驻扎大臣，转奏达部。乃从前欲令汝承继之子出家，并不呈报本处大臣，而钻营班禅额尔德尼具奏，殊属非是。部议罚俸二年，蒙皇上格外施恩，改为罚俸一年。汝宜痛改前非，嗣后凡事务宜呈报于我，代汝具奏。应达部者代为达部，不得仍前恣意妄为。倘不知悛改，经我参奏皇上，亦断无宽宥之理，必从重治罪。如此严加训诲，晓谕于众知之。"

（卷789 693页）

乾隆三十二年（1767年）七月是月

陕甘总督吴达善等奏："哈密仓贮历年军需案内下剩，并塔勒纳沁屯田收获等项，共存豌豆一万六千余石。每年各处进马，并哈密应差驼只屯田牛马等项，零星支用只需豆一千六百余石。近年哈密雨水较勤，恐盈余久贮，难免霉湿之虞。查军台奉旨改由安西旧路，哈密所管营塘，安设马骡，暨应差马匹每年应需饲喂豆五千九百余石，向由渊泉、玉门二县在额征豆石内，按年运供。每年计需脚价银二万五千余两，使费较繁。应请将哈密仓内旧存豆石，除每岁酌留一千六百余石外，其余一万四千余石即按年拨供军台、营塘暨应差马匹之用。所有渊泉、玉门二县应运豆石暂令停止。"得旨：
"嘉奖。"

乾隆三十二年（1767年）闰七月癸卯

蠲免甘肃皋兰、金县、河州、陇西、宁远、通渭、安定、漳县、会宁、伏羌、平凉、隆德、固原、泾州、庄浪、崇信、静宁、灵台、镇原、盐茶厅、华亭、安化、宁州、合水、环县、张掖、永昌、平番、宁夏、宁朔、灵州、中卫、花马池、州同、巴燕戎格厅、西宁、碾伯等三十六厅、州、县灾地四万九千六百五十四顷五十八亩有奇额赋。

乾隆三十二年（1767年）八月癸未

陕甘总督吴达善奏："军机大臣议复，伊犁添建仓廒积贮粮石，应添派屯兵以资耕作，除差兵二百名外，至屯兵一千五百名，应请再派三百名，共成二千整数。业经奏准，移咨到臣。臣就陕甘各标营兵数之多寡酌量添派。应于甘肃提标派兵五十，凉州镇属派兵七十，宁夏镇属派兵七十，西宁镇属派兵一百一十，共三百名，仍按兵数遴委都守一员，沿途统率稽查，千把三员，外委三员，分领押送。一切军装等项，照例妥备。即于今冬派往，以便开春耕作。"报闻。

乾隆三十二年（1767年）八月甲申

又谕："户部议复吴达善题，前署凉州镇后营把总革退马兵支正，应赔倒毙驴、骡价银无完，请照例豁免一本。办理殊属非是。支正系一署把总马兵，所有应赔倒毙银数乃至一千六百六十余两之多，则其名下管解驴骡为数甚伙。现据该督称，其后经缘事革退名粮，家贫如洗，遂至出外乞讨度日。是其人不过一微末兵丁。哈密解送辟展牲只，关系紧要，营中岂无能事弁员，可资分管而乃令此等穷兵管解如许。及至倒毙溢额银数逾千，又不责令原派兼管各员按数摊赔，而专诿之贫无可追之兵丁勒赔请豁。种种情理均不可解。著吴达善即行逐一明白回奏，所有户部议复原本俟吴达善奏复到时，再降谕旨。"寻奏："查支正由肃州管解骡头，自哈密以抵辟展，在途倒毙者止应赔银二百两零。此外皆在辟展牧放劳伤病废骡头，是以倒毙较各弁独多。但彼时不将此病骡匀派各弁分牧，乃悉归于署把总支正一厂经管，致倒毙如许之多，计应赔银一千六百六十余两。从前在厂兼管之武职及原派之各员，自应咨查，著令分赔。"得旨："览。"

（卷793 722页）

乾隆三十二年（1767年）八月丙戌

军机大臣等议准陕甘总督吴达善奏称："安西、哈密地方，先因地处极边，议令该处多贮银两备用，继因兵加增，需用日多，节次宽为储备。自乾隆二十四年西陲平定之后，疆域式廓，安西、哈密等处已成内地。安西提督改驻巴里坤后，复由巴里坤移驻乌鲁木齐，并于巴里坤议添总兵，哈密改设副将。今昔情形不同，则此贮备银两亦当随时减贮。兹查乌鲁木齐提标三营，额兵四千名。巴里坤暨所属哈密各协营共兵六千五百余名，两处均距内地数千余里，自应按兵数多寡宽为筹备。请于安西提标原设备用银八万六千五百余两内，乌鲁木齐提督库内分贮银三万两，巴里坤总兵库内分贮银四万两。除哈密前后两次已拨银一万两，请再照数拨贮，以敷接济。再安西提标原设备用银八万六千五百余两，除分拨外尚余银一万六千五百余两，应行解交兰州司库兑收充用。但由巴里坤至藩库，路途窵远，应令该司俟支发巴里坤官兵俸饷时，扣收贮库，即于巴里坤镇库存贮项下按数拨支，以省远解之烦。"从之。

（卷793 723页）

乾隆三十二年（1767年）八月是月

陕甘总督吴达善奏复分徙徐帽儿庄户民一案："臣即饬委署固原州知州姚菜等确查。据该州禀复，该庄回民共五十八户，为匪犯案者三十八户。所剩户口，传讯邻庄乡保人等，佥称向系业农，实未同伙行窃。臣按照巴里坤、穆垒、乌鲁木齐三处地方，酌量户口多寡分拨安插，分作三起，遴员护解。查各户并无田产，均系赤贫，应照户民例酌给房地、籽种、牛具，以裨耕屯。再查马得鳌案内，安省咨缉及甘省讯出各伙犯共九十名，业经拿获审拟者七十九名，余尚未获十一名。节经严饬各属，并分咨各省躧缉务获。"得旨："览。"又批："不可视为通缉完案之事，仍宜严缉，设法务获，年终将缉获几名，具折奏闻。"

又奏："沙州一路军台，经臣奏准改由安西旧路，但军台改移，虽有旧辙可寻，恐其间或尚须因地制宜之处，复令肃州镇总兵会同该道府商办。据该镇道等酌议，沙州新路军台十四塘，每塘于新路内先抽拨马十匹，兵夫五名，隔塘间撤千把一员。于闰七月十五日移往安西旧路安设。一切军台奏折文报均由旧路行走，其余一半弁兵夫马，于闰七月二十五日全数撤安旧路。其各塘汛兵照依新路一律添设五名，分布查防。"报闻。

（卷793　727页）

乾隆三十二年（1767年）九月壬辰

又谕："现今青海无甚事件，不必特设大臣办理事务。且该省又有总督，就近著交总督兼管，甚属简便，不致掣肘。将驻扎青海办理番子事务大臣之缺裁汰，归于陕甘总督管理。每年如何前往巡查，及彼处所有部院司员、笔帖式是否应裁应留，其如何归并该督兼管之处，著吴达善详悉定议具奏。"

（卷794　730页）

乾隆三十二年（1767年）九月癸巳

谕军机大臣等："青海之王、公、台吉等，俱系蒙古地方官员办理伊等事务，彼此意见难免不无扞格，不若仍令大臣等驻扎专办伊等事务，于伊等有益。护军统领莽古赉前曾驻扎彼处办事，著莽古赉前赴青海暂驻彼处办事，俟届更换之期，朕另降谕旨。"

（卷794　730页）

乾隆三十二年（1767年）九月甲午

谕曰："傅景著赏给副都统品级，前往青海办理事务，毋庸给俸，其养廉等项照旧支给。"

（卷794　730页）

乾隆三十二年（1767年）九月己酉

军机大臣等奏："伊犁换获哈萨克马匹近年为数渐多，经将军阿桂奏准，于牧厂内拣选二千匹运送乌鲁木齐、巴里坤、哈密等处，添补营台缺马。如尚有余剩，再转送内地甘肃各标营等因。惟是伊犁贸易马匹，每年逐渐增多，而内地倒缺应补者正不止于甘肃一省。查与甘肃邻境之陕西及山西、河南、山东、直隶等省各标营马，例报倒毙十分之三。除直隶一省暂停购买，赴张家口牧厂领补外，余陕西等省遇有缺额之马，俱给价在各口买补。今伊犁既有此项余马，与其给价购买，不若通融拨补。请嗣后将伊犁贸易马匹，除将盈余解送甘省内地外，即由近及远，递次充补陕西、山西、河南、山东等省缺额。但查伊犁至陕西等省道路遥远，若竟将原马长途解送，马力未免疲乏。臣等酌议，如伊犁马匹解至甘省，除拨补本省缺额外所余之马，亦全数存留，而于甘省附近陕西营分就近照数拨往。至由陕西及山西、河南，由山西、河南及山东，相承换替。亦均照此例办理。"从之。

又议复陕甘总督吴达善奏称："伊犁解往内地马匹到巴里坤时，已届十月。哈密以东路多戈壁，兼水冻草枯难以赶牧。请暂留巴里坤牧放，俟来年春草发长时，解至安西等处充补各标营缺额等语。查此项马匹解往内地，既非一时急需，且自伊犁至内地道路弯远，沿途若无停牧处所，马力亦不免疲乏。自应如该督所请，至嗣后陆续解送内地马匹，既非急需应用，原无庸限定时日。将来自伊犁起解时，如沿途适逢冬令，即不妨暂留牧放，俟天气和暖后缓解。其由乌鲁木齐、巴里坤、哈密等处解赴内地者，亦酌量时令，应于何处择水草休息喂养之处，均交与该将军及该督酌办。"从之。

（卷795　736页）

乾隆三十二年（1767年）九月辛亥

以甘肃西宁道尹嘉铨为山西按察使。

（卷795　738页）

乾隆三十二年（1767年）九月己未

又谕："据阿桂奏称，管理伊犁屯田事务，副将玛琥三年期满，又曾效力二年，理合遣回。肃州总兵俞金鳌办事尚属奋勉，即将俞金鳌遣往伊犁，再将玛琥留驻数月，令其协办，俾谙习之后再行遣回，于屯田事务有益等语。即照阿桂所奏，著肃州总兵俞金鳌前往伊犁管理屯田事务，再留玛琥数月，协同办理，俟其谙习时遣回。"

（卷795　740页）

乾隆三十二年（1767年）十月丙戌

以甘肃巩秦阶道蔡鸿业为甘肃按察使。

（卷797　761页）

乾隆三十二年（1767年）十一月戊戌

谕军机大臣等："前经降旨，令各省督抚将拣发举人，详加甄别，其有实在难胜民社之任者，酌量改教给衔，俾得各沾恩泽，而于地方政务，亦不致滥竽贻误。嗣据陆续奏到，如山东、山西、四川、福建、广西、浙江、江苏、陕西、江西、湖南、湖北、南河各督抚俱经详行察看，分款甄别，办理固应如此。其直隶、安徽、河南、甘肃等省则概称尚堪留用，并无改教给衔之处，殊属非是。此项人员业经拣选，年力自不至于衰迈。但其人才分高下，非到省体察，无由深悉。况各省分发至数十员之多，其中岂竟无一二不堪驱策之人。各该督抚自应仰体朕调剂苦心，据实甄别，奏闻办理。乃一味借口姑容，毫无别白，惟知取悦众人，及至用违其才，因事再加参劾，而官方既多旷废，人才复难保全。如此遇事模棱，并不实心奉公，岂朕委任封疆本意。方观承、冯钤、阿思哈、吴达善俱著传旨申饬，并令再加体察，明白回奏。"寻方观承奏："直隶分发举人，先后到省者七十员，咨送盐政以大使委用者六员，实计留省共六十四员。臣与两司公同察看，其中才质稍次者，虽难胜民牧之任，而年力精壮，均尚可效奔走。查知县才力不及，例应降补佐贰。直隶差务纷繁，在在需人查办。乾隆十五年定例，直隶拣发佐杂十八员，差遣委用，用完准再请发。臣以不胜民牧之员，似可照拣发佐贰，令其效力。现计六十四员内，节经定为降补佐贰者二十八员，是以并无改教给衔之处。"得旨："知道了，既有此情，何不奏明。"冯钤奏："安徽试用举人实计二十八人。臣前同两司逐加甄别，才具堪以知县补用者二十人，其余八人才具稍次，但差委办事，俱各奋勉。若用以州同、州判等官，可期胜任。兹遵旨复核，惟熊第、曹衍姬、喻宗溥三员，才识终觉拘迂，请均以教职改用。"下部知之。阿思哈奏："豫省试用举人四十五员，前奉旨甄别，臣以人才优劣须委以地方事务，始知梗概。其时委署甫及一半，尚无难资驱策之人。未经委署者，将来才识稍有未充，亦可借补佐贰。是以概留豫省，兹再加体察。除汤相傅、邬焜各因亲老情愿回籍改教外，查有余克家、骆天衢二员，颇不谙政务，应请改教。"报闻。吴达善奏："现在甘省拣发举人二十一员，臣再加复核，惟周扬渭一人才具平庸，应改教职，其余均堪补用。"下部知之。

乾隆三十二年（1767年）十一月壬寅

抚恤甘肃平凉、灵台、庄浪、合水、环县、西宁、碾伯、大通、河州、泾州、平罗、安化、武威、宁夏、宁朔、灵州、肃州、高台、花马池、漳县、狄道、伏羌、安定、西和、洮州、崇信、静宁、隆德、固原、宁州、抚彝、古浪、中卫、敦煌等三十四州、县、厅本年旱、雹灾民，并蠲缓额赋有差。

（卷798　772页）

乾隆三十二年（1767年）十一月庚戌

以四川叠溪营土百户郁盛弟滔，甘肃黄羊川土千户管仲子卜各袭职。

（卷799　778页）

乾隆三十二年（1767年）十一月癸丑

调四川布政使张逢尧为贵州布政使。甘肃布政使海明为四川布政使。河南布政使佛德为甘肃布政使。以河南按察使何煟为河南布政使，仍兼管河工事务。

（卷799　780页）

乾隆三十二年（1767年）十二月庚午

军机大臣等议复凉州副都统伟善奏称："天津移来满洲、蒙古马兵一千名，官五十九员，及凉州驻防马步兵一千五百名，官二十四员。请将两处官兵分为八旗，每旗设佐领二，蒙古亦分为八旗，每旗设佐领一。其兵均匀分隶。又天津移来养育兵一百九十一名，均摊入八旗当差，俟缺出挑补。八旗满洲、蒙古各分左右两翼。满洲每二旗合设协领一员，佐领、防御、骁骑校各二员。蒙古共设协领一员，佐领、防御、骁骑校各一员。其协领均兼佐领，另铸关防。余俱候缺补放。其马匹、饷银、口粮、铅弹、火药等项，悉照凉州例支给等语。应如所请。至称天津兵遇婚丧事，将凉州生息银一体分赏之处，暂如所请。现令各省将军等查办，复到时，再令该副都统遵办。"从之。

兵部议复陕甘总督吴达善奏称："甘肃巩昌、秦州二营，向隶洮岷协查。巩昌营距洮岷一千余里，距固原五百里。秦州营距洮岷六百五十里，距固原五百一十里，均应改隶固原镇，令其就近管辖。应如所请。"又称："庆阳协所属泾州营系入甘门户，差务殷繁。向设左营兵三十一名。该营所属瓦云汛，系由陕入甘孔道，向拨防兵五名，不敷差遣。请于红德城营拨马守兵十名，添入泾州营。于庆阳协营拨经制外委一员，红德城营拨马守兵五名添入瓦云汛。亦应如所请。"从之。

（卷800　792页）

乾隆三十二年（1767年）十二月乙亥

举行本年军政。京营卓异官四员，年老官一员。江苏省卓异官七员，不谨官一员，罢软官一员，年老官五员，有疾官二员，才力不及官九员，浮躁官一员。江西省卓异官六员，年老官四员，才力不及官二员。福建省卓异官三员，罢软官一员，年老官三员，有疾官一员。浙江省卓异官六员，不谨官一员，罢软官二员，年老官四员，有疾官一员，才力不及官三员。湖北省卓异官一员，有疾官一员。湖南省卓异官一员。河南省卓异官四员，有疾官一员，才力不及官一员，浮躁官一员。山东省卓异官一员，年老官一员。山西省卓异官十二员，罢软官四员，年老官三员，才力不及官四员。陕西省卓异官五员，年老官二员。甘肃省卓异官七员，年老官二员。四川省年老官一员，有疾官一员，才力不及官一员。分别议叙处分如例。其曾经出兵打仗之年老患病，以原品休致各员，加恩给与全俸、半俸有差。

（卷800　795页）

乾隆三十二年（1767年）十二月丁亥

谕："据值年旗奏称，嗣后庄浪、河南等处城守尉缺出，请将健锐营、火器营护军参领一并拣选引见等语。健锐营、火器营护军参领均系紧要员缺，补授城守尉，转觉事简身逸。况品级相同，并非升阶。所奏不准行。著仍照旧办理。"

（卷801　804页）

乾隆三十三年（1768年）正月丁酉

又谕："据吴达善奏，己丑年新疆贸易绸缎，共应一万二千五十匹，请敕下三处织造，照样织办等语。此项缎匹为数既多，自应先期制备，以便解送甘省，分运各处贸易。著传谕三处织造即照吴达善所开数目清单，上紧织办，务期颜色鲜明，质地厚重，毋得草率从事。吴达善折单，俱著一并抄寄。"

（卷 802　819 页）

乾隆三十三年（1768年）二月己卯

军机大臣等议复陕甘总督吴达善奏称："奉旨于赏给绿营为奴之额鲁特内挑选强壮男丁，拨往云南边汛，充当马兵。现在挑选三百四十名，均年在五十岁以下，十八岁以上，酌分四起，间二日行走。即于额鲁特内遴选明白能事者四名，作为头目。并派都守等官押护等语。查额鲁特兵人本强壮，此内如曾经战阵，且精力尚强者，虽年逾五十，正堪挑选，以资出兵打仗。其十八岁以下者，虽系少壮，但或生长内地，未经临阵冲锋，且恐渐染绿营习气。该督等只应拣选汉仗技艺尽数拨往，不必拘定年岁额数。即由四川一路赴滇，更为近便。至程途窎远，兼以山路崎岖，若仅给予口粮，自行徒步炊爨，不免迟滞。应如所请，每名日给银一钱，四名共给车一辆，如遇险路，即以车价雇觅骡马乘骑。"得旨："依议速行。"

（卷 805　875 页）

乾隆三十三年（1768年）二月庚辰

铸给直隶省分巡直隶天津河闲等处地方兼管河务兵备道、分守口北兵备道、整饬宣府张独多三厅等处，山东省分巡兖沂曹兼管水利黄河兵备道、分守登莱青整饬海防兼管水利兵备道，江西省分巡吉南赣宁兼管水利兵备道、分巡广饶九南兼管水利兵备道，浙江省分巡宁绍台兼管水利海防兵备道、分巡温处兵备道兼管水利事务，湖北省分守安襄郧兵备道兼管水利事务，甘肃省抚治西宁兵备道各关防。从各督抚请也。

（卷 805　877 页）

乾隆三十三年（1768年）二月辛巳

以四川建昌镇总兵路峨为甘肃提督。

（卷 805　878 页）

乾隆三十三年（1768年）三月庚寅

以甘肃按察使蔡鸿业为甘肃布政使。甘肃肃州道宋弼为甘肃按察使。

（卷 806　891 页）

乾隆三十三年（1768年）三月甲午

谕军机大臣等："吴达善奏将哈萨克贸易马匹拨补内地额缺各事宜一折，经军机大臣议驳数条，甚是，已依议准行矣。此项马匹系缓程递送内地补额，迥非办解军需马匹可比。该督乃称由肃州解送，每马四匹用兵一名，是解马三四千匹，即须千人拉拽。试思出口买马，俱系成群赶回，岂有牵拉行走之理。况口外生马素不食料，该督于途次多支草束之外，又欲加给料豆，虚糜更属无谓。此必绿营狃于内地买马于中可得余利，不乐办此事，故为多费之状。该督如此办理可谓一味模棱，太不忍真矣。吴达善著传旨申饬。"

（卷806　894页）

乾隆三十三年（1768年）三月庚戌

赈甘肃平凉、灵台、庄浪、安化、合水、环县、平罗、西宁、碾伯、大通、肃州、高台等十二州县乾隆三十二年水灾饥民。

（卷807　905页）

乾隆三十三年（1768年）三月壬子

又谕曰："吴达善奏，陕甘挑选额鲁特兵丁三百四十六名前赴云南，现已分起起程，由川省前进等语。此等派往云南之额鲁特为数本属无多，若于到滇后复令分派各营，与绿营兵丁零星错处，不但不能转移滇兵怯懦旧习，且恐日久因循，转为其所渐染，殊非派令前往本意。五福向在新疆，于额鲁特素为熟悉，自必约束得宜。著传谕阿里衮、鄂宁将此项派出额鲁特兵丁三百余人，专交与提标管辖，俾得聚居一处，遇有应行派用之事，酌量调遣，以收实用。不必更行散拨，并将此谕令五福知之。"

（卷807　906页）

乾隆三十三年（1768年）四月丙寅

吏部等部议准陕甘总督吴达善奏称："安西府属之渊泉县，地洼潮碱，城垣易于坍塌。查有相距旧城二里之郭壁地方，地高无碱，水泉味淡，且距苏勒河不远。县城移建于此，既可免潮碱之虞，又于口外派兵合作，亦属相宜。"从之。

（卷808　919页）

乾隆三十三年（1768年）四月辛未

兵部议准陕甘总督吴达善奏称："查安西提标额设中、左、右、城守四营，每营各设兵一千，共四千名。中、左二营每营额设千总二，把总四。中营原设经制外委六，又添拨告驻经制外委一。左营原设经制外委五，又添拨告驻经制外委一。至右营及城守营，额兵均系一千，右营设千总二，把总四，经制外委四。城守营止设千总一，把总二，经制外委四。较中、左二营未能划一。应如所奏，照中、左二营之例，右营添经制外委二，城守营添千总一，把总二，经制外委二。于内地偏僻各营裁拨。安西提标中营裁拨经制外委一，固原镇属之阶州营裁拨千总一，凉州镇属之镇番营，宁夏镇之兴武营各裁拨把总一。延绥镇标中营、兴汉镇属之旧县关营、西宁镇属之河州协各裁拨经制外委一。以上共七员，添入安西提标右营及城守营，以符营制。"从之。

（卷808　924页）

乾隆三十三年（1768年）八月甲戌

又谕："据阿里衮、明德议奏，本年瘴气消时，派兵防守各隘，并令领队大臣分管等语。龙陵、腾越派兵之处应如所奏，其普洱、思茅一路距永昌较远，阿里衮等不能兼顾，著令永瑞、五福统辖，遇有应奏事件一面具奏，一面咨报阿里衮。缅宁一路亦属要隘，著派本进忠前往领兵驻守。再前发往之甘肃厄鲁特兵三百余名，实为健锐，著分给满洲大臣驻扎地方，设卡防守，与满洲兵一体调用鼓励。著传谕阿里衮、明德知之。"

（卷817　1073页）

乾隆三十三年（1768年）八月丙子

礼部等部议复陕甘总督吴达善疏称："大通卫改县以后额取文童二名，并无拨府，亦未设立廪增。查大通未改县以前，取进文童拨归西宁府学。府学增廪各四十名，原准其考补，今改隶县学，而府学廪增并未减额大通取进，又不拨府。应将西宁府学廪增额内各拨二名归大通县学作缺，六年一贡，其廪粮一并移支。应如所请。"从之。

（卷817　1074页）

乾隆三十三年（1768年）八月戊寅

又谕："前因偷割发辫一事延及各省，恐山西、陕西与直隶、河南接壤，奸徒未免畏缉审匿境内。业经谕令苏尔德、明山一体留心查缉。今苏尔德奏到，山西七八月间，土默特地方及临汾、洪洞、安邑等县均有被割发辫之人。经朕询问，始行奏及，甚属非是。此案始自江浙，今春苏州犯案颇多，正系苏尔德藩司任内之事。乃伊沾染江南蒙混恶习，锢蔽已深，遇此等重案，辄思消释了事，匿不上闻。今为巡抚仍踵其故智，实是毫无人心，将来完案时，必当重治其罪。已传旨严切申饬矣。但此案自南北而北以次蔓延，今复自北而西。而京师、直隶等处其风稍熄，是奸徒惧拿审避，已无可疑。然缉于既犯之后，或难以追踪，莫若防于未犯之前，预为邀截，鬼蜮自无从匿迹。现既延至山西，而河南亦有与陕省毗连之处，势必将复自陕而甘，不可不预为防范。著传谕吴达善、明山，令其选派妥干员役弁兵，并严饬所属于豫晋入陕及陕省入甘一切必经之官塘小路，及山谷僻径，俱令四散密躧。凡大小歇店及寺观庙宇，如有外来形迹可疑之人投宿借住，有类割辫匪徒者立即盘诘查拿审究。如此截其去路，奸徒庶不致辗转远扬。该督抚等务视为切要重务，实力查办，不得稍事因循玩饰，仅以具文塞责。"寻奏："陕西无被割辫之人，甘肃并无传言其事者。"报闻。

（卷817 1076页）

乾隆三十三年（1768年）八月辛巳

谕军机大臣等："据阿里衮、明德等奏，现在永昌设局办理军需奏销，款项繁多。滇省书吏类皆不能办事，请于甘肃布政司书吏内，择其熟谙军需者四五名，并将一切应准销定例抄录数册，核对清楚，钤盖总督藩司印信，钉封发交该书吏等携带来滇等语。甘省书吏历年销算西北军需于一切款项，皆所熟悉。若调赴云南办事自较优于本省之人，著交与吴达善于奉到谕旨后，即速在藩司书吏内，选择熟谙奏销者四五人，携带档册，驰驿迅赴滇省，听该督抚等拨用。至此项书吏到滇后，一切衣食盘费等项，该省自必从厚给与。若果能办事奋勉，将款项一一清楚，并令奏明给与议叙录用，以示鼓励。该督并不妨告之该书吏等，俾各知踊跃，于办公更有裨益。著将此传谕吴达善知之。"

（卷817 1081页）

乾隆三十三年（1768年）九月丙戌

缓征甘肃皋兰、金县、渭源、靖远、陇西、伏羌、会宁、通渭、镇原、庄浪、固原、盐茶、安化、武威等十四厅、州、县本年旱灾额赋。

（卷818　1089页）

乾隆三十三年（1768年）十月己未

免甘肃平凉、灵台、庄浪、安化、合水、环县、平罗、西宁、碾伯、大通、肃州、高台等十二州县，乾隆三十二年冰雹、水、霜灾地银五百两有奇，粮三千五百石有奇，草三万九百束有奇。武威、宁朔二县水冲地二千二百二十亩零额征并予豁。

（卷820　1128页）

乾隆三十三年（1768年）十月辛酉

豁除甘肃肃州金塔寺等处原报开垦，续被沙石碱潮地九十六顷四十亩有奇额赋。

（卷820　1131页）

乾隆三十三年（1768年）十月乙丑

以正蓝旗满洲参领萨炳阿为凉州副都统。

（卷820　1134页）

乾隆三十三年（1768年）十月辛未

又谕："据彰宝奏，查出龙华邪教僧人吴时济之徒张仁、杜玉良前经发配甘肃，仍敢与旧时同教之人书札来往。恐在配所亦不无诱惑之事，现经飞咨查拿等语。著传谕该督，即将张任、杜玉良二犯缉拿拘禁。一面搜查该二犯寓中书籍，有无悖逆字句，及留存邪教经卷。并再配曾否开堂设教，煽惑愚民。各确情，迅速严行根究，就近办理，毋得稍存姑息。仍将查办缘由，具折奏复。"

（卷821　1142页）

乾隆三十三年（1768年）十月壬申

谕军机大臣等："户部奏，甘肃洪水营已故游击安文前在哈密、巴里坤等处，同游击常清等十七员经牧驼只，应赔逾额倒毙银一万七千三百四十余两，安文独赔至七千七百七十余两之多，其经牧驼只又同系二十年及二十

一、二、三等年之事。安文既在哈密，又在巴里坤，如何兼顾，当时该管大臣作何派委，造报原册又未将各员分牧月日及销赔各数分晰声叙。且于安文病故两载后，始将此案奏销。而安文独赔其半，不无多为摊卸，希图请豁情弊。交吴达善详细清查等语。此案情节，甚属支离。安文既与常清等十七员同时经牧，何以分赔银两独于安文名下摊至如许之多，又于该员病故两载后，始行奏销。明系因该员病故，有意多为摊卸。不过辗转行查，即以无可著追请豁。岂据实办公之道。著传谕吴达善即行彻底清查，速即明白回奏，毋得回护。稍有瞻顾，自速罪戾。"寻奏："安文于二十年在哈密经牧，二十一年在巴里坤经牧，先后本不同时。奏销载二十年及二十一、二、三等年乃合众员经牧起止而言，非该员一人之事。惟该员在厂未久，而名下倒毙独伙，照例著赔，并非多为摊卸。当时该管大员及历任藩司，既核应赔成数，直俟十余载该员故后始奏销请追，咎实难辞。应分别摊赔完项。"得旨："军机大臣会同该部查奏。"

（卷 821　　1143 页）

乾隆三十三年（1768 年）十一月乙未

以山西冀宁道胡季堂为甘肃按察使。

（卷 822　　1166 页）

乾隆三十三年（1768 年）十二月癸亥

军机大臣等议奏："各省绿营生息银，前经定议全撤，令各将军、督、抚另筹别款以资赏项。今据先后奏复，直隶、山东、山西、广东等省酌用裁减冗粮，湖广、陕西等省以节省马干、余剩马价应用。浙江、福建等省以盐课盈余、房地租银拨给。甘肃、广西等省请于改马为步，改战为守项内凑支。悉按照地方情形，酌筹可行永久，均应如所奏办理。至热河、吉林、黑龙江、成都等处所请照旧滋生，及改赏为借各款。核其所办情节，俱于事理未协。应令热河于节剩赏项，吉林、黑龙江于余地租银，成都于鼓铸余项通融支给。其荆州驻防有出征滇兵借款，据该督定长奏请扣限五年完交，应准其展限，俾得从容还项。云贵二省绿营俟军务全竣日查办。"从之。

（卷 824　　1194 页）

乾隆三十三年（1768年）十二月乙丑

谕："据闵鹗元等奏，湖广总督定长于十二月初六日患病身故等语。湖广总督员缺著高晋就近驰往署理，仍兼摄荆州将军事务。两江总督事务著彰宝暂行兼署。吴达善著调补湖广总督。该督现在来京，俟陛见后再赴新任。其陕甘总督员缺著明山补授。"

（卷824　1196页）

乾隆三十三年（1768年）十二月丙寅

又谕："昨已降旨，将阿思哈调补陕西巡抚，但须俟文绶到豫后方能赴任。现在陕西抚篆系勒尔谨护理。为时尚久，一切俱宜勉力，不可稍有懈弛。至明山已升任陕甘总督，有统辖两省之责。于阿思哈未赴任前，陕西事务该督更宜加意照管，无或略存畛域之见。著将此传谕明山，并勒尔谨知之。"

（卷824　1198页）

乾隆三十三年（1768年）十二月壬申

户部议准调任陕甘总督吴达善疏称："皋兰、金县、会宁、靖远、通渭、固原、安化、盐茶等州、县、厅所属村庄，本年叠被旱霜等灾，所有极次贫民应先行赈恤，其例不成灾之渭源、陇西、伏羌、镇原、庄浪及靖远县盐滩、通渭县阎家门等处，新旧钱粮并予缓征。"得旨："依议速行。"

（卷825　1204页）

《清乾隆实录（十一）》

乾隆三十四年（1769年）二月甲子

调任陕甘总督吴达善疏报："靖远县户民首垦沙碱薄地四顷九十五亩，照例升科。"

（卷828　40页）

乾隆三十四年（1769年）二月庚午

谕军机大臣等："据明德复奏，运解京铜迟误并历年短少缘由一折，办理甚属迟缓。已于折内批示矣。滇省铜斤关系京局鼓铸，最为紧要，自应按运催督，毋任稍有稽延。况该督明德前已有旨责令专办，自当加紧妥协筹划。乃上年既将请拨铜本之数迟滞具题，而于应运铜斤复请展限，且不据实具奏，仅以咨部了事，尚得谓非意存推诿乎。令虽以原任道员罗源浩详委迟误为辞，殊不知委解之员即有钱粮交代，亦应按期催饬。何至任其迁延时日，久羁误运。至滇省产铜素裕，因何自乾隆三十一年以来渐次短少，遂成亏缺。现在虽称本年得铜约可一千余万斤，而前此历年层层缺额，办理不善者何故，典司贻误者何人，并不详悉根查，据实具奏。明德前任甘肃与黄廷桂同在一处，朕因其办理诸务颇能仿佛，是以历加委任。今所办各事竟不能实心尽力，一味渐染外省积习，岂朕倚任该督之本意耶？明德著传谕申饬，并著将此时作何催运及从前办铜短少各情由一一详悉复奏。"

（卷829　51页）

乾隆三十四年（1769年）三月戊戌

兵部议准陕甘总督明山疏称："凉州镇属俄卜岭营游击关防，原颁系阿坝营。西宁镇属巴燕戎格营游击及抚番通判各关防，原颁系摆羊戎营厅。又西宁镇属哈拉库图尔营守备条记，原颁系河拉库托营。并应照依今定字样，改铸颁给。"从之。

（卷830　74页）

乾隆三十四年（1769年）三月癸卯

以告休陕甘碾伯县土指挥同知祁在玑子调元，故西宁洞巴族百长策冲喇他尔子索诺木吹扎，告休湖广慈利县麻寮所世袭千总唐世爵孙启哲，各袭职。

（卷831　79页）

乾隆三十四年（1769年）三月戊申

赈恤甘肃皋兰、金县、狄道、渭源、靖远、陇西、安定、会宁、通渭、平凉、华亭、灵台、固原、盐茶厅、安化、宁州、合水、张掖、武威、古浪、平番、宁夏、宁朔、灵州、中卫、巴燕戎格厅、西宁、碾伯、肃州等二十九州、县、厅乾隆三十三年份水、旱、霜、雹灾民。

（卷831　83页）

乾隆三十四年（1769年）四月丁巳

以甘肃肃州道王亶望为山东按察使。

（卷832　91页）

乾隆三十四年（1769年）五月戊戌

谕军机大臣等：“董天弼奏，查办郭罗克贼番劫掠伤人一案，未免意存姑息，于事理尤不明晰，如那旺老藏在西宁供有阿玉楚扣之名，自应切实根究。现在案内获犯已有二十八名，若将各犯隔别研讯，诘以阿玉楚扣之踪迹，则其有无虚实，何难立辨。其中如有数人指供逸犯下落，即可据供向土目索取，彼亦自不敢复事支吾。若其名本属乌有，众供佥同，原可置之不问。乃该提督惟知向该土目根询，因其坚供无有，竟尔束手无策。似此一味糊涂，岂不转为土目所笑。至此等边外番匪敢于肆行滋事，皆由地方文武平日优柔玩忽，渐至养痈，及其事发之后又不严行追缉，尽法创惩，任其将所抢赃物，匿不全交。而未获要犯又信其诡词掩饰，遂欲颟顸了事。何以使此辈黠悍野番，畏惧敛迹。况边人素性不常，惟视临边大吏之控驭得宜。果能执法严明，使之凛不敢犯，自皆望风慑息。若事事曲为宽假，彼将效尤无忌，渐至滋生事端，此乃一定不易之理。缅匪一案实由历任云南督抚姑息酿成，其明验也。董天弼久任蜀中，昨因其熟悉事情，总兵未久即特擢为提督，交办郭罗克之事。今办理不过如此，谁则不能。所谓熟悉者安在，岂伊甫经升用，便自以为志足意满，不知奋勉报效，辄希图苟且息事，殊负朕委任之意。董天弼著传旨严行申饬。至阿尔泰于此事亦不免将就完案之见。该督素称朴诚，何亦迁就若此。此案即遵旨，照指示之处，严切确讯，务得实情，速行妥拟具奏，并著传谕知之。”寻阿尔泰奏：“遵旨将各犯隔别严审，始终供称并无阿玉楚扣之名，其未获逸犯及未缴赃物。现饬原派督，催土目追献贼赃之员，上紧严拿追缴，如贼犯将赃物花消，即著落土目罚赔。”得旨：“知道了。看来董天弼已为提督，心满意足，自然不似先努力矣。此折与他看，令其回奏。”

又谕：“本日据董天弼奏，查办郭罗克贼番一案。于原抢赃物任其匿不全交，而于未获之要犯阿玉楚扣仅向该土目询索，听其捏称无有，遂欲完案，并不知向现获各犯，隔别研求，根寻虚实，未免姑息了事。已传旨严行申饬矣。此等边外夷人，素性悍黠，惟在临边文武控驭得宜。平日固应实力绥辑，使之怀德畏威，谨遵约束。设有不逞之徒稍滋事衅，则必须实力严办，尽法创惩，俾皆凛不敢犯，庶足以儆凶顽而安边徼。若遇事存苟且消弭之见，势必无所顾忌，渐至养痈，即如缅匪一事，皆由历任云南督抚惟事因循，不知随时严办，以致酿成事端，大烦兵力。而近日台湾之黄教亦因地方文武前此轻纵，俾得潜踪山谷，煽惑愚民，恣行劫掠。官兵搜剿半载，始得就诛。二者非纵恶养奸之明验耶。著传谕沿边及苗疆各督抚，嗣后务须加意振作，勿稍优容。间有此等案情，尤须执法痛惩，不得略存化大为小，化有为无之见，以期绥靖边隅，方不负封疆重寄也。倘事发之初，视为无关轻重，希图将就完结，不顾后来贻患。所谓萌蘖不折，将寻斧柯。朕惟于该督抚是问，决不少为宽贷也。将此传谕知之。"

（卷835　144页）

乾隆三十四年（1769年）六月乙丑

又谕："昨阅明山折奏，有甘省试用人员将次用完之语。因思上次拣选分发举人，各省人数额缺，多寡不一。其需次迟速，自亦参差不齐。随谕吏部，按省查检。据查现在甘肃、广西、云南数省未补之人，仅止数人。其余各省有多至十数员或三十余员者，是分发已届三年，小省得缺者多，已有需人之意。而大省试用之员尚不免经时淹积，待用无期。立法尚宜调剂。著该部通行核计，各就邻近省份量为衰多益寡，俾益疏通无滞。其如何酌拟分拨事宜，该部悉心定拟具奏。"寻议："统按各省人缺，先就邻省分拨不敷，再由隔省添拨。但现在未补缺者甚多，虽如此酌拨，恐尚补用需时。请嗣后遇有告病、休致、病故三项缺出，令各督抚在一等举人内拣选题署。"从之。

（卷836　166页）

乾隆三十四年（1769年）六月丁卯

豁除甘肃高台县水冲沙压地五十三顷九亩额赋。

（卷837　170页）

乾隆三十四年（1769年）七月癸未

谕军机大臣等："据明山奏，甘肃地方自五月以来雨水较少，现已得雨三寸。是甘省虽曾得雨，未为优渥。已传旨询问。今日扎拉丰阿奉差回京，询以沿途雨泽情形。据奏陕甘一带，颇觉望雨，及召见新任山东按察使王亶望，亦称自甘肃起程后，行至蒲州，始得雨泽等语。看来陕省入夏以来，不无稍旱。前此何以未据奏闻。今蒲州既已得雨，该地与陕地毗连，曾否同时沾沛，现在有无望泽之处，著传谕勒尔谨，即将陕西各属曾否得雨沾渥，民田景象若何，是否无误耕作，速行具折，据实复奏。"寻奏："查前次未得透雨之咸宁、长安、高陵、咸阳、泾阳、三原、盩厔、扶风、岐山、乾州、武功等州县，俱于六月三十及七月初三等日得雨深透。其已得透雨之州县自七月以来又各得雨透足，禾苗亦俱畅茂。"得旨："览奏稍慰。"

（卷838　190页）

乾隆三十四年（1769年）七月丁亥

以故甘肃狄道州临洮卫指挥使赵恒钿子澂袭职。

（卷838　193页）

乾隆三十四年（1769年）七月是月

陕甘总督明山奏："甘省西宁镇牧厂生息蕃庶，厂地窄小，酌分拨甘提标马五百匹，凉州镇马三百匹，肃州镇马三百匹于大草滩上方塞石门寺、黑山湖等处，择厂分牧。"报闻。

（卷839　217页）

乾隆三十四年（1769年）八月乙丑

谕军机大臣等："舒赫德奏，安集延回人前来贸易，必由布噜特游牧经过。布噜特人性情贪鄙，每多抢掠。请嗣后遇有抢掠案件，交乌什大臣完结。如有必需惕以兵威者，即行知伊犁大臣办理等语。布噜特屡次抢掠贸易货物，实为不法，自应惕以兵威，但必须派谙练之人，方有裨益。著传谕永贵、舒赫德知之。"

（卷841　229页）

乾隆三十四年（1769年）八月丁卯

谕军机大臣等："直隶三屯营副将赵登高、大名协副将赵源长、江南河标左营副将吴抡元、浙江平阳副将李杰龙、福建台湾北路副将那兰泰、湖南永绥副将周成模、沅州副将旺保禄、山东胶州营副将杨大业、陕西波罗副将蒋万钦、甘肃沙州副将建奇、贵州上江协副将程国相、广西镇安副将温有哲于现在副将内，俱属历俸较深，著传谕该督抚，将各员详加验看，出具切实考语，送部引见。并将是否堪胜总兵之处具折奏闻。此内程国相现在滇省军营，建奇现在奏明留办乌什屯务，俱著俟应行送部时，再行给咨来京。"

（卷841　230页）

乾隆三十四年（1769年）八月辛未

赈恤甘肃皋兰、河州、渭源、金县、靖远、循化厅、沙泥驿州判、红水县丞、安定、洮州厅、张掖、山丹、东乐县丞、古浪、平番、巴燕戎格厅、西宁、碾伯、大通、肃州、高台二十一厅、州、县本年被旱贫民，缓征新旧额赋。

（卷841　234页）

乾隆三十四年（1769年）九月甲申

豁除甘肃宁朔县本年沙压地五百五亩有奇额赋。

（卷842　250页）

乾隆三十四年（1769年）九月戊戌

谕："据明山奏，拣选河州协副将色伦泰接署巴里坤镇篆，但该员现届五年俸满，兵部调取引见，请俟巴彦弼回任后，再行给咨等语。巴彦弼已有旨，令其前往署理乌鲁木齐提督，不必来京请训。所有巴里坤总兵员缺，已著存泰署理。副将色伦泰俟存泰到任后，再行给咨送部引见。"

（卷843　257页）

乾隆三十四年（1769年）九月甲辰

谕军机大臣等："据明山奏，成县毛嘴山民镡壮等因县役催粮滋扰，纠众报复，拆毁武时发等房屋一折，已交三法司核拟速奏矣。该督审拟此案意存姑息，殊属非是。差役借催粮名色，凌虐乡民。又复贩盐牟利，自有应得之罪。乃镡壮等并不鸣官究治，辄敢聚众，纠约至七十余人之多，拆毁差役房屋，肆行恣横，实属目无法纪。岂可不从重多办数人，大示惩创。该督仅将为首及济恶二犯拟以斩决，为从拟绞监候者止坐四犯，而于在场喊叫助势之何秀等九人，竟照为从减等外遣。何以儆凶顽而伸国法，似此有心轻纵，岂封疆大臣整饬地方之道。至镡傣一犯，因欠粮拘比，敢于中途扎死差役杨英，并刀伤众役，凶恶已极。既经弋获，自应迅即审究，速正刑章。乃以上年十二月内之案，距今将及一载，尚称现在候审。殊不知事理轻重。该督向来办事尚属认真，何以办理此等大案，宽纵因循至此。岂以已得总督，心满意足乎。明山著传旨申饬。并将何秀等犯因何拟罪失当，及镡傸一案，因何审结迟延各缘由，明白回奏。毋得稍有掩饰，自干重戾。"

（卷843　262页）

乾隆三十四年（1769年）九月是月

陕甘总督明山奏："成县民镡壮等聚众滋事案内，不能觉察擒捕之州县，若随案查参，恐启刁民挟制官长之渐。容臣另折参奏。"得旨："俟众犯正法后即行参奏，汝之属员如此，独无咎乎。"

（卷843　267页）

乾隆三十四年（1769年）十月壬戌

谕军机大臣等："户部折奏，明山题报敦煌县补销接管裁缺沙州卫乾隆二十三年拨运安西、柳沟等处，用过脚价一案。迟至十年之久，始行报销，而册报粮数款目种种舛误，恐有蒙混掩饰情弊。请交该督详查具奏等语。已依议行矣。此案于二十二年内，经黄廷桂题报拨运，何至屡次驳查，直至迟逾十载尚复牵混不清，殊不可晓。著传谕明山，即速详细确查从前牵混情由，并因何迟延之处，据实复奏，毋稍含混隐饰。"寻奏："遵查裁缺沙州卫拨运安西、柳沟等处粮石，用过脚价银两，均系实运实销，并无蒙饰。惟造报册内数目舛错，以致部驳。至报销迟延，缘改卫为县，前任守备与该县交代时，仅将拨运粮数，查明接收造报，而于应销脚价遗漏，应将迟误各员开列参处。"下部知之。

（卷844　289页）

乾隆三十四年（1769年）十月辛未

以甘肃肃州道王显绪为山东按察使。

（卷845　310页）

乾隆三十四年（1769年）十一月庚辰

谕："据明山参奏成县知县汤尚箴徇纵蠹役，索诈滋事。阶州知州汪沁毫无觉察，请旨分别革审。再镡壮聚众案内有生员镡克仁等附和随行。训导白士钧平日不能训饬士子，请革职。学政刘墫失于觉察，请交部察议。并自请议处等语。汤尚箴著革职，交与该督严审定拟具奏。汪沁、白士钧俱著革职，刘墫、明山著一并交部分别议处。"

（卷846　327页）

乾隆三十四年（1769年）十一月己丑

赈恤甘肃渭源、河州、狄道、金县、陇西、宁远、安定、伏羌、通渭、岷州、平凉、静宁、泾州、庄浪、隆德、镇原、秦州、古浪、庄浪厅、宁朔、宁夏、巴燕戎格、西宁、大通等二十四州、县、厅本年水、旱、霜、雹灾饥民，并蠲缓新旧额赋。

（卷846　335页）

乾隆三十四年（1769年）十一月丁酉

加赈甘肃会宁县本年旱灾贫民，并蠲缓额赋。

（卷847　338页）

乾隆三十四年（1769年）十一月戊申

吏部议复甘肃布政使蔡鸿业奏称："新疆丞倅各缺，向例于甘肃拣员调补。查乌鲁木齐额设同知一，通判一，仓大使一。特讷格尔额设县丞一，呼图毕及迪化、惠远、绥定三城各设巡检一。每遇缺出，甘省丞倅无多，一时难得其人。请嗣后除衔缺相当者，照例调往外。其衔大缺小者准借补。衔小缺大者亦准借署，俸满时仍照原衔升转等语。应如所请。"从之。

（卷847　348页）

乾隆三十四年（1769年）十一月是月

陕甘总督明山奏："穆垒一带应移民户，现已招募齐全。原派屯兵等自应撤退。惟是新疆积贮愈多愈善，新移户民亦需人照料。请将原派沙州等营兵五百名内酌留一百，又建修房屋之穆垒营兵一百二十名，除看守仓库，安设塘卡需兵七十名外，余兵五十，共兵一百五十名。留千、把、外委三员管辖，仍令屯田。岁可收粮三千六七百石。其撤兵所遗地亩，将中吉布库地三千余亩拨给现留兵丁屯种。奇台并东葛根开种地七千亩，酌给明岁新移户民耕种。至各兵原领牲畜、农具，即分给屯兵及新户应用。其拽磨马亦仍留屯所，并于撤退各项匠役内酌留钻磨石匠一名。一切事宜即令穆垒营守备兼理。将原派守备撤回。"得旨："览奏俱悉。"

（卷847　350页）

乾隆三十四年（1769年）十二月戊辰

以故甘肃洮州厅属土千户杨绍祖子班爵，四川建昌道属咱哩土千户古闻远子应洪，鲁密本滚土百户拉布子桑济丹巴，白路土百户阿施子申租，湖北金峒土千总覃舜邦子廷荐，湖南麻寮所土把总唐祚禄子开玺，各袭职。

（卷849　372页）

乾隆三十四年（1769年）十二月戊寅

御保和殿，筵宴朝正外藩。左翼：科尔沁和硕亲王固伦额驸色布腾巴勒珠尔多罗、扎萨克图郡王纳旺色布腾、多罗郡王和硕额驸齐默特尔济、多罗冰图郡王喇特纳扎木素、多罗郡王喇什噶勒当、多罗贝勒三音察衮、镇国公固山额驸索诺木色棱、辅国公色当噶玛勒、和硕额驸敏珠尔多尔济、固山额驸索诺木、一等台吉喇特纳班珠尔、乌珠穆沁和硕车臣亲王朋苏克喇布坦、喀喇沁多罗都棱郡王喇特纳锡第、固山贝子多罗额驸扎拉丰阿、固山额驸端珠布色布腾、阿巴噶多罗卓哩克图郡王车凌旺布、辅国公齐巴克扎布、翁牛特多罗达尔汉贝勒诺尔布扎木素、固山贝子巴勒丹、土默特多罗达尔汉贝勒索诺木巴勒珠尔、和硕额驸纳逊特古斯、二等台吉垂扎布、鄂尔多斯多罗贝勒齐旺班珠尔、扎噜特多罗达尔汉贝勒固噜扎布、杜尔伯特固山贝子博第、敖汉镇国公固山额驸罗布藏锡喇布、乌喇特镇国公噶勒桑车凌、喀尔喀镇国公恭格阿喇布坦、辅国公德勒克多尔济、伊什扎木楚、贡楚克扎布、公品级一等台吉齐旺巴勒济、扎萨克一等台吉辖克、达玛璘扎布、贡楚克扎布、苏尼特辅国公扎什喇布坦、克什克腾扎萨克一等台吉齐巴克扎布、巴林多罗额驸丹津。右翼：喀尔喀和硕亲王成衮扎布、扎萨克图汗巴勒达尔、和硕亲王罗布藏多尔济、世子额驸拉旺多尔济、多罗郡王桑寨多尔济、多罗达尔汉贝勒拉旺多尔济、多罗贝勒衮布多尔济、固山贝子巴尔准多尔济、敦多布多尔济、辅国公车登三丕勒、车布登多尔济、二等台吉班丹多尔济、敖汉多罗郡王喇什喇布坦、二等台吉巴勒珠尔喇布坦、奈曼多罗郡王拉旺喇布坦、固山额驸端多布、绰啰斯多罗郡王罗布扎、回部郡王品级贝勒霍集斯、辅国公图尔都、额色尹、和什克、公品级一等台吉素赉璘、扎萨克一等台吉玛木特、英吉沙尔二品顶带阿奇木伯克素勒坦和卓、阿噜科尔沁多罗贝勒达克丹、科尔沁固山贝子多罗额驸班珠尔、三等台吉济克济扎布、鄂尔多斯固山贝子丹巴达尔济、厄鲁特固山贝子朋素克、贡楚克邦、多尔济色布腾、巴林辅国公和硕额驸德勒克、和硕特辅国公色布腾、扎萨克一等台吉特默齐、青海扎萨克一等台吉巴勒珠尔、衮楚克、辉特扎萨克一等台吉拉克沁噶喇、郭尔罗斯固山额驸苏玛第、喀喇沁一等塔布囊达克丹、翁牛特二等台吉衮布车布登及领侍卫内大臣等。召科尔沁和硕亲王固伦额驸色布腾巴勒珠尔、多罗扎萨克图郡王纳旺色布腾、多罗郡王和硕额驸齐默特多尔济、多罗冰图郡王喇特纳扎木素、固山贝子多罗额驸班珠尔、乌珠穆沁和硕车臣亲王朋苏克喇布坦、喀喇沁多罗都棱郡王喇特纳锡第、固山贝子多罗额驸扎拉丰阿、翁牛特多罗达尔汉贝勒诺尔布扎木素、土默特多罗达尔汉贝勒索诺木巴勒珠尔、敖汉多罗郡王喇什喇布坦、镇国公固山额驸罗布藏锡喇布、喀尔喀和硕亲王成衮扎布、扎萨克图汗巴勒达尔、和硕亲王罗布藏多尔济、世子额驸拉旺多尔济、奈曼多罗郡王拉旺喇布坦、绰罗斯多罗郡王罗布扎、回部郡王品级贝勒霍集斯、巴林辅国公和硕额驸德勒克等至御座前，赐酒成礼。

（卷849　380页）

乾隆三十五年（1770年）正月是月

陕甘总督明山遵旨议奏："甘肃布政使蔡鸿业奏称，民间领借籽粮，各就地土节气，随宜播植。收成后势难全照原借粮色交纳。应请通融抵交，除下色之糜、粟二谷需碾米支发，仍照一米二谷报销外，余如上色之小麦、豌豆、粟米、黄米，下色之青稞、大豆、青豆、大麦等项，准其照领借原数，以上色抵交上色，下色抵交下色。其糜、粟二谷愿以小麦、粟米、豌豆一石抵交二石者，准。"得旨："如所议行。"

又奏："穆垒迤西地，自乌鲁木齐设屯，派兵耕种，已开至吉木萨地，可安插一千一百五十户。除节年办往八百户，据甘、肃二属续召募二百五十户，现分三起尾随赴屯。委员照管，沿途护送。并造具花名册备查，分置穆垒河、奇台、东葛根等处，各就近拨地垦种。所需盘脚及到屯应给牛具、籽种，照奏定章程饬办。计正月可到，该处节候较迟，春耕不误。"报闻。

（卷851　403页）

乾隆三十五年（1770年）三月丙申

吏部议准陕甘总督明山奏称："兰州府属金县，界连省会地方最冲。直隶州秦州统辖五县，请俱改为冲、繁、难兼三要缺。甘州府属张掖县分防东乐县丞，冲途繁剧，请改为调缺。宁夏府属宁朔县，政务较简，请改为冲难中缺。西宁府属大通县丞，承平日久，番族恭顺，凉州府属平番县，西大通县丞仅司驿务，政务甚简，均请改为选缺。"从之。

（卷855　452页）

乾隆三十五年（1770年）三月癸卯

赈抚甘肃狄道、河州、渭源、金县、陇西、宁远、伏羌、安定、会宁、平凉、静宁、泾州、灵台、镇原、隆德、庄浪、盐茶、宁州、环县、正宁、古浪、平番、庄浪、宁夏、宁朔、灵州、中卫、平罗、巴燕戎格厅、西宁、大通、秦州、通渭、花马池州同等三十四厅、州、县乾隆三十四年水、旱、霜、雹等灾贫民，缓征额赋。

（卷855　457页）

乾隆三十五年（1770年）五月己卯

谕军机大臣等："据明山奏，武威、张掖等厅、州、县均于三月十九、二十、二十九并四月初一日等日，各得雨自二寸至三四寸，及深透不等。皋兰省城亦经复得透雨等语。该省已得透雨处所，自已及时播种。其仅得雨一二寸及三四寸者，沾溉尚未优渥，恐未能一律耕种。著传谕明山，将该省雨泽未能沾足州县，现在农田光景若何，及曾否续得透雨之处，即行查明据实速奏。"寻奏："四月十六至二十三等日，各属已得透雨，夏禾滋长。惟兰州、平凉二府雨未甚足，地土稍干。"报闻。

（卷858　485页）

乾隆三十五年（1770年）五月癸未

又谕曰："永贵自署理伊犁将军以来，并未实心任事。所办哈萨克马匹一案，伊明知巴尔品被人蒙蔽，乃隐忍不奏。经朕降旨询问，始行奏闻。又凉州、庄浪兵丁应赔倒马银两，将并无干涉之热河官兵俸饷，一并扣存。亦未据声明具奏。是以令伊来京，自应即予革职。但永贵平日尚属谨慎，不至竟当废弃。永贵著加恩补授都察院左都御史，革职留任，效力行走。不准戴用翎顶。"

乾隆三十五年（1770年）五月癸巳

改铸甘肃兰州府河桥水利兼管税务督捕关防，从总督明山请也。

乾隆三十五年（1770年）六月庚辰

吏部等部议准陕甘总督明山奏称："渊泉县移驻，应添建文庙。迁建道署及知县、典史、参将署各一，千把署三，监狱房九，兵房八百，军器堆拨房各十六。余仍住旧城。"从之。

乾隆三十五年（1770年）九月戊申

陕甘总督明山疏报，河州开垦成熟地七顷八十七亩有奇。

乾隆三十五年（1770年）十月乙未

谕曰："伍弥泰著驰驿往西宁办事，换傅景来京。"

乾隆三十五年（1770年）十月是月

陕甘总督明山奏："甘省土瘠民贫，一遇荒歉，全借官仓。明春籽种、口粮在所必需。查被灾州县仓储既少，拨运又艰，今核各属收成六分有余者，粮价亦属中平。预行采买，庶仓储得裕，民借有资。"报闻。

乾隆三十五年（1770年）十一月壬子

蠲免甘肃狄道、河州、渭源、金县、陇西、宁远、伏羌、安定、会宁、通渭、平凉、静宁、泾州、灵台、镇原、隆德、庄浪、盐茶厅、宁州、环县、正宁、古浪、庄浪厅、平番、宁夏、宁朔、灵州、中卫、平罗、花马池、巴燕戎格厅、西宁、大通、秦州等三十四厅、州、县、卫乾隆三十四年被雹、水、旱、霜灾额赋。

乾隆三十五年（1770年）十一月辛酉

赈恤甘肃伏羌、会宁、通渭、岷州、平凉、崇信、灵台、隆德、镇原、固原、盐茶厅、礼县、徽县、平番、庄浪、陇西、潼县、静宁、正宁、东安、中卫二十一厅、州、县、卫本年水、旱、雹、霜等灾贫民，并蠲缓额赋。

（卷873　707页）

乾隆三十五年（1770年）十一月壬戌

加赈甘肃陇西、宁远、伏羌、通渭、漳县、静宁、庄浪、中卫等州县，西固州同属，本年旱、雹、霜灾贫民，并蠲缓额赋有差。

（卷873　707页）

乾隆三十五年（1770年）十一月是月

陕甘总督明山奏："甘省每年春耕之际，民皆仰给官仓。常平仓贮虽连年买补，频买频支，所余无几。明春籽种、口粮自宜早为筹办。查通省收成六分有余，并七八分之户，皆负载市集出售。请乘此市有余粮采买六十万石。仍令各州县于被灾较轻，与未经被灾各处，及时采买，以裕边储。"得旨："如所议行。"

（卷873　712页）

乾隆三十五年（1770年）十二月甲戌

又谕："据明山奏，接奉拿解苏尔相家属谕旨，当即委员将伊父、母及伊弟苏尔忠、苏尔福押解赴省。并查得伊弟曾经过继四川谭姓，业经飞咨川省拿究等语。苏尔相甘为贼匪拘留，并敢诡词进说，丧心病狂，实为国法所不容轻恕。其妻、子自当加以罪谴。昨据彰宝奏到，现已严行饬拿解部，俟解到之日，照例治罪。至伊父母兄弟，原可毋庸缘坐，著传谕明山将现在拿解之苏尔相父母及伊弟苏丙忠等并予开释，不必解京。至其过继之弟，并著咨明川督，毋庸办理。"

又谕："据明山奏，新疆壬辰年贸易备赏缎匹，伊犁需用五千匹，叶尔羌需用二百匹，并将绸缎色样，分晰开单。请饬山东抚臣及三处织造办解甘省，以便分运各该处应用等语。著传谕富明安及江宁、苏州、杭州三处织造，照单内所开名样数目，加意织办，依期解送。务使颜色鲜明，质地厚重，不得稍有草率轻减，自甘咎戾。所有明山原折及清单一并抄寄。"

（卷874　715页）

乾隆三十五年（1770年）十二月己卯

以故青海扎萨克固山贝子纳木扎勒车凌子齐默特丹巴袭爵。

（卷874　718页）

乾隆三十五年（1770年）十二月辛卯

以江苏按察使吴坛为江苏布政使。调甘肃按察使胡季堂为江苏按察使。降前任贵州巡抚宫兆麟为甘肃按察使。

（卷875　727页）

乾隆三十六年（1771年）正月丁巳

御正大光明殿，赐朝正外藩等宴。召科尔沁和硕亲王固伦额驸色布腾巴勒珠尔、巴林多罗郡王巴图、辅国公和硕额驸德勒克、浩齐特多罗郡王达什喇布坦、鄂尔多斯郡王品级多罗贝勒栋啰布扎木素、翁牛特多罗贝勒诺尔布扎木素、阿巴哈纳尔多罗贝勒车登扎布、喀喇沁固山贝子扎拉丰阿、辅国公拉扎布敖汉固山贝子垂济扎勒、辅国公桑济扎勒、厄鲁特和硕亲王罗布藏多尔济、绰啰斯多罗郡王罗布扎、回部郡王品级多罗贝勒霍集斯、辅国公图尔都苏尼特、多罗贝勒恭桑扎勒、阿巴噶固山贝子朋楚克、青海固山贝子罗布藏色布腾、喀尔喀镇国公云丹、乌珠穆沁辅国公敦多布色棱、和托辉特辅国公巴图济尔噶勒等至御座前，赐酒成礼。

（卷876　742页）

乾隆三十六年（1771年）正月戊辰

谕军机大臣等："据杨景素奏，甘省自乾隆二十三年至三十五年，民借籽种、口粮、牛本等项，除征还外，尚未完京仓斗粮四百四万余石，折色银一百三十二万余两等语。此等应还官项，为时甫及十余年，积欠已至数百余万之多。固由该处地瘠民贫所致，亦因前此办理军需时，递年叠行蠲贷，民间习以为常。及大功告成，军需停办，自不能如向来之格外邀恩，而愚氓不知餍足，奢望常怀。转将本分应完借欠输纳不前，似此日累月多，势将何所底止。是旧通固不可不及时清厘，致令积疲不振。惟是边陲生计艰难，尤当急为筹划，以裕久长。庶几积薄之区得有起色。因思新疆底定以来，缘边一带如安西、辟展、乌鲁木齐等处地多膏沃，屯政日丰。原议招募内地民人前往耕种，既可以实边储，并令腹地无业贫民得资生养繁息，实为一举两得。况迩来边外商民辐辏，风景不殊内地，所有旧日玛哈沁等并已搜捕净尽，所至皆成乐土。更复何所畏避。乃愿迁之户虽官为资送，而为数仍属无多，总缘民人等于新疆饶裕情形，未能知之甚悉。遂尔意存观望耳。不知小民于利之所在，果灼见其安便易图，自无不争先往赴，即如热河及张家口外各处凡有可耕之地，山东等省民人俱不远数千里，襁负相属，以为自求口食之计。何尝官为招集耶？况甘省密迩新疆，较之山东出口路程更为近便，若能详为劝谕，俾知沃壤可耕，资生甚易，足以自图宁宇，谅皆趋之如鹜，久而相安成习，必且邀朋携侣，熙攘往来，各自适其谋生之乐，并无庸似旧时之官与经营。俟将来关外生聚滋蕃，兼可酌添郡县。而此等待食之民，向外多移一人，即少耗内地一日之粟。可使盖藏渐裕，化瘠为腴，其裨益更非浅鲜。此皆明山所当时常留心者，而总未见其奏及。著将如何设法劝导，令民人踊跃乐从之处，即行详晰妥议具奏，并将现有欠项作何逐渐征完，或另筹调剂之道，一并定议奏闻。"

（卷877　746页）

乾隆三十六年（1771年）二月乙亥

军机大臣等遵旨议奏："革任甘肃泾州知州许宗峡未完亏项，始自乾隆八年至十六年解回安徽本籍勒追。今抚臣裴宗锡查其家产全无，仍照例请豁。经刑部议复具题，查此案迟至二十余年之久，任所原籍承追各员辗转迟延，均难辞咎。亏项不得任其无著，应著落该二省承追不力各员及各该上司，分晰任年月，按数摊赔完项。许宗峡照例问拟杖徒，不准纳赎。"得旨："依议，向来直省亏欠追赔之案，如果家产尽绝，该旗籍查明取结保题，定例请旨宽免，将本人治罪完结。此案许宗峡原参亏挪银一万七千余两，其中尚有民欠应完银三千余两。事在乾隆八年，该督抚既经劾奏定案，即应依限接数严追。乃甘省当时既不及早查办，迟回已阅数载，追乾隆十六年始将该参员解回原籍监追。因循悬案，竟至二十余年之久。而安徽省于前此题豁时，又不分晰民欠，一体请免，经部议驳承追，仍属怠缓。核计该二省迁延情节，与寻常无力请豁辗转行查，往返需时者尤属不同。因交军机大臣等查议。据奏，请于甘肃、安徽两省承追不力各员名下匀摊赔项。许宗崃照例拟徒不准纳赎，已如所议行。嗣后各省督抚遇有亏缺库项之员，一面题参，一面即行依限严追，速清公帑，毋得任意悬宕，如有仍蹈前辙者，惟于承办之大小各员是问。将此通谕知之。"

（卷878　753页）

乾隆三十六年（1771年）三月戊午

谕："去岁福建巡抚钟音查奏，杨开鼎捏报小修战船一案。朕以该督崔应阶仅令赔补了事，不即据实参奏。知其年力就衰，未能振作，难以复膺封疆之寄。因令崔应阶来京陛见，调为漕运总督。至闽浙总督员缺，钟音未尝不可胜任，但此案由钟音举发，若巡抚劾一总督即以其缺授之，恐开觊觎倾轧之渐，是以止令钟音暂署。彼时原欲用富明安为总督，又因其今春有应办东巡事务，今由水程回銮，明日即出山东境。伊并无经手未完之事。富明安著补授闽浙总督，即赴新任。其山东巡抚员缺，著周元理补授。所遗直隶布政使员缺，著杨景素调补。甘肃布政使员缺，著尹嘉铨调补。山东布政使员缺，著海成补授。所遗安徽按察使员缺，著图思德补授。"

（卷881　794页）

乾隆三十六年（1771年）三月己未

谕军机大臣等："前据明山奏，甘省冬雪未能普遍。时值春融播种，望雨颇殷，现在设坛祈祷等语。已于折内批询。曾否得有雨泽，至今未据奏报得雨情形，深为廑念。兹于行在召见毕沅。据奏，该省河东各属连年叠被偏灾，岁收已属歉薄。去年夏秋复多被旱之处，腊雪又稀。间有得雪处所亦未能沾足。起程时察看土脉干燥，春麦未种。幸甘省节候较迟，若三月上旬得雨，尚可赶种夏田等语。看来该处待泽甚殷，现在曾否得有透雨，是否无误耕种，尤切萦盼。著传谕明山，即速将有无得雨情形据实由驿复奏，以慰轸怀。又据毕沅奏称，甘省兰州、巩昌、平凉所属积歉州县常平仓谷，因屡被偏灾，随时赈借，现在所存无几等语。边地仓储，关系紧要，尤须预为筹备。并著该督将此时各该州县仓储作何筹备充裕之处，一并查明速行具奏。"

（卷881　795页）

乾隆三十六年（1771年）三月庚申

谕："据明山奏，甘省历年民借籽种、口粮、牛本等项银粮积欠甚多，请分别六年、四年带征等语。该省边陲地瘠，民乏盖藏。从前因办理军需，岁予蠲贷，间阎几不知有输将。自大功告成以后，无从格外施恩，而常时所借籽种等项，例应按年偿纳。乃比岁叠被偏灾，收成歉薄，致旧欠日积日多，在小民固属分所应完。即带征已为体恤，第念各该州县民间借欠究属因灾，若令其新旧并完，贫民未免拮据。著加恩将甘省各厅、州、县所有节年未完民借籽种、口粮等项仓粮四百四万余石概行豁免，俾边氓得免追呼。其未完银一百三十二万余两，无论被灾轻重，统予分作六年带征完纳，以纾民力。该督其董率所属，实力妥办，使穷檐日臻康阜，生计有资，副朕嘉惠远黎至意。该部遵谕速行。"

谕军机大臣等："据明山奏，会议宁条梁居民住址地界，拟亲往查勘立定章程一折。屡用蒙民字样，殊属不通，已于折内批饬添改矣。从前因臣工章疏有称满洲、蒙古、汉军为满、蒙、汉者，任意减字，灭于文理。曾经通行饬谕。明山岂竟不知，何以折内蒙民字重见叠出，此等庸俗不堪之劣幕，意在省文，而不顾词义之顺否，实为可鄙可笑。明山于陈奏事件，理应自行斟酌，何至竟不寓目，任其蹈此恶习耶？著传旨申饬。又另折奏，查阅营伍一事，内称西安提标大营，当亲往查阅。并可阅看抚标营伍，其余各协营，应归抚臣阅看等语。所奏殊不明晰，亦于折内批示。总督统辖两省，所属营制俱当查阅。或以地界辽阔，难于遍历，如西安省城迤东一带，自不及远赴巡查。其由甘肃至西安，中间经过陕西省属地方，所有协营若乘便阅视，并不致跋涉纡回。又岂应惮烦敦体，何以该督折内专指提标抚标，余概置之不论乎。其故甚不可解，著明山据实复奏。"

又谕："据明山筹议，甘省历年民借籽种、口粮、牛本等项未完银粮，请分别六年、四年带征完项等语。该省地瘠民贫，从前办理军需时递年加恩蠲免。今大功告成，既不能加前此之邀恩，而历年因灾缓带，民力又未免拮据，输纳惟艰，势所必至。即如折内所称，现在尚且纷纷详请借支，安望其能按限清完旧欠耶？所有皋兰、狄道各厅、州、县未完粮四百四万余石，业经另降谕旨全行豁免。其积欠银一百三十二万余两，亦加恩分作六年带征，俾积歉之区得资宽裕。小民具有天良，谅无不欢欣感激。此后输将力赡，自能踊跃急公。至招募民人前往新疆耕种一事，实为内地贫民久长生计。该督所议仍属空言无济。关外屯政日丰，所在皆成乐土，且商贾懋迁往来甚便。并闻安西一带，亦有向经垦熟之田，年来复有听其旷废者，小民趋利如鹜，何竟裹足不前。闾阎生计自谋，岂能官为经理。其现办招徕资送之事，势难遍及，亦未便久远长行。况利之所在，风闻自往，如口外热河、张家口各处，山东等省民人辏集，日益月增，并未借有司之招致。又如朕巡幸所至，老幼瞻觐，迎銮欢呼，趋拥动以千万计，皆出于黎庶诚心。自然群聚，若使奉官派谕，转未能如此众多。即此可悟民之趋向，第使之知所当由，自无待力为强致。岂有嘉峪关以外可以耕种之地，沃壤数千里，但有勤力之民，身往耕作，不特可资糊口，兼得借以成家。较之经商挟资求利者，几于事半功倍。百姓又何惮而不为。若徒恃文告虚言，未必能家喻户晓。著传谕明山，悉心体贴，实力讲求，俾腹地群黎皆恍然知有安土可依，熙攘趋赴，自贻乐利，于事方有裨益。著另行熟筹妥议具奏。"

（卷881　795页）

乾隆三十六年（1771年）三月壬戌

以陕西驿盐道图桑阿为甘肃按察使。

（卷881　798页）

乾隆三十六年（1771年）三月庚午

吏部等部议复陕甘总督明山奏称："辟展为新疆南北冲衢，政繁差重，向以内地派往丞倅杂职经理，轮流更替，于事无益。请裁兰州府河桥同知，并平番县苦水巡检，均移驻辟展隶安西道，安同知为冲、繁二项，边远紧要满缺。巡检亦在外调补。均应如所请。"从之。

（卷881　805页）

乾隆三十六年（1771年）三月是月

陕甘总督明山奏："甘省春雨愆期，屡奉垂询。今于三月上中旬，近省各属得雨二寸至四寸不等，惟兰州、巩昌、平凉等府属与凉州府属之古浪、平番等县，连岁偏灾，粮价颇昂。必须借粜兼行。"批："亟应为者。"又奏："积歉地方，粮不敷用，拟于甘州、西宁等属并凉州府属之镇番县共拨粮二十万石，协济兰州、巩昌二府属，并古浪、平番等县。其平凉府属需粮十万石，另于附近陕省各属筹拨。至议拨甘省粮石，已令藩司饬属上紧挽运，庶一有所需，即可拨用。"又批："是，有此举动，民情自安矣。"又奏："甘省仓赈亟须筹备，积歉各属，议拨粮三十万石，犹恐不敷协济。但甘省无处再拨，臣即日赴陕查阅营伍，当与抚臣文绶面商，于陕省仓贮充裕各属加拨十万石，方资接济。"又批："若陕省亦望雨，又不可多拨，恐百姓无知，以为现在望雨，仍拨本处之米接济他处。此亦不可不虑。若十分无法可施，银米兼施，或亦一策也。"

（卷881　808页）

乾隆三十六年（1771年）四月甲申

又谕："据明山奏，署渭源县知县杨兆槐盘获滇省脱逃遣犯马进才，请敕部议叙等语。杨兆槐前于成县聚众一案，曾经拿获要犯。今又盘获外省逃遣，看来尚属能事，著该督出具考语，送部引见。"

谕军机大臣等："据明山奏，盘获云南脱逃遣犯马进才等，讯出该犯等在云南楚雄府定远县，与湖南溆浦县军犯陈均侯，即从金沙江分路，独回溆浦原籍。现咨湖南抚臣查拿审办等语。陈均侯一犯从去冬潜逃回籍，阅时既久，尚未见吴达善奏报弋获。岂该地方官竟尔漫无访察，一任该犯久匿潜踪。著传谕吴达善，即速饬属上紧严缉务获。审明照例办理，毋任远扬漏网。仍将现在有无拿获，及作何勒缉之处，即行奏闻。"寻奏："先于三月初十日，准云南抚臣咨会，缉拿脱逃军犯谌俊厚。查陈均侯与谌俊厚原籍，及同逃之马进才情节相符，其为一人无疑。臣当即檄行该县蹧缉，现复委员严密查拿，俟确查踪迹有无，即行具奏。"报闻。

又谕："据明山奏，筹拨陕省粮石接济平凉一折。所称札致文绶确商之处，殊不得理。已于折内批示矣。该督现赴西安查阅营伍，计日可与文绶相见，所有平凉府属需用粮石，应拨自何州县，正可面向该抚详细熟筹，何必又烦笔札。况此项粮石系拨往平凉储备借粜之用，尚非刻不空缓，并会晤亦不及待，必需飞札相商。即以办事迟速而计，觌面讲论，何等直捷，远胜于书函之往复纡回。该督宁见不及此，岂拘泥札商故套，惟付之幕友，致书了事。该督全不经意耶？明山向日办理事务，颇为精细，何以近日顿不如前。

著传旨申饬。又该督前奏，赴西安仅阅抚标，其余各营仍归抚臣阅看。朕以该督既赴西安，则沿途经过营汛何难顺便查阅，实为不晓事理。曾饬谕该督，据实复奏。今阅明山奏折，仍与上次所奏相同。计拜折时，自尚未接奉前旨。但前旨系三月十五日由五百里驰寄，较询问该督甘省曾否得雨之谕止迟一日。该督两次驿奏得雨情形，俱在接奉谕旨之后，何以不将饬谕阅看营伍一节，付邮复奏，殊不可解。著再传谕该督即行逐一复奏。至现在甘省曾否续得透雨，并著奏闻。"

（卷882　823页）

乾隆三十六年（1771年）四月甲午

又谕曰："固原镇总兵四十六业经降调，员缺甚属紧要。著该督于通省总兵内拣选一员调补。所遗员缺，著巴格补授。至四十六现在所署肃州总兵员缺，尤属紧要，著即令拣选调补之固原镇前往署理，其固原镇员缺，仍著承保署理。"

（卷883　833页）

乾隆三十六年（1771年）四月乙未

谕："据明山奏，前往伊犁换班之户部员外郎依明阿，路次泾州。其家人张保、百龄因赴州城号内，喊要马匹，詈骂马夫，致与该州家人龚士美吵嚷扭结，百龄将龚士美踢伤致死。虽究无骚扰需索情事，而疏纵罪无可逃。请将依明阿严加议处等语。所奏殊属舛谬。差员经由驿递，不能约束仆从人等安静守法，辄敢肆意妄行，伤毙人命。此而尚不谓之骚扰，必如何而后为骚扰乎。该督不据实严参，转以究无骚扰别情，曲为开脱，实属徇情轻纵。明山著交部严加议处，依明阿著革职，发往伊犁。在司员上自备资斧，效力购罪。所有此案情节，仍著该督严审定拟具奏。"

（卷883　833页）

乾隆三十六年（1771年）四月是月

陕甘总督明山奏："甘省兰州等府雨泽未足，除拨本省甘州、西宁等府粮二十万运赴协济，又酌拨陕省粮十万。臣查兰州、巩昌、平凉等府所属于三月十七八等日，节次得有雨泽。夏禾长发，更可乘种秋禾。得三十万石粮之借粜，设往后不敷，银米兼施，可无虞竭蹶。请将陕西鼓铸余钱动拨三万串运甘，或就近搭放兵饷，或折粮价借给农民，随宜酌办，仍扣还原价归款。"得旨："知道了。"又批："诸事俱俟朕虑，设尔总督何用。"

（卷883　837页）

乾隆三十六年（1771年）五月辛丑

又谕曰："明山现在交部严加议处。伊系革职留任之员。部议自应革任，向来督抚等遇此等处分，或事属公过，或情尚可原。每以人才难得，多有酌量加恩，仍予留任者，如高晋一人所带革任注册之案甚多，而其年来办事公诚可信，实为督抚中杰出之人，因得屡邀恩免。即伊查奏此案，并不丝毫瞻徇情面，据实直陈。而于查审裴宗灏冒销运脚一案，亦将巡抚裴宗锡并无徇庇同宗之处，剖晰明确，深得大臣秉正不阿之道。凡为督抚者，不当如是乎。今明山于复奏修理衙署一事，敢于欺饰蒙混，其心已不可信。且其近日办事，动辄舛误，顿不如从前之精到，亦既屡令军机大臣传谕严饬矣。然人才难得，尚望其改过自新。今竟敢为欺饰，岂可复膺封疆重寄。明山著即解任，听候部议。陕甘总督员缺，著吴达善调补。吴达善未到任之先，著陕西巡抚文绶前往暂署。陕西巡抚印务，著布政使勒尔谨暂行护理。湖广总督员缺，著富明安调补。吴达善现在兼署湖南巡抚。德福现又署理云贵总督，其缺未便久悬。永德著调补湖南巡抚，其河南巡抚员缺，著何煟补授，仍兼管河务。钟音著补授闽浙总督，其福建巡抚员缺，著余文仪补授。"

谕军机大臣等："吴达善现已调任陕甘总督。甘省应办事务较多，已令文绶前往署理。并传谕富明安，令其速赴新任。吴达善一俟富明安到楚，即行交代驰赴陕督之任，不必来京请训。其湖南巡抚员缺，现令永德调补。如富明安到任在永德之先，该督即将湖南巡抚篆并交富明安。若永德赴任在富明安之先，亦即令永德以巡抚暂行署理总督事务。将此传谕知之。"

（卷884　839页）

乾隆三十六年（1771年）五月癸卯

谕军机大臣等："据明山奏报甘省得雨情形一折。内称惟皋兰、金县、安定、会宁、古浪、平番等县，俱系连年积歉之区。今春缺雨，所种夏禾无几。兹皋兰等处虽经得雨，只可补种秋禾。而古浪、平番尚未据报得雨。现饬将拨运仓粮，酌量借粜，以资接济等语。前以甘省得雨未优，令明山奏明酌拨仓粮以备借粜。曾令善为经理。今皋兰等处仅能赶种秋田，而古浪、平番二县曾否得雨，尚难预定。所关尤为紧要。均须实力确查，妥协办理，俾穷民不致失所。现在明山已降旨解任，令文绶前往署理督篆。著传谕文绶即董率所属，将各该县应办借粜事宜，核实确查，悉心筹办，务期闾阎均沾实惠，口食有资，副朕轸念边氓至意。又明山另折奏，请将藩司杨景素暂留甘肃，俟尹嘉铨到任交代，再令起程等语。直隶藩司印务现有王显绪署理，杨景素到任不妨略迟。且尹嘉铨于四月初六日自山东起程，计其到甘亦已不远。该督可转谕杨景素，俟与尹嘉铨交代清楚，再行前赴新任。将此传谕文绶知之。"寻文绶奏："春间少雨，所种夏禾无几。四五月得雨后奏，赶种秋禾，现已长发。除各属夏秋田禾可望收者不计外，夏禾被灾如泾州、固原、静宁、盐茶厅、隆德、红水县丞、循化厅、安定、会宁、金县、皋兰、平凉、平番、古浪、狄道州、沙泥州判、崇信、华亭、环县、抚彝厅、张掖、山丹、东乐县丞、武威、镇番、花马池州同、河州、宁远、漳县、岷县、宁夏、宁朔、平罗、清水三十四州、县、厅，所拨甘粮二十万石，陕粮十万石，现在次第起运。按被灾轻重之处，分别运往，以备接济。先将陕钱三万串，泾州仓存粮五万七十余石，运灾重要区。"得旨："览奏俱悉，亦屡有恩旨矣。其督饬属员悉心妥办，以救灾黎。"又批："吴达善不日即到，一切告彼可也。"

（卷884　841页）

乾隆三十六年（1771年）五月甲辰

谕："据周元理奏，升任东平州知州沈维基现有承修城垣工程，未便遽易生手，请将该员暂行留任，俟工竣后，奏明请旨简用。所有甘肃平凉府知府员缺，请另行简放等语。沈维基既有经手紧要城工，著照所请，仍留原任，俟工竣后，该抚再行请旨。其平凉府知府员缺，著达冲阿补授。"

（卷884　842页）

乾隆三十六年（1771年）五月丙午

谕军机大臣等："前有安南国民黄公缵等携眷内附。经总督彰宝查办，请将黄公缵等及其眷属一百余人全行移向乌鲁木齐安插。其作何分起押送，已交彰宝酌按人数分拨妥协办理。所有经过省份均应一体留心护解，著传谕各该督抚，将来滇省解送黄公缵等过境时，务派妥干文武员弁沿途小心管押，毋致疏虞。倘有乘间脱逃之事，速即严行缉拿。于所获地方即行正法。其解至甘省时，该督抚预行知会乌鲁木齐办事大臣，酌量拨给地亩、房间，令其耕种自赡。其如何安插编管之处，并著该大臣会同该督妥议具奏。可于各该督抚奏事之便，先行谕令知之。"寻文绶奏："臣现飞檄陕甘沿途州县，俟黄公缵等解到时，留心护解，并即飞移乌鲁木齐办事大臣，酌议给地亩、房间，令其安业。"得旨："览。"

（卷884　846页）

乾隆三十六年（1771年）五月壬戌

谕军机大臣等："据常钧奏，路过甘省之皋兰、金县、安定、会宁、静宁、隆德、泾州等州县，因去冬今春雨雪未降，春麦不能及时下种，民食维艰。各地方官自去冬捐备米粮，煮粥散赈，至今尚未停止等语。甘省今年望雨情形及筹拨粮米之处，节经明山具奏，续于四月十五日奏报雨水，折内称皋兰、金县、安定、会宁虽经得雨，只可补种秋禾，其静宁、隆德、泾州各州县曾否得有雨泽，未及声叙。且明山节次所奏，只称借粜兼施，其地方官捐米煮粥一节亦未奏及。贫民当积歉之后嗷嗷待哺，设粥赈赡，较之散给银米，尤为有益。但现在夏麦无收，待至秋成为时尚早。灾黎借粥糊口，自难遽停。所需煮粥之米是否于借粜项下通融筹办。抑实系地方官捐备赡民，如何供此数月之用，均须从长筹划。至皋兰等四县既得透雨之后，秋禾曾否一律普种，可望西成接济。而静宁等三州县是否均沾渥泽，无误秋田，及前次传询之古浪、平番二处，曾否亦得透雨，赶种晚秋，并现在有无亦资粥赈之处，著传谕文绶，逐一查明，悉心熟筹，率属妥协经理，务使边氓口食有资，毋稍失所。仍将各实在情形迅速由驿奏闻，以慰廑念。"

（卷885　857页）

乾隆三十六年（1771年）五月丙寅

谕："前因甘省采买赈恤等项，需用较繁，曾于乾隆三十一年降旨拨解部库银三百万两，赴甘备用，业已支用全完。迩年来买谷备赈诸事，又于邻省节次协拨银三百余万两，亦经动用。今年甘省得雨较迟，现需借粜接济。

而已经支给之谷，均应于秋成后买补还仓。所需银项自宜早为筹备，著于户部库内拨银二百万两，派委妥员解赴该省，存贮备用。该部遵谕即行。"

（卷885　859页）

乾隆三十六年（1771年）六月辛未

吏部议复甘肃布政使尹嘉铨奏称："两司调补毋庸给凭，以省具文。部行催令速赴新任，查官员给凭到任，按限缴凭，所以防逗留而警玩愒。惟各省督抚凡起程到任，例得自行题报，藩臬向无题报之例。倘赴任无一定限，无凭稽查，恐启迟缓之渐。若照月选官例给凭定限，未免旷日持久。请嗣后藩臬两司或在京简用，或具题升补，及在外升调者，臣部俱照即速赴任之例，凡一切交代定限两月者，今改为一个月，如由山东至甘肃，限七十五日，改为三十七日，余俱照此扣限给凭。到任后仍申缴该上司，专咨报部。再道府亦应照新例酌减，照正限议以四分减一，如由山东至甘肃七十五日，改为五十六日，其余各省程限，均照此例办理。有违限者，仍照旧例处分。载入例册通行。"从之。

（卷886　866页）

乾隆三十六年（1771年）六月丁丑

谕："昨因甘省库贮之项无多，现有应需借臬接济之事，已降旨令户部拨库银二百万两，委员解甘存贮备用。今阅署陕西布政使毕沅所奏交代折内，该省现有库银四百三十三万三千七百余两，为数既属宽余。该省去甘肃程途又近，莫若即将陕省库项内拨银二百万两解甘应用。较之自京远解尤为迅便。所有户部拨解甘省库银，毋庸办理。该部即遵谕行。"

谕军机大臣等："昨因甘省现需借臬接济，已降旨令户部酌拨库急二百万两，委员解甘备用。今阅署布政使毕沅所奏交代折内，库贮之项现有四百三十三万三千七百余两，为数既属宽裕。陕省距甘省程途尤属近便，现已明降谕旨，该护抚勒尔谨于奉到后，即行遵照妥办。但陕省每年亦有应需支用之项，现在库贮内除拨解甘省外，所存二百三十余万两，如已足敷岁支，自可毋庸另为筹划，若支用及备贮之项或有不敷，仍可由部库拨解该省备用。著传谕勒尔谨逐一核计，即行据实奏闻，候朕另降谕旨。将此并谕毕沅知之。"寻勒尔谨奏："陕省支放各营兵饷暨各官廉俸，每岁共需银一百三十余万两，核计现存库贮除拨运甘省及支放外，尚余一百余万两。此时不必由部库拨解。"报闻。

（卷886　871页）

乾隆三十六年（1771年）六月庚辰

礼部议复陕甘学政刘墫奏称："削籍乐户捐纳应试，宜酌定限制。应如所奏，凡削籍之乐户、丐户、蛋户、渔户应以报官改业之人为始，下逮四世，本族亲支皆清白者，方准报捐应试。该管州县，取具亲党邻里甘结，不许无赖人借端攻讦。若本身脱籍，或仅一二世及亲伯、叔、姑、姊尚习猥业者，一概不许滥厕士类。至该学政所引，从前礼部办理毛光宗、钱宏业二案，相沿歧误，应请一并更正。将毛光宗原捐贡生、钱宏业原捐监生均行斥革，追照缴部。"得旨："依议，其从前毛光宗、钱宏业二案，礼部概行准其捐纳，均属错误，著将办理此二案之礼部堂官交部察议。"

（卷886　873页）

乾隆三十六年（1771年）六月辛巳

谕："甘肃上年收成歉薄，今春雨泽又复稀少，恐不能及时播种，民食未免拮据。节经传谕该督，筹办借粜，以资接济，并令将该省现在情形据实奏闻，候朕酌量加恩。今据署总督文绶奏称，甘省州县有于四月中得雨已足，业经补种秋禾者，尚可望有收成。其得雨较迟之处，晚禾不能复种，现需筹办等语。甘肃土瘠而寒早，岁止一收，其曾经及时赶种者，尚可冀秋成有获。若夏秋俱未及种，小民终年待哺，口食维艰。朕心深为轸念，著加恩将甘省现被夏灾不能赶种秋田之各州、县、厅属，即照秋灾之例，查明加意赈恤，分别蠲缓，俾贫民不致稍有失所。昨已降旨，于陕省藩库拨解银二百万两赴甘，所有应需办灾银两，自属宽裕。而拨运米粮虽有三十万石，尚恐不敷赈粜之用。文绶于陕省仓储多寡乃所深悉。现在署理督篆，经由甘省，其有可就近续行酌拨应用者，著即悉心筹划，速行奏闻拨运，以济要需。吴达善到任后，并宜董率所属实力经理，务俾闾阎均沾实惠，生计有资，副朕廑念边氓至意。该部即遵谕行。"

谕军机大臣等："据文绶奏，查明甘省被灾情形一折，已明降谕旨令照秋灾之例，分别办理矣。现在拨银二百万两赴甘，其应动银款自属宽裕，惟米粮仅有本省二十万石，陕省十万石，恐不敷赈济之用。亦谕交文绥就近酌拨应用，但陕省向来产米亦属无多，恐仓储未必能供他处之拨借。若距甘稍远之处，长途挽运，亦复不易。因思乌鲁木齐等处岁报丰收，屯粮甚为充裕，若就彼酌量分拨数十万石，由驿站陆续运解，或较之拨自陕省亦属相仿。著传谕吴达善，将该处情形熟筹妥办。仍将作何办理之处，迅速奏闻。至文绥折内所称，现在灾民流移甚多，自宜妥为安集。但此等待哺之众岂能尽禁其外出，惟是灾地毗连处所，非尽丰饶，灾民即挈伴前往，觅食亦殊不易。何如新疆一带地方广阔，田土沃饶，但能勤于耕作，非惟足资糊口，并可赡及身家。愚民昧于远图，又无人为之劝谕，前已屡谕明山，令其悉心体帖，实力讲求，俾得自贻乐利。尚未见其奏复。此时谋食贫民，势不能不听其转徙，则导之共就乐土，乃极可乘之机会。其说自易于听从，著吴达善将原寄明山谕旨取阅，即为设法劝导，使共知边外谋生之实利，自必熙攘趋赴，不特目前之嗷嗷者，不至飘泊无依，即将来或遇歉收，而瘠土贫民，亦可免坐守困乏，实为筹备边氓生计之长策。仍将如何劝谕办理情形，详悉奏闻。"寻吴达善奏："臣途次河南许州，接奉廷寄，酌拨乌鲁木齐等处屯粮十万石，由驿站运甘应用。乌鲁木齐至肃，道路遥远，而口外每站塘马无多，俟抵甘后，尽心筹划。如所费不加于陕运，即遵照妥筹具奏。再安集流移之民，俾就新疆乐土。臣抵甘后，即谨遵设法劝导。"得旨："览，文绥奏，陕省积贮，省南较少，惟省北延、榆等处为多，与现在应赈之区稍远。今查甘省被灾较近之处，除就近已经酌拨，附近有秦州属常平粮二十余万石，次远有甘州府属粮三十一万余石，肃州属二十余万石，安西属有三十六万余石。请先就秦州、甘州、安西、陕西、乌鲁木齐等处，从近至远，以次酌拨。至各属已种之秋田，五六两月频得甘雨，将来收获，民食足敷接济。"得旨："览奏稍慰。"

又谕："据尹嘉铨奏，甘省积歉情形，请复捐监旧例一折。所谓知其一不知其二，已于折内批示矣。甘省向设常平捐监事例，原令输粟于官，厚储蓄而备民食。嗣因行之既久，积弊丛生，遂经部议停止。今该布政使因该省频岁歉收，物价昂贵，采买拨运俱不免少觉周章，遽请复行开例。不知间阎食用，全赖市谷有余，以供日籴升斗。当此积歉相仍之后，市中粮食不能充足，价值亦必加昂。若再令买谷报捐，众皆入市争购，尽纳官仓，米粮必至日绌。间阎糊口，益无可资，是欲裕民食而转窒其源。所谓救荒之策安在，如屡丰之后一时新粮云集，居民既鲜计盖藏，而栖亩又易滋狼藉，或可暂开捐例，比之输纳常平，以免谷贱伤农之病，尚得谓之因时调剂。目今方虑陈因不给，接济为艰，岂宜转为耗谷之举。所奏实非此时应办之事，断不可行。又尹嘉铨另折所奏，抵任时沿途得雨优渥，二麦秋苗并皆勃兴，可望有收等语，尤属非是。现据文绶奏报，甘省地气早寒，其得雨稍迟之处，不能赶种晚秋。已降旨令照秋灾之例，作速查办。尹嘉铨途中所见，岂能独异。乃因一两处偶得雨泽，遽以为秋收有象，缘饰其词，率行入告。伊身任藩司，民瘼是其专责，且平日以理学自命，岂宜不诚若此。尹嘉铨著传旨申饬。"

（卷886　873页）

乾隆三十六年（1771年）六月甲申

谕："各直省普蠲钱粮，向当轮免之年，适遇灾歉，即不复再议重蠲。此固恩无屡邀之理。第念甘肃省地瘠民贫，兼以连岁歉收，与他省情形迥异。而各州县得雨较迟处所，因地气早寒，不能补种。现已降旨，令该督查明，照秋灾之例赈恤抚绥，务俾得所。但本年正届该省轮免正供，所有成灾州县，按分数议蠲之项已概其中。朕念切民瘼，兹特加恩，将该省本年钱粮普行蠲免外，其因灾议蠲各州县著展至明年，补行按分酌免。该督其董率各属，悉心经理，使穷檐均得倍沾实惠，以副朕轸念边氓。有加无已之至意。该部遵谕速行。"

（卷886　877页）

乾隆三十六年（1771年）六月丙戌

又谕："前据安泰等奏报，向居俄罗斯之土尔扈特台吉渥巴锡等率领户口数万，在彼处逸出，由沙喇伯勒一路而来。闻有内附之信。今据伊勒图等奏，渥巴锡等已遣人来至伊犁，即日可以陆续前来等语。已谕令将先到之头目等，选派侍卫，带至热河谒觐矣。远人挈眷来归，量地安插。赏项在所必需。现令舒赫德等悉心筹议，但恐伊犁存贮之项，或尚不敷支给，则由甘肃解往，似为便易。昨曾降旨，于陕西藩库贮项内拨银二百万两赴甘备用。该省虽有应办赈恤之事，亦不须如许之多，著传谕吴达善即于此项内拨银二十万两，解交安西道库及巴里坤、乌鲁木齐，酌量分贮。如舒赫德等知会需用银两时，该督即选派干员，沿途小心管解，速赴伊犁应用，毋致迟误疏虞。此旨到时，吴达善如尚未抵甘，即著署督文绶妥协经理。仍将办理缘由，据实复奏，并将此传谕舒赫德知之。"寻奏："备赏安插银二十万，陕省拨银，尚未解到。臣即于肃州道库拨银二十万两，解往安西道库银五万两、巴里坤银十万两、乌鲁木齐银五万两，俟陕西解到二百万两之日，即行归款。至率众投诚之土尔扈特台吉渥巴锡等，于六月二十五日带领自伊犁起程，所经之处，已饬令多备马匹及羊只、口粮。"得旨："览。"

（卷887　880页）

乾隆三十六年（1771年）六月乙未

以甘肃沙州协副将达齐为河南南阳镇总兵。

（卷887　886页）

乾隆三十六年（1771年）六月是月

署陕甘总督文绶奏："甘省赈务现申明定例，立法稽查，以专责成，以除弊窦：一、赈册首尾登明户口、银、粮总数，先分东、西、南、北四乡，前列村庄名色，次列灾民姓名户口。每村结总，如数村为一册者，复再于册之首尾，结明大总并年、月、日之下，书明承造牧令姓名。册内通钤骑缝印信，并另造应赈村庄、户口总数册一本，以备抽查。一、州县散赈向例俱委邻封、正佐、教杂等官监赈，每日放赈毕，即于赈册内亲书某年、月、日，某官、某人。眼同监放某村粮若干，即钤该员印记。俟全行放毕日，再于册首尾结总书名。通册加钤监赈官骑缝印记。一、办赈之员，如有弊混，现已申明乾隆三十四年，星子县知县李应龙侵蚀赈粮之例，通饬各属，咸知儆惕。一、监赈之员，眼同散赈，州县之有无侵蚀，书役之有无扣克，一望可知。现饬知监赈各员，其责与州县等，如遇州县因赈务被参者，即查明扶同捏写之员，一并查参。一、州县侵冒赈务，本管道府皆有革职处分，难免回护。必得邻封道府大员，往来抽查，互相纠举。现派道府各员分查。"得旨："诸凡详妥，交吴达善尽心实力为之。"

（卷887　887页）

乾隆三十六年（1771年）七月丁巳

陕西巡抚文绶又奏："奉旨筹备土尔扈特投诚赏项。经臣奏请在甘肃道库拨银二十万两，解贮安西道库并乌鲁木齐各五万两，巴里坤十万两。今督臣吴达善札称，巴里坤路径稍僻，应改贮哈密，以省迂绕。"报闻。

（卷889　914页）

乾隆三十六年（1771年）七月辛酉

谕军机大臣等："前因土尔扈特等投诚人众，急需养赡。曾谕令文绶前赴巴里坤、辟展、哈密、吐鲁番一带，购办牛羊等项，解往接济。昨据舒赫德奏，土尔扈特等人众，时届冬寒，须给与御寒衣服。请由内地购备皮衣二三万件发往等语。业已谕令文绶，即照数购办运往。但思所需皮袄为数甚多，一时恐未能如数购足。此等新附人众，现在衣不蔽体，只取急资御寒，即棉袄等类亦无不可。因忆文绶前日奏到，估变哈密厅协库贮物件单内开有棉袄二千五百余件，又毡衣八百余件。此等残旧衣物，即变价所值无多，若就近解交伊犁，为伊等御冬之具，亦属一举两得。著传谕文绶即行拣凑运往，但凑用恐亦不能足数。文绶务须酌量情形，迅速通融筹办，如数购足，统于九月底解到伊犁，俾得及时拨给，方为妥协。此谕著六百里加紧发往，文绶接到后，速即上紧赶办，毋得刻迟。仍将作何办理，何时运往之处，迅即由驿驰奏。并将此谕令舒赫德知之。"寻文绶奏："前发到舒赫德奏折，称土尔扈特穷困，或衣服破烂，或靴鞋俱无，其幼孩有无一丝寸缕者。臣查哈密厅协二库，估变各物有棉袄、毡衣、号褂、棉褂、帽、鞋、棉袜等项，共六千有奇，并皮布帘等项，请挑取可用者充赏。"得旨："甚好，如此留心，朕得一好大臣，何乐如之，虽细事诚可嘉也。但期此后诸事如此留心，则益善耳。"

又奏："甘省向产皮张，惟是六、七两月已贩往各处，本地甚少。现饬各府、州、县将衣料先尽购买，如有不敷，即购买皮张，觅工赶做，俟办有二三百件，即陆续运往。再土尔扈特挈眷来归，其妇女俱知缝纫，倘皮衣不敷，即将皮张搭运，并预备针线，散给伊等自制。又查哈密库内有包皮布、棉帘、棚帘、布帘等项，再巴里坤有夹布口袋二万余条，俱可改制帐房衣服，容臣挑取运给。至甘省贫民无皮衣者，俱以毡衣御冬，而价较皮衣稍省，应购数千件搭散。"得旨："嘉奖。"

乾隆三十六年（1771年）七月丙寅

谕军机大臣等："前以土尔扈特率众投诚，衣食并需接济，所用羊只及皮袄等项，已谕令文绶专司购办，速行送往。现在并谕舒赫德，约计尚需羊只若干，就近通知文绶，以便按数购足。因思茶叶一项，亦伊等饮食所必资。伊犁等处茶封未必宽余存贮，而甘省库贮官茶，陈积甚多。若不便酌拨解往于新附人众日用，甚为有益。著传谕吴达善，即查明甘省库茶，酌拨运往。或解交文绶处，听其运送物件时，附搭送往，亦属便易。该督等务酌商妥办，以期有济。仍将作何拨解之处即行复奏。舒赫德接到此旨，亦即核计需用茶封若干，知照甘省，俾如数陆续运送。将此并谕文绶舒赫德知之。"寻吴达善奏："查甘省官茶，前因陈积，奏准商交折色，存贮无多，惟新疆各处茶封俱系早备预运，皆有盈余。伊犁、辟展等库，除本年并壬辰年应需支放外，共约余茶一万七千二百余封。又哈密约存四千余封，俱可拨用。臣已饬将哈密茶封，先解辟展，再加伊犁茶封，听舒赫德、文绶酌定数目，就近调拨应用。"报闻。

乾隆三十六年（1771年）八月癸巳

赈恤甘肃皋兰、红水县丞、金县、循化、安定、会宁、平凉、泾州、静宁、隆德、固原、盐茶厅、张掖、山丹、东乐县丞、武威、永昌、镇番、古浪、平番等二十厅、州、县本年旱灾贫民，并予缓征。

乾隆三十六年（1771年）九月戊戌

又谕："据萨炳阿奏称，本年皇太后八旬万寿圣节。凉州官兵率众吁请诵经恭祝等语。皇太后八旬万寿圣节，各省官兵理应行礼，若必欲诵经一月，不但徒事虚文，且必敛凑官兵俸饷，致使不肖之徒，借端敛派侵肥，于伊等生计，殊属无益。萨炳阿著传旨申饬外，各省将军、副都统未免有似此奏请者，著通行晓谕知之。"

乾隆三十六年（1771年）九月壬寅

谕："前经降旨，所有凉州等处驻防兵丁，遇有红白事件，俱著加恩于该处房租项内拨赏，以资经费。今西安移驻伊犁兵二千名，业经到齐，若遇伊等红白事件，亦著舒赫德等照凉州等处之例，赏给经费，以副朕加恩边戍之至意。"

（卷892　960页）

乾隆三十六年（1771年）九月是月

陕甘总督吴达善奏："甘省本年初旱，除八月银米兼赈外，皋兰、金县等各厅、州、县、县丞十三处，原议加赈亦兼银米，而各该处仓储缺乏，须别州县拨济。所有运脚，既较他省倍多，兼恐仓贮无余，复须筹办明春籽种。现在秋成颇好，粮价亦平，请将加赈一体均予折色外，并折中运脚每石七钱，即明白晓谕，算作本色散给。"得旨："好，如所议行。"

（卷893　996页）

乾隆三十六年（1771年）十月甲申

礼部议准护陕西巡抚布政使勒尔谨奏称："陕西凉州一府，乡试士子试卷，应准其归入通省卷内，无庸另编字号。其甘肃、西宁编为聿左号，肃州、安西、乌鲁木齐等处编为聿右号，准其各取中一名。其聿左右号，每科于通省卷内取中补数之例，应行停止。"从之。

（卷895　1022页）

乾隆三十六年（1771年）十月丙戌

谕军机大臣等："直隶今秋雨水稍大，濒河洼地多被偏灾，虽屡经发帑出粟，优加赈恤，但赈济例有定期，恐尚需另筹接济。山东秋禾被水成灾者亦多，业已赈缓兼行。而灾重之区，民力自不无拮据。甘肃积歉之后，今年复报夏灾，已为拨帑运粮，多方赈赡，不使一夫失所。今秋田虽幸丰收，而元气恐未能遽复。江苏、安徽二省均有被水州县，现亦议恤。其灾重者口食或不免稍艰，当明春青黄不接之时，贫民待哺尤切，不可不预为筹划。著传谕各督抚将各该省灾赈情形逐一确核，有无应行筹办及作何加恩之处，即行据实复奏，候朕酌量分别于新春特降恩旨。"

（卷895　1025页）

乾隆三十六年（1771 年）十月甲午

谕曰："陕甘总督吴达善久任封疆，老成练达。近于陕甘任内办理诸务，更见周详妥协。昨以患病奏请解任调理。曾经降旨，特遣御前侍卫带领御医前往诊视，并令文绶暂行留甘署篆，俾得安心调摄，以冀速痊。兹闻溘逝，深为轸惜，著加恩晋赠太子太保，入祀贤良祠。所有应得恤典，仍著该部察例具奏。"

又谕曰："吴达善患病溘逝，业经降旨晋赠官衔，入祀贤良祠，著再加恩，将伊历任内所有应赔官项银两，概予宽免，在于各案内应赔各员名下摊赔。"

（卷 895　　1032 页）

调四川总督文绶为陕甘总督。

（卷 895　　1033 页）

乾隆三十六年（1771 年）十一月丙午

谕军机大臣等："尹嘉铨奏，乌什、喀什噶尔两处，应需各色绸缎六百六十匹，内应织办南省绸缎四百六十匹，陕省秦纱一百匹，东省茧绸一百匹。请派各该处分办解送等语。著传谕徐绩、勒尔谨，即将单开需用茧绸、秦纱如数妥办，委员解送甘省应用。其应织办南省绸缎，著江宁、苏州、杭州三处织造，照该护督单内所需各项，妥协制办，务使质地厚重，颜色鲜明。毋得轻松粗糙，不堪适用，致滋挑驳。并著遴选妥员，沿途小心解送甘省，以资贸易之用。所有原单并著抄寄。"

（卷 896　　1045 页）

乾隆三十六年（1771 年）十一月戊午

陕甘总督文绶奏："臣奉旨遵将调兵选将及筹备军械、马匹，沿途供支粮料各事宜。分析筹办：一、固原、西宁镇、标、协、营及西安提、标、协、营素称劲旅，且与川省相近。请于固原各属选兵一千，西宁各属，选兵一千，西安提标各属，选兵一千。密咨各该提镇挑选，准备帐房、军械等项，俟川省咨文到日，即刻起程。一、领兵将官必须熟练军旅，曾经战阵之人，方于统率有益。查延绥镇总兵书明阿，熟悉营伍，曾在西路出兵，可当统领之任。再向例每征兵一千名，需用将、备二员，选带本营千总、外委十余员。查河州协副将色伦泰、甘标游击马正国、督标都司辛大用、固原守备靳升，均属曾经打仗，颇为奋勇，堪胜带兵进剿。请将总兵一员作为统领，副、游、都、守四员作为领兵官，俱令密行整备，俟川省咨文到日，将固原、西宁兵二千分领进征。其陕省领兵将官，已咨商西安提督汪腾龙遴选酌调，并交书明阿一并统领。一、官兵起程，例给犒赏行装银两。但此时密筹预备，不便先行支给，应俟川省咨调到日，即于所属不拘何项银两先行垫发，随后赴司领回归款。至马匹最关紧要，其征兵拨缺马匹，即令照例随时买补。沿途所经之处，借支口粮料草等事，亦俱先期密备。"得旨："嘉奖。"

（卷897 1063页）

乾隆三十六年（1771年）十一月壬戌

又谕："前据温福奏，酌量情形，飞咨陕、甘、贵州督抚，调取所派之兵。是现在川省必须添兵协助，更可克期集事。著传谕文绶、李湖，接奉此旨，即将派定之兵及所派带兵将领，迅速起程，遄行赴川应用，无得刻缓。至桂林等请招募新兵，事属可行。即照所奏妥办。"

（卷897 1076页）

乾隆三十六年（1771年）十一月丙寅

又谕："前据温福奏，川省现兵尚属不敷，须调黔陕之兵备用。已有旨谕李湖，预选精兵二千。文绶预选陕甘兵三千，遴派带兵将领，迅速遄行赴川，听候调用。今据桂林奏，业已分咨陕、黔、湖广三省，拣派官兵，候旨即令起程等语。楚兵本属懦弱，未必适用，是以未经派及，且距川省较远，于事无益。其已调之陕、甘、贵州五千兵，自当迅速赴川备用。著再传谕文绶、李湖，此项官兵如已起程在途，即速催趱赴川，听候温福等调遣。所需火药、铅丸等项，亦即速运往，以资应用。"

（卷897 1083页）

乾隆三十六年（1771年）十二月庚午

又谕："昨据文绶等奏，接准川省咨调陕甘兵三千名，已派定总兵书明阿统领，并派带兵副、游、都、守六员，多选枪手，调取火药、铅丸，以备克期调发等语。现据桂林等奏，业已攻得约咱，督兵深入，自此各路会合夹攻，及时厚集兵力，扫穴擒渠，可以克期藏事。所有陕甘已派定之三千兵，自应迅速前进，以资协助。著传谕书明阿，即带领所派官兵立即起程赴川，并谕文绶、毕沅，督饬沿途地方，将一切夫马、口粮、驻宿等项，妥协料理。其火药、铅丸迅速运往备用，毋得稍有迟误。"

（卷898　1092页）

予故陕甘总督赠太子太保吴达善，祭葬如例，谥勤毅。

（卷898　1093页）

乾隆三十六年（1771年）十二月辛未

谕军机大臣等："前因川省调拨陕甘兵丁，应须迅速起程，不宜迟缓，是以降旨文绶，由六百里加紧发往。至该督奉到谕旨，即经遵奉办理，所有具折复奏，自可照常驰递。即用四百里具奏，亦不为迟。乃文绶亦用六百里加紧驰递。文绶平日尚属晓事，不应轻率若此。原折著暂存，俟伊奏事之便，谕令知之。"

（卷898　1093页）

乾隆三十六年（1771年）十二月乙亥

蠲免甘肃陇西、宁远、通渭、岷州、会宁、安定、伏羌、漳县、平凉、崇信、静宁、灵台、隆德、镇原、庄浪、固原、盐茶、安化、宁州、正宁、合水、环县、平番、宁夏、宁朔、灵州、中卫、平罗、花马池州同、秦州、秦安、礼县、西固等三十三厅、州、县乾隆三十五年夏秋雹、水、旱、霜等灾地亩额赋有差，并豁除阶州被水冲坍地三顷二十七亩有奇额赋。

（卷898　1096页）

乾隆三十六年（1771年）十二月丙子

又谕曰："温福奏，现驻巴朗拉，俟原调之贵州兵三千名全到，即相机督办，甚属勇往任事。但与贼力争碉卡，亦属不易。总宜遵照前旨，审慎而行，勿锐于轻进，以期有济。又据称，毕旺拉西之曾头沟，系从前进兵大道，挑拨三杂谷土兵，同续调之固原兵一千名，同往攻剿。曾头沟既有路可进，自当选派将领统兵进攻，且三杂谷强壮得用，如果驾驭有方，未尝不可资其向导之益，亦犹南路之克复明正侵地，用巴旺、布拉克底之力也。据称由曾头沟进攻，与泽旺现住之底木达地方最近。阅图果然，第美诺系僧格桑巢穴，自应急为攻取，擒获凶渠，则其余要隘，不攻自解。至底木达，不过泽旺所居，其地僻处一隅，即使攻得，亦未为据其要害。且约咱一路，前已攻取贼寨，今复攻得约咱东山碉卡。现在赶搭浮桥，绕道攻取甲木。桂林等既已得手，即当乘胜深入，其地距美诺贼巢甚近，较甲金达、巴朗拉两处尤为吃紧。惟前据桂林等奏，该处除分拨防守外，现兵只有二千名，恐贼人绕出官兵之后，阻截山径，是约咱一路，不可无大兵继进，以壮声援。曾经传谕温福酌办，且桂林等又攻得数处，其险要路口既不得不分兵防守，则伊等所统之兵，更不免于单弱。今温福奏原调贵州之三千兵，初十日间可到，统率进攻，原可听其留用。至所称续调之陕甘兵三千名，分一千与五福，由曾头沟进攻。余二千亦留于西路备用。其续调贵州兵二千，令赴甲金达一路，盖温福尚未深悉南路情形，仍以原数八千计算，故谓可以毋庸再添。今桂林等既渐逼贼巢，需兵甚急，自当速为筹拨。除原调贵州兵三千已至西路，无庸复行调往，其续调之贵州兵二千及陕甘兵三千，已据该督抚奏报起程。现谕带兵之总兵书明阿、王万邦，兼程前进。著传谕温福、桂林等，酌量此两处之兵，何者可以先到，即飞调二三千名速赴约咱，以为策应。就现在情形而论，约咱一路最为紧要。温福等务须通盘筹划，迅速妥办。"

（卷898　1097页）

乾隆三十六年（1771年）十二月壬午

陕甘总督文绶奏："准温福咨称酌量进剿情形，将固原兵一千径由松茂一带直出维州，会同副将五福进剿，其余二千仍赴西路军营，但此项兵均系书明阿统领。今该镇既带兵径赴维州，所余西宁并陕西兵各一千，应另派勇干大员统领等语。查兴汉镇总兵张大经，年力强壮，办事勇往，堪以统领赴川。且兴汉毗连川省，进征近便。陕省官兵业于十二月初四等日，经西凤协伸泰等带领在途。现飞檄张大经即由本镇星驰前赴沔县、宁羌一带，将伸泰等所领陕兵一千接管。前赴军营所遗兴汉镇总兵印务，即令伸泰前往接护。其西宁镇官兵亦于十二月初三、四、五等日起程，由阶州、文县一路入川省之松潘，前赴军营并归张大经统领。再查书明阿带领之兵，已于十二月初六、八、九等日起程，臣令秦阶道、程国表在文县一带照料。臣亦亲往巩昌、安定等处验看官兵，并照料起程。"得旨："嘉奖。"

（卷899　1108页）

乾隆三十六年（1771年）十二月乙酉

　　陕西西安提督汪腾龙奏："准四川督臣桂林，咨调陕兵二千名，必须大员统领。仰恳天恩，准臣统领官兵前往，俾得少尽驽骀。"得旨："即应前往，勉力为之。"

（卷899　1113页）

乾隆三十六年（1771年）十二月己丑

　　陕甘总督文绶奏："臣接桂林咨称，奉旨派调陕甘兵三千名，业经副将军温福咨调不计外，再于陕甘酌量选拨精锐兵二千，并派勇健将领克日带领起程。至小金川境内，山路险隘，须择其近山惯于行走者。查陕甘两省具与川省毗连，兵丁惯于陟岭者多，应请于甘、凉各标内挑兵一千，陕西提镇各标内挑兵一千，仍照旧例，以马四步六派拨。务令全挑枪手，并带长矛，庶便于攻剿。至川省山路崎岖，既因马力难于陟险，应请以马价折给，照例令地方官帮同购办骡头，以利军行。"报闻。

（卷899　1118页）